Wheeler / Backman (Hg.)
Gestalttherapie mit Paaren

Gestalttherapeutinnen & Gestalttherapeuten für Paare
Ab Seite 378 finden Sie Praxisadressen in Ihrer Nähe!

Gordon Wheeler / Stephanie Backman (Hg.)

GESTALTTHERAPIE
MIT PAAREN

gikPRESS

Originaltitel: *On Intimate Ground. A Gestalt Approach to Working with Couples*, A Gestalt Institute of Cleveland Publication, Jossey-Bass Publishers, San Francisco 1994. Aus dem Amerikanischen von Ludger Firneburg.

NACHDRUCK der 1999 erschienenen Ausgabe

© Gordon Wheeler / Stephanie Backman, 1994
© für die deutschsprachige Ausgabe
Erhard Doubrawa, Köln 1999, 2017

gikPRESS, Ludwig-Erhard-Str. 8, 34131 Kassel

Umschlag unter Verwendung eines Acrylbildes
der Künstlerin Georgia von Schlieffen (siehe S. 386)

Herausgeber der gikPRESS: Erhard Doubrawa

Herstellung und Verlag:
BoD – Books on Demand, Norderstedt

Alle Rechte vorbehalten

ISBN 978-3-7448-1534-5

Inhalt

Gordon Wheeler
Vorwort: Der Gestaltansatz im Kontext 7

Die Herausgeber 19

Die Autorinnen und Autoren 20

Gordon Wheeler
Einführung: Warum Gestalt? 23

Teil I: Theorie

1 *Gordon Wheeler*
Reflexionen über den gestalttherapeutischen
Ansatz in der Arbeit mit Paaren 47

2 *Judith Hemming*
Kontakt und Wahl: Die gestalttherapeutische Arbeit mit Paaren 71

3 *Hunter Beaumont*
Selbst-Organisation und Dialog 91

4 *Netta R. Kaplan & Marvin L. Kaplan*
Prozesse der Erfahrungs-Organisation in
Paar- und Familiensystemen 113

Teil II: Praxis

5 *Patricia Papernow*
Therapie mit wiederverheirateten Paaren 129

6 *Allan Singer*
Gestalt-Paartherapie mit schwulen Paaren:
Die Erweiterung des therapeutischen Gewahrseinshintergrundes 163

7 *Fraelean Curtis*
Gestalt-Paartherapie mit lesbischen Paaren:
Anwendung von Theorie und Praxis auf die lesbische Erfahrung 183

8 *Isabel Fredericson und Joseph H. Handlon*
Die Arbeit mit dem wiederverheirateten Paarsystem 203

9 *Mikael Curman und Barbro Curman*
Die Gestalt-Paargruppe 219

10 *Pamela Geib und Stuart Simon*
Traumaüberlebende und ihre Partner aus gestalttherapeutischer Sicht 231

Teil III: Perspektiven

11 *Robert Lee*
Scham bei Paaren: ein unbeachtetes Thema 249

12 *Joseph Melnik und Sonia March Nevis*
Intimität und Macht in langjährigen Beziehungen:
Systeme aus gestalttherapeutischer Sicht 273

13 *Cynthia Oudejans Harris*
Die Grammatik der Beziehung: Gestalt-Paartherapie 289

14 *Richard Borofsky und Antra Kalnins Borofsky*
Geben und Nehmen 303

15 *Joseph Zinker und Sonia March Nevis*
Die Ästhetik der Gestalt-Paartherapie 331

Stephanie Backman
Epilog: Der ästhetische Blickwinkel 371

Anhang

Praxisadressenliste
Gestalttherapeutinnen & Gestalttherapeuten für Paare 378

Vorwort

Der Gestaltansatz im Kontext

Für diejenigen Leser, die den Gestaltansatz nur in seiner späten Version kennen, als Fritz Perls in seinen Workshops das Psychodrama und die Arbeit mit dem leeren Stuhl inszenierte, wird dieses Buch eine Überraschung darstellen – eine freudige und konstruktive Überraschung, wie wir glauben. Während Perls in seiner Arbeit Konfrontation, Individualismus und eher starke Rhythmen (über-)betonte, geht die hier dargestellte Perspektive auf die Arbeiten von Kurt Lewin, Kurt Goldstein, Lore Perls, Fritz Perls (vor allem sein Frühwerk), Paul Goodman, Isadore From sowie einige Autoren der letzten zwanzig Jahre zurück: Edwin und Sonia March Nevis, Erving und Miriam Polster, Gary Yontef, Joseph Zinker und andere. Viele von ihnen waren unsere Lehrer, und sie alle haben auf ihre Weise die verschiedenen Aspekte von Kontakt und Kontext, Dialog und Wachstum in der Beziehung unter phänomenologischen Gesichtspunkten betrachtet und dabei einen konstruktivistischen Standpunkt zum Selbst als dem Lebenskünstler und »Organisator des Feldes« eingenommen.

Da sich der hier vorgestellte Ansatz von einigen der allgemein verbreiteten Vorstellungen stark unterscheidet, erscheint es angebracht, kurz auf seine Besonderheit einzugehen und zu sehen, wie er sich in den größeren Zusammenhang psychologischer und psychotherapeutischer Konzepte einfügt. Diese Darstellung wird relativ kurz ausfallen, weil die Geschichte der Psychologie als einer Wissenschaft, und der Psychotherapie als einer praktischen Disziplin innerhalb dieser Wissenschaft, nur etwa 100 Jahre alt ist – alt genug, um einen Überblick zu geben, aber vielleicht immer noch jung genug, um ihre Hauptströmungen in Kurzform zusammenzufassen.

Der Gestaltansatz im Kontext anderer Ansätze

Seit den Anfängen der Gestalt-Wahrnehmungsforschung, die unsere Einsichten in die menschlichen Denk- und Erfahrungsprozesse revolutioniert hat, ist mehr als ein Jahrhundert vergangen. Vielleicht ermöglicht uns der zeitliche Abstand zu den Pionieren der Wahrnehmungsforschung ein klareres Verständnis der Implikationen ihrer Sichtweisen für das Verhalten, die Affekte, die Kognition und die Bedeutung als den eigentlichen Bestandteilen von Erfahrung. Im folgenden sollen einige dieser Implikationen kurz dargestellt werden.

Unsere Wahrnehmung ist so strukturiert, daß wir nicht einzelne Teile oder »Reize« additiv erfassen, wie ältere Behaviorismus- oder Assoziationsmodelle annehmen, sondern Ganzheiten wahrnehmen. Wir erfassen gleichzeitig das gesamte Feld – oder versuchen es zumindest –, und die einzelnen Teile erhalten Bedeutung durch die Beziehung zu diesem Verstehenskontext.

Was wir erleben, ist dieses Erfassen des gesamten Feldes; unsere Erfahrung eines beliebigen Ereignisses liegt nicht in diesem Ereignis selbst, sondern in der Bedeutung, die wir ihm geben. Ungeachtet ihrer jeweiligen Terminologie oder Ausrichtung muß die Psychotherapie die Auseinandersetzung mit dieser *konstruierten Bedeutung* beinhalten.

Das heißt, es gibt kein Sehen ohne Interpretation und keine Wahrnehmung, die nicht immer auch ein Fühlen und Bewerten mit einschließt. Es gibt keine Erfahrung vor der Bedeutung, sondern beide entstehen im selben Akt und Prozeß des Welt-Begreifens. Diese Erkenntnis wird durch die neuere Hirnforschung bestätigt, die immer deutlicher zeigt, daß das gesamte Gehirn an der Organisation der Wahrnehmung und des Denkens beteiligt ist, und daß Wahrnehmung und Erinnerung durch Affekte vermittelt werden.

Unser Verhalten ist nie bloß Ergebnis innerer »Triebe« und »Verstärkerschemata«, wie das in der klassischen Freudschen Theorie oder dem Behaviorismus angenommen wird. Verlangen, Triebe und Konditionierung mögen manchmal von Bedeutung sein, aber unser aktuelles Verhalten wird immer durch unsere »Landkarte« vermittelt und organisiert, durch das Erfassen des gesamten Feldes, also des Zusammenhangs der wahrgenommenen Risiken und Möglichkeiten und deren Verhältnis zu unseren Zielen und Bedürfnissen.

Dasselbe gilt für die systemische Sichtweise. Systemische Ansätze tun manchmal so, als seien »systemische Kräfte«, »Homöostase« und dergleichen nicht bloß Muster oder Beschreibungen, sondern »reale« Sachverhalte. Aus Sicht des Gestaltansatzes sind die systemischen Bedingungen im wesentlichen Teil des Feldes, aber worauf es ankommt, ist das subjektive, konstruierte Verständnis dieser systemischen Bedingungen, denn daraus formt sich die persönliche Reaktion des einzelnen. Mit anderen Worten: es geht nicht so sehr um unsere Sicht des »Paar-Systems«, als vielmehr um die Sichtweise des Paares selbst, und diese gilt es zu erforschen.

Das wiederum bedeutet, daß wir nicht auf die Ereignisse an sich reagieren, sondern auf unsere Wahrnehmung der *Ereignismuster* und ihre Bedeutung »im Feldzusammenhang«. Erst dadurch können wir uns auch unter veränderten Bedingungen orientieren. Bei genauerem Hinsehen können wir gar nicht anders, denn schließlich hat nicht das gerade Geschehene Bedeutung für unsere Zukunft und unser Überleben, sondern das, was unserer Einschätzung nach als nächstes geschehen wird. Diese Fähigkeit ist eine Funktion unseres Feldverständnisses.

Solche Muster und Verstehensweisen sind bedeutungsvolle subjektive Konstrukte, Überzeugungen und Erwartungen, die von einem Paar, einer Familie oder einer größeren sozialen Gruppe geteilt und unterstützt werden können. Ebenso können diese Konstrukte aber auch zu Konflikten innerhalb des Paares, der Familie oder zwischen Gruppen führen. Jede Therapie hat die Aufgabe, diese oft unbewußten Erwartungen an die Oberfläche zu bringen und zu benennen, oder zu »dekonstruieren«.

Wenn wir mit anderen Menschen zu tun haben, dann agieren und reagieren wir nicht auf deren Verhalten an sich, sondern auf unser projektives Verständnis *ihrer* Motive und Gefühle, die diesem Verhalten zugrunde liegen. Auf dieser Erkenntnis basiert die gesamte sozialpsychologische Attributionstheorie, die im wesentlichen auf die Arbeit Kurt Lewins zurückgeht. Die klinische und entwicklungstheoretische Bedeutung liegt darin, daß der Gestaltansatz im Kern ein intersubjektives Modell darstellt, was für die psychodynamischen, behavioristischen oder systemischen Modelle nicht unbedingt zutrifft.

Unsere Erfahrungswirklichkeit ist immer ein subjektives Konstrukt, zusammengesetzt aus dem, was wir im Augenblick »da draußen« sehen (der »Figur«) und unseren gleichzeitig wahrgenommenen Überzeugungen und Erwartungen (in der Gestaltterminologie: dem »Hintergrund«, in der psychoanalytischen Ausdrucksweise: der »Übertragung«).

Damit sich Verhalten dauerhaft ändern kann, muß sich die subjektive Realität verändern, die konstruierte »Landkarte« oder der Hintergrund früherer Wahrnehmungen, Erwartungen und Überzeugungen, denn diese bilden die gegenwärtige »Ursache« des Verhaltens (im Sinne von »Kontrollbedingungen«, die mit dem »da draußen« Gegebenen in Wechselwirkung stehen).

Unter *Lernen* verstehen wir die Veränderung unserer »Landkarte«, also der von uns konstruierten Bedeutung, was dazu führt, daß unser zukünftiges Verhalten durch ein neues Weltverständis bestimmt wird. Um es noch einmal zu sagen: das trifft für jedes Lernmodell zu. Aus Sicht des Gestaltansatzes bezeichnen Wahrnehmung, Zuhören, Lernen und die Reorganisation des Verhaltens im Prinzip denselben Prozeß der Überprüfung einer neuen »Figur« vor dem Hintergrund des vorhandenen Vorverständnisses – und umgekehrt.

Bedeutung, Gefühl und Erfahrung kann man nicht sehen. Wenn man wissen will, wie jemand das Feld konstruiert oder erlebt, muß man ihn danach fragen oder zunächst eine Intervention einbringen und ihn anschließend fragen. Dieses Ausprobieren oder Testen ist die klinische Anwendung der Lewinschen Methodologie der »Handlungsforschung«. Wenn man die unsichtbaren Regeln und Strukturen (den »Hintergrund«) eines Systems erforschen will, muß man eine neue »Figur« einführen (eine Intervention oder ein Experiment) und darauf achten, wie das System darauf reagiert. Diese Reaktion – des einzelnen, des Paares oder der Familie – ist dann Gegenstand des Dialogs.

Wenn es darum geht, etwas Neues zu lernen und ein neues Verständnis zu entwickeln, also die Struktur des Hintergrundes zu verändern, dann spielen die Umstände des Dialogs eine entscheidende Rolle. Der phänomenologische Aspekt dieses Ansatzes zeigt sich in dem ernsthaften Interesse daran, wie sich die Welt aus der Sicht des Klienten darstellt, wie Bedeutung organisiert und konstruiert wird – an all den Dingen, die der Klient vielleicht nicht bewußt in Worte fassen kann, die er aber in diesem Dialog möglicherweise zum erstenmal artikuliert. In diesem Sinne stellt der Gestaltansatz die phänomenologische Tradition der Philosophie in die empirische und intersubjektive Welt des Labors und der klinischen Praxis.

Den anderen zu kennen heißt für den Therapeuten oder den Beziehungspartner, dessen Konstruktions- und Sichtweise zu kennen, und zwar sowohl inhaltlich als auch prozessual. Hier kommen wir der Bedeutung des Wortes Intimität sehr nahe, denn Intimität bedeutet, die innere Welt, den »Hintergrund« des anderen zu kennen und ihm die eigene innere Welt zugänglich zu machen. Darin besteht der qualitative Unterschied zwischen Intimität oder dem intimen Prozeß und anderen Arten zwischenmenschlicher Prozesse.

Die Sichtweise hängt vom Standpunkt ab. Die Vielfalt der Wirklichkeiten – in der Paarbeziehung, der Familie, der Gruppe und dem Sozialgefüge – ist nicht nur unvermeidlich, sondern diese verschiedenen Wirklichkeiten bilden den Grundstoff, aus dem Kontakt, Dialog, Austausch, aber auch Konflikt, »Widerstand« und Kreativität entstehen. Wie bei fast allen bisher genannten Punkten, ergeben sich auch hieraus wichtige und unmittelbare Konsequenzen für die Therapie, insbesondere für die Paartherapie.

Jemand anderen zu beeinflussen (abgesehen von der Möglichkeit direkter Belohnung oder Bestrafung) bedeutet, »in seine Welt einzutreten«, zumindest bis zu einem gewissen Grad, um so die Chance zu erhöhen, diese Welt auf eine andere, neue Weise zu organisieren und zukünftiges Verhalten und Erfahrung zu verändern. Selbst bei der Arbeit mit wirksamen Verhaltensschemata und Verstärkern müssen wir einiges darüber wissen, wie die Welt der Person, die wir beeinflussen wollen, aussieht, was dieser Person wichtig ist, was sie will, erwartet oder befürchtet, denn andernfalls bleiben die Verstärker, die wir anbieten, unwirksam. Auch hieraus ergeben sich tiefgreifende und herausfordernde Folgen für die Einzel-, Paar- und Familientherapie.

In seinen Grundaussagen und seinem theoretischen und methodologischen Kern ist der Gestaltansatz konstruktivistisch und »dekonstruktivistisch«, intersubjektiv, dialogisch und phänomenologisch. Mit anderen Worten: er basiert auf Perspektiven, die eine Reihe anderer Modelle nur mit Schwierigkeiten berücksichtigen können, vor allem bei dem Versuch, ausgehend von der Vorstellung eines »isolierten Selbst« eine Theorie zu entwickeln, die der Auseinandersetzung mit den Erfahrungen in der Paar- und Familientherapie gerechter wird. (Die Arbeit des Stone-Centers, mit seinem Modell des »Selbst-in-Beziehung«, das auf einer feministischen entwicklungstheoretischen Perspektive aufbaut, ist dafür ein sehr schönes Beispiel). Als *phänomenologisch* bezeichnen wir den Versuch, die Struktur und die Dynamik der Konstruktion von Erfahrung zu verstehen. In der Gestalttherapie betrachten wir diese phänomenologische Perspektive nicht nur als klinische oder ethische Verpflichtung gegenüber der Integrität der Erfahrung des Patienten, sondern auch als Schlüssel zur Verhaltensänderung, und zwar aus denselben Gründen, die wir vorhin kurz dargestellt haben und die in den einzelnen Kapiteln dieses Buches noch ausführlich besprochen werden. Im übrigen sind wir der Ansicht, daß dieser »phänomenologische Konstruktivismus« der vielversprechendste Weg ist, um das langersehnte und schwer zu erreichende Ziel einer einheitlichen Feldtheorie des menschlichen Verhaltens und der Erfahrung – und damit auch die Vereinheitlichung oder zumindest die Kontextualisierung der vielfältigen Anwendungen und Bereiche des überaus breitgefächerten Feldes der Psychologie zu erreichen: von der Neuropsychologie bis hin zum Subjektivismus und von der klinischen Einzelarbeit bis hin zur Arbeit mit verschiedenen »Systemebenen« – dem Paar, der Familie, der Gruppe, der Organisation und der Gesellschaft im allgemeinen. Insbesondere für uns Paar- und Familientherapeuten, die wir am Scheitelpunkt des Innerpsychischen und Zwischenmenschlichen arbeiten, wäre es ein großer Segen, uns einer einheitlichen Sprache der individuellen, der Beziehungs- und der systemischen Dynamik bedienen zu können, anstatt – so wie jetzt – permanent umschalten zu müssen, wenn wir die Ebenen wechseln. Ohne behaupten zu wollen, daß der Gestaltansatz in seinem gegenwärtigen Zustand diesem übergeordneten Ziel sehr nahe käme, können wir doch sagen (und in den folgenden Kapiteln hoffentlich zeigen), daß eine seiner großen Stärken für Paartherapeuten darin besteht, zwischen den verschiedenen Ebenen von Aufmerksamkeit und Intervention hin und herwechseln zu können; für die psychodynamischen, systemischen und behavioristischen Ansätze, aus denen der Gestaltansatz z.T. hervorgegangen ist und die er zu integrieren versucht, hat dieser Anspruch immer eine Hürde dargestellt. Natürlich ist jedes Modell eine Landkarte oder eine Analogie, in der Unbekanntes auf Bekanntes bezogen wird und wo man sich auf einige zentrale Themen konzentriert. Eine gute Möglichkeit, einen Ansatz zu beschreiben, und einzuschätzen, wie er zu unserem persönlichen Stil und unseren Wertvorstellungen paßt, besteht darin, seine zentralen Metaphern zu untersuchen, mit Hilfe derer die unendliche Vielfalt an Besonderheiten innerhalb des Feldes auf einfacher strukturierte Ganzheiten reduziert werden. Die zentralen Metaphern des Gestaltansatzes entstammen den kontextuellen und holistischen Sichtweisen der Evolution und der Ökologie, der Relativität und des Indeterminismus. Deshalb geht es in diesem Modell um Organismus und Entwicklung, um Organisation und Kontakt, um das

Selbst als Subjekt, um Grenzen, Energie und das Feld. All dies steht in scharfem Kontrast zu den klassischen Freudschen und behavioristischen Ansätzen, deren Analogien auf ein wesentlich älteres wissenschaftliches Vokabular zurückgreift: die Newtonschen Kräfte, Fernwirkung, lineare Kausalität, Objektivismus und die Ideen des neunzehnten Jahrhunderts mit ihren Morsealphabeten, der Hydraulik und den Kreisläufen der druckbetriebenen Dampflokomotive. Auch die alten systemischen Modelle basieren auf mechanistischen Vorstellungen, obwohl die drei klinischen Traditionen (die psychodynamische, die behavioristische und die systemische Tradition) im Laufe des Jahrhunderts eine Entwicklung durchlaufen haben, die eine deutliche Annäherung an die Idee des »gesamten Feldes« oder (wie wir sagen würden) an die Gestaltperspektive aufzeigt.

Diese Orientierung am »Feld-Modell« prädestiniert den Gestaltansatz für die Auseinandersetzung mit dem intersubjektiven sozialen Feld des Paares, der Familie, des Teams oder der Gruppe bzw. der intersubjektiven inneren Welt des einzelnen. Die theoretische Formulierung und praktische Anwendung dieser Auseinandersetzung – insbesondere für den Paartherapeuten – ist Gegenstand dieses Buches. Die Kapitel sind unter drei Überschriften zusammengefaßt: *Theorie, Praxis* und *Perspektiven*, doch es sollte deutlich gemacht werden, daß diese Einteilung lediglich der Schwerpunktbildung dient und keine klare Trennung vorstellt. In Anlehnung an Lewins berühmten Satz »Nichts ist so praktisch wie eine gute Theorie«, lag uns als Herausgebern daran, die Darstellung sowohl der Theorie als auch der Praxis (und der Perspektive) in jedem Kapitel dieses Buches zu unterstützen. Wir haben uns bemüht, den Gebrauch eines gestaltspezifischen oder anderer »Jargons« zu vermeiden. Wo spezielle Ausdrücke der Gestalttheorie zur Klärung beitragen konnten, haben wir die Autoren ermutigt, Synonyme oder Umschreibungen anzufügen, wie das einem Ansatz, der sich seiner »Erfahrungsnähe« rühmt, gebührt. So hoffen wir, den Lesern und Leserinnen ein Buch anzubieten, das – je nach persönlichem oder professionellem Interesse – auch kapitelweise und ohne die Notwendigkeit, sich zum besseren Verständnis der einzelnen Abschnitte zuerst durch eine separate theoretische Abhandlung zu kämpfen, gelesen werden kann.

Die einzelnen Kapitel selbst sind sehr unterschiedlich und reichen von der Behandlung spezieller Themen und Fragen von Intimität, Sprache und Macht bis hin zu speziellen Anwendungen und Klientengruppen wie Mißbrauchsopfer, homosexuelle Paare und Zweitehen. Gleichzeitig sind die einzelnen Kapitel durch wiederkehrende gestaltspezifische Gesichtspunkte und Implikationen miteinander verbunden, von denen viele in diesem Vorwort bereits kurz angerissen wurden.

In einer stärker praxisorientierten Weise befaßt sich auch die Einleitung noch einmal mit diesen Aspekten. Anstelle einer umfassenden Darstellung der Theorie der Gestalttherapie, die andernorts ohne weiteres zugänglich ist, soll dort versucht werden, den Ansatz selbst und die gestaltspezifische Anschauungsweise einer Reihe von Themen und verschiedenen Dimensionen des therapeutischen und des Paarprozesses vorzustellen. Diese Themen sind gruppiert nach den Rubriken: Phänomenologie und Widerstand, Grenzen und Energie, Unterstützung und Scham, die experimentelle Haltung, Befriedigung und die Kontextualisierung von Modellen. Jede Kategorie hat zwei Schwerpunkte: erstens, die Besonderheit der Gestaltperspektive im Hinblick auf den jeweiligen Aspekt des Paarprozesses aufzuzeigen, und zweitens darzustellen, wie diese andere Perspektive unsere Arbeit erhellen kann bzw. wie wir sie ganz direkt und praktisch anwenden können, um uns selbst in der Paardynamik zu orientieren und dem Paar eine Orientierungshilfe für die Entwicklungsaufgaben zu geben, die vor ihm liegen.

Unmittelbar aufgegriffen werden diese Themen im ersten Kapitel, wo speziell die Natur der Intimität und des intimen Prozesses aus gestalt-phänomenologischer Sicht untersucht wird. Dabei liegt die Betonung auf der Frage, welche Konsequenzen sich daraus für die eigentlichen Prozeßfähigkeiten und Interventionen sowohl des Therapeuten als auch der Beziehungspartner ergeben. Die Grundthese des ersten Kapitels lautet: Intimität ist weder eine Ergänzung noch ein Gegenstück zur individuellen Entwicklung, sondern ein wesentlicher Bestandteil dieses Prozesses. Diese Sichtweise wird unsere Vorstellung darüber, worum es in der Arbeit geht, welches die Aufgaben des Therapeuten bzw. des Paares sind und wie sie bewältigt werden können, verändern.

Im zweiten Kapitel zeigt Judith Hemming, eine leidenschaftliche Gestalttherapeutin aus England, anhand der Theorie und des klinischen Experiments, wie der Gestaltansatz erfolgreich angewendet werden kann, um die tiefsten Sehnsüchte und Ängste des Klienten zu ergründen. Dieses Kapitel hätte in jedem der drei Abschnitte des Buches untergebracht werden können. Wir haben uns dafür entschieden, es in den theoretischen Teil aufzunehmen, weil es eine sehr kreative Integration von Theorie und Praxis darstellt, in der jeder Teil den anderen mitprägt und bereichert.

Im dritten Kapitel beschäftigt sich Hunter Beaumont, ein amerikanischer Gestalttherapeut, der in Deutschland lebt und arbeitet, mit der schwierigen Situation solcher Paare, deren Beziehungsprozeß für den Selbstzusammenhalt eines oder beider Partner eher eine Bedrohung als eine Unterstützung darstellt. Diese Patienten werden in konventionellen Diagnosen oft als »narzißtisch« oder »borderline« bezeichnet und sehen ihre Stabilität und ihr Beziehungsengagement häufig durch die Intimität des therapeutischen Prozesses bedroht. Neben der Auseinandersetzung mit dem Selbst und dem Selbst-Prozeß in diesen schwierigen klinischen Fällen, bietet Beaumont auch einen neuen Rahmen und eine theoretische Begründung für die Natur und den Prozeß des *Dialogs* an; dieser Begriff taucht in der modernen Paar- und Familientherapie immer wieder auf, aber nur selten wird er auch definiert oder theoretisch begründet. Beaumont zeigt, warum der Dialog – ähnlich wie die Intimität in den Überlegungen des ersten Kapitels – die notwendige Folge einer phänomenologischen, selbst-organisatorischen Perspektive ist. In leicht veränderter Form erschien dieses Kapitel zuerst im *British Gestalt Journal* und wurde 1993 mit dem Nevis-Preis für außerordentliche Beiträge auf dem Gebiet der Gestalttherapie ausgezeichnet. Wir sind stolz darauf und freuen uns, diesen Artikel hier noch einmal veröffentlichen zu können.

Netta und Marvin Kaplan, die in Kanada und Israel leben, haben in ihren Vorträgen und Schriften eine ganze Reihe von Beiträgen über die Theorie der Selbst-Organisation im Zusammenhang mit dem Gestaltansatz vorgelegt. In diesem Band widmen sie sich diesen Fragen unter klinischen Gesichtspunkten. Auch die Begriffe *Selbst-Organisation* und *selbst-organisierende Systeme* tauchen im Zusammenhang mit Paar- und Familientherapie neuerdings überall auf, häufig jedoch ohne klaren Bezug zu den subjektiven Prozessen individueller Affekte und Erfahrungen. Durch die Möglichkeit, innerhalb einer einzigen klinischen Terminologie zwischen intrapsychischen, zwischenmenschlichen und systemischen Ebenen wechseln zu können, klärt der Gestaltansatz diesen Bezug und stellt ihn in einen klinischen Begründungszusammenhang.

Wie sich das für einen experimentellen und erfahrungsorientierten Ansatz gehört, bildet der zweite Teil, »Praxis«, den größten Abschnitt des Buches. Teil 2 beginnt mit einem Beitrag von Patricia Papernow, einer in den USA sehr bekannten Expertin auf dem Gebiet der Zweitehen- und Stieffamilienforschung. Mit Hilfe des Gestaltmodells nähert sich Papernow dem Problem der Zweitehe auf eine mit vielen klinischen Beispielen illustrierte entwicklungs- und erfahrungsorientierte Weise an. Ihr neustes Buch *Becoming a Stepfamily* (1993) wurde ebenfalls mit einem Nevis-Preis ausgezeichnet, und zwar dem Preis für größere Arbeiten in Buchform. Papernow demonstriert uns ihre Herangehensweise an die Paarbeziehung, die für den Erfolg und das gesunde Zusammenleben der neuen Familie maßgeblich ist. Angesichts der Tatsache, daß Zweitehen und Zweitfamilien in unserer Gesellschaft fast schon die Norm darstellen, ist es nicht nur für Paartherapeuten hilfreich, sich mit der speziellen Dynamik und den Fragen dieser weitverbreiteten und herausfordernden Form der Paarbeziehung vertraut zu machen.

Im achten Kapitel behandeln Isabel Fredericson und Joseph Handlon, beide in zweiter Ehe miteinander verheiratet, dasselbe Thema unter einem anderen Gesichtspunkt, nämlich der Arbeit mit dem Lebenshintergrund wiederverheirateter Paare. Ebenso wie die anderen Beiträge, die sich mit bestimmten Klientengruppen befassen, setzt auch dieser Artikel zwei Schwerpunkte: erstens, den Paartherapeuten darüber zu informieren, wessen er sich in der Arbeit mit dieser Klientengruppe bewußt sein sollte, und zweitens zu demonstrieren, wie die Anwendung des Gestaltansatzes in diesem besonderen Fall aussieht. Mit ihrer langjährigen Erfahrung als Lehrer und Praktiker sind die beiden Autoren bestens für diesen Beitrag ausgerüstet, der auch (oder gerade!) für diejenigen Therapeuten eine gedankliche Herausforderung darstellen wird, die selbst in Zweitehen leben.

Im sechsten Kapitel lenkt Allan Singer unsere Aufmerksamkeit auf Fragen im Zusammenhang mit männlichen homosexuellen Paaren in der Therapie: welche Gemeinsamkeiten mit heterosexuellen Paaren gibt es, und wo liegen die wesentlichen Unterschiede? Der Theorie der Gestalttherapie zufolge führt ein veränderter Hintergrund notwendig zu einer veränderten Bedeutung der Figur. Hat auch die Figur des intimen Kontaktes und das Verlangen nach dem intimen anderen in homosexuellen Beziehungen einen universellen Charakter, so unterscheidet sich der Hintergrund homosexueller Paare in der Gesellschaft doch deutlich von dem heterosexueller Paare. Singer hat eine außergewöhnliche Fähigkeit, diese Unterschiede zu beschreiben, ohne dabei den universellen Zusammenhang aus dem Blick zu verlieren; gleichzeitig macht er den Wert des Gestaltansatzes für die Orientierung in der Arbeit und die Fundierung dieser umfassenden und komplexen Perspektive deutlich.

Fraelean Curtis wählt für ihr Kapitel über lesbische Paare und »die lesbische Erfahrung« einen ähnlichen Zugang, obwohl sie in Übereinstimmung mit den anderen Autoren des zweiten Teils auch deutlich macht, daß es so etwas wie eine einheitliche »lesbische Erfahrung« nicht gibt, sondern ebenso viele, wie es einzelne Frauen und Paare gibt, die sich als lesbisch identifizieren. Dasselbe gilt für wiederverheiratete Paare, Mißbrauchsopfer usw. Wir glauben, daß es eine besondere Stärke des Gestaltansatzes ist, den vielfältigen Besonderheiten des einzelnen Paares gerecht zu werden, ohne dabei die Gemeinsamkeiten und besonderen Erfahrungen ganzer Gruppierungen und die grundlegende Universalität dieses Themas aus den Augen zu verlieren.

Im neunten Kapitel berichten Barbro und Mikael Curman aus Schweden über ihre Erfahrungen mit Gestalt-Paargruppen. Die Gruppe, so behaupten und zeigen die Curmans, stellt eine für die Erforschung von Paarbeziehungsfragen besonders geeignete Grundlage dar. Auch die Hindernisse, die in der Arbeit mit Paargruppen auftreten können, werden in diesem Kapitel erörtert. Die Curmans, die sich sehr stark für die skandinavische Gestalt-Akademie engagieren, gehören zu der großen und produktiven Gemeinschaft von Gestalttherapeuten in Europa, deren Gestalt-Ausbildungsprogramme – ähnlich wie psychodynamische und behavioristische Verfahren – in mehreren Ländern durch das staatliche Gesundheitswesen als zugelassene psychotherapeutische Methode anerkannt werden. Daß dieser Artikel – ebenso wie drei weitere in diesem Buch – von einem Paar geschrieben wurde, ist für uns als Herausgeber eine zusätzliche Bereicherung für das ganze Projekt, ganz im Sinne der Gestalttheorie, die (mit den Worten Paul Goodmans) so argumentieren würde, daß Unterscheidungen wie »Therapie« und »wirkliches Leben« oder »persönlich« und »professionell« zwar manchmal hilfreich sein können, aber dennoch »falsche Gegensatzpaare« sind, die zwar verschiedene Pole oder Aspekte, nicht aber separate Kategorien des einheitlichen Erfahrungsfeldes darstellen.

Den Abschluß des »Praxisteils« bilden Pamela Geib und Stuart Simon mit ihrem Beitrag über die Therapie mit Paaren, bei denen einer der Partner von schweren frühen Trauma- oder Mißbrauchserfahrungen betroffen ist. Die Auseinandersetzung mit diesen Themen können für Therapeuten und Klienten gleichermaßen erschreckend sein und eine große Herausforderung darstellen. Vielleicht war es deshalb in der Vergangenheit manchmal unvermeidlich, daß die Mißbrauchsdynamik in der therapeutischen Aufarbeitung – wenn auch unbeabsichtigt und in milderer Form – noch einmal zum Vorschein gebracht wurde, indem man dem Mißbrauchsopfer bzw. -überlebenden auch in der gegenwärtigen Beziehung die Opferrolle zuwies, selbst wenn eine aktuelle Mißbrauchserfahrung nicht vorlag. So etwas passiert vor allem dann, wenn das langwierige und aufreibende Ringen um Heilung von dem Mißbrauchsopfer *in der aktuellen Beziehung* für wichtiger gehalten und als bedeutsamer erlebt wird als die gegenwärtige Erfahrung mit dem Partner. Hier kann sich die phänomenologische und ganzheitliche Begründung des Gestaltansatzes unterstützend auswirken, indem sie die *gegenwärtigen* Erfahrungen und Sichtweisen jedes Partners gleichermaßen ernst nimmt und zeigt, daß dies möglich und notwendig ist, ohne gleichzeitig die harte und brutale Wirklichkeit des Mißbrauchs zu verharmlosen.

Der dritte Teil, »Perspektiven«, beginnt mit einem hervorragenden Beitrag zur Theorie der Gestalttherapie, der Scham und zur Paartherapie. Der Autor, Robert Lee, hat sich sehr intensiv mit der Dynamik der Scham im therapeutischen Prozeß und der entsprechenden Literatur auseinandergesetzt. Auch dieses Kapitel hätten wir in jedem der drei Abschnitte des Buches unterbringen können. Der Grund, warum wir ihm diesen Platz gegeben haben, liegt in den drei verschiedenen und sich gegenseitig befruchtenden Perspektiven. Die zunehmende Aufmerksamkeit der Selbstpsychologie gegenüber dem Thema Scham, wie sie in der neueren psychodynamischen Literatur sichtbar wird, ist nicht nur wegen ihrer klinischen und erfahrungsorientierten Bedeutung besonders interessant, sondern auch aufgrund ihrer Tendenz, den psychodynamischen Ansatz von seinem Erbe des »isolierten Selbst« zu befreien und einer Perspektive des sozialen Feldes näherzubringen, die über die einerseits bereichernden Einsichten, und andererseits begrenzte Sprache der Objekt-Beziehungs-Theorie hinausgeht. Die Haltung der Gestalttherapie führt diese Bewegung zu ihren logischen Konsequenzen, indem sie die Individualität aus ihrer intersubjektiven Erfahrungsgrundlage ableitet, anstatt einer mehr objekt- als subjektorientierten theoretischen Terminologie eine Sprache der Beziehung »hinzuzufügen«.

Joseph Melnick und Sonia March Nevis, die auf eine lange und fruchtbare gestalttherapeutische Zusammenarbeit zurückblicken, stellen in diesem Buch ihre Weisheit und Erfahrung in den Dienst der Auseinandersetzung mit der Wechselbeziehung zwischen Intimität und Macht. Die hier eingenommene prozeßorientierte Sichtweise zeigt deutlich, daß beide Konzepte untrennbar miteinander verbunden sind und kann die Arbeit jedes Therapeuten bereichern.

Das Thema Sprache fasziniert Cynthia Oudejans Harris schon seit langem. In ihrem neuesten Buch beschäftigt sich die Autorin und Gestalttherapeutin mit dem komplementären Gegenstück zur Sprache, dem Schweigen – in diesem Fall das Schweigen über den Naziterror in deutschen Nachkriegsfamilien (*Das kollektive Schweigen*, 1992) und den Auswirkungen dieses Schweigens auf die Entwicklung und Identität der nachfolgenden Generationen. In dem hier vorgelegten Artikel untersucht sie die Auswirkungen unserer Sprachgewohnheiten auf unser Verständnis von Erfahrung und Beziehung. Die bekannte Gestaltregel, in der Gegenwartsform und direkt »zu« dem anderen zu sprechen (anstatt »über« ihn), wird in diesem Beitrag sowohl anhand theoretischer Überlegungen aus der Linguistik und der Emotionalitätsforschung als auch am Beispiel der klinischen Praxis begründet.

Die Beziehungsperspektive, die mit dazu beiträgt, daß der Gestaltansatz für die Arbeit mit Paaren besonders geeignet ist, wird in Kapitel 14 eingehend untersucht, wo Richard und Antra Kalnins Borofsky ihr Modell von Geben und Nehmen als strukturierendem und diagnostischem Instrument der Paartherapie darstellen. Das auffallend Neue ist auch hier, daß die Autoren ein wohlbekanntes Thema unter dem Blickwinkel des gesamten Feldes betrachten. Sie geben uns ein Werkzeug an die Hand, das jeder Therapeut an wichtigen Punkten innerhalb des Prozesses und mit den verschiedensten Klientengruppen überdenkenswert finden wird.

Das letzte Kapitel dieses Buches wurde von Joseph Zinker und Sonia March Nevis geschrieben, die sicherlich als Pioniere der Gestalt-Paartherapie angesehen werden können. Zusammen mit Erving und Miriam Polster ist Zinker für eine breitere klinische Leserschaft zweifellos der z.Zt. bekannteste Autor gestalttherapeutischer Literatur. Sein neues Buch zu diesem Thema, *Auf der Suche nach gelingender Partnerschaft. Gestalttherapie mit Paaren und Familien* (1997) gründet sich, ebenso wie der hier vorgelegte Beitrag, auf einen Zeitraum von mehr als zehn Jahren, in denen er zusammen mit Nevis an der Anwendung und Neuformulierung des Gestaltmodells für die Arbeit mit »intimen Systemen« gearbeitet hat. Seit vielen Jahren leiten die beiden gemeinsam das *Center for the Study of Intimate Systems* am Gestalt-Institut Cleveland und haben ihren Paartherapieansatz durch die Rundbriefe dieses Zentrums weltweit einer großen Anzahl von Therapeuten zugänglich gemacht. In diesem Buch stellen sie ihre einzigartige Mischung aus persönlicher Wärme, Weisheit und theoretischer Tiefe in den Dienst der eigentlichen Erfahrung des Paartherapeuten, indem sie Erkenntnisse und Gesichtspunkte aufzeigen, die für jeden Therapeuten hilfreich sein können, sowohl in der Arbeit mit Klienten als auch in anderen Bereichen des Beziehungslebens.

Den Epilog hat meine Mitherausgeberin Stephanie Backman geschrieben, deren Charme und therapeutisches Feingefühl nicht nur in diesem Beitrag sichtbar werden, sondern die auch das ganze Buch und die Arbeit an seiner Vorbereitung begleitet hat. Backmans Betrachtung der »ästhetischen Sichtweise« in der Therapie ist eine lebhafte Demonstration der Integration des persönlichen, professionellen und maßvollen Gebrauchs der Selbsterfahrung, eines der besten Merkmale der gestalt-therapeutischen Arbeit. Aus gestalttherapeutischer Sicht ist es immer und in jeder professionellen Disziplin ein potentiell zerstörerischer Fehler, die zentrale Stellung subjektiver Erfahrung um einer mythischen »Objektivität« willen zu verleugnen, die eher dem Schutz des Forschers oder Therapeuten als den Interessen des Klienten dient. Backman zeigt hier, daß Subjektivität nicht im »falschen Gegensatz« zur Professionalität stehen muß, sondern die Fachkenntnis fundieren, dem therapeutischen Fokus als Orientierung dienen und die Selbsterfahrung des Klienten prägen kann. Auch diese Sichtweise kann unsere gesamte Arbeit bereichern.

So ist dieses Buch also ein wirklich reichhaltiges und nahrhaftes Menü. Wir hoffen und glauben, daß die Ideen und Perspektiven dieses Buches Sie als Leser, egal in welcher Tradition Sie stehen und wie Ihre persönliche Synthese aus therapeutischer Erfahrung und Methodik aussieht, zum Nachdenken anregen, die permanente Reorganisation des Feldes, also das Wachstum unterstützen und den Enthusiasmus und die Energie, die Sie mit Ihrer Arbeit verbinden, auffrischen werden. So jedenfalls ging es uns. Dieses Buch ist unseren Lehrern am Gestalt-Institut von Cleveland gewidmet, aber darüber hinaus möchten wir auch unsere Verlegerin Becky MvGovern und ihren Kollegen beim Jossey-Bass-Verlag, und insbesondere Mary White für ihre unerschöpfliche Unterstützung dieses Projektes danken; und Tom Backman, der die Stellung hielt, während wir draußen arbeiteten.

Cambridge, Massachusetts im August 1994

Gordon Wheeler

Unseren Lehrern und Mentoren,
den Gründern des Gestalt-Instituts Cleveland

Marjorie Creelman
Cynthia Oudejans Harris
Elaine Kepner
Ed Nevis
Sonia March Nevis
Joseph Zinker
sowie den verstorbenen Rennie Fantz
und Bill Warner

von denen wir immer noch so viel lernen –
voller Zuneigung, Dankbarkeit und Achtung

Stephanie Backman und Gordon Wheeler

Die Herausgeber

Gordon Wheeler, Ph.D., ist Psychologe und arbeitet u.a. in eigener Praxis mit Kindern und Erwachsenen. Er ist Mitglied des Lehrkörpers des Gestalt-Instituts Cleveland und Chef-Herausgeber der GIC-Edition in Zusammenarbeit mit dem Jossey-Bass-Verlag. Seine neuesten Veröffentlichungen sind: *Kontakt und Widerstand. Ein neuer Zugang zur Gestalttherapie* (1993) und *Das kollektive Schweigen* (1992), das er zusammen mit Cynthia Oudejans Harris aus dem Deutschen ins Amerikanische übersetzt hat. Z.Zt. arbeitet er an einem Buch, das sich mit dem Männerbild in Homers *Ilias* beschäftigt.

Stephanie Backman, MSSA, BCD, arbeitet in freier Praxis in Portland, Maine und in Wellfleet, Massachusetts. Sie gehört ebenfalls dem Lehrkörper des Gestalt-Instituts Cleveland an, ist außerdem Supervisorin und Mitglied der American Family Therapy Academy.

Die Autorinnen und Autoren

Hunter Beaumont, Ph.D., ist klinischer Psychologe und arbeitet in freier Praxis in München. Bevor er 1980 nach Deutschland kam, arbeitete er u.a. als Trainer am Gestalt Institute of Los Angeles. Viele seiner Beiträge, in denen er sich umfassend mit dem Thema Selbst und Charakterstörungen aus gestalttherapeutischer Sicht auseinandersetzt, sind in deutscher Sprache entstanden.

Antra Kalnins Borofsky, Ed.M., ist Gestalt- und Familientherapeutin und arbeitet seit 19 Jahren mit einzelnen, Paaren und Familien. Sie ist Mitbegründerin und Kodirektorin des Center for the Study of Relationship am Boston Gestalt Institute. Sie lebt in Cambridge, Massachusetts.

Richard Borofsky, Ed.D., ist klinischer Psychologe, Doktor der Pädagogik und arbeitet in freier Praxis in Cambridge, Massachusetts. Seit 23 Jahren ist er Kodirektor des Boston Gestalt Institute und lehrt Gestalttherapie sowohl in den USA als auch in Europa. Zusammen mit seiner Frau gründete und leitete er das Center for the Study of Relationship und ist Lehrbeauftragter an der Harvard Medical School.

Barbro Curman ist klinische Kinderpsychologin. Sie gehört zu den Gründungsmitgliedern der Skandinavischen Gestalt-Akademie, wo sie die vierjährigen Ausbildungsprogramme leitet. Sie lebt in Schweden und arbeitet dort in freier Praxis sowohl als Psychotherapeutin als auch im Bereich Organisationsberatung.

Mikael Curman, ursprünglich Ökonom, arbeitete viele Jahre als Organisationsberater für große Firmen in Schweden. Seit 1985 arbeitet er außerdem in freier Praxis mit einzelnen, Paaren und Gruppen.

Fraelean Curtis, LICSW, BCD, blickt auf eine mehr als zwanzigjährige klinische Erfahrung zurück. Sie ist Dozentin an der Salem State College School of Social Work in Salem, Massachusetts und arbeitet in freier Praxis in Boston, wo sie Supervision, Beratung und Ausbildungsworkshops für die Arbeit mit lesbischen und schwulen Klienten anbietet.

Isabel Fredericson, Ph.D., ist bereits seit 1968 als Gestalttherapeutin mit einzelnen, Paaren, Gruppen und kleineren Organisationen tätig. Sie unterrichtet an verschiedenen Universitäten und gehört dem Gestalt Institute of Cleveland an. Zusammen mit ihrem Mann, Joseph Handlon, gründete sie das Santa Barbara Gestalt Training Center.

Pamela Geib, Ed.D., ist Lehrbeauftragte im Bereich Psychiatrie an der Harvard Medical School und gehört zum Lehrkörper des Studiengangs Paar-und Familientherapie am Cambridge Hospital. In Cambridge und Newton, Massachusetts, arbeitet sie in freier Praxis vornehmlich mit Paaren und Jugendlichen.

20

Joseph H. Handlon, Ph.D. ist emiritierter Vorsitzender des Psychology Program am Fielding Insitute. Er lehrt an der Princeton University, in Stanford und an der Case Western Reserve University und gründete gemeinsam mit seiner Frau, Isabel Fredericson, das Santa Barbara Gestalt Training Center.

Cynthia Oudejans Harris, M.D. gehört zu den Begründern des Gestalt Institute of Cleveland, wo sie nach wie vor als Trainerin arbeitet. Daneben arbeitet sie in freier psychiatrischer Praxis mit einzelnen, Paaren und Familien. Zusammen mit Gordon Wheeler übersetzte sie *The Collective Silence: German Identity and the Legacy of Shame.* aus dem Deutschen (*Das kollektive Schweigen*).

Judith Hemming, M.A., ist assoziiertes Mitglied im Bereich Ausbildung und Supervision des Gestalt Psychotherapy Training Institute of Britain, sowie Mitherausgeberin des *British Gestalt Journal*. Mit ihrem pädagogischen Hintergrund arbeitet sie als Psychotherapeutin, Trainerin und Beraterin sowohl in London als auch im Ausland.

Marvin L. Kaplan, Ph.D., arbeitete lange Zeit als Professor für klinische Psychologie an der University of Windsor, wo er Gestalt-Gruppen- und Familientherapie lehrte. Gemeinsam mit Netta Kaplan leitet er in mehreren Ländern Ausbildungsworkshops mit dem thematischen Schwerpunkt der Selbst-Organisation der Erfahrung, einer theoretischen Grundlage der Gestalttherapie, mit der die Kaplans sich intensiv auseinandergesetzt haben. Seit 1990 leben beide in Israel.

Netta R. Kaplan, Ph.D., arbeitet in freier Praxis in Israel, wo sie den Ansatz der Selbst-Organisation der Erfahrung in ihrer Arbeit mit einzelnen, Paaren, Familien und Gruppen anwendet. Außer in ihrer Praxis engagiert sie sich in Ausbildungsprogrammen und Beratungstätigkeiten in Israel und Irland.

Robert Lee, Ph.D., ist klinischer Psychologe. Seine gestalttherapeutische Ausbildung erhielt er am Gestalt Institute of Cleveland. Seine Beiträge beschäftigen sich umfassend mit dem Thema Scham. Zusammen mit Gordon Wheeler gab er 1996 das Buch *The Voice of Shame: Silence and Connection in Psychotherapy* heraus, das sich mit der Dynamik von Scham unter gestalttherapeutischen Gesichtspunkten beschäftigt. In seiner Praxis in Cambridge und Newton, Massachusetts, arbeitet er vorwiegend mit Paaren.

Joseph Melnick, Ph.D. ist klinischer Psychologe und machte seine Gestalttherapieausbildung am Gestalt Institute of Cleveland. Während er früher Als Assistenzprofessor für Psychologie an der University of Kentucky arbeitete, konzentriert er sich gegenwärtig auf die Arbeit in seiner Praxis in Portland, Maine, wo er als Psychotherapeut und Organisationsberater tätig ist. In zahlreichen Veröfflichungen hat Melnick sich mit therapeutischen Fragen auseinandergesetzt und ist heute Herausgeber des *International Gestalt Review*.

Sonia March Nevis, Ph.D., gehört seit mehr als 30 Jahren dem Lehrkörper des Gestalt Institute of Cleveland an. Sie ist die Leiterin des Center for the Study of Intimate Systems und war vorher Direktorin für Professionelles Training an diesem Institut. Sie hat in vielen Ländern Gestalttherapie gelehrt und arbeitet z.Zt. als Psychotherapeutin in eigener Praxis, wo sie schwerpunktmäßig mit Paaren und Familien arbeitet. Darüber hinaus ist sie als Supervisorin tätig.

Patricia Papernow, Ed.D., ist eine amerikaweit anerkannte Expertin auf dem Gebiet der Stieffamilie. Ihr neuestes Buch, *Becoming a Stepfamily* (1993), in dem sie die Entwicklungsstadien wiederheirateter Paare und Zweitfamilien beschreibt, wurde mit dem Nevis-Preis für außergewöhnliche Beiträge innerhalb der Gestalttherapie ausgezeichnet. In zahlreichen Veröffentlichungen zum Thema Stieffamilie wird sie immer wieder zitiert und ist auch bei den Medien als Expertin auf diesem Gebiet sehr gefragt. In Cambridge und Newton, Massachusetts, arbeitet sie als Psychotherapeutin in freier Praxis.

Stuart Simon, LICSW, BCD, studierte Sozialarbeit an der Boston Univerity. Am Gestalt Institute of Cleveland absolvierte er das Intensive Postgraduate Training Program. In seiner Praxis in Boston konzentriert er sich vornehmlich auf die Arbeit mit Paaren, Gruppen und Traumaüberlebenden.

Allan Singer, LICSW, BCD, arbeitet als Psychotherapeut in eigener Praxis in Boston, Massachusetts. Seine gestalttherapeutische Ausbildung erhielt er am Gestalt Institute of New England und am Gestalt Institute of Cleveland. Im Rahmen universitärer und klinischer Programme unterrichtet er zu Fragen schwuler, lesbischer und bisexueller Identität.

Joseph Zinker, Ph.D. gehört seit vielen Jahren zum Lehrkörper des Gestalt Institute of Cleveland, wo er auch als Leiter der Postgraduiertenprogramme und Mitglied des Center for the Study of Intimate Systems arbeitet. Sein 1982 in Deutschland erschienenens Buch *Gestalttherapie als Kreativer Prozeß* (amerikanische Erstausgabe 1977) wurde von der Fachzeitschrift *Psychology Today* als Buch des Jahres bezeichnet und gilt bis heute als Klassiker der gestalttherapeutischen Literatur. Sein neues Buch heißt *Auf der Suche nach gelingender Partnerschaft: Gestalttherapie mit Paaren und Familien* (1997). Zinker zählt zu den weltweit bekanntesten Autoren und Lehrern der Gestalttherapie und arbeitet als solcher in den USA, Kanada, Europa, Südamerika und Asien.

Einführung

Warum Gestalt?

Gordon Wheeler

Worin besteht eigentlich der Gestaltansatz, und warum sollten wir uns als viel-beschäftigte Psychologen, Kliniker oder aus anderen Gründen an den Fragen und Schwierigkeiten von Paarbeziehungen Interessierte, damit beschäftigen? Was hat uns dieser Ansatz zu sagen, das andere Stimmen, andere Modelle nicht bereits ge-sagt hätten? Wahrscheinlich sind die meisten von uns als Paar- und Familienthera-peuten Produkte und Produzenten von mehr oder weniger gelungenen Kombina-tionen verschiedener psychodynamischer und systemischer Ansätze, die wir, um uns zu orientieren und unsere Arbeit zu verbessern, im Laufe der Zeit in einem flexiblen Rahmen zusammengefaßt haben. Vielleicht haben wir noch die Erkenntnisse und Techniken einer ganzen Reihe weiterer Verfahren mit eingebaut, entweder weil sie uns vielversprechend erschienen oder weil wir die Grenzen der überlieferten Tradi-tionen und Methoden erreicht hatten. Kognitiv und behavioristisch und kognitiv-behavioristisch, strukturell und strategisch, Eriksonianisch, neurolinguistisch, Mo-delle von Abhängigkeit und Koabhängigkeit, Mißbrauch und Heilung, systemische Selbstregulation und Autopoiese – diese und andere Ansätze haben uns auf einem schwierigen Gebiet noch kompetenter gemacht, auch wenn sie uns manchmal ver-unsichert haben und wir den Boden unter den Füßen zu verlieren glaubten. Warum also diesem ohnehin schon verwirrenden und manchmal kakophonisch anmutenden Potpourri noch eine weitere Stimme hinzufügen? Oder, um die Frage noch einfacher zu stellen: Was kann dieser Gestaltansatz uns geben, und was können wir damit an-fangen, das wir mit den vorhandenen Ansätzen nicht ebenso gut könnten? Wird die-se neue Sichtweise mit den alten konkurrieren? Sie ersetzen? Oder, wie wir später diskutieren werden, wird dieses Gestaltmodell sein immanentes holistisches Ver-sprechen erfüllen und die anderen Ansätze *konzeptualisieren*, so daß unser Angebot an technischen Variationen sich zur organisierten Erfahrung einer bedeutungsvollen Wahl entwickelt? Jede Methode, jede paartherapeutische Richtung zielt letztend-lich darauf ab, daß wir bei einem bestimmten Paar zu einer bestimmten Zeit unter bestimmten Voraussetzungen und mit bestimmten Zielen eine bestimmte Inter-vention einsetzen. Aufgabe einer Methode ist es, dieses manchmal verwirrende Material zu organisieren und uns dadurch einen Fokus zu ermöglichen, eine *Art, zu sehen*, um uns bestimmte Entscheidungen zu erleichtern. Aber wie sollen wir vor-gehen, um diese Modelle zu ordnen? Hier kann uns die Gestaltperspektive mit ihrem theoretischen und phänomenologischen Interesse an der Organisation der Erfahrung weiterhelfen. Wie das im einzelnen aussieht, werden wir später noch sehen.

Das Gestaltmodell

Die Wurzeln des Gestaltmodells reichen mehr als ein Jahrhundert zurück bis in die Anfänge der Wahrnehmungsforschung durch Exner und Ehrenfels, Wertheimer, Koffka und Kohler. (Das Interesse an der *Organisationsform der Erfahrung* hingegen geht mindestens bis auf die Griechen zurück und wurde von den Philosophen des achtzehnten und neunzehnten Jahrhunderts wieder aufgenommen, vor allem von Kant, dessen Arbeiten wiederum starken Einfluß auf Paul Goodman hatten). Neben Goldstein u.a. hatte vor allem Kurt Lewin, der Wegbereiter der Sozialpsychologie, der Gruppendynamik und der Organisationsforschung, sich die Aufgabe gestellt, diese frühen Arbeiten zum Wahrnehmungsprozeß auch auf den klinischen und den sozialen Bereich auszudehnen. Durch Lewins Arbeit fand das Gestalt-Wahrnehmungs-Modell den Weg vom Labor in den »wirklichen Lebensraum« von Zielen, Wahlmöglichkeiten, Konflikten, Austausch und anderen »echten« Prozessen und Problemen. Der Ausdruck *Gestalttherapie* fand erst ab 1951 Verwendung, als Paul Goodmans bahnbrechendes theoretisches Werk *Gestalt Therapy – Excitement and Growth in Human Personality* erschien, das aus einer früheren, inzwischen anscheinend verlorengegangenen Monographie von Fritz Perls hervorgegangen war.

Aufbauend auf der grundlegenden Arbeit früherer Generationen, die sich mit den »Gesetzmäßigkeiten« der Wahrnehmung und des Denkens beschäftigt hatten, und stark beeinflußt durch Ranks Idee vom Selbst als Künstler, war es Goodmans besonderes Verdienst, eine neue Sichtweise formuliert zu haben, in der das Selbst als *Integrator des Feldes* erscheint, als Organ oder Funktion der Beziehung zwischen der privaten, scheinbar abgetrennten Welt des »inneren« Lebens (in der westlichen Tradition im allgemeinen als »Individuum« bezeichnet) und der »äußeren« Welt der anderen, die natürlich ebenso an diesem Feld-Integrationsprozeß beteiligt sind. Diese Beziehung nannte Goodman »Kontakt«. Den Prozeß der Konstruktion, in dem die »innere« und die »äußere« Welt in eine zusammenhängende Handlung mündeten, bezeichnete er als das Selbst. Hier wird deutlich, daß der Gestaltansatz von Anfang an beziehungsorientiert war (heute würden wir heute sagen: »intersubjektiv«) und in seinem Kern einen interessanten Gegensatz zu vielen anderen klinischen Modellen darstellte, einschließlich natürlich des psychodynamischen Modells und seiner Nachfolger, die noch immer mit der Frage beschäftigt sind, wie sich das Beziehungsbedürfnis mit einem ursprünglich individualistisch geprägten Menschenbild zusammenbringen läßt. Für unseren Zweck, die Erörterung von Paardynamik und Paartherapie, wäre es – vorsichtig ausgedrückt – vielversprechend, mit einem Modell zu beginnen, das die Realität beider elementaren Pole der Erfahrung und des Lebens, also Individuum *und* Beziehung berücksichtigt, anstatt mit einem, das in seinen Grundannahmen über die menschliche Natur und das Selbst diesen zweiten Pol verneint und dann versucht, in der Therapie an Beziehungsproblemen zu arbeiten.

Seit Goodman und Perls hat der Gestaltansatz eine ganze Reihe z. T. kritischer, aber auch sehr nützlicher Erörterungen und Erweiterungen erfahren, angefangen mit den Klassikern von Polster und Polster (1983) oder Zinker (1993), über eine entwicklungsgeschichtliche und revisionistische Kritik von mir selbst (Wheeler, 1993) bis hin zu einer exzellenten und sehr ansprechenden Übersicht von Latner (1992). All diese Arbeiten liegen vor und sind ohne weiteres zugänglich. Anstatt den Versuch zu unternehmen, diese Beiträge hier nun wieder aufzurollen, wenden wir uns direkt einem Thema zu, das für uns alle, die wir uns theoretisch und praktisch mit den Herausforderungen von Paarbeziehungen beschäftigen, dringender und von größerer praktischer Bedeutung ist, nämlich der Frage: was kann dieses Modell *uns geben*, und warum sollten wir Zeit und Mühe investieren, um mehr darüber zu erfahren? Wir werden uns diesen Fragen unter sechs verschiedenen Gesichtspunkten zuwenden und dürfen erwarten, sechs »Perspektiven« – oder neue *Anschauungsweisen* kennenzulernen, die wir unmittelbar auf die Schwierigkeiten und Möglichkeiten unseres Denkens und unserer Arbeit mit dem Gestaltansatz anwenden können: (1) Die phänomenologische Sichtweise: Erfahrung, Prozeß, Widerstand; (2) Grenzen (und das Konzept der »Energie«); (3) Unterstützung (und ihr Gegenteil, Scham); (4) Das Experiment und die experimentelle Haltung; (5) Befriedigung; und (6) Kontextualisierung. Jeder dieser Punkte steht für ein Thema oder eine Gruppe von Themen, die von anderen Modellen aufgegriffen werden; jeder Punkt wird geklärt und aus der Gestaltperspektive heraus zur direkten praktischen Anwendung gebracht.

Die phänomenologische Sichtweise:
Erfahrung, Prozeß, Widerstand

Was bedeutet dieser etwas unheimliche Begriff *Phänomenologie*? Unter Phänomenologie verstehen wir das Erforschen der Organisation von Erfahrung. In diesem Zusammenhang meinen wir damit die Art und Weise, in der das Leben eines Menschen organisiert ist, und zwar *von seinem Blickwinkel aus betrachtet, also so, wie dieser Mensch sein Leben versteht und ihm Sinn verleiht*. Eine phänomenologische Perspektive einzunehmen heißt, zu versuchen, einen Zugang zur Erfahrung des anderen zu finden, die Welt des anderen und sein Verhalten so zu verstehen, wie er es erlebt, und nicht von einem äußeren, voreingenommenen Standpunkt aus. Das mag ziemlich einfach und selbstverständlich klingen, aber es gilt zu bedenken, daß die wenigsten Psychotherapien und Persönlichkeitstheorien eine solche Haltung einnehmen.

Die meisten Erklärungsmodelle menschlichen Verhaltens und Erlebens sind entweder *retrospektivisch* (das gegenwärtige Verhalten wird in irgendeiner Form durch die Vergangenheit »verursacht«) oder »*objektiv*« organisiert (d.h. man betrachtet die

Person von außen) – oder beides. Sowohl retrospektivische Systeme wie die klassische Psychodynamik als auch die meisten behavioristischen Modelle betrachten das Verhalten als durch vergangene Ereignisse oder Ereignismuster determiniert. »Triebmodelle«, wie etwa das Freudsche Modell, suchen nach einer vergangenen Ereigniskonfiguration, in der ein innerer Trieb oder eine Triebenergie auf bestimmte Weise freigesetzt wurde, und leiten daraus ein mehr oder weniger stark an sexuellen Fetischen oder anderen Zwängen orientiertes Muster für die zukünftige Freisetzung desselben Triebes ab. Dem einzelnen selbst wird die Fähigkeit, hinsichtlich dieses Musters irgendeine Entscheidung zu treffen oder sich dessen gar bewußt zu sein, nicht zuerkannt (zumindest so lange nicht, bis die Interpretation des Therapeuten ihm zu mehr Klarheit verholfen hat).

Wenn man genau hinschaut, beziehen sowohl die klassische Lerntheorie als auch behavioristische Modelle im wesentlichen dieselbe Position wie ihre langjährigen Rivalen der Freudschen Tradition. Auch hier wird die Ursache gegenwärtigen Verhaltens direkt in einem vergangenen Ereignis oder »Verstärkerschema« gesehen, durch das ein sich unerbittlich wiederholendes Muster verankert wurde. Und wieder ist der Mensch selbst im wesentlichen draußen, ist Akteur des eigenen Verhaltens, sein Träger, aber nicht die treibende Kraft in dem Sinne, daß er Quelle oder Schöpfer von etwas Neuem wäre. In beiden Modellen kommt die *Bedeutung* des Verhaltens von außen, vom Therapeuten oder dem Forscher, der die vergangene Ursache aufdeckt. Die Bedeutung liegt in der bereits vergangenen Ursache, die offengelegt und dann durch die Therapie (mit Hilfe des Therapeuten) verändert werden muß. Bedeutung und vergangene Ursache sind ein und dasselbe, eine andere Bedeutung gibt es nicht. In Modellen dieser Art ist der Klient natürlich der letzte, von dem angenommen wird, daß seine Meinung über die Bedeutung seines eigenen Verhaltens hilfreich sein könnte, denn diese Bedeutung ist ja verborgen und muß erst durch eine externe Perspektive aufgedeckt werden. Wenn wir den Klienten in diesem System überhaupt auf seine eigene Erfahrung ansprechen, dann nur, um als externe Beobachter mehr historische Daten zu sammeln und dadurch unsere eigene Konstruktion von Ursache und Bedeutung zu untermauern.

Das alles hat natürlich recht wenig mit unserer eigenen Lebenserfahrung zu tun, denn wir organisieren unser Leben und unsere Erfahrung keineswegs retrospektivisch, sondern im Gegenteil: *prospektivisch, vorausschauend.* Mit anderen Worten: Wir sind immer und notwendig damit beschäftigt, irgendwo hinzukommen, etwas zu erreichen oder zu vermeiden, uns abzusichern, anzunähern, anzukommen, etwas zu schaffen oder zu verhindern, und gleichzeitig (und das ist entscheidend) setzen wir all diese Ziele in Beziehung zueinander. Das bedeutet Leben. Wären wir nicht darauf ausgerichtet, uns und unsere Welt auf diese Weise zu organisieren, würden wir es schlechterdings nicht sehr weit bringen, weder als einzelne noch als Spezies. Der größte Teil meines Lebens – zumindest des aktiven Teils – ist ein riesiges Flechtwerk aus großen und kleinen Zielen, eingegangenen Risiken, (hoffentlich) abgewendeten Gefahren, aus Plänen, Hoffnungen und Ängsten – und den Myriaden von Abmachungen und Kompromissen, in denen ich das eine tue und das andere lasse – alles so gut zusammen- und ineinandergefügt, wie die Umstände es gerade erlauben.

Wenn man mich also fragt, *warum* ich etwas tue, wird meine Antwort wahrscheinlich nicht auf die Vergangenheit hinweisen, sondern auf *etwas, das meine Gegenwart oder die Umstände meiner Zukunft betrifft*, irgendein Ziel oder Risiko, das nach meiner subjektiven Einschätzung näher oder weiter weg zu rücken scheint und an dem ich festhalte oder das ich zu bewältigen versuche oder dem gegenüber ich mich in irgendeiner anderen Weise verhalte, und zwar so, *wie ich es in meiner jetzigen Situation betrachte*. Für mich als Agierenden und Reagierenden hat mein gegenwärtiges Verhalten eine *gegenwärtige* Ursache in der gegenwärtigen Welt, wie ich sie verstehe und mir vorstelle. Oder, um mit den Worten Kurt Lewins zu sprechen, *wir suchen nach der Ursache gegenwärtigen Verhaltens in der gegenwärtigen Dynamik des Feldes* (vgl. die Diskussion in Marrow, 1964). Wenn man mich also nach meiner Erfahrung fragt, dann kann ich sagen, meine Erfahrung besteht nicht nur aus meinem Verhalten, ja nicht einmal nur aus meinen Gedanken und Gefühlen, sondern aus all dem zusammen, gefärbt durch meine Ziele und auf sie bezogen, im Feld der Gegenwart, so wie ich es wahrnehme. Demnach ist Erfahrung alles andere als ein simples »Getriebensein« aus der Vergangenheit heraus, sondern ist *immer gegenwarts- und zukunftsorientiert*. Wenn man mich fragt, warum ich mich in einer bestimmten Weise verhalte, dann glaube ich, in diesem Sinne eine plausible Erklärung geben zu können.

Es stimmt wohl, daß ich mein Verhalten manchmal selbst nicht so ganz verstehe. Vielleicht irritiert es mich sogar hier und da, wenn man mich fragt, »was ich zu tun glaube«; oder es ist mir peinlich, entweder, weil es mich nicht interessiert oder weil ich plötzlich befürchte, keine gute Antwort geben zu können. Aber gerade diese Peinlichkeit zeigt ja, daß ich normalerweise davon ausgehe, eine vernünftige Erklärung dafür zu haben, was und warum ich etwas tue. Und sicherlich ist es völlig normal, ob im Leben oder in der Therapie, daß ich im Gespräch mit einem Freund, meinem Partner, meinem Therapeuten oder auch mit einem Fremden versuche, meine eigenen Gründe zu erforschen. Aus phänomenologischer Sicht läßt das nicht darauf schließen, daß ich von einem unbekannten Trieb oder einer mystischen Kraft der Vergangenheit bestimmt werde, sondern eher, daß ich vielleicht nicht sehr viel Erfahrung mit solchen Gesprächen habe, sei es mit mir selbst oder mit anderen. Vielleicht fehlt mir eine ausgeprägte *Sprache der Gefühle* oder ich bin es nicht gewohnt, mein Verhalten und meine Erfahrung zu reflektieren (an dieser Stelle sei bemerkt, daß eine Sprache der Gefühle oder die Gewohnheit der Reflexion in diesem Sinne keine »Luxusartikel« sind, die ein paar Leuten durch die Therapie zur Verfügung stehen, sondern natürliche und elementare Entwicklungsleistungen, die in direktem Verhältnis zur Lebensqualität und der mehr oder weniger erfolgreichen Organisation eines stimmigen und befriedigenden Lebens stehen).

In diesem Fall würden wir sagen, daß in meiner Entwicklung mit einiger Wahrscheinlichkeit das »empathische Spiegeln« gefehlt hat, das die Entwicklung einer Sprache der Gefühle und der Reflexionsfähigkeit begünstigt. Aber – und das ist der entscheidende Punkt sowohl für die Therapie als auch für die Paarbeziehung – *die gegenwärtige Erfahrung der Empathie, des Zuhörens und des Spiegelns fördert die gegenwärtige Entwicklung dieser Fähigkeiten,* und über kurz oder lang werde ich die aktuellen Gründe entdecken, nach denen ich mich und meine Welt »hier und jetzt« organisiere. Und auf der Metaebene dieses Lernprozesses werde ich auch herausfinden, wie ich solche Dinge über mich und andere entdecken kann. Auch hier ergeben sich unmittelbare und bedeutsame Konsequenzen für die Paarbeziehung und die Paartherapie.

Die Dinge so zu betrachten heißt nicht, davon auszugehen, daß die Vergangenheit in meinem Verhalten und meiner Erfahrung keine Rolle spielt. Das tut sie sehr wohl, und zwar auf indirekte und kraftvolle Weise, weil sie meine gegenwärtigen *Erwartungen und Überzeugungen* geformt hat, und diese Erwartungen und Überzeugungen – ebenso wie meine Wünsche und die Wahrnehmung meiner selbst und der Welt, wie sie sich gegenwärtig darstellt – dienen dazu, mein Verhalten und meine Erfahrung *in der Gegenwart* zu prägen und zu überprüfen. Für den Paartherapeuten beinhaltet das eine sehr feine aber weitreichende Akzentverschiebung, und zwar von »Was ist dir widerfahren? Wie hat man dich in der Vergangenheit behandelt?« zu »Was erwartest du *heute* von deinem Partner? Wie sehen deine Hoffnungen und Befürchtungen hier und jetzt aus? Wie willst du jetzt von diesem Menschen und in eurer gemeinsamen Beziehung behandelt werden?« Und folglich: »Was bist du bereit, dafür zu tun? Möchtest du diese Erwartung enttäuschen, darüber verhandeln, daran festhalten, etwas ausproppieren?« In den meisten Paartherapiesystemen haben beide Fragestellungen ihren Platz, sowohl die vergangenheits- als auch die gegenwartsbezogene. Der entscheidende Unterschied besteht in der Akzentverlagerung, die ihrerseits eine Wende im Handlungsablauf widerspiegelt, und zwar von der Zurückhaltung zur Unmittelbarkeit, von der Vergangenheit, als die Partner in verschiedenen Welten lebten, zu ihrer lebendigen Beziehung, wie sie sich heute darstellt und dem, was sie daraus machen wollen. All das ist Ausdruck der experimentellen Haltung, die mit der phänomenologischen Verlagerung von der Vergangenheit zur Gegenwart einhergeht, und die später noch ausführlicher besprochen werden wird.

Dieser Wechsel zur phänomenologischen Perspektive führt auch zu einem neuen Verständnis eines anderen bedeutsamen Konzeptes der Paartherapie, nämlich des *Prozeßbegriffs,* der ebenfalls häufig angewendet, aber weitgehend unbestimmt gelassen wird. Sicherlich bezeichnet *Prozeß* in keinem System einfach nur »alles, was geschieht«. Damit hätten wir ein völlig überdimensioniertes und sinnloses Gewirr von Daten, ja noch nicht einmal das, denn der Begriff *Daten* impliziert bereits eine Auswahl aus der verwirrenden Vielfalt sinnlicher Eindrücke und ihre Organisation nach bestimmten Kriterien. Wenn wir hier vom »Prozeß« sprechen, dann meinen wir damit vielmehr Ereignisse und Verhaltensweisen (einschließlich innerer Ereignisse und Verhaltensweisen wie Gedanken, Gefühle und Überzeugungen) *bezogen auf das, was die Beteiligten zu tun versuchen*, sowohl in einem bestimmten Augenblick als auch in ihrem Leben überhaupt. *Prozeß* bezeichnet also nicht »alles, was passiert«, sondern alles, was im Hinblick darauf passiert, was jemand erreichen will, im Hinblick auf die Bedeutung, die er dem gegenwärtigen Feld, so wie er es sieht, zukommen läßt, und im Hinblick auf die Organisation alles dessen entsprechend seiner subjektiven Wahrnehmung und Ziele.

Diese Unterscheidung zieht nicht nur für die Therapie unmittelbare Konsequenzen nach sich. Was, wenn jemand keine klaren Vorstellungen davon hat, was er erreichen oder verhindern will oder nicht damit vertraut ist, den Zusammenhang zwischen Verhalten und Absicht, zwischen Handlung und Wirkung zu spüren? Aus einer Gestaltperspektive heraus können wir als erstes feststellen, *daß wir alle, ob Psychologen oder nicht, ein solches Bild sofort als pathologisch erkennen*. Als Kliniker denken wir unmittelbar an Begriffe wie »impulsgetrieben«, »soziopathisch«, »verhaltensgestört«, »organische Störung« oder »Retardierung«. Entwicklungspsychologisch suchen wir nach schweren Störungen früher Bindungen, nach Verletzungen, die noch vor der »narzißtischen« Phase liegen könnten (weil die »narzißtische« oder narzißtisch organisierte Persönlichkeit, wie wir lieber sagen würden, im Zusammenhang mit dem Schutz eines fragilen Selbst-Prozesses eine kohärente Organisation aufweist). All das bekräftigt unsere phänomenologische und erfahrungsnahe Gestaltperspektive, denn das unverwechselbar Menschliche und von Natur aus Gesunde ist *die Organisation des Selbst und des Verhaltens im Hinblick darauf, was für uns Bedeutung hat* (und daher unsere Vermutung einer frühen Bindungsstörung, denn eben diese grundlegende Verbindung zwischen Selbst und Bedeutung, zwischen Verhalten und Ziel scheint zu fehlen oder verkümmert zu sein). So sind und müssen wir beschaffen sein; und eben das bedeutet – in einem sehr wirklichen Sinne – Leben, sowohl als kohärentes Selbst als auch in Partnerschaften und anderen Beziehungen.

In weniger schwerwiegenden Fällen können wir davon ausgehen, daß dieses Bindeglied, diese organisierte Verbindung, hervorgebracht und im Dialog mit dem intimen anderen geklärt werden kann (in diesem Fall also mit dem Partner und mit Hilfe des Therapeuten). Und wiederum ist das Ergebnis des Dialogs nicht bloß die Klärung eines aktuellen Konfliktes oder einer Enttäuschung, sondern erstens ein verfeinerter Prozeß, in dem man sich selbst und den anderen in der Zukunft erkennt, und zweitens eine Verbesserung der Lebensqualität. Doch selbst in Fällen größerer Beeinträchtigung sind wir als Gestalttherapeuten noch davon überzeugt (und diese Annahme ist empirisch fundiert), daß eine solche Organisation und Verbindung zumindest potentiell existiert, und daß der Mensch eine natürliche Disposition hat, sich »zu verbinden« und das Selbst auf diese Weise zu organisieren.

Diese Sichtweise führt zu einem radikalen Wandel unserer Vorstellung von »Widerstand«, genauer: unserer Vorstellung darüber, was Widerstand ist und wozu er gut ist. Aus meiner Sicht als Klient oder Partner, der verstanden werden möchte, bedeutet »Widerstand« einfach, daß ich nicht das Gefühl habe, richtig verstanden zu werden. Dahinter steckt sicherlich immer auch eine mehr oder weniger ausgeprägte Protesthaltung (oder Resignation oder Verzweiflung oder alles zusammen) und die Frage, ob mein Partner, Therapeut oder sonst jemand mich überhaupt richtig verstehen kann, bzw. (was auf dasselbe hinausläuft) ob ich mich so ausdrücken kann, daß ich hoffen darf, jemals richtig verstanden zu werden. Auch hier ist es wichtig im Hinterkopf zu behalten, daß diese Überzeugung, diese Hoffnung oder Resignation hier und jetzt, also in der Gegenwart auftreten, und daß sie in den Dialog, in die Entdeckungen und das Experiment mit einfließen müssen; sie müssen *ins Spiel* gebracht werden, sowohl im Kontext der Therapie als auch im Leben des Paares.

Widerstand ist Information, ist die entscheidende Rückmeldung, und zwar im dialogischen System wie auch im Leben außerhalb der Therapie. Therapeuten wissen, daß die hartnäckigsten Probleme nicht durch den Widerstand hervorgerufen werden, sondern durch Resignation und Verzweiflung, durch den Verlust der Hoffnung, daß selbst der Widerstand noch produktiv auf das Feld einwirken könnte. In diesem Fall muß sich die therapeutische Arbeit zunächst auf die Förderung der Widerstandsenergie konzentrieren, sie muß die Verzweiflung auf die Ebene des Protestes heben, die gedämpfte Stimme würdigen und dazu einladen, jede Verletzung auszusprechen; aber das ist nur möglich, wenn man aufrichtig daran interessiert ist zu erfahren, was dem Klienten oder Partner hier und jetzt nicht gut bekommt – außerhalb des Rahmens klinischer Kategorien oder Urteile wie »überhöhte Ansprüche«, »Unreife« oder gar »Borderline« und »Narzißmus«. »Borderline« heißt ja eigentlich nur, daß jemand in diesem Augenblick durch mich eine unerträgliche Verletzung erfährt, gerade jetzt – während wir miteinander reden, und zwar so sehr, daß er eine bedrohliche Art von Selbstentfremdung erlebt. In diesem Fall ist es kaum hilfreich, ihn darauf hinzuweisen, wie schnell er in einen solchen Zustand gerät (Wie mein Mentor Edwin Nevis es ausgedrückt hat, ist das kein »lehrfähiger Augenblick,« abgesehen davon, daß der Betreffende meist selbst allzugut um seine Empfindlichkeit weiß.). Die Aufgabe besteht vielmehr darin, diesen Moment und diese Verletzung im Dialog zu verhandeln (oder als Lehrer und Therapeut den Prozeß des Paares zu begleiten). Mit Hilfe der phänomenologischen Sichtweise, durch die wir die Gültigkeit der bestmöglichen Konstruktion von Erfahrung und Bedeutung würdigen, derer der Klient im Augenblick fähig ist, finden wir unweigerlich die Stelle im Prozeß, an der wir den anderen verletzt oder verpaßt haben. Hier wird unser eigenes »Selbstsystem«, unser Zusammenhalt und unsere Grenze zum Thema; wir müssen uns entscheiden, ob wir erklären und uns verteidigen oder zuhören und uns dem anderen öffnen – womit wir eine weitere polare Dynamik der Paarbeziehung und des Lebens ansprechen.

Grenzen und »Energie«

Fast jede Art von Paar- und Familientherapie gebraucht das Wort *Grenze* in der einen oder anderen Weise, normalerweise allerdings, ohne den Versuch einer prozeßhaften Definition zu unternehmen und die therapeutischen Implikationen deutlich zu machen. In der Begrifflichkeit der Gestalttherapie bezeichnet Grenze einfach jeglichen »Unterschied im Feld«. Da unsere Wahrnehmung auf der Registrierung von Unterschieden beruht, sind Grenze, Wahrnehmung und Gewahrsein für den Prozeß ein und dasselbe. Und da unser »Feld« per definitionem ein phänomenologisches ist, also unsere Welt, *wie wir sie sehen*, bezeichnet Grenze alles, was »da draußen« *für mich einen Unterschied darstellt*. Und genau wie die Wahrnehmung, ist nach gestalttheoretischem Verständnis auch die Grenze nicht nur eine Markierung, ein passiv wahrgenommener Unterschied, sondern ist *immer in ein zusammenhängendes Ganzes eingebaut*; darin sehen wir die Bedeutung der Gestaltrevolution in der kognitiven Psychologie vor mehr als hundert Jahren. D.h. es gibt keine Wahrnehmung, keine Erkenntnis eines Unterschiedes oder einer Grenze ohne *Bedeutung*, keine Loslösung oder »Entbindung« der Wahrnehmung selbst oder »dessen, was wir sehen« von seinem Platz und seinem Wert innerhalb des gesamten Feldes oder »Lebensraumes« (um noch einmal auf Lewins bekannten Begriff zurückzugreifen). Grenzen zu schaffen und Bedeutung zu schaffen ist auf der Prozeßebene ein und derselbe konstruktivistische Akt, es ist der Prozeß, der unserer menschlichen Natur entspricht (»menschliche Natur« als das, was wir *nicht nicht-tun können*).

Was aber sind zu einem gegebenen Zeitpunkt die »bedeutsamen Unterschiede« für den Partner oder einen anderen Menschen? Die Antwort des Gestaltpsychologen Kurt Lewin lautet: *das Bedürfnis organisiert das Feld*. Das, hinter dem du her bist, was du erreichen willst – in diesem Moment, oder im Leben insgesamt – bestimmt den positiven oder negativen Wert dessen, was du in der Welt siehst (auch hier zeigt sich die Identität von Sehen und Bewerten aus gestalttherapeutischer Sicht). Das ist natürlich eigentlich nur eine andere Ausdrucksweise für denselben Gedanken, den wir im vorherigen Abschnitt entwickelt haben: wir organisieren das »Feld« hinsichtlich dessen, was für uns *Bedeutung* hat, d.h. wir lenken unsere Aufmerksamkeit darauf, wählen Teile aus, bewerten sie und setzen sie in Beziehung zu einem organisierten Ganzen, zu einem Zielzustand. Tun wir das nicht, dann ist unser Verhalten rein zufällig oder aber eine permanente Wiederholung, was auf dasselbe hinausläuft; in jedem Fall erhalten wir ein Muster oder das Fehlen eines Musters, das wir als pathologisch betrachten.

Bei den meisten Paaren und Klienten, die unter weniger starken Störungen leiden, können wir beobachten, daß unklare Grenzen – in bezug auf das Selbst, auf Gefühlszustände oder in bezug auf die Frage: Wer ist wer, und wer will was? – unklare und unbefriedigende Lebensläufe hervorbringen. Legt man das Bild zugrunde, das wir hier vom Leben und dem Prozeß entwerfen, kann das eigentlich gar nicht anders sein. Wenn wir die Grenze oder den kohärenten Unterschied zwischen uns selbst und dem anderen nicht klar erleben – wenn ich z.b. kein klares Bild davon habe, wer von uns etwas Bestimmtes will, wer etwas mag oder nicht mag oder wer von uns beiden ein bestimmtes Gefühl wie Wut, Traurigkeit, sexuelle Erregung usw. hat –, dann kommt es zwangsläufig zu einer Verwirrung der Energie, die ich in diese Gefühle und Verhaltensweisen investiere, d.h. die Energie wird entweder zurückgehalten, übertrieben, abgeschwächt oder verfälscht. Und der Prozeß, der daraus für uns beide resultiert, ist dann gleichermaßen verwirrend und unbefriedigend. Und wenn ich innerhalb meiner eigenen Erfahrung keine deutlichen Grenzen erlebe – keinen klaren Sinn für den Unterschied zwischen dem, was ich will und was ich nicht will, oder zwischen meinen Gedanken und meinen Gefühlen hinsichtlich einer bestimmten Sache (was letztendlich große Unterschiede oder sogar Widersprüche beinhalten kann) –, wird meine Investition von Energie und meine Bereitschaft, ein bestimmtes Ziel zu erreichen, zwangsläufig durcheinandergebracht oder behindert. Noch einmal: das alles erscheint bei näherer Betrachtung als sehr selbstverständlich oder »erfahrungsnah«. Wenn das Bedürfnis das Feld organisiert und ich kein klar begrenztes, organisiertes Gefühl dafür entwickeln kann, was ich will oder brauche, oder wer es sonst will oder braucht, dann nehmen meine Aussichten auf Befriedigung deutlich ab.

Wir betrachten Grenzen hier bereits unter einem *energetischen* Aspekt, womit wir wiederum einen allgemeinen psychologischen Begriff verwenden, der überall benutzt, aber nirgendwo definiert wird. Was wir hier als *Energie* bezeichnen, ist einfach *die Fähigkeit zu arbeiten*, zu organisieren und uns auf ein erwünschtes Ziel zu-, oder uns von einem unerwünschten Umstand wegzubewegen. Aber dieser Prozeß ist keineswegs einfach. Um etwas anzustreben, müssen wir fähig sein, zu wissen was wir wollen und fühlen (oder wir müssen fähig sein, das im Dialog zu erforschen), unsere Aufmerksamkeit darauf zu lenken, alle notwendigen Schritte zu erkennen und zu unternehmen (denn meistens ist das, was uns sehr wichtig ist, weder einfach noch unmittelbar verfügbar), *Unterstützung* zu mobilisieren (z.B. durch unseren Partner), mit konkurrierenden Bedürfnisfiguren und anderen Ablenkungen zurechtzukommen und uns im wörtlichen oder übertragenen Sinne in unserem »Lebensraum« zu bewegen. Gleichzeitig müssen wir dieses Ziel, diese Aktivität zu den zahllosen anderen großen und kleinen Zielen und Schwierigkeiten in Beziehung setzen, die die Komplexität des Lebens ausmachen, und es dort hinein integrieren (denn das Leben wartet nicht darauf, daß wir die Dinge eins nach dem anderen in Angriff nehmen und erledigen). Das bedeutet Leben, und deshalb ist es so reich und komplex und potentiell so problematisch. Kein Wunder, daß sich ein Teil unserer tiefsten Sehnsucht auf einen Freund oder Partner richtet, *der uns in der ganzen Komplexität dieser Konstruktion und Erfahrung sieht* und uns im Dialog hilft, uns selbst zu entdecken, indem er diesen Prozeß des Differenzierens und Integrierens, des Entbindens und Sich-Einbringens unterstützt. Das macht eine intime Partnerschaft aus, und deshalb ist Intimität so notwendig, um leben und wachsen zu können.

In klinischen Begriffen ausgedrückt heißt das, *daß die Menge der für die Arbeit verfügbaren Energie – in der Paarbeziehung und jeder anderen Lebenssituation – direkt vom Zustand der Grenzen innerhalb des Systems abhängt.* Die praktische Bedeutung dieser Aussage wird sofort klar, wenn wir die *zeitliche Dimension* mit in den Blick nehmen. Bewegung auf ein Ziel hin (oder von einer Gefahr weg) impliziert nicht nur Bewegung durch den Raum, sondern auch durch die Zeit (denn der Begriff *Lebensraum* hat ja auch eine zeitliche Komponente). Demnach beinhaltet das Problem der Mobilisierung, also allein oder mit jemand anderem irgendwo anzukommen oder etwas zu erreichen, die Notwendigkeit, der Energie eine Richtung zu geben und das Energieniveau für eine gewisse Zeit aufrechtzuerhalten. Ohne den Versuch, Bewegung und Richtung beizubehalten, verläuft die ganze Aktivität im Sande und verliert sich in allen möglichen Anforderungen des Lebens, gerät ins Stocken oder verschiebt sich auf irgendein anderes Problem – wie sich in vielen problematischen Paarbeziehungen zeigt. Die *Grenze* repräsentiert die Möglichkeit, sich immer wieder an dem gewählten Ziel zu orientieren und darauf zuzugehen, also fortwährend auszuwählen und zu beurteilen, was innerhalb dieser Grenze liegt und dem Ziel dient bzw. was außerhalb liegt und davon wegführt. Das heißt *Grenze* – im wirklichen Leben und durch die Zeit. Metaphorisch können wir uns eine Schale oder ein Gefäß vorstellen, das die Energie enthält, den Antrieb und die Richtung der Arbeit. Sind die inneren oder die zwischenmenschlichen Grenzen »undicht«, dann läuft die Energie aus. Das Ergebnis ist Desorganisation und Unzufriedenheit und eine mehr oder weniger große Verwirrung darüber, was geschehen und wo es schiefgegangen ist.

Wenn wir in der Gestalttherapie bei Paaren oder anderen Klienten auf Verwirrung und Unzufriedenheit stoßen, treten wir einen Schritt zurück und bitten sie, den Zustand der Grenzen im System zu erforschen – die zwischenmenschlichen Grenzen und die Grenzen der Klarheit und des Ausdrucks der Erfahrung. Der Grund dafür ist, daß die Arbeit des Zusammenlebens es erfordert, die Energie zu organisieren und ihr durch die Zeit eine Richtung zu geben, und daß dieser »Eingrenzungsprozeß« für die Kommunikation auf dem Weg zu einem befriedigenden Ergebnis entscheidend ist. Dabei spielt es keine Rolle, ob dieses Ergebnis in einer erledigten Arbeit besteht, in der Kindererziehung, einer sexuellen Begegnung oder im dialogischen Prozeß selbst, in dem die Partner zum »verbindenden Agens« oder zum organisierenden Spiegel und Gefäß werden – für die gegenseitige Entfaltung ihrer Erfahrung und für die fortdauernde Entwicklung ihrer selbst.

Unterstützung und Scham

Beginnen wir auch hier wieder mit phänomenologischen, »erfahrungsnahen« Gesichtspunkten, dann ist Unterstützung einfach das, was ich brauche, um da anzukommen, wo ich hin will, angefangen mit der Unterstützung, die ich brauche, um überhaupt zu wissen, was ich brauche und wo ich hin will. Anders ausgedrückt: Um zu wissen, was mich unterstützen kann, muß deutlich sein, was ich vorhabe, wie meine Welt sich von meinem Standpunkt aus darstellt. Wenn ich noch nicht genau weiß, was ich im Moment brauche – was ich fühle, was ich will, wo meine Wünsche und Verpflichtungen mich hinziehen –, dann kann ich versuchen, das durch den *intimen Dialog* mit dem Therapeuten und/oder meinem Partner herauszufinden. Der Dialog ist ein Prozeß aktiven Zuhörens (dazu gehört auch das Infragestellen und die Erfahrung der Unterschiedlichkeit). Der Dialog ist die empathische oder intersubjektive Erforschung, die die innere Welt eines Menschen bestätigt. Das kann auch bedeuten, über materielle Arten der Hilfe zu verhandeln, wenn ich z.B. möchte, daß mein Partner mir bei der Kinderbetreuung hilft oder mich finanziell unterstützt, weil ich mich weiterbilden, die Arbeitsstelle wechseln oder andere Veränderungen in meinem Leben vornehmen will. (Ich brauche auch Unterstützung, um erst einmal zu verstehen, warum ich diese Veränderung brauche, und auch hier geht es nicht in erster Linie um Übereinstimmung, sondern darum, daß ich mit meinem Anliegen und meiner Sichtweise gesehen werde.) In jedem Falle ist es die Unterstützung, angefangen mit der Anteilnahme und der Klärung meiner Erfahrungswelt, die das Problem in die Grenzen des Erreichbaren zurückführt, in den Rahmen dessen, was ohne übermenschliche oder selbstzerstörerische Anstrengungen erreicht werden kann. Insofern sind Anteilnahme und Klärung in der Therapie und in der Partnerschaft dasselbe.

Fehlt die Unterstützung, dann ist das Feld durch Streß und Widerstand gekennzeichnet. Streß ist eigentlich nichts anderes als *eine Herausforderung ohne Unterstützung*, etwas, *mit dem ich zu alleine bin*. Auch hier gilt: sobald ich einmal weiß, welche Richtung ich einschlagen muß, brauche ich vielleicht Unterstützung für die Aufgabe selbst (wenn mehr Arbeit zu tun ist, als ein einzelner schaffen kann), oder für den Prozeß der Eingrenzung und Ausrichtung meiner Energie im oben beschriebenen Sinne. Es kann auch sein, daß ich die Arbeit zwar leisten kann, mich aber in meinem *Erleben* zu alleine fühle. Auch hier ergeben sich ganz praktische und unmittelbare Konsequenzen für die Paartherapie. Wir nutzten den Widerstand des Klienten (entweder gegenüber dem Therapeuten oder dem Partner) im wesentlichen als Rückmeldung und betrachten ihn per definitionem als Zeichen dafür, daß es innerhalb des Erfahrungsfeldes zu wenig Unterstützung gibt. Anstatt die Feldkonstruktion unseres Klienten zu interpretieren oder zu korrigieren, versuchen wir, Unterstützung zu mobilisieren, oder wir helfen ihm, die Unterstützung, die er von uns oder seinem Partner braucht, selbst zu suchen. Aber die erste und wichtigste Unterstützung besteht darin, seine Erfahrungswelt kennenzulernen und zu würdigen.

Vielleicht reagiert der Klient auf die Frage »*Was brauchst du*, um den nächsten Schritt zu machen, um mit dem Problem fertigzuwerden oder um eine bestimmte Veränderung herbeizuführen?« zunächst erstaunt und hilflos; aber genauso oft führt diese Frage zu einer ganz anderen Art von Erstaunen, wenn der Klient nämlich merkt, daß er sehr wohl weiß, was ihm den nächsten Schritt ermöglichen, den Streß reduzieren, den Widerstand kleiner machen oder sogar auflösen würde, wenn diese Unterstützung im Feld nur verfügbar wäre und *wenn er nur in der Lage wäre, danach zu fragen und sie anzunehmen.* Für viele Klienten (und Therapeuten) widerspricht diese neue Haltung, ein Problem immer an der *fehlenden Unterstützung* zu messen, der lebenslangen persönlichen und kulturellen Konditionierung, bei der Unterstützung mit Schwäche, und Interdependenz mit einer Bedrohung des Selbst gleichgesetzt wurde. Deshalb ist es nicht unbedingt leicht, eine solche Haltung einzunehmen. Und tatsächlich führt der Abbau der alten, kulturell sanktionierten Komposition von Unabhängigkeit, »Wille« und Scham zu einem Paradigmenwechsel in der Erziehung, die die meisten von uns kennengelernt haben. Hier handelt es sich um eine der weitreichendsten Konsequenzen, die die gestalttherapeutische Arbeit nach sich zieht. Vor allem für die männlichen Klienten ist dieser Wechsel nicht immer leicht zu vollziehen, aber der Paartherapeut hat allen Grund davon auszugehen, daß sich auf diesem Gebiet kein Klient wirklich zu Hause (oder genügend »unterstützt«) fühlt. Eher schon können wir davon ausgehen, daß diejenigen, die ihr Leben und ihr Feld stärker auf das Geben und Nehmen von Unterstützung hin organisieren, weitaus weniger auf den hilfreichen Kontext einer formalen Therapie und die damit einhergehende Lernerfahrung angewiesen sind. Und wenn die Klienten bereits in der Lage sind, zu organisieren und auf ein unterstützendes Feld zurückzugreifen, um den andauernden Prozeß der Auseinandersetzung und Artikulation ihrer Erfahrung und ihrer Ziele zu fördern und Menschen zu finden, die mit ihnen gemeinsam auf diese Ziele zugehen, dann ist die therapeutische Arbeit im wesentlichen erledigt, und sie können ihr Leben leben, miteinander und gemeinsam mit anderen.

Widerstand ist gewissermaßen das Gegenteil von Unterstützung, er ist ein Zeichen dafür, daß Unterstützung fehlt. Wenn du also anfängst, *meinen Widerstand zu unterstützen,* dann ist das die erste Unterstützung, die du mir geben kannst, weil du versuchst, meine Welt so zu sehen wie ich sie sehe. Selbst wenn du mir sagen willst (und vielleicht ist es wichtig für mich, das zu hören), daß ich etwas falsch sehe (das Bewußtmachen eines ungeprüften Überzeugungssystems im Sinne der Verhaltenstherapie), bin ich trotzdem darauf angewiesen, daß du siehst was ich sehe, um dein Feedback als hilfreich und überzeugend annehmen zu können.

Ist diese Unterstützung einmal gegeben, stellt sich oft heraus, daß mehr gar nicht nötig ist. In der Arbeit mit Paaren sind solche Erfahrungen nicht selten. Oft hören wir einen der Partner sagen:»Ich möchte einfach nur, daß du mich *hörst*«, oder »Ich brauche das Gefühl, daß du *siehst*, wie sehr ich unter Streß stehe (durch die Arbeit, die Kinder, deine oder meine Eltern etc.), damit ich weiß, daß du das anerkennst.« Die therapeutische Aufgabe ist dann, dem Paar zu helfen, dieses Sehen und Hören zu verhandeln, sowohl als Lernprozeß im Hinblick auf die Zukunft als auch als Experiment in der Gegenwart, denn die Befriedigung dieses Bedürfnisses kann andere, verstecktere Gefühle und Themen an die Oberfläche bringen (etwa das, womit der andere sich nicht anerkannt fühlt, oder die Schwierigkeit, Probleme oder starke Gefühle zu haben und zu ertragen, ohne sie sofort »beheben« zu wollen; zu »sein« ohne zu »machen«, oder die Frage, warum du zu sauer, traurig, verletzt oder zu ängstlich bist, um mich zu sehen, und was wir damit anfangen). Wenn Widerstand der Gegenpol von Unterstützung ist, dann ist das direkte Gegenteil von Unterstützung sicherlich Scham. Letztendlich bedeutet Unterstützung deine *Anteilnahme* an meiner inneren Welt, eine Art Begegnung an der Grenze (unabhängig davon, ob wir übereinstimmen – das ist eine völlig andere Frage) als einer Konstruktion mit eigener Integrität und Gültigkeit, die es wert ist, gesehen, gehört und gemeinsam entwickelt zu werden. Aus diesem Verständnis heraus können dann andere, »konkretere« Gesten der Unterstützung erwachsen, aber wir alle wissen, als Therapeuten und als Partner in intimen Beziehungen, wie außerordentlich wichtig und wertvoll diese Anteilnahme für unsere Stabilität und unser Wachstum ist.

Wenn wir nicht auf diese Art gesehen und bestätigt werden, entsteht Scham. In der Gestaltterminologie bezeichnet Scham einen Zustand des tatsächlichen oder drohenden Zusammenbruchs an der Grenze, *die uns sowohl mit anderen verbindet als auch von ihnen unterscheidet*. Wenn der Gestaltansatz die *Einheit des Feldes* so nachdrücklich betont, dann deshalb, weil er die Notwendigkeit von Kontakt und Verbindung erkennt, nicht nur während der Kindheit, sondern das ganze Leben hindurch. Phänomenologisch betrachtet ist Scham die Bedrohung der Aufhebung dieses Kontaktes oder des Kontextes, in den das Selbst eingebunden ist. Die Gesellschaft konditioniert uns darauf zu glauben, wir könnten es ohne diese Verbindung zu anderen schaffen, zumindest nachdem wir die »Abhängigkeit« der Kindheit hinter uns gelassen haben; es geht sogar so weit, daß wir in Anlehnung an die klassische Freudsche Sichtweise versuchen zu glauben, seelische Isolation sei ein Zeichen von Gesundheit. Doch unsere Erfahrungswirklichkeit lehrt uns anderes. Selbst im Erwachsenenalter führt das Fehlen von Unterstützung durch eine Bezugsgruppe, die uns Wertschätzung und Anteilnahme entgegenbringt, zu einer Art seelischem Tod, der entweder den Zerfall oder die Erstarrung des Selbst nach sich zieht. In der Tat bleibt ein Großteil des Ärgers und der Zerstörungsbereitschaft in Beziehungen rätselhaft und nicht behandelbar, solange wir diese Gefühle nicht im Kontext der Dynamik einer tief verinnerlichten Scham betrachten (zur direkten Anwendung dieser Sichtweise in der Paartherapie vgl. Robert Lees Beitrag in diesem Buch). Deshalb verhalten sich Scham und Unterstützung in gewisser Weise umgekehrt proportional zueinander, und daher unser großer Hunger nach einem intimen Gegenüber (vor allem in diesen Zeiten der Zersplitterung der Gemeinschaft), der uns sieht und kennt, auch jenseits von Handeln und Verhandeln, von Planung und Problemlösung. Hier geht es nicht nur um die Freuden der Intimität, sondern um die Integrität und Festigkeit des Selbst. Mit dem Druck, den diese Probleme auf die Beziehung ausüben, steigt auch die Möglichkeit des Wachstums in der Beziehung und in der Paartherapie.

Das Experiment und die experimentelle Haltung

Die meisten Leute, die das Gestaltmodell nicht oder nur ansatzweise kennen, haben häufig zumindest die Vorstellung, daß es etwas mit Experimenten zu tun hat, mit dem Ausprobieren – manche würden sagen »Ausagieren« – von neuem Verhalten. Was bedeutet das, und welche Möglichkeiten bietet es uns in der klinischen Praxis mit Paaren oder anderen Settings?

Zunächst einmal wird inzwischen bereits deutlich geworden sein, daß der Handlung an sich im Gestaltansatz nicht sehr viel Platz eingeräumt wird. Die Betonung liegt ganz deutlich auf der Veränderung des *Gewahrseins*, der Organisation der Wahrnehmung, dem Gefühl und der Bedeutung, und zwar einfach deshalb, weil die Dynamik der Wahrnehmung und die Bedeutung als die gegenwärtig relevanten Determinanten des Verhaltens betrachtet werden. Das Experiment als Vorschlag, neues Verhalten auszuprobieren, richtet sich demnach vor allem auf eine neue Organisationsform des Gewahrseins, es ist ein »Herumspielen« mit der *Sicht der Welt* des Partners oder Klienten und den Möglichkeiten, die diese Sicht mit sich bringt. Das kann heißen, daß man vorschlägt, während oder außerhalb der Sitzung ein bestimmtes neues Verhalten auszuprobieren, wie das in vielen klinischen Beschreibungen dargestellt wurde (z.B. in der beeindruckenden Arbeit von Joseph Zinker, der auch zu diesem Buch beigetragen hat). Es gibt auch direktere und natürlichere Formen des Experiments, wie z.B. den Vorschlag: »Versuchen Sie, das Ihrem Partner direkt zu sagen, gleich hier«, oder »Was würden Sie beide tun, wenn Sie nicht das täten, was Sie gerade tun (diskutieren, eisern schweigen oder irgendein anderes gewohntes Verhalten)?« In diesen einfachen Beispielen besteht das Experiment nicht nur aus einer neuen Verhaltensweise, sondern auch aus neuen Gedanken und Gefühlen, aus einem neuen Gewahrsein, das an die Oberfläche dringt, wenn die Beziehungspartner ihre gewohnten Interaktionsmuster aufbrechen (ihre habitualisierte »Abwehr«, um einen Begriff aus der Psychodynamik zu verwenden). Wenn das passiert, dann tauchen all die Gefühle und Ängste, die innerhalb des alten, unbefriedigenden Musters als unerträglich oder unlösbar empfunden und deshalb deflektiert oder zurückgehalten wurden, als unmittelbar fordernde Themen auf, als »bedeutsame Figuren«. An dieser Stelle geht es wieder darum, *Unterstützung* bereitzustellen und auszuhandeln, wenn möglich direkt zwischen den Partnern selbst, so daß die wirklichen unterschwelligen Themen und Gefühle im Gewahrsein – oder »im Spiel« – bleiben können und dadurch der Auflösung und einer neuen Organisationsform im Feld zugänglich sind. (In diesem Sinne bedeutet »Übertragung« letztlich, ein Problem oder eine Dynamik im aktuellen Feld so durchzuspielen, als tauche es in einem Feld der Vergangenheit auf, mit den damals vorhandenen Grenzen und Einschränkungen des Verhaltens, der Teilnahme und der Unterstützung. Mit anderen Worten: es handelt sich dabei um ein Problem der *Organisation des Gewahrseins* und der *Bedeutung*, die dem gegenwärtigen Feld beigemessen wird.)

In der Psychodynamik sprechen wir vom »sekundären Gewinn«. Wenn ein Paar bestimmten alten Mustern folgt, dann hat das einen dynamischen Grund. Meistens handelt es sich dabei um irgendein Bedürfnis, das durch dieses Muster nicht befriedigt werden kann, denn warum sollten die Partner sonst zur Paartherapie kommen. Nichts ist dem Paar- oder Familientherapeuten so vertraut wie folgende Situation: die Therapie beginnt, man spricht und einigt sich darüber, daß irgendein problematisches Verhalten verändert werden soll, und tatsächlich machen die Klienten während der ersten Phase deutliche Fortschritte, um dann aber schon bald wieder zu ihren alten Mustern oder deren Neuauflagen zurückzukehren (der psychodynamische Ausdruck lautet »Symptomsubstitution«). Das einnässende Kind ist nach Jahren zum ersten Mal symptomfrei, nur weil der Vater verspricht, jeden Abend eine Stunde lang mit ihm zu spielen; und dann plötzlich hört er wieder auf, diese Zeit gemeinsam mit seinem Kind zu verbringen! Oder einer der Partner beendet eine Affäre, die viel Schmerz und Zerstörung mit sich gebracht hat, woraufhin die Probleme in der Beziehung nicht weniger, sondern nur noch schlimmer werden. An diesem Punkt ist die Therapie (und das Leben) eine Gratwanderung: natürlich wünschen wir uns Fortschritte und hoffen, daß unsere Beziehungsprobleme möglichst schnell gelöst werden können, aber wir sind mißtrauisch gegenüber den schnellen Lösungen der Verhaltensmodifikation, weil wir glauben, daß das Verhalten selbst von einer realen, aktiven Dynamik im Feld unterstützt wird. Wäre das nicht der Fall, dann hätten die Partner es durch eine einfache Entscheidung ändern können und nie zur Therapie zu kommen brauchen. Diese Dynamik zu verändern heißt aber wiederum, *in die Welt des Klienten einzutreten*, zu verstehen, wo mit welchen Fallen zu rechnen ist und beiden Partnern zu zeigen, wie sie mit diesem intimen Wissen umgehen und die Veränderung bei sich und beim anderen unterstützen können. Ohne diese Auseinandersetzung, die jeder der beiden Partner als Unterstützung für die Neuorganisation seines Gewahrseins, also *für die Neueinschätzung der Risiken und Möglichkeiten im Feld* braucht, arbeiten wir »bergauf« und versuchen mühsam, eine Verhaltensänderung herbeizuführen, die der bestmöglichen Einschätzung von Sicherheit und Aussicht auf Befriedigung des Klienten vielleicht zuwiderläuft. Auch wenn all das offensichtlich erscheint, ist es doch immer noch so, daß die meisten psychotherapeutischen Schulen in diesem Sinne »bergauf« arbeiten, ohne den konstruktiven Prozeß der Klienten zu respektieren und zu unterstützen, dessen Stärke mit ihrer Gesundheit zu tun hat. Und wenn verschiedene Studien immer wieder darauf hinweisen, daß die Wirkung von Psychotherapie im allgemeinen relativ unbedeutend ist, dann liegt das sicherlich zumindest teilweise daran, daß viele Psychotherapieformen aus dieser Haltung heraus arbeiten, also nicht-phänomenologisch und gegen die Energie und die Organisation unserer besten Möglichkeiten, in dieser Welt zu überleben und Befriedigung zu erlangen.

Inzwischen dürfte deutlich geworden sein, daß der Begriff Experiment, so wie wir ihn hier gebrauchen, auf Lewins bekannte Interventionsform der »Handlungsforschung« zurückgeht, die wir auf die therapeutische Situation übertragen. Wenn die beste Möglichkeit, etwas über die versteckte Struktur einer Organisation oder eines Systems zu erfahren, in einer systemischen Intervention besteht, dann wäre analog dazu der beste Weg zur Erforschung der Struktur der Erfahrung oder der Organisation des Gewahrseins (bei Klienten, Paaren oder bei uns selbst) die Durchführung eines Experiments, sei es gedanklich oder auf der Handlungsebene, um dann zu sehen, was geschieht. »Versuchen Sie, das, was Sie (Ihrem Partner, Chef, Ihren Eltern) nicht sagen können, zu mir zu sagen, und dann sehen wir, wie es geht«. (Und die Antwort könnte heißen: »Ja, bei Ihnen ist das kein Problem, weil ich glaube, daß Sie mich verstehen, aber wenn Sie wirklich mein Chef wären, dann hätte ich das Gefühl....«) Oder wir sind noch direkter: »Was ist es, das Sie mir im Augenblick über mich und unsere Situation hier nicht sagen können? Versuchen Sie, es mir zu sagen.« Oder, wenn das zu schwer ist: »Was macht es so schwer, das zu tun? Wie mache ich es Ihnen schwer? Was könnte Schlimmes passieren?« Und dieselben Fragen entstehen natürlich auch zwischen den Partnern selbst.

Worum es hier geht, wenn wir über Verhalten und Struktur reden, über das Offensichtliche und das Versteckte, ist die Unterscheidung zwischen *Figur* und *Grund* in der Erfahrung. Die *Figur* bildet das Zentrum des momentanen Interesses: das, was wir sehen, was wir wollen, was wir zu tun versuchen, das Problem, das wir lösen oder das Ziel, das wir erreichen wollen. Der *Grund* ist die zugrundeliegende Struktur der Erfahrung, das Lerngefüge, unsere Überzeugungen, Erwartungen, unser subjektives Wissen und unsere gewohnten bewußten oder unbewußten Assoziationen, die einen Einfluß darauf haben, wie wir diese Erfahrung und uns selbst organisieren und wie wir uns dieser neuen »interessanten Figur« annähern. Beim Lernen, was immer man darunter versteht, geht es nicht um den Wandel der Figur, sondern um die Veränderung des Hintergrundes. Wir sprechen von Lernen nicht dann, wenn irgendein neues Verhalten auftaucht, sondern wenn wir eine Veränderung des *zukünftigen Verhaltens* anstreben (eine Veränderung der »Verhaltenswahrscheinlichkeit«, wie die Lerntheoretiker gerne sagen, um das methodologische Problem der Messung in der Zukunft zu umgehen).

Ebenso geht es im Gestalt-Experiment eigentlich überhaupt nicht um die Figur des Verhaltens an sich, sondern um den *Hintergrund der Überzeugungen und Erwartungen*, um Hoffnungen, Ängste und andere für diesen Kontext relevante Gefühle und Überzeugungen. Als phänomenologisches Lernmittel zielt das Experiment nicht unbedingt auf die Veränderung ab, die der Therapeut oder der Klient im Sinn haben, sondern auf die *Reorganisation des Gewahrseinshintergrundes, der vom Klienten konstruiert wird*. Als Therapeut oder als Partner sind wir zwar durch Anteilnahme, Bestätigung, Reflexion oder Herausforderung an der Dekonstruktion des vorhandenen Hintergrundes beteiligt, ebenso wie an der Entwicklung einer neuen Organisationsform des Gewahrseins im Dialog; aber letztendlich ist das Konstrukt der Erfahrung und der Bedeutungswelt eines Menschen dessen eigenes Werk. Das ist die eigentliche Bedeutung von Selbst und Persönlichkeit. Der Hintergrund des intimen Dialogs macht die Beziehung aus, und deshalb spielt die intime Beziehung im Prozeß und der Entfaltung des Lebens eine so wesentliche Rolle.

Und schließlich führt uns diese Erörterung von Figur und Grund zu einem tieferen Verständnis der experimentellen Natur des Gestaltansatzes. »Figuren« sind nicht einfach da; sie werden konstruiert, werden ausgewählt und entworfen, und zwar aus einer Mischung aus dem, was ich »da draußen« vorfinde und dem, was ich bereits weiß und vorzufinden erwarte. Ich sehe, was da ist, und ich sehe, was ich zu sehen erwarte – und verbinde in einem kreativen Akt der Synthese das Feld der Gegenwart mit meiner früheren Erfahrung. Insofern ist jede Wahrnehmung, jede neue Erfahrung »Übertragung«, als ich durch meine Erinnerungen und Erwartungen konditioniert bin, aber gleichzeitig ist sie insofern neu, als sie diese Erwartungen grundsätzlich enttäuschen oder verändern kann. Die Frage ist nicht: welcher von diesen beiden Aspekten, sondern wieviel von jedem, in welchem Mischungsverhältnis und mit welchem gegenseitigen Einfluß aufeinander. Von meinem Therapeuten oder meinem Partner erwarte ich vielleicht, daß er mich gut behandelt oder daß er mich mißbraucht, daß er mich enttäuschen oder mich verstehen wird – *und* er kann aus sich heraus all das tun oder nicht tun (und in der Wechselbeziehung mit den Feldbedingungen bin ich zum Guten oder zum Schlechten teilweise an meine eigenen Erwartungen gebunden). Die Psychodynamiker bezeichnen das als »Übertragungsexperiment«. Als Klient oder Partner teste ich, ob du meine alten Erwartungen erfüllst oder sie enttäuschst.

Demnach ist aber jede Erfahrung, jede »Figur« ein Test oder Experiment, eine Prüfung des *bekannten Hintergrundes angesichts der (möglichen) Neuartigkeit der aktuellen Figur*, ein aktueller Austausch. Wir sind ständig damit beschäftigt, unsere alten Überzeugungen anhand neuer Erfahrungen zu überprüfen, und umgekehrt unsere neuen Erfahrungen anhand unserer früheren Überzeugungen. Das ist ein permanenter Prozeß, in dem wir unsere Orientierung in der Welt mit Blick auf die Zukunft korrigieren. Wenn eine neue Erfahrung unsere Erwartungen zu enttäuschen scheint, und vor allem wenn das häufiger vorkommt, dann versuchen wir, dieser Abweichung einen Sinn zu geben und eine »harmonische Ganzheit von Bedeutung zu schaffen«, indem wir unsere Überzeugung überdenken und neu bewerten. Wenn die Erfahrung andererseits zu weit von der Struktur unseres Erfahrungshintergundes abweicht, dann werden wir sie vermutlich wegerklären (das war »bloß eine Ausnahme«), sie ignorieren, uminterpretieren (»da steckte etwas anderes hinter«, »es war nicht das, was es zu sein schien«) oder wir mißtrauen unserer eigenen Wahrnehmung (»das kann gar nicht sein«, »das muß ich geträumt haben«). Im fortwährenden Experiment des Lebens *prüft der Hintergrund die Figur und die Figur den Hintergrund*. Das muß so sein, denn sonst wären wir nicht in der Lage, uns an die permanent wechselnden Lebensbedingungen anzupassen.

Dies sind die Elemente, die das Gestaltmodell für eine Prozeßdefinition von Gesundheit des Individuums und der Paarbeziehung zur Verfügung stellt. Im allgemeinen ist Gesundheit und der gesunde Prozeß wohl irgendwo innerhalb dieses flexiblen Austauschs zwischen der Neuartigkeit der Figur – dem Augenblick, dem Neuen – und dem Hintergrund gefestigter Strukturen und vorhandener Lernerfahrung anzusiedeln. Wenn jede neue Figur eine völlige Neubewertung und Neuorganisation des Erfahrungs- und Überzeugungshintergrundes nach sich zieht, dann führt das zu Chaos und Zufälligkeit, zu unmittelbarer Befriedigung ohne Dauer, Zusammenhang und Bedeutung. Wenn auf der anderen Seite die neue Figur die vorhandenen Strukturen des Hintergrundes überhaupt nicht berührt und erschüttert, bleibt uns nur noch die Rigidität, die »Übertragung« im alten Sinne, und schließlich die Isolation und der seelische Tod. Irgendwo dazwischen gibt es eine geschmeidige Bewegung, in der wir die Spannung zwischen Altem und Neuem, zwischen Figur und Grund, zwischen Auflösung und Erhaltung der Gegensätze zu schätzen wissen, so daß jeder Teil auf kräftigende und lebensbejahende Weise auf den anderen einwirken kann. Winnicott spricht in diesem Zusammenhang von der Permanenz des Selbst. Und um nichts anderes geht es letztlich in der Therapie und im intimen Dialog zwischen uns und unseren Klienten und zwischen den Partnern innerhalb der intimen Beziehung.

Demnach ist Interpretation letztlich eine *vorstrukturierte Organisationsform des Gewahrseins*, eine vorgefertigte Hintergrundstruktur. Für ein phänomenologisch-konstruktivistisches Modell bringt das einige Probleme mit sich, und traditionellerweise versuchen die Gestalttherapeuten, Interpretation zu vermeiden, wenn nicht praktisch, so zumindest theoretisch. Wie Brunner in seiner Arbeit über Entdeckungslernen aufzeigt, besteht die Schwierigkeit darin, daß obwohl die Entdeckung (oder die subjektive Konstruktion) ein wesentliches Mittel erfolgreichen und anhaltenden Lernens darstellt (andauernd deshalb, weil eine »Entdeckung« nach unserem Verständnis per definitionem in eine zusammenhängende Sicht der Dinge eingebettet ist), es gleichzeitig ein schmerzlich langsamer Prozeß sein kann, die eigenen und die Möglichkeiten der Welt erst entdecken zu müssen. Wenn wir wirklich von Natur aus zu einer bestimmten Art des Lernens neigen, dann wohl eher zur *Nachahmung* (oder »Introjektion«, um einen Gestaltbegriff zu gebrauchen) und nicht zur kritischen Analyse, die nur als elementares Korrektiv auftaucht; daher die Bedeutung der experimentellen Haltung des »Prüfens« im oben beschriebenen Sinne.

Für die Therapie hat das zur Folge, daß die Interpretation eine wichtige Rolle spielen kann, *wenn sie experimenteller, und nicht autoritärer Natur ist.* Interpretation ist unser Konstrukt (oder die Lesart eines der beiden Partner), unsere Hypothese über die Beziehung und Bedeutung verschiedener Aspekte im Leben und der Erfahrung des Klienten. Warum sollten wir sie aber dann nicht als das nehmen, was sie ist, als *Versuch* der Organisation von Bedeutung, als möglichen Weg der Dekonstruktion und Rekonstruktion der Erfahrung des Klienten, den wir ihm nicht als »die Wahrheit«, sondern als Experiment, als vorläufiger Entwurf einer Figur, der in Erwägung gezogen werden kann, anbieten? In Paarbeziehungen verfügen meist beide Partner über ein großes Repertoire an Interpretationen über den anderen und die Ursache für dessen Probleme. Wir alle haben die natürliche Fähigkeit und den inneren Drang, Sinn und Bedeutung zu schaffen und der Welt, wie wir sie sehen, eine zusammenhängende Struktur zu geben, damit wir uns darin zurechtfinden können. (Meine Prognose darüber, was du in Zukunft tun wirst, basiert ja nicht so sehr auf deinem gegenwärtigen Verhalten, das ich ja auch rein situativ verstehen könnte, als vielmehr auf meiner Interpretation, meinen *Zuordnungen*, warum du dich so verhältst. Der ganze Bereich der sozialpsychologischen Attributionstheorie basiert auf dieser Erkenntnis.) Das Problem bei der Paartherapie ist nicht, die Partner dazu zu bewegen, diesen natürlichen Konstruktionsprozeß zu unterbinden (oder so tun als ob), denn das würde wiederum unserer Natur und unserer ganzen Orientierung in der Welt widersprechen. Nein, es geht darum, zu erkennen, *wann* man interpretiert und konstruiert, dieses eigene Konstrukt als Versuchshypothese anzunehmen und sie dann in der Therapie oder im gemeinsamen Dialog der Partner *ins Spiel* zu bringen. Vielleicht sagen wir zu dem Partner, der interpretiert: »Was wir mit Sicherheit wissen ist, daß dies die Bedeutung ist, die Sie dem Verhalten Ihres Partners beimessen.« Und dann wenden wir uns an den anderen: »Was halten Sie davon? Liegt Ihr Partner damit richtig? Was stimmt davon, und was fehlt? *Was muß Ihr Partner über Sie und Ihre Welt noch wissen? Was ist in diesem Bild noch unberücksichtigt geblieben?*« Auf diese Art ist die Interpretation im Spiel und kann verändert und dekonstruiert werden – bis hin zu Widerspruch, Diskussion und Information – und ist letztlich der kreativen Beurteilung des Betroffenen zugänglich. Gleichzeitig kann der betreffende Partner die Interpretation des anderen nicht in Frage stellen, ohne seine eigene subjektive Welt zu beschreiben und mitzuteilen und dadurch dem möglichen Einfluß, aber auch der Unterstützung des anderen zugänglich zu machen, um so eine größere Befriedigung zu ermöglichen.

Befriedigung

Im Gegensatz zu den meisten anderen Begriffen, mit denen wir uns bisher beschäftigt haben, kommen wir mit dem Begriff der *Befriedigung* zu einer Grundidee des Gestaltansatzes, der wir in nicht-phänomenologischen Ansätzen kaum jemals begegnen werden, außer vielleicht im Zusammenhang mit Sexualität und Sexualtherapie. Das soll nicht etwa heißen, daß es in anderen Ansätzen keine Kriterien für Lebensqualität oder Wohlbefinden gäbe, aber ohne eine wirklich phänomenologische Perspektive ist es schwierig, diese entscheidende Dimension des Lebens und eigentliche Quelle unserer permanenten Orientierung und Einschätzung im Leben, auf sinnvolle Weise zu betrachten.

Auch hier wollen wir wieder mit der Erfahrung beginnen. Befriedigung ist der Sinn für die Richtigkeit oder das Zusammenpassen meiner inneren und äußeren Welten, meiner Wünsche, Bedürfnisse und Gefühle »hier drinnen«, und der ganzen Vielfalt an Möglichkeiten, sie »da draußen« in der Welt der anderen zu erfüllen. Wenn ich befriedigt bin (lat.: satisfactio = Genugtuung, aus satis = genug u. facere = tun), dann ist das meine Welt, in der ich einen lebenswerten Platz einnehme. Das Gegenteil von momentaner Befriedigung ist Frustration, das Anwachsen von Energie, aber wenn die Frustration chronisch wird, dann ist das Gegenstück zur Befriedigung jene Erfahrung, die wir Scham nennen. Scham bedeutet, die Erfahrung zu machen, daß dies *nicht* meine Welt ist und daß es darin *keinen* lebenswerten Platz für mich gibt, nicht für mich und nicht für meine Erfahrungen, meine Hoffnungen, meine Ängste und Wünsche.

Das erlebbare Zeichen von Befriedigung ist ein Zustand der Entspannung und die Reduzierung der gerichteten Energie, das Abnehmen der Konzentration auf das »Subjekt (Figur) der Begierde«. Die sexuelle Analogie liegt auf der Hand, aber wir alle kennen diese Erfahrung auch aus anderen Zusammenhängen. Wenn meine »Organisation des Feldes«, meine Art der Konzentration und der Mobilisierung, natürlicher- und notwendigerweise auf empfundene Bedürfnisse und andere Dringlichkeiten ausgerichtet ist, dann ist es ebenso natürlich (und notwendig), diesen Fokus wieder loszulassen, sobald das Problem gelöst oder das Ziel erreicht ist (oder kurzfristig verschoben wurde), um mich dann auszuruhen, das Erfahrene zu integrieren und mich anderen Dingen zu widmen. Während ich mich mich etwas beschäftige, habe ich auch das Bedürfnis nach einer bestimmten Art von Reaktion und der sich daran anschließenden erneuten Mobilisierung, um mich wieder anderen Dingen zuwenden zu können. Regelhafte Aktivitäten wie Appetit, Schlaf, Sexualität oder Bewegung verdeutlichen dieses Prinzip, das vielen Problemen und Aufgaben zugrundeliegt, die ich nie wirklich »beende«, sondern auf die ich immer wieder zurückkomme, und zwar immer so lange, bis die Energie, die ich vorher mobilisiert habe, für dieses Mal aufgebraucht ist. Wenn das nicht unserer natürlichen Veranlagung entspräche und wir nicht auf diese Art von Abfolge und Prozeß ausgerichtet wären, dann kämen wir im Leben nicht sehr weit, weder als einzelne noch als Spezies.

Das soll keineswegs heißen, daß die Menschen grundsätzlich wüßten, wann sie befriedigt sind, oder was sie mit der erlangten Befriedigung anfangen sollen. Im Gegenteil, nichts ist unter Paaren weiter verbreitet als über eben diese Momente hinwegzugehen, in denen die Partner das bekommen, was sie sich immer gewünscht haben, sie zu ignorieren oder zu entwerten. Die Gründe dafür gehen über die vertrauten Erklärungen von »Gewohnheit« oder »systemischer Homöostase« (eigentlich mehr eine Tautologie als eine Erklärung) hinaus. Wenn die Partner darin unterstützt werden, im Experiment bei der Befriedigung zu verweilen – vor allem bei der intimen Befriedigung, gehört, gesehen und schließlich auch verstanden zu werden –, dann kann es gut sein, daß sie eine ganze Reihe tiefer, beunruhigender und schwer zu ertragender Gefühle empfinden, angefangen mit Ärger (auf frühere Bezugspersonen), über Scham (darüber, daß sie etwas so sehr brauchen und es so schwer finden, es zu bekommen) bis hin zu tiefer Traurigkeit oder Verzweiflung (über den Schmerz und die Einsamkeit, die sie so lange erlitten haben). In solchen Momenten ist der Gedanke der Befriedigung besonders klärend und hilfreich. Denn Wut und Trauer (die der Wut häufig zugrundeliegt) haben ihren eigenen Zyklus von Mobilisierung und Befriedigung – das Sammeln, Ausdrücken und Loslassen von Energie. Das Problem mit altem Kummer und alten Verlusten ist meistens, daß man nie genug *Unterstützung* erfahren hat, um so lange dabei zu verweilen, daß der Punkt der »Genugtuung« oder der Erschöpfung der aufgebauten Energie erreicht werden konnte, also jene Art von Befriedigung, die es einem ermöglicht hätte, sein Trauern zu beenden, zumindest für den Augenblick, und sich dann mit mehr Aufmerksamkeit und Energie anderen Dingen zuzuwenden. Hier haben wir es mit dem »unfinished business« oder der unerledigten Situation zu tun, wo wir zum »vordifferenzierten« Wahrnehmungsfeld zurückkehren und den Abschluß herausarbeiten. Das bedeutsame »Unerledigte« beinhaltet immer eine Dimension *notwendigen Trauerns*, und zwar insofern, als mit der Hilfe und Unterstützung des Therapeuten dieser Prozeß im Rahmen der Beziehung geschehen und von beiden Partnern unterstützt werden kann – zunächst vielleicht während der Therapie, und dann in ihrem weiteren gemeinsamen Leben.

Kontextualisierung und Schlußfolgerungen

Seit unseren einführenden Gedanken über den Gestaltansatz und dem anfänglichen Versprechen, daß wir unsere Paar-Klienten, ihre Probleme und ihr gemeinsames Potential für Wachstum und Heilung aus einer neuen Perspektive betrachten würden, haben wir nun ein gutes Stück Weg zurückgelegt. Diejenigen Leser, die gehofft haben, ein paar »neue Tricks« für die Arbeit mit Paaren zu lernen, sind auf diesem Weg zweifellos enttäuscht worden. Stattdessen haben wir versucht zu erörtern, welche neue Perspektive uns der Gestaltansatz anbieten kann, um das Leben von Paaren besser verstehen und in der Therapie besser intervenieren zu können. Wir haben die Paarbeziehung unter dem Aspekt des Selbst-Konstruktivismus betrachtet – (Phänomenologie), Grenzen, Energie, Unterstützung, Experiment und Befriedigung – und gesehen, wie diese Sichtweise unser Verständnis vom Prozeß der Klienten, von Widerstand, Orientierung, von Gefühlen, Befriedigung und Scham verändert. In jeder Phase dieser Erörterung konnten wir entdecken, daß der Gestaltansatz uns nicht in erster Linie eine Reihe neuer Techniken und Interventionen anzubieten hat (obwohl eine veränderte Sichtweise mit neuen Zielen naturgemäß auch neue Interventionen mit sich bringt), sondern eher einen anderen Blickwinkel, einen neuen Rahmen für unsere Arbeit. Und so geht es im Gestaltansatz auch eigentlich nicht um bestimmte Techniken, sondern um die Organisation des Erfahrungsfeldes der Therapeuten und ihre eigene Orientierung und Entscheidungsfähigkeit.

Wenn wir den Gestaltansatz auf diese Weise verstehen und anwenden, dann konzentrieren wir uns damit auf die Ebene des »organisierten Feldgewahrseins«, das den meisten anderen Modellen zugrundeliegt. Wir haben erörtert, inwiefern die gestalttherapeutische Sichtweise Übertragungsdynamiken und Übertragungsphänomene berücksichtigt und kontextualisiert und wie sie den Verhaltensansatz (Pläne und Verträge), den kognitiven (vorhandene Grundüberzeugungen und Sichtweisen) und den psychodynamischen Ansatz (sekundärer Gewinn als andere Ausdrucksweise für systemische Homöostase und Selbstregulation auf der Paarbeziehungsebene) mit einbezieht. Dasselbe gilt für »strukturelle« und »strategische« Formen der Paar- und Familientherapie, die in der Gestaltterminologie als Experiment dargestellt werden, und für die Überprüfung des Hintergrundes anhand der neuen Figur, wobei allerdings betont wurde, daß der Klient die Bedeutung selbst konstruiert; hier liegt der dynamische Schlüssel für Generalisierung und Dauerhaftigkeit von Lernprozessen. Und wenn die Gestaltperspektive wirklich gültig und nützlich ist, dann muß sie auch die Fähigkeit zur Kontextualisierung haben. Wenn Erfahrung ihrer Natur nach und notwendig so organisiert ist, wie wir das hier skizziert haben, wenn diese Grundzüge und Organisationsprinzipien Erfahrung *ausmachen*, dann folgt daraus auch, daß jedes Modell, jeder Ansatz der Arbeit mit Paaren und anderen Klienten unter diesen Gesichtspunkten betrachtet und kontextualisiert werden kann, sowohl im Verhältnis zu anderen Therapierichtungen als auch zur Gestalttherapie selbst.

Hier sind wir allerdings an einer ganz anderen Stelle angekommen als die frühe und imposante Arbeit von Fritz Perls mit seinen heißen und leeren Stühlen hätte vermuten lassen, aber vielleicht nicht so weit entfernt von Paul Goodmans Ideen über das Kontaktfeld, den Selbstprozeß und die wichtige Organisationsfunktion des Bedürfnisses. Sicherlich ist die Fähigkeit, aus den eigenen Grundvoraussetzungen neue Aussagen und Folgerungen zu entwickeln, ein Prüfstein für die Brauchbarkeit und die Universalität jeder Theorie. Und sicherlich sollte der Gestaltansatz mit seinen holistischen Thesen und Ideen über die Einheit des Feldes die Fähigkeit zur Erweiterung und Anwendung in jeder Richtung menschlichen Verhaltens und Erfahrung und auf jeder Ebene der Systemkomplexität haben (zur Diskussion des Gestaltansatzes als vereinheitlichendem Fokus für die Behandlung von intrapsychischen, interpersonalen und Organisations- bzw. systemischen Problemen unter diesen Gesichtspunkten vgl. Wheeler, 1993).

Wir befinden uns in einer Phase des gewaltigen Umbruchs und der Neuorientierung in der Psychologie und Psychotherapie, in der sich die verschiedenen Ansätze in allen Bereichen für neue Perspektiven unter einem grundsätzlich konstruktivistischen Aspekt öffnen. Der Konstruktivismus selbst, Erzählung, Autopoiese,

Dekonstruktion, Selbst-Konstruktion und die Theorie der systemischen Selbstregulation (und noch einige andere) weisen den Weg zu einem neuen Verständnis der alten gestaltpsychologischen Erkenntnisse, daß Prozeß und Erfahrung selbst Konstrukte, und nicht »in der Welt« gegeben sind, und daß der Prozeß dieser Konstruktion sowohl in unsere biologische Substanz als auch in unsere soziale Interaktion eingeschrieben ist. Und doch kann es sein, daß diese Bewußtseinsrevolution, dieser Paradigmenwechsel mit seiner Abkehr vom Positivismus sich in der systemischen und der Paartherapie und in der »Individual«-Psychologie vollzieht, ohne die Ideologie des *Individualismus* anzutasten, jenem so überaus kulturgebundenen und willkürlichen, in höchstem Maße einschränkenden und potentiell zerstörerischen Merkmal dieses alten Konstrukts in der modernen westlichen Kultur.

Das Gestaltmodell mit seiner Betonung der Einheit des Feldes und dem Anspruch, daß das »Selbst« nicht über dem »anderen« steht, sondern beide phänomenologisch in demselben Akt des Fühlens und Konstruierens der »Selbstgrenze« entstehen, birgt die Aussicht, daß wir Psychologie und Psychotherapie in einer ganz anderen Weise miteinander vereinen: nämlich auf einen gemeinschaftlichen Holismus und Humanismus hin und als wahre Ökologie des Denkens und des Geistes. In diesem Buch beginnt die Arbeit mit der intimsten und intersubjektivsten Konstellation, der Paarbeziehung, aber dort endet sie nicht. Die Perspektiven und Sichtweisen des Gestaltansatzes, die Erkenntnisse und Methoden, die in diesem Buch vorgestellt werden, finden Anwendung in unserer gesamten therapeutischen Arbeit und immer da, wo es um Beziehung geht – mit Patienten, Klienten und in unserem eigenen Leben.

Literatur

Latner, J. (1992). The theory of Gestalt therapy. In E. Nevis, (ed.), Gestalt therapy: Perspectives and applications. New York: Gardner Press.

Lewin, K (1936). Principles of topological psychology. New York: McGraw-Hill.

Marrow, A. (1969). The practical theorist: The life and work of Kurt Lewin. New York: Basic Books.

Perls, F., Hefferline, R., & Goodman, P. (1991). Gestalttherapie. Ausgabe in zwei Bänden (Grundlagen & Praxis) München: DTV.

Polster, E., & Polster, M. (1983). Gestalttherapie. Theorie und Praxis der integrativen Gestalttherapie. Frankfurt/Main: Fischer.

Wheeler, G. (1993). Kontakt und Widerstand. Köln: Edition Humanistische Psychologie.

Zinker, J. (1993). Gestalttherapie als kreativer Prozeß. Paderborn: Junfermann.

Zinker, J. (1997). Auf der Suche nach gelingender Partnerschaft. Gestalttherapie mit Paaren und Familien. Paderborn: Junfermann.

1

Die Aufgaben der Intimität:
Reflexionen über den gestalttherapeutischen Ansatz
in der Arbeit mit Paaren

Gordon Wheeler

Was ist Intimität? Ein Luxus? Eine Notwendigkeit? Eine Form der Tyrannei, wie manche Autoren meinen? Eine Art Gegenpol zur »Selbstverwirklichung«? Oder handelt es sich dabei nicht vielmehr um eine wesentliche Voraussetzung für das Wachstum des Selbst? In diesem Beitrag wollen wir eine phänomenologische Prozeßdefinition von Intimität versuchen und die Aufgaben, die mit solchen Prozessen zusammenhängen, von anderen Aufgaben und Aktivitäten in Paar- und anderen intimen Zweierbeziehungen unterscheiden. Danach werden wir uns das Gestaltmodell des Selbst-Prozesses ansehen und die Argumentation aufbauen, daß der Prozeß der Intimität wesentlicher Bestandteil der Selbstentwicklung ist. Unsere durchgängige These lautet, daß das Gestaltmodell, im Unterschied zu anderen dynamischen Modellen, seiner Natur nach und unvermeidlich beziehungsorientiert ist, und zwar sowohl theoretisch und methodologisch als auch in seinem Verständnis des Selbst und der menschlichen Natur. Mit dieser Argumentation weichen wir bewußt von verschiedenen Gestaltpublikationen ab, die (wie schon ihre psychoanalytischen Vorgänger) implizit oder explizit von einem Modell der »Autonomie« oder des »separaten Selbst« ausgehen. Nachdem wir die praktischen Auswirkungen des Gestaltmodells geklärt haben, werden wir schließlich die Aufgaben des Intimitätsprozesses selbst betrachten und einige Unterschiede kennenlernen, die sich aus der therapeutischen Arbeit mit diesem erweiterten Gestaltmodell des Selbst und der Entwicklung ergeben.

Das Forschungsfeld »Paar«

Zweifellos gehört die Paar-Gestalt zu den archetypischen Beziehungsmustern. Soweit wir wissen, hat es nie eine menschliche Gesellschaft gegeben, die nicht überwiegend durch irgendeine Form von Paarbindung unter Erwachsenen gekennzeichnet gewesen wäre. Und doch stellt, was Beziehungen betrifft, die dauerhafte Aufrechterhaltung einer gesunden Paarbeziehung eine der größten Herausforderungen der menschlichen Entwicklung dar. Dementsprechend ist die Erforschung dieser Beziehung und die Unterstützung der Partner bei ihren Problemen eine der größten Herausforderungen der therapeutischen Arbeit und zudem eine, die sehr viel weniger beschrieben und besprochen worden ist als die Einzel- oder die Familientherapie, als deren Bestandteil die Paartherapie häufig angesehen wird (vgl. z.B. Weingarten, 1991). Genau wie andernorts nimmt auch in der psychotherapeutischen Literatur die Erforschung intimer Beziehungen außerhalb des Bereichs der Paarbeziehung so wenig Raum ein, daß es schon merkwürdig erscheint. Leuten, die Schwierigkeiten mit intimen Freundschaften haben, wird gewöhnlich die Einzel- oder vielleicht die Gruppentherapie empfohlen. Die Idee, gemeinsam mit derjenigen »intimen« Person, mit der die Schwierigkeiten bestehen (auch wenn es sich dabei nicht um einen Paarbeziehungspartner handelt), eine Therapie oder Beratung aufzusuchen, kommt uns nur sehr selten, und das obwohl gute und enge Freundschaften als Grundlage praktisch aller anderen positiven Dinge im Leben gelten, von der erfolgreichen Karriere bis hin zur glücklichen Ehe und der körperlichen Gesundheit (vgl. z.B. Miller, 1983; Zinker & Nevis, 1981a und b; sowie andere Publikationen des Center for the Study of Intimate Systems, Gestalt Institute of Cleveland, zu diesem und verwandten Themen).

In diesem Beitrag werden wir uns in erster Linie auf die intime Paarbeziehung konzentrieren und uns gelegentlich anderen wichtigen intimen Beziehungen (aber auch der nicht-intimen Paarbeziehung) zuwenden. Deshalb ist es wichtig, bereits am Anfang klarzustellen, daß die Entscheidung, in einer intimen Paarbeziehung zu leben (was das heißt, werden wir noch erörtern), keinesfalls eine Grundvoraussetzung für ein erfülltes, gesundes, produktives und befriedigendes Leben darstellt. Wenn unsere These stimmt, daß eine vollständige menschliche Entwicklung der Intimität und des intimen Austauschs bedarf, dann heißt das nicht, daß dieser Austausch ausschließlich in einer intimen Paarbeziehung stattfinden kann. Und schließlich heißt »dauerhaft« nicht unbedingt »lebenslang«, insbesondere nicht in einer Zeit steigender Lebenserwartung, größerer beruflicher und finanzieller Unabhängigkeit und des wachsenden Interesses an Weiterentwicklung und Veränderung auch im Erwachsenenalter.

Einige Begriffsdefinitionen

Zunächst also einige Definitionen. Was meinen wir mit »gesund«, und was ist ein »Paar«? Ein gesundes Leben zeichnet sich aus durch einen Sinn für Befriedigung, durch Wachstum und durch *Fruchtbarkeit* als einer produktiven Verbundenheit mit einem größeren sozialen Ganzen, dessen Teil man ist und das es zu erhalten gilt. Außerdem hat der gesunde Mensch einen Sinn für das Erreichen wichtiger persönlicher Ziele, für die fortwährende Erzeugung neuer Ziele von übergeordneter Bedeutung, und er verfügt über die Fähigkeit, einen wichtigen Beitrag zu einer Gemeinschaft zu leisten, die in Harmonie mit einer größeren Bedeutungsganzheit (auf spirituelle, politische oder andere Weise) über den einzelnen hinausgeht. Diese drei Elemente bilden nach unserer Auffassung die Grundbausteine einer Definition von Gesundheit (insbesondere unter gestalttherapeutischen Gesichtspunkten). Nimmt man eines dieser Elemente weg, dann entsteht Un-Gesundheit (Nicht-Ganzheit) oder Krankheit, nicht nur im Leben, sondern auch (in zweiter Linie) in Form von Blockierungen oder Störungen des Lebens- und Wachstumsprozesses selbst.

Eine gesunde Beziehung fördert diese Gesundheitsprozesse bei beiden Partnern. Der entscheidende Begriff ist das *Fördern*. Fördern heißt unterstützen, pflegen und verstärken und bedeutet mehr als nur dem Partner die Freiheit zu lassen, sein oder ihr Leben weiterzuleben, während man gleichzeitig auch ein paar gemeinsame Ziele (wie etwa geschäftliche Ziele, ein Leben mit Kindern oder andere typische Partnerschaftsziele) verfolgt. Das soll nicht heißen, daß eine Beziehung ohne Intimität, die Wachstum und »Raum« nur jedem einzelnen ermöglicht, ungesund wäre; vielleicht ist der Begriff *gesundheitsneutral* zutreffender. Im übrigen haben wir noch nicht über Intimität gesprochen: eine gesunde oder »gesundheitsneutrale« Paarbeziehung kann intim oder nicht-intim sein, obwohl es sehr zweifelhaft erscheint, daß eine wirklich intime Beziehung etwas anderes als gesund sein könnte. Warum wir all diese Unterscheidungen und ihr Verhältnis zum Gestaltansatz so betonen, werden wir später noch darlegen.

Der *Paar*-Begriff selbst ist etwas verzwickter, obwohl wir es vielleicht mit Wittgenstein halten können, der sagt, daß außer den Soziologen und Philosophen wohl niemand Schwierigkeiten haben würde, ein Paar als solches zu erkennen. Am weitesten verbreitet ist vielleicht die sozialpsychologische Definition, die sich darauf stützt, wie Paare sich im sozialen Kontext zeigen, daß sie nämlich hinsichtlich einiger bedeutsamer Merkmale als soziale Einheit angesehen werden, d.h. unter gewissen Gesichtspunkten hat man es nie nur mit dem einzelnen, sondern immer auch mit dessen Partner zu tun. Schadet oder nutzt man dem einen, dann wirkt sich das auch auf den anderen aus. Aus gestalttherapeutischer Sicht würden wir sagen, daß diese Definition das Paar anhand seiner äußeren Grenze zur Welt definiert und auf einige phänomenologische Auswirkungen dieser Grenze aufmerksam macht. Dieser letzte Punkt bringt uns dem internen, erfahrungsbezogenen Merkmal von Paaren etwas näher, das sie von anderen Formen der Zweierbeziehung und der Partnerschaft unter Erwachsenen unterscheidet, nämlich dem Gefühl der *Identifikation* zwischen den Partnern: das Wohlergehen meines Partners in einem breiten Spektrum und persönlichen Sinne zu fördern (oder zu verringern), heißt gleichzeitig, mein eigenes Wohlergehen zu fördern. Wenn wir einer sozialen Paarung begegnen, deren Mitglieder sich unter wichtigen Aspekten als gebundene Paar-Einheit präsentieren und auch so behandelt werden, die aber keine Anzeichen von Identifikation erkennen lassen, dann sagen wir: »Nun ja, die beiden sind verheiratet (verabreden sich, leben zusammen oder sonstwas), aber sie wirken nicht wie ein Paar.« Irgend etwas für unser Verständnis von Paaren sehr Wesentliches fehlt. Noch einmal: warum dieser Sinn für Identifikation, dieses interne oder phänomenologische Merkmal aus unserer Sicht so wichtig und entscheidend ist, werden wir noch zu klären haben.

Die Natur der Intimität

Wie aber steht es um den schwierigsten aller Begriffe, den der *Intimität*? Melnick und Nevis (1993; vgl. auch Kapitel 12 in diesem Buch) schlagen in ihrer äußerst fruchtbaren Reihe von Meditationen und Diskussionen über Intimität, Macht und Mißbrauch folgende Definition vor: »Die Erfahrung von Intimität erfordert die zeitweise Synchronizität mit einer anderen, gleich starken Person, sei es für den Bruchteil einer Sekunde oder ein Leben lang« (1993, S. 18). Die Betonung liegt hier auf der Gegenseitigkeit, aber die Autoren gehen noch weiter, um einige sehr wichtige und häufig vernachlässigte Unterscheidungen zu treffen, und zwar zwischen intimen Momenten, Pseudo-Intimität, einseitiger Intimität und der eigentlich intimen Beziehung, die nach ihrer Auffassung zumindest für einen längeren Zeitraum bestehen muß. Unter *Synchronizität* verstehe ich – und ihre Beispiele machen das deutlich – gemeinsame »figurale Prozesse« im Sinne einer ausgehandelten und beiderseits akzeptierten Richtung oder Bewegung, also den Prozeß und die Fähigkeit, dasselbe zu wollen oder im Hinblick auf gemeinsame Ziele immer wieder wichtige und ausreichende Übereinstimmung zu erzielen sowie die Fähigkeit, gemeinsam an der Erreichung dieser Ziele zu arbeiten, so daß beide Befriedigung erfahren. Dieses u.a. von Zinker und Nevis (1981a und b; vgl. auch Zinker, 1982; Melnick & Nevis, 1991) vertretene Modell des interaktiven Erlebenszyklus bezieht das gestalttheoretische Modell des »Erlebenszyklus« der gesunden Bedürfnisbefriedigung auf unser wirkliches Leben in Beziehungen. Die beiden Autoren diskutieren zumindest ansatzweise, wie ein gesunder Beziehungsprozeß unter gestalttheoretischen Gesichtspunkten aussieht. »Die intime Erfahrung«, schreiben sie, »kann nur entstehen, wenn man innerhalb dieses Erlebenszyklus einen gemeinsamen Rhythmus gefunden hat.«

Obwohl das zweifellos richtig ist und all diese Begriffe und Unterscheidungen sehr nützlich sind, glaube ich, daß hier ein für das Verständnis und die Erfahrung von Intimität sehr wesentliches Element unberücksichtigt bleibt. Meines Erachtens haben uns diese Autoren mit ihrem Verständnis von Intimität, das die gemeinsamen Ziele, die gemeinsame Figur und das Gestaltmodell der interaktiven Bedürfnisbefriedigung hervorhebt, eine Sichtweise eröffnet, aus der wir jede funktionierende Dyade verstehen können, die aber die intime Beziehung mit ihren speziellen Prozessen und Aufgaben nicht notwendig von anderen produktiven Zweierbeziehungen unterscheidet. Insbesondere möchte ich darauf abheben, daß Intimität mehr mit Intentionalität[1] und geistiger Haltung (»Hintergund«) als mit »figuralen« Prozessen im üblichen Sinne von Handlung, Plan und Verwirklichung zu tun hat, auch wenn es sich dabei um gegenseitige Prozesse handelt. Außerdem möchte ich argumentieren, daß die Aufgaben der Intimität sich grundsätzlich von anderen Lebensaufgaben und Entscheidungen abheben, die von diesen Autoren häufig zur Illustrierung ihrer Sichtweise herangezogen werden. Das soll nicht heißen, daß es im intimen Prozeß keine »figuralen« Handlungsabläufe oder Aufgaben gäbe, die gibt es sehr wohl, und wir werden gleich die Grundlage schaffen, um diese speziellen Aufgaben und Prozesse und ihre Implikationen für die Paartherapie nach diesem Ansatz zu diskutieren. Und sicherlich können diese Aufgaben und Prozesse so wie alle anderen Verhaltensmuster mit Hilfe einer Kategorie der Bedürfnisbefriedigung wie dem Gestaltmodell des interaktiven Zyklus analysiert und beeinflußt werden, aber immer mit der Einschränkung, daß das Ziel der Intimität das Gewahrsein ist, und nicht irgendeine »manifeste« Handlung. Der Grund dafür, daß wir diesen Punkt so betonen, wird später noch ausführlich dargelegt werden, nachdem wir uns das Gestaltmodell des Selbst und seine Implikationen für die Beziehung angesehen haben. Bis dahin mag ein Beispiel zur Klärung einiger dieser Unterscheidungen beitragen.

Angenommen ich arbeite – was tatsächlich der Fall ist – zusammen mit anderen Kollegen in einer Klinik, einem gemeinsamen Unternehmen, und eines unserer gemeinsamen Ziele besteht darin, einen Beitrag zur psychologischen und psychiatrischen Versorgung der Bevölkerung zu leisten. Natürlich greifen wir bei unserer Zusammenarbeit, zu zweit oder in anderen Konstellationen, auf Prozesse zurück, die eine »gemeinsame Figur« und gegenseitige Bedürfnisbefriedigung ermöglichen und unterstützen, indem wir z.B. über Dinge verhandeln, gemeinsame oder ähnliche Ziele benennen, uns gegenseitig bestärken usw. Und während wir versuchen, Behandlungsmöglichkeiten zu entwickeln, ein Trainingsprogramm durchzuführen und uns mit der Klinikverwaltung und anderen öffentlichen Stellen auseinandersetzen müssen, haben wir es (unglücklicherweise) mit einem Gesundheitswesen zu tun, das uns i.d.R. eher Steine in den Weg legt. Um diese Aufgaben bewältigen zu können, müssen wir all das tun, was Zinker & Nevis und Melnick & Nevis (1993) so klar und hilfreich beschreiben. Über einen langen Zeitraum zeichnet sich unsere Zusammenarbeit durch ausgeglichene Machtverhältnisse und einen angemessenen Grad an Synchronizität und Befriedigung aus, zumindest meistens. All das ist charakteristisch für jede funktionierende Beziehung oder Zusammenarbeit und gehört zweifellos auch zu den Merkmalen der Paarbeziehung, weil sonst die Miete nicht bezahlt, die Kinder nicht versorgt werden und sogar (oder gerade) die sexuelle Beziehung nicht funktionieren könnte, zumindest nicht auf befriedigende Art und Weise (obwohl, wie wir wissen, die Sexualität selbst einen subtilen, aber sehr wirksamen Widerstand gegen Intimität darstellen kann). All das kann passieren und muß passieren und passiert auch, aber das ist noch keine Intimität.

Es kann sein, daß ich im Laufe dieser Arbeit den einen oder anderen Kollegen etwas persönlicher, »intimer« kennenlerne, über das normale »Kennen« hinaus, z.B. wie und warum ein bestimmter Kollege etwas in das Trainingsprogramm aufnehmen will und welchen »Hintergrund« er oder sie hat (man bemerke den alltäglichen Gebrauch der gestalttheoretischen Unterscheidung zwischen »Figur« und »Hintergrund«). Ich könnte z.B. erfahren, daß dieser Kollege einen Todesfall in der Familie hatte und deshalb für eine Zeitlang nicht voll einsatzfähig ist; daß ein anderer nicht mit männlichen Alkoholikern zurechtkommt, weil sie ihn an seinen Vater erinnern usw. Insofern es sich bei den Kollegen um Vorgesetzte handelt, habe ich vielleicht das Gefühl, sie besser kennen zu müssen als sie mich (hier zeigt sich, wie hilfreich Melnick und Nevis' Klärung des Verhältnisses von Intimität und Macht ist: der Sklave kennt seinen Herrn auf intime Weise, das Gegenteil ist nicht immer der Fall). Wenn einige meiner Kollegen Schwierigkeiten mit ihrer Funktion als Vorgesetzte haben, kann es für mich sehr von Vorteil sein, mehr über sie zu wissen als sie über mich wissen; das trifft ziemlich genau die Bedeutung des populären Begriffs *Koabhängigkeit*, der eine Art einseitiger Intimität beschreibt, die als Charaktermerkmal verstanden wird.

Die intimen Kenntnisse der Kollegen untereinander dienen vor allem der Verwirklichung dieser gemeinsamen »Figuren« (oder meiner eigenen Pläne). Wir wissen, daß die Arbeit besser läuft, wenn wir gut miteinander auskommen, keine Angst vor bösen Überraschungen haben müssen und grundsätzlich in der Lage sind, uns gegenseitig unsere Stärken und Schwächen zuzugestehen, wenn wir akzeptieren, daß jeder seinen eigenen Rhythmus der Bedürfnisbefriedigung hat und wenn sich unsere Ziele zumindest so weit überschneiden, daß ein interaktiver Zyklus möglich wird und sich überhaupt lohnt. (Zinker & Nevis, 1981b, sprechen vom »Mittelgrund«, vom konfliktfreien Bereich gemeinsamer Figuren und Prozesse.)

Es kann aber auch folgendes passieren. Während ich Nützliches über andere erfahre und so unsere Arbeitsgrundlage erweitere, kann und werde ich auch andere Dinge erfahren, ihre Wünsche, Gefühle und Ängste, die hinter dem sichtbaren Verhalten oder den »Figuren« liegen, und umgekehrt werden die anderen solche Dinge natürlich auch von mir mitbekommen. Dieses »Sich-gegenseitig-Kennenlernen« kann sich über den Arbeitszusammenhang hinaus verselbständigen – aber auch das kann sich natürlich positiv auf die Arbeit auswirken, es sei denn, wir entwickeln gravierende persönliche Differenzen. Vielleicht werden wir Freunde, »Arbeitsfreunde«, oder »Tennisfreunde«, was bedeutet, daß unsere Bekanntschaft auf unseren gemeinsamen Interessen basiert, oder wir werden »echte Freunde«. Die Unterschiede reichen von: »Ich kenne ihn oder sie ziemlich gut von der Arbeit« über »Wir sind gute Freunde« bis hin zu »Wir haben ein sehr persönliches Verhältnis«.

Diese Unterscheidung führt uns zum ersten Merkmal von *Intimität*. Nach unserem Verständnis ist Intimität ein gegenseitiges Umeinander-Wissen, das um seiner selbst willen geschieht, also nach Art und Umfang kein anderes Ziel verfolgt. Solange dieses Sich-Kennen einem anderen Zweck dient, bedarf es einer näheren Bestimmung. Melnick und Nevis sprechen etwa von »Pseudointimität«, »zielgerichteter Intimität« oder »einseitiger Intimität«. (Eine solche einseitige Intimität ist manchmal durchaus angemessen, z.b. zwischen Eltern und Kind, wo unter gesunden Umständen die Eltern eine sehr viel intimere Kenntnis ihres Kindes haben als das Kind von den Eltern. Wenn das Kind zu viel vom gemeinsamen Leben der Eltern mitbekommt, kann das seine Entwicklung belasten. Auf die Gründe hierfür werden wir noch eingehen.) So gesehen ist Intimität weder ein Mittel, um »figürliche« Ziele zu erreichen noch bloßer Nebeneffekt wiederholter »interaktiver Figurbildung«, obwohl das alles dazugehören kann. Nein, Intimität ist, wie das Wachstum, ein primäres Bedürfnis. Auch das Wachstum kommt zuweilen anderen Bedürfnissen zugute, aber es läßt sich nicht darauf reduzieren. Warum das so ist und wie es sich im einzelnen darstellt, sind Fragen, die der Gestaltansatz durch die Analyse der phänomenologischen Wirklichkeit vielleicht besser beantworten kann als andere Modelle. Und um diese Antworten zumindest schon einmal skizzieren zu können, wenden wir uns dem Gestaltmodell des Selbst und der Entwicklung zu und schauen uns an, welche Konsequenzen sich daraus für Beziehung, Wachstum und den Prozeß der Intimität ergeben.

Das Gestaltmodell des phänomenologischen Selbst

Auf der Ebene meiner Erfahrung lebe ich in zwei Welten. Diese Zweiheit, diese Aufteilung meiner Erfahrung in zwei Bereiche, liegt im innersten Kern der Erfahrung selbst und ist phänomenologisch von so grundlegender Qualität, daß wir kaum je darüber nachdenken, und zwar deshalb, weil es sich hier um eine Grundbedingung des Gewahrseins handelt, dessen, was wir Erfahrung, Subjektivität, Bewußtsein oder Selbst nennen. Der eine Teil ist mein persönlicher, mir bekannter, aber anderen nicht direkt zugänglicher Bereich (obwohl andere hilfreiche und für mich neue Vermutungen und Schlußfolgerungen über diesen persönlichen Bereich anstellen können – in der Psychotherapie z.B. geschieht das ständig, dort bezeichnet man diese Art von Vermutung als Interpretation). Dieser Bereich, den wir gewöhnlich als »innere« Welt bezeichnen, enthält all meine Erinnerungen und Eindrücke, meine sinnliche Wahrnehmung und die Interpretationen meiner selbst und der »äußeren« Welt und ihrer Umstände; sie beinhaltet also gewissermaßen die »Landkarte« der von mir wahrgenommenen Handlungs- und Befriedigungsmöglichkeiten in der äußeren Welt. In gewissem Sinne zeichnet sich diese Welt mehr durch Macht als durch Befriedigung aus. Vorstellen kann ich mir alles Mögliche, es zu verwirklichen ist etwas anderes, obwohl die Macht ihre Grenzen hat und die Befriedigung, die aus Gedanken und Vorstellungen erwächst, manchmal wirklich ausreichen kann.

Die andere Welt ist die, die ich mit anderen teile und über die ich verhandle (und deren Wahrnehmung ebenfalls Verhandlungsgegenstand mit anderen ist, nämlich in der gemeinsamen Konstruktion einer allgemein anerkannten und gültigen Wahrnehmungswirklichkeit). Dies ist die Welt des Handelns, der materiellen Bedürfnisse und der physikalischen Wirklichkeit, eine Welt – könnten wir sagen – von begrenzter Macht, aber potentiell starker Befriedigung und einer Qualität der Notwendigkeit: Wenn ich in dieser Welt nicht ein Minimum an Befriedigung erreiche, werde ich buchstäblich sterben. Vor allem aber ist dies die Welt der anderen, also anderer Subjektivitäten, anderer Erfahrungsprozesse mit ihren Erfordernissen, Gelegenheiten, Befriedigungen usw. Wir wissen nicht genau, wann oder wie die Existenz der inneren subjektiven Welt des anderen als Teil unseres eigenen Bewußtseins entsteht (die Entwicklungsforschung tendiert zu immer früheren Lebensphasen), sicherlich aber innerhalb des ersten Lebensjahres. So wie in Winnicotts markantem Bild das Selbst des Kindes zunächst in den Augen der Sorgeperson existiert, so kann man sich vorstellen, daß die kindliche Wahrnehmung der Subjektivität der Sorgeperson zunächst im Schrei des Kindes existiert. Denn warum sollte das Kind schreien – und noch viel wichtiger, warum sollte es mit dem Schreien fortfahren und es variieren, wenn kein beeinflußbarer anderer in der Nähe wäre. Dieses Verhalten könnte man rein behavioristisch interpretieren, aber betrachten wir andererseits, wie ein Kind von weniger als zwölf Monaten, das eine gesunde[2] Anbindung erfahren hat, den Kopf des Erwachsenen mit den eigenen Händen so dreht, daß dieser in eine bestimmte Richtung schaut. Dieses Verhalten hat ein zunehmendes Gespür für den anderen als einer Quelle der Erfahrung zur Folge, während das Kind gleichzeitig anfängt, sich selbst zu fühlen und zu verstehen. Hier zeigt sich, daß die Entwicklung des Selbstverständnisses beim Kind mit der Entwicklung des Gefühls für den anderen auf intersubjektive Weise Hand in Hand geht. Ohne den jeweils anderen läßt sich keiner von beiden verstehen.

Die Integration dieser »inneren« Welt der Bedürfnisse, Wünsche, Phantasien, Begierden, Wahrnehmungen und Ängste mit der »äußeren« Welt der Ressourcen, Hindernisse, Anreize, Gelegenheiten und anderen Subjekten (nicht bloß Objekten) der Erfahrung ist das grundsätzliche und andauernde Problem des Lebens oder der Prozeß des Lebens selbst. Im Gestaltmodell wird dieser Prozeß als »Kontakt« bezeichnet. Die dauerhafte Integration dieser beiden Bereiche und ihre Beziehung zueinander bezeichnen wir auch als das »Selbst«. (Deshalb sagt Goodman, das Selbst sei »im Kontakt gegeben«; es ist außerdem das »Kontaktsystem«, vgl. Perls, Hefferline & Goodman, 1991.) Dieses Kontakt-Verständnis, oder das Kontext-Modell des Selbst geht in erster Linie auf Paul Goodman zurück und stellt (zusammen mit seiner radikalen Revision der Natur des Wunsches und dessen Bedeutung für Gesundheit und Wachstum) einen Großteil seines Vermächtnisses an die Psychologie und die Psychotherapie dar. Das bringt eine Neudefinition der Vorstellung und der Prozesse des Selbst mit sich, und zwar insofern als das »Selbst« nicht mehr, wie im Freudschen Verständnis oder der westlichen Tradition des Individualismus, als polarer Gegensatz des »anderen« definiert wird. Dabei verlieren wir die individuelle Besonderheit des einzelnen nicht aus den Augen, wie das in einigen östlichen Traditionen der Fall ist, mit denen Goodman sich ebenfalls sehr gut auskannte. Nein, »Selbst« und »anderer« bleiben bedeutungsvolle Begriffe, aber sie reihen sich ein in Goodmans Liste »falscher Dichotomien« (Perls, Hefferline & Goodman, 1991) wie Poesie und Prosa, reif und kindisch, Geist und Körper, individuell und sozial etc. Hier wird Selbst als Prozeß betrachtet, und dieser Prozeß findet »an der Grenze« statt, als Integration der beiden phänomenologischen Welten. Haben wir uns einmal an diese Denkweise gewöhnt und finden einen neuen Begriff für diese »innere« Welt, die zumindest in der westlichen Tradition immer als gleichbedeutend mit »Selbst« verstanden wurde, dann wird dieses Modell unser wirklichen Erfahrung sehr viel gerechter. Tatsächlich ist das Selbst – dein Selbst, mein Selbst –, obwohl individuell verschieden und für jeden anders, keineswegs nur Privatsache; und wenn wir gewohnt sind, von unserem »innersten Selbst« zu sprechen, sollten wir auch unser »äußerstes Selbst« nicht vergessen.

Die Entwicklung und Artikulation des Selbst (»Selbstartikulation«) erfordert die Auseinandersetzung und das Experiment sowohl mit der »äußeren« als auch mit der »inneren« Welt.[3] Doch das ist keine ganz einfache Angelegenheit. Ebenso wie im psychodynamischen und einigen anderen Modellen ist die innere Welt in der Gestalttherapie häufig so dargestellt worden, als handle es sich dabei um einen Ort, an dem ein paar simple Gefühle existieren – eigentlich körperliche Bedürfnisse –, die man einfach kennenlernt, indem man Blockierungen auflöst, Verbote (die zu Hemmungen geworden sind) zurücknimmt, diese einfachen körperlichen Zustände umbenennt, und dann würde die »organismische Selbstregulation« schon den Rest machen (vgl. Perls, Hefferline & Goodman, 1991, Praxis, z.B. S. 207ff.). Das hat es uns schwer gemacht, über wichtige Erfahrungskonstrukte wie Mut, moralische Konflikte, Werte, Entscheidungen, Enttäuschung, Bedauern, Langzeitplanung, spirituelle Gefühle, Kompromisse, Beziehung, Verpflichtung, Pflege, Loyalität oder Politik zu sprechen – und diese Liste ließe sich ohne weiteres fortsetzen. Sicherlich ist der Körper eine wichtige Quelle authentischer Informationen über unsere Natur, unsere Wünsche und Bedürfnisse, und es stimmt, daß diese Informationen häufig vernachlässigt oder unterbewertet worden sind und wir wieder lernen müssen, darauf zu achten und sie für uns zu nutzen. Aber unsere Wünsche, Entscheidungen und Werte – unser strukturierter persönlicher »Grund« – kann nicht auf Körperwahrheiten reduziert werden, selbst wenn diese Wahrheiten immer eindeutig und nicht sozial vermittelt oder ihrerseits konstruiert wären, was nicht der Fall ist.

Einen Selbst-Prozeß, der die äußere Welt der Allgemeinverbindlichkeit und der gemeinsamen Konstruktionen völlig unberücksichtigt läßt und sich nur nach innen orientiert, würden wir zutreffend als schizophren bezeichnen (»Bewußtseinsspaltung«, also das Fehlen dieser integrativen Funktion des Selbst, d.h. der Fähigkeit, die innere und äußere Welt auf befriedigende Art miteinander zu verbinden und zu integrieren). Auf der anderen Seite kommt ein Prozeß, der sich nur auf das Außen konzentriert, Winnicotts »falschem Selbst« nahe, wo die Wünsche und Bedürfnisse der anderen (ursprünglich der wichtigsten Bezugspersonen) als wirklicher und dringender erlebt werden als die eigenen inneren Bedürfnisse (als Charaktertyp entspricht das am ehesten dem, was wir heute als *koabhängig* bezeichnen). Goodman, der etwa zur selben Zeit wie Winnicott schrieb und von einem existentialistischen Standpunkt ausging, vermied die Begriffe »falsches« und »wirkliches« Selbst. Das existierende Selbst *ist* der eigentliche Selbst-Prozeß; es mag eingeschränkt sein, aber »falsch« sein kann es nicht. Allerdings spricht er vom authentischen und vom nichtauthentischen Selbstprozeß, was m.E. letztlich auf dasselbe hinausläuft.

Kehren wir zurück zur Diskussion der Intimität. Das Modell zeigt, daß jeder dieser Bereiche, der »innere« und der »äußere«, als Hintergrund für die figürliche Darstellung und Auseinandersetzung mit dem anderen dient; d.h. der Ausdruck und die Auswahl meiner Mittel und Ziele in der »äußeren« Welt basieren sehr stark auf meinem inneren »Hintergrund« an Erinnerungen, Berechtigungen, Hoffnungen und Ängsten, Werten, guten und schlechten Erwartungen, früheren und gegenwärtigen Fähigkeiten usw., also auf all den Dingen, für deren Organisationsform und dynamische Struktur wir hier eine angemessene Beschreibung zu finden versuchen. Eine eingeschränkte oder verarmte Welt der inneren Erfahrung bringt eine eingeschränkte oder verarmte Bandbreite an Handlungs- und Wahlmöglichkeiten in der »wirklichen« Welt mit sich. Dabei fehlt die flexible Unterstützung eines wohlorganisierten und artikulierten Erfahrungshintergrundes oder der unverzichtbare Kompaß einer verfeinerten Sprache, die Gefühle und Werte auszudrücken vermag. (Auch hier sehen wir wieder, wie unangemessen eine Sprache ist, die eine scharfe Trennung von »innerer« und »äußerer« Erfahrung vornimmt, weil die »wirkliche« Welt, die Welt, die mir phänomenologisch und durch meine Wahrnehmung als wirklich erscheint, vor allem eine Konstruktion ist, die auf früheren Erfahrungen und Zukunftserwartungen basiert.)

Aber woher kennen wir diesen »inneren Hintergrund«, und wie drücken wir ihn aus? Die Antwort ist, wir werden nicht mit dieser Selbstkenntnis geboren; zunächst wissen wir nicht einmal, wie wir uns selbst kennenlernen und eine anschauliche innere Erfahrung entwickeln und hervorbringen können. Dieses Wissen und der Prozeß des Lernens müssen selbst erst entwickelt und angeeignet werden, und dabei handelt es sich um einen lebenslangen intersubjektiven Prozeß. Natürlich werden wir mit der Fähigkeit geboren, Unterschiede wahrzunehmen, wie Aristoteles feststellte und wie Goodman ihn gerne zitierte (vgl. z.B. Goodman, 1994). Aber wir werden nicht mit dem Wissen geboren, wie wir die inneren Unterschiede und Verbindungen organisieren und nutzen sollen, wie wir ein produktives Interesse an und Neugier über uns selbst entwickeln können. All das müssen wir lernen, und wir lernen es von und mit dem anderen, der an unserer inneren Welt interessiert ist. Dieser vielfach vernachlässigte Aspekt kann nicht genug betont werden: das ist der entscheidende Punkt eines intersubjektiven Entwicklungsverständnisses, der zumindest im Gestaltmodell notwendig und unvermeidlich enthalten ist. Die »innere« Welt, unser privater, persönlicher Hintergrund, der die »äußeren« Handlungsfiguren fördert und formt, wird nicht entdeckt, indem wir einfach »nach innen« blicken oder »mit unseren Gefühlen in Berührung kommen« (obwohl das natürlich dazugehört), sondern wird konstruiert, verfeinert und findet Ausdruck in Begleitung eines anderen, der mit uns verbunden und an uns interessiert ist. Es ist eine intime Konstruktion,[4] d.h. die innere Wirklichkeit ist »im Kontakt gegeben«, wie Goodman sagt, ebenso wie er die »Wirklichkeit« nicht nur als »außerhalb« unserer selbst, sondern als daran angrenzend beschreibt. Das ist die eigentliche Bedeutung von Kohuts »empathischem Spiegeln«, das er berechtigterweise als wesentlichen Bestandteil der Entwicklung des Selbst ansieht (wobei »Selbst« in seinem System eine Reihe system-stabilisierender Prozesse darstellt, eine selbsterhaltende Eigenschaft des Systems, vgl. z.B. Kohut, 1977). Aus gestalttheoretischer Sicht würden wir das Selbst umfassender definieren, aber immer noch insofern mit Kohut (und Winnicott) übereinstimmen, als das Selbst dasjenige ist, was »mit einem Menschen geschieht« (vgl. Gustavson, 1986).

Um es noch einmal zu wiederholen: dieses Wissen, diese Auseinandersetzung und gemeinsame Konstruktion einer zunehmend deutlicher werdenden, immer komplexer strukturierten inneren Welt ist eine lebenslange Aufgabe. Einmal angefangen, einmal verwurzelt in der Erfahrung empathischer Aufmerksamkeit und Resonanz, kann dieser Prozeß sicherlich in und durch den einzelnen selbst weitergeführt werden. Wörtlich genommen heißt das, wenn man sich selbst nah ist, ist man sein eigener anderer. Aber denken wir noch einmal an Goodman und Aristoteles' Feststellung über die Abhängigkeit der Wahrnehmung von Unterschieden im Feld zurück, dann können wir sagen: verglichen mit dem Wachstumspotential, das der intime Dialog mit sich bringt, wird ein ausschließlich privater Prozeß der Selbstexploration auf lange Sicht unweigerlich verkümmern. Deshalb liegt die Intimität – als Dialog, Bezeugung und Austausch – in unserer Natur, als primäre und permanente Unterstützung der Gesundheit und des Wachstums (die im Gestaltmodell untrennbar zusammengehören) und als primäres und eigenständiges Lebensbedürfnis.

Die intime Beziehung: Aufgaben der Intimität

Auf der Grundlage des phänomenologischen Selbst-Modells, das wir oben entwickelt haben, können wir Intimität jetzt folgendermaßen definieren: Intimität ist ein gegenseitiger Prozeß, in dem der persönliche Hintergrund des jeweils anderen kennengelernt und mitgeschaffen, und der eigene Hintergrund dem anderen zugänglich gemacht wird. Der Prozeß der Erforschung meiner inneren Welt im Lichte des Interesses meines intimen Gegenübers ist für diesen gleichzeitig eine Einladung, sich an der fortwährenden Schöpfung meiner inneren Welt zu beteiligen. In Anlehnung an Goodman betrachten wir das Selbst als Prozeß, und zwar als intersubjektiven Prozeß, sowohl in der Frühentwicklung als auch im weiteren Lebensverlauf. Die Natur und das Ziel der Intimität ist das fortwährende Hervorbringen des Selbst und des anderen, die sich gegenseitig bedingen, den anderen in seinem Erfahrungsfeld stärken und den intimen Austausch immer weiter entfalten. Solange wir diesen Prozeß des Wachstums und der Artikulation des Selbst, der unsere eigentliche Natur ist (das, was wir nicht nicht-tun können), weitgehend allein vollziehen, kann er sich nicht voll entfalten.

Natürlich können diese Prozesse auch teilweise oder einseitig oder zielorientiert ablaufen, aber dann sind sie nicht wirklich intim, sondern vielleicht entwicklungsbedingte Vorstufen von Intimität (wie in der oben genannten Eltern-Kind-Beziehung oder im Verhältnis zwischen Therapeut und Klient). Diese Unterscheidung kann etwas Licht auf die vieldiskutierte Frage der Selbstoffenbarung des Therapeuten in der Therapie werfen. Wenn der Therapeut in »intimer Präsenz« und die Sitzung eine »wirkliche Begegnung« ist, in welchem Sinne und unter welchen Voraussetzungen kann oder sollte der Therapeut sich dann dem Klienten »mit-teilen« (vgl. Zinker, 1993; und Speier, 1993)? Die Begrifflichkeit der Gestalttherapie bringt die Antwort auf den Punkt: der Therapeut kann eine »Figur« teilen oder mitteilen, etwa in der Aussage: »Was Sie mir da sagen, bewegt mich / macht mich traurig / ungeduldig / ärgerlich.« Bis zu einem gewissen Grad kann er sogar seinen Hintergund mitteilen: »Ich kann mir vorstellen, was Sie fühlen; auch ich habe sehr früh ein Elternteil verloren«, oder »Das frage ich mich schon mein Leben lang; ich weiß keine Antwort.« Aber wenn der Therapeut sich angemessen und produktiv verhält, wird er seinen eigenen Hintergrund mit dem Klienten nicht *erforschen*, so wie er es mit seinem eigenen Therapeuten, Freund oder einer anderen intimen Person tun mag. Die ganze Frage der Bezahlung hängt zum großen Teil damit zusammen: der Bezahlte schließt seinen natürlichen Drang zur Erforschung des eigenen Hintergrundes aus (er »retroflektiert« dieses Interesse), um dem Zahlenden mehr Raum für diese Erforschung zur Verfügung zu stellen. Viele Klienten empfinden dieses Ungleichgewicht sehr intensiv, nicht nur zu Beginn der Therapie, wenn es um Themen wie Macht und Verletzlichkeit, Sicherheit und Orientierung, Selbstdarstellung und

Scham geht, sondern auch gegen Ende der Therapie, wenn der Klient sich eines neuen und noch unbenutzten »Muskels« bewußt wird, nämlich der aufkommenden Fähigkeit, als aktiver anderer in den gegenseitigen Prozeß der Selbstexploration einzusteigen, und nicht nur als ihr Gegenstand. In der Einzeltherapie kann eine wiederentdeckte Neugier beim Klienten und das Bedürfnis, mehr Persönliches über den Therapeuten zu erfahren, darauf hinweisen, daß der Klient bereit ist, die Therapie bald zu beenden oder aber in einer Gruppe weiterzuarbeiten. In der Paartherapie, wo diese Aufgabe von Anfang an im Mittelpunkt steht, können die Partner die neue Energie und die wachsende Fähigkeit zur Intimität natürlich auf den jeweils anderen richten. Wie wir als Therapeuten diesen Prozeß unterstützen, und worin diese Aufgaben und Fähigkeiten bestehen, werden wir im nächsten Abschnitt sehen. Aber vorher noch ein paar Gedanken zum Thema Intimität und Macht (und Mißbrauch).

Melnick und Nevis betonen die Bedeutung eines »ausgeglichenen Machtverhältnisses« als Bedingung für den Prozeß der Intimität. Ebenso hält Lee (in diesem Buch), der den Prozeß mehr aus phänomenologischer Perspektive betrachtet, die »emotionale Sicherheit« des Paares für eine Bedingung der intimen Auseinandersetzung, ob im Therapiezimmer oder zu Hause. Aber das Gegenteil trifft ebenfalls zu. Genau wie es eines Gefühls ausreichender Macht und Sicherheit mit dem anderen bedarf, um mit der intimen Selbstexploration beginnen zu können, so kann die Erfahrung der Intimität auch dahin tendieren, objektive Unterschiede in der Machtverteilung zu unterminieren. Dies ist ein Grund dafür, warum man versucht, sexuelle Beziehungen in hierarchisch strukturierten Systemen wie dem Militär oder der Arbeitswelt zu verbieten: zumal die Wahrscheinlichkeit, daß ein sexuelles Verhältnis mit der Erfahrung von (unvorsichtiger) Selbstoffenbarung, also Intimität, einhergeht, sehr groß ist. Dies wiederum kann sehr schnell zu einer Angleichung der tatsächlichen Machtverteilung zwischen den beiden Personen führen, was ihrer jeweiligen Machtposition innerhalb der Struktur des Systems zuwiderlaufen könnte. (Natürlich gibt es auch die Notwendigkeit, den schwächeren Partner vor möglichem Mißbrauch zu schützen, aber der Organisation mag mehr daran gelegen sein, die Handlungsfreiheit des mächtigeren Partners zu erhalten, als die Grenzen und das Wohlergehen des schwächeren zu schützen.)

Da Intimität nie folgenlos bleibt, gibt es in allen möglichen Konstellationen gute Gründe dafür, nicht »intim werden« zu wollen, nicht »zu viel« über den anderen zu erfahren. »Erzählen Sie mir nichts von Ihren persönlichen Problemen«, sagt der Chef zu seinem Untergebenen, denn sonst müßte er diese Probleme berücksichtigen! Dasselbe bei Paaren: wenn ich wirklich einmal einen Moment innehalte und mitbekomme, was deine Aussage, dein Gefühl oder deine Position für dich bedeutet, wo es »herkommt«, dann kann es sein, daß ich dir stärker entgegenkomme als wenn wir einfach weiterhin darüber streiten, wer von uns beiden recht hat und wer an der Reihe ist, seinen Willen durchzusetzen. Vielleicht willst du z.B. deine Arbeitsstelle wechseln, und ich bin nicht bereit, eine Verringerung unseres Einkommens hinzunehmen. Aber wenn ich dir wirklich erlaube, mir von deinen Hoffnungen und Träumen zu erzählen und mir zu sagen, wie unglücklich du bist, und wenn ich mir selbst erlaube zuzuhören, dann werde ich bereit sein müssen, einige schwierige Entscheidungen mitzutragen. Was all das für das Paar und die Paartherapie bedeutet, werden wir jetzt untersuchen.

Aufgaben der Intimität

Daraus folgt, daß der Prozeß der Intimität – mit all den Einstellungen, Zielen und Aktivitäten, die zum intimen Dialog und Austausch dazugehören – sich in diesem Modell etwas anders darstellt als in anderen Ansätzen. Nach Lewin (1926) organisiert das Bedürfnis das Feld, was bedeutet, daß die Aktivitäten und Prozesse, die wir im Hinblick auf Intimität für wesentlich halten, sich aus dem ergeben, was wir als Ziel der Intimität ansehen. Um das vorher entwickelte Argument nun etwas weiter zu fassen, betrachten wir als Ziel der Intimität das gemeinsame Gestalten und Artikulieren des subjektiven Feldes, der »inneren« und »äußeren« Welten und ihr Übergang in Bedeutung und Befriedigung als Tätigkeit des Selbst. Dieser intersubjektive Prozeß der Zusammenarbeit gesteht jedem Beteiligten sein eigenes Selbst und seinen eigenen Selbstprozeß zu. Dabei handelt es sich nicht allein um ein »inneres«, privates Selbst; das Selbst jedes Partners wird mitgeprägt durch den Anklang und die Resonanz, die Reflexion und die Unterschiede beim intimen anderen.

Dieses Prägen und Mitgestalten hat eine aktive und eine empfangende Seite. Auf der aktiven Seite steht die Selbstexploration und -artikulation meiner eigenen Subjektivität, meine »innere« und »äußere« Wahrnehmung, die ich selbst erfahre, indem ich sie dem interessierten intimen Gegenüber mitteile. Jeder kennt schließlich das Gefühl, sehr gut zu wissen, was man denkt, will, fühlt oder was einen aufregt, und wenn man dann sagt, was man »wirklich« will, was einen wirklich zufriedenstellen würde, stellt man fest, daß es etwas ganz anderes ist, als man ursprünglich dachte. Aber das entdecke und konstruiere ich nicht nur in einem Kampf um die Position, die ich schon zu kennen glaube, ja nicht einmal in einer freundschaftlichen Verhandlung über das, wovon ich bereits »weiß«, daß ich es will, sondern vielmehr indem ich es dem aktiv zuhörenden intimen anderen mitteile. Der subtile, aber entscheidende Wechsel ist der vom Wollen zum Fühlen: von dem Ziel, das ich zu kennen glaube, zu der Frage, warum ich es will und welche Bedeutung es für mich hat. Anstatt zu versuchen, das, was ich will, zu bekommen und dafür all die Fähigkeiten einzusetzen, die dazugehören, wie Verhandeln, Prioritäten setzen, Kompromisse schließen usw., versuche ich das, was ich will, fühle oder befürchte, zu *erfor-*

schen, um es kennenzulernen, um mich selbst besser zu kennen und mein Wissen und mein Selbst durch die intime Begleitung eines anderen zu konstruieren.

Im Gegenzuge bedeutet das auch eine Veränderung meiner Prozeßfähigkeit bzw. der Bedeutung bestimmter Fähigkeiten gegenüber anderen. Während bei der Verhandlung – bei der Arbeit an der »Figur« dessen, was ich will und wie ich es mit und von dir bekommen kann – die wichtigsten Fähigkeiten mit Einschätzung, Darstellung, Gewähren, Entscheidung und ähnlichen Dingen zu tun haben, geht es bei der Erforschung im wesentlichen um Prozesse wie Identifizierung, Klärung und Mitteilung der subjektiven Bedeutung dieser Gefühle und Wünsche: indem ich meinen eigenen Gefühlen gegenüber aufgeschlossen bin (meinem Unbehagen, meinen Vorlieben, Gefühlszuständen), indem ich eine nuancierte Sprache entwickle, um diese Gefühle und Wünsche anderen (und mir selbst) klarzumachen, indem ich die Beziehung zwischen der Figur meiner aktuellen Gefühle und dem Hintergrund meiner früheren Erfahrungen untersuche, und vor allem indem ich eine Vertrauensfähigkeit entwickle, die sowohl die notwendige Grundvoraussetzung als auch Konsequenz solcher Prozesse darstellt.

Zwar bezeichnen wir diese Fähigkeiten als aktiv, aber natürlich haben sie auch eine empfängliche Seite. Die Erkundung des eigenen Inneren und die Selbstrezeption hängen eng miteinander zusammen, aber darüber hinaus ist das Mitteilen meiner inneren Prozesse und Zustände selbst ein ständiges Hin-und-Her von Erzählen und Überprüfen, in dem ich Persönliches nach außen bringe und dann die Reaktion, die Frage oder die Bestätigung des anderen aufnehme, mich beeinflussen lasse und von diesem veränderten Standpunkt aus weitergehe.

Auf der anderen Seite haben wir den Prozeß und die Fähigkeit des aktiven Zuhörens, wieder mit den beiden Polen von Aktivität und Empfänglichkeit, die auf intime Weise miteinander verbunden sind. Um dir aktiv zuzuhören und dich auf befriedigende Weise und mit der Aussicht, daß wir uns beide verändern können, ganz aufzunehmen, muß ich dich zunächst einmal kennen wollen. Das mag vielleicht selbstverständlich erscheinen, aber selbst in Paarbeziehungen – oder vielleicht gerade dort – haben die Dinge ihren Preis und ihre Folgen, gibt es Überlegungen und Gründe, warum ich es nicht so genau wissen will oder unentschlossen bin – grundsätzlich oder in einem bestimmten Augenblick. An diesem Punkt kommt es entscheidend darauf an, daß ich das Gefühl erkenne und benenne (was fast dasselbe ist), und daß du es aufnimmst, ihm nachgehst und es mit mir gemeinsam konstruierst. Hier begegnen wir den ersten möglichen Schwierigkeiten bei dieser Aufgabe des intimen Austauschs: denn schließlich kann es sein, daß meine Unentschlossenheit darüber, wie sehr ich dich kennen will, dich tief verletzt, vor allem dann, wenn das in dir die schlechten Erfahrungen mit anderen zurückhaltenden oder in diesem Punkt unfähigen oder ungeschickten Menschen in deinem Leben wieder hervorbringt. Deshalb erfordert das gegenseitige Kennen und Sich-Kennenlernen Unterstützung. Hier sehen wir einen weiteren Aspekt der von Lee (in diesem Buch) und anderen diskutierten »emotionalen Sicherheit«, die im Zuge der zunehmenden Aufschlüsselung der beteiligten Prozesse immer mehr an Bedeutung gewinnt. Die Bedingungen und Folgen dieser Dimension der Sicherheit werden z.T. noch deutlicher werden, wenn wir uns den unmittelbar mit der therapeutischen Arbeit zusammenhängenden Fragen zuwenden.

Therapeutische Aufgaben in der Arbeit mit Paaren

Intimität hat immer ihren Preis und ihre Folgen. Dies zu ignorieren hieße, das Herzstück der gestalttherapeutischen Arbeit, nämlich die Dimension der *dynamischen Phänomenologie* zu verfehlen. Mit anderen Worten: was immer ich tue, tue ich aus Gründen, die mir zu gegebener Zeit stichhaltig oder sogar zwingend erscheinen. Natürlich kann es sein, daß ich mir einiger oder vieler dieser »Gründe« nicht bewußt bin. Vielleicht habe ich »ungeprüfte Überzeugungen« oder »Grundannahmen«, wie manche sagen, und sowohl in der intimen Beziehung als auch in der Therapie geht es darum, diese Grundüberzeugungen und Muster in einem zwischenmenschlichen, intersubjektiven Rahmen zu erforschen, zu artikulieren und mitzuteilen. Wenn der intime Prozeß, wie wir das hier darzustellen versucht haben, ein notwendiges Element der Gesundheit und der Selbstentwicklung ist, und wenn ich diesen Prozeß nicht mit einem gewissen Maß an Wohlwollen und Befriedigung weiterführen kann oder will, dann aus einem oder mehreren der folgenden Gründe: Erstens, ich kenne mich selbst nicht gut genug, um zu wissen, wie ich mehr über meine Welt mitteilen und mehr über deine herausfinden kann (aufgrund von Entwicklungsdefiziten in meiner eigenen intersubjektiven Geschichte). Zweitens, ich bin nicht bereit, die Konsequenzen zu tragen, die sich daraus ergeben würden, dich so zu kennen. Drittens, einiges von dem, was ich einbringen könnte – Hoffnungen, Ängste, Phantasien, Gefühle und Wünsche –, ist aufgrund meiner Geschichte so beschämend, daß ich nicht will, daß irgend jemand davon erfährt. Viertens, die gegenwärtigen Umstände sind nach meiner Einschätzung einfach nicht sicher genug, um diese unsichere Reise der Intimität überhaupt anzutreten. Sehen wir uns an, wie der Therapeut diesen unterschiedlichen Gegebenheiten begegnen kann.

Zunächst der uns allen bekannte Fall, daß eine tiefergehende Intimität zwischen den Partnern deshalb schwierig oder unmöglich ist, weil einer oder beide Partner sich selbst nicht gut genug kennen, um intensiv erzählen oder zuhören zu können. (Auch unsere Fähigkeit zu hören und zuzuhören ist dadurch begrenzt, wie gut wir uns selbst kennen, denn aus der hier dargestellten Perspektive betrachten wir das aktive Zuhören als empathischen intersubjektiven Austausch, und nicht nur als passiv rezeptiven Vorgang.) In diesem Bereich gehen Einzel- und Paartherapie ineinander über und unterscheiden sich kaum voneinander, außer daß im Rahmen der Paartherapie der Anwendungsbereich für die Erweiterung der Fähigkeit zur Selbstkenntnis unmittelbar gegeben ist, mit all den Vor- und Nachteilen der damit verbundenen zusätzlichen Erfordernisse. Sicherlich braucht der Klient manchmal den ruhigeren und mit weniger Druck verbundenen Rahmen der Einzeltherapie, um mit der Selbstexploration beginnen zu können, aber grundsätzlich gibt es keinen Grund, warum dieser individuelle Wachstumsprozeß nicht auch im Rahmen der Paar- oder Gruppentherapie stattfinden können sollte. Denn genau das geschieht in einer erfolgreichen Paartherapie: eine Steigerung der Selbstkenntnis des persönlichen Wachstums, und um nichts anderes geht es bei der Intimität.

In der Paartherapie erfährt der Therapeut und der therapeutische Prozeß dadurch zusätzliche Unterstützung (und Druck), daß der Partner aus dringenden persönlichen Gründen ein reales Bedürfnis hat, die innere Welt und Erfahrung seines Gegenübers kennenzulernen. Wenn man auf diese Weise an den persönlichen Themen des einen Partners arbeitet, dann arbeitet man per definitionem immer auch an dem komplementären Thema des anderen. Wenn wir uns also an den einen Partner wenden und z.B. fragen:»Erfahren Sie genug darüber, was das für Ihren Partner bedeutet?«, dann sprechen wir damit sowohl die Ausdrucksfähigkeit des einen Partners als auch die Fähigkeit des anderen, nachzufragen, aufzunehmen und mitzuschwingen an. Gleichzeitig dienen solche Interventionen, die den Prozeß des gegenseitigen Hervorbringens und Verstehens von Bedeutung (also den Prozeß der Intimität) unterstützen sollen, auch dazu, das Paar von der Aufgabe, Probleme zu lösen, zu verhandeln und Entscheidungen zu treffen zu dem größeren und grundlegenderen Ziel hinzuführen, sich selbst und den anderen besser kennenzulernen (was zumindest zur Klärung und Gestaltung der anstehenden Problemlösungen und Entscheidungsfindungen beiträgt).

Natürlich läßt sich die begrenzte Fähigkeit der Selbstkenntnis nicht nur auf das Fehlen bestimmter Fertigkeiten reduzieren, weder in der Einzel- noch in der Paartherapie, sondern diese Begrenzung wird auf dynamische Weise erhalten. Es gibt einen gefühlten Grund dafür, nicht in diese Richtung zu gehen – wahrgenommene Gefahren, Verbote und Scham, Ängste und Sorgen und andere böse Vorahnungen. Diese Gründe anzusprechen und zu erforschen, heißt mehr als nur »mit dem Widerstand zu arbeiten«, es ist der eigentliche Prozeß der intimen Selbst-Erkundung, des Mitteilens und der gemeinsamen Hervorbringung von Bedeutung, den die Therapie und das Paar anstrebt und nach dem es sich in gewissem Maße auch sehnt. Deshalb sind im Gestaltmodell Prozeß und Inhalt immer ein und dasselbe, und daher auch die Auffassung, daß die momentane Figur (in diesem Fall der »Widerstand«, oder die Angst und die Abneigung, sich auf den Prozeß der Selbsterkundung einzulassen) die gesamte Bedeutung und die Dynamik der Selbst-Organisation des Klienten unter den gegebenen Umständen beinhaltet. Das ist die theoretische Grundlage für die Arbeit im »Hier-und-Jetzt«, die inzwischen auch von anderen Ansätzen und Therapierichtungen übernommen wurde.

Dasselbe gilt auch für den zweiten Grund: die Angst vor den Folgen, den anderen zu gut zu kennen, konkret: vor der Einschränkung der persönlichen Freiheit. *Tout comprendre c'est tout pardonner* sagt das Sprichwort: Alles verstehen heißt alles verzeihen, die scharfe Klinge meiner Wut aus der Hand zu legen und mich vielleicht in Dingen und Entscheidungen wiederzufinden, die dir wichtig sind, aber mit denen ich mich nicht auseinandersetzen will. Und was, wenn meine Empörung anderen dynamischen Zwecken in meiner eigenen Welt dient, wenn sie mir z.B. hilft, mit meiner eigenen Scham zurechtzukommen oder meine zerbrechliche Selbst-Organisation aufrechtzuerhalten? Auch hier sehen wir – gemeinsam mit anderen Ansätzen –, wie schnell ein Beziehungsthema in ein persönliches Thema umschlagen kann (und umgekehrt), und auch hier besteht die therapeutische Aufgabe in der gemeinsamen Erforschung dieser Dynamik, damit die Ängste, die Scham, die Sorgen und Sehnsüchte, die meine Bereitschaft zur Intimität überlagern, dem intimen Dialog zugänglich gemacht werden können. Über die Last von Angst und Scham, die einer der Partner ständig mit sich trägt, zu weinen, kann einer der befreiendsten Transformationsprozesse sein, die die Therapie zu bieten hat.

Hier sind wir nun bei der dritten »Widerstandsform« angelangt, der ständigen Angst, daß die Inhalte meiner inneren Welt zu beschämend sind und nicht gezeigt werden dürfen. Die Erforschung der Rolle und der Dynamik von Scham in der Therapie, der Entwicklung und im Leben überhaupt hat eigentlich erst mit der Arbeit von Kohut angefangen (zur Diskussion dieser Frage im Zusammenhang mit Paartherapie vgl. Morrison, 1989, und Lee, in diesem Buch). Wir können sagen, daß Scham, wenn sie nicht thematisiert wird, das Entstehen von Intimität fast unmöglich macht, *und daß gemeinsam erlangte Intimität die Scham unweigerlich auflöst.* Der Gestaltansatz versteht Scham nicht als bloßen Affekt, sondern als einen Zustand, in dem Selbst-Organisation und Selbst-Prozeß zusammenbrechen oder zusammenzubrechen drohen. In Übereinstimmung mit Lewin (1935) und Goldstein (1939) gehen wir davon aus, daß »ich« oder »wir« im Kontakt entstehen, im Akt der Organisation des Feldzusammenhangs, und daß dieser Kontakt, dieser Organisationsprozeß (das Selbst) gleichzeitig »ich« und »nicht-ich« hervorbringt. Scham ist die mir aus der Umwelt begegnende Bedrohung, daß das Feld sich von meiner »Grenze« zurückzieht, jener Grenze, die mich als Ganzheit identifiziert (mir selbst und anderen gegenüber) und mich mit dem Zusammenhang verbindet (und dann kann diese äußere Bedrohung natürlich internalisiert werden, was bedeutet, daß ich sie auch ohne die Gegenwart derjenigen erlebe, die die ursprüngliche Scham erzeugt haben). Insofern ist Scham im Extremfall eine Erfahrung lebensbedrohlicher Panik, eine Art seelischer Tod, und für das Kleinkind birgt diese Bedrohung sogar die Gefahr des physischen Todes (vgl. auch die Diskussion in MacLeod, 1993). Im klassischen psychodynamischen Modell, dessen individualistische Haltung bis hin zum Solipsismus reichte, war es praktisch unmöglich, ein sinnvolles Verständnis einer kontext- und beziehungsorientierten Scham-Dynamik zu entwickeln. Die Arbeiten von Kohut (1977) u.a., die eine vollständige Rekonstruktion des psychodynamischen Ansatzes darstellen, die dem Gestaltansatz deutlich näherliegt, haben einen sehr produktiven Dialog über die Dynamik und die Folgen von Scham ermöglicht. Dieser Dialog wird durch die Gestaltperspektive verdeutlicht und in ein etwas anderes Licht gerückt, was es uns ermöglicht, phänomenologisch zu sehen, was Scham ist und warum sie in ihren extremen Formen (wie Depression, Wut oder Manie) nicht zu den Affekten gezählt werden kann, die Orientierungs- und Bewertungsprozesse darstellen (in der Gestaltterminologie »Grenzprozesse«), sondern eher als Selbst-Zustand gesehen werden muß (in diesem Fall der Selbst-Zustand des Zusammenbruchs bzw. der Zusammenbruch des Grenzprozesses).

Diese Sichtweise hilft uns zu verstehen, warum Intimität Scham auflöst. Das beschämte Selbst weiß, daß wichtige Teile der inneren Welt nicht zur Organisation des Feldes herangezogen werden können. Gedanken, Gefühle, Wünsche und innere Stimmen, die während der Entwicklung nicht von anderen, wichtigen Personen wahrgenommen werden können, werden abgespalten, begraben, mit Scham belegt und durch Besorgnis verdeckt. Dadurch wird das »authentische Selbst«, wie Goodman sagt (Perls, Hefferline & Goodman, 1991) vom »falschen Selbst« (Winnicott) getrennt – die öffentlich sichtbare Selbst-Fassade, hinter der sich eine unausgereifte, unausgesprochene Welt verbirgt, die weder anderen noch der Person selbst (wirklich) bekannt ist. Die Wahrnehmung dieses bislang im Verborgenen gebliebenen »inneren Selbst« birgt ein enormes Heilungspotential und die Möglichkeit weiterer Selbstentwicklung auf einer neuen, breiteren und solideren Basis. Aber diese »Wahrnehmung« besteht nicht in erster Linie in der Kundgabe eines bereits geformten Ganzen, eines Geheimnisses, das jetzt gelüftet werden kann. Nein, das beschämte Selbst kennt sich selbst nicht, es war in seiner eigenen Entwicklung eingeschlossen und muß nun wiedererweckt, bestätigt, unterstützt und durch den aktiven Prozeß der intersubjektiven Wahrnehmung gemeinsam wiederhergestellt werden. Das Feingefühl, das dieser Prozeß der Wiederbelebung alter Verletzungen, die hinter den alten »Abwehrmechanismen« liegen, erfordert, und die Unvermeidlichkeit neuer Wunden und Fehlschläge in diesem Prozeß, machen diese Aufgabe zur größten Herausforderung der therapeutischen Arbeit, aber auch zur lohnenswertesten.

Jedes Paar hat mit Scham zu tun, mehr oder weniger stark, je nach dem Grad von Mißbrauch, Vernachlässigung und aktiver Beschämung, die beide Partner im Laufe ihrer individuellen Entwicklung erfahren haben. Wenn diese Wunden und Verletzungen in der Therapie nicht bearbeitet werden konnten, dann beeinträchtigt das nicht nur den »Inhalt« der Selbstkenntnis, sondern auch den Prozeß, und die

Person weiß nicht, was sie tun kann, um sich mit all den Erfordernissen an Intersubjektivität, Präsenz und Unterstützung selbst besser kennenzulernen. Aber selbst wenn diese Defizite in der Einzeltherapie bearbeitet worden sind (wo schließlich jemand dafür bezahlt wird, dem anderen sehr viel intersubjektive Aufmerksamkeit zu schenken und wo das Risiko erneuter Verletzung durch die Probleme und die eigene Scham des Therapeuten realitv gering ausfällt), kann es sein, daß dieselben Themen in der Paartherapie wieder auftauchen, um in diesem weniger geschützten und lebendigen Theater der »wirklichen« Beziehung noch einmal durchgearbeitet zu werden. Andererseits, wenn das Paar diese Fähigkeiten und diesen Prozeß erlernen kann, wenn die Partner darin unterstützt werden können, einen Weg zu finden, um diese unerträglichen Anteile bei sich und dem anderen auszuhalten und zu fördern, dann haben sie gemeinsam einen heilsamen Kreislauf in Gang gebracht, in dem Erfolg wiederum Erfolg hervorbringt und in dem Unterstützung auf Unterstützung aufbaut und so den Boden für ein neues Erblühen des Selbst vorbereitet. Dies ist das eigentliche Ziel und die Natur der Intimität und der wahre Grund, warum wir alle auf Intimität angewiesen sind, uns danach sehnen, wenn sie fehlt und nach ihr suchen, wo wir können.

Und schließlich gibt es noch die Frage der Sicherheit, die für die Erforschung des unterentwickelten (inneren) Selbst notwendig ist, sowohl innerhalb der Beziehung als auch im Rahmen der Therapie. Auch hier betont der Gestaltansatz, wie wichtig und hilfreich es ist, die aktuell erfahrene Realität zu bestätigen und mit dem anzufangen, was im gegenwärtigen Feld vorhanden ist. Um also das Beispiel der – gefühlten oder befürchteten – Scham aufzugreifen: irgendwann am Anfang müssen wir immer die Frage aufwerfen: »Was tue ich (als Therapeut) hier und jetzt, um das Problem zu verschlimmern?« Wenn der Klient antwortet: »Nichts«, oder »Ich weiß nicht«, kann ich fragen: »Was könnte ich tun?« – und dann achte ich darauf, an welcher Stelle ich es möglicherweise bereits verschlimmert habe. In einer Paarsituation muß dieselbe Frage in alle Richtungen zwischen den beiden Partnern gestellt werden. Wir betonen das aufgrund unserer Auffassung von Wahrnehmung und Bedeutung als selbsterzeugenden Vorgängen, d.h. wir verstehen die aktuelle »Figur«, was immer das in einem gegebenen Augenblick sein mag, als eine Konstruktion aus innerlich gefühlter und äußerlich wahrgenommener Wirklichkeit, in der Weise des Selbst-Prozesses, wie wir ihn mehrfach beschrieben haben. Um in der Gestaltterminologie zu bleiben: die manifeste Figur bezieht den verborgenen Hintergrund mit ein und erhellt ihn. Hier begegnen wir wieder Lewins Prinzip der »Handlungsforschung« auf einer intrapsychischen, intersubjektiven Ebene: wenn du eine Struktur verstehen willst, dann greife in diese Struktur ein und beobachte die Folgen dieser Intervention (vgl. die Diskussion in Marrow, 1969). Aus diesem Grund können wir die aktuell im Vordergrund stehende Figur stellvertretend für die zugrundeliegenden Themen nutzen, ohne die Abstraktionen und Umwege in Kauf nehmen zu müssen, die ein bloßes Darüberreden mit sich bringen würde. Wir können das Problem in der Dringlichkeit des Hier-und-Jetzt erleben und dieselbe Dynamik erfahren, die wir ansonsten auf Umwegen suchen müßten (im »Widerstand«, dem letztendlich dasselbe Konzept zugrundeliegt, daß nämlich aktuelle Wahrnehmungs- und Gefühlsfiguren von früheren Wirklichkeiten zumindest geprägt werden). Der zusätzliche Vorteil dieses Ansatzes besteht darin, daß wir möglicherweise verhindern können, die ursprüngliche Verletzung wieder wachzurufen (bzw. die Partner zu ermuntern, sich gegenseitig zu verletzen), was unweigerlich passieren müßte, würden wir die Gültigkeit der vom Klienten erlebten Wirklichkeit anzweifeln.

Wenn du hier und jetzt, in diesem Moment mit Scham (oder Verlust, Einsamkeit, Wut oder von einem anderen Gefühl oder Zustand) beschäftigt bist, dann hat ein Teil dieser Beschäftigung mit etwas zu tun, das nach deiner Einschätzung geschieht oder zu geschehen droht, hier und in diesem Augenblick – etwas passiert hier und jetzt, entweder mit deinem Partner, oder mit mir, dem Therapeuten, oder beiden. An diesem Punkt haben wir die Wahl: entweder wir interpretieren und korrigieren deine Erfahrung, indem wir dir zeigen, wie wenig wir mit deinem Gefühl zu tun haben, wodurch wir uns auf deine Kosten reinwaschen und untadelig zeigen, so wie das in vielen schwierigen Beziehungen und in allzu vielen Therapieformen geschieht, oder wir können versuchen, deine Erfahrung mit dir zusammen intersubjektiv zu erforschen, um dann gemeinsam ein Verständnis deiner Welt und ihrer Bedeutung für dich zu konstruieren. (Aber vorsicht, denn der Therapeut wird unweigerlich feststellen, daß er *wirklich* etwas Beschämendes oder Verletzendes getan hat, etwas, das wie Strafe oder Alleinlassen gewirkt hat, und er muß selbst genügend Unterstützung haben, um das hören und auszuhalten zu können.)

Anders ausgedrückt: als Therapeuten oder als Beziehungspartner können wir den anderen mit seiner Erfahrung *alleinlassen*, mit all den Folgen für einen eingeschränkten Selbst-Prozeß und eine gehemmte Selbstentwicklung, oder wir können ihm in dieser Erfahrung die Hände reichen und ihm unsere Offenheit, unser Interesse, unser Anderssein anbieten und aktiv zuhören. Dieses Zuhören kann das Selbst aus den Schranken befreien, die es aufgrund fehlender Offenheit in seiner Entwicklung gehemmt haben. Dies sind die klinischen und persönlichen Möglichkeiten; wenn wir aber die Erfahrung des anderen »objektiv« zu analysieren versuchen, von außen und im Lichte unserer vorgefaßten Ansichten darüber, was seine Erfahrungen zu »bedeuten« haben, dann gehen wir den alten Weg, der für die Verarbeitung der entwicklungshemmenden Erfahrung von Verletzung und Scham der ungünstigste ist.

Alleinsein und Scham liegen in der Entwicklung eng beieinander. In einem existentiellen und individualistischen Sinne ist dieser Zustand eine nicht reduzierbare Wahrheit des bewußten Lebens, für die es keine Lösung gibt, die aber dennoch gemeinsam angenommen werden kann. Und in einem existentiellen und mehr spirituellen Verständnis ist unsere Einsamkeit nicht endgültig, sondern nur eine extreme Form unserer Einheit. Die Intimität, wie wir sie darzustellen versucht haben, aufzugeben, so wie das viele Stimmen und Therapieansätze aus einer philosophischen oder persönlichen Verzweiflung, die unserem Hang zur individualistischen Seite dieser komplexen Wahrheit entspringt, fordern und tun, bedeutet, sich mit einer unnötigen Beschneidung der Selbstentwicklung abzufinden, und letztlich mit der Verkümmerung der Gemeinschaft und der Welt.

Schlußfolgerungen

Intimität, wie sie hier dargestellt wurde, stellt eine echte Herausforderung dar; vielleicht ist es die schwierigste und wesentlichste Aufgabe innerhalb der menschlichen Entwicklung überhaupt. Getrenntsein und Vereinigung sind die elementarsten Gegensätze unserer Erfahrung, von der Frühentwicklung bis zum Tode – und vielleicht noch darüber hinaus. Der intime Prozeß widerspricht weder dieser Polarität noch der Tatsache unserer Individualität, sondern transzendiert und transformiert sie durch die freie und kreative Arbeit des Selbst. Nach der Beschäftigung mit akuten Krisen und Fragen der Sicherheit, wenn die wichtigen Dinge verhandelt und Kompromisse gefunden worden sind, und nachdem manche Probleme gelöst und alle möglichen Entscheidungen getroffen worden sind, muß sich der Therapeut schließlich der Frage zuwenden, *wie das Paar sein Zusammensein gestaltet*, die intime Offenheit und Teilnahme an der Hervorbringung von Bedeutung, nach der wir alle uns sehnen – und ohne die es in Paarbeziehungen immer wieder zu schmerzlichen Erfahrungen und Konflikten kommt, wie auch immer sich das in der konkreten Situation zeigen mag. Der Gestaltansatz mit seiner phänomenologischen Grundhaltung der Konstruktion und des Verständnisses von Erfahrung unterstützt und prägt diese Aufgabe, die keine kleinere ist als die grundlegende Aufgabe des Lebens selbst, mich zu öffnen und zu dir zu gehören, ohne mich selbst zu verlieren, und mich selbst zu entwickeln und zu entfalten, ohne dabei dich und diese größere Zugehörigkeit zu verlieren. Für jede dieser Aufgaben sind wir aufeinander angewiesen. Das ist die Bedeutung des Selbst-Prozesses im Gestaltmodell. Mit den bekannten Worten Hillels: »Wenn ich nicht für mich bin, wer dann? Wenn ich alleine für mich bin, was bin ich? Wann, wenn nicht jetzt?«

Anmerkungen

1 Ich bin Hunter Beaumont für den Gebrauch des in diesem Kontext sehr erhellenden Begriffs Intentionalität zu Dank verpflichtet (vgl. seinen Beitrag in diesem Buch).

2 Der Ausdruck *gesunde Anbindung* ist hier ausschlaggebend, denn aus dieser Sicht

verstehen wir *verbunden* als gleichbedeutend mit *intersubjektiv behandelt*, als erfahrendes Wesen. Dieser Aspekt der Wortbedeutung ist implizit, wird aber in weiten Teilen der Literatur über Beziehung und Anbindung nicht klar genug hervorgehoben (vgl. z.b. Ainsworth, 1979, oder Bowlby, 1969).

3 Der Gebrauch der Begriffe *innere* und *äußere* Welt ist ein Artefakt des alten individualistischen Paradigmas, das unsere sprachlichen und Erfahrungskategorien geprägt und geformt hat, so daß es schwerfällt, sich eine andere Sichtweise auch nur vorzustellen (genau das meint natürlich das Wort *Paradigma*). Die Entwicklung einer neuen, phänomenologisch richtigeren Terminologie, die auch deutlich macht, wie diese beiden Bereiche sich gegenseitig durchdringen und strukturieren, und die der gegenwärtigen Krise der Weltwirtschaft und der Weltgemeinschaft einen neuen Rahmen geben kann, wird sicher noch eine Zeit brauchen.

4 Eine ausführlichere Diskussion dieser und ähnlicher Themen findet sich bei Wheeler.

Literatur

Ainsworth, M. (1979). Attachment as related to mother-infant interaction: A theoretical review of the infant-mother relationship. In J. Rosenblatt et al. (Eds.), Advances in the study of behavior. New York: Academic Press.

Bowlby, J. (1969). Attachment and loss: VoL 2. Attachment. New York: Basic Books.

Goldstein, K (1939). The organism. Boston: American Book Company.

Goodman, P. (1992). Stoßgebete und anderes über mich. Köln: Edition Humansitische Psychologie.

Gustavson, J. (1986). The complex secret of brief psychotherapy. New York: W. W. Norton.

Kohut, H. (1977). The restoration of the self New York: International Universities Press.

Lewin, K (1926). Vorsatz, Wille, und Bedürfnis. Psychologische Forschung, 7, 330-385.

Lewin, K (1935). A dynamic theory of personality. New York: McGraw-Hill.

Marrow, A. (1969). The practical theorist: The life and work of Kurt Lewin. New York: Basic Books.

McLeod, L. (1993). The Self in Gestalt Therapy. British Gestalt Journal, 2, 25-40.

Melnick, J. & Nevis, S. (1993). Intimacy, nurturance, power and abuse. Unpublished monograph.

Miller, M. (1996). Liebe macht Angst. Wege aus dem Beziehungsterror. München, Wien: Hanser.

Miller, S. (1983). Men andfriendship. San Leandro, CA: Gateway Books.

Morrison, A. (1989). Shame: The underside of narcissism. Hillsdale, NJ: Analytic Press.

Perls, F., Hefferline, R., & Goodman, P. (1991). Gestalttherapie. Ausgabe in zwei Bänden (Grundlagen & Praxis) München: DTV.

Speier, S. (1993). The psychoanalyst without a face: Psychoanalysis without a history. In B. Heimannsberg & C. Schmidt (Eds.), The collective silence (Cynthia Oudejans Harris & Gordon Wheeler, Trans.). San Francisco: Jossey-Bass. Deutsche Ausgabe: Heimannsberg, B. & Schmidt, C. (Hrsg.) (1992). Das kollektive Schweigen. Köln: Edition Humanistische Psychologie.

Stoehr, T. (1994). Here now next: Paul Goodman and the origins of Gestalt therapy. San Francisco: Jossey-Bass.

Weingarten, K (1991). The discourses of intimacy: Adding a social constructionist and feminist view. Family Process, 30, 285-306.

Wheeler, G. (1993). Kontakt und Widerstand. Ein neuer Zugang zur Gestalttherapie. Köln: Edition Humanistische Psychologie.

Wheeler, G. Compulsion and curiosity: A Gestalt approach to OCD. British Gestalt Journal, 3 (1).

Zinker, J. (1993). Gestalttherapie als kreativer Prozeß. Paderborn: Junfermann.

Zinker, J., & Nevis, S. (1981a). The Gestalt theory of couple and family interactions. Cleveland: Gestalt Institute of Cleveland.

Zinker, J., & Nevis, S. (1981b). Complementarity and the middle ground. Cleveland: Gestalt Institute of Cleveland.

2

Kontakt und Wahl:
Die gestalttherapeutische Arbeit mit Paaren

Judith Hemming

In diesem Kapitel werde ich einige Aspekte meines Verständnisses der Theorie und Praxis der Gestalttherapie mit Paaren erläutern. Für den Leser ist es einfacher, eine Theorie in ihrer praktischen Anwendung zu sehen, und da die Gestalttheorie das Konkrete dem Abstrakten vorzieht, werde ich hier, um einige meiner Richtlinien und Prinzipien darzulegen, auszugsweise meine Arbeit mit einem Paar (Martin und Janet) vorstellen.

Wahrscheinlich werden einige Paartherapeuten die nun folgende Beschreibung mit einem Seufzen wiedererkennen. Hätte ich bei meiner ersten Begegnung mit Martin und Janet über magische Zauberkräfte verfügt – sie hätten mir nicht weitergeholfen. Wie so viele Paare, die erst dann zur Therapie kommen, wenn sie einen gewissen Grad an Verzweiflung erreicht haben, hatten auch Martin und Janet ihre Grenzen dichtgemacht, sowohl innerhalb der Beziehung als auch gegenüber anderen – mich eingeschlossen. Ein offenes Paarsystem kann die Energie der Umgebung umwandeln und für das eigene Wachstum nutzbar machen, die Partner können einen gemeinsamen Dialog führen, Neugierde wagen und ihre Probleme ent-wickeln. Doch als Martin und Janet zum erstenmal kamen, waren beide in polemische Taktiken verstrickt, die mehr auf den Sieg über den anderen als auf gemeinsame Lösungen abzielten. Da sie nicht fähig waren, sich in ihrer Verschiedenheit zu begegnen, hatten sie sich dazu entschlossen, in gegenseitiger Isolation zu leben und so dem größeren Schrecken der Konfluenz zu entgehen. Ihre Aufmerksamkeit galt nicht mir, sondern ihren eigenen festgefahrenen Positionen. Gefangen in gegenseitigen Gemeinheiten und ausgerüstet mit einer endlosen Liste an Klagen und Beanstandungen machten sie eher den Eindruck von zankenden Geschwistern als den von erwachsenen Menschen Ende Dreißig. Als sie zu mir kamen, hatten sie die Vorstellung, die Therapie sei ein Ort, an dem der andere zurechtgebogen würde, und nicht ein Ort der Veränderung und des Wachstums. Wir hatten keinen brauchbaren gemeinsamen Plan.

Janet und Martin lebten getrennt und wollten herausfinden, ob sie zusammenleben könnten, aber nur unter der Bedingung, daß Janet ihren Untermietern kündigen würde, um mehr persönlichen Raum für Martin und ihren gemeinsamen Sohn zu schaffen. Sie war nicht bereit, auf seine Forderungen einzugehen, bevor er sich in häuslicher und finanzieller Hinsicht verbessert hatte, und er drohte damit, sie zu verlassen, wenn sie nicht mit ihm ins Bett gehen und aufhören würde, ihn ständig zu kritisieren und zu kontrollieren. Sie trafen sich zwei oder drei Mal pro Woche, und

71

gelegentlich war sie damit einverstanden, daß er über Nacht blieb und im Gäste-zimmer schlief (das Haus gehörte ihnen beiden). Sie konnten sich nicht darüber ei-nigen, wie ihr gemeinsames oder separates Leben aussehen sollte. Keiner von beiden wagte es, sich dem anderen zu öffnen – dabei wirkten sie wie zwei Boxer, die sich an-geschlagen und wütend in ihre Ecke des Ringes zurückziehen. Sie hatten einen er-schreckend großen Teil des gemeinsamen Bodens, auf dem sie einmal gestanden hat-ten, untergraben und befürchteten abwechselnd verschlungen oder verlassen zu wer-den. Ohne die Hoffnungen und Wünsche für ihren kleinen Sohn, den beide liebten, hätten sie sich wahrscheinlich schon lange gegenseitig die Tür vor der Nase zuge-schlagen. Diese Pattsituation des »erst du, dann ich« ist sehr weit verbreitet und führt dazu, daß man in Forderungen verharrt und die Energie nicht mehr frei fließen kann. Unsere gemeinsame Aufgabe bestand darin, uns der Energie und den Forde-rungen zuzuwenden und ihre Bedeutung zu klären.

Eines der grundlegenden Konzepte der Gestalttherapie ist das Figur-Hinter-grund-Modell. Damit verbunden ist die Frage, wie aus der Beziehung zwischen Fi-gur und Hintergrund Bedeutung entsteht. Deshalb würde die Bedeutung ihrer Schwierigkeiten nicht nur dadurch deutlich werden, daß wir uns anschauten, wie Ja-net und Martin bei unserer ersten Begegnung auftraten und sich verhielten, sondern dadurch, daß ich sie darin unterstützte, ihre Forderungen auf ihre Existenz als Ganzes zu beziehen, auf ihre Geschichte und ihren gesamten Lebenszusammenhang. Veränderung ist nur deshalb möglich, weil die Beziehung zwischen Hintergrund und Figur keine statische ist; unser Gewahrsein für beide kann sich verändern oder erhöhen, und jede Veränderung bringt eine andere Gestalt unserer Weltsicht hervor. Sinn und Bedeutung wechseln so oft wie unser Zustand sich verändert. Wenn wir uns selbst erlauben, bewußt zu sein, dann entdecken wir, daß wir immer im Fluß sind; jedesmal, wenn wir unsere Lebensgeschichte erzählen, erschaffen wir sie neu – entsprechend unserem gegenwärtigen Lebenszusammenhang. Es geht nicht nur um die Geschichte eines Paares an sich, sondern auch darum, wie die Partner auf diese Geschichte reagieren und welche Entscheidungen sie angesichts dieser Geschichte getroffen haben. Das Zusammentragen der Fallgeschichte und das Schaffen von Be-deutung ist eine vollkommen flexible und subjektive Angelegenheit. Trotzdem sind auch die Fakten wichtig. Das Zusammentragen der Fallgeschichte, das in früheren Zeiten zugunsten der Betonung des gegenwärtigen Augenblicks (bzw. dessen, was dem Therapeuten oder Klienten gerade deutlich war) manchmal etwas vernachläs-sigt wurde, spielt eine wesentliche Rolle beim Aufbau einer sinnvollen und hilfrei-chen Beziehung mit jedem Paar oder Einzelklienten. Deshalb war ich sehr daran in-teressiert, wie Martin und Janet sich selbst beschrieben und was sie mir über ihr Le-ben erzählen würden.

Janets Kindheit war offensichtlich von traumatischer Unsicherheit geprägt, aber sie machte sofort deutlich, daß sie es strikt ablehnte, danach zu graben; sie betrachtete diesen Umstand für ihr heutiges Leben als kaum relevant. Ihre klar formulierte Haltung war: »Ich bin frei, die Vergangenheit ist vorbei.« Diese Vergangenheit beinhaltete auch, daß ihr schizophrener Vater den größten Teil ihrer Kindheit in der Klinik verbracht und ihre Mutter sie schon sehr früh zu Verwandten in Pflege gegeben hatte. Martin hingegen betrachtete sich selbst als in seiner Geschichte gefangen, offensichtlich die entgegengesetzte Sichtweise, aber nicht weniger hinderlich für seine Fähigkeit, sich zu ändern. Seiner Familie gegenüber war er äußerst kritisch eingestellt; er beschrieb seine Mutter als sehr kontrollierend und seinen Vater, vor allem während seiner Arbeitslosigkeit, als Pantoffelhelden. Wie schon in der Vergangenheit, erlebte Martin sich häufig als Opfer anderer, sowohl an seinem Arbeitsplatz als auch in der Beziehung mit Janet.

Anfänglich sahen beide in mir die Richterin und versuchten, mich auf ihre Seite zu ziehen, um den anderen zu bewegen, sich zu ändern. Wenn ich die beiden während der ersten Sitzungen sich selbst überließ, griff sie ihn heftig an, während er sich boshaft verweigerte. Die beiden klammerten sich hartnäckig an ihre Geschichten, aber wenn ich sie fragte, was sie sich am meisten wünschten, dann äußerten beide die Hoffnung, zusammen mit ihrem Sohn eine glückliche Familie zu werden. Im Laufe unserer Arbeit entwickelten sich aus diesem gemeinsamen Traum eine ganze Reihe anderer leidenschaftlicher Bedürfnisse, z.B. das Bedürfnis nach einer umfassenden und sicheren Liebe. Darin sahen beide die Kurzformel für all das, was sie so lange vermißt und noch nicht miteinander entwickelt hatten. Ich war beeindruckt und gerührt von der Intensität ihrer Sehnsüchte. Jeder Mensch entwickelt Möglichkeiten, in der Welt zu sein, die eine strukturelle und funktionale Einheit bilden, das ist eine Art von Integrität. Die Symptome und Beschwerden haben einen Sinn. Martin und Janet waren nicht zu mir gekommen, damit ich sie ändern, sondern weil ich sie sehen und bestätigen sollte. Also war es wichtig für mich, diese Integrität mit all ihren Merkmalen zu respektieren und gleichzeitig herauszufinden, ob sie an neuen Möglichkeiten und Sichtweisen interessiert waren. Gab es etwas in ihrer Beziehung, womit sie bereit wären zu experimentieren? Sie hatten sich nicht für die Einzeltherapie entschieden; was sie mitbrachten war ihre Beziehung, und diese Beziehung war mein Klient.

Was aber stellten sich die beiden unter einer Beziehung vor? Wir alle entwickeln Vorstellungen, die auf dem aufbauen, was wir kennengelernt haben, auf unserer Erinnerung oder unserer Phantasie. Oberflächlich betrachtet schienen ihre Beziehungsmodelle weit auseinanderzugehen, doch es gab auch ein paar faszinierende Ähnlichkeiten. In der einschlägigen Literatur über die Ehe geht man im allgemeinen davon aus, daß es solche Ähnlichkeiten gibt. Kurz gefaßt lautet das Argument, daß wir alle einen starken Drang haben, uns Partner zu wählen, die Ähnlichkeit mit unseren Eltern haben; wenn wir jemanden treffen, der wichtige Ähnlichkeiten sowohl mit ihren positiven als auch ihren negativen Eigenschaften hat (oder wir das zumindest so einschätzen), dann verlieben wir uns. Am Anfang haben wir ein Gefühl von Vollständigkeit, weil dieser Mensch all die Teile in uns zum Vorschein bringt, von denen wir in unserer Kindheit abgeschnitten waren. Diese Illusion erhalten wir aufrecht durch Projektion, durch die Verleugnung der offensichtlichen und übertragenen elterlichen Sehnsüchte und indem wir dem Partner die Verantwortung für entscheidende Aspekte unseres Überlebens zuweisen. Und am Ende führen diese Ähnlichkeiten mit großer Wahrscheinlichkeit dazu, daß wir auf der Suche nach dieser Ganzheit unsere eigenen alten Wunden und die des anderen wieder aufreißen. Mit diesen alten, wieder entzündeten Wunden kommen die meisten Paare zur Therapie.

Ich finde es immer wieder faszinierend herauszufinden, wie sehr man lernen *kann*, diese zentralen Übertragungsbedürfnisse zu erfüllen. Da wir so fest daran glauben, daß die Quelle unserer Erlösung außerhalb unserer selbst liegen muß, fällt es den meisten von uns sehr schwer, diese Sehnsucht aufzugeben und zu lernen, sich selbst zu erlösen. Deshalb ist eine entscheidende Frage, was die Partner lernen müssen, um eine heilsame Erfahrung machen zu können oder zumindest weniger zu leiden. Welche Mischung aus Einsicht, Erfahrung und Verhaltensänderung kann ihr Bewußtsein erweitern und zu mehr Sicherheit und Unterstützung beitragen, so daß eine vorbehaltlosere Liebe wachsen kann? Denen, die mit diesem ständigen Dilemma zu kämpfen haben, hat die Gestalttherapie eine Menge zu bieten, weil sie sowohl die Eigenverantwortlichkeit als auch das Experiment so stark betont. Sie verdeutlicht beide Perspektiven: sowohl die Möglichkeit, archaische Abhängigkeiten und Projektionen loszulassen oder umzuwandeln als auch die Möglichkeit, gegenseitige Bedürfnisse auf eine Weise zu erfüllen, die für beide Partner zuträglich sind. Dieses gleichermaßen faszinierende und sensible Gleichgewicht zwischen der eigenen und der Veränderung des anderen ist eine Herausforderung für jede Paarbeziehung.

Zurück zu Martin und Janet und ihren Ähnlichkeiten. Im wesentlichen waren beide in Umgebungen aufgewachsen, die eine sehr abwertende Haltung gegenüber Männern aufwies und von der kontrollierenden Macht der Frauen überzeugt war. Nach diesem Muster lebten sie nach wie vor, sehnten sich aber zutiefst nach einer Veränderung. Beide waren davon überzeugt, daß ihre Erlösung vom jeweils anderen abhing, und daß eine Art Verschmelzung sie retten könnte. Und doch hielten sie es für zu unsicher, sich zu öffnen; eine wirkliche Trennung von ihren Familien, die ihre Selbständigkeit und eine gemeinsame Bindung ermöglicht hätte, hatten beide nicht erfahren. Martins Grenze schien darin zu bestehen, daß er zu allem, was Janet wirklich wollte, nein sagte, und Janets Grenze war die Außenmauer ihres Hauses. Bevor ihr Sohn geboren wurde, waren sie fähig gewesen, eine zögerliche Romantik zu leben und ihre Hoffnung auf Kontakt zu pflegen, weil ihre Aufdringlichkeit und sein Rückzug noch nicht mit den Erfordernissen des Familienlebens kollidierten. In Martins praktischer Inkompetenz, seinem Idealismus und seiner Art von Verantwortungsgefühl sah Janet die Möglichkeit, mit jemandem zu arbeiten, dem sie etwas zu bieten hatte und der mit ihrer Hilfe Fortschritte machen würde. Zudem nährte Ihr Kinderwunsch dieses romantische Bild von ihm. Martin hingegen bewunderte Janets Sinn für Zweckmäßigkeit, ihre Geselligkeit und ihre Fähigkeit, Gefühle direkt auszudrücken. Außerdem hatte er Mitgefühl wegen ihrer Schwierigkeiten bei der Arbeit, denn sie hatte zwar sehr viel Talent, wurde aber häufig zurechtgewiesen. Keiner von beiden konnte auf befriedigende Erfahrungen mit Intimität zurückgreifen; beide waren erstaunt und dankbar, daß sie jemanden gefunden hatten, der sie begehrte.

Es gab also eine Grundlage dafür, den Mittelgrund zu genießen: ein romantischer Idealismus, ein ähnliches Bildungsniveau in politischen und kulturellen Fragen, die Liebe zu ihrem Kind, eine grundsätzlich unterstützende Haltung gegenüber den Schwierigkeiten des anderen und ähnliche Überzeugungen und Introjekte bezüglich der Rollen von Männern und Frauen. Im negativen Sinne hieß das, daß sie weder von Männern noch von Frauen eine hohe Meinung hatten. Positiver (und traditioneller) formuliert könnte man sagen, daß Männer die häusliche Kompetenz der Frauen brauchten, während die Frauen auf die finanzielle Unterstützung, den Schutz und den Status der Männer angewiesen waren. Als Martin und Janet zum erstenmal zu mir kamen, hatten diese Überzeugungen eine extrem negativ Ausprägung; beide hielten das, was der andere wollte, zurück und kämpften darum, eine bestimmte Art von Bestätigung zu erfahren – mit dem Ergebnis, daß keiner es wagte, sich dem anderen wirklich zu öffnen. Die Grenzen schienen undurchdringlich zu sein. Janet erzählte, daß alle Männer, die sie kannte, entweder abwesend oder unzuverlässig waren – wie ihr Vater, oder zwar finanziell solide, dafür aber emotional unerreichbar – wie ihre männlichen Verwandten. So »waren sie eben«, ein klares Bild. Den Gegensatz dazu bildete Martins leidenschaftliche Auffassung, daß alles hätte anders sein müssen als es wirklich gewesen war. Er war immer noch wütend auf seine Eltern, ohne zu bemerken, wie sehr seine Lebensstrategie auf seiner schon als Kind entwickelten Fähigkeit beruhte, auszuweichen, zu verweigern, negativ Macht auszuüben, Dinge vorzuenthalten und Verantwortung abzulehnen. Wenn er über diese Strategien sprach, dann sprudelte er geradezu, und der Kämpfergeist in ihm wurde wieder lebendig. Nachdem sie mir ihre Lebensgeschichten erzählt hatten, fing ich an, ihre Haltungen zu bewundern, indem ich seine Verweigerung und ihre Fähigkeit zu stoischer Akzeptanz als etwas Heldenhaftes darstellte, und nicht bloß als Aufsässigkeit und Gefühllosigkeit. Das überraschte sie. Auf diese Weise gesehen und bestätigt zu werden, war eine neue Erfahrung, und sie entwickelten die Vorstellung, daß sie die Welt noch immer mit derselben Einstellung betrachteten und gestalteten, die sie als Kinder und Jugendliche einmal angenommen hatten. In der gestalttherapeutischen Terminologie werden solche Einstellungen als fixierte Gestalten bezeichnet, die die Möglichkeit eines gesunden aktuellen Kontaktes unterbrechen und nach Vervollständigung streben.

Es war ein verheißungsvoller Augenblick, um mit der Therapie zu beginnen und für das Beste in jedem von ihnen einen Verbündeten zu finden und die unter ihrer

Verzweiflung vergrabene Hoffnung auf Wachstum zu entdecken. Es ging ihnen so schlecht, daß sie nicht mehr viel zu verlieren hatten. Ich staune oft über den geheimnisvollen Wert der Krise, die ein Paar in die Therapie führen kann, und wie wichtig es für mich ist, einen Weg zu finden, »bei« ihrem Dilemma zu sein und die Struktur dieses Dilemmas zu verstehen, damit die integrativen Prozesse beginnen können, wo immer sie hinführen mögen. Für einen Therapeuten ist es wichtig, die Partner nicht in einer vorbestimmten Weise verändern zu wollen. Meine Unparteilichkeit war ebenso wichtig wie die Tatsache, daß ich nicht um ein bestimmtes Ergebnis bemüht war, denn so wie sie die Dinge arrangiert hatten, war es wahrscheinlich, daß jede Veränderung von einem der beiden für unfair gehalten würde. Partner wollen vor allem akzeptiert, gespiegelt und verstanden, und weniger beraten werden. Ein zentraler Grundsatz der gestalttherapeutischen Theorie ist die phänomenologische Haltung: der Prozeß, in dem der Therapeut wirklich präsent ist und beschreibt, was gesehen, gehört und erfahren wird anstatt dessen Bedeutung zu interpretieren. Wie für viele Paare war diese Erfahrung auch für Janet und Martin ebenso neu wie all die anderen offenen Erfahrungen, die wir miteinander machten. Allein schon die Steigerung des Gewahrseins kann uns helfen, festgefahrene Beziehungsmuster zu lockern, wenn die befreite Energie einem echten Kontakt zur Verfügung steht. Ihre Energie war so sehr an ihre gegenseitige Wut gebunden, daß kein Kontakt zustande kam, im Gegenteil: dieser Zustand zerstörte zunehmend ihre Hoffnung und Fähigkeit, einander zu respektieren und zu verstehen. Aus meiner Sicht hatte das zu einer Art Verunsicherung geführt. Sie waren so sehr in ihre heftigen, gegenseitigen Forderungen verstrickt, daß sie es inzwischen paradoxerweise riskieren konnten, ihre Autonomie zu suchen. In der Praxis – und das erscheint noch paradoxer – lebten beide ein sehr unabhängiges Leben; dieses Arrangement gab ihnen genügend Raum, um anzufangen, mit kleinen Momenten der Intimität zu experimentieren. Aber ich hatte keine Ahnung, ob sie jemals bereit sein würden, ihren jetzigen Zustand aufzugeben oder die Angst vor mehr Intimität oder einer noch deutlicheren Trennung zu akzeptieren. In jedem Falle, sagte ich mir, würde sich eine Veränderung nur sehr langsam entwickeln. Sie hatten so viele Entwicklungsdefizite und waren in so vielen Lebensbereichen noch unerfahren und ohne Unterstützung. Deshalb war es für mich sehr wichtig, mich in einer geduldigen Haltung einzurichten und meiner (und ihrer) Befürchtung entgegenzuwirken, daß sie alles auf einmal bräuchten: Kommunikationsfähigkeiten, den Abschluß unerledigter Dinge, die Fähigkeit, sich selbst und den anderen zu verstehen und Zeit und Gelegenheit, ein Gespür für sich selbst und füreinander zu entwickeln. Gestalttherapie ist ein aktiver und bildender Prozeß, eine Möglichkeit, neue Linsen zu schleifen, durch die wir die Welt betrachten können, nicht indem wir den Vorstellungen des anderen einfach vertrauen oder allein durch Einsicht und Verstehen, sondern indem wir neue Erfahrungen machen. Diese Neuerung kann durchaus den Abbau des bestehenden Selbstbildes mit sich bringen, und das Loslassen der alten, so liebgewonnen Sichtweise kann sehr schmerzvoll sein. Nur wenige Paare kommen mit dem Bewußtsein und der Bereitschaft, diesen Schmerz zu riskieren, und es tut gut, mit ihnen zu arbeiten; sie zeigen uns am deutlichsten, welche therapeutische Kraft in diesem Ansatz liegt. Die meisten Klienten aber brauchen – wie Martin und Janet – vor allem vorsichtige Unterstützung, um sich mit diesen Ideen überhaupt vertraut machen zu können.

Es ist wichtig zu betonen, daß ein Gestalttherapeut nicht mit starren Vorstellungen arbeitet. Die Klienten sind eingeladen, mit ihren Erfahrung zu den speziellen Kenntnissen und Wertvorstellungen des Therapeuten beizutragen. Die Felder von Therapeut und Klienten sind miteinander verwoben. Ein Paar, das in die Praxis kommt, leidet oder profitiert von der Therapie; aber als Therapeut kann ich die beiden Partner nur so weit begleiten, wie ich mich selber kenne. Meine Toleranz für Ängste und Aufregung wirkt sich auf ihre aus, und ihre Schwierigkeiten werden auch die meinen hervorbringen. Da, wo sich meine Zaghaftigkeit mit ihrem Konservatismus deckt, entsteht Konfluenz. Wenn ich auf ein bestimmtes Verständnis von Beziehung und Kontakt festgelegt bin, werde ich es unweigerlich anderen Sichtweisen vorziehen. Selbst wenn ich sehr darauf achte, meine eigenen Themen rauszuhalten und sehr zentriert und respektvoll arbeite, gibt es einfach keine wertfreien Interventionen oder unabhängigen Standpunkte. Hier handelt es sich nicht um ein Problem, das beseitigt werden müßte, sondern um eine grundlegende Wahrheit der Feldtheorie und der Gestalttherapie, und deshalb ist es wichtig, daß der Therapeut einerseits ein hohes Maß an Entwicklung und Gewahrsein mitbringt und andererseits bereit ist, diese Themen und Werte transparent und deutlich zu machen. Ich muß also den Einfluß meiner eigenen Haltung aktiv berücksichtigen. Als ich das »Kind« in Martin entdeckte ohne der Elternrolle in mir den Raum zu überlassen, hatte ich oft Mitgefühl. Als ich aber spürte, wie ich anfing, die Beziehung zu ihm auf eine weniger erwachsene Weise zu konstruieren, entdeckte ich, daß ich Martin so sehen konnte, wie seine Mutter ihn gesehen hatte – ich erlebte Augenblicke der Verzweiflung, den Wunsch, ihn zu kontrollieren oder sogar zu zwingen. Ich hatte eine grundsätzlich kritische Haltung und wollte seine Anerkennung, so als wollte ich sagen: »Sieh doch, was ich für dich tue.« Es war nicht leicht herauszufinden, was er gesagt oder getan hatte, das diese Reaktion in mir auslöste. Offensichtlich waren das meine Gefühle, und nicht die seiner Mutter, aber die Tatsache, daß Martin damit vertraut war, auf diese Weise gesehen und behandelt zu werden, begünstigte meine eigene Bereitschaft, ihm so zu begegnen; anderen Klienten gegenüber hatte ich dieses Gefühl nicht. Manchmal fühlte ich mich auch Janet gegenüber äußerst kritisch, war frustriert von ihrer erbarmungslosen Selbstgerechtigkeit, wollte sie aufgeben und erlebte nicht die Verletzlichkeit, die doch auch zu ihr gehörte. Ich sinnierte darüber, wie ihre Eltern und Sorgepersonen sich wohl gefühlt haben mochten oder erwischte mich dabei, daß ich mich mit Martin verbündete. Solange ich diese Spekulationen und Entdeckungen als Arbeitshypothesen und Interpretationen betrachtete, die der weiteren phänomenologischen Erforschung offenstanden, stellten sie eine

Bereicherung dar. Ich wollte ihre Verletzung nicht noch verstärken, indem ich diese machtvollen Konstellationen hier noch einmal wiederholte.

Ein weiterer wesentlicher Aspekt der Gestalttheorie ist das Konzept der Polarität, das die Wichtigkeit der Regeneration betont. Dabei geht es darum, auf das zu achten, was im Feld gerade fehlt. Der Grundgedanke ist, daß etwas, dessen wir uns nicht gewahr sind, nicht aufhört zu existieren, sondern immer in versteckter Form auftaucht. Polaritäten sind eine Art, komplexe Feldphänomene zu vereinfachen. Indem wir einander entgegenwirkende Kräfte, die innerlich oder zwischenmenschlich erlebt werden, benennen, können wir die Komplexität dieser Kräfte im Feld in eine Art Muster bringen, und das ermöglicht uns den Dialog, das Spiel und die Integration. Da alles im Feld Existierende seine Bedeutung und in der jeweiligen Konfiguration des Ganzen seinen Platz hat, muß der Therapeut auf beide Seiten der Polaritäten achten. Deshalb ist es Aufgabe des Therapeuten, das Ganze im Blick zu halten, während die Protagonisten sich mit den Teilen beschäftigen. Diese Sichtweise liegt unserer gesamten Arbeit zugrunde und ist die unmittelbare Quelle vieler Interventionen.

Was während der ersten Sitzungen mit Martin und Janet am meisten fehlte, war ihre Anerkennung für das, was sie gut machten. Sie hatten kein Gefühl für ihre eigenen Stärken, und noch weniger für die des anderen. Also unterstützte und würdigte ich ihre Kraft und ihre Leidenschaft, auch wenn sie selbst die Früchte dieser Eigenschaften kaum genießen konnten. Ich bewunderte Janets Mut, zur Therapie zu kommen und Martins Großzügigkeit, ihren Teil der Kosten mitzutragen, ich unterstrich ihre Fähigkeit zu hoffen und beglückwünschte sie, wenn sie sich auf ein Risiko oder ein Experiment einließen, um neue Sichtweisen kennenzulernen. Selbst die Tatsache, daß sie immer wieder feststeckten, betrachtete ich als Unterstützung, weil es deutlich machte, wie gut sie sich gegenseitig vor weiteren Schwierigkeiten schützten. Angesichts dessen, daß sie sich gegenseitig kaum als etwas Besonderes empfanden, gab ich ihnen kleine Hinweise, um ihren Anspruch darauf, etwas Besonderes zu sein, zu verdeutlichen – ich brachte ihnen Kaffee oder kam ihnen darin entgegen, unsere Verabredungen zeitlich flexibel zu gestalten. In kleinen Schritten gestaltete ich die fehlende Dimension der Großzügigkeit. Ich machte es mir zur Aufgabe, das, was gerade fehlte, wieder ins Bewußtsein zu rufen. Wenn sie kamen und den dringenden Wunsch nach Veränderung mitbrachten, hielt ich sie an, einen Schritt langsamer zu gehen, um die fehlende Dimension maßvoller Geduld wieder ins Spiel zu bringen und steckte den zeitlichen Rahmen für ihre gemeinsamen Aufgaben eher in einer Größenordnung von ein paar Jahren als ein paar Wochen ab. Wenn sie in sachlichem Ton über die Entbehrungen und Traumata ihrer Kindheit erzählten, machte ich keinen Hehl aus der Empörung, die ich für sie empfand. Sie waren kaum an mir interessiert. Ich bestand darauf, daß wir daran arbeiteten, eine Beziehung zu entwickeln. Indem wir manchmal »Pausen« machten, um über Politik und die Welt

78

im allgemeinen zu sprechen oder um über unser Leben als Eltern und am Arbeitsplatz zu plaudern, gaben wir einem anderen fehlenden Aspekt mehr Raum, nämlich der Tatsache, daß das Leben mehr ist als nur eine problematische Beziehung. Oft saß ich einfach nur da, wunderte mich und hörte ihnen zu, während sie gegenseitig ihre Argumente rezitierten. Gelegentlich konnten sie auch mir zuhören, das schien sie zu beruhigen – wie ein Sonnenstrahl, der ihre Landschaft erhellte. Ich wurde die erste wirkliche Zeugin ihrer Beziehung, jemand, die auf die Dauerhaftigkeit dieser Beziehung hinwies, wenn sie ihnen vor allem zerbrechlich erschien, und die ihre Verletzlichkeit ansprach, wenn sie mit Kanonen auf Spatzen schossen.

Um die größere Gestalt im Auge zu behalten, muß der Therapeut ständig bereit sein, die Dinge umzubenennen. Außerdem muß er darauf achten, wie die Partner ihre bevorzugten Polaritäten positiv oder negativ besetzen. Eine neue Sichtweise dieser Energien oder Eigenschaften kann für das Paar sehr hilfreich sein. Martin z.B. bezeichnete Janets Verhältnis zu Geld als streng, geizig und gemein; als er ihren Umgang mit Geld aber als ordentlich und weitsichtig betrachtete, fühlte er sich anders. Janet konnte Martins Verhalten entweder als spontan auffassen, was ihr gefiel, oder als unverantwortlich, was sie nicht mochte. Was wir sehen, hängt von der Linse ab, durch die wir schauen, und deshalb ermöglicht die Umbenennung, die den Fokus der Linse verändert, neues Verhalten. Wenn der Therapeut die vielen Polaritäten als mögliche Kraftquellen für das Paar betrachtet, dann kann er sich im Idealfall frei bewegen und das ganze Terrain oder die verschiedenen Regionen des Feldes nutzen: die Lebensräume des Paares, verschiedene Ebenen und Altersabschnitte, die Vergangenheit, Gegenwart und Zukunft oder den Körper. Je nachdem, welche Sichtweise er bei der Betrachtung der inneren Landkarte des ganzen Beziehungszusammenhangs für nützlich und vielversprechend hält, kann der Therapeut entsprechende Experimente anbieten, die das Gewahrsein anregen und die Klienten dadurch auffordern, neues Verhalten auszuprobieren.

Dieser letzte Abschnitt beschreibt einen für die Gestalttherapie ganz zentralen Aspekt der Feldtheorie. Die Feldtheorie erinnert uns daran, daß alles potentiell bedeutsam und miteinander verbunden ist, und daß die Bedeutung, die wir einem Ereignis oder bestimmten Eigenschaften beimessen, kontextabhängig ist. Das ganze Feld erstreckt sich nicht nur über unser eigenes Leben, sondern auch über die Generationen vor und nach uns. Und wenn zwei Menschen zur Paartherapie kommen, dann sind die Entwicklung und der gegenwärtige Stand der Paartherapie Teil ihres Feldes, ebenso wie die komplexe und sich verändernde Kultur der Ehe und Ehescheidung. Zum Beispiel erlebten weder Martin noch Janet etwas von der massiven Mißbilligung, die viele nichtverheiratete Paare aus anderen Kulturräumen ertragen müssen. Da sie, entgegen der allgemeinen Norm, als Eltern nicht zusammenlebten, fühlten sie sich irgendwie »falsch«, aber ihre Art, sich gegenüber dieser Norm zu verhalten, empfanden sie als einzigartig.

Die Feldtheorie ermöglicht uns auch, die Brennweite unserer persönlichen Linse zu verändern – vom Weitwinkel bis zur Makroeinstellung. Einerseits gibt es Situationen, in denen die Partner sich ihrer übergeordneten Muster durchaus bewußt sind und wo es vornehmlich darum geht, das konkrete Thema zu bearbeiten. Aber einem Paar wie Martin und Janet, die eine Unmenge an hartnäckigen Schwierigkeiten mit sich herumschleppen, ist eher damit gedient, daß man sie anhält, sich anzusehen, wie es wäre, wenn sie all ihre Probleme »gelöst« hätten. Einmal bat ich die beiden, sich das vorzustellen. Janet sprach von der schrecklichen Vorstellung, ein Niemand zu sein, ohne Halt. Martin meinte traurig, daß er »erwachsen« und ein Mann werden müsse. Diese Frage eröffnete ihnen eine neue Perspektive und führte zu einer plötzlichen Neuordnung ihres Sichtfeldes.

Ich möchte noch auf einige andere wichtige Aspekte oder Polaritäten eingehen, die mein Denken in der Praxis leiten und auch in der Arbeit mit Janet und Martin eine Rolle spielten.

Psychopathologie versus Soziopathologie

Manchmal finde ich es hilfreich, mir gemeinsam mit den Klienten anzusehen, inwiefern die gesellschaftlichen Verhältnisse ihnen Steine in den Weg legen, also Umstände, für die sie nicht persönlich verantwortlich sind, um ihnen deutlich zu machen, daß sie immer auch Teil der Statistik sind. Beispiele dafür sind etwa unverschuldete Arbeitslosigkeit infolge wirtschaftlicher Rezession, extrem hohe Anforderungen an Leistung und Arbeitszeit am Arbeitsplatz oder die »Machokultur«, aber auch die mangelnde Unterstützung für Alleinerziehende oder behinderte Kinder sowie die Kriminalitätsrate. All das sind Beispiele für einen Druck, dem nicht nur individuell, sondern auch auf gesellschaftlicher Ebene begegnet werden müßte. Auch die kulturelle Definition der Ehe oder die Erwartungen hinsichtlich dessen, was die Ehe leisten soll, haben soziopathologische Züge. So gesehen ist die Gesellschaft krank, während viele Paare – wie schon ihre Eltern vor ihnen – heldenhaft versuchen, ihr Leben in den Griff zu bekommen. Ein Beispiel: die wirtschaftliche Rezession, von der die Region, in der Martins Eltern aufwuchsen, stark betroffen war, zerstörte die Stabilität ganzer Gemeinden, die auf einer klaren Rollentrennung zwischen Frauen und Männern aufbaute (die Männer waren meist außer Haus). Nachdem klar war, daß ihr Mann nie wieder gesund werden würde, mußte Janets Mutter sich entscheiden, entweder in extremer Armut zu leben und mit dem auszukommen, was die Sozialhilfe nach dem Krieg anzubieten hatte, oder ihr Kind wegzugeben. In einer späteren Phase der Therapie kamen wir manchmal dahin, daß wir die Heldenhaftigkeit ihrer Familien angesichts der widrigen Umstände, mit denen sie zu kämpfen hatten, würdigen konnten. Wir empfanden Mitgefühl für die schwierige Situation der Eltern und erkannten, daß Janet und Martin es unter diesen Umständen nicht besser hätten machen können. Es tat gut, hin und wieder an diesen Punkt zu kommen, anstatt in Groll oder Idealisierungen zu verfallen. Diese Momente hatten etwas wundersam Friedliches.

Doch bevor das möglich wurde, beschäftigten wir uns lange mit der Frage, wie die beiden dazu beitrugen, sich als Opfer zu fühlen: daß Martin z.B. eine Stelle gewählt hatte, die ihm so lange Arbeitszeiten abverlangte, daß er in den Zeiten, wo sein kleiner Sohn wach war, praktisch nie zu Hause sein konnte, und wie er andere Arbeitsumstände ausschloß; wie er es schaffte, daß sein Zuhause einem Schlachtfeld glich, so daß es für seinen Sohn dort zu unsicher war; wie Janet ihr Haus organisierte, so daß ihre Untermieter mit ihr den Lebensraum teilten und wie sie sich dafür entschieden hatte, keiner bezahlten Arbeit nachzugehen, so daß sie finanziell von Martin abhängig war. Ich wies sie darauf hin, daß sie sich für all das entschieden hatten und bat sie, über das zu sprechen, was sie abgelehnt und nicht gewählt hatten. Janet und Martin fühlten sich unwohl angesichts der Tatsache, daß sie beide echte Wahlmöglichkeiten hatten, als ginge dadurch ein wichtiger Teil ihres Selbstbildes verloren. Erst als sie in der Hartnäckigkeit, mit der sie an ihren Identitäten festgehalten hatten, Bedeutung und Würde entdecken konnten, fingen sie an, sich weniger als Opfer zu fühlen.

Ein Paar mag sich heldenhaft verhalten oder es mag noch nicht die optimalen Wege gefunden haben, um so gut wie möglich zurechtzukommen. Es kann auch die gesellschaftlichen Umstände dazu nutzen, untätig zu bleiben. Unsere Kultur, die den Individualismus und das Selbstvertrauen so sehr hervorhebt, setzt kaum auf wirkliche Eigenverantwortlichkeit – mit allem, was dazugehört. Viele Paare kommen mit dem Wunsch, ihre Bedürfnisse durch die anderen besser erfüllt zu sehen, und nur wenige kommen von Anfang an mit dem Ziel und der Bereitschaft, zu lernen und an ihrer Eigenverantwortlichkeit und ihrem persönlichen Wachstum zu arbeiten. Häufig stehen sie diesen Konzepten völlig ahnungslos gegenüber und müssen die Idee und die Sprache der Eigenverantwortlichkeit erst langsam und Schritt für Schritt lernen. Deshalb kann es sein, daß meine Interventionen manchmal sehr direktiv und pädagogisch erscheinen; ich fordere die Klienten auf, mehr Ich-Aussagen als Du-Aussagen zu machen; zu sagen »Ich fühle« anstatt »Du gibst mir das Gefühl« und »Ich will nicht« anstatt »Ich kann nicht.« Eine solche Veränderung erfordert mehr als nur den Wandel sprachlicher Gewohnheiten, sie ist Ausdruck einer radikalen Neuorientierung in der Welt. Zu lernen, wofür wir verantwortlich sind und unsere Gefühle und Entscheidungen in Besitz zu nehmen, ist Gestalttherapie im eigentlichen Sinne. Das beinhaltet auch die Bereitschaft, Verantwortung abzugeben und zu erkennen, was nicht verändert werden kann.

Ideologie versus Wirklichkeit

Die Paare, denen ich begegne, kommen immer mit irgendeiner Art von Grundüberzeugung. Entweder sind sie Feministinnen oder linke Gewerkschafter, vielleicht sind sie tief religiös, äußerst romantisch oder sie gehören irgendeiner Lifestyle-Bewegung an. Nur sehr wenige orientieren sich an einer therapeutischen Ideologie! Eine gemeinsame Ideologie ist für viele Beziehungen eine echte Unterstützung. Sie kann Stabilität geben, für gemeinsame Ziele und Bezugspunkte sorgen, und dadurch den Mittelgrund der Beziehung, der den Raum für ein friedliches Alltagsleben schafft, beleben. Das Problem bei den Ideologien ist, daß sie die Tendenz haben, ein hohes Anspruchsniveau zu generieren und es den Partnern manchmal schwermachen, zu entscheiden, was sie für richtig halten oder sich veränderten Bedingungen kreativ anzupassen. Manchmal möchte ich diese Ansprüche herausfordern und die Partner einladen, die Wünsche auszugraben, die sich darunter verbergen. Paare können von einer Arbeit profitieren, die sich deutlich stärker mit dem beschäftigt, was ist, als mit dem, was sein sollte. Es kann z.B. sein, daß eine Frau herausfindet, daß sie trotz ihrer feministischen Überzeugung, daß ihre Arbeit unter der Familie nicht leiden dürfe, wirklich lieber mehr Zeit mit ihrem kleinen Kind verbringt, ohne ständig durch die Arbeit unterbrochen zu werden. Oder aber sie braucht einen Job, um sich mit ihrer Rolle als Mutter besser anfreunden zu können, obwohl sie immer davon überzeugt war, daß man Kleinkinder nie »alleinlassen« sollte.

Am anderen Ende der Polarität begegne ich auch Paaren, die sich kaum je gefragt oder darum gekümmert haben, was ihnen wirklich wichtig ist und woran sie glauben, Paare, die kein klares Wertesystem haben, an dem sie sich orientieren könnten oder die eine Laissez-faire-Haltung introjiziert haben, so daß es für sie eine wichtige Herausforderung wäre, Ziele zu finden und zu benennen, auf die sie gerne hinarbeiten würden. Für diese Menschen ist es nützlich, sich nicht nur zu fragen: »Was fühle ich?«, sondern »Ist es das, was ich langfristig will?« Sie können die Herausforderung annehmen, kurz- und langfristige Ziele miteinander zu verbinden und herauszufinden, wie ihre wichtigsten Bedürfnisse befriedigt werden könnten. Aber für Janet und Martin spielte die erstgenannte Sichtweise eine größere Rolle.

Martin war überzeugter Sozialist und Vertreter der wachsenden Männerbewegung in England, die seine Sehnsucht unterstützte, sich als »Mann« zu fühlen, als jemand, der stark ist, der respektiert wird und für den man kämpft, ein Vorbild für seinen Sohn. In der Praxis erwartete er, daß man ihn bediene und sich um ihn kümmerte; häufig fühlte er sich zurückgewiesen, gelangweilt und wurde ungeduldig angesichts der Bedürfnisse ihres kleinen Sohnes. Er trieb keinen Sport, aß nur wenig und wirkte in seiner ganzen Erscheinung eher »weiblich«. Sein politisches Engagement fand mehr auf theoretischer als auf praktischer Ebene statt. Janets klar formulierter Feminismus stand im Widerspruch zu ihrem Verhalten, in dem sie z.B. ihr

Gefühl zum Ausdruck brachte, daß nur Frauen wirklich vertrauenswürdig mit Kindern umgehen könnten. Obwohl sie wollte, daß Martin sich an der Pflege des Kindes beteiligte, schlich sie um ihn herum, sobald er versuchte, seinem Sohn die Windeln zu wechseln oder mit ihm spielte; sie kritisierte jede seiner Bewegungen. Janet und Martin wurden sich dieser Widersprüche zunehmend bewußt, sie konnten gedanklich herausgearbeitet werden, aber dadurch veränderten sie sich noch nicht. Es waren Widerspiegelungen fixierter Gestalten, festgefahrene Energiemuster, nicht einfach Dummheit. Erst als die Vorstellung, leer und unterdrückt zu sein, langsam in ein Selbstbild überging, das ihre Fülle zeigte, ja sogar einen kleinen Überschuß aufwies, veränderten sich auch ihre Interpretationen dieses Glaubenssystems. Als Janet sicherer wurde und sich innerlich nicht mehr so »leer« fühlte, entstand in ihrem Feminismus auch der Raum für Martins aktive Beteiligung an der Pflege des Kindes. Und nachdem Martin sich nicht mehr nur unterdrückt fühlte, veränderte er sein Äußeres; er sah männlicher aus und achtete mehr auf seine Erscheinung – in gewisser Weise hörte er auf, sich selbst zu unterdrücken.

Systemisch versus individuell

Traditionellerweise tendiert die Gestalttherapie zu einer starken Betonung des Kontaktes zwischen Klient und Therapeut. Das Paar als System zu betrachten und sich auf den Kontakt der Partner untereinander zu konzentrieren, erfordert aber noch andere Fähigkeiten. Wenn z.B. einer der beiden Partner sehr dominant ist, welche Rolle nimmt dann der andere ein? Der eine beschwert sich lautstark, und der andere deflektiert. Kontakt ist immer Interaktion, in die beide Seiten voll und ganz mit einbezogen sind. Wenn man herausfindet, wie verschiedene Verhaltensweisen zueinander passen, dann kann das dazu beitragen, den ganzen Komplott gegenseitiger Beschimpfung und Frontenbildung zu beenden. Weil dabei der gemeinsame Prozeß in den Blick rückt und nicht mehr nur die Inhalte, verringert sich für den Therapeuten die Gefahr, in die hoffnungslosen, subjektiven Fragen von »Wer hat recht und wer hat unrecht?« verwickelt zu werden. Wann immer ich mich verleiten lasse, Richterin oder Jury zu spielen, und viele Paare wollen das, habe ich ein Problem. Wenn der Fokus vom Inhalt auf den Prozeß übergehen kann, entsteht manchmal ein neuer Ausblick, der es dem einzelnen paradoxerweise ermöglicht, die Inhalte anders zu betrachten und sogar Reue zu empfinden. Aber der Inhalt ist enorm verführerisch, auf der Inhaltsebene kann sich der Therapeut zu Antworten verleiten lassen, die zwar im Gewand der Weisheit daherkommen, aber trotzdem auf einer Gegenübertragung basieren. Inhaltliche Lösungen helfen dem Paar auch nicht bei zukünftigen Konflikten, denn die Partner lernen dabei nicht, wie sie ohne die Hilfe des Therapeuten aus der festgefahrenen Situation wieder herauskommen – eine teure Lösung. Als ich

Martin und Janet das erstemal sah, verbrachten sie die meiste Zeit damit, sich zu beschimpfen und zu verteidigen. Sie waren brillante Polemiker und ganz ihrer Litanei von Beschwerden über spezielle Ereignisse ergeben. Indem ich meine Aufmerksamkeit auf das Fehlende richtete, auf das, worauf sie nicht achteten, schaute ich auf die Energie und das Engagement, mit dem sie ihre Streitigkeiten ausfochten. Ich betrachtete systematisch das »Wie« ihrer Kämpfe, und nicht das »Warum«. Das Gewahrsein auf der Ebene des energetischen Austauschs der Partner aufzubauen, kann sehr starke Auswirkungen haben. Ich sagte ihnen Dinge wie: »Wann immer einer von Ihnen vom anderen ein Kompliment bekommt, wertet er es sofort ab«, oder ich wies darauf hin, wie Martin jedesmal auswich, wenn Janet ihn attackierte. Einmal verglich ich sie mit zwei Thermoskannen, die abwechselnd heiß und kalt werden. Sie mochten diese Metapher und entwickelten sie weiter; es ermutigte sie, sich auf humorvolle Weise gemeinsam anzusehen, wie sie ihren Isolierungsprozeß am Laufen hielten, und ein solcher Humor kann schwierige Lernprozesse sehr erleichtern.

Eine andere Möglichkeit, systemisch mit Paaren zu arbeiten besteht darin, daß ich sie auffordere, mit mir zusammen ein Risiko einzugehen, das darauf abzielt, entweder ihren gemeinsamen Boden zu entdecken oder wiederherzustellen, oder sie zu ermutigen, Unterschiede wahrzunehmen und die Dinge durch diese Unterschiedlichkeit etwas lebendiger zu machen. Ein Paar kann weder aufblühen noch sich trennen, wenn die Partner nicht an sich selbst glauben und ein gewisses Maß an Selbstachtung mitbringen. Janet und Martin brauchten beides, sowohl mehr gemeinsamen Boden als auch Selbstachtung, denn das, was sie einmal geteilt hatten, war immer weniger geworden. Also bat ich sie, sich abwechselnd zu sagen, was sie aneinander schätzten, und nicht das, wofür sie sich kritisierten. Es konnte alles mögliche sein: ihre Art, mit dem Kind umzugehen, ihr Auftreten, gemeinsam verbrachte Freizeit, gemeinsame Überzeugungen, Fähigkeiten, Einstellungen, Eigenschaften, die sie aneinander bewunderten. Ich forderte sie auf, diese »Geschenke« schweigend anzunehmen und nicht sofort zu antworten. Das half ihnen, das, was der andere sagte, wirklich aufzunehmen, anstatt sofort darüber nachzudenken, wie sie reagieren sollten. Wenn man die Gewohnheit, sofort zu antworten, bei den Klienten ein bißchen bremst und verlangsamt, kann das dazu führen, daß sie besser kauen und nicht sofort alles schlucken oder wieder ausspucken. Auch die überaus wichtige Fähigkeit, sich gegenseitig ihre Überzeugungen, Klagen und Wünsche widerzuspiegeln übten die beiden miteinander ein und trainierten auf diese Weise, den Standpunkt des anderen zu sehen. Das war zwar mühsam, aber sehr aufschlußreich.

In einer anderen wichtigen systemischen Übung ging es darum, mit ihrer energetischen und körperlichen Haltung zu experimentieren, während sie miteinander diskutierten. Um mit früheren und aktuellen Erfahrungen von Kritik und Alleinsein fertigzuwerden, hatten Martin und Janet sich unverletzlich gemacht und desensibilisiert, aber ihre Körper machten diese Wunden sichtbar. In Martins Gesicht zeigte sich häufig ein verbissenes, grimassenhaftes Grinsen, und sein Körper verbog sich, als versuchte er, sich in einen kleinen, aber hoch geladenen Raum zu quetschen. Janet saß gewöhnlich sehr gerade und steif da, ihre Stimme gleichmäßig schrill und energisch. Ab und zu unterbrach ich sie und lud sie ein, sich selbst und einander anzusehen – einen Moment lang innezuhalten, ihr Körpergewahrsein zu erhöhen und darauf zu achten, was sie »drinnenhielten«. Allein, daß sie darauf achteten, bewirkte eine feine energetische Veränderung, sie spürten die Vertrautheit ihres Handelns. Das veränderte den Dialog ein kleines bißchen, die Dynamik war nicht mehr ganz dieselbe. Noch interessanter waren Experimente, in denen sie sich in die Körperhaltung des anderen hineinversetzten und die ungewohnten, aber auch neuen Perspektiven kennenlernten, die diese Haltungen ausdrückten. Ihr Dialog wurde offener. Ich bat sie auch, sich gegenseitig zu erzählen, welche konkreten Veränderungen sie sich voneinander wünschten, von denen sie glaubten, daß sie ihre Hoffnungen und ihr Vertrauen stärken würden. Als sie die Erfahrung machten, das, worum sie gebeten hatten, auch zu bekommen, hielten wir an und untersuchten die vielen negativen Antworten, die ihnen kamen und betrachteten sie unter einem neuen Blickwinkel, während die Angst vor der Unsicherheit ihres Selbstbildes zurückging. Anstatt sich z.B. zu freuen, wenn Martin ihr mehr Geld gab, fand Janet, daß es entweder zu wenig sei oder sie beklagte sich über ihre finanzielle Abhängigkeit von Martin. Als Janet ihren Untermietern klarmachte, daß sie in ihren privaten Zimmern nichts verloren hätten, protestierte Martin um so lauter, daß er in einer Abstellkammer schlafen müsse. Ich fragte nach, machte ihnen deutlich, wie sehr sie um ihre tief verwurzelten Selbstbilder fürchteten und ermutigte sie, weiter zu experimentieren. Dabei entdeckten sie alte Familienregeln und machtvolle Introjekte, die ihrer Fähigkeit sich zu freuen im Weg standen und für die sie selbst verantwortlich waren; sie konnten sich nicht mehr so leicht gegenseitig beschuldigen.

Aber zurück zur anderen Seite der Polarität, wo wir das Paar nicht nur als Einheit, sondern als zwei Individuen betrachten. Manchmal gibt es in der Paartherapie wichtige Gründe dafür, gerade nicht systemisch zu arbeiten. Im Gegenteil: es kann von enormem Wert sein, im Beisein des anderen mit nur einem der Partner zu arbeiten, um dadurch ihre Themen auseinanderzuhalten und beiden zu helfen, über ihre jeweiligen Projektionen hinauszusehen. Wenn einer der Partner bereit ist, an wichtigen Themen zu arbeiten und mehr Verletzlichkeit zu wagen, während der Therapeut ihm vielleicht neue Antworten und Reaktionsmöglichkeiten aufzeigt und ihn vor der gewohnten unmittelbaren Reaktion des anderen schützt, hat der Partner die Chance, ein tieferes Mitgefühl zu entwickeln.

Sehr anregend war für mich in diesem Zusammenhang Hunter Beaumonts Artikel über Paartherapie (in diesem Buch), in dem er auf die Verletzung der Eigenverantwortlichkeit und den Verrat am Selbst eingeht, dem die Annahme zugrundeliegt, daß andere die Macht haben, unsere Ganzheit zu gewährleisten oder zu verhindern. Er spricht davon, daß wir bei dem Versuch, regressive Bedürfnisse zu befriedigen, die »Ich-Du-Beziehung« opfern und führt weiter aus, daß diese Erfahrung zum »Selbstverlust« führt, wenn die Partner in ihren Auseinandersetzungen das Gefühl haben, es gehe um Leben und Tod und das »Ich« und der »andere« in einem »tragischen Tanz wechselseitiger Mißschöpfung verstrickt« sind. Beaumonts therapeutische Arbeit beinhaltet, daß der Klient den Schmerz dieses Selbstverlustes in der Einzelarbeit im Beisein des Partners aktiv zuläßt. Dies ist eine weitere Möglichkeit, mit der zentralen Polarität von Paarbeziehungen zu arbeiten, nämlich der einer bedingungslosen Liebe einerseits und der instrumentalisierten Sicht des anderen andererseits (Ich-Du vs. Ich-Es) oder der Polarität von Verschmelzung mit dem anderen und dem Gefühl des getrennten Selbst. Paare schwanken immer wieder zwischen Konfluenz, Treue, Verbindlichkeit oder dem Wunsch nach Stabilität und vertrauten Gewohnheiten, die die Entwicklung eines ausreichenden Mittelgrundes ermöglichen, dazwischen, »nicht ständig aufpassen zu müssen« und der Angst, verschlungen oder verlassen zu werden, dem Bedürfnis nach Individualität, der Aufregung vor dem Unvorhersehbaren, der Betonung der Unterschiede und dem Wunsch nach klaren Grenzen. In seinem Bemühen, die weiteste und umfassendste Gestalt zu halten, muß der Therapeut nicht nur das Gewahrsein der Partner für sich als Paar im Auge behalten, sondern auch ihr Gewahrsein für ihre individuellen Wünsche und Prozesse.

Mit Martin und Janet gab es einige wichtige Einzelarbeiten, die unsere gemeinsame Zeit deutlich prägten. Zum Beispiel verbrachten wir einige Zeit damit der Frage nachzugehen, was Martin mit seiner Sehnsucht, ein Mann zu sein, meinte. Er entwickelte ein Bild von sich selbst, in dem er über immense körperliche Kräfte verfügte oder die Fähigkeit hatte, zu schreien. Wir entwarfen Experimente, die seine Erinnerung anregten, wie er sich als kleiner Junge danach gesehnt hatte, von seinen Eltern als männlich bewundert zu werden und daß er damit »einverstanden« war, eine Art Neutrum zu sein, um sie nicht zu erschrecken. Es war sehr wichtig für ihn, mit seinen Gefühlen von Rebellion und Versöhnung gesehen und erkannt zu werden. Danach konnte er sich an Situationen erinnern, in denen er sich angenommen fühlte; er erinnerte sich an das Körpergefühl, daran, wie er in solchen Momenten die Welt erlebte. Mit Hilfe dieses Wissens, das in seinem Körper abgebildet war und unterstützt durch die neuen Entdeckungen, die er an sich selbst machte, konnte er ein paar alte, offene Fragen mit seinen Eltern klären – wenn auch nicht mit dem älteren Ehepaar, das er manchmal besuchte. Er erkannte, daß der Sohn, der er einmal gewesen war, nicht in der Lage gewesen war, sie vor sich selbst zu schützen und daß er keine Chance hatte, heute von ihnen zu bekommen, was er wollte. Bei einer dieser Gelegenheiten war Janet von seiner Verletzlichkeit und Leidensfähigkeit tief gerührt; sie wandte sich ihm auf sehr zärtliche Weise zu. Dieses Erlebnis öffnete ihr die Tür zur Erinnerung an ihren Vater und ihre unsägliche Angst vor den gelegentlichen Tobsuchtsanfällen, die ihn manchmal überkamen, bevor er schließlich in die Klinik kam. Sie verstand besser, warum sie sich so sehr davor fürchtete, daß Martin

»männlicher« wurde, wenn das mit chaotischem Lautsein und mit Gewalt einhergehen könnte, und sie sah, daß seine Art von Männlichkeit nicht dieselbe war, die sie bei ihrem Vater erlebt hatte. Martin war in der Lage, einen Augenblick lang zuzuhören, ohne sich gleich unterdrückt zu fühlen. Ich ermutigte beide, sich viel Zeit zu nehmen, um darüber zu sprechen, wie sie diese Episode erlebt und was sie dabei entdeckt hatten, und die Tatsache, daß sie es nicht mir, sondern sich gegenseitig erzählen, erhöhte den Wert ihrer Erfahrung und stärkte ihr Gefühl der Verbundenheit. Sie beschrieben die Veränderung ihres Körpergefühls, waren weniger angespannt und nicht mehr so sehr in Verteidigungshaltung.

Wenn es um Janet ging, war sie sehr viel ambivalenter, obwohl sie auch erzählte, wie reizvoll es sein kann, soviel Aufmerksamkeit zu bekommen, wenn sie es zuließ. Da sich ihre zentralen Themen um ihr »Zuhause« drehten, beschäftigten wir uns ausgiebig damit, was es für sie bedeutete, für ihr Haus verantwortlich zu sein und wie es sich körperlich anfühlte, wenn sie die Kontrolle über dieses »Zuhause« zu verlieren drohte. Sie brachte das mit ihren Kindheitsgefühlen und ihrer Erfahrung der Heimatlosigkeit in Verbindung. Aber anstatt uns auf die Vergangenheit zu konzentrieren, was sie nicht wollte, wechselten wir von der Figur der Heimatlosigkeit zu etwas anderem, das es irgendwo im Hintergrund geben mußte, nämlich ihre Phantasie, »zu Hause« und in Sicherheit zu sein. Dabei konnte sie sich auf ihren Körper konzentrieren und ein Gewahrsein dieser kostbaren Erfahrung entwickeln. Wenn sie die Welt auf diese Weise betrachtete, war es möglich, Martins gelegentliches Eindringen in ihre Festung zumindest in ihrer Phantasie zuzulassen. Mit mehr Respekt vor ihrer Angst und ihrer Großzügigkeit, aber nicht weniger unnachgiebig in seinem Wunsch, als ungefährlich angesehen und in ihrem Haus aufgenommen zu werden, erhöhte Martin bald darauf seine finanzielle Unterstützung für Janet.

Wir untersuchten Martins nicht mehr ganz so versteckte Freude am Widerstand; er war sogar verspielt genug, sie zu übertreiben und den eigenbrötlerischen Saboteur in sich zu entdecken. Ich lud ihn ein, diesem Saboteur mehr Raum zu geben, woraufhin er mehr Energie und Stimme mobilisierte (»Wenn ich den ganzen Abwasch sehe und es einfach »aussitze« und warte, bis du gespült hast, dann fühle ich mich gut, dann habe ich gewonnen!«) Für einen Augenblick spürte er eine unerträgliche Sorge (Reue), die Janet sofort mit einem triumphalen »Sag ich doch« sabotierte. Um diesen Prozeß zu verfolgen machte ich mich selbst zu einer Art Geigerzähler; ich spürte, wie meine Energie bis zu einem Höhepunkt von Erregung anstieg und dann rapide abfiel. Martin erlebte dieses Abfallen als sehr schmerzlich, und Janet meinte, ihre Erregung sei entnervend. Ich ging diesem Phänomen nach und fragte Janet, ob sie daran interessiert sei, ihre starre Haltung zu erforschen, während sie so »entnervt« dasaß. Nach einer langen Pause sagte sie, sie fühle sich unsichtbar. Ob sie wohl bereit wäre, jetzt sichtbarer zu werden, anstatt hörbarer? Als sie ein paar kokette Bewegungen in seine Richtung machte, begegneten sich beide in einem gemeinsamen kurzen und erfrischenden Kichern. Als sie sich wieder gerade hinsetzte und ihre »steife« Haltung einnahm, wurde sie von einem Gefühl der Traurigkeit überrascht. Wie alt fühlte sie sich in diesem Moment? Sie erzählte, daß Koketterie und aufreizendes Verhalten in ihrer Adoptivfamilie tabu gewesen waren. Martins Freude darüber, sie so verspielt zu sehen, bot ihr ein starkes Gegenintrojekt, einen Eigriff in ihr begrenztes Repertoire an Kontaktmöglichkeiten. Etwas später in der Sitzung sagte Martin, er sei froh gewesen, daß sie nicht »weitergewackelt« hätte, er erlebe ihre Sexualität z.T. auch als beunruhigend. Sie versicherte ihm sofort, daß es ihr nur darum gegangen sei, gesehen zu werden und daß sie keine sexuellen »Absichten« gehabt hätte. Martin entspannte sich sichtlich. Er erinnerte sich daran, wie er als Kind seine Mutter einmal in einem neuen Kleid gesehen und wie sie ihn nach Bestätigung »hungernd« angesehen hatte. Das war eine sehr hilfreiche Umbenennung dessen, was er bei seiner Mutter früher als undifferenzierte Feindseligkeit und Enttäuschung ihm gegenüber erlebt hatte und was er von seinem Vater her kannte. Unser Tempo hatte sich verlangsamt, wir gingen zwischen Vergangenheit und Gegenwart hin und her, folgten ihrem Prozeß und unterbrachen ihn durch kleine Pausen, in denen die Kampfregeln etwas lockerer gehandhabt wurden. Ich genoß dieses Fließen, bewunderte ihre Offenheit füreinander und brauchte nicht mehr die einzige zu sein, die Mitgefühl und Verbundenheit empfand. Diese Art von Arbeit beinhaltet, daß man die Klienten einlädt, sich mit alten Mustern der Wirklichkeitsgestaltung auseinanderzusetzen und neue Möglichkeiten zuzulassen, die zwar im Feld vorhanden, aber lange Zeit unbeachtet geblieben sind. Wenn diese Möglichkeiten dazu führen, zwischen Einzelarbeit und Dialog hin und her zu gehen, dann gibt es eine Bewegung von der Polemik zu wirklichem Kontakt.

An diesen Beispielen wird deutlich, wie die Gestalttherapie den Kontakt im Kontext der ganzen Gestalt betont und dabei die Notwendigkeit einer gemeinsamen Basis respektiert. Es ist ermutigend zu sehen, wie unterschiedlich die Erfahrungen der beiden Partner schließlich aussehen, so daß sie lernen, die Sichtweise des anderen zu verstehen. Um das zu erreichen, kann es notwendig sein, tief in ihre Kindheit zurückzugehen, ja selbst in die ihrer Eltern, um ihre Familiensituation und die sozialen und kulturellen Überzeugungen erforschen zu können. Das kann heißen, »über etwas« zu reden oder eine Erzählung der eigenen Vergangenheit zu entwerfen, und doch ist genau das eine wesentliche Voraussetzung für das Entstehen einer gesunden Unmittelbarkeit. Unsere tiefsten Geschichten erstrecken sich über mehrere Generationen, sind äußerst komplex und immer bedeutsam. Den Boden für sinnvollen Kontakt bildet eine als gemeinsam angesehene Basis. Es ist nicht immer die offensichtliche Figur, die uns weiterbringt. Manchmal ist es leichter, einen Konflikt dadurch aufzulösen, daß wir uns einem Teil des Feldes zuwenden, der völlig außerhalb des Blickfeldes der Klienten liegt. In der Arbeit, die ich gerade beschrieben habe, war das mit Sicherheit der Fall. Martin und Janet erinnerten sich an sehr wichtige Erfahrungen, zu denen sie wieder Zugang fanden und die ihnen eine neue

Art der Verbindung ermöglichten. Wenn es möglich war, im Beisein des anderen zu arbeiten, führte das nicht nur zu mehr Mitgefühl und Sicherheit, sondern half ihnen zu sehen, wie verschieden sie waren: voneinander, von den Kindern, die sie einmal gewesen waren und auch von den Eltern, die sie als Kinder gehabt hatten. Sie konnten auf ein neues Wissen um ihre heutigen Fähigkeiten zurückgreifen und erkannten, wie weit die Wurzeln ihrer Sehnsüchte zurückreichten. Ich wollte ihnen helfen, die Quellen in sich selbst zu finden, anstatt weiterhin und ohne Aussicht auf Erfolg darum zu kämpfen, vom anderen gerettet zu werden. Und paradoxerweise hatten sie sich am Ende mehr zu geben – an einfacher Zuneigung und gegenseitigem Respekt.

In solchen Prozessen gibt es kein klares »Ergebnis«, ich glaube, das gibt es in keiner Therapie. Von jemand drittem für eine Weile begleitet zu werden, ist nur einer von vielen Faktoren im Leben des Paares; wie sollten wir diesen speziellen Einfluß messen können? Nach einigen Monaten fiel mir auf, daß Martin nicht mehr so oft davon sprach, Janet zu verlassen. Er nahm an einem Yoga-Kurs teil und setzte sich an seinem Arbeitsplatz stärker für seine eigenen Interessen ein. Er bekam mehr Unterstützung von Janet, die ihn wegen alter Geschichten weniger kritisierte. Sie sagte, sie könne sich nicht mehr vorstellen, ihn ganz rauszuschmeißen; sie suchte sich eine Teilzeitstelle und »gab« Martin am Wochenende mehr Zeit mit ihrem Sohn. Phasenweise nahmen sie ihre sexuelle Beziehung wieder auf. Alles in allem waren sie immer noch eher streitsüchtig, manchmal auch verbittert und rechthaberisch. Nach wie vor fühlten sie sich den »Unzulänglichkeiten« des anderen ausgeliefert. Häufig zögerten sie, sich mit »dem ganzen Zeug« zu beschäftigen, das die Therapie ihnen schonungslos abzuverlangen schien. Nach einiger Zeit hatten sie aufgrund ihrer Arbeitszeiten einen guten Grund, nicht mehr zu kommen und verabschiedeten sich (möglicherweise nicht für immer). Ich betrachte das als eine »Gut-genug-Erfahrung«. Es war genug für sie; ich nahm an, daß sie sich Zeit lassen wollten, um diese Erfahrung durchzukauen, ihre Möglichkeiten und ihre Bedeutung zu assimilieren und fortfahren würden, zwischen fixierten Gestalten und neuen, aber immer noch bedrohlichen Sichtweisen ihre Schlachten zu schlagen. Vielleicht war ihnen bewußt, daß sie das, was sie hatten, etwas mehr schätzten als vorher, und irgendwie auch, daß sie trotz gegenteiliger Beteuerung keine weiteren gravierenden Veränderungen wollten; vielleicht würden sie das Abenteuer später fortsetzen, wenn die Bedingungen des Feldes sich wieder anders darstellten. Dieses Losgehen und wieder Anhalten gibt es in den meisten Beziehungen. Wir halten an, um Unterstützung aufzubauen, uns neu zu formieren und etwas anderem zuzuwenden. Das ist Teil des Prozesses und entspricht meinen persönlichen Erfahrungen ebenso wie den Beobachtungen anderer.

Da die Sitzungen mit Martin und Janet nicht weitergingen, weiß ich nicht, ob sie näher zusammengekommen sind oder sich voneinander entfernt haben. Auch kann ich nicht sagen, was kurz- oder langfristig am besten für sie wäre. Es mag überflüssig erscheinen, das zu sagen, aber das Leben kennt keinen anderen »Abschluß«

als den Tod. Wann können die Partner oder Klienten beurteilen, was sie erreicht haben? Ich betone dieses Dilemma, weil in der Darstellung dessen, was für die Gestalttherapie angeblich so charakteristisch ist, immer wieder ein Vorurteil auftaucht, das mit der eigentlichen gestalttherapeutischen Theorie gar nichts zu tun hat. Dieses Vorurteil hat zu einer Betonung von Erregung, Wachstum, Individualismus, Fortschritt, Abschluß, Ausdruck, Empfinden und Spontaneität geführt. Auch wenn diese Akzentsetzung in der Paartherapie (und in jeder anderen Therapieform) unter bestimmten Umständen sehr hilfreich sein mag, ist es auch möglich, daß der Therapeut gerade das Gegenteil dieser Werte für wichtig hält. Vielleicht betont er den Wert der Gemeinschaft stärker als den der Individualität und ein langfristiges Ziel mehr als einen kurzfristigen Wunsch, oder er schätzt gerade den möglichen Wert eines geringen Energieniveaus oder sogar die Depression; die Erkenntnis, daß Vollständigkeit und Abschluß gar nicht unmittelbar möglich sind; die Fähigkeit, loszulassen; Zerfall statt Wachstum; zyklische Veränderungen statt linearem Fortschritt; den Nutzen der Fähigkeit, Selbstausdruck zurückzuhalten oder den Wert der Selbstreflexion, des bewußten Egotismus und der Retroflektion. All das entspricht der übergeordneten Aussage dieses Kapitels, mit dem zu arbeiten und das zu halten, was fehlt und vermieden wird und über alle Polaritäten hinauszublicken. Jeder braucht Zugang zu allem, zu der gesamten Fülle der Existenzmöglichkeiten. Ob eine Reaktion gesund oder ungesund ist, hängt von den Umständen ab. In Wahrheit ist weder der Therapeut noch das Paar in der Lage, diese Umstände gut genug zu kennen, um sagen zu können, was für sie selbst oder andere angemessen wäre. Aber wie wenig es auch sein mag, es muß genug sein, um dem Paar die Gelegenheit gegeben zu haben, ihr Blickfeld und ihre Wahlmöglichkeiten zu erweitern.

3

Selbst-Organisation und Dialog[1]

Hunter Beaumont

Wenn ich an Gestalttherapie mit Paaren denke, fallen mir Menschen ein, mit denen ich gearbeitet habe. Ich sehe ihre Gesichter und höre ihre Stimmen. Die meisten von ihnen sind gute Menschen – aufrichtig, liebesfähig, hoffnungsvoll und bereit, hart zu arbeiten. Sie kommen in die Therapie, weil sie in einem Kreislauf von enttäuschten Hoffnungen oder von Verletzung und Wut gefangen sind und weil sie wissen, daß sie trotz guter Absichten dabei sind, ihre Liebe zu zerstören.

Ich habe immer versucht zu verstehen, was diese Menschen durchmachen, nicht erst als ich die Entscheidung traf, Therapeut zu werden, sondern auch als Heranwachsender, der mit seinem eigenen Leben zurechtkommen mußte. Ich vermute, daß bei den Menschen, die ich beschreiben werde, in einer psychoanalytisch orientierten Psychotherapie Charakterstörungen oder wahrscheinlich sogar Selbststörungen diagnostiziert werden würden. In gestalttherapeutischen Begriffen ausgedrückt handelt es sich um Menschen, die zwar vielfach durchaus kontaktfähig sind, aber in gewissen Streßsituationen oder intimen Momenten auch anfällig für den plötzlichen und heftigen Zusammenbruch ihrer Kontaktfunktion sind. Die Kombination aus diesen Kontaktunterbrechungen und ihrer tiefen Sehnsucht nach Besserung macht ihre Therapie und ihre Beziehungen schwierig, was dazu führen kann, daß sowohl die Partner als auch die Therapeuten den Mut verlieren.

Anstatt hier einzelne Kontaktvordergründe zu analysieren, werde ich zu zeigen versuchen, daß die therapeutische Arbeit mit diesen Paaren es erfordert, auf ein bestimmtes »Selbstgefühl« (Stern, 1985) zu achten, das der Erfahrung eine zeitliche und kontextübergreifende Kontinuität verleiht. (Dies entspricht auch Wheelers Forderung [1993], dem strukturierten Hintergrund mehr Aufmerksamkeit zu schenken.) Um dieses spezielle Selbstgefühl begrifflich zu erfassen, können wir uns vorstellen, daß es aus einem Prozeß der holistischen und systemischen oder »organismischen« Selbst-Organisation hervorgeht.[2] Martin Bubers Philosophie des »Ich-Du« eröffnet uns eine außerordentlich reiche und anschauliche Sprachwelt, um die Phänomenologie dieses Selbstgefühls zu verstehen. Ihre Tiefe und existentielle Bandbreite sind ein Gegengift für die lässigen Deflektionen einiger liebes-phobischen Gestalttherapeuten. Bubers Fokus liegt nicht auf der Pathologie, sondern auf den universellen Strukturen der Beziehung, auf den Formen, die das Feld des »Dazwischen« organisieren, das Menschen trennt und verbindet. So betrachtet, gewinnen die Paare, die ich beschreiben werde, an Würde und Größe. Ihre manchmal trivialen Streitereien sind die Stimmen der menschlichen Seele, die um ihre eigene Erfüllung kämpft. Auch wenn Bubers Bedeutung für die Gestalttherapie grundsätzlich anerkannt wird, ist die *theoretische* Beziehung zwischen seinem »Ich-Du« und einigen Gestaltkonzepten wie dem der fruchtbaren Leere, der organismischen Selbstregulation oder des Kontakts noch nicht eingehend untersucht worden (vgl. Jacobs, 1989; Hycner, 1985, 1990, wo einige erste Versuche gemacht werden. Ich bin sicher, daß beide mit mir darin übereinstimmen, daß hier noch viel Arbeit vor uns liegt).

Bei dem Versuch, ein theoretisches Verständnis dieser Paarbeziehungen zu entwickeln, habe ich auf Paul Goodmans kontextuelle Methode zurückgegriffen (Perls, Hefferline & Goodman, 1991, Praxis, S. 228ff.), indem ich verschiedene Sichtweisen im Feld zusammengebracht, ihre Unstimmigkeit ertragen und darauf vertraut habe, daß eine neue, prägnante Gestalt auftauchen würde. Es ist ein bißchen so, wie wenn man Suppe kocht: am Anfang schwimmt das Gemüse zusammen mit dem Hühnerfleisch im Topf herum. Mit etwas Geschick, guten Gewürzen und genügend Hitze kann daraus eine köstliche Suppe werden. Jedes neue Gewürz, das ich in den Topf gebe, verändert die Suppe, läßt mich etwas Neues erkennen, verändert den Geschmack alter Überzeugungen, ändert meine Sichtweise und meine Interaktion mit den Klienten. Weil sie anders »gesehen« werden, reagieren sie anders, als wenn sie mich zu einem anderen Zeitpunkt kennengelernt hätten. Indem ich die Subjektivität der Erfahrung und ihre Einbindung in den hermeneutischen Zirkel akzeptiere, verzichte ich auf den Anspruch, objektiv zu sein. Ich behaupte nicht, daß die Dinge so sind, wie ich sie beschreibe, sondern nur, daß man sie auf diese Weise sehen kann. Ich hoffe, daß die Perspektive, die ich hier zu beschreiben versuchen werde, auch anderen zugute kommt, die sich mit solchen Prozessen – sei es bei ihren Klienten oder in ihrem eigenen Leben – auseinandersetzen.

Die Phänomenologie dieser Beziehungssysteme

Wenn auch schwierig zu meistern, ist doch die psychotherapeutische Phänomenologie, also die an der Erfahrung des Klienten orientierte Arbeit, einer der schönsten Aspekte der Gestalttherapie. Zum einen ändert sich die Phänomenologie des Klienten sowohl von einem Augenblick zum nächsten als auch über den gesamten Therapieprozeß hinweg. Zum anderen fungieren die impliziten theoretischen Annahmen und Überzeugungen des Therapeuten (im hermeneutischen Zirkel) als Objektiv oder als Linse und verändern seine Wahrnehmung der Phänomenologie des Klienten. Durch meine persönliche gestalttherapeutische Linse betrachtet, ergeben sich drei Aspekte dieser Paar-Phänomenologie: Der Verlust des Selbst, der Wunsch nach dem selbst-organisierenden Selbst und der Verrat am Selbst.[3]

Die meisten Paare kennen Zeiten, in denen ihre Beziehung gut läuft. Wenn der Therapeut sich aber die Klagen der Paare anhört und auf die Prozeß-Phänomenologie achtet, dann hört er auch Beschreibungen von extremen Kontaktunterbrechungen, von Zeiten, in denen die Kommunikation fehlschlägt und die Partner sich verletzende und zerstörerische Dinge sagen und antun, Zeiten heftigster Auseinandersetzung und kalten Rückzugs. Normalerweise bezeichnen die Paare solche Zeiten als »Kämpfe«. Nathan Schwartz-Salant (1982) nennt sie »emotionale Gewitter«; Johnson (1984) geht noch weiter und spricht von *Minipsychosen*. Meistens verletzen die Partner sich gegenseitig, indem sie Dinge wiederholen, die beide auswendig kennen, wie zwei Schauspieler, die zum tausendsten Mal mit demselben Varietéprogramm auf der Bühne stehen. Die Kämpfe bringen keine neue Klärung und keine neuen Einsichten mit sich, sondern nur die gewohnte Zerstörung. Während dieser Kämpfe haben die Partner keinen guten Kontakt zueinander. Der eine rastet aus, während der andere hilflos und stumm auf den Boden starrt und sich fragt, was er sagen soll oder wie lange er das noch ertragen muß. Ihre Sprache und ihr Denken sind befremdlich unverbunden. (Am nächsten Tag fallen ihnen dann eine Menge wunderbarer Dinge ein, die sie hätten sagen können.) Oder sie schreien sich gegenseitig wütend an und sagen im Brustton der Überzeugung Dinge, von denen sie zu anderen Zeiten wissen, daß sie nicht wahr sind. Es fallen Versprechen und Drohungen, die eigentlich lächerlich übertrieben erscheinen, Racheschwüre und Androhungen, sich zu trennen und den anderen zu verlassen. Und manchmal kann es zu Gewalt kommen, wenn einer die Kontrolle verliert und die Frustration sich körperlich ausdrückt.

Obwohl sie diese Kämpfe schon hundertmal durchgefochten und sich wieder verziehen haben, stirbt mit jedem Kampf ein kleines Stück der Beziehung, und das Verzeihen verändert sich, wird vorsichtig und zurückhaltend und bekommt eine Färbung von Mißtrauen und Angst; die Narben werden größer und sichtbarer. Häufig trauen sie sich kaum noch, miteinander zu reden und haben Angst, daß ein Wort, eine Geste oder ein Tonfall wieder eine solche Situation, einen Kampf auslösen könnte, der nur zerstört und nichts zum Besseren wendet. Häufig haben sie sich voneinander und vom Leben zurückgezogen, und viele sind noch zusätzlich verletzt worden als ihre Therapeuten sie ermutigt haben, »diese Gefühle rauszulassen«, weil sie diese Gefühle fälschlicherweise für »echt« hielten oder dachten, der Ausdruck solcher Gefühle würde den Gestaltzyklus wieder in Gang bringen und zu einer Lösung führen.

(Aus der hier eingenommenen Perspektive betrachtet, sind solche Gefühle das Ergebnis einer Kontaktstörung und daher in einem absoluten Sinne »unwirklich«, auch wenn sie für die betreffende Person tatsächlich spürbar sind. Solche Gefühle haben immer mit unerledigten Situationen der Vergangenheit zu tun und entstehen nicht primär aus der Partnerschaft. Daher kann das »Rauslassen« der Gefühle zu einer emotionalen Katharsis bei einem der Partner führen, gewöhnlich geschieht das auf Kosten des anderen, aber es fördert nicht die Kommunikation innerhalb der Beziehung, sondern hat häufig eher Mißbrauchscharakter und verwechselt den Partner mit anderen Personen aus der Vergangenheit. Im Gegensatz zur kontaktvollen Wut, die zu konstruktiver Kommunikation und Schließung führen kann, oder dem kathartischen Ausdruck von Wut in der Einzeltherapie, die den einzelnen darin unterstützen kann, sich lange unterdrückte Verhaltensweisen wieder zugänglich zu machen und mit offenen Situationen der Vergangenheit abzuschließen, führt der Ausdruck solcher Gefühle in der Paartherapie zu Verletzung und zerstört die Liebe. In der Arbeit mit Paaren ist meine Überzeugung von der zerstörerischen Wirkung einer kontaktlosen Emotionalität, die mit einer fragilen Selbst-Organisation einhergeht, so stark geworden, daß ich normalerweise interveniere, um sie zu stoppen.)

Wenn man eine dieser Episoden erlebt hat oder in der Lage ist, den Beschreibungen der Klienten phänomenologisch zu folgen, dann weiß man von innen her, wie diese Zeiten sich »anfühlen«. Eine Frau beschrieb ihr Erleben:

> Mir ist, als ob ich auseinanderbreche. Etwas in mir verschließt sich, etwas in meinem Körper, in der Nähe des Herzens oder des Solar Plexus. Sobald das passiert weiß ich, daß alles aus ist. Ich weiß, daß ich [meinen Mann] niemals erreichen kann. Etwas geschieht mit meinen Augen, und ich kann ihn nicht mehr ansehen. Ich weiß nicht, was ich sagen soll. Ich will nur, daß er weggeht, daß er mich alleine läßt, bis ich mich wieder gefangen habe. Manchmal redet er einfach auf mich ein, bohrt nach und fragt mich aus bis ich explodiere und irgend etwas Schlimmes sage, damit er aufhört. In diesen Momenten hasse ich ihn richtig und vergesse, daß wir auch gute Zeiten miteinander hatten.

Ihr Mann berichtete von seiner Erfahrung:

> [Meine Frau] kann so hart sein. Ich möchte ihr nah sein, vielleicht mit ihr schlafen, und sie sagt irgend etwas verletzendes oder interessiert sich gerade für etwas anderes, oder sie ignoriert mich einfach. Das verletzt mich und macht mich wütend, weil ich denke, daß sie das extra macht, um mir wehzutun. Für andere und für die Kinder kann sie da sein, aber wenn ich etwas brauche, stößt sie mich weg. Ich versuche ihr zu sagen, wie es mir geht, manchmal werde ich sauer. Manchmal verletze ich ihre Gefühle, und dann weint oder explodiert sie und macht Dinge kaputt. In solchen Momenten fühle ich mich so fremd, so weit weg und kalt. Mein Gefühl trocknet aus, und ich weiß, wie grausam ich sein kann.

Sie betrachten diese Zeiten als Episoden, in denen »ich nicht mehr ich selbst bin.« Das ist der Verlust des Selbst. Das »Ich« ist in diesen Zeiten ein anderes als das normale »Ich«, und ein Verhalten, das in solchen Zeiten völlig gerechtfertigt erscheint, kann später schwer zu ertragen sein. Ein Mann berichtete, das sei, »als wäre ich von einem Dämon besessen, der mich dazu bringt, Dinge zu tun, die ich gar nicht will. Später, wenn der Sturm sich gelegt hat, schäme ich mich angesichts dessen, was ich kaputtgemacht habe, als ob ich mich selbst verraten hätte – wie Dr. Jekyll, nachdem Mr. Hyde verschwunden war.« Der folgende Bericht über den Verlust des Selbst ist besonders interessant, weil er in der ersten Therapiesitzung von einer Frau vorgetragen wurde, die keinerlei Therapieerfahrung mitbrachte. Mit dem Wechsel des »Ichs« dieser Frau verändert sich auch die von ihr wahrgenommene Welt, und sie und ihr Mann wissen nicht mehr, was am jeweils anderen gut ist. Der Verlust des Selbst ist auch der Verlust des »anderen«.

Ich kann es nicht haben, wenn mein Mann mir nicht traut. Es verletzt mich zu sehr. Etwas in mir stirbt. Es ist so bedrohlich, als müßte ich um mein Leben kämpfen. Ich werde zur Ratte, eine New Yorker Kanalratte, oder zu einem dieser Alligatoren, die manche Leute in New York durchs Klo spülen und die in den Abwasserkanälen leben. Ich beiße und kratze. Ich bin ein wildes Tier. Aber ich kämpfe um mein Leben. Es verletzt mein Herz so sehr, wenn er mir nicht traut.

Wir können einfach feststellen, daß solche Identitätswechsel subjektiv als Frage von Leben und Tod erlebt werden. Es ist eine Quelle großer Scham für diese Paare, daß sie für plötzliche Veränderungen in der Qualität ihres Kontaktes so anfällig sind, daß sehr kleine »Auslöser« solche dramatischen Auswirkungen auf ihr Selbstgefühl haben können. Ein Wort, ein bestimmter Blick oder ein Tonfall reichen oft schon aus, um eine dieser Reaktionen auszulösen, Reaktionen von einem Ausmaß, daß weit über das hinausgeht, was der Ursache angemessen wäre.

Ein Therapeut, der die Kunst der phänomenologischen Rekonstruktion oder der *reinen Sprache* (Grove & Panzer, 1991) beherrscht, kann dem Paar helfen, bei seiner Phänomenologie zu »bleiben« und die Partner unterstützen, die Erfahrungen, die sie so sehr zu vermeiden versuchen, wirklich zu berücksichtigen. Wenn sie die Technik des Gewahrseins im mittleren Modus (also der phänomenologischen Rekonstruktion) beherrschen, gelingt es ihnen im Laufe der Therapie häufig, in die Erfahrung des Selbstverlustes einzutreten. Sie beschreiben heftige Erfahrungen von Konfusion und innerer Leere, von tiefer Einsamkeit, dem Abgrund oder einem riesigen Strudel von kreisender Schwärze und Dunkelheit, in den sie fallen könnten (Almaas, 1986; Beaumont, 1988a, 1988b). In der existentialphilosophischen und phänomenologischen Literatur (Spinelli, 1989) ist das phänomenologisch als Todesangst, Einsamkeit, Ekel und existentielle Unsicherheit behandelt worden. In der Sprache, die wir hier gebrauchen, ist es der Verlust des Selbst. Fritz Perls bezeichnete es als die »fruchtbare Leere« (Perls 1985).

Ein Großteil der existentialistischen Literatur, die für sich beansprucht, die Phänomenologie dieses Nichts zu untersuchen, ist in Wirklichkeit eine Untersuchung der Phänomenologie der Ver*weigerung* dieser Erfahrung. Immer wieder entdecken Klienten, die lernen, mit dem Gewahrsein des mittleren Modus in ihre eigene Verwirrung einzutreten, daß die Phänomenologie sich verändert. Ein Beispiel ist die Erfahrung eines vierzehnjährigen Klienten, der unter wiederholten Alpträumen litt, in denen er von einem Wolf gejagt wurde. Eines nachts dachte er während des Traumes: »Ich träume. Der Wolf ist in meinem Traum. In meinem Traum kann er mir überhaupt nichts tun, selbst wenn er mich fressen wollen sollte.« Mit diesem Gedanken wandte er sich im Traum dem Wolf zu, der sich daraufhin in einen inneren Führer verwandelte, der dem Jungen bei der Bewältigung seiner Schwierigkeiten wertvolle Dienste erwies. Dieses Phänomen wird vielen Gestalttherapeuten bekannt sein.

Der Wunsch nach dem selbst-organisierenden Selbst

Ein Hauptaspekt der Phänomenologie von Klienten ist der Verlust des Selbst, ein anderer ist das starke Verlangen nach einem selbst-organisierenden Selbst. Zu Beginn der Therapie sind viele Klienten nicht in der Lage, klare und umfassende Aussagen über ihre Wünsche und Bedürfnisse zu machen. Sie sagen Dinge wie »Ich möchte einfach glücklich sein«, oder vielleicht »Ich fühle mich unverstanden.« Viele wollen, daß ihr Partner sich ändert und glauben, daß der neue und bessere Partner sie glücklich machen könnte. Manche Paare beschreiben ihr Bedürfnis nach materieller Sicherheit, nach sexueller Erfüllung oder ihren Wunsch nach einer Familie und dem Gefühl, ein Zuhause zu haben, nach »Wärme« und »Geborgenheit«, nach »Gesehenwerden« und – paradoxerweise – danach, »einfach in Ruhe gelassen zu werden.« Aber selbst, wenn diese speziellen Wünsche erfüllt werden, bleibt das Gefühl, daß etwas fehlt. Wie eine Frau es formulierte: »Wenn das alles ist, was das Leben zu bieten hat, dann will ich es nicht.«

Das Gefühl, daß etwas fehlt, kann fast körperlicher Art sein, ein Schmerz oder Druck im Brustkorb oder ein nagendes Gefühl in der Magengegend. Nicht wenige haben dermaßen starke Schmerzen in der Herzgegend empfunden, daß sie eine körperliche Krankheit befürchteten und zum Arzt gingen. Zu Beginn der Therapie sind die Beschwerden so groß, daß nur wenige in der Lage sind, ihre Erfahrung umsichtig zu erforschen. Normalerweise wollen sie nur, daß ihr negatives Gefühl weggeht, und es erfordert Geduld und therapeutische Erfahrung, ihnen zu helfen, die Hoffnung zu sehen, die in ihrem Leiden enthalten ist.

Paradoxerweise werden ihre Hoffnungen durch die Frustration und die Wut bekräftigt. Wenn wir ihre Klagen und Forderungen phänomenologisch anhören, mit einem »Gestalt-Ohr«[4], dann hören wir eine ziemlich präzise Beschreibung dessen, wonach sie sich sehnen, die Hoffnung hinter dem Bedürfnis. Während sie die Fähigkeit entwickeln, die Phänomenologie der Hoffnung vorsichtig zu erforschen, machen sie häufig die Erfahrung, daß ihr Gewahrsein für ihre Bedürfnisse sich verändert. Was sie für ein sexuelles Bedürfnis, beruflichen Ehrgeiz, den Wunsch nach Begleitung und die Sehnsucht nach einer Beziehung hielten, waren zumindest teilweise die »Mittel«, die ihnen zu der *Erfahrung* verhelfen sollten, »wirklich ich selbst zu sein.« Vielleicht entwickeln sie die Geduld und die Fähigkeit, das Ausagieren ihrer Bedürfnisse lange genug aufzuschieben, um sich auf eine echte phänomenologische Erforschung ihrer Erfahrung einlassen zu können. Ein Mann, ein Dichter, der bereits über introspektive Fähigkeiten verfügte, beschrieb einen Seinszustand, in dem er sich ganz und lebendig fühlte, in dem der »nagende Hunger seines Herzens gestillt war« und er sich »vollständig« fühlte, »wo ich einfach ich selbst bin, wirklich ich.« Wie ungeschickt auch immer sie es ausdrücken mögen, ihre Hoffnung zielt auf ein inneres Gefühl des Wohlergehens, eine Ganzheitlichkeit oder Stabilität, die es ihnen erlaubt, sich zu freuen und von Herzen zu lachen. Sie sprechen über subtile körperliche oder »energetische« Empfindungen, nach denen sie sich gesehnt haben, über einen Orgasmus, bei dem sich etwas in ihnen »öffnet« und der ganze Körper »fließt«. Es ist die Hoffnung auf »mich selbst«, auf das wirkliche Selbst (Masterson, 1985). Ohne diese Hoffnung gäbe es keine Frustration, keine Wut und keine Sehnsucht. Aus Gründen, die hoffentlich gleich noch deutlich werden, habe ich diese herbeigesehnte Erfahrung als »selbst-organisierendes Selbst« bezeichnet.

Dieser Punkt verdient weitere Klärung. In der Gestalttherapie, die durch das Bedürfnis-Erfüllungs-Modell geprägt ist, werden die Klienten normalerweise durch eine Anregung ihrer Aggression ermutigt, die Erfüllung ihrer Bedürfnisse anzustreben. Die zugrundeliegende Annahme ist, daß das, was sie brauchen, in der Umwelt zu finden ist. In einer Paarbeziehung besteht die Annahme darin, daß der Partner, das, was fehlt, bereithält. Wenn aber das Bedürfnis in einer stabileren Selbst-Organisation besteht, ist diese Annahme falsch. Eine therapeutische Arbeit, die ihnen hilft, »ihre Bedürfnisse befriedigt zu bekommen«, wird im Gegenteil die Abhängigkeit und die Kontaktstörung dieser Menschen noch verstärken, indem sie die falsche Überzeugung bestärkt, die fehlende Qualität liege in der Umwelt, und nicht im Selbst. Daher werden sie nicht darin unterstützt, das Verständnis ihrer »Bedürfnisse« zu vertiefen, sondern in der trügerischen Phantasie, daß wenn ihre Bedürfnisse von außen befriedigt würden, sie keinen Schmerz und kein Unbehagen hätten. Bei diesen Paaren ist eine bedürfnisorientierte Gestalttherapie kontraindiziert. Die Position, die ich vertrete, ermutigt sie eher, die Phänomenologie ihrer Erfahrung zu erforschen und versucht, ihr Gewahrsein zu erhöhen bevor sie vorschnell versuchen, die unangenehme Erfahrung wegzumachen. Aus dieser Perspektive betrachtet, richtet sich das »Bedürfnis« auf eine bessere Selbst-Organisation, die zumindest an diesem Punkt der Entwicklung eine Funktion des Organismus selbst ist. Der Partner kann bestenfalls dazu beitragen, daß die Umgebung die Entwicklung dieser Fähigkeit zu einem selbst-gestaltenden Selbst unterstützt.

Der Verrat am Selbst

Während Paare im Laufe der Therapie das Gewahrsein ihrer eigenen Phänomenologie erhöhen, decken sie häufig ein profundes Mißverständnis auf: die Erwartung nämlich, daß die Liebe des Partners die Erfahrung des Selbstverlustes verhindern sollte und das selbst-organisierende Selbst ohne Autonomieverlust wiederherstellen könnte. Sie glauben, daß die Umgebung (der Partner) hat, was sie wollen, und um ihr Bedürfnis zu befriedigen, müssen sie den anderen dazu bringen, es herzugeben. Die falsche Erwartung basiert auf einem Mißverständnis über die Natur der Phänomenologie des Selbstverlustes.

Ein Mann beschrieb, wie er seine Partnerin als Tür zum Paradies betrachtete und erwartete, daß sie ihn so sehr liebte, daß er einfach glücklich sein würde – frei von neurotischen Zwängen und Hemmungen. Er war davon überzeugt, daß seine Frau das für ihn hätte tun können, wenn sie nur gewollt hätte. Als sie es nicht tat, war er verletzt und wütend. »Wenn du mich wirklich lieben würdest, dann würdest du mir aus dieser Verletzung heraushelfen.« Da er weder die Erfahrung eines selbst-organisierenden Selbst kannte, noch in der Lage war, den emotionalen Sturm des Selbstverlustes zu überstehen, war er darauf angewiesen, daß die Liebe seiner Frau ihn wiederherstellte, wenn sein Selbstgefühl zerfiel. Seine Abhängigkeit von ihr hatte tiefgreifend zerstörerischen Charakter für sie beide, denn sie fixierte ihre Rollen und beraubte sie der Möglichkeit, frei und flexibel aufeinander einzugehen. Indem er davon abhängig war, daß seine Frau ihn vor der Erfahrung des Selbstverlustes bewahrte, gab er ihr die subjektive Macht über Leben und Tod.

Die meisten dieser Paare haben das unausgesprochene Gefühl, daß ihnen das, wonach sie sich sehnen, nur von einem anderen gegeben werden kann. (Es stimmt, daß wir diese Zustände des Wohlbefindens in Momenten starker Intimität und sexueller Intensität erleben können, aber es stimmt nicht, daß wir sie nur dann erfahren können, wenn unsere Partner uns so behandeln, wie wir das wollen.) Ihre falsche Überzeugung verletzt den Gestalt-Wert der Eigenverantwortlichkeit, weil sie besagt, daß »du dich ändern mußt«, damit »ich« weniger Schmerz und mehr Befriedigung erfahre. Sie verwechseln das Endziel (aufgrund einer verbesserten Selbst-Organisation das Gefühl zu haben, sie selbst zu sein) mit einem möglichen »Mittel« (den Partner dazu zu bewegen, ihnen das zu geben, was sie zu brauchen glauben). Auf diese Weise widmen sie ihre Anstrengungen vor allem der Änderung des Partners. Häufig hören sie auf, herausfinden zu wollen, was ihnen eigentlich fehlt und lassen sämtliche Anstrengungen fallen, das Ziel auf anderem Wege zu erreichen. Dabei geben sie ihre Freiheit, Alternativen zu entwickeln, langsam auf und instrumentalisieren ihren Partner, um den emotionalen Schmerz, den die bewußte Entscheidung und das Verständnis für die Erfahrung des Selbstverlustes mit sich bringen würde, zu vermeiden. In diesem Mißverständnis kann man weder Freiheit gewähren (weil die Liebe hier fordert) noch gewährt bekommen, denn das Gewährtbekommen bestärkt die Abhängigkeit und gibt dem Partner die Macht über Leben und Tod.

Unfähig, ein stabiles Selbstgefühl aufrechtzuerhalten und die Phänomenologie der Leere zu erforschen, machen sie ihre Beziehung zu einem stabilisierenden Instrument. Die Tragik solcher Paarbeziehungen besteht darin, daß die Partner, indem sie ihr »Dazwischen« instrumentalisieren, um den Schrecken des Selbstverlustes zu vermeiden, auch die Freiheit verraten, an ihrem eigenen Werden bewußt teilzuhaben, und das selbst-organisierende Selbst verhindern. Ihre Beziehungen werden zu Kampfplätzen, auf denen sie miteinander ringen und versuchen, die Behinderungen ihrer Abhängigkeit zu verbergen und ihre »Bedürfnisse« befriedigt zu bekommen, ohne zuviel an Autonomie zu verlieren. In einer solchen Beziehung ist der Gedanke an Trennung höchst beängstigend, denn wenn der Partner geht, verliert man eines der das Selbst am meisten stabilisierenden Elemente. Der Verlust des Partners entspricht subjektiv dem Tod. Diese Abhängigkeit ist als Verrat am Selbst bezeichnet worden.

Natürlich ist die Phänomenologie solcher Paare mehr als die Phänomenologie des Selbstverlustes, der Sehnsucht nach dem selbst-organisierenden Selbst und des Verrats am Selbst. Dennoch scheint sie mir ein wesentlicher Aspekt dieser Beziehungen zu sein, der es nahelegt, innerhalb der Gestalttherapie einige neue theoretische Überlegungen anzustellen. Diese drei Phänomene scheinen zu fordern, daß wir unsere therapeutische Aufmerksamkeit von der Frage nach einzelnen Kontaktepisoden mit der Umgebung auf die umfassendere Frage der Organisation des Selbst und dem damit einhergehenden »Selbstgefühl« umlenken. Das Problem dieser Paare ist nicht in erster Linie ein schwacher Kontakt zwischen Organismus und Umwelt (oft sind sie zu einem exzellenten Kontakt fähig), sondern vielmehr, daß ihr selbst-organisierendes Selbst-System keine dauerhafte Stabilität aufweist. Für sie ist das Konzept eines phänomenologisch gegebenen »Organismus«, der sich selbst durch den Kontakt mit der Umwelt reguliert, unangemessen. Ihr »Selbstgefühl« ist weder stabil noch mit ihrem physischen Organismus identisch.

Dieses Argument ist vergleichbar mit der Divergenz zwischen Ich-Psychologie, Selbst-Psychologie und Objekt-Beziehungen auf der einen und der klassischen psychoanalytischen Triebtheorie auf der anderen Seite. Freud ging von einem gut ausgebildeten Ich aus, das im Konflikt mit seiner Umwelt steht. Die Ich-Psychologen bezweifelten diese Annahme und argumentierten, daß viele Störungen sich nur durch die Untersuchung von Defiziten bei der Ich-Bildung erklären ließen. Es ist seltsam, daß die Gestaltarbeit sich häufig stillschweigend mehr an dem älteren Freudschen

Modell orientiert, wie sich in der weitverbreiteten Vorstellung zeigt, daß der »Organismus« Kontakt mit der Umwelt aufnimmt, um seine Bedürfnisse zu befriedigen, deshalb der Begriff der »organismischen Selbstregulation«. Auch hier ist der »Organismus« einfach biologisch gegeben; es gibt kein konzeptuelles Mittel um herauszufinden, wie der Organismus sich selbst organisiert. Insofern ist die Vorstellung eines selbst-organisierenden Organismus eine Aktualisierung des Gestaltmodells.

Vielleicht ist es hilfreich, bevor wir die theoretischen Auswirkungen betrachten, Martin Bubers Beschreibung dieser Phänomenologie zu untersuchen.

Bubers dialogische Perspektive

Nach Bubers Verständnis beinhaltet Beziehung sowohl Trennung als auch Verbindung, d.h. das »Dazwischen«. Er spricht von zwei Möglichkeiten des »Dazwischen«, von zwei »Grundworten«, die »gesprochen« werden können. Der Akt, eines dieser Grundworte zu sprechen, »gestaltet« oder organisiert sowohl das »Ich«, das spricht, als auch den »anderen«, zu dem es spricht. Die beiden Grundworte sind Beziehungen: »Ich-Es« und »Ich-Du«.

Das erste dieser Grundworte, die Interaktion, die Buber als »Ich-Es« bezeichnet, beschreibt die *übliche* Interaktionsweise: essen, Steine bewegen, Holz hacken, Autos verkaufen, Kinder ausschimpfen, sich verlieben, über Probleme reden. All diese Tätigkeiten haben die Eigenschaft, Objekte zu manipulieren, Dinge zu benutzen, *Handel* zu treiben. (Ja, selbst die geliebte Person ist ein Objekt in diesem Sinne, denn er oder sie lebt in unserer Erfahrung als das »andere«, als »Nicht-Ich«.) Buber spricht von »instrumentellen« oder zielgerichteten Beziehungen. Deshalb treten wir, wenn wir das Grundwort »Ich-Es« sprechen, in die Welt der Vielheit, der getrennten Objekte, in die Welt des »Gebrauchens und Erfahrens«. Als solches bezeichnet es den größeren Teil der menschlichen Erfahrung und ist unabdingbar. Dennoch ist das »Ich« dieses Grundwortes eines, das »benutzt« und »erfährt« und seinerseits ebenfalls benutzt und erfahren wird, ein Objekt in einer Welt der Objekte.

Das zweite Grundwort, das der Mensch sprechen kann, ist das Grundwort »Ich-Du«. Indem wir dieses Grundwort sprechen, bewegen sich »Ich« und »Du« in eine Dimension der Begegnung, wo die trennende Kluft sich schließt und jeder dem anderen ebenso nahe ist, wie sich selbst. Psychologisch ausgedrückt könnten wir sagen, es handelt sich um eine Bewußtseinsverfassung, in der die primäre Bezogenheit über die übliche Subjekt-Objekt-Trennung hinausgeht. Für Buber ist das Aussprechen dieses Grundwortes der Akt der Liebe. Es ist auch der Akt der Selbstzeugung. Das »Ich« dieses Grundwortes ist ein anderes als das des Grundwortes »Ich-Es.« Das »Ich« des

»Ich-Du« ist nicht eines, das sich selbst als benutzend oder erfahrend erlebt oder das benutzt oder erfahren wird. Auch erfährt es das »Du« nicht als einen Gegenstand, den man gebrauchen oder erfahren kann. Buber beschreibt das »Ich-Du« als »anteilnehmende Beziehung« von »Ich« und »Du«. Wenn man am *Sein* des anderen teilnimmt, kann man ihn nicht instrumentalisieren. Daher schließt das »Ich-Du« die Möglichkeit aus, mit der Erwartung auf den anderen zuzugehen, ein Bedürfnis erfüllt zu bekommen. Das würde dem Grundwort »Ich-Es« entsprechen und spiegelt nicht die Fülle der menschlichen Möglichkeit einer teilnehmenden Beziehung wider.

Diese »Ich-Du-Begegnung« müssen wir sorgfältig von Übertragungsphänomenen und Konfluenz unterscheiden. Nicht selten kommen diese Paare in die Therapie, weil einer der beiden Partner sich in jemand anderen »verliebt« hat. Im Stadium des Verliebtseins sind die Verliebten sicher, daß der oder die andere ihre Bedürfnisse erfüllen wird, daß ihnen die Erfahrung des Verlassenwerdens, der Einsamkeit oder des Selbstverlustes erspart bleibt. Eine Möglichkeit, zwischen einer echten »Ich-Du-Begegnung« und Konfluenz oder Übertragung zu unterscheiden, ist, daß die »Ich-Du-Begegnung« *heilt*; ein solcher Moment entsteht unerwartet, geht schnell wieder vorbei und hinterläßt ein bestimmtes Gefühl von Frieden und Ausgeglichenheit. Im Gegensatz zur Konfluenz und zu Übertragungssituationen gibt es hier kein Gefühl, etwas zu brauchen oder zu wollen, sondern nur die Begegnung.

Obwohl Buber die pathologischen und die Entwicklungsmöglichkeiten in zwischenmenschlichen Beziehungen anerkennt, siedelt er das »Ich-Du« jenseits der Grenzen der Pathologie an und sagt, daß die Sehnsucht, die die Paare beschreiben, mehr ist als nur das regressive Verlangen nach der Mutter oder einem »spiegelnden Objekt«. Für Buber ist es die Sehnsucht nach einer menschlichen Seele, die Hoffnung, zu einem selbst-organisierenden Selbst zu werden, das sich selbst in einer »Ich-Du-Beziehung« ausdrückt. Das ungeborene Kind

> ruht nicht im Schoß der Menschenmutter allein. Diese Verbundenheit ist so welthaft, daß es wie das unvollkommene Ablesen einer urzeitlichen Inschrift anmutet, wenn es in der jüdischen Mythensprache heißt, im Mutterleib wisse der Mensch das All, in der Geburt vergesse er es. Und sie bleibt ihm ja als geheimes Wunschbild eingetan. Nicht als ob seine Sehnsucht ein Zurückverlangen meinte, wie jene wähnen, die im Geist, ihn mit ihrem Intellekt verwechselnd, einen Parasiten der Natur sehen: der vielmehr ihre − nur freilich allerlei Krankheiten ausgesetzte − Blüte ist. Sondern die Sehnsucht geht nach der welthaften Verbundenheit des zum Geiste aufgebrochenen Wesens mit seinem wahren Du.

> Jedes werdende Menschenkind ruht, wie alles werdende Wesen, im Schoß der großen Mutter: der ungeschieden vorgestalteten Urwelt. Von

ihr auch löst es sich ins persönliche Leben, und nur noch in den dunklen Stunden, da wir diesem entgleiten (das widerfährt freilich auch dem Gesunden Nacht um Nacht), sind wir ihr wieder nah. (Buber, 1994, S. 28f.)

So wie ich Buber verstehe, rührt die Leere und das Fehlen der Ganzheitlichkeit, über die unsere Paare klagen, daher, daß sie das Grundwort »Ich-Du« nicht sprechen. Ihre Sehnsucht nach Beziehung ist nicht nur ein Verlangen danach, ihr »Bedürfnis« nach Wärme und Geborgenheit erfüllt zu bekommen. Vielmehr ist es die Sehnsucht danach, das Grundwort »Ich-Du« zu sprechen. Es ist die Sehnsucht danach, vollständig »Ich« zu werden, indem man sich auf die Beziehung zu einem »Du« einläßt. Nach Buber existiert das menschliche Selbst in seiner Vollständigkeit nur in der und durch die »Ich-Du-Beziehung«.

Die Stimmungswechsel und das Selbstgefühl, der Zorn und die Einsamkeit, die solche Paare nur allzu gut kennen, können als Verlust des »Du« verstanden werden. Buber hat deutlich gemacht, daß das Grundwort »Ich-Du« die Fülle des Menschseins, oder psychologisch ausgedrückt das »Selbst« beinhaltet. Er schreibt auch: »Das aber ist die erhabene Schwermut unseres Loses, daß jedes Du in unsrer Welt zum Es werden muß. [...] Das Es ist die Puppe, das Du der Falter.« (Buber, 1994, S. 20f.) Wenn das Sprechen des »Ich-Du« die Sehnsucht nach einem vollständigen Selbstgefühl erfüllt, dann zerstört das Sprechen des »Ich-Es« diese Sehnsucht. Wenn das »Ich« der Aussage »Ich-Du« zum »Ich« des »Ich-Es« wird, schrumpft es zusammen und tritt ein in die getrennte Welt der Objekt-Beziehungen. In dieser Bewegung stirbt es der einen Beziehung und wird der anderen, begrenzteren geboren. Manchmal fühlt diese Bewegung sich an wie der Tod, denn sie bringt den Verlust des »Ich«, das im Sprechen des »Ich-Du« geschaffen worden war. Dies ist der Grund von Einsamkeit und Leere. Die »erhabene Schwermut unseres Loses« ist, daß wir die wiederholte Reduzierung des »Ich« vom »Ich-Du« zum »Ich-Es« ertragen müssen. Es ist ein wesentlicher Bestandteil des Menschseins, daß wir den Augenblick des »Ich-Du« nicht halten können, sondern uns der Unausweichlichkeit beugen müssen, zum »Ich« des »Ich-Es« zu werden. Es ist eine große Versuchung zu glauben, daß wenn »Du« anders wärst, »Ich« diesen Verlust des größeren Selbst nicht zu ertragen bräuchte.

Aus dieser Perspektive betrachtet ist das Dilemma solcher Paare ein zweifaches. Erstens haben sie noch nicht die innere Fähigkeit entwickelt, gemeinsam das Grundwort »Ich-Du« zu sprechen, und zweitens versuchen sie, die »erhabene Schwermut unseres Loses« zu vermeiden, jenen Schmerz, der mit dem Verlust des »Ich-Du« einhergeht. Sie versuchen, einen wesentlichen Aspekt des Menschseins zu verleugnen, indem sie fordern, das Grundwort »Ich-Du« zu hören, anstatt es zu sprechen.[5] Das Sprechen des Grundwortes »Ich-Du« ist ein Akt der Selbst-Organisation höchster Ordnung. Und es ist ein Akt der Liebe. Und vielleicht ist es der Akt der Teilnahme an der Schöpfung eines vollständigen menschlichen Wesens.[6]

Organismische Selbst-Organisation und Kontakt

Eine Gestalt ist eine Form, die unsere Wahrnehmung der materiellen Welt organisiert, aber darüber hinaus organisiert sie auch den wahrgenommenen Gegenstand. Die Gestalt der »Spirale« z.B. organisiert die unendlich weitläufigen Bewegungen der Galaxien, von Flüssigkeiten und Gasen (das Wasser in der Badewanne, Zyklone, die kleinen Wirbel und Strudel eines plätschernden Baches), das Wachstum eines Schneckenhauses, ebenso viele psychologische Erfahrungen (wie viele Patienten träumen oder phantasieren, daß sie durch einen Wirbel in die Dunkelheit fliegen). Die Gestalt »Äste-Stamm-Wurzeln« organisiert viele Lebensformen (Bäume, Hydren), Nervenzellen, Flüsse, bestimmte mathematische Funktionen, Blutgefäße usw. Solche Gestalten sind die universellen Prinzipien, die Prozesse strukturieren und es wahrscheinlich auch der menschlichen Wahrnehmung ermöglichen, Formen zu erkennen.[7]

So gesehen ist der Mensch ein selbst-organisierendes System, eine Gestalt, eine Ganzheit von Geist, Körper und Seele (Portele, 1987, 1989, 1992). Demnach kann *Organismus* in der Gestalttheorie nicht bloß den physiologischen Körper bezeichnen, denn dieser Begriff bezieht sich sowohl auf den Prozeß der Selbst-Organisation, der Körper, Geist und Seele »vorausgeht« und ihnen ihre systemische Ganzheit verleiht, als auch auf das Ganze, das aus dem Prozeß der Selbst-Organisation resultiert. Geist, Körper und Seele bilden zusammen ein dynamisch interagierendes systemisches Ganzes, das mehr ist als die Summe seiner Teile.

Das »Ich«, das diese organismische Ganzheit ausdrückt, ist das »Ich« des Grundwortes »Ich-Du«, und nicht das des Grundwortes »Ich-Es«. Das »Ich« der systemischen Ganzheit kann nicht durch die Anstrengungen eines der kleineren »Ichs« erreicht oder hervorgebracht werden, weil es über sie hinausgeht und sie in eine neue Gestalt mit einbezieht oder integriert. Doch unsere Sprachgewohnheiten gleichen einem Gravitationsfeld, das diesem Holismus entgegenwirkt, und sämtliche Gestalttheoretiker haben versucht, dieser Wirkung zu entkommen. Simkin (1976), der die Veränderungen der Selbst-Organisation beobachtete, führte folgende Metapher ein: Die Persönlichkeit ist wie ein Gummiball, der im Wasser schwimmt. Der größte Teil des Balls befindet sich ständig unter Wasser, und der Teil über der Wasseroberfläche ändert sich permanent, weil der Ball sich dreht. Wendet man dieses Beispiel auf unsere Paare an, dann repräsentiert der Ball die Gestalt der ganzen Person (Potentiale, Erinnerungen, Konditionierung, Gefühle, Gedanken). Der Teil oberhalb der Wasseroberfläche steht für das phänomenologische »Ich«.

Unglücklicherweise legt Simkins Metapher nahe, daß die Ganzheit der Person eine dinghafte Qualität aufweist, die eines Balls, und die ganze Metapher verdankt ihre Glaubhaftigkeit diesem Vergleich mit einem materiellen Gegenstand. Wir verstehen was er meint, aber wir verlieren das Gefühl für die Prozeßhaftigkeit, die

Goodman, Perls, Goldstein, Lewin und andere zu etablieren versucht haben. Was, wenn die Persönlichkeit nicht einem Ball, sondern einem riesigen Strudel entspricht, ein autopoietisches (Maturana & Varela, 1980) selbst-organisierendes System, das den Fluß des persönlichen Menschseins so organisiert, wie ein Strudel an bestimmten Stellen eines Wildwasserstroms die Bewegung der Wassermoleküle organisiert? Sobald das fließende Wasser in den Einflußbereich des Strudels gelangt, bewegen sich die Moleküle entsprechend der Gestalt des Strudels und kreisen eine Weile unter dem Einfluß der Gestalt »Strudel«, bevor sie wieder freikommen, um vom fließenden Strom gestaltet zu werden.

Wenn Blätter von einem Baum in den Strudel fallen, dann wirbeln auch sie unter dem Einfluß des Strudel-Systems hin und her und halten zumindest für eine gewisse Zeit lang ihre relative Position zueinander. Wenn eine Libelle von einem Blatt zum nächsten fliegen und die Welt von jedem der einzelnen Blätter erleben würde, dann könnte man das mit dem »Ich« der unterschiedlichen »Ich-Es-Systeme« vergleichen. Das »Ich«, das die ganze Gestalt benennt – Strudel und Blätter – wäre das »Ich« der Ganzheit, das die Libelle, die über dem Strudel schwebt, sehen würde.

Um diese Metapher auf unsere Paare anzuwenden, könnten wir uns zwei benachbarte Strudel vorstellen, die beide mit den Blättern und einer Libelle ausgestattet sind. Jede Libelle fliegt in ihrem Strudel von Blatt zu Blatt und ruft der anderen von dem Blatt aus, auf dem sie sich gerade niedergelassen hat und das im Strudel kreist, etwas zu. Die beiden Libellen, die in dieser Art von Beziehung zueinander stehen, repräsentieren die »Ich-Es-Qualität« der Paarbeziehung. Aber plötzlich verschmelzen die beiden Strudel, die sich aufeinander zubewegen, zu einem einzigen, und all ihre Moleküle gehen in der Gestalt eines größeren Strudels auf und bilden eine Zeit lang ein komplexes Fließsystem, um sich dann wieder zu trennen. Dieses physikalische Phänomen könnte annäherungsweise die »Ich-Du-Qualität« des menschlichen »Dazwischen« darstellen, ein einziger großer Strudel, der als systemisches Ganzes aus zwei voneinander getrennten Strudeln hervorgeht und nach einer Weile wieder zur Zweiheit zurückkehrt.

Die systemische Sicht des »Organismus« als einem autopoietischen, selbst-organisierenden System und die Phänomenologie des wechselnden »Ich« werfen bezüglich des gestalttherapeutischen Verständnisses von »Kontakt« interessante Fragen auf. In der traditionellen Gestaltterminologie bezeichnet *Kontakt* häufig die Aktivität der Kontaktgrenze zwischen Organismus und Umwelt; der Begriff kann sich aber auch auf die Interaktion zwischen dem Subjekt »Ich« und seinem Objekt beziehen, im Sinne einer eher psychologischen Subjekt-Objekt-Interaktion (»Ich bin in Kontakt mit dir«). Beide Zugänge vereinfachen die Komplexität der Prozeßperspektive zu sehr. Sie gehen von einem Gegenstand (Organismus) aus, der mit seiner (äußeren) Umgebung »verbunden ist«. Nicht nur Goodman, auch Erik Erikson (1951/1980) zeigte bereits 1951, daß die Umwelt des Menschen nicht nur außerhalb der Person liegt, sondern auch »in ihr.«[8] Das »Umwelt-Feld« des Menschen schließt auch Sozialisation, Sprache, Gedächtnis, körperlichen Zustand, Kultur, Familiensysteme usw. mit ein. Wenn der »Organismus« als Ganzheit der Selbst-Organisation, und nicht als mit dem »Gegenstand/Körper« identisch verstanden wird, und wenn die »Umwelt« nicht auf das beschränkt ist, was »außerhalb des Körpers« existiert, wie sollen wir dann Kontakt verstehen? Was meinen wir dann, wenn wir vom Kontakt zwischen dem Organismus und seiner Umwelt sprechen?[9]

Ein simplizistisches Kontaktverständnis (»Ich bin in Kontakt mit dir«), das impliziert, daß du »da draußen« und bereit zum Kontakt mit mir bist und daß »ich« immer der oder dieselbe bin, erscheint allzu unzeitgemäß und abseits jeder gestaltpsychologischen Auffassung. Ein solches Verständnis geht von einer völlig antiquierten Wahrnehmungs- und Kognitionspsychologie aus und ignoriert die Rolle des Wahrnehmenden bei der Strukturierung des Feldes bzw. des Wahrnehmungshintergrundes. Kontakt ist ein äußerst kreativer Prozeß, wie Goodman zu betonen wußte, oder »konstruktivistisch«, um einen moderneren Ausdruck zu gebrauchen (Goolishian, 1988; Teschke, 1989). Wenn wir miteinander Kontakt aufnehmen, gestalten wir uns selbst und den anderen. Kontakt bezeichnet nicht die passive Wahrnehmung einer festgesetzten objektiven Realität, sondern die Schaffung einer phänomenologischen Erfahrungswirklichkeit. Kontakt ist interaktiv und kreativ und gibt unserem Leben Bedeutung.

So gesehen sind unsere Paare nicht in der Lage, das »Ich« zu gestalten und aufrecht zu erhalten, wenn der Partner sich nicht so verhält, wie sie es fordern, und deshalb sind ihre Kontaktfunktionen eingeschränkt. Das Konzept des Gestalt-Kontakt-Zyklus hilft uns, jede einzelne »Selbst-anderer«-Einheit oder Kontaktepisode zu verstehen, aber es hilft uns nicht dabei, die abrupten und verletzenden Unterbrechungen der Erfahrung zu verstehen, die diese Paare so sehr quälen. Es eignet sich nicht besonders, um die Phänomenologie des Selbstverlustes, das Verlangen nach dem selbstorganisierenden Selbst und den Verrat am Selbst zu beobachten und zu verstehen.

Die Frau, die sich manchmal fühlt wie eine »New Yorker Kanalratte«, braucht das »Vertrauen« ihres Mannes, um sich stabil zu fühlen. Wenn sein Verhalten ihren Forderungen widerspricht, nimmt er ihr die Unterstützung, die sie zur Aufrechterhaltung ihres »Ich« braucht, und ihr Kontaktsystem wechselt. Ihr »Ich« wird zur Kanalratte. Ihr »anderer« ist ihr Ehemann, der grausam nachbohrt, so daß sie um ihr Leben kämpfen muß. Ihre Verletzung ist mehr als ein verletztes Gefühl; es ist der Schmerz der »erhabenen Schwermut unseres Loses«, die Auflösung ihrer persönlichen Wirklichkeit, die mit dem Wechsel ihres Kontaktsystems zwischen Selbst und anderem einhergeht. Wenn sich ihr Selbst-anderer-System verändert, dann ändert sich auch das ihres Mannes. Indem er sich durch ihr negatives Bild von ihm zurückgewiesen und verletzt fühlt, gleicht er tatsächlich der Person, vor der sie sich fürchtet, und bestätigt somit ihre Angst.

Ähnlich verhält es sich, wenn der Mann »anfängt, nachzudenken«, denn dann verändert er sein Kontaktsystem und seine persönliche Realität. Seine Frau fühlt sich verlassen oder am Boden zerstört, weil er ihre Ganzheit nicht sieht. Unfähig, ihre ganzheitliche Selbst-Organisation aus sich heraus und ohne seine Bestätigung aufrechtzuerhalten, reagiert sie auf dieses subjektive Verlassenwerden und das Gefühl der Zerstörung mit einer enormen Wut, die sich entweder im Rückzug oder in heftiger Aggression äußert. In jedem Falle bemerkt der Mann ihre Veränderung, und beide fühlen sich in dem Teufelskreis von gestörtem Kontakt bestätigt, »Ich« und »anderer« sind in einem tragischen Tanz wechselseitiger Mißschöpfung verstrickt. Jeder ist in einer systemischen Ganzheit verletzender Erfahrung an der Selbstschöpfung des anderen beteiligt.

Die Aussage »Ich bin wütend auf dich« wäre zwar für beide phänomenologisch »richtig«, sie würde aber die systemische Komplexität ihrer Interaktion außer acht lassen. Anzunehmen, daß einer den anderen während solcher Episoden »objektiv« wahrnehmen könnte, daß ihre Wut und ihre Kälte objektiv »real« wären, hieße die menschliche Freiheit zu verleugnen. Es ist wahr, daß sie in solchen Momenten auf gewisse Weise wütend und verletzt und vielleicht ängstlich sind, aber wenn wir uns daran erinnern, wie es ihnen zu anderen Zeiten geht, dann sehen wir, daß es sich hier *nicht* um ihre ganze Wahrheit, nicht um die Wahrheit ihres ganzen Seins, sondern um eine momentane Wahrheit handelt. Sie haben immer noch andere Seinsmöglichkeiten, zu denen sie im Augenblick keinen Zugang haben, Möglichkeiten, die im Feld oder im Hintergrund liegen. Sie *sind* tatsächlich mehr als ihre augenblickliche Selbstgestaltung. Sich an dieses »Mehr« zu erinnern, kommt dem Sprechen des Grundwortes »Ich-Du« sehr nahe, weil es einen Aspekt ihres Seins aufgreift, der im Feld *gegenwärtig* ist, selbst wenn sie ihn zeitweise vergessen oder aus den Augen verloren haben. Die anhaltende Tendenz einiger Gestalttherapeuten, ihr Verständnis von »Kontakt« auf den Vordergrund zu begrenzen, ist theoretisch und phänomenologisch unsauber. Goodmans Interesse, die falsche Aufspaltung in Organismus und Umwelt zu überwinden, ist nach wie vor bedeutsam und wird bedauerlicherweise immer wieder vernachlässigt. Person und Umwelt werden am besten als ein einziges, zusammenhängendes System konzeptualisiert. Kontakt ist nicht das Handeln des einen am anderen, sondern gegenseitige kreative Interaktion. Jeder ist an der Schöpfung des anderen beteiligt. In einer Beziehung definieren sich die Partner gegenseitig und miteinander.

Konsequenzen für die Behandlung

Wenn wir das Problem der fragilen Selbst-Organisation aus gestalttherapeutischer Perspektive betrachten, ergibt sich eine Umkehrung vieler therapeutischer Annahmen, die wir gewöhnlich voraussetzen. Das oberste und unmittelbare Ziel der

Therapie kann nicht darin bestehen, das neurotische Leiden zu mindern oder abzustellen oder »Bedürfnisse« zu befriedigen (obwohl die Therapie das natürlich auf lange Sicht häufig leistet). Der therapeutische Prozeß muß zur Verbesserung der *Selbst-Organisation* beitragen und die Entwicklung der Klienten dadurch unterstützen, daß sie lernen, das Grundwort »Ich-Du« zu sprechen. Wie immer in der Gestalttherapie geschieht das durch die Erhöhung des Gewahrseins und der Akzeptanz dessen, was im Vordergrund und im Hintergrund *da ist.*

Mit seiner scheinbaren Gleichgültigkeit gegenüber Schuld und Verdienst hat das Schicksal diese Paare mit einer Phänomenologie ausgestattet, der wir nachgegangen sind. Vielleicht suchen die Paare sich diese Phänomenologie nicht aus. Ihre Freiheit beschränkt sich darauf zu wählen, wie sie diesem Schicksal begegnen wollen, und mit dieser Wahl bestimmen sie, ob ihr Schicksal ein Segen oder ein Fluch ist.

Paare, die sich für den »Fluch« entscheiden, leben nach einem hedonistischen Prinzip, mit einer für den »neuen Narzißmus« charakteristischen lust- und vergnügungsorientierten Haltung, die das Ziel der Beziehung in der Erfüllung von »Bedürfnissen« sieht. Vielleicht wechseln sie den Partner, weil sie glauben, daß es den perfekten Liebhaber gibt, der genau das hat, was sie suchen. Einige klammern sich auch an eine Opferhaltung. Andere verstricken sich in ihren Bemühungen, sich gegenseitig zu ändern und saugen sich gegenseitig die Lebenskraft ab, bis beide Partner psychologisch ausgemergelt und verbittert sind. Und nicht wenige treiben ein absurdes Spiel von Haß und Rache und suchen therapeutische Hilfe nur, um einen persönlichen Vorteil davontragen zu können. Wieder andere sind so in ihrem Schicksal und der Angst vor Selbstverlust gefangen, daß sie sich selbst nicht schützen können und von einer Mißbrauchssituation in die nächste geraten. Wir alle haben Paare in unserem Bekanntenkreis oder unter unseren Klienten, die eine oder mehrere dieser Alternativen gewählt haben.

Manche Paare sind in der Lage, den »Segen« zu wählen. Sie lernen zu akzeptieren, daß ihre Aufgabe darin besteht, sich auf den langen und schwierigen Prozeß einzulassen, im Rahmen ihrer Beziehung ein stabiles selbst-organisierendes Selbst zu entwickeln. Ist diese Entscheidung einmal getroffen worden, dann können die Versuchungen der Beziehung als Lernmöglichkeit angesehen werden, und nichts was geschieht ist völlig sinnlos, auch wenn es wehtut.

Deshalb ist ein wesentlicher Aspekt der Arbeit mit diesen Paaren die Klärung der Werte (Fuhr, 1992; Zinker, 1987). Ein anderer Aspekt ist die Fähigkeit des Therapeuten, die Ganzheit des Klienten im Auge zu behalten und im gegenwärtigen Feld deutlich zu machen (zusätzlich zu dem, was der Klient in seinem jeweiligen Stadium der Selbst-Schöpfung zeigt und deutlich macht). Wenn der Therapeut auf diese Weise arbeitet, wird er mehr sehen als nur den momentanen Vordergrund des Klienten. Indem er die Ganzheit des Klienten im Auge behält, kann er ihn daran erinnern, daß er mehr ist, als er im Augenblick sichtbar macht. Wenn man so arbeitet, muß man sich darüber im klaren sein, daß der Prozeß, einen Klienten einzuladen, unausgesprochene Gedankenmodelle und Identifikationen zu verdeutlichen und zu verändern, *wirklich* eine Einladung ist, eine alte Identität aufzugeben. Deshalb muß man mit »Widerständen« rechnen, nicht gegen den Therapeuten, sondern gegen die subjektive Erfahrung der Nähe des Todes, die mit dem Prozeß der Aufgabe einer alten Identität verbunden ist. Wie der Meister der Untertreibung sagt: »Seinen eigenen Tod zu erleiden und wiedergeboren zu werden, ist nicht leicht« (Perls, 1969). Kurz vor seinem Tod schrieb Perls:

> Der Mensch, der fähig ist, in der Erfahrung der fruchtbaren Leere zu bleiben – der seine Verwirrung bis zum äußersten erfährt –, und der sich alles bewußtmachen kann, was seine Aufmerksamkeit verlangt (Halluzinationen, abgebrochene Sätze, vage Gefühle, fremdartige Gefühle, seltsame Empfindungen), dem kann eine große Überraschung blühen. Er wird wahrscheinlich ein plötzliches »Aha«-Erlebnis haben; plötzlich wird eine Lösung nah vorn kommen, eine Einsicht, die vorher nicht dagewesen ist, ein blendender Blitz von Erkenntnis oder Verständnis. Was in der fruchtbaren Leere geschieht, ist eine schizophrene Miniaturerfahrung. Das können natürlich nur wenige Leute ertragen. Aber die, die Vertrauen gewinnen, nachdem sie einige Konfusionsbereiche abgeklärt und gemerkt haben, daß sie in dem Prozeß nicht völlig auseinanderbrechen, die werden den Mut finden, ihren Hinterhof mit seinem Gerümpel zu betreten und gesünder wiederzukommen, als sie hingingen. [...]
>
> Das Ziel bei der Suche nach der fruchtbaren Leere ist im Grunde die Entwirrung. In der fruchtbaren Leere wird die Verwirrung zur Klarheit, die Ausweglosigkeit zur Kontinuität, die Interpretation zur Erfahrung. Die fruchtbare Leere steigert den Support, denn sie macht dem Experimentierenden deutlich, daß er sehr viel mehr verfügbar hat, als er glaubte. (Perls, 1985, S. 119f.)

In gewissem Sinne ist dies Fritz Perls' Antwort auf jene Existentialphilosophen, die die Phänomenologie der Leere gesehen und so kraftvoll beschrieben haben. Trotz vieler Eigenheiten war er einer der ersten Schriftsteller seiner Zeit, die gelernt haben, in den »Raum des Todes« einzutreten und entdeckten, daß die große existentielle »Abscheu« die Abscheu vor dem Nichts ist, aus dem alles entstanden ist. Das scheint der Urgrund des Seins zu sein. Diejenigen Paare, die wie Fritz lernen, in die fruchtbare Leere einzutauchen, werden zurückkehren und entdecken, daß ihre Beziehung sich verändert hat. Wenn sie ihre Angst vor dem Verlust des Selbstgefühls (existentielle Angst) dadurch überwinden, daß sie ein Gewahrsein entwickeln, das ihnen das freie »Experimentieren« mit dem inneren Raum ermöglicht (vor allem mit negativen oder schmerzlichen Erfahrungen und Gefühlen), dann kann die Partnerschaft de-instrumentalisiert und das Grundwort »Ich-Du« gesprochen werden. Dann ist es nicht mehr nötig, daß der Partner so oder anders ist und dies oder jenes tut, um die Erfahrung der Leere zu vermeiden. Der Verrat am Selbst durch Abhängigkeit wird überflüssig, und das »Ich« des Grundwortes »Ich-Du« wird zu einer erlebten Wirklichkeit, die kommt und geht – wie die »erhabene Schwermut unseres Loses.« Vielleicht ist es wahr, daß »Ich-Du« nur in der fruchtbaren Leere gesprochen werden kann und daß dieses »Sterben« das Versprechen der »Wiedergeburt« in sich trägt.

Anmerkungen

1 Dieser Artikel, der in etwas anderer Form bereits im *British Gestalt Journal* (1993, Vol. 2, Nr. 2) erschienen ist, wurde mit dem Nevis-Preis 1993 als hervorragender Beitrag zum Bereich Gestalttherapie ausgezeichnet. Teile dieses Artikels gehen auf einen früheren Aufsatz in deutscher Sprache zurück (Beaumont, 1987).

2 Das Konzept autopoietischer Selbst-Organisations-Systeme ist grundlegend für diese Diskussion. Ich beziehe mich im wesentlichen auf Erich Jantsch's exzellente Einführung in diesen Forschungsbereich in *The Self-Organizing Universe: Scientific and Human Implications of the Emerging Paradigm of Evolution* (1980/1992).

3 Der Begriff *Selbst* ist hier ein phänomenologischer. Der Satz: »Ich weiß nicht, was über mich gekommen ist, ich war einfach nicht ich selbst«, beschreibt eine Erfahrung, die die meisten Menschen kennen. Wir wissen, wann wir nicht wir selbst sind. Auf ähnliche Weise kennen viele Leute den Wunsch, »wirklich ich selbst« zu sein. Wir scheinen ein Gespür dafür zu haben, wann wir wir selbst sind, und wann nicht, auch wenn dieses Gespür nicht immer sehr gut funktioniert. Demnach ist »Selbst« das, was wir verlieren, wenn wir »nicht wir selbst« sind bzw. das, wonach wir uns sehnen, wenn wir »wir selbst« sein wollen. So gesehen ist »Selbst« eine *erfahrene* Wirklichkeit (vgl. Stern, 1985).

4 Hörend und sehend auf Gestalten zu achten (im Gegensatz zu Vordergründen und Figuren), ist eine wichtige therapeutische Technik, die auf dem Phänomen des Gestaltprinzips von Figur und Grund beruht. Wenn man in dem bekannten Vase-Gesichtsprofil-Bild auf die Vase sieht, kann man auch die Konturen der beiden Gesichter genau erkennen. Die Form der Vase verrät uns einiges (aber nicht alles) über die Form des Hintergrunds (die beiden Gesichter). Wenn wir auf Klagen und Beschwerden hören, sagt uns das einiges über Wünsche und Hoffnungen, auch wenn die Klienten noch nicht in der Lage sind, ihre Wünsche klar zu formulieren. Ich bezeichne diesen Vorgang als »Triangulieren«. Wenn wir den Vordergrund des Klienten kennen und sein aktuelles Verhalten beobachten, dann können wir oftmals »triangulieren«, was im Hintergrund gewesen sein muß, um diese Gestalt hervorzubringen. Dieser Prozeß hat ein anderes Abstraktionsniveau

alsdie übliche psychotherapeutische Interpretation. Richtig eingesetzt, kann sie dem Therapeuten sehr nützlich sein wenn es darum geht, Hypothesen über die Wünsche, Bedürfnisse und Hoffnungen des Klienten zu formulieren. Aber natürlich besteht auch bei dieser Technik die Gefahr, etwas in die Erfahrung des Klienten hineinzulesen, das nicht da ist.

5 Die von Yontef, Hycner, Jacobs und Friedman vertretene Gestalttherapie scheint der Auffassung zu sein, daß das »Ich-Du« zwischen Therapeut und Klient zur Grundlage des therapeutischen »Dialogs« oder einer dialogischen Therapie werden kann. Ich stimme damit überein, daß zwischen Therapeut und Klient das »Ich-Du« gelegentlich entsteht. Es mag sogar die bedeutendste heilsame Kraft überhaupt sein. Aber ich teile nicht die Ansicht, daß es jemals Grundlage der Therapie werden kann. Die Position und die Situation des Klienten ist eine andere als die des Therapeuten, deshalb kann das »Ich-Du« keine *Basis* sein. Der Therapeut kann einen »Ich-Du« Moment nicht herstellen. Der Versuch, es als therapeutische Technik anzuwenden, macht es zum Instrument und negiert seine eigentliche Natur. Was wir tun können ist, die Bedingungen, Fähigkeiten und Werte aufzuzeigen, die für eine »Ich-Du«-Erfahrung am förderlichsten ist, in diesem Fall zwischen den *Partnern*. Und wenn es geschieht, ist es in der Tat sehr heilsam.

6 Die »Ich-Du«-Begegnung ist ein Akt der Selbst-Organisation; sie unterliegt nicht unserem Willen und kann daher auch nicht willentlich herbeigeführt werden. Was auch hier wiederum möglich erscheint ist, daß die Paare lernen, die »Absicht« zu hegen, sich in der Weise des »Ich-Du« zu begegnen und Umstände zu schaffen, unter denen eine solche Begegnung stattfinden kann (klare und eindeutige Ich-Botschaften, aufmerksames Zuhören, Respekt, Ehrlichkeit usw.) bzw. solches Verhalten zu vermeiden, das die »Ich-Du«-Erfahrung eher behindert (Vorwürfe, gegenseitiges Beschimpfen, Projektionen usw.).

7 An dieser Stelle ist Wheelers Erörterung über die Geschichte des Gestaltkonzeptes selbst (1991) sehr interessant. Er untersucht die seit langem geführte Debatte über das Wesen der Gestalt. Handelt es sich bei der Gestalt um eine Ordnung, die der Geist der Erfahrung aufdrückt? Oder handelt es sich eher um eine »äußere« Ordnung der materiellen Welt, die der Geist erkennt? Oder ist es mehr eine Platonisch-Kantsche »Idee« oder Form, die sowohl die Organisation der Welt als auch die Aktivität des menschlichen Geistes strukturiert (ihnen vorausgeht)? Ich halte diese letzte Möglichkeit eindeutig für die befriedigendste. Warum sollte eine Gestalt (ein selbst-organisierendes System) den Fluß der Gedanken und den der Elektronen nicht gleichermaßen gut organisieren können? Für eine gelehrtere Einführung in dieses Themengebiet verweise ich die interessierten Leser auf Jantsch (1980/1992).

8 «Auf der anderen Seite ist die traditionelle psychoanalytische Methode nicht in der Lage, Identität genau zu begreifen, weil sie keine Begriffe entwickelt hat, um die Umwelt begrifflich zu fassen. Bestimmte Gewohnheiten der psychoanalytischen Theoriebildung, die Gewohnheit, die Umwelt als »Objektwelt« zu bestimmen, können der Umwelt als durchdringende Aktualität nicht gerecht werden.« (Erikson, 1951/1980, S. 24)

9 Dies ist einer der Bereiche, in denen Perls, Hefferline und Goodman (1991) theoretische Klarheit vermissen lassen. Goodman gibt sich große Mühe, die »neurotische Spaltung« zwischen innen und außen, zwischen Organismus und Umwelt zu widerlegen und drängt sehr auf eine Prozeßorientierung. Dennoch erliegt er der Anziehungskraft der Sprache und spricht von der Interaktion von Organismus und Umwelt als handle es sich dabei um zwei getrennte Dinge, die nicht sich gegenseitig nicht entkommen. Trotzdem ist die Arbeit überaus weitsichtig in ihrem Bemühen, zur damaligen Zeit (1951) eine holistische, prozeßorientierte Psychotherapie zu formulieren.

Literatur

Almaas, A. (1986). The void: Inner spaciousness and ego structure. Berkeley, CA: Diamond Books.

Beaumont, H. (1987). Prozesse des Selbst in der Paartherapie. Gestalttherapie, 1(1).

Beaumont, H. (1988a). Ein Beitrag zur Gestalttherapietheorie und zur Behandlung schizoider Prozesse. Gestalttherapie, 2(2).

Beaumont, H. (1988b). Neurose oder Charakterstörung: Fehldiagnosen in der Gestalttherapie. In: F. Latka, N. Maack, R. Merten, & A. Trischkat (Hrsg.), Gestalttherapie und Gestaltpädagogik zwischen Anpassung und Auflehnung. München: Gesellschaft zur Förderung der Humanisierung des Erziehungswesens.

Buber, M. (1994). Ich und Du. In: Das dialogische Prinzip. Gerlingen: Schneider.

Erikson, E. (1951/1980). Identity and the life cycle. New York: W.W. Norton.

Fuhr, R. (1992). Jenseits von Kontaktprozessen. Gestalttherapie, 6(1).

Goolishian, H. (1988). Constructivism, autopoiesis and problem-determined systems. The Irish Journal of Psychology, 9(1).

Grove, D., & Panzer, B. (1991). Resolving traumatic memories: Metaphors and symbols in psychotherapy. NewYork: Irvington Publishers.

Hycner, R. (1999). Für eine dialogische Gestalttherapie. Erste Überlegungen. In: Doubrawa, E. & Staemmler, F.-M. (Hrsg) (1999). Heilende Beziehung. Dialogische Gestalttherapie. Wuppertal: Peter Hammer Verlag (Edition des Gestalt-Instituts Köln / GIK Bildungswerkstatt), 53 – 75.

Hycner, R. (1999). Die Ich-Du-Beziehung. Martin Buber und die Gestalttherapie. In: Doubrawa, E. & Staemmler, F.-M. (Hrsg) (1999). Heilende Beziehung. Dialogische Gestalttherapie. Wuppertal: Peter Hammer Verlag (Edition des Gestalt-Instituts Köln / GIK Bildungswerkstatt), 76 – 85.

Jacobs, L. (1999). Ich und Du, hier und jetzt. Zur Theorie und Praxis des Dialogs in der Gestalttherapie. In: Doubrawa, E. & Staemmler, F.-M. (Hrsg) (1999). Heilende Beziehung. Dialogische Gestalttherapie. Wuppertal: Peter Hammer Verlag (Edition des Gestalt-Instituts Köln / GIK Bildungswerkstatt), 86 – 114.

Jantsch, E. (1980/1992). The self-organizing universe. New York: Pergamon Press.

Johnson, R. (1984). The psychology of romantic love. London: Routledge & Kegan Paul.

Masterson, J. (1985). The real self New York: Brunner/Mazel.

Maturana, H., & Varela, F. (1980). Autopoiesis and cognition: The realization of the living. London: D. Reidel.

Perls, F. (1974). Gestalttherapie in Aktion. Stuttgart: Klett Cotta.

Perls, F. (1985). Grundlagen der Gestalttherapie. Einführung und Sitzungsprotokolle. München: Pfeiffer.

Perls, F., Hefferline, R., & Goodman, P. (1991). Gestalttherapie. Ausgabe in zwei Bänden (Grundlagen & Praxis) München: DTV.

Portele, H. (1987). Gestalt-Theorie, Gestalttherapie und Theorien der Selbst-Organisation. Gestalttherapie, 1 (1).

Portele, H. (1989). Gestalttherapie und Selbst-Organisation. Gestalttherapie, 3(1).

Portele, H. (1992). Der Mensch ist kein Wägelchen. Koeln: Edition Humanistische Psychologie.

Schwartz-Salant, N. (1982). Narcissism and character transformation. Toronto: Inner City Books.

Simkin, J. (1994). Gestalttherapie. Minilektionen für Einzelne und Gruppen. Wuppertal: Peter Hammer Verlag (Edition des Gestalt-Instituts Köln / GIK Bildungswerkstatt).

Spinelli, E. (1989). The interpreted world: An introduction to phenomenologicalpsychology. London: Sage.

Stern, D. (1985). The interpersonal world of the infant. New York: Basic Books.

Teschke, D. (1989). Der radikale Konstruktivismus und einige Konsequenzen fuer die therapeutische Praxis. Gestalttherapie, 3(1).

Wheeler, G. (1993). Kontakt und Widerstand. Ein neuer Zugang zur Gestalttherapie. Köln: Edition Humanistische Psychologie.

Yontef, G. (1988). Assimilating diagnostic and psychoanalytic perspectives into Gestalt therapy. The Gestalt Journal, 15(1).

Zinker, J. (1987). Gestalt values: Maturing of Gestalt therapy. The Gestalt Journal, 8(1).

4

Prozesse der Erfahrungs-Organisation in Paar- und Familiensystemen[1]

Netta R. Kaplan & Marvin L. Kaplan

Viele Theoretiker der Paar- und Familientherapie haben sich gegenüber dem systemischen Denken als der vielleicht vielversprechendsten Möglichkeit, Beobachtungen über die Funktion von Familienmitgliedern zu systematisieren, sehr offen gezeigt. Dennoch sind die meisten Versuche, eine umfassende Theorie der Familiensysteme zu entwickeln (Bogdon, 1984; Dell, 1984; Kaplan & Kaplan, 1982; Schwartzman, 1984), bisher an der Frage nach dem Verhältnis zwischen den Beobachtungen an Paar- und Familiensystemen und systemischen Konstrukten gescheitert. Die Frage lautet: Muß sich eine umfassende Theorie des Familiensystems auf Beobachtungen stützen, die wir als Forscher und Kliniker über die Funktionsweise der Familie anstellen, oder sollten die Beobachtungen aus einer Theorie abgeleitet werden, die zu erklären versucht, wie diese Funktionsweisen zustande kommen?

Die zentrale Frage ist also die nach dem Verhältnis zwischen der angenommenen Funktionsweise von Systemen und dem Wert von Beobachtungsdaten. Die familientherapeutischen Beobachtungen sind als Konstrukte dargestellt worden, die sich auf das Beobachtbare, und nicht auf das tatsächlich Gegebene beziehen (Bavelas, 1984; Bogdon, 1984; Doherty, 1986; Kantor & Kupferman, 1985; Keeney, 1979; Schwartzman, 1984). Vom systemischen Standpunkt aus betrachtet ergibt sich aber noch ein weiteres Problem, nämlich die Tatsache, daß Methoden, die auf Beobachtungen zurückgreifen, kontinuierliche Prozesse unweigerlich auf unterscheidbare Dinge oder »Einzelteile« reduzieren. Prozesse sind aber keine Dinge oder Strukturen, sondern verlaufen kontinuierlich und verändern sich fortwährend in Beziehung zu ihrem Kontext (Dell, 1984; Kaplan & Kaplan, 1982). Die Schwierigkeit, Beobachtungsdaten auf das tatsächliche Geschehen zu beziehen, wird in Batesons (1975) Frage nach der Kontinuität von Ereignissen veranschaulicht: »Gibt es einen Ort oder eine Zeit, an dem eine Sache anfängt und eine andere aufhört?«

Es stimmt natürlich, daß Paar- und Familientherapeuten sich nicht auf Verhaltensweisen beschränken, die für die Familienmitglieder vielleicht im Vordergrund stehen, sondern eher auf Beziehungsprozesse achten, die zwischen den beobachteten Ereignissen ablaufen. Will man jedoch das, was »da draußen« stattfindet, als »Ereignis« erkennen und identifizieren, dann erfordert das die Anwendung einer willkürlichen Struktur auf Abläufe, die erstens fließend und zweitens in einen Kontext eingebettet sind. Wenn einzelne Elemente dieser Abläufe als »Ereignisse« bezeichnet werden, liegt dem die Annahme zugrunde, daß ein Ereignis, das zu einem bestimmten Zeitpunkt als solches identifiziert wird, einem anderen Ereignis, das zu einem anderen Zeitpunkt auftaucht, entspricht oder derselben Kategorie angehört (Bavelas, 1984; Bogdon,1984; Doherty, 1986; Schwartman, 1984). Die aus solchen Kategorisierungen abgeleiteten Strukturen, denen unterstellt wird, daß sie in der erkannten Form auch tatsächlich existieren, werden dann als Indikatoren für die tatsächlichen Abläufe innerhalb eines Familiensystems eingesetzt (Doherty, 1986). Keeney (1979) argumentiert in dieselbe Richtung wenn er sagt, daß Konstrukte, die aus der Beobachtung der Abläufe in Familiensystemen abgeleitet werden, eher Metaphern als wirkliche Prozeßbeschreibungen darstellen.

Das Problem, die Eigenerhaltung des Systems zu erklären

Das Konzept der Homöostase kann die Schwierigkeiten, die entstehen, wenn man aus Beobachtungen der Funktionsweise von Paaren und Familien Aussagen über das System ableitet, verdeutlichen. Obwohl es langfristig zu teilweise beträchtlichen Funktionsabweichungen kommt, sieht es so aus, als seien Familiensysteme stabile Organisationen. Tatsächlich bildet dieser bemerkenswerte Anschein von Stabilität den Grund für die Annahme, daß die beobachteten Abweichungen wiederkehrende, regelmäßige und musterhafte Eigenschaften des Systems darstellen (Dell, 1982, 1984). Darüber hinaus scheinen Familien sich gegen Veränderungsangebote durch den Therapeuten in einer Weise zu wehren, die eine geschlossene, homöostatische Funktionsweise vermuten lassen (Dell, 1982, 1984; Ford, 1983). Solche Beobachtungen haben viele Theoretiker zu der Annahme geführt, das Familiensystem sei ein beständiges »Etwas«, das sich selbst auf der Grundlage einer homöostatischen Wirkungsweise aufrechterhält. Dell (1982, 1984), DeShazar und Molnar (1984) und Bogdon (1984) schlagen vor, das, was von Therapeuten beobachtet und der Homöostase zugeschrieben wird, als Interaktion zwischen Beobachter und System zu betrachten. So gesehen geben Beobachtungen des »Widerstandes gegen Veränderung« Aufschluß darüber, wie ein Paar oder eine Familie angesichts des therapeutischen Bemühens funktioniert. Dell (1982) ist der Ansicht, daß man einem System, anstatt es als »sich nicht verändernd« zu beschreiben, auch die Tendenz zuschreiben könnte, sich an seine Umwelt anzupassen. Hoffman (1981) hat diese Begrenzungen erkannt und versucht, über das Konzept der Homöostase hinaus zu erklären, wie ein Paar- oder Familiensystem seine Stabilität aufrechterhält und dabei gleichzeitig für Veränderungen offen ist. Sie schlägt eine Sichtweise vor, nach der ein System sich evolutionär entwickelt. Zu verschiedenen Zeiten entstehen zufällige Fluktuationen, von denen einige dem System helfen, Desorganisation zu vermeiden und sich selbst wieder ins Gleichgewicht zu bringen. Solche Prozesse werden dann wahrscheinlich integriert, so daß das System mit zunehmender Komplexität und einer größeren Bandbreite an Strukturen eine stabilere Organisationsform entwickelt. Diese Sichtweise erklärt, wie Systeme sich verändern können; dabei werden die Veränderungen so gesehen, daß sie Ganzheiten hervorbringen, die einem Muster folgen und ihrerseits einen kausalen Einfluß auf Ereignisse ausüben, d.h. man geht davon aus, daß einige beständige Faktoren für die Funktionsweise des Systems verantwortlich sind.

Die Natur lebender Systeme

Ist es möglich, ein Verständnis für die Abläufe in Paar- und Familiensystemen zu entwickeln, das ohne die Zuschreibung von Regelhaftigkeiten auskommt, die den Einfluß von beständigen Kausalfaktoren mit einschließen? Dieser Weg scheint undenkbar zu sein: wie sollten Beobachter kontinuierlich ablaufende, sich fortwährend verändernde und in einen Kontext eingebettete Prozesse identifizieren können? Und tatsächlich gibt es eine ganze Reihe von Theoretikern der Familientherapie, die die Probleme der auf Beobachtung basierenden Methoden erkennen und dennoch keine andere Möglichkeit sehen als sich weiterhin der ungenauen, aber verfügbaren Beobachtungsmethoden zu bedienen (Cousins & Power, 1986; Ricci & Selvini-Palazzoli, 1984).

Dell (1982, 1984, 1985), der auf Maturanas Arbeit über die Natur lebender Systeme zurückgreift, schlägt einen anderen Ausgangspunkt vor. Dieser Ansatz beginnt mit der Formulierung von Systemprinzipien. Dell meint, daß bei der Untersuchung der Natur lebender Systeme ein deutlicher Unterschied zutage tritt, wenn man die Funktionsweise eines organismisch begründeten und dauerhaften Systems mit der eines aus der Interaktion anderer Systeme hervorgehenden Systems vergleicht. Das erste – das wirkliche System – zeigt, wie ein Organismus als dauerhafte, Kohärenz erhaltende Organisation funktioniert, während das zweite eine Art von Kohärenz beschreibt, die dadurch entsteht, daß wirkliche Systeme interagieren, um ein wechselseitiges System hervorzubringen (Dell, 1982, 1985). Ein Individuum existiert auf eine Weise, die einem wirklichen organismischen System zugeschrieben wird, d.h. als dauerhaft strukturiertes Wesen in Raum und Zeit. Das Fehlschlagen der dauerhaften Funktion eines wirklichen Systems bringt immer eine definitive Desorganisation mit sich. Im Gegensatz dazu kann die Störung eines wechselseitigen Systems zwar eine diskontinuierliche Veränderung und Funktion bewirken, aber das System kann wiederhergestellt werden (Dell, 1985).

Auf die Abläufe in Paar- und Familiensystemen angewendet, führen diese Vorstellungen zu einer eher überraschende Konzeption: Individuen fungieren als primäre Systeme und produzieren so die sekundäre Kohärenz eines wechselseitigen Paar- oder Familiensystems (Dell, 1982). Das wechselseitige Paar- oder Familiensystem ist eine

Funktion der zwischen den Familienmitgliedern stattfinden interaktiven Prozesse. Oder wie Maturana sagt, ein interaktionales System entsteht dadurch, daß reale Systeme sich mit der strukturellen Kopplung innerhalb ihrer Medien befassen (Dell, 1982).

Maturanas Arbeit ist insofern von Bedeutung, als sie sich damit auseinandersetzt, wie Systeme als dauerhaft und strukturiert erscheinen können, ohne daß man ihnen dauerhafte Eigenschaften zuschreibt. Ausgehend von seiner Arbeit über die Biologie lebender Systeme sagt Maturana, daß Systemfunktionen »strukturell« bestimmt seien. Ein lebendes System (oder Organismus) hat an jedem beliebigen Punkt eine strukturelle Existenz, und diese Struktur bestimmt, wie es sich mit seinem Medium verbindet (interagiert) (Maturana, 1978; Maturana & Varela, 1980). Der Begriff *Struktur*, wie Maturana ihn verwendet, deutet nicht darauf hin, daß ein System statisch ist, sondern sagt aus, daß der Organismus immer in Zeit und Raum existiert, und die Form dieser Existenz zeigt, wie er in diesem Augenblick funktioniert. Mit dem Auftauchen fortwährender Interaktionen (Kopplungen) wird ein System permanent restrukturiert. Tatsächlich entsteht die Struktur eines Systems auf kontinuierliche Weise, nämlich durch die Restrukturierungen während der permanenten Auseinandersetzung mit seiner Umgebung. Insofern repräsentiert ein System, so wie es in einem gegebenen Augenblick existiert, nicht seine eigene Geschichte, sondern seine gegenwärtige Struktur, wie sie sich bis zu diesem Zeitpunkt entwickelt hat. Zudem scheint das lebende System Teil eines wechselseitigen Systems oder in ein solches eingebettet zu sein, weil es seine Struktur durch die Existenz in diesem Medium entwickelt hat, von dem es in seiner konkreten Existenz abhängt (Maturana, 1978).

Diese kurze Zusammenfassung der Arbeiten von Dell und Maturana zeigt für die Lösung einiger Probleme, mit denen sich die Theoretiker im Bereich der Familientherapie auseinandersetzen müssen, eine neue Richtung auf. Bisher sind die Familientheoretiker davon ausgegangen, daß ein System beschreibt, wie Familien über einen längeren Zeitraum funktionieren und wie die auftauchenden Strukturen, Regelhaftigkeiten, Schwingungen oder die Zyklen der Funktionsweise dieses System definieren. Maturanas Konzeption geht davon aus, daß ein System in Form seiner unmittelbaren Struktur und Funktion existiert, weshalb der Fokus sich von dem Versuch, ein System zu identifizieren, auf die Frage verschiebt, wie die Systemprozesse sich in der momentanen Situation darstellen. Außerdem haben die Theoretiker der Familientherapie angenommen, daß eine Systemperspektive nur auf der Ebene der Familie als Ganzes eingeführt werden könne, und daß die Betrachtung der individuellen Funktion zu Erklärungen führen würde, die auf einer linearen Kausalität basieren. Dells und Maturanas Vorstellungen ermöglichen es uns anzuerkennen, wie auch die individuelle Funktion als systemisch betrachtet werden kann, wie die Eigenschaften eines individuellen Systems sich von denen eines interaktionalen Paar- oder Familiensystems unterscheiden und wie das Paar oder die Familie als sekundäres, wechselseitiges Phänomen existiert.

Die Organisation der Erfahrung

Es gibt eine Theorie der menschlichen Funktion, die diesen Vorstellungen entspricht. Eine Konzeption der Funktion einzelner Personen als dauerhafte Organisationen von Prozessen im Verhältnis zur Umwelt ist in der Theorie der Gestalttherapie enthalten (Kaplan & Kaplan, 1982, 1985). Für diejenigen Leser, die in der Gestalttherapie eher eine erlebens- und erfahrungsorientierte Methode sehen als eine Theorie der Funktionsweise des Menschen, mag die Bedeutung der gestalttherapeutischen Position eine Überraschung darstellen. Die ersten Theoretiker der Gestalttherapie (Goodman und Perls in Perls, Hefferline & Goodman, 1991; Perls, 1969) beschrieben die menschliche Funktionsweise als dauerhaftes System eines Erfahrungsprozesses. Sie nahmen an, daß der menschliche Organismus nach holistischen Prinzipien aufgebaut ist: die fortschreitenden selbsterhaltenden Erlebensfunktionen sind Teil eines integralen Organisationsprozesses. In dieser Formulierung wird die Unterscheidung zwischen verschiedenen Persönlichkeitsfunktionen oder »Teilen« als Illusion eigenständiger Prozesse betrachtet, die in Wirklichkeit in das Ganze eines Organisationsprozesses eingebettet sind.

Obwohl die frühen Gestalttheoretiker keinen entwicklungsorientierten Ansatz hatten, erscheinen ihre Vorstellungen ohne weiteres auch im Rahmen eines Entwicklungsprozesses verständlich, der sich als holistischer Prozeß der Organisation von Erfahrung darstellt. Einige Entwicklungspsychologen gehen davon aus, daß eine Person sich als Differenzierung und Integration eigenständiger Funktionen heranbildet (Flavell, 1984). Außerdem nehmen sie an, daß diese Funktionen in einer geschlossenen Weise interagieren und koordiniert werden. Zu diesen als eigenständig angenommenen Funktionen gehören auch die Organisation und die Beständigkeit der Wahrnehmung, die Fähigkeit, zu fokussieren und Aufmerksamkeit aufrechtzuerhalten, die Bewegungskoordination, begriffliche Prozesse wie die der Beziehung und der Kausalität und die Differenzierung eines Selbst-Konzeptes.

Eine etwas andere Sichtweise der Entwicklung ist die, daß diese Funktionen dann als eigenständig erscheinen, wenn sie unter bestimmten, festgelegten Bedingungen untersucht werden, aber eigentlich einen einheitlichen Entwicklungsprozeß darstellen. Dieser Prozeß entwickelt sich um das Auftauchen einer in sich geschlossenen Erfahrung herum. Im Prozeß der Restrukturierung der Entwicklung erscheint das individuelle organismische System entsprechend einer sich entwickelnden Erfahrungskohärenz. Was durch die kontinuierliche Interaktion mit der Umwelt und die kontinuierliche Restrukturierung sichtbar wird, ist ein immer komplexer organisierter Prozeß, der sich daraus ergibt, wie der menschliche Organismus sich selbst als erfahrendes Ganzes erhalten kann. Aus dieser Sicht beschreibt die Frage, wie die organismische Funktion organisiert und als integriertes Ganzes aufrechterhalten wird, denselben Prozeß wie die Frage, wie jemand in der Lage ist, sich selbst als

»kohärent« zu erleben. Das individuelle organismische System hängt mit der Fähigkeit zusammen, durch die Organisation der Erfahrung Erfahrungsstabilität und Kontinuität zu erzeugen.

Maturana beschreibt die Entwicklung der Wahrnehmungsfunktion als einen Differenzierungsprozeß, der in die dauerhafte Ganzheit der organismischen Struktur eingebettet ist (Dell, 1985; Maturana, 1978). Die hier vorgestellte Position ist eine ähnliche, beschreibt jedoch die Organisation von Erfahrung als vorherrschend, zumindest aber als einen zentralen Aspekt der strukturbestimmenden Funktion. Der Grund hierfür liegt in der Art seines Beitrags zur Hervorbringung von Erfahrungszusammenhalt, Kontinuität und Stabilität der Organisation.

Der Konfigurationsprozeß

Aus gestalttherapeutischer Sicht entwickelt sich die Organisation der Erfahrung als zunehmend differenzierter Konfigurationsprozeß: ein fokaler Prozeß, der in Beziehung zur nicht-fokalen Erfahrungsaktivität im Hintergrund steht (Kaplan & Kaplan, 1985; Perls Hefferline & Goodman, 1991). Die Entwicklung der Fähigkeit, eine Organisation der Erfahrung herzustellen, konstituiert die Fähigkeit des Organismus, fokale Aufmerksamkeit in Beziehung zu nicht-fokalen Aktivitäten innerhalb eines Kontextes zustande zu bringen. Fokale Aufmerksamkeit entsteht, wenn der Organismus die Fähigkeit entwickelt, Erfahrungskonstanz zu organisieren, und während er das tut, ist er in der Lage, objektivierte Erfahrungen, und damit seine eigene Wirklichkeit zu erzeugen. Der Organismus bezieht sich auf seine eigene Konstruktion objektivierter (linearer) Wirklichkeit als Mittel, um Erfahrungsstabilität und -kontinuität zu erlangen. Was Menschen erkennen, worauf sie achten und als stabil (und linear) identifizieren, sind ihre eigenen Konstrukte. Diese Konstrukte selbst werden in nicht-linearer Weise und als andauernder Organisationsprozeß erzeugt.

Der Konfigurationsprozeß beschreibt nicht nur, wie Menschen ihre eigene »objektive Wirklichkeit« hervorbringen, die als »Anker« für eine stabile Erfahrungsfunktion dient, sondern erklärt auch, wie sie Erfahrungsphänomene erkennen, die in einen ganzen Konfigurationsprozeß eingebettet sind. Das, worauf Menschen achten, was sie erkennen und identifizieren, konstituiert den fokalen Prozeß, der unentwegt stattfindet und sich permanent im Verhältnis zur dauerhaften Funktion eines ganzen Konfigurationskontextes verändert. Wenn wir uns z.B. einen roten Holzwürfel anschauen, dann können wir das sichtbare Rot fokussieren. Holz und Würfel-Eigenschaft (und andere Qualitäten) sind dann unerkannte, kontextuelle und erfahrungsmodifizierende Hintergrundelemente. Wenn wir mit geschlossenen Augen die Holz- und Würfelqualität erspüren, bleiben die Rot-Eigenschaft und andere Qualitäten als Erfahrungsmodifikatoren im Hintergrund. Die figürlichen Eigenschaften, die wir erkennen, sind in einen Kontext nicht-linearer Aktivitäten eingebettete Konstrukte, und mit der figürlichen Organisation erhalten wir auch die Stabilität der Erfahrung.

Wenn wir unsere Aufmerksamkeit fokussieren, erzeugen wir Erkenntnisse eigenständiger Funktionselemente. Dieses Erkenntnisse sind lineare Konstrukte, die in der erzeugten Form eigentlich nicht existieren. Die Unterscheidungen, die wir aus eigenständigen Funktionen und Eigenschaften erzeugen, sind künstlicher Art; Ganzheiten wie Geist oder Körper bzw. eigenständige Funktionen wie Denken, Erinnerung, Wahrnehmung oder Emotion gibt es nicht. Andererseits konstituieren die Konstrukte ihre wiedererkannte Erfahrung selbst. Wie wir es angehen, diese Organisationsprozesse hervorzubringen und zu regulieren, ergibt sich daraus, wie gut wir wissen, wie wir im Augenblick des Funktionierens funktionieren – oder, mit Maturanas Worten, aus der strukturellen Bestimmung unserer aktuellen Funktionsweise.

Wenn wir ein objektives, lineares »Außen« erschaffen, das im Verhältnis zu uns selbst existiert, erschaffen wir gleichzeitig unser Erleben unserer selbst. Wir erleben uns selbst in Beziehung zu dem, was wir als objektive Wirklichkeit kreieren. Wenn jemand einen anderen z.B. als »warm und freundlich« erlebt, dann kreiert der Erlebende dieses Erleben; er erkennt die Wärme und Freundlichkeit im anderen und bezieht sich darauf. Das objektivierte, erkannte Erleben ist eingebettet in den gesamten, dauerhaften Konfigurationsprozeß, und das organisierte Ganze konstituiert das unmittelbar erkannte (und unerkannte) Selbsterleben dieses Menschen.

Es ist wichtig hervorzuheben, daß das, was als fokaler Prozeß im Verhältnis zum Hintergrund beschrieben wird, die Gesamtheit unserer Erlebensfunktion repräsentiert. Das ist nicht dasselbe wie die Beziehung zwischen Denken und Fühlen oder zwischen Geist und Körper, denn dabei handelt es sich um lineare Unterscheidungen. Der fokale Prozeß beschreibt, wie wir unsere Erlebensfunktion organisieren, um einen objektivierten Sinn für Dinge und Ereignisse hervorzubringen, aber dieses erkannte Erleben ist in Wirklichkeit in einen ganzheitlichen Prozeß permanenter Erlebensaktivität eingebettet. Wir können diese Sichtweise mit den auf einer linearen Konzeptualisierung basierenden erlebnisorientierten Ansätzen vergleichen. Johnson und Greenberg (1987) bieten ein ausgefeiltes Modell zur Unterscheidung wichtiger Erlebensphänomene an, die in der interaktionellen Funktion auftreten. Dieses Konzept geht jedoch davon aus, daß bestimmte Gefühle, Emotionen und Gedanken als dauerhafte Phänomene existieren, die Fokussierung und Aufmerksamkeit erfordern.

Was bei der Bildung eines fokalen Prozesses als fokal organisiert wird und wie dieser Prozeß sich darstellt, beschreibt, wie ein Individuum innerhalb einer unmittelbaren Zeitdimension funktioniert und begründet, wie diese Person sich gleichzeitig selbst erlebt. Wenn wir z.B. einen Film »sehen« und »hören«, dann schaffen wir eine fokale, objektivierte, bedeutungsvolle Organisation; wir sind gleichzeitig

Schöpfer und Teilnehmer der Organisation. Wir können unsere Aufmerksamkeit verlagern, etwa auf das Gefühl körperlichen Unbehagens oder auf das Gefühl, Zuschauer zu sein; an diesem Punkt ist der »Film« nicht mehr fokal, sondern tritt in den Hintergrund. Die Veränderung des Selbsterlebens ergibt sich daraus, wie der Fokus der Aufmerksamkeit umgelenkt wird, woraufhin eine neue fokale Objektivierung des Erlebens auftaucht, die dann eine andere Erlebenskonfiguration hervorbringt. Obwohl wir die Organisation unseres Erlebens verändert haben, erhalten wir gleichzeitig die Kontinuität des Selbsterlebens, weil wir diese Veränderung in eigener Regie durchführen. Die Prozesse, auf die wir uns einlassen, wenn wir unsere Organisationskonfiguration wechseln oder verändern, sind in Wirklichkeit Prozesse, durch die wir die Kontinuität aufrechterhalten.

Gegenseitig unterstützende Funktionsweisen in Paaren und Familien

Durch ihre gegenseitige Interaktion erzeugen individuelle, primäre, organismische Systeme interaktionale Paar- und Familiensysteme. Die Partner oder Familienmitglieder funktionieren in Beziehungen genau so, wie sie ihre Funktion koordinieren, so daß die »Wirklichkeit«, die jeder einzelne hervorbringt, Unterstützung erfährt und entsprechend erlebt wird. Beobachtungen über die Regelmäßigkeiten und Strukturen in der Funktionsweise von Familien, die der Art und Weise zugeschrieben wurden, wie das System sich im Laufe des Lebens manifestiert, beziehen sich auf die Interaktionen, an denen die Mitglieder als einem gegenseitigen Koordinationsprozeß beteiligt sind. In jedem dieser Fälle erzeugen und erhalten sie ihren individuellen Prozeß der Organisation von Erfahrung, während sie gegenseitig vertraute und bekannte Unterstützungsprozesse erzeugen, die der jeweiligen Situation entsprechen. Diese Koordinationsprozesse dienen der Erhaltung der Stabilität und Kontinuität von Prozessen der Erfahrungsorganisation bei den einzelnen Mitgliedern.

Um diese Funktionsweise zu illustrieren, betrachten wir eine Situation, in der eine Mutter ihre jugendliche Tochter für verschiedene Verhaltensweisen kritisiert, die sie für falsch hält. Die Tochter verteidigt sich und wirft ihrer Mutter vor, sie nicht zu respektieren, während der Vater sich heraushält. Ein Familientherapeut könnte in dieser Beschreibung ein Muster erkennen, das sich in dieser Familie wahrscheinlich relativ häufig abspielt und als Ausdruck des Familiensystems betrachtet werden kann. Allerdings könnte das, was hier als Muster bezeichnet wird, auch als Unterstützungsprozeß betrachtet werden, den die Familienmitglieder in Gang setzen, wenn sie bekannte und erwartete Funktionen erkennen und erahnen. Wenn man nicht so sehr auf das Muster achtet, sondern darauf, was jeder einzelne tut, werden bestimmte Merkmale der Funktion der Familienmitglieder sichtbar. Diese bestimmten Merkmale können vorsichtige und zaghafte Veränderungen der Selbst-Organisation, der Selbsterhaltung und der Art und Weise widerspiegeln, in der die einzelnen ihrem Leben in Beziehung zueinander Kontinuität verleihen. Wir stellen fest, daß die Mutter in einem Augenblick ihre Entschlossenheit zu verlieren scheint, zögert und ihren Mann anschaut, und da dieser nicht zu reagieren bzw. ihr Verhalten gar nicht zu bemerken scheint, wendet sie sich wieder ihrer Tochter zu, seufzt und sagt: »Ich glaube, ich komme mit dir nicht weiter. Es hat wohl keinen Zweck mit dir.« Wir können dieses Verhalten der Mutter so verstehen, daß sie anfängt, ihre Position der Stärke zu reorganisieren und dadurch zu einer Position der Unsicherheit und Zögerlichkeit kommt, die mit einem Gefühl der Hilflosigkeit verbunden ist, so daß sie sich Hilfe wünscht. Diese Sichtweise kann als vorübergehender Wechsel der Selbst-Organisation verstanden werden, als eine vorsichtige Suche nach möglicher Unterstützung für eine Veränderung, und angesichts des Fehlens einer unterstützenden Reaktion als Rückzug auf eine vertrautere Art der Unterstützung.

Eine Familie, die als verstrickt oder »gefangen« beschrieben werden könnte, eine Bezeichnung, die das Vorhandensein eines dauerhaften Systems impliziert, könnte präziser als System beschrieben werden, das häufig auf scheinbar höchst vertraute und aufeinander abgestimmte Verhaltensweisen zurückgreift (Kaplan & Kaplan, 1982). Bei einer Familie beobachten wir z.B., daß die Mitglieder leicht in einer gegenseitig unterstützenden Funktionsweise feststecken, die es jedem einzelnen nahelegt, sich als verletzlich zu erleben und gegen die Vorwürfe der anderen zur Wehr zu setzen. Dieser Interaktionsprozeß entsteht, während die Mitglieder für ihre gegenwärtige Erfahrungsorganisation eine sehr umfassende und vertraute Unterstützung aus der Umgebung erfahren. Die Familienmitglieder handeln in der Antizipation solcher Prozesse, die bereitwillig in Gang gesetzt werden und als Reaktivierung erscheinen. Während die Familienmitglieder sich an solchen Prozessen beteiligen, finden sie es schwierig, sich aus den vertrauten Unterstützungsprozessen zu lösen, und die Familie scheint sicher und stabil funktionieren zu können.

Beobachtungen zum Organisationsprozeß

Während ein Großteil der Funktion sich in jedem Augenblick abspielt, hängt der Organisationsprozeß jedes einzelnen mit der Wahrnehmung gegenseitiger Unterstützungsprozesse zusammen. Was wir konkret beobachten können ist, wie die Regulierung der Organisation gleichzeitig sowohl in der Funktion des einzelnen als auch im gesamten interaktionalen System wirksam ist. Die folgenden Situationen dienen der Illustration solcher simultan ablaufenden Prozesse und zeigen, wie die Koordination im Familienkontext auf verschiedene Weise fortschreiten kann. Dieselben Prozesse gelten natürlich auch für das Paarsystem.

Erste Situation. Ein Vater übt sehr harte Kritik an seinem jugendlichen Sohn und sagt ihm, was ihn an seinem Verhalten stört. Nach ein paar Minuten unterbricht die Mutter die Unterhaltung, verteidigt den Jungen und gibt unterschwellig zu verstehen, daß sie das Verhalten des Vaters für übertrieben streng hält. Der Vater reagiert mit stillem Murren.

Zweite Situation. In einer ähnlichen Situation zeigt die Mutter, während der Vater spricht, Anzeichen von Streß: ihr Gesichtsausdruck ist besorgt, und sie bewegt sich unruhig auf ihrem Stuhl hin und her, bevor sie die Situation unterbricht, den Sohn verteidigt und ihren Mann unterschwellig kritisiert. Der Vater reagiert wie in der ersten Situation.

Dritte Situation. Die Situation ist wieder die gleiche, und die Mutter zeigt wieder Anzeichen von Streß. Aber diesmal holt sie tief Luft, hält ihren Kopf aufrecht und spricht mit zitternder Stimme. Sie teilt den anderen Familienmitgliedern mit, daß die Situation sie ärgerlich und traurig macht. Der Vater reagiert auf ihre Gefühle mit Sorge.

Die ersten beiden Situationen beschreiben Funktionsweisen von Familien, die Therapeuten wahrscheinlich als »systemerhaltend« bezeichnen würden. Obwohl die zweite Situation bereits eine Veränderung aufweist, wird diese nicht anerkannt, und das Muster nimmt seinen Lauf. Was wir als Veränderung bezeichnet haben, kann als Hinweis auf einen exploratorischen Umbruch im Organisationsprozeß der Mutter und ihrer Art, Unterstützungsprozesse einzusetzen, anerkannt werden. Vielleicht weiß sie nicht, daß sie eine andere Art des Erlebens ausdrückt, oder daß sie bei dem Versuch der Veränderung von den anderen keine Unterstützung erfährt. Durch das Fehlen der Unterstützung für Veränderung geht die kleine Verhaltensänderung in der zweiten Situation unter, und die anderen Familienmitglieder verfolgen einen vertrauten, erwarteten Kurs, so als ob die Veränderung gar nicht stattgefunden hätte.

Dir dritte Situation hingegen beschreibt die Mutter als in einer kontinuierlichen Bewegung und einer veränderten Erfahrungsorganisation begriffen. Das führt dazu, daß sie ihre Art der Selbstregulierung verändert, und zwar auf eine Art, die den anderen eine neue Art der Unterstützung bietet und ihnen einen Weg öffnet, ihre Unterstützung auf eine neue Weise auszudrücken. Die Familienmitglieder beginnen nun, sich in eine Richtung zu bewegen, die eine Veränderung ihrer gegenseitigen Beziehungen und Verhaltensweisen unterstützt.

Eigenschaften des gegenseitigen Unterstützungsprozesses

Wenn wir ein Paar- oder Familiensystem entsprechend seiner Funktionsweise als fortwährender gegenseitiger Unterstützungsprozesse seiner Mitglieder betrachten, können wir feststellen, wie dieses System von Augenblick zu Augenblick arbeitet. Anstatt auf regelmäßige und nach bestimmten Mustern ablaufende Ereignisse zu achten, können wir einen permanenten Prozeß beobachten. Dieser Prozeß zeigt sich darin, wie jedes Mitglied als veränderungsregulierender Organisationsprozeß im Verhältnis zur Unterstützung von außen funktioniert und wie das Ganze als System miteinander korrespondierender Unterstützungsprozesse funktioniert. Dabei können wir drei grundsätzliche Merkmale dieser Unterstützungsprozesse beobachten: die relative Stabilität des Koordinationsprozesses, Veränderungen im Prozeß und die Unterstützung für Veränderungen in laufenden Prozessen.

Ein gegenseitiger Unterstützungsprozeß ist ein Prozeß, der mit relativer Stabilität einhergeht, wenn Familienmitglieder sich gegenseitig auf eine sehr vertraute und gut koordinierte Weise erleben, die eine ihnen »wohlbekannte« Funktionsweise unterstützt. Diese Art der Funktionsweise wird von Familientherapeuten häufig als Regelmäßigkeit und wiederkehrende Struktur bezeichnet. Auch wenn die Familienmitglieder diese Funktionsformen anders bezeichnen oder erklären als Therapeuten das tun, sind sie ihnen doch bekannt. Das vorhin angeführte Beispiel einer Mutter, die ihre Tochter kritisiert, während der Vater unbeteiligt bleibt, illustriert ein »Muster«, das der Familie sehr bekannt ist. Die Mutter sucht vorsichtig nach Unterstützung für eine Alternative, gibt diesen Versuch jedoch sehr schnell wieder auf als sie feststellt, daß dieser vorsichtige Versuch keine Reaktion hervorruft, woraufhin der laufende Unterstützungsprozeß stabil bleibt.

Eine Veränderung des Prozesses findet statt, wenn eine relativ stabile Form der Unterstützung durch eine andere ersetzt wird. Bei manchen Familien mag es so aussehen, als ob sie sehr schnell von einem »wohlbekannten« Muster zum nächsten wechseln. Aber anstatt für das Auftreten eines Zyklus oder einer rekursiven Schleife eine dauerhafte Ursache anzunehmen, können wir den Inhalt unserer Beobachtungen als Bewegung von einer Form relativer Stabilität betrachten, die eskaliert oder sich allmählich destabilisiert und eine andere vertraute Form gegenseitiger Unterstützung hervorbringt, die eine erneute Stabilisierung ermöglicht (Kaplan & Kaplan, 1982).

Die dritte Eigenschaft einer unterstützenden Funktionsweise ist die Unterstützung der Veränderung der Erfahrungsorganisation. In diesem Unterstützungsprozeß sind die Familienmitglieder in der Lage, sich selbst und einander von vertrauten Unterstützungsformen zu entbinden, um andere, noch unbekannte Organisationsprozesse auszuprobieren und neue Erfahrungen zu integrieren. Dieser Prozeß findet statt, wenn die Familienmitglieder die Unterstützung antizipieren, die sie brauchen, um über die bekannten und sicheren Formen der Selbst-Organisation hinauszugehen und sich für eine Funktionsweise zu öffnen, die als Individuationsprozeß beschrieben werden kann.

Wenn die Familienmitglieder davon ausgehen, daß der Verlust der Unterstützung für ihren andauernden Selbst-Organisationsprozeß Gefahren mit sich bringt, versuchen sie, sich nicht auf unsichere und unbekannte Unterstützungsprozesse verlassen zu müssen. Was sich verändert, ist nicht nur ihre Art der Selbst-Organisation, sondern auch die Art der Gefahren, mit denen sie rechnen, wenn die Familienmitglieder sich von den vertrauten und berechenbaren Wegen entfernen. In manchen Situationen befürchten sie, die Erfahrung einer stabilen Selbst-Organisation zu verlieren. Andere wiederum rechnen damit, in Organisationsformen zu fallen, die sie verletzlich, beschämt, isoliert oder unkontrolliert machen. Die Menschen funktionieren auf eine restriktive und Risiken vermeidende Art, nicht nur weil sie die Verletzung oder den Schmerz, den eine Veränderung mit sich bringt, fürchten oder erahnen, sondern weil sie damit rechnen, daß sie diese Erfahrung »werden«.

Therapeutische Methode

Diese Diskussion der verschiedenen Eigenschaften von Unterstützungsprozessen zeigt uns, wie der Therapeut der Familie helfen kann, Unterstützung so zu verändern, daß sie neue Funktionsweisen riskieren, entdecken und erforschen kann. Dieser Ansatz entspricht den gestalttherapeutischen Methoden der erlebensorientierten Arbeit im Hier-und-Jetzt und der Gewahrseinsförderung, aber in unserem Falle zielt der Ansatz darauf ab, den Unterstützungsprozeß zu beeinflussen, in dem die Funktion auftritt (Kaplan & Kaplan, 1982). Wenn der Therapeut erkennt, wie interaktionale Unterstützungsprozesse in der gegenwärtigen Situation ablaufen, kann er auf eine Weise daran teilnehmen, die Veränderungen erleichtert und fördert. Er achtet darauf, wie die Familienmitglieder ihren Unterstützungsprozeß koordinieren, aber vor allem konzentriert er sich auf Aktivitäten, die vorsichtige oder tastende Versuche der Veränderung widerspiegeln. Der therapeutische Fokus liegt auf Aktivitäten, die auf die Erhaltung oder Veränderung des Unterstützungssystems hinweisen. Wir illustrieren diesen Prozeß anhand der kurzen Beschreibung des Beginns einer Familiensitzung.

Als die vier Familienmitglieder den Raum betreten, machen sie einen lockeren und freundlichen Eindruck, doch nachdem sie sich hingesetzt haben, werden sie sehr ernst und scheinen darauf zu warten, daß jemand anfängt. Der Vater sieht seine Frau an, als erwarte er etwas, doch sie wendet sich ab. Der Therapeut sagt: »Jim, ich sehe, daß Sie Rose anschauen; wollen Sie etwas von ihr?« Jim antwortet: »Nun ja, im Auto hat sie sehr viel geredet, und ich weiß nicht, warum sie hier auf einmal so still ist.« Darauf sagt der Therapeut: »Sie wollen, daß ihre Frau etwas sagt, aber sie sagt nichts. Wie ist das für Sie?« Jim sieht aus, als sei ihm unbehaglich zumute. Er sagt:

»Ich bin frustriert, und ich verstehe nicht, warum sie nichts sagt.« An diesem Punkt schaut er weg und macht einen niedergeschlagenen Eindruck. Der Therapeut kommentiert Jims Wegschauen und spricht ihn darauf an. Jim meint: »Ich möchte Rose nicht kritisieren; vielleicht war sie nervös wegen unseres Gesprächs hier, oder so etwas.« Wieder schaut er seine Frau an, die sich ihm in diesem Augenblick zugewandt hat, und fragt sie: »Also, wie fühlst du dich?« Rose antwortet: »Du hast recht, ich war nervös. Ich weiß, daß ich im Auto viel geredet habe, aber das hier ist etwas anderes. Jetzt, wo du mich gefragt hast, wie ich mich fühle, geht es mir besser als vorher, als du nur darauf gewartet hast, daß ich etwas sage.« Jetzt sieht die Mutter die anderen Familienmitglieder an, die bisher still dagesessen und anscheinend sehr aufmerksam zugehört haben. Der Therapeut kommentiert Roses Blick auf ihre Kinder, und der Therapieprozeß geht weiter, während Rose ihre Sorge darüber ausdrückt, wie es den Kindern mit dem, was sie vorhin im Auto gesagt hat, wohl gegangen sein mag und wie offen sie in der Therapie sprechen könne.

Diese kurze Illustration beschreibt einen Schlüsselaspekt der therapeutischen Bemühungen, die Veränderung innerhalb des bestehenden Unterstützungssystems an kritischen Punkten zu fördern. Das Bemühen besteht darin, auf die zaghafte und tastende Funktionsweise der Mitglieder aufmerksam zu machen, während sie sich im Verhältnis zum Unterstützungsprozeß organisieren. In dieser Episode liegt der Fokus weder auf dem Inhalt dessen, was der Vater sagt, noch darauf, wie er sich gegenüber seiner Frau fühlt, sondern darauf, wie er sich selbst organisiert und wie er seinen Organisationsprozeß verändert, und zwar im Hinblick auf die Unterstützung, die er erfährt, indem der Therapeut sich seinen zaghaften Veränderungsversuchen zuwendet. Auf diese Weise wartet der Therapeut nicht, bis die Familienmitglieder stabile Unterstützungsprozesse aufgebaut haben, sondern richtet seine Aufmerksamkeit unmittelbar darauf, sie beim Experimentieren mit Veränderungen von Selbst-Organisationsprozessen zu unterstützen.

Paar- und Familientherapeuten, die sich daran orientieren, wie die Mitglieder eines Systems als Prozesse der Erfahrungsorganisation funktionieren, bemerken zwar das Auftreten von Regelmäßigkeiten, Mustern und den vorherrschenden Themen der Paar- oder Familienfunktion, aber sie konzeptualisieren diese Funktionsweisen als die Art und Weise, wie die Systemmitglieder im Augenblick an ihrer Selbst-Organisation festhalten bzw. neue Wege der Selbst-Organisation entwickeln. Der Therapeut konzentriert sich in erster Linie darauf, wie die Partner oder Familienmitglieder sich im Augenblick selbst erleben, und vor allem wie sie in Beziehung zu anderen Unterstützung erleben. Diese Funktion spiegelt den tatsächlich stattfindenden Oganisationsprozeß wider, den sie in Beziehung zueinander erzeugen. Wenn der Therapeut auf Abläufe achtet, die wie bedeutsame Veränderungsprozesse aussehen, dann stellt das für die Familienmitglieder eine sehr konkrete und fokussierte Art der Unterstützung dar. Und wenn einzelne Mitglieder ihre jeweilige Funktion verändern, wirkt sich das auch darauf aus, wie andere Mitglieder innerhalb des interaktionalen Systems Unterstützung erleben. Die Aufmerksamkeit auf die Funktionsweise der einzelnen erzeugt denselben Blickwinkel wie die Aufmerksamkeit auf die momentane Funktionsweise des gesamten Systems.

Therapeuten, die Paar- und Familienfunktionen auf diese Weise betrachten, stellen fest, daß die Reorganisation des eigenen Selbsterlebens bei den Mitgliedern eines Systems das Risiko birgt, über vertraute und sichere Formen der Unterstützung hinauszugehen und die Bereitschaft erfordert, sich auf etwas einzulassen, das als relativ unsicher empfunden wird. Der therapeutische Ansatz, der aus dieser Erkenntnis hervorgeht, erfordert, daß Therapeuten durch ihre Arbeit dazu beitragen, bei den Familienmitgliedern die Erfahrung relativer Sicherheit, die Bereitschaft zum Risiko und das Vertrauen auf anhaltende Unterstützung zu erzeugen. Mit einer solchen Orientierung können wir unserer Aufgabe nicht allein durch die Demonstration unseres Wissens und unserer professionellen Fähigkeiten gerecht werden, sondern nur, indem wir eine Beziehung anbieten, die als wirklich unterstützend erlebt wird.

Zusammenfassung

Zu Beginn dieses Kapitels haben wir einige der Schwierigkeiten beschrieben, die sich in der Anwendung des systemischen Denkens auf Prozesse zwischen Paaren und Familien ergeben. Es scheint deutlich zu sein, daß diese Schwierigkeiten damit zu tun haben, daß Systeme als dauerhaft betrachtet werden. Bei Paaren und Familien scheint es sich um solche eigenständigen historischen Gebilde mit äußerst stabilen Grenzen zu handeln, aber ihre Erscheinungsform hat Therapeuten und Theoretiker auf eine falsche Spur geführt. Sie gingen davon aus, daß Wiederholungen wirklich existierende Funktionsmuster widerspiegeln, die als typische Eigenschaften eines dauerhaften Systems betrachtet wurden. Diese Konzeptualisierung ist jedoch auf Konstrukte angewiesen, die Wiederholungen auf der Basis dauerhafter Kausalfaktoren erklären.

Was die menschliche Erlebensweise betrifft, stehen wir vor einem ähnlichen Problem. Wie im Falle des Paares oder der Familie führt unsere Alltagsweisheit und persönliche Selbsteinschätzung zu der Annahme, daß unsere psychologischen Funktionen ebenfalls eigenständig und dauerhaft seien. Doch sowohl im Zusammenhang mit Paaren und Familien als auch was die Funktionen des einzelnen betrifft, werden die Erklärungen, die auf dauerhafte Faktoren als Grundlage für Wiederholung und Stabilität zurückgreifen, den Anforderungen an systemische Prinzipien nicht gerecht.

Die Arbeit von Dell und Maturana bietet eine Grundlage, um Prozesse als permanente Veränderung zu begreifen, die, genau wie jedes wirkliche System, kontextuell und beziehungsorientiert organisiert sind. Auf dieser Grundlage können wir auch die individuellen Prozesse als primäre oder wirkliche Systeme verstehen, während es sich bei Paar- oder Familienprozessen um sekundäre Prozesse handelt. Die Funktionsweise von Paaren und Familien bildet das Medium für die systemischen Prozesse des einzelnen. Mit Hilfe dieser Sichtweise können wir beschreiben, wie die Organisation menschlichen Erlebens den Faktor Zeit berücksichtigt. Mit anderen Worten: unser Menschsein ist ein dauerhafter, permanent sich verändernder, selbst-organisierender Erfahrungs- und Erlebensprozeß. Im Prozeß der Organisation dieses dauerhaften Erfahrungsprozesses erzeugen wir gleichzeitig objektivierte, lineare Erfahrung. Dies ist unsere »Struktur« (in Maturanas Verständnis von Struktur als gegenwärtiger Existenz und Funktion), weil wir uns im Medium unserer Umwelt entwickelt haben und unsere gegenwärtige Existenz auf Beziehungen zu dieser Umwelt angewiesen ist.

Diese Beschreibung des Individuums, des Paares und der Familie macht deutlich, wie wir unsere permanenten Organisationsprozesse im Beziehungskontext durch koordinierte, gegenseitige Unterstützungsprozesse aufrechterhalten. Die Art und Weise, wie Paare und Familien diesen Prozeß vollziehen, zeigt sich äußerlich in wiederkehrenden Mustern und Strukturen, aber in Wirklichkeit entstehen diese Prozesse auf einzigartige Weise durch das Leben des einzelnen im gegenwärtigen Augenblick. Diese permanenten, gegenseitigen Unterstützungsprozesse *sind* das System in seiner Existenz und seiner Funktion. Veränderungen dessen, was auftaucht, sind sowohl Veränderungen innerhalb dieser Unterstützungsprozesse als auch tatsächliche Veränderungen der Seins- und Erlebensweise des einzelnen. Der Therapeut, der sich diese Sichtweise zu eigen macht, sieht das Risiko, das jede Veränderung in sich birgt, und erkennt, daß Veränderungen innerhalb des Unterstützungssystems und der Funktionsweise zusammengehören und zusammen auftreten.

Anmerkung

1 Dieser Artikel erschien in leicht veränderter Form zum erstenmal in *Psychotherapy* (Herbst 1987, Vol. 24, Nr. 15).

Literatur

Bateson, G. (1975). Some components of socialization for trance. Ethos, 3, 143-156.
Bavelas, J. (1984). On »naturalistic« family research. Family Process, 23, 337-345.
Bogdon, J. (1984). Family organization as an ecology of ideas. Family Process, 23, 375-388.
Cousins, P., & Power, T. (1986). Quantifying family process. Family Process, 25, 89-106.
Dell, P. (1982). Beyond homeostasis: Toward a concept of coherence. Family Process, 21, 21-41.
Dell, P. (1984). Why family therapy should go beyond homeostasis. Journal of Marital and Family Therapy, 10, 351-356.
Dell, P. (1985). Understanding Bateson and Maturana: Toward a biological foundation for social sciences.

Journal of Marital and Family Therapy, 11 (1), 1-20.

DeShazar, S., & Molnar, A. (1984). Changing teams/changing families. Family Process, 23, 481-486.

Doherty, W. (1986). Quanta, quarks and families: Implications of quantum physics for family research. Family Process, 25, 249-263.

Flavell, J. (1984). Discussion. In R. Sternberg (ed.), Mechanism of cognitive development. New York: W.H. Freeman.

Ford, F. (1983). Rules: The invisible family. Family Process, 22, 135-145.

Hoffman, L. (1981). Foundations of family therapy. New York: Basic Books.

Johnson, S., & Greenberg, L. (1987). Emotionally focused marital therapy: An overview. Psychotherapy, 24, 552-560.

Kantor, D., & Kupferman, W. (1985). The client's interview of the therapist. Journal of Marital and Family Therapy, 11, 225-244.

Kaplan, M., & Kaplan, N. (1982). Organization of experience among family members in the immediate present: A Gestalt/systems integration.Journal of Marital and Family Therapy, 8, 5-14.

Kaplan, M., & Kaplan, N. (1985). The linearity issue and Gestalt therapy's theory of experiential organizatio   n   . Psychotherapy, 22,5-15.

Keeney, B. (1979). Ecosystem epistemology: An alternative paradigm for diagnosis. Family Process, 18, 117-130.

Maturana, H. (1978). Biology of language. In G. Miller & E. Lenneberg (Eds.), Language and Thought. New York: Academic Press.

Maturana, H., & Varela, F. (1980). Autopoieses: The organization of the living. In H. Maturana & F. Varela (Eds.), Autopoiesis and cognition. Dordrecht, Holland: D. Reidel.

Perls, F. (1974). Gestalttherapie in Aktion. Stuttgart: Klett Cotta

Perls, F., Hefferline, R., & Goodman, P. (1991). Gestalttherapie. Ausgabe in zwei Bänden (Grundlagen & Praxis) München: DTV.

Ricci, C., & Selvini-Palazzoli, M. (1984). Interactional complexity and communication. Family Process, 23, 169-180.

Schwartzman, J. (1984). Family theory and scientific method. Family Process, 23, 23-236.

5

Therapie mit wiederverheirateten Paaren

Patricia Papernow

Wenn wir an »Familie« denken, stellen wir uns meistens Vater, Mutter und Kinder vor. Tatsache ist jedoch, daß die Stieffamilie mit Kindern aus erster Ehe eines oder beider Partner bis zum Jahr 2000 in den USA die vorherrschende Familienform sein wird (Glick & Lin, 1986). Da die Scheidungsrate in den europäischen Ländern inzwischen bei etwa 30% liegt, steigt die Zahl der Stieffamilien auch dort, denn bei den meisten Scheidungen sind Kinder im Spiel, und die meisten Geschiedenen heiraten wieder. Wie wir in unserem zweiten Beispiel sehen werden, fasse ich den Begriff *wiederverheiratet* relativ weit, im Sinne von »wieder in einer Beziehung lebend«, wobei ich den formal-juristischen Personenstand außer acht lasse. Vor allem während der ersten Zeit ist das Leben einer Stieffamilie durch Intensität, Komplexität und Verwirrung gekennzeichnet, was viele wiederverheiratete Paare zu Therapeuten führt, die häufig leider kaum in der Lage sind, ihnen angemessene und wirksame Hilfestellungen zu geben.

Beispiel 1: Eine »Single«-Stieffamilie
(Vater mit Kind, Mutter ohne Kinder)

Im zweiten Jahr ihrer Ehe kommen John und Regina in die Paartherapie. Es ist Reginas erste und Johns zweite Ehe. John, der Vater der neunjährigen Tammy, sagt Regina in gereiztem und angespanntem Ton, daß sie beim gemeinsamen Essen am Tisch zu verschlossen und unerreichbar sei. Regina stellt ängstliche Fragen: »Wie meinst du das? Was erwartest du von mir?« »Du könntest dich mehr beteiligen«, sagt John. »Sei einfach mehr dabei. Du sitzt da wie ein Holzklotz.« Regina schweigt zunächst und sagt dann mit leiser Stimme: »Aber deine Tochter erkennt nicht mal an, daß ich überhaupt existiere.« »Das ist ja lächerlich«, antwortet John. »Schließlich bist du doch die Erwachsene.« Regina läßt ihre Schultern hängen und schweigt. John verschränkt die Arme, sein Gesicht und sein Körper stehen sichtlich unter Spannung. »Ich bin so frustriert«, meint er. »Wie sollen wir weiterkommen, wenn du nicht einmal mit mir darüber redest!« Regina wird noch blasser. Die Muskeln um ihren Mund scheinen sich anzuspannen. John sinkt in seinen Stuhl, und das Gespräch endet mit Schweigen.

Beispiel 2: Eine »Doppel« Stieffamilie
(Zwei Eltern mit jeweils zwei Kindern)

Sheila, Mutter von zwei Jungen im Alter von 13 und 10 Jahren und Aaron, Vater von zwei Mädchen von 9 und 11 Jahren, leben seit zwei Jahren in einer Beziehung und sind gerade zusammengezogen. Sie hatten vorgehabt, in zwei Monaten zu heiraten. Nach einer lebendigen und sehr schönen Phase des Verliebtseins kommen sie in die Paartherapie, weil sie plötzlich angefangen haben, sich über »absolut alles« zu streiten.

Den Tränen nah beginnt Sheila die Sitzung. Sie spricht sehr schnell. »Was bist du für ein Vater, daß du nicht mal bereit bist, meinen Jungen ihre Schuluniformen zu kaufen! Meine Jungs werden niedergemacht. Du läßt sie im Stich ...« Aaron schießt zurück: »Ich bin nicht ihr Vater. Was erwartest du! Abgesehen davon, daß deine Kinder sich nicht mal richtig hinsetzen können, um zu essen. Sie stehen in der Küche herum und bedienen sich aus dem Kühlschrank – wie die Landstreicher.« Sheila entgegnet: »Warum versuchst *du* denn nicht, noch zu kochen, wenn du den ganzen Tag gearbeitet hast? Wie kommt es überhaupt, daß ich für die ganze Kocherei zuständig bin?« »Weil du an allem, was ich mache, etwas auszusetzen hast«, antwortet Aaron.

Mit wiederverheirateten Paaren wie John und Regina oder Sheila und Aaron zu arbeiten, kann selbst für den erfahrensten Therapeuten eine beängstigende und überwältigende Erfahrung sein. In diesem Kapitel beschäftigen wir uns mit der Theorie und Praxis der Gestalttherapie, um das, was wir in der Arbeit mit Stiefpaaren sehen, hören und fühlen, besser organisieren und entscheiden zu können, wann wir intervenieren. Gestalttherapeutisch ausgedrückt soll dieses Kapitel helfen, einen Hintergrund voller herausfordernder und z.T. widersprüchlicher Figuren zu organisieren.

Nehmen wir uns einen Augenblick Zeit, um die zentralen Begriffe *Figur* und *Grund* zu definieren. Die frühen Gestalt-Wahrnehmungsexperimente beschrieben den normalen Wahrnehmungsprozeß, in dem ein bestimmter Gedanke oder ein bestimmtes Bild, Gefühl oder Ziel sich vom Hintergrund abhebt und als Figur erscheint. Theorie und Praxis der Gestalttherapie basieren auf der Entdeckung, daß die meisten Menschen diese Anlage mitbringen. Eine gesunde Funktion hängt von der Fähigkeit ab, unsere Erfahrung in Form von Figuren zu organisieren, die klar und prägnant genug sind, um ein wirksames Handeln zu ermöglichen. Dieser Prozeß kann durch viele Dinge beeinflußt oder beeinträchtigt werden. Eine persönliche Geschichte, in der das natürliche Bedürfnis nach Aufmerksamkeit und Zuwendung nicht erfüllt wurde oder uns Anlaß zur Scham gegeben hat, kann zu übertriebener

Selbstkritik oder einem Abstumpfen der Gefühle führen, was wiederum zur Folge hat, daß aktuelle Bedürfnisse nicht erkannt werden können. Unrealistische Erwartungen können sich ebenfalls störend auf diesen Prozeß auswirken: wenn ich mich auf eine neue Beziehung einlasse und von vornherein erwarte, auf Ablehnung zu stoßen, werde ich selbst die kleinsten Anzeichen von Kritik bemerken, während ich den Ausdruck von Unterstützung vermisse. Auch eine extrem verwirrende (es geschieht zuviel) oder mißtrauische (jede Bewegung wird mit Kritik quittiert) Umgebung kann die Figurbildung erschweren.

Eine nicht klar definierte Figur ermöglicht keinen ausreichend klaren Fokus, und das erschwert jedes Handeln. Zu viele miteinander konkurrierende Figuren bewirken ein unzusammenhängendes und ineffektives Handeln. Die Unfähigkeit, überhaupt eine Figur zu bilden, führt zu Lähmung, und die ständige Wiederholung derselben Figurbildung führt – unabhängig von der jeweiligen Situation – zu unangemessenem Handeln.

Der Begriff *Grund* bezeichnet einfach den Hintergrund, aus dem eine Figur auftaucht. In meiner Praxis z.B. kann mein Schreibtisch mit allem, was darauf liegt, zum Hintergrund werden, oder auch die Aussicht aus meinem Fenster. Auch der Traum der letzten Nacht kann Teil des Hintergrundes sein, oder die morgendliche Unterhaltung mit meiner Tochter; ebenso meine Geschichte als ältestes Kind, von dem bestimmte Leistungen erwartet wurden, oder mein Bedürfnis nach einer Tasse Kaffee. Welche Figur ich wähle hängt nicht nur davon ab, ob ich in der Lage bin, mich auf diese verwirrende Anordnung zu konzentrieren, sondern auch vom Inhalt und der Organisationsform dieser Anordnung. An einem grauen Wintertag, wenn mein Schreibtisch aufgeräumt ist, ich in der nächsten Woche höchstens noch ein anderes Projekt zu bearbeiten habe und in der Lage bin, etwas geschafft zu bekommen, wird die Arbeit an diesem Kapitel sehr viel leichter zur Figur als an einem sonnigen Frühlingsmorgen, wenn sich auf meinem Schreibtisch eine ganze Reihe überfälliger und unerledigter Projekte auftürmen, ich am Morgen vor der Schule mit meiner Tochter schon eine Auseinandersetzung hatte und ich als jüngstes Kind immer im Schatten meiner älteren Schwester gestanden hätte.

Obwohl alle Familien Gemeinsamkeiten haben, gibt es zwischen Erst- und Zweitfamilien hinsichtlich ihrer Geschichte, ihrer Struktur und der entwicklungsmäßigen und therapeutischen Herausforderungen auch deutliche Unterschiede. Gestalttherapeutisch ausgedrückt ist der Hintergrund, von dem die Figurbildung ausgeht, in Stieffamilien ein völlig anderer. Wie so häufig, bot auch bei den Paaren in unseren Beispielskizzen der Hintergrund, den sie in die Stieffamilie mit einbrachten, keine Unterstützung für die Organisation ihrer neuen Erfahrung. Infolgedessen wurden normale entwicklungsbedingte Schwierigkeiten zu schmerzvollen Notfallsituationen. Die Energie, die so organisiert werden muß, daß normalen entwicklungsbedingten Konflikten wirksam begegnet werden kann, wurde abgelenkt und in Vorwürfe und Kritik umgewandelt. Unglücklicherweise verschlimmern viele Therapeuten diese Konflikte häufig noch, indem sie mit Zweitfamilien genauso arbeiten wie mit Erstfamilien. Die Folge ist eine irreparable Störung des Figurbildungsprozesses, was wiederum Konsequenzen nach sich zieht, die bestenfalls als unbefriedigend, häufig aber als katastrophal bezeichnet werden müssen.

Unsere erste Aufgabe besteht also darin zu beschreiben, welche Unterschiede sich zwischen dem Leben wiederverheirateter Paare und dem der »Erstfamilie«, wie ich sie nenne, erkennen lassen. Wenn wir den Einfluß der Struktur der Stieffamilie auf ihre Mitglieder etwas besser verstehen, können wir den Hintergrund mit einbeziehen, aus dem die in den eingangs dargestellten Skizzen auftauchende Dynamik hervorgegangen ist. Das wird uns befähigen, die Bedeutung dessen, was wir sehen, besser zu verstehen und auch unseren Klienten dabei zu helfen, diesen Sinn zu erkennen. Danach werden wir vier Linsen oder Sichtweisen beschreiben, mit Hilfe derer wir den gestalttherapeutischen Prozeß der Figurbildung angesichts dieser Dynamik klarer in den Blick fassen können. Unsere beiden Beispiele werden diese Überlegungen verdeutlichen.

Der Hintergrund:
Wie sich Stieffamilien von Erstfamilien unterscheiden

Wenn die beiden oben beschriebenen Familien in unserer Nachbarschaft leben würden, dann hätten sie auf den ersten Blick sehr viel Ähnlichkeit mit jeder anderen aus Eltern und Kindern bestehenden Familie. Bei näherem Hinsehen würden allerdings Unterschiede deutlich werden, die für die Familienmitglieder selbst und ihre Therapeuten von enormer Bedeutung sind. Um die Verwirrung in den Beispielskizzen besser verstehen zu können, müssen wir uns zunächst klarmachen, wie sich Stieffamilien von Erstfamilien unterscheiden.

Stieffamilien entstehen, wenn einer oder beide Partner Kinder aus ihrer früheren Beziehung mitbringen, die aufgrund von Trennung, Scheidung oder Tod beendet wurde. Diese Tatsachen haben einen sehr starken Einfluß selbst auf die kleinsten Interaktionen der beiden Paare in unserem Beispiel.

In einer Erstfamilie beginnen die Eltern ihr gemeinsames Leben damit, ihre Gemeinsamkeiten zu erleben und Unterschiede kennenzulernen. Wenn das erste Kind kommt, egal ob das ein leibliches oder ein Adoptivkind ist, haben beide die gleiche Verbindung zu ihm. Im Laufe der Zeit verständigen sie sich darüber, wie »wir« mit schreienden Kindern umgehen, wie »wir« den Weihnachtsbaum oder bestimmte Zeremonien gestalten. Wenn das zweite Kind kommt, muß einiges wieder verändert werden, aber viele Dinge haben sich im gemeinsamen Familienleben bereits etabliert. Die Regeln und Rhythmen bilden sich im Laufe jahrelanger gemeinsamer Erfahrungen. Wie in jedem Organisationssystem, gibt es einige Regeln und Normen, die klar festgelegt sind, während andere zwar sehr wirksam sind, aber weitgehend unbewußt bleiben.

Trennung, Scheidung oder Tod bringen dramatische Veränderungen der Familienkonstellation mit sich. Die Kinder werden zu Mitgliedern mindestens einer, häufig zweier Familien von Alleinerziehenden. Die Grenzen zwischen Erwachsenen und Kindern lockern sich, weil es für das einzelne Elternteil schwieriger geworden ist, die Disziplin aufrecht zu erhalten. Kinder, die mit schweren Verlusten leben müssen, gehen nicht selten in die Regression. Ein Kind, das eigentlich trocken ist, will wieder die Windel. Ein Fünfjähriger, der sich selbst anziehen konnte, braucht plötzlich wieder Hilfe. Mitgefühl und Trost zu geben scheint wichtiger zu sein, als bestehende Regeln beizubehalten.

Entscheidungen, die vorher von zwei Erwachsenen diskutiert und getroffen wurden, müssen nun in der neuen Familie von den Alleinerziehenden und ihren Kindern getroffen werden. »Welchen Film sollen wir uns anschauen?« »Was wollen wir heute essen?« Die Zeit, die der Erwachsene normalerweise mit seinem Partner verbracht hätte, wird nun mit den Kindern verbracht: Freitagabends macht die Mutter es sich beim Abendessen mit den Kindern vor dem Fernseher gemütlich. An Wochentagen legt der Vater sich abends mit den Kindern auf das große Bett und liest ihnen Geschichten vor. Und mit der Zeit entwickelt die Alleinerziehenden-Familie einen neuen Rhythmus und neue Rituale.

Wenn der Vater oder die Mutter dann eine neue Beziehung eingehen, ist das neue Stiefelternteil infolge dieser Entwicklungen in einer völlig anderen Position als der ursprüngliche Partner. In einer gesunden Erstfamilie wechseln die »Insider-« und »Outsider-Rollen« von Zeit zu Zeit. Manchmal sind die Erwachsenen sich sehr nah und schließen die Kinder aus. Oder das erste Kind verbündet sich mit einem Elternteil, und der andere Elternteil wird zum Outsider. Oder das zweite Kind spielt mit den Eltern, und das erste Kind wird zum Outsider.

Im Gegensatz dazu stehen die Insider- und Outsider-Positionen während der ersten Entwicklungsstufen der Stieffamilie durchgängig fest (Papernow, 1993). Der Stiefvater oder die Stiefmutter beginnt als Outsider gegenüber einer biologischen Eltern-Kind-Einheit; der neue Partner nimmt am gemeinsamen Alltagsleben teil und ist – häufig unbewußt – mit allem einverstanden: wie laut man sprechen darf, ob das Müsli mit oder ohne Zucker gegessen wird, ob es sich gehört, den Mantel im Sessel liegen zu lassen oder nicht usw. Der biologische Elternteil ist zunächst in der Insider-Rolle. Er oder sie steht allen Beteiligten am nächsten, den Kindern, dem neuen Partner und dem Ex-Partner. Festgelegte Insider- und Outsider-Positionen, die in einer Erstfamilie als pathologisch angesehen würden, sind in einer Stieffamilie bzw. einer Familie, in der die Eltern-Kind-Beziehung der Paarbeziehung der Erwachsenen vorausgeht, völlig normal.

In unserem ersten Beispiel bilden John und seine Tochter Tammy die Insider-Einheit. Regina ist auf die Outsider-Position festgelegt. Wenn Tammy sich beim Essen an ihren Vater wendet, ist das, was die beiden als ganz normales Gespräch zwischen Vater und Tochter erleben, für Regina etwas Exklusives, woran sie sich unmöglich beteiligen kann. Gleichzeitig ist John auf die Insider-Position festgelegt. Er hat eine engere Beziehung sowohl zu Tammy als auch zu Regina, die sich gegenseitig relativ fremd bleiben. Vor dem Hintergrund der Erstfamilie stellt John sich die Frage: »Was ist mit Regina los? Warum kann sie nicht am Familienleben teilnehmen?« Ein nicht ausreichend informierter Therapeut könnte geneigt sein, Johns Vorwürfen gegenüber Reginas mangelnder Teilnahme zuzustimmen. Ein klareres Verständnis für die normale Dynamik in Stieffamilien würde wahrscheinlich eher die Frage aufwerfen: »Welche Unterstützung braucht Regina in ihrer Rolle als Outsiderin gegenüber dieser intimen Beziehung?« »Was würde John in seiner Rolle als Vermittler helfen?« »Was könnte es Tammy leichter machen, damit zurechtzukommen, daß eine fremde Person mit am Tisch sitzt?«

Im zweiten Beispiel können wir sehen, was passiert, wenn zwei Eltern-Kind-Einheiten zusammenkommen; in der Forschung bezeichnet man das als »komplexe Stieffamilie«. Häufig ist es so, daß eine Familien-Einheit die Insider-Position einnimmt, in diesem Fall Sheilas Familie. Aaron ist mit seinen Kindern zu Sheila gezogen, so daß Sheila und ihre Kinder nun die Experten sind, angefangen damit, in welche Schublade das Besteck kommt bis zur »richtigen« Position der Sessel im Wohnzimmer. Außerdem leben Sheilas Kinder bei den beiden Erwachsenen, während Aarons Kinder nur zu Besuch kommen. In anderen Doppelfamilien kommt es vor, daß die lautere und etwas schnellere Einheit die meisten Entscheidungen trifft, z.B. welche Fernsehprogramme gesehen werden oder was es zu essen gibt, so daß die leisere und etwas langsamere Einheit das Nachsehen hat.

Auch für die Kinder ist es ein großer Unterschied, ob sie in eine Erst- oder in eine Stieffamilie hineinkommen. Obwohl ein neuer Partner für den Vater oder die Mutter des Kindes einen Gewinn bedeutet, stellt der Kontakt mit einem fremden Erwachsenen für das Kind häufig nur eine von vielen unfreiwilligen Veränderungen und Verlusten dar. Durch Trennung und Scheidung verlieren Kinder den Schmelztiegel ihrer Identität, nämlich ihre Familie. Bis die Kinder in eine Stieffamilie kommen, hat sich ihr Alltagsrhythmus bereits dramatisch verändert, oft sogar mehrmals, und ohne, daß sie sich dafür oder dagegen entscheiden konnten. Sonntagmorgens gibt es keine Pfannkuchen mehr; die vertraute Einrichtung fehlt; Papa kommt nicht mehr zum Abendessen nach Hause, und wenn der Verlust der Familie mit einem Umzug verbunden ist, kann es sein, daß die Kinder auch Freunde und Nachbarn verlieren und die Schule wechseln müssen. Und Mama ist eine ganze Zeit lang viel müder und reizbarer.

Die meisten Alleinerziehenden-Familien etablieren ihre eigenen neuen Regeln und Rituale. Wo früher der alte, extravagante Diwan stand, steht jetzt ein gebrauchtes Futon-Sofa mit ein paar großen Kissen. Einmal in der Woche geht Papa mit den Kindern in irgendeinem schlechten Restaurant essen. Freitags macht Mama mit den Kindern Popcorn, und dann sitzen alle zusammen auf ihrem Bett und schauen sich ein Video an.

Während die neue Beziehung für die Erwachsenen vielleicht das Ende der schlechten Zeiten bedeutet, kann es für die Kinder den Anfang härterer Zeiten signalisieren. Mama verbringt jetzt mehr Zeit mit ihrem neuen Freund, der Kinder und Popcorn in seinem Bett nicht mag. Papa kocht zusammen mit seiner neuen Frau, und die Kinder dürfen nicht in die Küche. Die Kissen auf dem Futon-Sofa, an die man sich gerade gewöhnt hatte, werden ausgetauscht. Dieser neue Mensch riecht anders, fühlt sich anders an und hat andere Vorstellungen von Disziplin. Die Gestalttheorie sagt uns, daß Veränderungen im Erfahrungsfeld bei Erwachsenen Desorientierung und Störung bewirken können, vor allem dann, wenn sie unfreiwillig stattfinden. Kinder, deren Identität viel stärker an das System, in dem sie leben, gebunden ist, können von massiven Veränderungen wie Scheidung oder Tod und einer daran anschließenden Zweitehe völlig überwältigt und überfordert werden.

Ebenso wichtig, und häufig sehr schmerzhaft, ist die Tatsache, daß das Auftauchen eines Stiefelternteils die Kinder oft in einen Loyalitätskonflikt stürzt. »Wenn ich Papas neue Freundin mag, betrüge ich meine Mutter.« Wenn die Erwachsenen in ihrem Leben übereinander schimpfen (»Wie kann er mit dieser Schlampe zusammensein!« »Dein Vater hat uns verlassen; er liebt dich nicht.«), kann die daraus entstehende Situation unerträgliche Alternativen mit sich bringen: »Wenn ich meine Stiefmutter nicht grüße, wird sie sich aufregen; tue ich es trotzdem, wird Mama sich ärgern.«

Für das neue Paar heißt das, daß jedesmal wenn ein Kind den Raum betritt, der leibliche Elternteil, der Stiefelternteil und das Kind völlig unterschiedliche Erfahrungen machen. Häufig wird es so sein, daß das Kind seinen Vater oder seine Mutter ansieht und anspricht (schließlich liegt hier die größte Sympathie, und der andere Erwachsene ist ja der Eindringling). Natürlicherweise wendet sich das Kind mit Fragen oder dem Wunsch, sich zu unterhalten, an seine leiblichen Eltern und begegnet dem (aus seiner Sicht) eindringenden Stiefelternteil mit Desinteresse oder offener Feindseligkeit. Folglich fühlt sich der leibliche Elternteil hin und hergerissen und besetzt. *Dieselbe Interaktion* ruft bei dem Stiefelternteil Gefühle von Distanziertheit, Zurückweisung, Eifersucht und Groll hervor. Wenn ein weinendes Kind die Unterhaltung der Erwachsenen zum fünften Mal stört, nimmt der biologische Elternteil die Tränen als Zeichen dafür, daß das Kind etwas bedrückt. Der Stiefelternteil wird eher geneigt sein, dieses Verhalten als manipulativ und störend zu empfinden. Ein Verhalten, das ein Bedürfnis nach Aufmerksamkeit durch den biologischen Elternteil signalisiert, ist für den Stiefelternteil ein Hinweis auf die Notwendigkeit von Beschränkung. Deshalb müssen John und Regina, um miteinander reden zu können, sich mit der Tatsache auseinandersetzen, daß sie von völlig unterschiedlichen Figuren ausgehen. Als Gestalttherapeuten wissen wir, daß zwei Menschen ihre jeweilige Erfahrung mit ein und demselben Ereignis auf sehr unterschiedliche Weise organisieren können. Obwohl theoretisch keine der beiden Erlebensweisen richtig oder falsch ist, fühlt sich »mein« Erleben doch immer wirklicher und verständlicher an als »deines«. Auch wenn Unterschiede in jeder menschlichen Beziehung eine unausweichliche Gegebenheit darstellen, sind Stiefpaare mit dieser Tatsache jedesmal sofort konfrontiert, wenn sie sich relativ früh in ihrer Beziehung, bevor sie eine starke Paarbindung aufgebaut haben, mit einem Kind auseinandersetzen müssen. Paare, die mit einem Grundwissen über die Dynamik von Stieffamilien zusammenkommen, haben zumindest ein gewisses Verständnis dafür, daß die Haltung und Ansichten des Partners aus einem völlig anderen Hintergrund heraus entsteht. Ohne diese Kenntnis kann die Lücke in der Verständigung der beiden Partner sich angesichts scheinbar unbedeutender Fragen sehr schnell vergrößern.

Heinz Kohut (1977) und andere Vertreter der Selbst-Psychologie haben unseren Blick auf das grundlegende menschliche Bedürfnis nach »Spiegelung« (das Gefühl, daß ein anderer unsere innere Erfahrung wirklich versteht) gelenkt. Kohut erinnert uns daran, daß dieses Bedürfnis bis ins Erwachsenenalter hinein anhält. Wenn Alltagserfahrungen zu bleibenden »Sprüngen« im Spiegel führen, ist das selbst für den Gesündesten eine beängstigende Erfahrung. Wenn wir nun Kohuts Konzept mit dem Gestaltkonzept verbinden, können wir sagen, daß das Spiegeln sehr viel einfacher ist, wenn zwei Menschen Figur und Hintergrund miteinander teilen. Es ist viel schwieriger, über große Unterschiede im Gewahrsein hinweg zu »spiegeln«. Hier sehen wir den primären Entwicklungskonflikt wiederverheirateter Paare; die Frage lautet: wie überbrückt man grundlegende Diskrepanzen im Gewahrsein, die mit schonungsloser und beängstigender Häufigkeit auftreten, bevor das Paar eine solide Beziehung aufgebaut hat?

Diese Aufgabe wird erschwert durch die Tatsache, daß die Sprünge im »Spiegel« über die unterschiedliche elterliche Zugehörigkeit hinaus noch größer werden. In Stieffamilien kommen bereits etablierte »Mini-Familien« (Keshet, 1980) zusammen, die ihre eigene Kultur mitbringen (Papernow, 1987). Was der einen Familie ganz natürlich erscheint, ist für die andere geradezu undenkbar. In unserem zweiten Beispiel ist Aaron, der es gewohnt war, sich mit seinen Kindern zum Essen an den Tisch zu setzen, zu einer Frau gezogen, die zusammen mit ihren Kindern den Kühlschrank plünderte und im Stehen aß. Im ersten Beispiel ist Regina, für die das morgendliche Duschen ein besonderes Ereignis darstellte, auf das sie nicht verzichten wollte, damit konfrontiert, daß ihre Stieftochter und ihr neuer Ehemann ihre nassen Handtücher im Badezimmer einfach auf dem Boden liegenlassen. Auch wenn diese Dinge unbedeutend erscheinen mögen, es sind die Fäden, die zusammen das Gewebe unserer Existenz ergeben. Sie bilden »fixierte Gestalten«, an denen man festhält und die einfach als »Realität« erscheinen. Viele von ihnen bleiben unbewußt, bis sie durch das neue Leben in der Stieffamilie angegriffen werden.

Die Reaktion auf diesen Angriff wird häufig zunächst wortlos als körperliches Gefühl von Schock und Verletzung erlebt. Manchmal, wie etwa bei Regina in unserem ersten Beispiel, führt die Überraschung zu Depressionen »Was stimmt mit mir nicht, daß ich mich nicht daran anpassen kann?« und Schweigen. Bei anderen, z.B. bei Aaron und Sheila, entsteht aus dem anfänglich klaren Gefühl von Überraschung und Hilflosigkeit plötzlich Panik und Wut: »Wie konntet ihr nur so essen?« Und die vielleicht ebenso schockierte Antwort ist »Was meinst du damit? Wir haben das immer so gemacht. Was fällt dir ein, zu sagen, das sei nicht in Ordnung!« Panik und Schock sind wahrscheinlich besonders intensiv, wenn das Paar mit der Erwartung, von Anfang an eine »zusammengewachsene« Familie sein zu können, an die neue Lebensgemeinschaft herantritt.

Keine dieser Reaktionen ist für den langsamen Prozeß der Ausbildung von Gewahrsein und Neugier dienlich, die nötig sind, um die Unterschiedlichkeiten, die eine junge Stieffamilie unweigerlich mit sich bringt, zu erforschen, zu verstehen und z.T. zu überwinden. Die Aufgabe des Gestalttherapeuten besteht darin, dem wiederverheirateten Paar zu helfen, diese entscheidende Aufgabe zu meistern. Die Gestalttherapie lehrt uns, unsere Aufmerksamkeit den hier und jetzt stattfindenden Prozessen zu widmen, darin liegt ihre größte Stärke. In vielen Stieffamiliensystemen reicht jedoch eine noch so gut entwickelte Aufmerksamkeit auf die Prozesse allein nicht aus. Die erfolgreiche Arbeit mit Paaren, wie wir sie gerade kennengelernt haben, erfordert inhaltliche Kenntnisse (Hintergrund) der Erfahrung von Stieffamilien und deren Einfluß auf jedes einzelne Mitglied der Familie, einschließlich der Kinder das Paar selbst. Deshalb beginnen wir dieses Kapitel mit den Informationen, die sowohl Therapeut als auch Klienten brauchen, um die Arbeit an der Entwicklung einer erfolgreichen und nährenden Stieffamilie zu unterstützen.

Die Arbeit mit wiederverheirateten Paaren beinhaltet den Wechsel zwischen verschiedenen Sichtweisen (Linsen): 1. Wir müssen uns unmittelbar mit Problemen der Stieffamilie auseinandersetzen. 2. Wir müssen Gewahrsein fördern. Das heißt, wir müssen jedem Familienmitglied helfen, eine Sprache und Stimme für seine eigene Erfahrung zu finden und ein gewisses Verständnis für die Erfahrungen der anderen zu entwickeln, damit mehr gemeinsamer Boden entstehen kann. 3. Wir müssen auf die gegenwärtige (hier und jetzt) Dynamik des Paares achten, die eine gemeinsame Figurbildung entweder unterstützt oder erschwert. 4. Wir achten auf unerledigte Situationen, die den gegenwärtigen Kontakt blockieren. In diesem Kapitel werden wir jede dieser Perspektiven vorstellen. Wir werden beschreiben, wie diese Perspektiven unseren Standpunkt gegenüber den Paaren in den eingangs vorgestellten Beispielen verändern und in welchem Verhältnis sie zueinander stehen.

Die Grundsätze, die unsere Arbeit mit Stieffamilien prägen, unterscheiden sich ihrer Art nach nicht von denen, die jeder gestalttherapeutischen Arbeit zugrunde liegen. Wir beschäftigen uns direkt mit den aktuellen Fragen, fördern das Gewahrsein des einzelnen, schauen uns die Systemdynamik an, achten auf unerledigte Situationen, die sich störend auf den aktuellen Figurbildungsprozeß auswirken könnten und erforschen die Interaktionen der Gegenwart und der Vergangenheit.

Die Unterschiede liegen in den unterschiedlichen Phänomenen bei wiederverheirateten Paaren und ihren Familien, dem leicht veränderten Blickwinkel, den jede der vier Perspektiven uns bietet, der Ästhetik sowohl der Trennung als auch des Zusammenwebens der Daten, die wir aus den verschiedenen Perspektiven gewinnen und in der Schwierigkeit der Figurbildung angesichts der intensiven Reize, die das Leben der Stieffamilie mit sich bringt.

Erste Perspektive: Die Grundlagen der Stieffamilie

Obwohl der pädagogische Aspekt in der therapeutischen Arbeit normalerweise eher eine nachrangige Rolle spielt, brauchen wiederverheiratete Paare (und ihre Therapeuten) ausreichende Kenntnisse der normalen Dynamik von Stieffamilien, um besser entscheiden zu können, worauf sie sich in einem von herausfordernden Figuren übersäten Feld konzentrieren sollen.

Häufig besteht die erste Aufgabe des Therapeuten darin, dem gestreßten wiederverheirateten Paar grundsätzliche Informationen anzubieten und die Partner dadurch zu beruhigen. Wir können davon ausgehen, daß John und Regina nicht wissen, daß die Dynamik beim Essen weder ein Symptom von Unzulänglichkeit noch ein Mangel an Fürsorge darstellen, sondern das normale Resultat ihrer Familiengeschichte und -struktur sind. Ebenso können wir uns vorstellen, daß Sheila und Aaron in unserem zweiten Beispiel ihr Leben als Stieffamilie mit der sehr verbreiteten Phantasie (Papernow, 1993) begonnen haben, »zusammenwachsen« zu können wie eine Erstfamilie. Aufgrund dieser Erwartungshaltung wird jeder neue und unerwartete Unterschied zum Zeichen dafür, daß die Familie nicht funktioniert. Angesichts der Wut- und Trotzanfälle eines Zweijährigen kann das Wissen um die Rahmenbedingungen der kindlichen Entwicklung jungen Eltern neue Perspektiven eröffnen und Hinweise darauf geben, wo und wie sie Energie mobilisieren (wenn ein Zweijähriger im Supermarkt schreit, gehen wir vielleicht mit ihm nach draußen, aber wir versuchen nicht, ihn durch Argumente von seinem Wutanfall abzubringen). Genauso brauchen diese beiden Paare einige Informationen über die normale Stieffamiliendynamik, um sich selbst oder gegenseitig nicht mehr zu beschimpfen, den Versuch aufgeben zu können, das Unvermeidbare zu verhindern und statt dessen mehr Verständnis füreinander zu entwickeln und den normalen Entwicklungsprozeß gemeinsam zu bewältigen.

Die Gestaltgrundsätze helfen uns in unserer pädagogischen Rolle. Sie erinnern uns daran, den Wissensdurst unserer Klienten immer im Auge zu behalten. Zwei oder drei Fragen und Antworten können sehr viel besser verdaut werden als eine Flut von Informationen. Das gilt besonders für ein Familiensystem, das ohnehin schon mehr aufnimmt, als ein normaler Mensch bewältigen kann. Die Gestaltprinzipien erinnern uns auch daran, Grenzen zu respektieren oder nach dem Interesse zu fragen, bevor wir anfangen zu reden (»Möchten Sie etwas darüber wissen?«). Die orale Metaphorik der ersten Gestalttherapeuten (Perls, Hefferline & Goodman, 1991) erinnert uns daran, daß wirkliches Lernen nicht möglich ist, wenn wir etwas als Ganzes schlucken ohne zu kauen, und sie erinnert uns daran, bei unseren Klienten den Integrationsprozeß für neue Informationen, die wir ihnen anbieten, zu unterstützen (»Ist das hilfreich für Sie?« »Können Sie sich einander zuwenden und sich sagen, was für Sie in ihrer Erfahrung mit der Familie paßt und was nicht paßt?«).

Auf der anderen Seite ist es einem verzweifelten Paar gegenüber ganz und gar unfair, den Wunsch nach Führung als Zeichen von »Introjektion« aufzufassen. Wiederverheirateten Paaren wirkliche Hilfe anzubieten erfordert oft, daß wir unsere pädagogische oder bildende Rolle darauf ausweiten, dem Paar ganz konkrete Vorschläge zu machen, die ihm helfen, den Herausforderungen, die das Leben in einem solchen Familiensystem mit sich bringen, besser begegnen zu können. Ein paar gute »Ratschläge« können wiederverheirateten Paaren helfen, ihre Energie nicht mit hoffnungslosen Versuchen zu verschwenden, sondern möglichst nützlich und gewinnbringend einzusetzen. Allzu häufig jedoch machen Therapeuten Vorschläge, die auf falschen Schlußfolgerungen aus der Arbeit mit Erstfamilien basieren und denen die Phantasie zugrundeliegt, möglichst schnell eine »zusammengewachsene« Familie zu werden, (eine enge Paarbeziehung zu entwickeln, einen einheitlichen Regelkatalog zu entwerfen, alle Kinder gleich zu behandeln, als ganze Familie Zeit miteinander zu verbringen). Die Ergebnisse sind katastrophal. Die folgenden Handlungsschritte, die die Paare größtenteils nicht einfach selbst erfinden können, werden für die Entwicklung der Stieffamilie hilfreicher sein.

Eins-zu-eins-Zeiten

Der Drang, möglichst schnell »zusammenzuwachsen«, führt bei jungen Stieffamilien häufig dazu, daß sie die meisten ihrer Aktivitäten als ganze Familie planen, was unglückliche Auswirkungen mit sich bringt. Die Energie, die aufgewendet wird, um »zusammenzuwachsen«, könnte besser dazu genutzt werden, sich »aufzuspalten« (Papernow, 1993, S. 390). Angemessene Eins-zu-eins-Zeiten sind für jede Familie wichtig, und in Stieffamilien besonders kritisch, weil die Zeiten, die man als ganze Familie zusammen verbringt, das Insider-Outsider-Thema oder Loyalitätskonflikte hervorbringt und meistens damit verbunden ist, daß fixierte Gestalten hinsichtlich dessen, wie die Dinge »sein sollten«, aufeinanderprallen. Die Partner brauchen Zeit für sich, ohne die Unterbrechungen und den spaltenden Einfluß der unterschiedlich engen Beziehungen zu den Kindern. Die Stiefeltern-Stiefkind-Paare brauchen Zeit für sich alleine, in denen sie nicht durch die stärkere Eltern-Kind-Beziehung gestört werden. Und die biologischen Eltern-Kind-Paare brauchen Zeit für sich, ohne einen Fremden mit einbeziehen zu müssen.

In unseren Beispielen würden Eins-zu-eins-Zeiten Regina dabei helfen, die Insider-Rolle sowohl mit John als auch mit Tammy einzunehmen. Sowohl Tammy als auch Sheilas und Aarons Kinder hätten dadurch verläßliche Zeiten, um mir ihren Eltern bzw. Stiefeltern zusammenzusein und sie ohne Störung von außen kennenzulernen. Die leiblichen Eltern brauchen in beiden Familien Zeit, die sie allein mit ihren Kindern verbringen können, ohne fürchten zu müssen, damit ihre neuen Partner vor den Kopf zu stoßen oder im Stich zu lasen, und sie brauchen Zeit für ihre Partner, in denen sie auf die Bedürfnisse der Kinder keine Rücksicht zu nehmen brauchen. Und auch die Ex-Partner brauchen Zeit, um miteinander über die Kinder sprechen zu können, ohne die gemeinsame Zeit des neuen Paares zu beanspruchen.

Aufeinanderprallende Kulturen

Die Gestaltprinzipien erinnern uns daran, daß guter Kontakt der Differenzierung bedarf. Das widerspricht dem Gefühl vieler Leute, die »Familie« als einen Ort ansehen, an dem an gemeinsamen Werten und Ritualen festgehalten wird. Für wiederverheiratete Paare kann es hilfreich sein zu wissen, daß sich auch in Erstfamilien gemeinsame Normen über viele Jahre hinweg erst Stück für Stück entwickeln müssen. Am Anfang des gemeinsamen Lebens in der Stieffamilie permanent mit Unterschieden konfrontiert zu sein mag frustrierend und ärgerlich sein, aber wenn zwei unterschiedliche Kulturen zusammengeführt werden, ist das Erleben der Unterschiede Teil des normalen Prozesses. Wenn man von irgendeinem Teil der Familie zu früh verlangt, seine Identität zurückzustellen, erzeugt man Widerstand. Das Ziel besteht darin, die Energie des Paares von dem Versuch abzulenken, unbedingt eine einheitliche Familienkultur herzustellen, und sich statt dessen gegenseitig kennenzulernen.

Diese Arbeit kann sehr anstrengend sein, und Paare wie Sheila und Aaron benötigen häufig Hilfe, um ein paar Dinge in den Vordergrund treten zu lassen und dem Rest zu erlauben, so lange im Hintergrund zu bleiben, bis sich genügend Achtsamkeit und Energie aufgebaut hat, um sich ihnen zuwenden zu können. Sich regelmäßig Zeit zu nehmen, um Fragen der Stieffamilie zu diskutieren, sich immer nur mit jeweils einer Frage zu beschäftigen, ein paar Bereiche auszuwählen, in denen Veränderungen gemacht werden sollen, und genügend Raum für Unterschiede zuzulassen – all das kann die Bewältigung des Prozesses sehr erleichtern.

Man kann einzelne Stiefeltern wie Regina, die in ein biologisches Eltern-Kind-System eintreten, dazu ermutigen, zwei oder drei Dinge auszuwählen, die sie am liebsten verändern würden, um sich wohler zu fühlen. Mehr Veränderung würde die Kinder überfordern. Weniger Veränderung wäre unfair gegenüber dem Outsider, weil es ihn in der Rolle des Fremden bestätigen würde. Wenn beide Partner Kinder mitbringen, wie in Sheila und Aarons Fall, muß die Familie sich auf höchstens vier oder fünf Basisregeln einigen, die jeder einhält, während andere Unterschiede zumindest eine Zeitlang weiterbestehen dürfen. Das gemeinsame Regelwerk funktioniert am besten, wenn keine Partei sich auf mehr als zwei oder drei Veränderungen einlassen muß und wenn die Kinder (und die Erwachsenen) sich gleichermaßen anpassen müssen. Die Schwierigkeiten der Kinder, sich neuen Regeln anzupassen, ist häufig Ausdruck ihres Kampfes mit vielfältigen Veränderungen und Verlusten oder schmerzlichen Loyalitätskonflikten, und sollte nicht einfach als »schlechtes Benehmen« interpretiert werden. Sheilas und Aarons Kinder sind alt genug, um am Prozeß der Etablierung solcher Regeln mitzuwirken. Jüngere Kinder können gefragt werden, was ihnen leichter und was ihnen schwerer fällt, wobei die Entscheidung allerdings nach wie vor bei den Eltern liegt.

In Sheilas und Aarons Familie z.B. könnte es so sein, daß alle Kinder ihr Geschirr selbst spülen müssen, während die ganze Familie an manchen Abenden auf Sheilas Art ißt und an anderen so, wie Aarons Familie es gewohnt ist, und an manchen Abenden essen beide Familien auf ihre eigene Weise.

Die beängstigende Aufgabe, sich den Unterschieden zu stellen, wird leichter voranschreiten, wenn der Therapeut jungen Stieffamilien hilft, sich ihrer Gemeinsamkeiten bewußt zu werden. Aaron und Sheila spielen sehr gern. Beide kommen aus Ehen, in denen die Partner nur selten zusammen Spaß hatten. Sie brauchen Ermutigung, auch ohne die Kinder Zeit miteinander zu verbringen, in der sie diese Leichtigkeit miteinander genießen können. Reginas Stieftochter Tammy möchte gerne schwimmen lernen. Dieser Wunsch gibt Regina, die Meisterschwimmerin ist, Gelegenheit, es ihr beizubringen. Vor allem während der ersten Zeit erfordert die Erfahrung von Gemeinsamkeiten mit den Stiefpaaren Eins-zu-eins-Zeiten ohne die Konkurrenz der stärkeren biologischen Eltern-Kind-Beziehung. Wenn die Stief-Beziehungen im Laufe der Zeit stärker werden, sind diese Zeiten nicht mehr so sehr notwendig.

Als Stiefeltern mit Kindern umzugehen, ist eine komplizierte Aufgabe, die bei wiederverheirateten Paaren viele Fragen aufwirft. Paare, die in der Vorstellung leben, der Stiefelternteil könne ohne weiteres in die Elternrolle schlüpfen, werden besonders stark frustriert und besorgt sein. »Ich weiß etwas, das hier weiterhelfen könnte«, könnte der Therapeut sagen. »Möchten Sie es hören?«

Bis Kinder und Stiefeltern sich gut genug kennen, werden Fragen der Disziplin am besten vom biologischen Elternteil geregelt. Dabei fungiert der Stiefelternteil mehr als Resonanzkörper – außerhalb der Hörweite der Kinder. Die Rolle des Stiefelternteils kann am Anfang mit der eines Onkels, einer Tante oder eines Babysitters verglichen werden. Er trägt ebenso Verantwortung wie jeder andere Erwachsene das tun würde, wenn der leibliche Elternteil nicht da ist. Er achtet auf die Einhaltung der Regeln (einschließlich der zwei oder drei neuen Regeln, die er selbst mitgebracht hat). Ebenso wie in anderen neuen und unangenehmen Situationen können schriftliche Regelungen sehr hilfreich sein. Häufig fragen die Paare, was sie sagen sollen, wenn das Kind sagt: »Aber du bist nicht meine Mutter.« Was die Stiefmutter sagen kann ist: »Das stimmt, ich bin nicht deine Mutter. Wir alle erleben hier eine Menge Veränderungen. Deine Mama wird immer deine Mama bleiben. Und wir beide werden uns langsam besser kennenlernen. Vielleicht werden wir uns sogar richtig liebhaben, vielleicht auch nicht! Heute abend jedenfalls trage ich als Erwachsene hier die Verantwortung, und es ist Zeit, ins Bett zu gehen, genau wie sonst auch um diese Zeit.«

Untersuchungen darüber, wie sich die Kinder an Scheidung und Wiederverheiratung anpassen, haben sehr klar gezeigt, daß die Eltern solcher Kinder, die sich besonders schwertun, weiterhin ein konfliktvolles Verhältnis zueinander haben (Hobart, 1987; Johnston, Gonzales & Campbell, 1987; Kline, Johnston & Tschann, 1991). Während sich die Erwachsenen von ihren Ex-Partnern trennen können und müssen, bleiben die Kinder biologisch und emotional immer und untrennbar mit den Eltern, die sie geprägt haben, verbunden. Wenn bei einem wiederverheirateten Paar einer oder beide Partner dem Drang, mit dem anderen vor den Kindern zu streiten oder den Ex-Partner oder dessen neuen Lebensgefährten schlechtzumachen nicht widerstehen kann, macht das die Situation für die Kinder noch schlimmer. Die »Sprache der Wünsche« ist auch hier sehr hilfreich: »Natürlich haben Sie den Wunsch, ihren Ex-Mann einfach loswerden zu können.« Eine lebhafte Metapher kann helfen, diesen Punkt so deutlich wie nötig zu machen: »Wenn Sie von Kindern verlangen, ihren Vater abzuweisen, dann fordern Sie von Ihnen, einen Teil ihrer selbst abzuweisen. Sie müßten ein Stück aus ihrem Herzen schneiden, aber das können sie nicht, ohne zu verbluten.« Wenn man die Loyalitätskonflikte der Kinder zu lösen versucht, dann verringert das die Versuchung, sie zu benutzen, um unangenehme Botschaften zu überbringen. »Sag deinem Vater, daß er uns nicht genug Geld gibt«, ist *niemals* eine gute Aufgabe für ein Kind. Wenn Eltern davon nicht ablassen können, gehört das in die Therapie.

Es kann nicht schaden noch einmal zu betonen, daß wir dem Drang widerstehen müssen, mehr Informationen zu geben als in einem ohnehin schon überladenen System verdaut werden können. Die Gestaltprinzipien erinnern uns daran, die Informationen den aktuell empfundenen Bedürfnissen anzupassen und den Integrationsprozeß des Paares zu fördern: »Kommen Sie damit zurecht, miteinander darüber zu reden?« »Können Sie sich gegenseitig helfen, das zu benennen, was für jeden von Ihnen in Ordnung wäre und was nicht?« Können wir uns gemeinsam anschauen, was Sie mit der Hilfe, die Sie benötigen, tun können?«

Und wir müssen uns in Erinnerung rufen, daß die Tatsache, daß Stieffamilien nicht so funktionieren können wie Erstfamilien, den einen zwar Erleichterung verschafft, aber für andere auch eine schwere Enttäuschung bedeuten kann. Bei einigen Paaren wird die Normalisierung der Informationen ausreichend neuen Boden schaffen, um der Familie ein besseres Funktionieren zu ermöglichen. Bei anderen wird das Loslassen der alten »Gestalt« sich als sehr schmerzlich erweisen. Die Gestaltprinzipien des Respekts vor dem Widerstand erinnern uns daran, daß wir unsere Klienten nicht ohne weiteres von ihrer Sehnsucht nach einer »richtigen« Familie abbringen können, deren Bild in unserer Kultur hochgehalten wird. Die Schwierigkeiten, diese tief empfundenen Wünsche loszulassen, sollten nicht als Aufsässigkeit behandelt werden, sondern als Trauerarbeit. Wir erforschen den Verlust: »Was haben Sie sich vorgestellt? Erinnern Sie sich, wann Sie zum erstenmal darüber nachgedacht haben? Können Sie ihrem Partner etwas darüber erzählen?« Wir unterstützen den Partner: »Ihre Aufgabe ist es, einfach zuzuhören und neugierig zu sein, wenn Sie können.« Wir schaffen einen sicheren Raum, um die Gefühle des Verlustes und der Enttäuschung auszudrücken, daß dies nicht die Familie ist, die sich die Partner vorgestellt hatten. Und wir können die Peinlichkeit, »falsche Vorstellungen« zu haben, etwas eindämmen, indem wir ihnen deutlich machen, daß sehr viele Paare ihre Zweitehe mit solchen Wünschen beginnen.

Zweite Perspektive: »Ich« und »Du« Gewahrsein

Als Gestalttherapeuten wissen wir, daß der Grundstein jeder guten Beziehung ein voll entwickeltes und gemeinsames Gewahrsein ist. Das gilt besonders für wiederverheiratete Paare, bei denen wir verstärkt darauf achten müssen, inwiefern die Partner ein Gewahrsein für ihre unterschiedliche Erfahrung desselben Ereignisses ausbilden. Es ist hilfreich, dies als doppelte Aufgabenstellung zu betrachten: in Anlehnung an die Sprache Bubers gibt es eine »Ich«-Aufgabe und eine »Du«-Aufgabe. Die »Ich«-Aufgabe beinhaltet, daß jedes Familienmitglied eine Sprache und eine Stimme für seine spezielle Rolle innerhalb der Stieffamilie entwickelt. Die »Du«-Aufgabe erfordert, daß man Augen und Ohren öffnet, um die Erfahrungen der anderen Familienmitglieder zu sehen, zu hören und zu verstehen.

Bei unserer Arbeit mit Stieffamilien müssen wir darauf hören, ob jedes Mitglied des Familiensystems in der Lage ist, seine Erfahrung zu beschreiben. Ist das nicht der Fall, dann müssen wir entsprechende Unterstützung bereitstellen. Vielleicht brauchen die Stiefeltern Hilfe, um eine Sprache für ihre Outsider-Position zu finden: »Ich werde eifersüchtig, wenn deine Kinder unsere Gespräche dauernd unterbrechen können.« »Ich komme überhaupt nicht zu Wort.« »Wenn deine Kinder hier sind, nimmt überhaupt keiner Notiz von mir.« Leibliche Eltern brauchen vielleicht Hilfe, um ihre Schwierigkeiten mit der Insider-Rolle zu beschreiben: »Ich fühle mich hin und hergerissen.« »Jeder will irgendwas von mir.« »Ich kann nicht jedem Bedürfnis gerecht werden.« Häufig brauchen die Familienmitglieder Unterstützung, um miteinander über ihre Verlusterfahrungen zu sprechen. Für Stiefeltern kann das z.B. heißen: »Ich wünschte mir so sehr, ich könnte dieses Kind lieben wie mein eigenes«, oder »Ich dachte, deine Kinder würden mich freundlicher aufnehmen. Es tut weh, zu sehen, daß sie das nicht können.« Und für die leiblichen Eltern heißt das vielleicht: »Es ist so traurig, daß diese Familie nicht wie eine Erstfamilie zusammenleben kann.« Kinder brauchen Hilfe, um ausdrücken zu können, wie sie die Scheidung und Wiederverheiratung erlebt haben: »Ich war so überrascht.« »Wenn ich bei Papa bin, vermisse ich Mama, und wenn ich mit Mama zusammen bin, vermisse ich Papa.« Kinder brauchen vor allem eine Sprache für ihre Loyalitätskonflikte »Ich hasse es, wenn Mama schlecht über Papa redet«, und für die vielen Veränderungen in ihrem Leben.

Wenn alle Familienmitglieder eine Sprache gefunden haben, um ihre Erfahrungen ausdrücken zu können (auch, wenn sie sich gegenseitig nicht zuhören), kann man sie beglückwünschen, einen Meilenstein auf dem Weg zur Stieffamilie erreicht zu haben: sie können darüber reden, wie es für sie ist. Wenn nicht, ist eine unserer ersten Aufgaben, ihnen dabei zu helfen. Wir nähern uns der Aufgabe, das Gewahrsein innerhalb der Stieffamilie zu erhöhen mit dem Bewußtsein, daß es viele Hindernisse gibt, die diesen Prozeß erschweren. Die Gefühle, die benannt und ausgedrückt werden müssen (Eifersucht, Enttäuschung, Angst, Unzulänglichkeit), mag niemand gern, und sie anzuerkennen kann eine Welle von Scham ins Rollen zu bringen. Wie wir gesehen haben, fällt das Spiegeln und das Mitfühlen mit dem Partner (»Ich weiß wie das ist. Du fühlst dich wie unsichtbar, nicht wahr?«), das sowohl Gewahrsein als auch Scham erzeugen kann, wiederverheirateten Paaren besonders schwer. Und schließlich bringen die meisten Paare eine ganze Reihe von Vorstellungen und Erwartungen aus ihrem Leben in der Erstfamilie mit. Das bringt sie in die Situation, mit einer längst veralteten Landkarte in einem völlig unbekannten Gebiet ihren Weg finden zu müssen, so daß die Schilder und Hinweise ihre gegenwärtige Erfahrung stören und durcheinanderbringen. Zum Beispiel bewirkt die Erwartung, daß Eltern ihre Kinder bedingungslos lieben müßten, daß Stiefeltern die Erfahrung von Eifersucht, Unverbundenheit und Unzulänglichkeit eher als etwas Falsches erleben, und nicht als Hindernisse auf dem Weg zu einer neuen Beziehung. Und zuletzt verschärft das Vermächtnis des Verlustes, auf dem neue Paare ihr gemeinsames Leben aufbauen müssen, den Schmerz, den das Erkennen der Unterschiede unvermeidlich auslöst, wenn das Gewahrsein zunimmt. Deshalb ist das, was als Widerstand erscheint, wie in jeder therapeutischen Arbeit, häufig Schmerz und Scham.

Die Gestaltprinzipien erinnern uns daran, daß gute Therapie sehr oft das Angebot einer angemessenen Unterstützung umfaßt, die einen gesunden Prozeß fördert. Eine Reihe von Bewegungen kann das individuelle Gewahrsein der Stiefpaare unterstützen.

Unterstützung beginnt mit der Fähigkeit des Therapeuten, den Klienten seine ganze Aufmerksamkeit zu widmen und dabei (anders als die Partner) keine Verteidigungshaltung einzunehmen. Es ist besonders schwer, eine Sprache zu finden, wenn die Figur des anderen um diese Aufmerksamkeit konkurriert. Manchmal ist der Therapeut der einzige, der dem inneren Erleben jedes einzelnen Mitglieds der Stieffamilie genügend Aufmerksamkeit schenken kann, um ihm oder ihr zu helfen, Zugang zu den häufig negativen und noch nicht deutlich formierten Gefühlen zu finden. Eine Stiefmutter findet so vielleicht Worte für ihre Erfahrung, wenn ein einfühlsamer und interessierter Therapeut sie fragt: »Wie fühlst du dich, Regina, wenn Tammy nicht mit dir redet?« Würde ihr Ehemann, der sich sehr viel mehr Sorgen macht, dieselbe *Frage* stellen, dann klänge das wahrscheinlich eher so: »Was um alles in der Welt ist mit dir los?«, und würde ihr Schweigen verstärken anstatt sie zu unterstützen.

Unterstützung in der Gewahrseinsbildung kann auch heißen, eine *Sprache anzubieten*, die dem Klienten hilft, von einem zunächst körperlich empfundenen Unbehagen zu einem Gefühl zu kommen, das sich in Worte fassen läßt: »Ich nehme an, daß es schmerzlich für Sie ist, *daß* Ihre Frau nicht die Art von Verbindung mit ihrer Tochter haben kann, die Sie mit ihr haben.« »Fühlen Sie sich manchmal hin und hergerissen?« »Wollen Sie sagen, daß Sie sich manchmal 'außen vor' fühlen?« Als Gestalttherapeuten gehen wir nicht davon aus, die Erfahrung oder die »wahre Bedeutung« des Verhaltens unserer Klienten zu kennen. Wir müssen Vermutungen anstellen, aber dabei den Respekt vor der *subjektiven* Erfahrung des Klienten bewahren.

Wie alle Therapeuten, fühlen wir uns in den Klienten ein. »Das muß schmerzlich sein.« »Ich nehme an, es war nicht leicht für Sie, das zu hören.« Unsere Aufmerksamkeit und unsere Empathie verstärken das Gefühl und geben ihm mehr Raum; wir schütteln gewissermaßen das emotionale Federbett auf.

Unser Gestalthintergrund ermöglicht es, nicht nur auf den sprachlichen Inhalt zu achten, sondern auch den Körper unserer Klienten im Auge zu haben. Vor allem wenn es um spezifische Probleme der Stieffamilie geht, können nonverbale Hinweise einen Weg aufzeigen, wie der Partner seine Stimme wiederfindet: »Mir ist aufgefallen, daß Sie ihre Schultern hängengelassen haben, als John das sagte. Ich frage mich, was Sie dabei gefühlt haben?«

Wir müssen *auf Schmerz und Scham achten.* Die Gefühle, die benannt, ausgesprochen und gehört werden müssen, sind für Stieffamilien häufig schwer zu ertragen. Die auftauchende Scham stört das Gewahrsein und bringt die Kommunikation zum Verstummen. Wir können uns z.B. vorstellen, daß Reginas Schwierigkeit, sich auszudrücken, eine Reaktion auf den negativen Wert ihrer Gefühle zugrundeliegt. Als sie schließlich sagen konnte, daß sie sich unsichtbar fühlte, rührte Johns spitze Bemerkung (»Das ist ja lächerlich, immerhin bist du doch die Erwachsene«) vielleicht von seiner Enttäuschung darüber, daß Regina sich in der neuen Familie nicht wohlfühlte. Der Kreislauf von Scham und Schmerz ging weiter, weil Johns Antwort Regina noch mehr beschämte und daraufhin noch schweigsamer wurde, was Johns Enttäuschung wiederum verstärkte.

Diesen Kreislauf können wir unterbrechen, indem wir unsere akzeptierende Aufmerksamkeit ganz auf den inneren Prozeß jedes Partners richten. Zu John könnten wir sagen: »Was ging in Ihnen vor, als Regina sagte, sie fühle sich unsichtbar?« »Ich frage mich, ob Sie traurig wurden oder enttäuscht waren.« Zu Regina könnten wir sagen: »Was ging in Ihnen vor, als John sagte: 'Immerhin bist du doch die Erwachsene'?« »Ist es Ihnen peinlich, sich so schlecht zu fühlen? Das geht vielen Leuten in Stieffamilien so. Überrascht Sie das?« Und dann könnten wir danach fragen, wie sie all das aufnehmen: »Hilft Ihnen das?«

In den oben beschriebenen Dialogen ist eine Wahrheit enthalten, die auch für die Arbeit mit jedem einzelnen bedeutsam ist, nämlich daß wir *systemisch bleiben.* Einen der Partner zu kritisieren oder sich ausschließlich auf einen Partner zu konzentrieren ist der gemeinsamen Entwicklung des Paares nicht dienlich. Das gilt sowohl für die Arbeit mit einem einzelnen Partner als auch für die Paar- oder Stieffamilienarbeit.

Alle diese unterstützenden Maßnahmen – mit seiner ganzen Aufmerksamkeit dabei zu sein, eine Sprache anzubieten, das Einfühlen, die Betonung der nonverbalen Erfahrung, auf Schmerz und Scham zu achten und auf Kritik zu verzichten – sind Teil des Spiegelns, das in jungen Beziehungen wiederverheirateter Paare so häufig noch fehlt. Vermehrtes Spiegeln reduziert die Angst und trägt dazu bei, daß das individuelle und gemeinsame Gewahrsein wachsen kann.

Während der Aspekt des »Ich«-Gewahrseins darauf abzielt, das Bewußtsein der einzelnen Partner auf ihren eigenen inneren Prozeß zu lenken, erfordert das »Du«-Gewahrsein die Bereitschaft und Fähigkeit, auf die Erfahrungen des *anderen* einzugehen. Familienmitglieder, die diese Aufgabe bewältigt haben, nehmen einander wahr (»Mir ist aufgefallen, daß du beim Abendessen nicht viel gesagt hast«), sie bringen ihr Interesse an den Schwierigkeiten des anderen zum Ausdruck (»Was ist mit dir?«) und sie begegnen sich mit Respekt und ehrlicher Neugier (»Das muß sehr schlimm sein. Erzähl mir mehr darüber«), anstatt sich gegenseitig zu beschimpfen (»Was stimmt mit dir nicht, daß du so still bist?«) oder abzulehnen (»Das ist ja lächerlich, immerhin bist du doch die Erwachsene)«.

In der Stieffamilie hören wir darauf, ob Insider und Outsider, Erwachsene und Kinder über ihre Erfahrungen sprechen können *und* angefangen haben zu verstehen, wie es den anderen Familienmitgliedern geht. Wenn Stieffamilien dazu fähig sind, sei es dauerhaft oder (ebenso wichtig) in Abständen, müssen wir sie beglückwünschen, um diese für ein befriedigendes Leben innerhalb der Stieffamilie so wichtige Leistung zu unterstreichen und zu unterstützen.

Haben sie diese Fähigkeit noch nicht entwickelt, dann müssen wir auf die Momente achten, in denen wir ihnen zeigen können, wie das geht: »Jeder in dieser Familie scheint eine sehr gute Stimme zu haben. Sie alle sprechen laut und deutlich. Das interessiert mich. Aber die Dinge sind nicht ganz einfach, und ich glaube, das liegt daran, daß das Zuhören noch fehlt. Wissen Sie, wovon ich rede?« »Da, da war es wieder!« Und dann geben wir konkrete und unmittelbar auf die Situation bezogene Informationen (»Sheila sagte ... und daraufhin meinte Aaron ...«) .

Während wir sowohl das individuelle als auch das gemeinsame Gewahrsein aufbauen, achten wir darauf, ob die Partner sich auf eine Weise ausdrücken, die dem Kontakt zum anderen möglichst dienlich ist. Direkte Fragen oder Bitten geben dem anderen klarere Informationen und sind der Kommunikation sehr viel dienlicher als indirekte Vorwürfe: Die Aussage »Du schaust mich ja nie an« gibt weniger Information und führt eher zu Spannungen als zu sagen »Es täte mir so gut, wenn du mir ab und zu in die Augen sehen könntest, wenn deine Kinder zu Besuch sind.« Eine Verbindung aufzubauen kann auch heißen, jemanden darin zu unterstützen, »dranzubleiben« und zu versuchen, sich Gehör zu verschaffen, wenn der Partner etwas nicht sofort versteht. Wir könnten z.B. zu Regina sagen: »Haben Sie das Gefühl, daß er es verstanden hat? Wollen Sie ihn fragen, was er verstanden hat?«

Das Wissen um die Dynamik innerhalb von Stieffamilien (Insider- und Outsider-Rollen, deutliche Unterschiede in den Erfahrungen, unterschiedliche Sympathien) kann uns anleiten, Paaren wie Regina und John oder Aaron und Sheila dabei zu helfen, klarere und umfassendere Verbindungen miteinander aufzubauen. Die »Ich-Du«-Perspektive und die Bedeutung des eigenen und gegenseitigen Gewahrseins schaffen einen Rahmen, in dem wir den therapeutischen Prozeß betrachten und die Paare unterstützen können, diese entscheidenden Entwicklungsschritte zu vollziehen.

Dritte Perspektive: Der Paarprozeß

Für manche wiederverheiratete Paare reichen einige gute Informationen über die Dynamik der Stieffamilie und die Unterstützung, ihre eigenen Gefühle erkennen zu können und sich gegenseitig durch den Schmerz und die Besorgnis hindurch zu hören aus, um den Knoten zu lösen und weitere Schritte zu ermöglichen. Häufig sieht die Arbeit mit diesen Paaren so aus, daß der Therapeut sich in erster Linie darauf konzentriert, Fragen zu beantworten und sich abwechselnd mehr mit dem einen oder dem anderen Partner zu beschäftigen. Bei vielen Paaren besteht die Schwierigkeit allerdings nicht nur in einem Mangel an Information, sondern in der Frage, *wie* sie zusammenarbeiten können, um den Herausforderungen zu begegnen, die ihre Familienstruktur mit sich bringt. Bei besorgteren Zweitehepaaren können wir zwischen den Partnern häufig ein Interaktionsmuster beobachten, das ihre Probleme noch intensiviert.

Unsere Bespiele beschreiben zwei sehr verbreitete Paardynamiken, die beide die bereits bestehenden Herausforderungen noch intensivieren. Im ersten Beispiel sieht es so aus, daß ein Partner dominiert, während der andere sich ohnmächtig fühlt. Im zweiten Beispiel sind beide Partner hochgradig mobilisiert. In beiden Fällen müssen wir die Partner auffordern, sich einander zuzuwenden und miteinander zu reden, damit wir die Choreographie ihrer Probleme beobachten können. Wie wir noch sehen werden, können Paararbeit und individuelle Gewahrseinsarbeit sich gegenseitig unterstützen.

Im ersten Beispiel hat John zunächst die mächtigere Stimme, während Regina Schwierigkeiten hat, ihre Stimme zu finden und gehört zu werden. Wir können uns vorstellen, daß das auch der Fall wäre, wenn die beiden als Erstfamilie zusammenlebten. Die Tatsache jedoch, daß John im ohnehin schon dominanten Insiderteam des Systems der Erwachsene ist und Regina die Outsiderin ohne weitere Unterstützung innerhalb der Familie, intensiviert das Dilemma. Ich nehme an, daß weder John noch Regina sich darüber im klaren sind, daß die Dynamik, die sie während des Essens erleben, in jungen Stieffamilien völlig normal ist. Doch in diesem Fall entscheide ich mich dafür, mit dem Paarprozeß zu beginnen und meine Normalisierungsinformationen für später aufzuheben. Ein anderer Therapeut würde vielleicht eine andere Entscheidung treffen. Ich gehe davon aus, daß John und Reginas

Wissensdurst, was die normale Stieffamiliendynamik betrifft, und ihre Fähigkeit, diese Informationen zu verdauen, größer sein werden, wenn die Angst weniger geworden ist und sie mehr aufeinander eingestimmt sind.

Ich könnte mit meiner Wertschätzung beginnen, was dann etwa so klingen würde: »Sie haben zwei Fähigkeiten, die jedes Paar braucht: Sprechen und Zuhören. John kann sehr gut reden, Dinge darlegen und Wünsche äußern. Reginas Stärke besteht darin, zuzuhören, Fragen zu stellen und ihrem Gesprächspartner zu folgen. Ist Ihnen das aufgefallen?« (Ich bemerke auch, daß Johns Art zu reden nicht sehr viel über seine Gefühle sagt, aber ich bin bereit, das für den Augenblick so stehen zu lassen, um den Schwerpunkt auf ihrer unausgewogenen Dynamik zu belassen. Ebenso werde ich noch damit warten, mir gemeinsam mit ihnen anzusehen, wie ihre spezielle Choreographie ihre Stieffamiliendynamik verstärkt.) Beide nicken bestätigend, und ich fordere sie auf, sich gegenseitig mitzuteilen, was ihnen auffällt. Und schon bald fängt John wieder an, seinen Frust über Reginas »Mangel an Aggressivität« zum Ausdruck bringen, während Regina wieder anfängt, Fragen zu stellen. Ich unterbreche sie und sage: »Was glauben Sie, warum ich Sie unterbreche? Es passiert gerade wieder! Haben Sie es gemerkt? John redet, und Regina stellt Fragen.« Sie lachen ein bißchen, und wir unterhalten uns weiter. Als Gestalttherapeuten sind wir zunächst daran interessiert, das Gewahrsein zu erhöhen, also dem Paar zu helfen sich bewußt zu werden, *wie* sie als einzelne oder als Paar handeln.

Wenn sie mehr auf ihren Paarprozeß fokussiert sind und sich ein bißchen entspannt haben, gebe ich ihnen vielleicht etwas mehr Information über ihre »Insider-« und Outsiderrollen. »Wissen Sie, ein Teil dessen, was sich hier zwischen Ihnen abspielt, würde so oder so passieren, ganz egal in welcher Art von Familie Sie leben. Wenn Sie sich ärgern, John, fangen Sie an zu reden und Forderungen zu stellen. Bei Ihnen, Regina ist das anders. Wenn Sie aufgebracht sind, stellen Sie Fragen und halten sich zurück. Aber zum Teil hat das, was hier geschieht, auch mit der Tatsache zu tun, daß sie in einer *Stieffamilie* leben. In dieser Familie gibt es Insider, die sich gegenseitig kennen und ein großes Maß an Übereinstimmung darüber haben, wie die Dinge laufen sollten, und es gibt eine Outsiderin, die weder sämtliche Spielregeln beherrscht noch alle Spieler so gut kennt, wie sie sich untereinander kennen. Und es steht außer Frage, daß es für einen Insider sehr viel einfacher ist, seine Stimme zu finden, als für einen Outsider. Also haben Sie es hier mit zwei Ebenen zu tun, auf denen die Dinge ablaufen, und beide gehen in dieselbe Richtung. Das macht es besonders schwer.«

Als Gestalttherapeuten sind wir daran interessiert, unseren Klienten Werkzeuge an die Hand zu geben, die es ihnen ermöglichen, hier und jetzt etwas Neues auszuprobieren. Manchmal reicht das erhöhte Gewahrsein schon aus, um das Paar oder den einzelnen zu befähigen, sein Verhalten zu kontrollieren und etwas auszuprobieren, das besser funktioniert. Gleichzeitig brauchen aber viele Menschen eine echte neue Erfahrung, um ihr Verhalten ändern zu können. Dieses neue Verhalten bezeichnen wir als »Experiment«. Über das Gestaltexperiment ist viel geschrieben worden (Zinker, 1993). An dieser Stelle geht es vor allem darum, daß das *Experiment* mit der Haltung angeboten wird, die schon im Wort selbst angedeutet ist: lassen Sie uns etwas ausprobieren und sehen, was wir lernen können. Außerdem versuchen wir, das Experiment auf der Ebene zu entwerfen, die dem Klienten entspricht, d.h. es darf nicht so grundlegend sein, daß es nur als langweilig empfunden wird und nicht so schwierig, daß es den Klienten lähmt.

Die Kombination aus komplementären und wahrscheinlich lebenslangen emotionalen Gewohnheiten, also einer Paarkommunikation, in der beide Partner entgegengesetzte Rollen einnehmen, und einer Stieffamilienstruktur, die jede Seite der Kommunikation verstärkt, macht diese Dynamik für John und Regina besonders verhängnisvoll. Jetzt, da die beiden sich darauf konzentrieren, *wie* sie miteinander kommunizieren, haben sie genügend Aufmerksamkeit und gemeinsame Energie, um etwas Neues auszuprobieren, aber sie haben nicht den Hintergrund, es selbst zu entwerfen. Es ist Zeit für ein kleines Experiment. »Mir ist aufgefallen, daß jeder von Ihnen *eine* dieser beiden Fähigkeiten mitbringt. Und Ihre jeweilige Stellung innerhalb der Stieffamilie unterstützt die Seite, die Sie bereits haben. Interessiert es Sie, die andere Seite kennenzulernen?« Sie nicken zustimmend.

«Wie wäre es, wenn John die Fragen stellt und zuhört? Bei diesem Experiment darf John *nur sagen, was er von Regina hört, sieht oder versteht.* Er darf dem, was Regina sagt, nichts Neues hinzufügen. Reginas Aufgabe besteht darin, *Aussagen zu machen*, und zwar darüber, was sie denkt, fühlt oder sieht. Sie darf John keine Fragen stellen. Sind Sie bereit, das auszuprobieren?« Bei diesem Experiment geht es uns darum, sowohl John als auch Regina eine »nicht-intuitive« Fähigkeit beizubringen, etwas, das sie nicht von sich aus in diese Beziehung einbringen. Diese Fähigkeiten wären für jedes Paar mit Johns und Reginas Dynamik wichtig und wünschenswert. Da die beiden aber in einer Stieffamilie leben, ist es für die Entwicklung dieser Familie besonders wichtig, daß der Outsider genügend Stimme gewinnt, damit das bestehende Eltern-Kind-Verhältnis weitere Informationen erhalten kann, und daß der Insider fähig wird, seine Ohren und sein Herz für diese Informationen zu öffnen.

Als beide sich auf das Experiment einlassen, beginnt Regina mit zögerlicher Stimme nach Worten zu suchen, um zu beschreiben, wie es für sie ist, am Tisch zu sitzen und der Unterhaltung zwischen ihrem Mann und seiner Tochter zuzuhören. Jedesmal, wenn John aus seiner Rolle aussteigt und versucht, Regina diese »falschen« Gefühle auszureden und Regina zusammenbricht und ihre Aufmerksamkeit wieder auf John richtet, unterbrechen wir das Experiment. Indem wir auf der Ebene der Paarkommunikation weiterarbeiten, richten wir unseren Blickwinkel »systemisch« aus. Wir achten darauf, beiden Partnern Feedback zu geben anstatt einen von beiden zu kritisieren, und drücken unsere Wertschätzung für alles aus, was die beiden gut machen. Gemeinsam staunen wir darüber, wie schwierig dieses scheinbar einfache Experiment doch in Wirklichkeit ist. Wir bemerken, wie sehr sie sich bemühen, etwas Neues auszuprobieren. Wir bemerken auch, daß obwohl John sagt, er wolle, daß Regina mitredet, er ab und zu »zufällige« Bewegungen macht, die sie zurückschrecken lassen. Und wir bemerken, daß Regina das zuläßt.

Die Arbeit auf der Paarebene kann unterbrochen und auf die Einzelarbeit zurückgeführt werden, bis einer oder beide Partner wieder genügend innere Verbindung haben, um auf der Paarebene weiterzumachen. Als Regina sich zum dritten Mal in ihr Schweigen zurückzieht obwohl John ihr jetzt aufmerksam zuhört, frage ich sie:»Was ist in diesem Moment passiert?« Es ist wichtig, in Erinnerung zu behalten, daß bei Stiefeltern wie Regina die intimen Momente mit ihrem neuen Partner immer wieder durch ein Kind unterbrochen werden, mit dem der andere eine längere und in gewisser Weise auch intimere Beziehung hat. Wenn wir auf Reginas angespannten Mund und ihre hängenden Schultern achten, wird das wahrscheinlich Gefühle wie Eifersucht, Einsamkeit, Unzulänglichkeit und Groll in ihr zum Vorschein bringen. Obwohl all das normale Reaktionen darauf sind, ausgeschlossen zu werden, hat niemand gern solche Gefühle. Für Regina, die aus einer Familie kommt, in der »Egoismus« als Sünde galt, sind diese Gefühle wahrscheinlich besonders schambesetzt. Um sie ausdrücken zu können und sich nicht beschämt zurückzuziehen, ist sie auf die Unterstützung des Therapeuten angewiesen. Diese Unterstützung kann so aussehen, daß sie Informationen bekommt (solche Gefühle sind ganz normale Reaktionen auf ihre Rolle), daß wir ihr Gewahrsein unterstützen (indem wir ihr helfen, all das zu beschreiben, was sie wirklich sieht und hört, und was das Gefühl, eine Outsiderin zu sein, in ihr verärkt) und, wie wir im nächsten Abschnitt sehen werden, daß wir mit ihr an unerledigten Situationen arbeiten (indem wir herausfinden, wo sie ihre Definition von »egoistisch« gelernt hat und die Gegenwart von der Vergangenheit trennen).

Aber dann müssen wir uns wieder dem Paar zuwenden:»Können Sie zu John sagen 'Wenn du dich mit Tammy unterhältst und mich dabei nicht einmal ansiehst, fühle ich mich ...'?« John hört eine Zeit lang zu, während Regina versucht, ihre Stimme wiederzufinden, aber dann spannt er sich an und beginnt erneut, Regina zu erzählen, sie solle sich nicht so fühlen. Regina schweigt wieder. Wir gleichen die Intervention aus und wenden uns John zu, um sein Gewahrsein davon, was in solchen Momenten in ihm passiert, zu erhöhen und um ihm die Unterstützung zu geben, die er braucht, um bei seiner »Du«-Aufgabe zu bleiben und Regina zuzuhören.

Jetzt, da Reginas Stimme kräftiger wird, was ja Johns Wunsch entspricht, können wir ihn fragen ob er bemerkt, daß er sie jedesmal abwehrt, sobald er das bekommt, was er zu wollen glaubte. »Das interessiert mich. Sie auch?« An diesem Punkt erfordert die Paararbeit auch die Beschäftigung mit dem Gewahrsein jedes einzelnen Partners, und so bitten wir John, auf sein Inneres zu achten. Ich bitte ihn, sich darauf zu konzentrieren, was *in dem Augenblick, bevor* er anfing zu sprechen, passiert ist. Die Antwort lautet: »Spannung, Frust.« Als Gestalttherapeuten bewahren wir den Respekt vor den Grenzen unserer Klienten. Bevor ich interveniere möchte ich, daß John sozusagen an die »Tür« seines Selbst geht und sich entscheidet, mich hereinzubitten, anstatt daß ich mit meiner Fachkenntnis ins Haus falle. Wenn er nicht bereit ist oder wenn er sagt, er sei bereit, aber seine Körperhaltung etwas anderes signalisiert, richten wir unsere Aufmerksamkeit darauf, welche Unterstützung er für ein neues Gewahrsein braucht: »Was hält Sie von Ihrem Interesse zurück? Was brauchen Sie, um darüber reden zu können? Was könnte passieren, wenn wir darüber reden, wie glauben Sie, würden Sie sich dann fühlen?«

Wenn wir unser Wissen über Stieffamilien mit dem in Verbindung bringen, was wir über John wissen, können wir annehmen, daß er als biologischer Vater in diesem System mit Gefühlen konfrontiert ist, die aus seiner festgelegten Insider-Position hervorgehen: er fühlt sich unzulänglich, ängstlich und dafür verantwortlich, daß die Familie »nicht funktioniert«; er ist hin und hergerissen und möchte, daß alle einander mögen und ist verzweifelt, weil es nicht klappt. Auch können wir uns vorstellen, daß diese Gefühle von Hilflosigkeit für einen »Macher« wie John wahrscheinlich mit Scham besetzt sind. Wahrscheinlich ist die Tatsache, daß Regina nicht in der Lage ist, sich angesichts der intimen Eltern-Kind-Beziehung zwischen John und Tammy als Insider zu fühlen oder zu verhalten, für John nicht einfach zu ertragen. Was wie ein Angriff auf Regina aussieht, sobald sie den Mund aufmacht, ist vielleicht in Wirklichkeit Johns Versuch, seinen eigenen Schmerz zu lindern, indem er etwas in Ordnung bringen will, das zu diesem Zeitpunkt in dieser Familie nicht in Ordnung gebracht werden kann.

Wie schon bei Regina können wir auch hier Unterstützung auf verschiedenen Ebenen anbieten. Eine dieser Ebenen ist die Informationsebene: wir können John sagen, wie normal seine Gefühle angesichts seiner Position innerhalb der neuen Stieffamilie ist. Wir können seine Aufmerksamkeit auf seine Sehnsucht lenken. Wenn Mitglieder von Stieffamilien sehr darum bemüht sind, in Ordnung zu bringen was nicht in Ordnung gebracht werden kann, muß der Therapeut den Drang zum Handeln respektieren und gleichzeitig die Energie von ihrer heftigen Vorwärtsbewegung auf das Gewahrsein umlenken. Hier hilft das, was ich »die Sprache der Wünsche« nenne: »Sie *wünschen* sich so sehr, daß Regina einfach an der Unterhaltung teilnehmen könnte.« »Sie *wünschen* sich so sehr, daß Regina ihre Tochter genauso lieben könnte, wie Sie.« »Sie sind ein Macher. Es muß sehr schwer für Sie sein, das auszuhalten ...« Oder wir wenden uns der Vergangenheit zu und untersuchen, wie John den Drang, die Dinge in Ordnung zu bringen, gelernt hat, was ihn dabei hält und was er befürchtet, wenn er sie nicht in Ordnung bringt. Auch hier sortieren wir, was zur Vergangenheit gehört und was zur Gegenwart. Da es sich hier um eine anhaltende Dynamik zwischen Regina und John handelt, bieten sich viele Interventionsmöglichkeiten, und an unterschiedlichen Punkten greifen wir vielleicht verschiedene Interventionen heraus. Und wenn die Partner bereit sind, können wir ihnen weitere grundsätzliche Informationen über die normale Insider-Outsider-Dynamik anbieten.

Wie auch immer die Intervention aussieht, die wir für den einzelnen Partner auswählen, es ist sehr wichtig, immer wieder zum Paar zurückzukehren. »Können Sie Regina mitteilen, inwiefern Sie ihre und Ihre eigene Rolle jetzt besser verstehen?« »Können Sie Regina sagen, wie sehr Sie sich wünschen, daß sie ihre Tochter genauso lieben könnte, wie Sie Tammy lieben?« »Können Sie Regina sagen, was in Ihnen vorgeht, wenn sie Ihnen erzählt, daß sie sich ausgeschlossen fühlt?«

Wenn wir uns der Paardynamik in unserem zweiten Beispiel zuwenden, dann betrachten wir es als positiv, daß Sheila und Aaron beide lebhafte, sehr redegewandte und leidenschaftliche Menschen sind. Was fehlt, ist das zuhörende und aufnehmende Ende des Kontinuums. Außerdem verhalten sich beide Partner eher kritisch als informierend und sind sehr damit beschäftigt, was ihnen zu Bewußtsein kommt. Infolgedessen führt ihre Ausdrucksfähigkeit weder zu einer besseren Verständigung, noch setzen sie sich mit konfliktreichen Fragen in einer Weise auseinander, die zu einer Lösung führen könnte. Statt dessen erzeugt jeder Austausch mehr Spannung und Angst, verstärkt die Polarisierung und erhöht die ohnehin schon überwältigende Anzahl der anfallenden Figuren. So zu leben fällt keinem Paar leicht. In einer Stieffamilie, wo jeder Augenblick des Kontaktes bereits mehr potentiell polarisierende Figuren hervorbringt als überhaupt verarbeitet werden können, fühlen sich die Paare völlig überfordert.

Auch hier beginnen wir wieder damit, daß wir dem gestreßten Paar ein positives, bestätigendes Feedback geben. »Sie haben etwas, das für eine gesunde Partnerschaft sehr wichtig ist. Sie beide haben klare, kräftige Stimmen. Ist das etwas, dessen Sie sich bewußt sind und das Sie aneinander schätzen?« Das löst bei den beiden eine warmherzige und rührende Unterhaltung darüber aus, wie sie sich in der Universität zum erstenmal begegneten, sich in der Vorlesung kleine Briefe schrieben, daß beide vorher mit ziemlich stillen und schweigsamen Partnern verheiratet waren und wieviel Spaß sie nun miteinander hatten.

Jetzt können wir dazu übergehen festzustellen, »daß das hervorragend funktioniert, wenn Sie beide ein gemeinsames Interesse verfolgen. Das Problem ist, daß wenn Sie Differenzen haben, keiner dem anderen wirklich zuhört. Ist Ihnen das schon einmal aufgefallen? Interessiert Sie das?« Während sie der Frage nachgehen, fangen sie den nächsten Streit an. »Sie beide sind *großartig*, wenn es darum geht, zu widersprechen. Das macht das Leben wirklich aufregend. Und solange Sie nicht zusammenlebten ging es gut. Jetzt, da sie sich mit anderen Fragen auseinandersetzen müssen, macht es das Leben härter. Glauben Sie, das stimmt?« Für diese beiden, die chronisch zu schnell sind, ist es besonders wichtig, sich Zeit zu nehmen, um neue Dinge zu verdauen.

Jetzt fangen sie an, etwas langsamer zu werden und zuzuhören – zumindest mir. »Was fehlt, ist eine Art von Zusammen- oder Sich-entgegenkommen. Ich habe eine Idee. Sind Sie interessiert?« Sie nicken zustimmend. Bevor ich ihnen ein Experiment vorschlage, möchte ich ihre ganze Aufmerksamkeit. »Ich glaube, das ist eine echte Herausforderung. Sind Sie immer noch interessiert?« Wieder nicken sie. »Wollen Sie sehen, was passiert, wenn Sie versuchen, von dem, was Ihr Partner gesagt hat, *ein oder zwei Dinge zu benennen, die Sie verstehen, bevor Sie antworten?* Verstehen ist nicht dasselbe wie Übereinstimmen. Vielleicht sind Sie anderer Meinung. Aber das Wichtige an dieser Übung ist, etwas zu finden, das Sie *verstehen*, bevor Sie etwas Neues in die Unterhaltung einbringen. Wollen Sie das mal ausprobieren?«

Es stellt sich heraus, daß dieses Experiment für Sheila und Aaron wirklich schwer ist. Beide brauchen viel Unterstützung und Hilfestellung, um zu sagen, was sie verstanden haben, bevor sie antworten. Einen großen Teil der Sitzung verbringen wir damit, darüber zu staunen und gelegentlich darüber zu kichern, wie schwierig das ist. Aber die Übung erweist sich als erfolgreich, weil sie eine Struktur schafft, durch die jeder dem anderen ein wenig von dem geben kann, was fehlt, nämlich das gegenseitige Spiegeln. Kleine Informationshappen werden gehört. Als sich beide etwas mehr gehört fühlen, geht die Spannung zurück, und es gibt kurze Momente wirklichen gegenseitigen Verstehens. Sheila und Aaron haben den ersten Schritt ihrer »Du«-Aufgabe getan.

Bei diesem Paar erfordert das langsame Arbeiten ein enormes Maß an Aufmerksamkeit und Selbstbeherrschung. Informationen über die vielfältigen Möglichkeiten des Aufeinanderprallens verschiedener Kulturen in doppelten Stieffamilien können das Gefühl der eigenen Unzulänglichkeit beträchtlich reduzieren. Ein Artikel, der sich mit diesen Fragen auseinandersetzt, gibt beiden Seiten recht (Papernow, 1987). Nachdem wir festgestellt haben, daß sowohl Sheila als auch Aaron Ehepartner verlassen haben, die zwar standfest und verläßlich waren, sich für die beiden aber als wenig anregend erwiesen, beglückwünsche ich beide von ganzem Herzen dazu, diesmal eine ganz andere Wahl getroffen zu haben. »Jetzt geht es darum zu lernen, wie man mit soviel Energie in einer Situation umgeht, die Ihnen ein großes Maß an anregenden und aufregenden Möglichkeiten eröffnet. Das fällt den meisten Menschen schwer. Und für Sie beide ist es besonders schwierig!«

Für dieses Thema gibt es eine andere einfache, aber durchaus herausfordernde Übung, bei der es darum geht, zu zählen, wie viele verschiedene Themen die beiden in einem Zeitraum von nur wenigen Minuten ansprechen. »Sie erinnern sich, daß wir darüber gesprochen haben, daß der Anfang des Zusammenlebens in der Stieffamilie einen Kulturkonflikt mit sich bringt. Es gibt sehr sehr viele Unterschiede, mit denen man vorher nicht gerechnet hat. Bei zwei Menschen, die so lebhaft sind wie Sie beide, kann es schnell passieren, daß man mit vielen Themen gleichzeitig beschäftigt ist. Lassen Sie uns einmal zählen, wieviele Themen Sie bereits angesprochen haben.« Wenn ihr Interesse steigt, kann ich auch hier wieder ein Experiment vorschlagen: »Sind Sie bereit auszuprobieren wie es ist, immer nur jeweils ein Thema anzusprechen?« Wenn sich herausstellt, daß das Experiment zu schwierig ist, müssen wir wieder zurückgehen und uns mit dem Gewahrsein beschäftigen, anstatt weiter in die Aktion zu gehen. »Haben Sie gemerkt, daß Sie gerade wieder ein neues Thema eingebracht haben?« »Lassen Sie uns das Experiment für einen Moment unterbrechen. Können wir einfach *zusammenzählen*, über wieviele Dinge Sie gerade zu sprechen versuchen?«

Es kann sein, daß sie das von sich aus nicht schaffen und mich brauchen, um sie jedesmal darauf hinzuweisen, wenn sie ein neues Thema ansprechen. Da die Aufgabe diesem Paar so überaus schwerfällt, könnte es hilfreich sein, wenn sie ihre ausschließlich verbale Kommunikationsform etwas erweitern würden. Wir könnten ein Blatt Papier nehmen und die Themen aufschreiben, wie sie kommen. Ich könnte einen Bleistift in eine leere Getränkedose stecken und jedesmal klappern (oder sie klappern lassen), wenn einer von ihnen mit einem neuen Thema kommt. »Es pasiert schon wieder. Hat das jemand bemerkt?« Noch besser wäre es, wenn wir ein Paar wie Aaron und Sheila bitten würden, immer dann ein Zeichen zu geben, wenn einer von ihnen *auf dasselbe Thema* antwortet, ungefähr so, wie man zählen würde, wie oft hintereinander Kinder einen Volleyball über das Netzt schlagen können, ohne ihn zu fangen.

Als Gestalttherapeuten kann die Achtsamkeit auf den ganzen Körper uns eine Menge Hinweise auf mögliche Interventionen geben, die zum Langsamerwerden anregen: »Hat einer von Ihnen schon mal auf seinen Atem geachtet? Spüren Sie die Spannung in Ihrem Körper? Wenn Sie sich so fühlen, versuchen Sie einmal, sich zurückzulehnen und Luft zu holen anstatt sich nach vorne zu beugen und den Atem anzuhalten. Versuchen Sie es gleich jetzt, und achten Sie darauf, was passiert.« Noch einmal: die Aufgabe besteht darin, bei Aaron und Sheila ein Bewußtsein dafür aufzubauen, wie sie mit der Fülle an Schwierigkeiten umgehen, und ihnen ein paar Handlungsmöglichkeiten aufzuzeigen, die ihnen das gemeinsame Leben als Paar leichter machen.

Der Gestalttherapeut, der einem wiederverheirateten Paar gegenübersitzt, achtet auf folgendes: Wie unterstützt die Choreographie dieses Paares die vollständige Entwicklung des Gewahrseins und eines guten Kontaktes bei jedem einzelnen – trotz der Schwierigkeiten, die ihre Stieffamilienstruktur mit sich bringt? Inwiefern stört sie diesen Prozeß? Die Angst und die Polarisierung, die mit dem Leben in der Zweitehe einhergeht, machen es besonders erforderlich, daß der Therapeut den Grundregeln der systemischen Arbeit folgt: beschreibe die Anteile jedes Partners *gleichermaßen*, und beginne mit der Beschreibung dessen, was *gut* funktioniert. Dann (und erst dann) kann der Therapeut darauf achten, was Sonia Nevis und Joseph Zinker vom Gestalt-Institut Cleveland den »Unterbauch« nennen, d.h. auf das, was nicht so gut funktioniert (Zinker & Nevis, in diesem Buch).

Vierte Perspektive: Unerledigte Situationen

In einer grundsätzlich gesunden Stieffamilie reichen präzise Informationen, Aufmerksamkeit auf den aktuellen Paarprozeß und ein paar nützliche Vorschläge häufig schon aus, um die meisten Schwierigkeiten aufzulösen. Wenn wir grundlegenden Widerstand erleben ist es – wie in jeder Therapie – wahrscheinlich, daß die gegenwärtige Dynamik der Stieffamilie schmerzliche unerledigte Situationen zutage fördern. Einer Stiefmutter, die schon in ihrer Ursprungsfamilie »außen vor« war, kann die Kenntnis der normalen Stieffamiliendynamik allein nicht genügend Unterstützung bieten, um mit dem auftauchenden Schmerz ständiger Herabsetzung und Isolation ihrer Stiefmutterrolle fertigzuwerden. Ein Mann, der in einer chaotischen Alkoholikerfamilie aufgewachsen ist, wird die Sorgen um neue und unvollkommene Zweitbeziehungen als sehr viel beängstigender erleben als jemand, der die Erfahrung gemacht hat, daß Differenzen geklärt werden können, ohne jemanden zu verletzen.

Eine Metapher, die ich als »Prellungstheorie der Gefühle« bezeichne, hilft vielen Klienten, dieses Konzept besser zu verstehen. Wenn man sich versehentlich den Arm an einer gesunden Stelle stößt, tut es weh. Hat man an dieser Stelle bereits eine Prellung oder einen blauen Fleck, dann ist der Schmerz sehr viel größer. War die Prellung stark, dann kann der Schmerz unerträglich sein. Das Familienleben ist von Natur aus holprig, aber das Leben in der Stieffamilie ist noch um vieles holpriger, vor allem am Anfang. Wenn man alte Verletzungen mitbringt, dann bietet die Stieffamilie sehr viele Gelegenheiten, sich an eben diesen Stellen wieder zu stoßen!

Während wir in Stieffamilien auf unerledigte Situationen achten, müssen wir uns unbedingt der Gefahr bewußt sein, das Verhalten unserer Klienten zu pathologisieren. *Das frühe Stieffamilienleben kann auch den Gesündesten zum Wahnsinn treiben.* Wir beginnen immer damit, daß wir selbst sehr starke Gefühle wie Enttäuschung, Eifersucht und Ärger über Differenzen als *normale Reaktionen auf das Leben in der Zweitfamilie* behandeln. Wir stellen normalisierende Informationen zur Verfügung, bieten einige angemessene Handlungsschritte an, helfen unseren Klienten, diejenigen Ereignisse innerhalb der Stieffamilie zu identifizieren, die ihre Gefühle auslösen, helfen ihnen, eine Sprache zu finden, die ihr Erleben zum Ausdruck bringen kann und unterstützen sie dabei, miteinander zu sprechen und sich gegenseitig zuzuhören, und zwar so, daß Verbindungen entstehen und Probleme besser gelöst werden können. Erst wenn die Mitglieder der Stieffamilie darauf beharren, ihre Erfahrung auf eine Weise zu organisieren, die mit der gegebenen Realität nicht übereinstimmt, ist es Zeit, auf störende »unerledigte Situationen« zu achten.

Unser zweites Beispiel macht das deutlich. Trotz der normalisierenden Informationen über Stiefeltern-Kind-Beziehungen und der intensiven Arbeit am Paarprozeß, verwandelt sich Sheilas Enttäuschung darüber, daß Aaron die Vaterrolle nicht übernimmt, immer wieder in Wut und Kritik, und beide, Sheila und Aaron geraten permanent in Konflikte über seine Stiefvaterrolle. Sheila beharrt darauf, daß Aaron »der Vater sein sollte. Er ist unzuverlässig.« Währenddessen scheint Aaron nicht in der Lage zu sein, mehr als ein paar Momente des Mitgefühls für Sheilas Problem zu empfinden. Aarons mangelnde Unterstützung scheint Sheilas Rückzug auf ein lautstarkes »er sollte aber« noch zu verstärken, was dann wiederum Aarons starre Haltung intensiviert. Wenn die nüchterne Information so wenig bewirkt, können wir davon ausgehen, daß die aktuellen Ereignisse alte Wunden aufreißen. Solange diese alten Erfahrungen »unabgeschlossen« bleiben, werden sie Sheilas und Aarons Fähigkeit, der Herausforderung, eine funktionsfähige Stieffamilie zu bilden, im Wege stehen. Wir müssen diesen alten Verletzungen in der Einzelarbeit mit Sheila und Aaron nachgehen.

Anstatt zur Einzeltherapie zurückzukehren, versuche ich, mit dieser Arbeit in der Paarsitzung zu beginnen, damit beide Partner ein tieferes Verständnis für die Probleme des anderen entwickeln können. Es ist wichtig, daß die Einzelarbeit mit beiden Partnern in einem ausgewogenen Verhältnis steht. Das kann entweder so aussehen, daß man in jeder Sitzung mit beiden eine kleine Arbeit macht, oder daß man sich von Stunde zu Stunde abwechselt. Das Ziel jedoch ist das Gelingen der Paarbeziehung, und deshalb ist es genauso wichtig, immer wieder zur gegenwärtigen Situation zurückzukehren, damit die Partner lernen, im Bewußtsein um die verletzlichen Stellen des anderen gemeinsam an der Beziehung zu arbeiten.

Tatsächlich bringt die weitere Arbeit bei Aaron und Sheila schmerzliche alte Wunden zum Vorschein, die durch ihre Erfahrungen in der neuen Familie wieder aufgerissen werden. Dieser Schmerz wird ihre gegenwärtige Erfahrung solange beeinträchtigen, bis wir uns diesen Wunden zuwenden können. Diesmal beginnen wir mit Sheila und bitten sie, darauf zu achten, was sie fühlt, wenn sie sagt: »Aaron sollte der Vater sein.« Die Antwort lautet: »Einen unglaublichen Schmerz.« Und dann fängt sie wieder an: »Aber das stimmt so nicht. Aaron sollte der Vater sein.«

«Kann ich Sie etwas fragen?«, sage ich zu ihr. »Können Sie mir etwas über ihre eigene Familie erzählen?« Es stellt sich heraus, daß Sheilas Vater ein Spieler war. Innerhalb von fünf Jahren besuchte sie sieben verschiedene Schulen, weil Häuser gekauft und wieder verloren wurden. Ihr Vater versprach ihr ein neues Fahrrad, das dann eines Tages dastand, aber ein paar Wochen später wieder verschwand, als alte

Schulden zurückgezahlt werden mußten. Dadurch wird das Thema »Unzuverlässigkeit« verständlich. Uns allen wird klar, daß Sheila diejenige ist, die unter einem unzuverlässigen Vater zu leiden hatte, und nicht ihre Söhne. Wir erkennen an, daß Sheilas Lösung für dieses Problem zunächst darin bestand, sich einen extrem verläßlichen und berechenbaren Mann zu suchen. Obwohl diese Ehe am Anfang etwas sehr Heilendes und Besänftigendes hatte, erwies sie sich schließlich als langweilig und leidenschaftslos. Mit Aaron traf Sheila eine sehr viel herausfordernde Wahl. Er ist viel wärmer und auch spontaner. Aber gerade seine Spontaneität macht ihn auch weniger berechenbar als ihren ersten Mann, und diese Eigenschaft – im Zusammenhang mit seiner Rolle als Stiefvater – bringt Sheila sehr viel stärker in Kontakt mit ihrem eigenen Verlust. Sheila braucht Unterstützung, um über das Fehlen eines standhaften und verläßlichen Vaters zu trauern. Den Satz: »Du solltest der Vater sein«, muß sie zu ihrem eigenen Vater sagen, nicht zu Aaron. »Können Sie sich ihren Vater vorstellen?«, frage ich sie. Er lebt nicht mehr, aber sie kann sich sein Bild vorstellen. »Ich glaube, daß er Sie jetzt, da er sich nicht mehr mit dem täglichen Leben auseinandersetzen muß, wirklich hören könnte. Glauben Sie, Sie könnten mit ihm sprechen? Glauben Sie, Sie könnten ihm sagen 'Ich hab' dich als Vater gebraucht.'?« Sheila fängt an, einige ihrer alten Geschichten mit ihrem Vater abzuschließen, indem sie zu ihm spricht und weint und ihm erzählt, wie es war, als kleines Mädchen einen Vater zu haben, der Spieler war.

Da es hier um Paartherapie geht, kann die Erforschung unerledigter Situationen den Partnern auch helfen, miteinander in Verbindung zu kommen. Aaron war sichtlich gerührt, als er Sheila arbeiten sah. »Können Sie Sheila sagen, was Sie gefühlt haben als Sie ihr zugesehen haben?« Aaron sagt Sheila, wie schmerzlich es für sie gewesen sein muß, wie traurig er war, und wie wütend – für sie. »Können Sie Sheila sagen, was Sie von dem, was in ihr vorgeht, wenn Sie sagen, daß Sie nicht väterlich sein wollen, jetzt besser verstehen?« »Das muß sehr wehtun«, sagt er zärtlich. Ich bitte Sheila, Aaron mitzuteilen, wie sie sich fühlt während sie ihm zuhört. »So geliebt«, sagt sie.

Als wir uns wieder der Gegenwart zuwenden, braucht Sheila Unterstützung, um ihre Trauerarbeit von der gegenwärtigen Situation zu trennen. Tatsächlich ist Aaron eigentlich sehr zuverlässig. Er trainiert die Fußballmannschaft eines ihrer Söhne, er kocht, hat ein ordentliches Einkommen und hält fast jede Zusage ein, die er macht. Wahrscheinlich sind Sheilas Söhne mit seinem ehrlichen Interesse ganz zufrieden, und sein Unwillen, die Vaterrolle ganz zu übernehmen, erspart ihnen einen Loyalitätskonflikt mit ihrem eigenen Vater.

Sheilas Enttäuschung über die Grenzen der Stiefvaterrolle trifft ihre eigene Erfahrung mit einem unzuverlässigen Vater so sehr, daß sie auf Hilfe angewiesen ist, um trotz des großen Schmerzes ihrer alten Verletzungen zu erkennen, wo sie sich auf Aaron verlassen kann. Wir helfen Aaron und Sheila, sich auf ein paar Dinge zu einigen, mit denen er sie an seine Zuverlässigkeit erinnern kann, selbst wenn er sie manchmal enttäuscht. Und zum Ende der Sitzung halten wir fest, daß Sheila heute mehr persönliche Aufmerksamkeit bekommen hat, und daß wir uns bei einer anderen Gelegenheit Aarons Seite zuwenden.

Natürlich bekommt Sheila in einer der folgenden Sitzungen erneut Panik und beschwert sich über das Stiefvaterthema und über Aarons Unnachgiebigkeit. In dem Bemühen um Ausgewogenheit interessieren wir uns diesmal für Aarons Mangel an Einfühlungsvermögen und seine Unnachgiebigkeit ebenso wie für Sheilas Schmerz. »Irgendwie haben Sie beide vergessen, daß das ein Zeichen dafür ist, daß Sie eine alte Wunde angestoßen haben«, sage ich, und an Aaron gerichtet: »Was geschieht mit Ihnen, wenn Sheila Panik bekommt und anfängt, herumzustoßen?« »Ich mache einfach dicht«, sagt er. »Können Sie mir sagen, wie Sie gelernt haben, dicht zu machen, wenn Sie unter Druck geraten?«

Aarons Geschichte ist, daß er als Kind Asthma hatte und nicht ohne weiteres spielen gehen konnte. Sein Vater war eher distanziert und kaum anwesend, und seine Mutter extrem aufdringlich und fordernd. Als Kind hatte Aaron nicht viel Raum, um seine eigenen Bedürfnisse zu äußern; Nein zu sagen war ihm nicht erlaubt. Angesichts von Differenzen und Forderungen ist sein Repertoire sehr eingeschränkt. Entweder er bekommt Panik oder zieht sich schweigend zurück, was den Druck von Sheilas Seite her wiederum verstärkt und dadurch bei ihm nur noch mehr Unnachgiebigkeit hervorruft. »Können Sie Sheila etwas mehr darüber erzählen, wie es war, wenn Sie und Ihre Mutter Meinungsverschiedenheiten hatten?« Diesmal gehen wir der Vergangenheit nicht in der Weise nach, daß der Therapeut mit dem einem Partner arbeitet, sondern indem die beiden Partner miteinander sprechen. »Können Sie Sheila eine Geschichte darüber erzählen, wie Ihre Mutter Sie unter Druck gesetzt hat?« »Sheila, können Sie Aaron mitteilen, was Sie über ihn erfahren haben?«

Jetzt wird deutlicher, wie sich Aarons Vergangenheit auf seine gegenwärtige Erfahrung von Meinungsverschiedenheiten mit einer temperamentvollen Frau auswirkt. Ähnlich wie Sheila hatte Aaron dieses Problem in seiner ersten Ehe dadurch verhindert, daß er mit einer passiven, sehr verschlossenen Frau zusammen war. Wir stellen fest, daß diese Erfahrung – wie bei Sheila – ein paar Jahre lang heilsam war. Doch als Aaron und seine erste Frau reifer wurden, erlebten beide ihre Ehe zunehmend als Einschränkung.

Sheila bietet Aaron die Gelegenheit, ein paar neue Fähigkeiten zu lernen, aber er braucht Unterstützung, um sich daran zu erinnern, daß auch er in dieser neuen Beziehung eine Stimme hat. Wir geben Aaron ein »Mantra«: »Ich habe in dieser Beziehung eine Stimme. Sheila liebt mich und will mich anhören, auch wenn sie das manchmal vergißt.« Wir arbeiten daran, daß er Sheila mitteilen kann, daß er sich meistens fürchtet, bevor er dichtmacht, und daß sie sich zurücklehnen und erstmal durchatmen kann, anstatt weiterzudrängen.

Jetzt verstehen wir diese unglückliche »Verhakung« zwischen Sheilas Panik und Aarons Unnachgiebigkeit. Sheila ist damit einverstanden, daß sie sich zurückzieht wenn Aaron sagt, daß er eine Pause braucht und er ihr verbindlich sagt, wann sie die Unterhaltung fortsetzen können. An einem anderen Punkt arbeiten wir daran, daß die beiden besser mit ihren »Auslösern« zurechtkommen. Wir arbeiten an ihrem Gewahrsein, wann die Spannung anfängt, helfen ihnen, sich zurückzulehnen, durchzuatmen und sich zu beruhigen, anstatt sich vorzubeugen und noch schneller zu werden.

Das Chaos und die vielen Differenzen und Enttäuschungen, die aus der Kombination zweier lebhafter Familien erwachsen, wären für jeden eine Herausforderung. Sheilas und Aarons sehr energetisierte Art der Kommunikation, die während ihres Verliebtseins gut funktionierte, war für das gemeinsame Leben in der Zweitfamilie zu spannungsreich. Und die alten persönlichen Verletzungen, die unter der Oberfläche zum Vorschein kamen, machten Schwierigkeiten wie die gemeinsame Arbeit an einer funktionierenden Stiefvaterrolle sehr viel mühsamer. Selbst wenn sie nicht in einer Zweitehe leben würden, hätten Sheila und Aaron sich in einer Sackgasse wiederfinden können, weil Aarons Spontaneität Sheilas Angst vor Unzuverlässigkeit auf den Plan rief und Sheilas Gewohnheit, Vorwürfe zu machen und Druck auszuüben, wenn sie sich fürchtete, Aarons alte Unnachgiebigkeit auslöste. Die Themen, die schon in einer Erstehe als echte Herausforderung empfunden worden wären, wurden in der Zweitehe unerträglich und waren fast nicht zu bewältigen. Bei Sheila und Aaron sehen wir, auf welche Weise normale Zweitehenprobleme, persönliche Schwierigkeiten und ein herausfordernder Paarprozeß sich gegenseitig intensivieren. Die erfolgreiche Arbeit dieses Paares wird auch weiterhin so aussehen, daß sie sich mit den aktuellen Paarproblemen und dem Paarprozeß auseinandersetzen und dabei die individuellen Fragen und Themen im Auge behalten.

Schlußfolgerungen

Die Gestalttherapie ist ihrem Wesen nach ein intuitiver und vielschichtiger Prozeß, und die Arbeit mit Stieffamilien um so mehr. Ich hoffe, daß dieses Kapitel dazu beigetragen hat, unseren eigenen Boden zu festigen und uns ein paar Hinweise darauf gegeben hat, wie wir als Gestalttherapeuten unterscheiden können was wir in der Arbeit mit Paaren wie John und Regina oder Sheila und Aaron sehen, hören und fühlen.

Zum Schluß möchte ich noch einmal in Erinnerung rufen, daß eine gute Arbeit mit wiederverheirateten Paaren keiner isolierten und spezialisierten Fähigkeiten bedarf. Obwohl diese Arbeit einige Kenntnis der besonderen Dynamik und der Entwicklungsaufgaben dieser speziellen Familienform erfordert, gehört vieles von dem, was wir hier diskutiert haben, zu den Grundlagen jeder guten Therapie. Dennoch, die Arbeit mit Paaren in Zweitehen beansprucht unsere besten Fähigkeiten.

Sie erfordert zum Beispiel, daß wir konsequent systemisch arbeiten, daß wir immer den größeren Zusammenhang aller wirksamen Kräfte im Auge behalten und daß wir uns nicht darauf einlassen, irgendeinem Beteiligten die Schuld zu geben (auch keinem abwesenden Ex-Partner), um eine ohnehin schon polarisierte Famile nicht noch weiter zu spalten. Diese Arbeit bedarf der Bereitschaft, aktiv einzugreifen und Wege aufzuzeigen, während wir gleichzeitig sehr bewußt und respektvoll mit dem Widerstand arbeiten müssen. Sie fordert von uns, daß wir die Macht der gegenwärtigen Stieffamilienstruktur, intensive Gefühle hervorzubringen, anerkennen und die Bereitschaft, uns den alten Verletzungen zuzuwenden, ohne deren Anerkennung eine Lösung der aktuellen Schwierigkeiten innerhalb der Familie nicht möglich wäre. Diese Arbeit ist eine Herausforderung für unsere Fähigkeit, das Gewahrsein auch angesichts des Schmerzes und der Scham zu erhöhen. Sie erweitert unsere Kreativität, den Partnern dabei zu helfen, zusammenzuarbeiten und sich gegenseitig zu unterstützen, wenn das Familienleben alte Wunden aufreißt. In diesem Sinne geben uns Paare wie John und Regina oder Sheila und Aaron Gelegenheit, unsere paartherapeutischen Fähigkeiten zu trainieren. Die konzentrierte Anstrengung, in dem Maße, zu dem wir fähig sind, und wenn nötig mit der angemessenen Unterstützung, kann anregend, stärkend und sogar inspirierend sein.

Als ich vor ein paar Jahren in einem Flugzeug saß, wandte sich mir mein Sitznachbar kurz vor der Landung zu und fragte, wohin die Reise ginge. »Zu einer Konferenz zum Thema Stieffamilien«, antwortete ich. »Das kling ziemlich langweilig«, meinte er. »Absolut nicht«, sagte ich. Was man durch Berechenbarkeit und Sicherheit verliert, bekommt man durch ein aufregendes und belebendes Familienleben mehrfach zurück. Die Tatsache, daß ein gesundes Stieffamilienleben den vollen Einsatz für ein gutes Leben erfordert, erfüllt mich mit Hoffnung und macht diese Arbeit für mich so lohnenswert. (Papernow, 1993, S. 380)

Literatur

Glick, P. C., & Lin, S. G. (1986). Recent changes in divorce and remarriage. Journal of Marriege and the Family, 5, 7-26.

Hobart, C. (1987). Parent-child relations in remarried families. Journal of Family Issues, 8, 259-277.

Johnston, J. R., Gonzales, R., & Campbell, L. E. G. (1987). Ongoing postdivorce conflict and child disturbance. Journal of Abnormal Child Psychology, 15, 493-509.

Keshet, J. K (1980). From separation to stepfamily: A subsystem analysis. Journal of Family Issues, 1(4), 517-532.

Kline, M., Johnston, J. R., & Tschann, J. M. (1991). The long shadow of marital conflict: A model of children's postdivorce adjustment. Journal of Marriage and theFamily, 53, 297-309.

Kohut, H. (1977). The restoration of the self New York: International University Press.

Papernow, P. L. (1984). The stepfamily cycle: An experiential model of stepfamily development. Family Relations, 33(3), 355-363. Also available in monograph from the Gestalt Institute of Cleveland, 1588 Hazel Drive, Cleveland, Ohio 44106.

Papernow, P. L. (1987). Thickening the »middle ground«: Dilemmas and vulnerabilities for remarried couples. Psychotherapy, 24(3S), 630-639.

Papernow, P. L. (1993). Becoming a stepfamily: Patterns of develop ment in remarried families. San Francisco: Jossey-Bass.

Perls, F., Hefferline, R., & Goodman, P. (1991). Gestalttherapie. Ausgabe in zwei Bänden (Grundlagen & Praxis) München: DTV.

Stepfamily Association of America. (1989). Stepfamilies stepping ahead. Lincoln, NE: Stopfamilies Press.

Zinker, J. (1993).   Gestalttherapie als kreativer Prozeß. Paderborn: Junfermann.

6

Gestalt-Paartherapie mit schwulen Paaren: Die Erweiterung des therapeutischen Gewahrseinshintergrundes

Allan Singer

Ein Kapitel über Gestalttherapie mit schwulen Paaren macht deutlich, daß die Existenz homosexueller Paarbeziehungen immer mehr ins öffentliche Bewußtsein dringt und in unserer soziokulturellen Gesellschaftsstruktur einen festen Platz einnimmt. Die Tatsache, daß dieses Kapitel in ein Buch über Paartherapie aufgenommen wurde, zeigt, daß die Realität und die Bedeutung homosexueller Paarbeziehungen, als eine unter vielen möglichen Formen der Intimität, wachsende Anerkennung erfährt. Das Bewußtsein für homosexuelle Beziehungen nimmt in unserer Kultur allmählich zu, hervorgerufen durch die fortschreitenden Bemühungen um Gleichberechtigung von Bi- und Homosexuellen und durch die Anerkennung der Homosexualität als einer nicht länger negierbaren und legitimen sozialen Lebensform. Wenn die Welt als ganze aufgefordert ist, schwule Paare stärker in die Gemeinschaft mit einzubeziehen, dann müssen auch wir als Therapeuten uns um ein tieferes Verständnis bemühen. Die Berücksichtigung der schwulen, lesbischen und bisexuellen Thematik in der Entwicklung der psychologischen und klinischen Theorie und Praxis ist einerseits Abbild der größeren gesellschaftlichen Strömungen und nimmt im Gegenzug auch Einfluß darauf. Im Laufe der letzten Jahrzehnte haben die psychologischen Ansätze eine Veränderung erfahren, die von der Pathologisierung der Homosexualität zu einer zunehmenden Anerkennung der begrüßenswerten Realität einer größeren Vielfalt der sexuellen Orientierung des einzelnen geführt hat. Diese Veränderung der klinischen Auffassung wirkt sich wiederum positiv auf die Entwicklung einer größeren Anerkennung und Bestätigung homosexueller Paarbeziehungen in unserer gesamten Kultur aus. Ich hoffe, daß dieses Kapitel als Beitrag zur Literatur über intime Beziehungen und Paartherapie im Zusammenhang mit männlich-homosexuellen Beziehungen, zu einem besseren Verständnis einer gestalttherapeutischen Sichtweise der komplexen Strukturen beiträgt, die in jeder homosexuellen Beziehung anzutreffen sind.

Das Abenteuer Liebe:
Die gemeinsame Basis entdecken

Ich möchte gleich zu Beginn eine Verzichterklärung abgeben. Ich glaube nicht, daß sich die Gestalt-Paartherapie mit einem schwulen (oder lesbischen oder bisexuellen) Paar maßgeblich von der therapeutischen Arbeit mit einem heterosexuellen Paar unterscheidet. In einem grundsätzlichen Sinne kann man sagen: ein Paar ist ein Paar ist ein Paar – ungeachtet seiner sexuellen Orientierung. Jedes Paar ist einzigartig, unabhängig von der Zusammenstellung der Geschlechter, und lebt gleichzeitig aus der gemeinsamen Quelle des menschlichen Bedürfnisses nach Nähe und dem tiefen Verlangen nach Zugehörigkeit zu einem anderen. Wie auch immer die sexuelle oder emotionale Orientierung aussehen mag, ob gleich- oder andersgeschlechtlich, die Paarbeziehung stellt für viele, wenn nicht für jeden, ein großes Experiment dar, in dem zwei Bedeutungswelten einander umkreisen und zwei »Ichs« ein »Wir« hervorbringen, während beide ihre Eigenständigkeit bewahren. Sich auf eine Paarbeziehung einzulassen ist unweigerlich mit der Bereitschaft verbunden, das Geheimnis der Liebe zu einem anderen Menschen zu erfahren und selbst geliebt zu werden.

Was also ist das, was wir Liebe nennen? Und inwiefern ist die homosexuelle Liebe und die homosexuelle Beziehung wirklich anders? Von einem romantisierten, poetischen Standpunkt aus betrachtet, ist die Liebe, ungeachtet der beteiligten Geschlechter, ein Geheimnis, das jedem logischen Reduktionismus trotzt: »Liebe ist blind.« Auf der anderen Seite kann die Liebe alle Stufen der »optischen« Schärfe umfassen. In manchen Paaren scheinen die Partner ihre emotionalen Winkel und Nischen mit der Treffsicherheit eines Marschflugkörpers auszumachen (um ein sowohl phallisches als auch militärisches Bild zu gebrauchen) oder, wie ein Kollege einmal meinte, »wie Fledermäuse im Dunkeln.« Die hetero- oder homosexuelle Paarbildung mag als Schicksalsschlag empfunden werden, als glücklicher Zufall oder als Erfüllung einer lange gehegten Absicht. Ich glaube, um eine funktionierende Paarbindung aufzubauen, müssen wir den Wunsch nach verbindlicher Zugehörigkeit zu einem anderen erleben. Wenn wir uns auf eine Verbindlichkeit einlassen, dann erleben wir in aller Regel eine stärkere gegenseitige Anziehung, ein Hingezogensein zu persönlichen und/oder körperlichen Eigenschaften, Interessen und Werten. Normalerweise entwickeln wir Vorstellungen über die Wünsche des anderen, seine Ziele und persönlichen Fähigkeiten, die unseren Entschluß, uns näherzukommen mitprägen. Unsere Vorstellungen vom anderen können von Erfahrungen herrühren, die wir mit ihm gemacht haben, sie können aber auch Bilder unserer tiefsten Wünsche und Sehnsüchte sein, die wir auf den anderen projizieren. Mit der Zeit hilft ein wachsendes realistisches Verständnis des anderen dabei, ein Gespür dafür zu entwickeln, was der andere zu seinem Wohlergehen braucht. Und schließlich ist der Weg zur

Paarbildung, unabhängig von der sexuellen Orientierung, durch den Glauben bestimmt, daß wir dem anderen etwas zu geben haben und etwas von ihm bekommen möchten, und daß der Kreislauf von Geben und Nehmen unser beider Leben in einem Maße bereichert, daß wir uns auf eine gegenseitige Verbindlichkeit einlassen können (ebenso wie wir in Kauf nehmen, daß manches in der Beziehung nicht so ideal ist oder sich weniger angenehm gestaltet).

Bewußt oder unbewußt, jedes Paar läßt sich durch die Definition einer Verbindlichkeit auf das Experiment ein, zusammenzukommen und sich dadurch sowohl auf das expansive Gefühl der Wünsche und Hoffnungen für die gemeinsame Beziehung als auch auf die Herausforderung der Andersartigkeit einzulassen, die manchmal auch dazu führt, daß man sich emotional zusammenzieht. Ebenso trägt jeder, der auf intime Weise mit einem anderen Menschen verbunden ist, seinen emotionalen und beziehungsmäßigen Entwurf bei sich, und im Laufe der Beziehung werden beide ein emotionales Aufgewühltsein erleben, das aus dem regressiven Boden ihrer Geschichte oder dem Flußbett ihrer alten Themen entsteht. Insofern ist die Paarbeziehung, unabhängig von der sexuellen Orientierung, ein großes Abenteuer, in dem man manchmal auf den hohen Wellen hoffnungsvoller Erwartung segelt und manchmal seinen Weg durch die felsigen Untiefen der Andersartigkeit zu finden hat; und manchmal wird man auch hin und hergeworfen oder strandet auf dieser Reise durch die bekannten und unbekannten Gewässer der Beziehung.

Obwohl bei der Definition der allgemeinen Grundlage des Liebens ein Paar eben ein Paar ist, unterscheiden sich auf der anderen Seite homosexuelle und heterosexuelle Paarbeziehungen auch durch spezifische und einzigartige Themen und Fragen. Was schwule, lesbische und bisexuelle Paare mit Sicherheit von anderen unterscheidet, ist ihre Zugehörigkeit zu einer Randgruppe und stigmatisierten Minderheit. Die Gestalttherapie betont, daß die Bedeutung jeder Figur sich aus ihrer Beziehung zum Bedeutungszusammenhang oder zum jeweiligen Hintergrund ergibt. Als Homosexueller aufzuwachsen und sich schließlich als homosexuell zu identifizieren bedeutet auch, innerhalb eines komplexen Feldes ablehnender Überzeugungen und Haltungen großzuwerden, die im Laufe der Entwicklung unweigerlich introjiziert oder internalisiert werden. Wenn wir als Therapeuten dieses komplexe Feld nicht begreifen, machen wir einen schwerwiegenden Fehler, weil wir dann die potentiellen Spannungen und Konflikte, die dem Gestaltkonzept der »Polaritäten« jedes Paares innewohnen, unberücksichtigt lassen. Darüber hinaus begünstigt die Identifizierung des Homosexuellen und folglich auch des homosexuellen Paares vor dem Hintergrund der vorhandenen Vorurteile die Ausbildung bestimmter Abwehrmechanismen und Kontaktwiderstände als notwendige Überlebensstrategie. Wenn sich starke persönliche Widerstände ausgebildet haben, werden sie sich im Rahmen der Paarbeziehung in ähnlich hohem Maße niederschlagen. Auf diese klinischen Überlegungen werde ich später noch ausführlicher eingehen. An dieser Stelle möchte ich die Leser einladen, die wesentlichen Unterschiede der homosexuellen Paarbeziehung und ihre Gemeinsamkeiten mit jeder anderen Form der Paarbindung genauer zu betrachten. Ich bin der festen Überzeugung, daß wir als Therapeuten, ob gestaltorientiert oder nicht, das, was sich für eine homosexuelle Paarbeziehung figürlich darstellt als sehr viel reicher erleben können, wenn wir auch den Hintergrund dieser Paare erkennen und ausreichend würdigen. Denn dann haben wir einen strukturierteren Grund für unsere eigenen auftauchenden Figuren.

Eine kurze Gestaltfibel

Was ist Gestalttherapie, und wie kann sie uns die Arbeit mit Paaren, insbesondere mit homosexuellen Paaren, erleichtern? Da die Leser wahrscheinlich mit unterschiedlichen Kenntnissen der theoretischen Grundlagen der Gestalttherapie an dieses Kapitel herangehen, möchte ich kurz auf ein paar grundlegende Konzepte eingehen, die den gestalttherapeutischen Hintergrund für das Verständnis von und die Intervention in intimen Systemen prägen. Kurz gesagt ist die Gestalttherapie eine systemische Therapie, die insbesondere an der Qualität des Kontaktes im Hier-und-Jetzt interessiert ist. Wirksamen Kontakt mit anderen herzustellen, erfordert eine fortlaufende Bewegung von der Körperwahrnehmung zu kognitivem und emotionalem Gewahrsein, zu Erregung und Mobilisierung von Energie und schließlich zur wirksamen Handlung, an die sich der Rückzug aus dem Kontakt anschließt, damit die Erfahrung verdaut werden und man sich auf die nächste Sequenz hin orientieren kann. Diese Sequenzen sind an jeder Stelle für Unterbrechungen oder Widerstände anfällig. Der Kreislauf von Gewahrsein und Kontakt wird bei jedem Menschen von einer Vielzahl systemischer Faktoren beeinflußt, einschließlich der körperlichen Verfassung, der genetischen Veranlagung, der persönlichen Geschichte und der Überzeugungssysteme, also der Gesamtheit der bio-psycho-sozio-kulturellen Einflüsse. Dieser Kontext prägt die Identität jedes einzelnen Menschen, das Bewußtsein seiner Bedürfnisse, Wünsche, Sehnsüchte und Triebe ebenso wie seine persönlichen Bedeutungskonstrukte über die Welt und was sich in der Kommunikation mit der Welt aus diesen Bedeutungen ableiten läßt.

Die menschliche Fähigkeit zum Gewahrsein und das Streben nach Bedürfnisbefriedigung bringen im Feld des persönlichen Gewahrseins fortwährend neue »interessante Figuren« hervor. Diese Figuren geben uns Aufschluß über unseren inneren Zustand, über unser Gewahrsein der Umgebung und über unser Gewahrsein dessen, was wir im gegenwärtigen Augenblick wollen oder brauchen. Unser aktuelles

Gewahrsein umfaßt die Integration dieser inneren und äußeren Wahrnehmungen, die im Gestaltansatz als Integration des Selbst verstanden wird. Als Gestalttherapeuten achten wir bei unseren Klienten besonders auf das Gewahrsein ihrer aktuellen Erfahrung, darauf, wie sie erkennen, was sie im Moment gerade wollen und wie sie auf zweckmäßige Weise Kontakt herstellen, um Befriedigung und Lösung zu finden. Da eines der wesentlichen Ziele der Gestalttherapie darin besteht, das Selbstgewahrsein der Klienten zu steigern, um ihr Gespür für die Wahlmöglichkeiten zu fördern, die ihnen für ein erfolgreiches Handeln zur Verfügung stehen, sind wir als Gestalttherapeuten besonders daran interessiert, wie, wann und wo die Klienten sich im Kontakt *selbst unterbrechen*.[1]

Betrachten wir folgende Gestalt-Polarität: die Paarbeziehung ist ein Geheimnis; die Paarbeziehung kann auch analysiert und verstanden werden. Als Gestalt-Paartherapeuten nutzen wir die Phänomenologie der Anwesenheit und der Interaktion des Paares, um Figur und Hintergrund unserer Daten, Wahrnehmungen und Interventionen zu prägen. Wenn sich ein Paar in der Praxis vorstellt, haben die Partner typischerweise irgendwelche Schwierigkeiten mit ihrem Kontakt, die meistens zu Konflikten führen. Die meisten Paare, die in die Therapie kommen, haben sich auf ein Problem oder eine Reihe von Symptomen eingestellt. Dieses Problem kann als diffuses Beziehungsproblem angesprochen werden, wie z.B. »Unsere Kommunikation stimmt nicht«, »Wir streiten sehr viel« oder »Wir sind uns nicht nah.« Die Partner können bestimmte Sorgen oder Symptome anführen, wie den Mangel an sexueller Befriedigung oder Spannungen im Zusammenhang mit unterschiedlichen finanziellen Möglichkeiten. Die Symptome können auch als in der Verantwortung eines der beiden Partner liegend dargestellt werden, z.B. »Er ist dauernd so kritisch und wütend auf mich.« Ebenso stellen Fragen von Nähe und Distanz universelle, von sexueller Orientierung unabhängige Paarprobleme dar: wie die Partner mit ihrem persönlichen Bedürfnis nach Nähe oder Distanz in der Beziehung umgehen, das Aufrechterhalten von Grenzen, die Arbeitsaufteilung (wer bringt den Müll raus) oder das Aushandeln von Macht und Kontrolle. Auch wenn das zentrale, figürliche Anliegen des Paares in einem inhaltlichen Konflikt beliebiger Art besteht, steht für uns als Gestalttherapeuten der Kontaktprozeß innerhalb der Paarbeziehung im Vordergrund. Unsere therapeutische Aufgabe bei der Wahrnehmung dieses Kontaktprozesses beginnt mit der Wertschätzung für die offensichtliche Stärke ihres Kontaktes, also jener Qualitäten, die jeden einzelnen unterstützen, ganz präsent zu sein und die ein lebendiges Geben und Nehmen ermöglichen.

Auch achten wir in besonderer Weise darauf, wie, wann und wo der Kontakt zwischen den Partnern geschwächt, unterentwickelt oder auch völlig unterbrochen erscheint. Diese Intervention – vorausgesetzt, beide Partner sind ausreichend interessiert und neugierig – bildet die Basis für die Entwicklung therapeutischer *Experi-*

mente. Ein Experiment kann entworfen werden, um das Gewahrsein der Partner für ein bestehendes, unbefriedigendes Kontaktmuster zu steigern oder um eine Gelegenheit zu schaffen, neues Verhalten auszuprobieren, das die Kontaktmöglichkeiten der Partner erweitert.

Ich habe diese Gelegenheit genutzt, um ein paar Gemeinsamkeiten der Paarbeziehung unter dem gestalttheoretischen Blickwinkel hetero- oder homosexueller intimer Systeme zu beschreiben. Ich tue das mit dem tiefen Wunsch, die homosexuelle Paarbeziehung aus ihrer Randposition zu lösen. Aus dieser Sicht hat die gleichgeschlechtliche Paarbeziehung ihren Platz im Mittelpunkt des menschlichen Tanzes als wichtige und wertvolle Variante zum grundlegenden menschlichen Thema der Sehnsucht nach Intimität mit einem anderen menschlichen Wesen, im Spiegel der Augen des anderen zu sehen und gesehen zu werden, zu geben und zu nehmen und sich gegenseitig das Herz zu öffnen.

Zum Abschluß, während das ursprüngliche Thema dieses Kapitels wieder auftaucht, also die Frage: welche wichtigen Aspekte unterscheiden schwule Beziehungen von anderen Paarbeziehungen? Zunächst einmal: einiges von dem, was ich anführe, mag gleichermaßen für schwule, lesbische und bisexuelle Paare gelten. In diesem Kapitel werde ich mich jedoch – wenn nicht anders erklärt – nur auf männliche homosexuelle Paare beziehen. Im übrigen kann es sein, daß einige Punkte für bestimmte Paare zutreffen und für andere nicht. Und schließlich ist nicht nur jedes Paar einzigartig, sondern auch die Perspektive jedes Therapeuten. Die hier dargestellte Perspektive ist meine, und daß Sie dieses Kapitel lesen, ist Teil der Konstruktion Ihrer eigenen Perspektive, zu deren Bereicherung die hier vorgestellten Standpunkte und Überlegungen beitragen möchten.

Besonderheiten der männlich-homosexuellen Beziehung

Männliches Rollenverhalten

Um mit dem Offensichtlichen anzufangen (eine sehr hilfreiche Gestalt-Regel), sind da zwei Männer zusammen, die beide mit einem Geschlechterverständnis aufgewachsen sind, das all die Werte, Überzeugungen und Haltungen beinhaltet, die in unserer Kultur als Teil des Mannseins und der Mänlichkeit gelten. In unserer Kultur (zumindest in der westlichen) lernen Jungen schon sehr früh in ihrer Entwicklung, daß bestimmte Gefühle und Ausdrucksformen akzeptabel sind, andere hingegen nicht. Introjekte wie »große Jungen weinen nicht« und »das ist Weiberkram«

sind weit verbreitet und heimtückisch und führen nicht selten zu emotionaler Abstumpfung und Einschränkungen der Ausdrucksfähigkeit. Die »weicheren« Gefühle, also Traurigkeit, Verletzung, Angst und Enttäuschung gelten kulturell als »weiblich« und werden mit emotionaler Offenheit und potentieller Verletzlichkeit assoziiert. Bei vielen Männern, einschließlich bi- und homosexuellen, ist die Fähigkeit, sanftere Gefühle auszudrücken, häufig erheblich eingeschränkt oder ihr Erleben wie betäubt, und daher dem Bewußtsein nicht zugänglich.

Es gibt eine kulturelle Vorstellung von homosexuellen Männern, die besagt, diese Männer hätten einen Weg gefunden, aus diesem einschränkenden Paket der Geschlechtererziehung »auszusteigen«. Es kann tatsächlich sein, daß einige selbstidentifizierte heterosexuelle Männer gegenüber Homosexuellen Neid oder Ablehnung ausdrücken, ausgelöst durch die stereotype Vorstellung, schwule Männer seien in ihrer emotionalen Sensibilität und der Art, sich zu präsentieren eher »wie Frauen« und hätten es deshalb leichter, Nähe zu Männern und zu Frauen herzustellen. Solche stereotypen Vorstellungen der homosexuellen Sensibilität treffen auf den einen oder anderen sicherlich zu, aber paradoxerweise haben viele Homosexuelle jahrelang versucht, in die etablierten kulturellen Normen für Jungen »hineinzupassen«. Ein gewisser Grad an Retroflektion und Abspaltung des emotionalen Selbstgewahrseins ist bei den meisten Männern eine Anpassungsstrategie aus der Kindheit, die auf dem Spielplatz, wenn nicht in der Familie gefördert wurde. Als Jungen lernen wir, daß wir unsere weicheren Seiten nur zeigen können, wenn wir riskieren für unmännlich und »mädchenhaft« gehalten zu werden. Andere gemeinsame Nenner männlicher Sozialisation beinhalten internalisierte Botschaften in Bezug auf Stärke und Macht, Kontrolle und Selbstsicherheit (auch bekannt als Gegenabhängigkeit) in bezug auf eine Selbstachtung, die auf der Fähigkeit basiert, besser als andere, an der Spitze, oder einfach der »King« zu sein. Wir lernen, daß es unmännlich ist, unser Angewiesensein und unsere Unsicherheit zuzulassen oder zuzugeben. Ein breites Spektrum an Gefühlen wird in sozialverträglichere Formen der Männlichkeit wie etwa die Wut gelenkt. Im Gegenzug wird im Königreich der Männlichkeit die Entschlossenheit zum Handeln betont, und was sich auf dem Fußballplatz größter Beliebtheit erfreut, wird häufig auch auf andere Beziehungsbereiche übertragen. Typische Werte wie Aggressivität, Verantwortung, Problemlösung und Durchhaltevermögen werden eher introjiziert (d.h. ohne Reflexion geschluckt), als solche Werte, die das Reflektieren oder das Akzeptieren von Unentschlossenheit, Ambivalenz und Ängstlichkeit ermutigen und fördern.

Natürlich können stereotyp-männliche Eigenschaften nicht nur Einschränkungen sondern auch potentielle Kraftquellen darstellen. Dasselbe gilt für die als typisch weiblich geltenden Eigenschaften wie Einfühlungsvermögen, die Fähigkeit zuzuhören, Sensibilität und andere Gefühle. Wenn geschlechtsspezifische Charaktereigenschaften auf rigide Weise und in polarisierter Form introjiziert werden, können sie den einzelnen und seine Möglichkeiten des kreativen Ausdrucks und der Problembewältigung in der Partnerschaft sehr einschränken. Wenn wir daher in der Therapie mit einem schwulen Paar arbeiten, dann stimmt das: beide Partner sind homosexuell; *aber sie sind auch Männer*, und vielleicht brauchen sie Hilfe, um sich ihrer introjizierten und kulturbedingten Entwicklung als Männer bewußt zu werden. Es geht also nicht nur darum, daß wir zwei geschlechtsspezifisch erzogene Individuen da sitzen haben, die einen eingeschränkten Zugang zu ihrem inneren Erleben aufweisen, sondern darum, wie die beiden miteinander kommunizieren. Wenn z.B. beide Männer angesichts bestimmter Erfahrungen Scham oder Angst empfinden und in ihrem Ausdruck gehemmt sind, kann es sein, daß sie sich in ihrem gegenseitigen Verhalten noch mehr polarisieren. Noch einmal: die bloße Tatsache einer intimen sexuellen Beziehung mit einem gleichgeschlechtlichen Partner befreit ein homosexuelles Paar noch nicht von all den anderen Aspekten einer auf Geschlechterteilung basierenden Kultur. Wenn wir die kulturell normierten Geschlechterrollen in der Paartherapie untersuchen und erforschen, kann das zur Dekonstruktion dieser Rollen- und Denkmuster beitragen.

In der Gestalttherapie können wir die Paare mit Hilfe von Experimenten dazu anregen, die Bandbreite ihres erlernten Rollenverhaltens zu erweitern. Es kann sein, daß wir dem schwulen Paar zunächst einmal helfen müssen zu lernen, Wünsche und Bedürfnisse klar in Worte zu fassen. Vielleicht brauchen die Partner Unterstützung, um sich der Gefühle, die in ihrer Kommunikation unausgeprochen mitschwingen, überhaupt bewußt zu werden, so daß wir ihnen helfen, eine Sprache der Gefühle zu erlernen und Dinge zu sagen wie z.B. »Ich bin traurig; bitte nimm mich in den Arm«, oder »Ich bin enttäuscht von dem, was du da sagst.« Während schwule Männer als Männer häufig die Fähigkeit entwickelt haben, ihre Unterschiede und ihre jeweilige Position deutlich zu machen, können wir vielleicht ihr Interesse wecken, einen einfühlsameren Stil zu entwickeln. Das Spiegeln ist z.B. ein Experiment, in dem jeder Partner übt, einfach nur das wiederzugeben, was er vom anderen hört. Diese Übung fördert die Fähigkeit zuzuhören und Verständnis zum Ausdruck zu bringen. Ohne gleich die eigene Position klarzustellen oder das Problem »zu lösen« oder unaufgefordert Ratschläge zu erteilen, können die Partner auf diese Weise damit experimentieren, die Erfahrung eines Prozesses zu akzeptieren, der das Zuhören und Verstehen unterstützt, anstatt die bessere Position zu erringen. Andererseits kann bei Paaren mit einem höheren Grad an Konfluenz die vordergründige Aufgabe natürlich auch darin bestehen, die Unterschiede und die jeweilige eigene Position deutlich zu machen.

Unterschiede in der Art, sich zu zeigen

Zwei Männer, die in einer homosexuellen Beziehung leben, können sehr verschiedene Arten haben, ihre Homosexualität nach außen hin zu zeigen und sichtbar zu machen. Deshalb kann es sein, daß sie unterschiedliche Bedürfnisse haben, ihre Paarbeziehung privat zu halten, oder sie empfinden bestimmte Verhaltensweisen, ihre Beziehung deutlich zu machen, indem sie z.b. in der Öffentlichkeit ihre Zuneigung ausdrücken, als unterschiedlich angenehm oder unangenehm. Vielleicht möchte der eine Partner im Kino Händchen halten, während der andere sich zu unsicher fühlt. Unterschiede können auch hinsichtlich der Frage auftauchen, wie offen die Partner mit Freunden, der Familie oder Kollegen über ihre sexuelle Orientierung und die Beziehung sprechen wollen.

Internalisierte Homophobie und unbewußte Retroflektion oder Zurückhaltung sind als dauerhafter Prozeß bis zu einem gewissen Grad für beide Partner charakteristisch. Die Frage des »coming out« – ob, wann und wie – stellt sich jedem Homosexuellen immer wieder, sein ganzes Leben hindurch. Die Vorstellung, daß die eigene Sexualität mit ihrem Reichtum an damit verbundenen Gefühlen, Gedanken, Attraktionen und Phantasien zu Ablehnung und sozialer Mißachtung führen könnte, begünstigt die Retroflektion als notwendige Abwehr und Anpassungsleistung. Daher wird die Angst vor der Selbstoffenbarung bei den Partnern bereits durch die Auseinandersetzung mit den grundsätzlichsten Entscheidungen reaktiviert, z.B. »Nehme ich meinen Partner mit auf die Büro-Party, und wenn ja, wie stelle ich ihn vor, und wie fühlt er sich dabei?« »Wenn Familienangehörige zu Besuch kommen, tun wir dann so, als hätten wir nur eine Wohngemeinschaft und vermeiden jeden Ausdruck von Zuneigung, oder fangen wir an, Dinge zu verheimlichen und z.B. Bilder von uns beiden zu verstecken?« Im Hinblick auf den größeren systemischen Zusammenhang sozialer Unterdrückung können wir uns als Therapeuten fragen, wieviele Beziehungen die Spannung aushalten können, die aus der Verschwörung des Schweigens und der Geheimhaltung und aus der verhüllenden Deflektion angesichts eines immer schwächer werdenden familiären und sozialen Rückhalts entstehen.

Ausdruck und Bestätigung von Verbindlichkeit

Wenn die Partner in heterosexuellen Paarbeziehungen sich nach der ersten Zeit auf eine größere Verbindlichkeit einlassen, so ist das innerhalb der Familie und unter Freunden normalerweise ein Grund zum Feiern. Die Verlobungsbilder, die Parties, die Geschenke und die guten Wünsche – all das bildet einen Rahmen für die Festigung der Verbindung. Wenn homosexuelle Paare bei ihren Ursprungsfamilien als Paar auftreten, dann begeben sie sich auf eine weitere Ebene des »coming out«, weil man sich in vielen Familien nicht offen und freudig umarmt. Erst durch den Liebhaber, Partner, Freund oder Gefährten wird häufig deutlich, daß die Familie die sexuelle Orientierung eines ihrer Mitglieder schlicht verleugnet. Zu wissen, daß dein Sohn schwul ist, ist eine Sache; ihn zusammen mit seinem Freund im Schlafzimmer verschwinden zu sehen, ist eine andere.

Darüber hinaus spricht die klinische Psychologin Betty Berzon (1990) von der Erwartung des Scheiterns schwuler und lesbischer Beziehungen. Die meisten heterosexuellen Paare beginnen ihre intime eheliche Beziehung mit der Erwartung, daß sie Bestand haben wird. Auf der anderen Seite gibt es eine auf der kulturellen Geschichte basierende Tradition, aus der heraus schwule Beziehungen aus flüchtigen, heimlichen und anonymen Kontakten heraus entstehen und mit der Angst, entdeckt zu werden, verbunden sind. Wie Berzon meint, erfordert in dieser Tradition die gleichgeschlechtliche Beziehung fortwährende Wachsamkeit, Berechnung und Täuschung. Als Gestalttherapeuten können wir anerkennen, inwiefern die Strategien von Introjektion, Retroflektion, Deflektion, Projektion und Konfluenz zu der Erfahrungsreise eines homosexuellen Paares in einer homophobischen Welt beitragen und diese sogar ermöglichen. Angesichts dieser Not, und des Hasses, der schwulen Paaren entgegenschlägt, ist die Tatsache, daß es überhaupt langfristige homosexuelle Beziehungen gibt, in der Tat ein Zeugnis für die emotionale und seelische Überlebensfähigkeit des Menschen und das tiefe menschliche Bedürfnis nach Verbindung.

Da die Gestalttherapie die Aufmerksamkeit für die Klarheit der Kontaktgrenze und die Prägnanz der Figur vor dem Hintergrund fördert, ist es für uns als Therapeuten hilfreich darauf zu achten, wie die Partner ihre gegenseitige Verbindlichkeit definieren. Wählen sie eine beschreibende, aufgeschlossene Grenze und zeigen sich als Liebespaar, Lebensgefährten, Partner, signifikante andere, oder wählen sie eine mehr unklare, uneindeutige, Offenheit vermeidende und verhüllende Beschreibung wie »WG-Partner« oder »Bekannter?« Eine andere wichtige Frage ist etwa welche Zeichen die Partner wählen, um ihre Verbindlichkeit sichtbar zu machen und zu feiern und welche Symbole, Rituale oder Erklärungen sie dafür haben. Bis vor kurzem standen schwulen und lesbischen Paaren keine markanten Ereignisse zur Verfügung, um den Übergang von einer unverbindlichen Freundschaft oder dem bloßen Zusammenwohnen zu einer verbindlichen Beziehung, die den für die Ehe geltenden Erwartungen an Verbindlichkeit entspricht, zu kennzeichnen. Heterosexuelle Hochzeitsrituale dienen u.a. dazu, die Grenzen des Paares zu legitimieren und bringen die öffentliche Erwartung zum Ausdruck, daß die Beziehung über einen langen Zeitraum Bestand haben wird. In letzter Zeit haben homosexuelle Paare ihre eigenen Zeremonien der Verbindlichkeit kreiert, teilweise sogar innerhalb organisierter religiöser Zusammenhänge. Manche Paare tauschen Ringe aus, andere fassen den Entschluß zu einer verbindlichen Beziehung und betrachten den Tag, an dem sie zusammengezogen sind oder ein gemeinsames Haus gekauft haben, als symbolisches Initialereignis.

Thematisch besprechen wir die Gültigkeit der Beziehung unter verschiedenen Gesichtspunkten. Welche Gültigkeit hat z.b. eine Beziehung im Kontext ihrer sozialen Bezüge? Wie verbunden oder isoliert sind die Partner? Gibt es genügend äußere Unterstützung, um der Beziehung auch Anerkennung und Stabilität zu geben? Haben sie sowohl gemeinsame als auch persönliche Freunde? Paare, die sich nach außen hin nicht als solche zeigen, entwickeln häufig ein höheres Maß an Konfluenz innerhalb der Beziehung, und der Therapeut muß sich darüber im klaren sein, daß diese »Fusion« nicht Ausdruck individueller Störungen sein muß, sondern die Bedingungen der Grenze des Paares gegenüber der Welt widerspiegeln kann. Auf diese interaktive Beziehung der inneren und äußeren Grenzen des Paares werden wir später noch ausführlicher eingehen.

Auf der kulturellen Ebene der Bestätigung herrscht ein absoluter Mangel an Vorbildern für die homosexuelle Paarbildung. Im Fernsehen, im Kino, in der Musik und größtenteils auch in der Literatur gibt es kaum Hinweise darauf, daß es so etwas wie homosexuelle Beziehungen überhaupt gibt, geschweige denn Vorbilder dafür, wie homosexuelle Paare ihre Schwierigkeiten und Konflikte im Interesse einer dauerhaften Beziehung bewältigen könnten. Im übrigen gibt es für schwule und lesbische Beziehungen keine rechtliche und soziale Unterstützung, wie heterosexuelle Paare sie durch die Institution der Ehe genießen. Ohne die rechtliche Sanktionierung schwuler Beziehungen können die Paare jedoch nicht alle Vorteile der sozialen Absicherung nutzen, wie die Teilung der Steuerklassen, Familienförderungen und andere praktische Vorzüge, mit Hilfe derer der Staat die Paarbildung unterstützt. Ein heterosexuelles Paar, das seit einer Stunde verheiratet ist, hat mehr Rechte als ein homosexuelles Paar, das seit zwanzig Jahren zusammenlebt. Als »bodenständige« Gestalttherapeuten dürfen wir nicht davon ausgehen, daß das Paar bereits Vorkehrungen für eine rechtliche Absicherung getroffen hat. Um es noch einmal zu sagen: die zugrundeliegende gesellschaftliche Botschaft ist die, daß homosexuelle Paare als eine niedrigere Form betrachtet werden, flüchtig, nicht ernstzunehmen und nicht gleichermaßen respektabel wie andere Paare. Von daher müssen die therapeutischen Interventionen u.U. auch die Frage berücksichtigen, ob die Partner sich mit ihren gegenseitigen Bedürfnissen nach rechtlicher und finanzieller Absicherung auseinandergesetzt haben oder nicht. Wir könnten z.b. fragen, ob sie Erklärungen verfaßt haben, die sie gegenseitig berechtigen, im Falle einer schweren Krankheit Entscheidungen für den anderen zu treffen. Haben sie eine rechtskräftige Vermögensplanung, um sicherzustellen, daß jeder der beiden Partner abgesichert ist, vor allem dann, wenn die Familie Ansprüche stellt?

Tanzen lernen – zusammen und auseinander

Wie ich bereits erwähnte, tanzt jedes Paar, unabhängig von seiner sexuellen Orientierung, den unaufhörlichen Tanz um Nähe und Distanz. Manchmal erscheint dieser Tanz wie ein schwungvoller und von Leichtigkeit getragener Walzer, bei dem man sich gegenseitig nicht auf die Füße tritt; manchmal tanzen die Partner auch einen gefühlvollen und leidenschaftlichen Tango – mit dramatischen Bewegungen und abrupten Richtungswechseln; manchmal ist es ein wilder, energiegeladener Hip-Hop, der sich um eine Vielzahl von Plattitüden rankt, die in der Kakophonie der Geräusche häufig kaum zu verstehen sind. Welche Metapher wir auch wählen mögen, das Ausbalancieren von Nähe und Distanz ist ein notwendiger, kreativer und organischer Teil der Paarbeziehung. Wie wir bereits gesehen haben, werden auch diejenigen Männer, die sich füreinander entscheiden, in einer Kultur sozialisiert, die »männliche Werte« wie Unabhängigkeit und Selbstbewußtsein fördert. Gleichzeitig entwickeln homosexuelle Männer, die im Laufe ihrer persönlichen Biographie ihre wahren Wünsche und Bedürfnisse verstecken, verbergen, unterdrücken und sublimieren, häufig einen ausgeprägten »Objekthunger«, der sich als tiefe Sehnsucht nach Nähe zu anderen Männern äußern kann, sowohl auf der persönlichen Ebene als auch in Gruppen, während sie gleichzeitig fürchten, sich mit diesem Wunsch nach Nähe zu zeigen. Daher kann der Tanz des homosexuellen Paares einen intensivierten Prozeß umfassen, der sich sowohl auf den Wunsch nach bedeutsamer und enger Zugehörigkeit als auch auf das Bedürfnis nach Aufrechterhaltung einer angemessenen Selbständigkeit und Selbst-Definition (die Angst vor dem Verschlungen- und Gefangenwerden) richtet.

Wie Sallyann Roth vom Family Insitute of Cambridge dargelegt hat (1989), gibt es ein komplexes Wechselspiel zwischen der Stellung lesbischer (und schwuler) Paare im Kontext der sie umgebenden heterosexuellen Gesellschaft und dem Grenzen regulierenden Verhalten innerhalb einzelner Paarbeziehungen. In Anlehnung an Roths Erörterung der Situation lesbischer Paare z.B. stellt sich die Situation folgendermaßen dar: wenn der Versuch des homosexuellen Paares, seine Verbindung zu definieren, keine oder eine widerstrebende Reaktion erfährt, kann es sein, daß die Partner diese Situation überkompensieren, indem sie ihre Paargrenze verhärten, um ihre Integrität als Paar abzusichern und dadurch ein Paarsystem entwickeln, das sich nach außen hin immer weiter verschließt. Innerhalb eines geschlossenen Paarsystems verschwimmen die persönlichen Grenzen sehr leicht (Konfluenz), und dieses Verschwimmen ruft häufig eine Art von Absonderungsstrategie hervor, um sich vor der Gefahr der Verschmelzung oder zu großer Nähe zu schützen (z.B. die Distanzierung durch einen Partner oder durch beide in abwechselnder Reihenfolge, den offenen Konflikt, eine Dreiecksverbindung mit einer anderen, romantischen Affäre oder ein gesteigertes Engagement im Arbeitsbereich) (Roth, 1989, S. 288). Dadurch, daß die heterosexuell orientierte Außenwelt durch ihr Verhalten die homosexuelle Verbindung nicht bestätigt, können die für jedes Paar unvermeidlichen Probleme der Distanzregulierung bei schwulen und lesbischen Paaren sehr viel stärker ausgeprägt sein. Daneben kann in sehr geschlossenen und überprivatisierten Paaren »jeder Ausflug über die Grenzen der Paarbeziehung hinaus für den Partner als Bedrohung erscheinen« (S. 13). Bestrebungen der Partner, auch Freundschaften außerhalb der Beziehung aufzubauen, insbesondere gleichgeschlechtliche Freundschaften, können Mißtrauen und Eifersucht hervorrufen.

Wenn wir in der Therapie auf die Phänomenologie der Paarkommunikation achten, können wir das Gewahrsein der Partner für ihren Umgang mit Konfluenz steigern helfen. Wir können die Paare ermutigen, ihre Ängste und Wünsche im Hinblick auf eine mögliche Trennung auszudrücken. Einfache Experimente, in denen jeder Partner »Ich-« anstatt »Wir-Aussagen« macht, ermöglichen jedem die Anerkennung von Unterschieden und die Erfahrung einer gesteigerten Selbst-Definition. Ein anderes Experiment, bei dem der eine Partner Aussagen von der Art »Ich möchte« macht, während der andere aufgefordert ist, »ja« oder »nein« zu sagen, fördert das Gewahrsein der Kontaktgrenze innerhalb der Paarbeziehung. Eine Hausaufgabe, in der jeder Partner aufgefordert ist, Einrichtungen der homosexuellen Gemeinschaft aufzusuchen wie z.B. Gruppen, öffentliche Veranstaltungen usw. können sehr an sich selbst orientierten Paaren helfen, das Interesse an einem erweiterten Sinn für Gemeinschaft zu wecken. Im Idealfall gelingt es den Partnern in der Therapie, ihr Bewußtsein davon, wie sie zusammen »tanzen« und was als befriedigend erlebt wird und was nicht, zu steigern. Im therapeutischen Experiment kann jeder Partner erfahren, wie sich eine Veränderung seiner Schrittfolge auswirkt und lernen, diese Veränderung in einer gegebenen Routine und mit dem Verständnis der Auswirkungen auch für den anderen, zu verhandeln.

Sexuelle Rollen und Sexualität: Polaritäten, Projektionen und Klischees

Selbst die empfindsamsten, kultiviertesten und intelligentesten Menschen sind nicht gänzlich gegen die stereotypen Vorurteile gegenüber homosexuellen Männern und Paaren gefeit. Zu tief sitzen die kulturellen Überzeugungen, die auf polarisierten Vorstellungen von sexuellen Rollen und der Sexualität überhaupt beruhen. Beispielsweise werden homosexuelle Männer häufig gerne als »weiblich« oder weibisch angesehen. Ein Blick auf die vielerorts durchgeführten Schwulen-, Lesben-, und Bi-Paraden würde eine solcherart beengte Sichtweise natürlich zerstreuen. Das Auftreten und Verhalten von homosexuellen Männern umfaßt das gesamte Spektrum der Geschlechterrolle, vom klassischen »Macho« bis hin zum Klischee des »weiblichen Typen« mit allen Zwischenstufen. Hinzu kommt, daß einige Leute glauben, schwule Paare nähmen, um überhaupt ein Paar sein zu können, immer eine polarisierte, geschlechtstypische Rollenverteilung vor. Das ist nicht unbedingt der Fall. Wenn man den historischen Einfluß berücksichtigt, mag es bei älteren schwulen Paaren eine mehr oder weniger stark ausgeprägte Orientierung an stereotypen männlichen oder weiblichen Verhaltensweisen geben. Angesichts des Einflusses der Frauenbewegung und der immer größer werdenden persönlichen Freiheit im Rollenverhalten beider Geschlechter ist ein flexibles Rollenverhalten inzwischen wohl eher zur Norm geworden. Mit anderen Worten: Die Paare, die zu uns kommen, müssen ihr Rollenverhalten untereinander immer wieder aushandeln, je nach ihren persönlichen Unterschieden, Stärken und ihrer Neugier, mit Verhalten zu experimentieren und ihre Möglichkeiten auszuweiten. Dennoch stimmt es, daß schwule Männer in Paarbeziehungen angesichts der (archaischen) polarisierten Geschlechterrollenklischees manchmal verunsichert sind, ob ihre Rolle in der Partnerschaft einen Verlust an männlicher Identität bedeutet.

Ich glaube, daß wir als Therapeuten sehr genau auf unsere eigenen Introjekte und ungeprüften Überzeugungen achten müssen, wenn wir uns mit Homosexualität, Geschlechterrollen und sexuellem Verhalten auseinandersetzen. Stereotype Projektionen behindern oder unterbrechen schließlich den »Kontakt« und unsere Fähigkeit, das Paar mit dem wir es zu tun haben, zu sehen und der Frage nachzugehen, ob *die Partner* mit ihrem Verhalten zufrieden sind oder nicht. Was die Steigerung des Gewahrseins solcher Projektionen angeht, ist der gestalttherapeutische Ansatz besonders hilfreich. Wenn wir Menschen helfen, ihre Projektionen klar zu sehen, können wir dadurch ihr Interesse an abgespaltenen oder unterdrückten Aspekten des Selbst, wie sie in der Beziehung zum Ausdruck kommen, wecken. Die Grundaussage, die dem Anspruch, uns der eigenen Projektionen bewußt zu werden zugrundeliegt, lautet: je umfassender die Figur jedes Selbst innerhalb der Paarbeziehung ist, desto reicher ist der Ausdruck von Kontakt, Lebendigkeit und Flexibilität für das Paar.

Wie bei jedem Paar kann auch in der homosexuellen Beziehung die Sexualität selbst thematisiert werden oder nicht. Manchmal dient die Sexualität als symptomatisches Feld, in dem deflektierte Konflikte und retroflektierte Affekte wie Ärger und Wut ausagiert werden. Die Sexualität innerhalb der Beziehung kann sich im Laufe der Zeit verändern, d.h. die Häufigkeit, die verschiedenen Ebenen der Lust, das Maß an Erregung und das Gefühl von Intimität können variieren. Damit ein homo- oder heterosexuelles Paar eine befriedigende Sexualität erleben kann, müssen die Partner bereit sein, ihre Empfindungen, Gefühle, Wünsche und Sehnsüchte deutlich mitzuteilen, um dem Partner die Möglichkeit zu geben, darauf in einer für beide befriedigenden Weise einzugehen. Wie wir wissen, findet dieser »ideale« Prozeß im Laufe des gemeinsamen Beziehungslebens nicht immer statt, sondern wird vielleicht in der Therapiesitzung angesprochen, um dort Beachtung zu finden und diskutiert zu werden. Bei Männern (auch bei schwulen Männern) ruft das Benennen von Fragen der Sexualität und des Unbefriedigtseins häufig Scham und Peinlichkeit hervor. Das männliche polarisierte Geschlechterrollenverständnis, verantwortlich zu sein, die Dinge unter Kontrolle haben zu müssen und auf Wunsch bereit sein zu müssen, führen zu unrealistischen Erwartungen an sich selbst und den Partner. Außerdem können bestimmte sexuelle Praktiken die verunsichernde Frage aufwerfen, ob sie denn auch »männlich« sind.

Die sexuellen Praktiken in homosexuellen Beziehungen variieren je nach den individuellen Unterschieden und persönlichen Vorlieben der beteiligten Partner. Einfach ausgedrückt: was der eine mag, kann der andere entweder auch mögen, oder nicht. Mit gegenseitigem Verständnis und der Bereitschaft, miteinander zu sprechen und zu verhandeln, kommt man auch in diesem Bereich am besten weiter. Die Möglichkeiten der männlich-homosexuellen Sexualität beinhalten u.a. Küssen, Sich-Umarmen, Berühren, Fellatio, Analverkehr und gemeinsame oder gegenseitige Masturbation. Bei der einen oder anderen dieser Praktiken bevorzugen manche Leute eine eher empfängliche Rolle (*passiv* oder *unten* sind ebenfalls geläufige Begriffe), während andere es vorziehen, »aktiv«, »dominant« oder »oben« zu sein,[2] und manche mögen beides. Auch an speziellen und/oder fetischistischen »Anmachern« wie SM (Sadomasochismus), B&D (Bondage & Discipline) oder dem Tragen bestimmter Kleidung (Leder, »Fummel«) findet der eine oder andere Gefallen. Natürlich bedienen sich heterosexuelle Paare aus demselben Repertoire, nur daß bei ihnen noch Vaginalverkehr und Cunnilingus hinzukommen.

Warum führe ich diese sexuellen Praktiken im einzelnen an? Da ich mich auf der einen Seite mit dem Problem der Projektionen und Polaritäten auseinandersetze, glaube ich, daß wir uns als Therapeuten unserer eigenen Projektionen bewußt sein sollten. Wir können uns nicht anmaßen zu wissen, was das homosexuelle Paar, das zu uns kommt, sexuell interessiert, wenn die Partner nicht darüber sprechen bzw. sprechen wollen. Und wenn die beiden kein ihre Sexualität betreffendes Thema oder Symptom vortragen, werden wir vielleicht niemals irgendwelche Einzelheiten erfahren (oder zu erfahren brauchen). Auf der anderen Seite müssen wir uns der Sexualität in der Homosexualität bewußt sein und damit zurechtkommen, um die Partner im Gespräch über ihre Sexualität und die damit verbundenen Differenzen und Hemmungen unterstützen zu können. Gestalttherapeutisch ausgedrückt achten wir darauf, wie die Partner ihre Wünsche ausdrücken anstatt sie zu retroflektieren, zu deflektieren oder ihre Bedürfnisbefriedigung auf andere Weise zu unterbrechen. Ebenso achten wir auf die Projektionen, die jeder der Partner ausdrückt, und darauf ob diese Projektionen im Kontakt mit dem anderen überprüft worden sind. Das Faszinierende ist nicht unbedingt der Inhalt an sich, sondern unser Interesse daran, ob und *wie* die Partner sich gegenseitig deutlich machen, was sich angenehm anfühlt und was unangenehm, was die Erregung verstärkt und was nicht.

Darüber hinaus müssen wir uns über unsere eigenen Annahmen, Werte und Introjekte im Hinblick auf Monogamie im klaren sein. Wir müssen uns fragen »Welche Urteile (und Vorurteile) bringe ich selbst mit?« »Kann ich respektieren, daß verschiedene schwule Paare (ebenso wie lesbische, bi- oder heterosexuelle Paare) unterschiedliche Beziehungsverträge aushandeln, die von ausschließlicher Monogamie über beidseitige Nichtmonogamie bis hin zu Formen reichen, in der ein Partner monogam ist und der andere nicht?« Fällt es uns schwer, diese Möglichkeiten anzuerkennen oder uns dafür zu interessieren, wie das bestehende Arrangement für die beiden Partner funktioniert? Ich glaube, daß der Betrug durch Heimlichkeit oft das schlimmste Gift für das Grundvertrauen in einer Beziehung ist. Was für mich im Vordergrund steht, ist wiederum die Frage, *wie* die Partner ihre Werte in bezug auf Monogamie kommunizieren, *wie* sie sich über ihre sexuellen Erwartungen und die damit verbundenen Gefühle verständigen, und nicht, ob sie sich letzten Endes für oder gegen die exklusive Monogamie entscheiden. Und im Zeitalter von AIDS/HIV muß das offene Gespräch über Sexualität innerhalb und außerhalb der Beziehung auch die Frage der Sicherheit und des gegenseitigen Schutzes mit berücksichtigen, denn ohne die Klärung dieser Fragen kann es keine Basis für Vertrauen geben. Auch hier achten wir darauf, wie leicht es den Partnern fällt, über safer Sex zu sprechen und wie jeder einzelne Sicherheit und annehmbares Risiko für sich selbst definiert.

HIV/AIDS

HIV und AIDS sind Tatsachen des Lebens. Diese Realität betrifft jeden schwulen Mann ebenso wie uns alle, unabhängig von unserer sexuellen Orientierung. Obwohl dieses Thema ein eigenes Kapitel erfordern würde, möchte ich zumindest insofern darauf eingehen, als es in der Arbeit mit homosexuellen Paaren Berücksichtigung finden muß. In den 90er Jahren schwul zu sein bedeutet fast mit Sicherheit, mindestens einen Menschen zu kennen, der HIV-positiv oder sogar an den Folgen dieser Infektion gestorben ist. In einem sehr tiefen Sinne erlebt die homosexuelle Gemeinschaft im Augenblick eine Zeit der Trauerarbeit. Homosexuelle Paare werden manchmal mit dem Verlust wichtiger Freunde konfrontiert, die zur »Wahlfamilie« gehören und als wertvolle Quelle der Unterstützung für die Beziehung zur Verfügung gestanden haben. Vielleicht betrifft das Problem HIV/AIDS auch einen oder beide Partner unmittelbar. Der von HIV Betroffene kann in unterschiedlichen Stadien der Infektion sein – von der Symptomfreiheit über gelegentlich auftauchende Symptome bis hin zum chronischen Stadium der Infektion – wie das für den Verlauf von AIDS charakteristisch ist. Das Thema HIV kann entweder im Vordergrund stehen oder aber im Hintergrund bleiben, während die Partner ihr Leben weiterleben; und wie in jedem anderen Fall auch, ist diese Figur-Grund-Formation bei beiden Partnern ständigen Veränderungen unterworfen.

Ist jemand HIV-positiv, dann verändert sich, je nach dem Stadium der Krankheit, häufig auch das Gefühl der Sterblichkeit und die Wahrnehmung der eigenen Endlichkeit und Vergänglichkeit, und der Betroffene muß sich der Tatsache stellen, mit erhöhter Unsicherheit und Angst leben zu müssen. Für das homosexuelle Paar, das mit dem Stigma der Infektion leben muß, bringt HIV und AIDS oft eine zweite Krise des »coming out« für die einzelnen Partner und ihre Beziehung mit sich. Die Frage, wem man es sagen soll, Angst vor Zurückweisung, die Unsicherheit, wie die Familie reagieren wird, wann man sich offenbaren soll, das Wiederaufleben internalisierter Homophobie und Scham, wie man in der Gemeinschaft Unterstützung findet – all das sind notwendige und unvermeidbare Überlegungen. Für das Paar können diese Fragen, die mit Angst und Verunsicherung und dem Wunsch nach Unterstützung einhergehen, symptomatisch werden, etwa in Form von verstärkt auftretenden Spannungen, Veränderungen in der Sexualität oder einer impulsiven Entscheidungsfindung.

Steve und Dave z.B., mit dem ich arbeite, sind beide HIV-positiv. Steve war immer ein eher konservativer Typ, und jetzt, da ihm bewußt ist, daß seine Zeit begrenzt ist, will er bestimmte Ziele erreichen und Geld für »Extravagentes« ausgeben. Dave, der diese Extravaganzen früher genossen hätte, ist vorsichtiger und plant lieber auf zukünftige Bedürfnisse hin. Obwohl beide HIV-positiv sind, ist Steve bereits in das AIDS-Stadium vorgedrungen, während Dave bis jetzt symptomfrei geblieben ist. Aufgrund ihrer unterschiedlichen Einstellung zum Umgang mit Geld sind beide wütend aufeinander. Aber wann immer sie ihre zugrundeliegenden Ängste erkennen, können sie sich beruhigen und dem anderen zuhören. Der erweiterte Verstehenshintergrund ermöglicht es den beiden, sich Gedanken über mögliche Kompromisse zu machen.

In einer Gruppe von HIV-diskordanten Paaren (ein Partner ist HIV-positiv, der andere HIV-negativ), die ich einmal geleitet habe, erzählte jedes Paar von der Erfahrung starker Isolation und der Erleichterung, die das Zusammenkommen in einer Gruppe für sie bedeutete. Keiner der Teilnehmer hatte bis zu diesem Zeitpunkt seine Beziehung aufgrund der Information über ihren HIV-Status beendet. In dieser speziellen Gruppe äußerten sämtliche HIV-negativen Partner ihr Schuldgefühl dafür, daß sie angesichts der Diagnose ihres Partners eigene Bedürfnissen geltend machten. Sicherlich müssen HIV-positive Paare (diskordant oder nicht) darauf achten, wie sie sich gegenseitig in ihre Ängste, Hoffnungen, ihre Wut und die Sorgen und Freuden mit einbeziehen. Beide müssen ihre jeweiligen Bedürfnisse nach Unterstützung für sich erkennen und sich darüber einigen, ob sie sich erlauben, diese Unterstützung wenn nötig auch außerhalb der Beziehung zu suchen. Als Gestalttherapeuten wissen wir, daß die Figur nicht unabhängig von der Umgebung existiert, aus der wir Unterstützung beziehen. Dieser Gedanke hat besonders weitreichende Konsequenzen, wenn wir es mit Paaren zu tun haben, die sich mit so herausfordernden Krankheiten wie AIDS auseinandersetzen müssen.

Abhängigkeitsverhalten

Ich möchte kurz erwähnen, daß wir uns realistischerweise auch auf die Möglichkeit von Abhängigkeiten wie Alkoholismus oder sexueller Zwanghaftigkeit einstellen müssen. Einige Untersuchungen gehen davon aus, daß die Häufigkeit von Tablettenabhängigkeit unter Homosexuellen höher ist als im Bevölkerungsdurchschnitt (Finnegan & McNally, 1987, S. 31). Alkohol wird häufig als Mittel zur Streßverminderung durch die Feindseligkeit von außen und gegen die eigene internalisierte Homophobie oder geringe Selbstwertgefühle eingesetzt. Hinzu kommt, daß viele Schwule ihr »coming out« im sozialen Kontext der Gay-Bars beginnen, wo der Alkohol als Mittel gegen die eigene Verunsicherung zur Verfügung steht. Ebenso gehen auch bei schwulen Männern die sexuellen Erfahrungen denen der Intimität häufig voraus. Bei einer persönlichen Biographie, die eine Geheimhaltung notwendig erscheinen läßt, gepaart mit der gesellschaftlichen Ablehnung der homosexuellen Beziehung, kann ein zwanghaftes Sexualverhalten in Form von wiederholten und unbefriedigenden One-night-stands oder anonymen Begegnungen an zuweilen gefährlichen Orten zur überstarken Abwehr gegen alle möglichen Arten der Verunsicherung werden. Um es noch einmal zu sagen: unabhängig davon, ob es in der Beziehung tatsächlich zu Abhängigkeitsverhalten kommt, sollten wir uns angesichts der sozialen Stigmatisierung und der Streßfaktoren, die auf der Homosexualität lasten, der Möglichkeit der Abhängigkeit bewußt sein und sehr achtsam zuhören.

Schluß

Trotz meines Wunsches, die Unterschiede und Gemeinsamkeiten in der Arbeit mit homosexuellen Paaren möglichst umfassend zu beschreiben, konnte ich viele der damit zusammenhängenden Themen hier nur ansatzweise darstellen. Die speziellen Probleme homosexueller Paare mit Kindern oder einem Kinderwunsch habe ich nicht aufgegriffen. Auch auf Fragen homosexueller Beziehungen im Kontext von Rassenkonflikten und ethnischen, religiösen oder Klassenunterschieden konnte ich nicht eingehen. Ich habe versucht, ein besseres Verständnis für einige der Herausforderungen und Lösungsversuche zu vermitteln, denen homosexuelle Männer im Prozeß der Definition ihrer Selbst-Identität begegnen und die sich auf ihre Beziehungen auswirken. Durch die Beschreibung einer Perspektive, die auf den Grundsätzen der Gestalttherapie basiert, habe ich deutlich zu machen versucht, wie homosexuelle Paare, um in einer Kultur überleben zu können, die ihre Haltung gegenüber der sexuellen Orientierung nur sehr langsam verändert, unvermeidlich Kontaktwiderstände aufbauen. Als Gestalttherapeuten können wir erkennen, wie die Strategien der Introjektion, Retroflektion, Deflektion, Projektion und Konfluenz zu der Erfahrungsreise homosexueller Paare in einer homophobischen und heterosexistischen Welt beitragen.

Ich habe versucht, zumindest ein wenig vom Geist des gestalttherapeutischen Ansatzes der Paartherapie und seines einzigartigen Beitrags zur Arbeit mit intimen homosexuellen Systemen zu vermitteln. Das Schöne am gestalttherapeutischen Fokus auf der Phänomenologie und der Art, wie die Partner im Versuch, Intimität aufzubauen, miteinander in Kontakt treten, ist u.a., daß dieser Fokus dem homosexuellen Paar die Erfahrung ermöglicht, deutlicher auf ihren gemeinsamen Prozeß zu achten. Diese Aufmerksamkeit, diese Haltung des phänomenologischen *Respekts* ist an sich »entschämend« und bestätigt die homosexuellen Partner in ihrem Versuch, ihre eigene Erfahrung, Beziehung und ihr Leben zu konstruieren und zu formulieren, wie das jeder Mensch und jedes Paar versucht. Der Gestalttherapeut bezeugt und unterstützt die Bemühungen der Partner. Er hilft ihnen dabei, ihren eigenen Prozeß klarer zu sehen und bietet ihnen durch das Experiment Gelegenheiten, ihre Fähigkeiten des Gebens und Nehmens weiterzuentwickeln. Selbstverständlich kennt keine Therapierichtung »den wahren Weg«, und auch die Gestalttherapie kann den Erfolg letztlich nicht garantieren. Für die homosexuellen Paare aber, die vor dem Hintergrund der sozio-kulturellen Selbstverleugnung bestehen müssen, ist die Erfahrung, im Hier-und-Jetzt und mit der Wertschätzung für die Anstrengungen und Bemühungen um die Beziehung gesehen zu werden, letztlich eine Erfahrung der Liebe, die nicht verleugnet werden kann.

Anmerkungen

1 Kontaktunterbrechungen und -widerstände sind Projektion, Introjektion, Deflektion, Retroflektion und Konfluenz. Für eine umfassendere Darstellung der Widerstandsformen vgl. Erving und Miriam Polster (1983) und Gordon Wheeler (1993).

2 Diese Sprache beinhaltet implizit ein enkulturiertes Geschlechterrollenverständnis.

Literatur

Berzon, B. (1990). Permanent partners: Buildinggay and lesbianrelationships that last. New York: Penguin Books.

Finnegan, D., & McNally, E. (1987). Dual identities: Counseling chemically dependent gay men and lesbians. Minnesota: Hazelden.

Polster, E., & Polster, M. (1983). Gestalttherapie. Theorie und Praxis der integrativen Gestalttherapie. Frankfurt/Main: Fischer.

Roth, S. (1989). »Psychotherapywith lesbian couples: Individual issues, female socialization, and the social context. In M. McGoldrick, C. Anderson, & F. Walsh (Eds.), Women in families: A framework for family therapy. New York: W.W. Norton.

Wheeler, G. (1993). Kontakt und Widerstand. Ein neuer Zugang zur Gestalttherapie. Köln: Edition Humanistische Psychologie.

7

Gestalt-Paartherapie mit lesbischen Paaren: Anwendung von Theorie und Praxis auf die lesbische Erfahrung

Fraelean Curtis

Jill und Mary sind lesbisch und seit zwei Jahren zusammen. Es ist Jills erste und Marys dritte lesbische Beziehung. Mary ist dreiunddreißig, sie engagiert sich aktiv in der Lesbenszene. Jill ist fünfundzwanzig und befindet sich in einer frühen Phase ihres »coming out«. Lediglich ihrer Schwester und ein paar sehr guten Freundinnen hat sie erzählt, daß sie mit einer Frau zusammen ist. Während Jill sehr ambivalente Gefühle gegenüber dieser Beziehung hegt, erlebt Mary darin mehr und mehr Verbindlichkeit. Gemeinsam beschließen sie, eine Paarberatung aufzusuchen. In ihrer Gegend gibt es nur wenige lesbische Therapeutinnen, und Mary hat die meisten von ihnen irgendwann einmal schon kennengelernt. Deshalb entscheiden sie sich für eine heterosexuelle Paartherapeutin.

Die beiden gehen zu ihrer ersten Sitzung. Sie betreten den Raum und setzen sich dicht nebeneinander auf die Couch gegenüber dem Sessel der Therapeutin. Nach einem kurzen »Hallo« nimmt Mary Jills Hand, drückt ihren Rücken fest gegen die Couch, holt einmal tief Luft, sieht die Therapeutin an und sagt: »Ich fühle mich unwohl, weil ich weiß, daß Sie heterosexuell sind und ich nicht sicher bin, ob ich mit Ihnen arbeiten kann.« Wie um sich zu trösten, reibt sie sich mit der Hand über den Oberschenkel. Dann atmet sie noch einmal tief durch und sagt: »Ich habe die Befürchtung, daß Sie unsere Beziehung nicht verstehen werden.« Während Mary spricht, schaut Jill auf den Boden. Es freut sie, daß Mary so direkt ist; sie selbst hat Angst, der Therapeutin ins Gesicht zu sehen. Sie kreuzt zunächst die Füße am Boden und schlägt dann die Beine übereinander. Obwohl sie nichts zu sagen hat, räuspert sie sich.

Die Therapeutin spürt die Spannung im Raum und fühlt sich selbst angespannt. Sie denkt, daß sie den beiden Sicherheit geben und ihnen sagen will, daß sie eine kompetente Paartherapeutin ist. Wohlwollend schaut sie die beiden an und erklärt, daß sie die Absicht habe, mit ihnen genauso zu arbeiten, wie sie das auch mit einem heterosexuellen Paar tun würde. Sie lächelt, weil sie glaubt, daß diese »Normalisierung« ihrer Beziehung für Jill und Mary eine Unterstützung sei. Immer noch spürt sie die Spannung im Raum, spricht aber weiter in der Hoffnung, mit ihren Worten bei allen dreien eine beruhigende Wirkung zu erzielen. Sie erzählt den beiden, daß sie ihnen als Paar mit Respekt und Achtung begegne und bekundet ihre Auffasung, daß die Themen einer Partnerschaft im Prinzip immer dieselben seien und mit der Geschlechterzusammenstellung eigentlich nichts zu tun hätten. Sie weiß, daß sie bis jetzt weder mit Jill noch mit Mary eine Verbindung aufgebaut hat. Sie denkt darüber nach, was sie als nächstes sagen wird, als Mary sie unterbricht und sagt: »Was Sie da sagen, kann ich einfach nicht glauben.« Mary spürt, daß ihr Nacken sich steif anfühlt und denkt, daß diese Therapeutin wirklich überhaupt keine Ahnung hat, was es heißt, lesbisch zu sein. Als Jill die Tränen kommen, umfaßt sie Marys Hand noch fester. Sie ist enttäuscht und hoffnungslos. Sie fragt sich, wie sie eine andere Paartherapeutin finden sollen. Sie will gehen, wendet sich Mary zu und sagt ihr leise, daß sie nicht mehr will. Mary nickt. Auch sie ist bereit zu gehen. Sie will der Therapeutin mitteilen, daß sie gehen werden, aber in ihrem Kopf pocht es, und ihr Kiefer ist völlig angespannt. Sie hört, wie Jill der Therapeutin sagt, daß sie gehen werden und verspürt Erleichterung.

Die Therapeutin schaut zuerst Jill und dann Mary an und spürt ihre Enttäuschung. Sehr abrupt äußert sie ihr Unverständnis darüber, daß die beiden gehen wollen. Jill schaut zur Tür hinter der Therapeutin und sagt, daß sie einfach gehen müßten. Alle stehen auf, und das Paar verschwindet.

Die Therapeutin setzt sich, schüttelt den Kopf und denkt, daß die Arbeit mit lesbischen Paaren sehr verwirrend sein kann. Sie läßt die ganze Szene in ihren Gedanken noch einmal Revue passieren, kommt aber nicht dahinter, warum es ihr nicht gelungen ist, dieses Paar ihrer Fähigkeiten und guten Absichten zu versichern.

Diese Therapeutin trägt ihr Herz am rechten Fleck, und natürlich stimmt es, daß jede Beziehung sich mit bestimmten, von der Geschlechterzusammenstellung unabhängigen Themen auseinandersetzen muß, wie z.B. mit Kommunikationsstilen, der Balance zwischen Verbindung und Autonomie, mit Traumata und Narben aus der persönlichen Geschichte, unterschiedlichen Fähigkeiten, Gefühle auszudrücken, mit unterschiedlichen sexuellen Bedürfnissen, mit Alkoholismus und Sucht, den Schwierigkeiten der Kindererziehung usw. Es gibt jedoch auch Themen, die in der Natur einer lesbischen Beziehung liegen, und die Tatsache, daß die Therapeutin gerade diese Themen außer acht ließ, verhinderte einen echten Kontakt zwischen ihr und diesem Paar. Sie war sich nicht darüber im klaren, daß sie durch die Mitteilung, mit den beiden genauso arbeiten zu wollen wie mit einem heterosexuellen Paar, sowohl ihre eigene Unerfahrenheit in der Arbeit mit lesbischen Paaren als auch ihre heterosexuelle Voreingenommenheit zum Ausdruck brachte und die Paartherapie mit Jill und Mary in einen heterosexuellen Bezugsrahmen einbettete.

Diese Therapeutin orientierte sich nicht am Gestaltansatz, der ihr vielleicht geholfen hätte, den Bedenken eines lesbischen Paares angesichts ihrer eigenen heterosexuellen Identität mit Achtung und Neugier zu begegnen und die Spannung im Raum anzuerkennen, deutlich zu machen und anzusprechen. Genau das hätte alle drei zu derselben »im Vordergrund des Gewahrseins stehenden Figur« führen können – einem wichtigen Ausgangspunkt für die gestalttherapeutische Arbeit.

Im Gestaltansatz gehen wir immer davon aus, daß die Figur, also das Material, das in der Sitzung den Mittelpunkt der Aufmerksamkeit bildet, durch den Hintergrund dessen, was der Therapeut oder die Therapeutin über die Kultur, die Sozialisation und die Lebenserfahrung des Paares weiß, mitbestimmt wird. Das intuitive Verständnis dieses Prozesses machte es für Jill und Mary unmöglich, mit dieser wohlwollenden Therapeutin zu arbeiten. Sie glaubten, daß ihr unreflektierter heterosexistischer Hintergrund das Figurbild, das sie als Individuen und als Paar bildeten, färben und verzerren würde.

Sehr viele heterosexuelle Therapeuten haben keine formale Ausbildung, die es ihnen ermöglichen würde, die speziellen Bedürfnisse lesbischer, schwuler oder bisexueller Klienten anzusprechen. Sie mögen die besten Absichten haben, aber die Frage ist, ob sie sich mit den tieferliegenden und in unserer Gesellschaft unvermeidlichen Vorurteilen auseinandergesetzt haben. Die gesellschaftliche Botschaft, daß Homosexualität eine Perversion sei, sitzt tief und ist sehr weit verbreitet. Ebenso wie lesbische, schwule oder bisexuelle Therapeuten müssen heterosexuelle Therapeuten sehr hart daran arbeiten, diese internalisierten Botschaften über Homosexualität zu überwinden. Ohne das Bewußtsein um diese internalisierten Botschaften wird jeder Therapeut und jede Therapeutin die eigenen Vorurteile und Neigungen in der Therapie mit diesen Klienten widerspiegeln, so gut ihre Absichten auch sein mögen.

Heterosexismus

Der Begriff *Heterosexismus* ersetzt den der *Homophobie*, der durch George Weinbergs 1972 erschienenes Buch *Society and the Healthy Homosexual* populär wurde. Ursprünglich bezog sich Homophobie auf die starke irrationale Angst vor der Homosexualität und den Homosexuellen. Finnegan und McNally (1987) haben festgestellt, daß die mit diesem Begriff verbundenen Bedeutungen und Konnotationen sich im Laufe der Jahre erweitert haben und er heute sämtliche von Vorurteilen geprägten Gefühle und Haltungen gegenüber Homosexuellen bezeichnet (S. 32).

Der Ausdruck *Heterosexismus* beschreibt präziser, was der Begriff *Homophobie* ursprünglich beinhaltete. Er richtet die Aufmerksamkeit auf das heterosexistische Vorurteil, und nicht darauf, ob die Angst vor Homosexuellen irrational ist, oder nicht. Heterosexismus ist die anhaltende Befürwortung einer heterosexuellen Lebensweise durch die großen gesellschaftlichen Institutionen, der sich alle anderen Lebensformen unterzuordnen haben. Genau wie Rassismus, Sexismus usw. basiert Heterosexismus auf unbegründeten Vorurteilen. Wenn unsere Institutionen diese Vorurteile wissentlich oder unwissentlich aufrechterhalten und absichtlich oder unbeabsichtigt ausagieren, dann ist das Heterosexismus.

Wir alle leben in einer heterosexistischen Gesellschaft, die eine heterosexistische Haltung fördert. Wenn lesbische, schwule und bisexuelle Therapeuten ihre Homosexualität erkennen oder offenbaren, fangen sie zumindest an, die heterosexistischen Botschaften aufzulösen und lernen, sich selbst als diejenigen sexuellen menschlichen Wesen zu schätzen, die sie eben sind. In einer Gesellschaft, die die negativen Botschaften über Homosexualität und Homosexuelle so konsequent durchsetzt, kann ein solcher Gesundungsprozeß wohl niemals zum Abschluß kommen.

Jeder Therapeut und jede Therapeutin, die mit lesbischen Paaren arbeitet, muß ein Bewußtsein für die Macht des Heterosexismus und die lesbische Lebenserfahrung mitbringen, das auch spezifische Fragen der weiblichen Sozialisation mit einschließt. Dieser Hintergrund wirkt auf die Arbeit mit lesbischen Paaren und unterscheidet sie von der Arbeit mit schwulen oder heterosexuellen Paaren.

Gestalt-Paartherapie

In der Paarsitzung achtet der Therapeut auf die Phänomenologie, auf die unmittelbare Organisation der Erfahrung, die er wahrnimmt – die »Hier-und-Jetzt-Information«, also den Augenkontakt, die Stimmlage, die ausgedrückten Gefühle, die Bewegungen und Gesten. All diese Informationen werden beobachtet, bevor der

Therapeut ein klares Bild, eine »Figur« davon entwickelt, was im Augenblick innerhalb dieses Paarsystems geschieht. Es kann sein, daß der Therapeut das Paarsystem eine Weile beobachten muß, bevor sich die Figur klar herausbildet. Nachdem das geschehen ist, gibt er dem Paar eine Beschreibung dessen, was er beobachtet hat, um bei den Partnern das Gewahrsein ihrer eigenen Dynamik zu steigern. Danach kann der Therapeut ein Experiment vorschlagen, das den Partnern helfen soll, diese Hier-und-Jetzt-Informationen zu würdigen und zu bearbeiten. Das Experiment unterstützt die Partner, aktiv an der Erforschung und Veränderung ihres interaktiven Prozesses teilzunehmen.

So ist ein einzigartiges Merkmal der Gestalttherapie ihre Betonung der Modifikation des Verhaltens einer Person in der therapeutischen Situatuion selbst. Diese systematische Verhaltenmodifikation wird, wenn sie aus dem Erleben des Klienten erwächst, als Experiment bezeichnet.

Das Experiment ist der Grundstein des Erfahrungslernens. Es verwandelt das Darüberreden in Tun, schales Sicherinnern und Theoretisieren in ein reiches Hiersein mit all unseren Vorstellungen, unserer Energie und Erregung (Zinker, 1993, S. 127).

Ein Hintergrund, der ein reiches Wissen um die lesbische Lebenserfahrung beinhaltet, wird dem Therapeuten ein breites Spektrum an möglichen Experimenten eröffnen. Die Gestalt-Paartherapie mit lesbischen Paaren ohne diesen umfassenden Hintergrund wird den Therapeuten in einer ärmlichen Position belassen, in der das kontaktvolle Vertändnis, das die Arbeit unterstützen könnte, fehlt.

Die Unterschiede zwischen den Erfahrungen lesbischer und heterosexueller Paare sind zahlreich. Falco (1991) gibt für die Entstehung dieser Unterschiede zwei Hauptursachen an: erstens den Mangel an Unterstützung und Anerkennung der lesbischen Beziehung als gültiger und akzeptabler Beziehungsform (was Probleme beinhaltet, die mit einer stigmatisierten Identität einhergehen), und zweitens die Tatsache, daß das Paar aus zwei Frauen besteht, die beide ihre je eigene und individuelle psychologische Konditionierung und die Dynamik ihres Geschlechts in die Beziehung mit hineinbringen. Ich werde jeden dieser Punkte anhand eines Fallbeispiels diskutieren und beschreiben, wie der Gestalttherapeut oder die Gestalttherapeutin sich selbst in beiden Fällen als Mittel zur Veränderung einbringen kann.

Der Mangel an Unterstützung und Anerkennung
Die lesbische Beziehung als gültige Ganzheit [1]

Mit enormem Druck wirkt die Gesellschaft auf die Heterosexualität des Individuums. Markowitz (1991, S. 29) zeigt, daß Scham, Geheimhaltung und die Angst, entdeckt zu werden unvermeidlich zu den Themen gehören, mit denen die meisten schwulen und lesbischen Klienten zur Therapie kommen. Die Gewalt gegen lesbische, schwule und bisexuelle Menschen nimmt immer noch zu. Für lesbische Frauen ist es nach wie vor sehr riskant, ihre sexuelle Orientierung in dieser Welt mit einer Haltung von Offenheit und Stolz auszuleben. Viele lesbische Frauen führen ein Doppelleben und werden so lange für heterosexuell gehalten, wie sie den gesellschaftlichen Klischees darüber, wie eine lesbische Frau oder ein lesbisches Paar »aussehen müssen«, nicht entsprechen. Wenn man sich dessen gewahr ist und sich freiwillig dafür entschieden hat, dann ist der Umstand, für heterosexuell gehalten zu werden in einer feindseligen, heterosexistischen Welt eine durchaus gesunde Abwehr. Eine lesbische Frau, die in einer unsicheren Umgebung wissentlich für heterosexuell gehalten wird oder sich dementsprechend verhält, kann sich dadurch schützen und handelt in ihrem eigenen Interesse. Es gibt eine ganze Reihe von Gründen dafür, warum lesbische Frauen für heterosexuell gehalten werden. Um eine Wohnung zu bekommen kann es z.B. sein, daß ein lesbisches Paar gegenüber dem Vermieter als Wohngemeinschaft auftritt, oder eine lesbische Frau ändert im Gespräch mit ihren Kollegen oder Verwandten die Pronomen, wenn es um ihre Partnerin geht; zu wichtigen gesellschaftlichen Ereignissen geht sie vielleicht »in Begleitung« eines männlichen Freundes, oder sie paßt sich mit der Wahl ihrer Kleidung an ihre Kolleginnen an, um nicht aufzufallen.

Für heterosexuell gehalten zu werden wird dann problematisch, wenn das Verhalten in rigide Abwehrformen umschlägt und Gewahrsein und Entscheidungsfreiheit nicht mehr zur Verfügung stehen. Ein Beispiel dafür wäre eine lesbische Frau, die selbst einem verläßlichen schwulen Kollegen gegenüber dauerhaft so tut, als sei sie heterosexuell. Manche lesbischen Frauen haben dermaßen viel Angst davor, entdeckt zu werden, daß sie die Fähigkeit verlieren, zwischen sicheren und unsicheren Situationen zu unterscheiden.

Auch wenn die Entscheidung, als heterosexuell aufzutreten, notwendig ist und bewußt getroffen wird, hat sie doch ihren Preis. Auch wenn die Verleugnung des eigentlichen Selbst dem eigenen Überleben dient, kann sie zu Scham und geringer Selbstachtung führen. Einigen Studien sind beispielsweise zu dem Ergebnis gekommen, daß homosexuelle Männer und Frauen anfälliger für Substanzmißbrauch sind als heterosexuelle. Finnegan und McNally (1987, S. 31) weisen darauf hin, daß obwohl das Thema Alkohol unter Lesben und Schwulen durchaus offen diskutiert wird, die Forschungsergebnisse zeigen, daß etwa ein Drittel aller amerikanischen homosexuellen Männer und Frauen von Alkoholismus oder Alkoholmißbrauch betroffen sind. Wenn man bedenkt, daß z.Zt. etwa 10 Prozent der Gesamtbevölkerung unter Alkoholproblemen leidet, dann ist die Mißbrauchsrate beim homosexuellen Bevölkerungsanteil vergleichsweise hoch.

Viele Suchtspezialisten sind der Ansicht, daß die Häufigkeit der Substanzmißbrauchsproblematik unter homosexuellen Männern und Frauen mit der heterosexistischen Unterdrückung zu tun hat. Einige gehen davon aus, daß lesbische Frauen sogar noch anfälliger sind als schwule Männer, weil sie zusätzlich einem frauenfeindlichen Sexismus ausgesetzt sind. Von diesem Standpunkt aus betrachtet unterliegen farbige lesbische Frauen dem größten Substanzmißbrauchsrisiko, weil sie mit der Kombination aus heterosexistischer, sexistischer und rassistischer Unterdrückung leben müssen.

Von außen als heterosexuelle Freundinnen betrachtet zu werden, kann innerhalb des lesbischen Paares zu Grenz- und Beziehungsproblemen führen. Eine Variante solcher Probleme besteht darin, daß das Paar Schwierigkeiten hat, die äußeren Grenzen festzulegen, die jedes Paar braucht, um als eigenständige Ganzheit bestehen zu können. Statt dessen ist die Grenze solcher Paare dann überaus durchlässig und empfindlich für Übergriffe von außen, die Gefühle von Ohnmacht, Wut, Scham und geringer Selbstachtung auslösen können. Solche Gefühle sind für ein Paar nur sehr schwer zu ertragen und zu bewältigen.

Die Heilung von den Auswirkungen des Heterosexismus ist möglich und beginnt im allgemeinen mit der Selbstoffenbarung oder dem »coming out«. Der Prozeß der Selbstoffenbarung beinhaltet die Möglichkeit der Umwandlung einer stigmatisierten Identität in eine positive und bejahende Identität. Sich als lesbische Frau zu offenbaren heißt, sich auf einen dauerhaften Prozeß der Eigenliebe und der Selbstbestätigung einzulassen, gleichzeitig nach einer bejahenden und bestätigenden Gemeinschaft zu suchen und sich mit dieser Gemeinschaft zu identifizieren. Dieser Prozeß beginnt mit dem Eingeständnis der lesbischen Identität zunächst sich selbst, und dann anderen gegenüber. Gestalttherapeutisch betrachtet, ist dies die Erfahrung eines klaren Kontaktes mit der Umgebung, der dann eine Veränderung nach sich zieht.

Ebenso wie die einzelne Frau geht auch das lesbische Paar durch einen Prozeß des »coming out«. Tritt die eine Partnerin in der Welt offener mit ihrer Homosexualität auf als die andere, kann das zu Konflikten innerhalb der Beziehung führen, insbesondere wenn die beiden unterschiedliche Auffassungen darüber haben, wem gegenüber sie sich offenbaren und unter welchen Bedingungen eine Situation als sicher genug empfunden wird, um das zu tun.

Wenn lesbische Frauen oder Paare sich offenbaren, brauchen sie eine Gemeinschaft, die sie unterstützt und ermutigt. Paare, die sich in der Öffentlichkeit mit dem Ausdruck von Zuneigung zurückhalten müssen, um sich vor verbalen und körperlichen Angriffen zu schützen, können in der Gemeinschaft einen sicheren Hafen finden. In der Gemeinschaft finden sich außerdem Vorbilder, Freundinnen und gemeinsame Interessen, die sowohl das Paar als auch jede einzelne Partnerin als Individuum bestärken und bestätigen. Wie bei jeder auf Scham basierenden Konditionierung ist es auch bei der heterosexistischen Konditionierung sehr schwer oder sogar unmöglich, sich von ihren zu befreien, wenn man ganz allein auf sich gestellt ist.

Wenn das Paar sich gegenüber der Therapeutin nicht wirklich offenbart und die Therapeutin ihrerseits nicht informiert und interessiert genug ist, sich mit der Problematik auseinaderzusetzen und dem Paar bei seiner Selbstoffenbarung zu helfen, kann es sein, daß der Prozeß der Heilung von Scham in der Therapie zum Stillstand kommt. Dies ist ein weiterer Grund dafür, warum es so wichtig ist, daß der Therapeut oder die Therapeutin in der Arbeit mit lesbischen Paaren auf einen reichhaltigen Hintergrund zurückgreifen kann. Unter Umständen muß er oder sie z.B. homosexuelle Zeitungen oder eine Liste mit homosexuellen Gruppen anbieten, um den Paarprozeß zu unterstützen. Ebenso kann es sein, daß die Therapeutin das Paar auf rechtliche Schritte aufmerksam machen muß, die die Partner unternehmen können, um sich selbst zu schützen. Berzon (1988) betont die Notwendigkeit, daß lesbische Paare sehr sorgsam rechtliche Schritte unternehmen müssen, um gemeinsames Eigentum zu schützen, um sicherzustellen, daß die Partnerinnen berechtigt sind, füreinander juristische Entscheidungen zu treffen oder daß sie sich besuchen dürfen, wenn eine von ihnen im Krankenhaus liegt. Es ist kein Therapieziel, das Paar (oder die einzelne) dazu zu bewegen, sich zu offenbaren, aber es ist ein Ziel, beide Partnerinnen (oder die einzelne) zu ermutigen, sich auf den Prozeß einer klaren und bewußten Entscheidungsfindung einzulassen, ob sie sich offenbaren wollen oder nicht.

Carol und Mirium sind beide Sekretärinnen. Vor zwanzig Jahren begegneten sie sich zum erstenmal bei der Arbeit. Seit achtzehn Jahren leben sie zusammen und haben gemeinsam Carols Töchter, die inzwischen dreiundzwanzig und siebenundzwanzig Jahre alt sind, großgezogen. Während dieser Zeit haben sie sich selbst nie als lesbisches Paar betrachtet, obwohl sie eine aktive sexuelle Beziehung führen. Sie betrachten ihre Beziehung als »besondere Freundschaft«. Sie haben nie anerkannt, daß sie eine romantische Zuneigung für jemand haben könnten. Auf Miriums Drängen hin kamen sie zur Paartherapie. Sie erzählte, daß sie Carol monatelang inständig darum gebeten habe, mit ihr zur Therapie zu gehen, bis sie schließlich damit gedroht habe, die »Freundschaft« aufzugeben, woraufhin Carol sich damit einverstanden erklärte, »ein paar Sitzungen« zu versuchen. Mirium erzählte mir, daß sie kürzlich eine Kollegin getroffen habe, die lesbisch sei und ihren Freunden und ihrer Fa-

milie gegenüber offen damit umgehe. Sie meinte, daß diese Frau sie sowohl faszi-
niere als auch erschrecke. Ein paarmal habe sie sich mit dieser Frau über deren
»coming out« unterhalten; jetzt glaube sie, daß sie selbst auch lesbisch sei, und sie
wolle, daß Carol das akzeptiere. Sie wolle, daß Carol und sie sich einigen ihrer Freunde und Freundinnen gegenüber offenbaren. Für Carol ist diese Veränderung bei Mirium sehr beängstigend, und die beiden hatten bereits einige heftige Auseinandersetzungen über dieses Thema hinter sich.

Zu Beginn dieser ersten Sitzung sehen Mirium und Carol sich
nicht an. Ich teile ihnen mit, daß mir auffällt, daß sie sich nicht ansehen. Mirium wirft mir einen Blick zu und meint: »Ich will sie nicht
ansehen. Ich habe das Gefühl, meine Homosexualität mein ganzes
Leben lang verleugnet zu haben, und jetzt, wo ich offen und ehrlich
sagen will, wer ich bin, will sie das nicht.« Sie starrt Carol an und
schaut dann auf ihre Hände, die auf ihrem Schoß liegen.

Carol schaut Mirium direkt an. Ihr Gesicht ist gerötet, und ih-
re Fäuste sind geballt. Ihre Stimme ist laut und wuterfüllt. Sie sagt:
»Ich bin nicht lesbisch, und du bist es auch nicht.« Mir kommt ein
Bild, in dem sie sich ekelt und ausspuckt.

Ich schaue Carol an und lehne mich ein wenig zu ihr rüber. Ich
sage ihr, daß ich sehe, daß ihre Fäuste geballt sind und ihr Gesicht rot
ist. Carol schaut an mir vorbei aus dem Fenster und sagt: »Lesben sind
ekelhaft.«

Mirium fängt an zu weinen. Einen Moment lang hält sie sich
die Hände vors Gesicht. Als sie die Hände wieder herunternimmt,
lehnt sie ihren Kopf an die Rückenlehne. Mit leiser Stimme sagt sie:
»Ich bin nicht ekelhaft. Nie wieder will ich den Gedanken haben,
ekelhaft zu sein, und ich habe Angst, daß du mich davon überzeugst,
daß ich es doch bin.«

Während ich Carol und Miriums Kommunikation beobachte, fallen mir verschiedene Dinge auf. Zunächst einmal hören sich die beiden nicht, sie stellen sich
gegenseitig keine Fragen über ihre Gefühle oder Überzeugungen, und wenn sie miteinander reden, sehen sie sich gegenseitig kaum an. Ihre Unfähigkeit sich gegenseitig zuzuhören, formiert sich in meiner Wahrnehmung zur Figur.

Während ich sie ansehe, stelle ich mir vor, wie sie sich vor zwanzig Jahren begegnet sind. Sie trafen sich zu einer Zeit, in der Homosexuelle ein geheimes Leben
lebten, ohne die Literatur, die Gemeinschaft und das politische Verständnis unserer
Zeit. Sowohl die Befreiungsbewegung der Homosexuellen als auch die Frauenbewe-

gung steckten noch in ihren Anfängen. Wäre die wahre Natur ihrer Beziehung ans Licht gekommen, hätte man ihnen Carols Töchter wahrscheinlich weggenommen. Angesichts der Ängste, mit denen sie leben mußten, kommt es mir vor wie ein Wunder, daß sie sich gefunden, ihr gegenseitiges Begehren eingestanden und den Mut gehabt haben, eine sexuelle Beziehung einzugehen. Ich nehme an, daß sie eine Menge Unterstützung brauchen werden, um mit ihrer »coming-out-Krise« fertigzuwerden.

Während ich diese Bilder und Gedanken vorbeiziehen lasse, bin ich mir dessen bewußt, daß es mich traurig macht zu sehen, welchen Preis sie dafür gezahlt haben, als heterosexuell zu gelten. Ihr Selbstwertgefühl, ihre Fähigkeit zur Intimität, ihre Freundschaften und ihr Familienleben – all das hat gelitten. Jahrelang haben sie ein Leben in Isolation geführt – ohne eine Gemeinschaft, die sie in ihrem Wachstum hätte unterstützen können. Ich spüre meine Wut angesichts der Unterdrückung, mit der sie gelebt haben. Ich bemerke meinen Wunsch, daß sie ihre Geschichten mit all dem, was sie gewonnen und aufgegeben und der Tatsache, daß sie gemeinsam überlebt haben, doch gegenseitig anerkennen mögen. Auch wünsche ich mir, daß sie sich gegenseitig zuhören können mit all den Ängsten, lesbisch zu sein, und daß sie miteinander ihren Hintergrund erforschen könnten. Sie wären sich gegenseitig Figur und Hintergrund, und jede könnte der anderen das offene und empfängliche Feld geben, das sie beide brauchen.

Nach gestalttheoretischem Verständnis geht es im Leben darum, mit der Umwelt in Kontakt zu treten, um wachsen und sich verändern zu können. An diesem Punkt des Kontaktes, wo das Ich dem Nicht-Ich begegnet, entsteht Veränderung. Aber es ist eine große Herausforderung, der Umwelt gegenüber offen zu bleiben und mit ihr in Kontakt zu treten, wenn man davon ausgeht, zurückgewiesen und mißbraucht zu werden.

Deshalb entwickelt jeder Mensch Widerstände oder Unterbrechungen, um sich selbst zu schützen. Die Widerstände haben Ähnlichkeit mit der Abwehr in der psychodynamischen Theorie, und wie die Abwehr können sie als Blockaden einer gesunden Funktionsweise oder als Modulationen der Energie im Dienste des Lebens und Wachstums betrachtet werden. Im allgemeinen wird der Widerstand im Leben immer dann problematisch, wenn er ohne Gewahrsein auftaucht.

Wie jeder andere Mensch auch wendet sich die lesbische Frau nach außen, um Kontakt mit ihrer Umgebung aufzunehmen. Wenn sie sich offen als lesbisch zu erkennen gibt, wird sie häufig zurückgewiesen, oder aber sie *projiziert* eine frühere Erfahrung von Zurückweisung auf eine neue Situation, was sie daran hindert, neue Informationen zu sammeln. Vielleicht ist sie vor der Gefahr auf der Hut, und wenn das

Risiko besteht, daß sie verletzt werden könnte, *retroflektiert* sie, wer sie ist (sie versteckt ihr lesbisches Selbst und hält es zurück) und erscheint nach außen hin als heterosexuell. Sie lernt, zu *deflektieren* (die Figur zu wechseln), sobald das Interesse anderer sie bloßzustellen droht. Ihr Selbstwertgefühl ist durch die negativen *Introjekte* (negative, heterosexistische Botschaften), die sie verinnerlicht hat, beschädigt, und manchmal spürt sie, daß sie mit heterosexistischen Bemerkungen *konfluent* werden muß (ihnen nicht widersprechen darf), wenn die Leute, die solche Bemerkungen machen, ihr in irgendeiner Weise wehtun könnten.

Carol wird immer für heterosexuell gehalten. Ihr ist nicht bewußt, daß sie in der Lage ist, Situationen zu entwickeln, in denen sie ihre lesbische Beziehung mit Mirium anerkennen und sich dabei sicher fühlen könnte. Sie projiziert das Gefühl der Bedrohung in jede Situation hinein, und dann retroflektiert sie den Teil von sich, der Mirium liebt, d.h. sie hält ihn zurück. Da sie ohne *Gewahrsein* projiziert und retroflektiert, hemmt sie ihr eigenes Wachstum auch dann noch, wenn das gar nicht notwendig ist. Mirium ist sich vor kurzem darüber klar geworden, daß sie ihr lesbisches Selbst nicht permanent retroflektieren muß. Ihr Bedürfnis nach mehr Kontakt mit der Umgebung erschüttert das Fundament des Paarsystems, das sie und Carol über zwanzig Jahre hinweg aufrechterhalten haben.

Kontrolliert durch heterosexistische Introjekte haben sie ein Leben hinter verschlossenen Türen gelebt. Sie haben die Lehre der Gesellschaft über Homosexualität ohne großen Zweifel akzeptiert und sich diese Introjekte fast ohne Gewahrsein zu eigen gemacht. Carols Äußerung, daß Lesben ekelhaft seien, ist so ein negatives Introjekt, das sie daran hindert, Mirium zuzuhören und sich neuen Erfahrungen zu öffnen.

In einem Paarsystem werden die Widerstände geteilt und fließen innerhalb des Paares hin und her. Aufgabe der Paartherapeutin ist es, den Kommunikationsprozeß der Partner zu beobachten und zu bemerken, wo er durch diese Widerstände gehemmt wird.

Das lesbische Paar als System zweier Frauen

Die Paardynamik zwischen zwei Frauen kann sich von der zwischen zwei Männern oder zwischen einem Mann und einer Frau sehr deutlich unterscheiden. Obwohl der starke Einfluß der Geschlechterrollen auf die Entwicklung des Kindes in den letzten Jahren vielleicht abgenommen hat, lernen Jungen und Mädchen nach wie vor, welches spezifische Verhalten für ihr jeweiliges Geschlecht akzeptabel ist und welches nicht. Von Jungen und Männern wird immer noch erwartet, dominanter, unabhängiger, selbstsicherer, aggressiver und in bezug auf die Welt sachkundiger zu sein. Von Mädchen und Frauen wird erwartet, daß sie abhängig und passiv sind, Bestätigung durch andere suchen und auf deren Bedürfnisse eingehen (Vargo, 1987, S. 63).

Vargo bezieht sich auf die von Bovermans 1970 durchgeführte klassische Studie der klinischen Urteile psychiatrischen Fachpersonals, in der deutlich wurde, daß die Kriterien für geistige Gesundheit zu dieser Zeit sehr stark von stereotypen Vorstellungen über Männlickeit und Weiblichkeit beeinflußt wurden. »Männliches« Verhalten wie Konkurrenz, Bestimmtheit und Aggressivität wurden als Kriterium für normales Verhalten bei Erwachsenen betrachtet, galt bei Frauen hingegen als ungesund. Das macht es Frauen unmöglich, sowohl »normal« zu sein als auch die Kriterien eines »normalen gesunden Verhaltens« zu erfüllen (Vargo, 1987, S. 161f.).

Angefangen mit Jean Baker Millers Buch *Toward a New Psychology of Women*, das Ende der siebziger Jahre erschien, entstand in den USA eine neue, frauenzentrierte Art der Literatur zur Psychologie von Frauen. In Artikeln, Büchern und Studien verabschiedeten sich Miller, Carol Gilligan, Janet Surrey, Julie Mencher und andere von der traditionellen Literatur über die Psychologie der Frau, weil diesen Veröffentlichungen das Erleben der Frauen und deren eigene Wahrnehmung ihres Erlebens zugrunde lag und sie sich nicht an der Frage orientierten, ob ihr Erleben irgendwelchen Kriterien männlichen Erlebens entsprach (Kriterien, die übrigens auch für viele Männer unangemessen sein könnten).

Surrey (1991) merkt an, daß eine der Hauptthesen von *Toward a New Psychology of Women* beschreibt, wie sehr das Selbstgefühl von Frauen sich um die Frage dreht, ob sie in der Lage sind, Verbindung und Beziehung herzustellen und aufrechtzuerhalten (S. 52). Diese These wurde von einer Gruppe am Stone Center des Wellesley College in Massachussetts, die sich mit der Beziehungstheorie beschäftigte, aufgegriffen und weiterentwickelt. Wie Surrey (1991, S. 52) schreibt: »Unser Konzept des Selbst-in-Beziehung beinhaltet die Anerkennung der Tatsache, daß das Erleben von Frauen vornehmlich beziehungsorientiert ist, d.h. das Selbst organisiert und entwickelt sich im Kontext wichtiger Beziehungen.« In der Begrifflichkeit der Gestalttherapie würden wir sagen, daß die Entwicklung des Selbst an der Grenze zum anderen stattfindet.

In Anlehnung an diese Beziehungstheorie vollzieht sich das Wachstum einer Frau im Kontext von Beziehungen und wird in diesem Kontext aufrechterhalten. Ihre Selbstachtung ist an die Fähigkeit gebunden, emotionale Verbindungen zu knüpfen und zu erhalten. Diese These bildet einen scharfen Kontrast zur gesamten traditionellen Literatur, die Trennung und Individuation als die für Wachstum entscheidenden Komponenten darstellt. Carol Gilligans (1982) Arbeit zur weiblichen Entwicklung wirft ein klares Licht auf die Mißverständnisse, die entstehen, wenn man die weibliche Entwicklung vornehmlich an Konzepten wie Autonomie und Trennung mißt, die in weiten Teilen der psychologischen Literatur traditionell als Synonyme für Reife betrachtet werden.

Obwohl ein Großteil dieser neuen Literatur aus einer heterosexuellen Perspektive heraus geschrieben wurde, ist sie doch äußerst interessant und nützlich. Ebenso wie Frauen von einem männlichen Blickwinkel aus gesehen wurden und für pathologischer gehalten wurden als Männer, wurden auch lesbische Paare für pathologischer gehalten als heterosexuelle.

Tatsächlich weisen lesbische Paare ein anderes Bild von Beziehung und Intimität auf als schwule oder heterosexuelle Paare. Falco (1991) weist darauf hin, daß Studien zufolge in lesbischen Beziehungen die emotionale Bindung stärker betont wird als das Sexualverhalten (S. 81). In ihrer Übersicht über die Literatur stellt Falco fest, daß lesbische Frauen eine Liebesbeziehung in ihrem Leben höher bewerten als alles andere. Viele lesbische Frauen betrachten die Liebe als Grundvoraussetzung für Sexualität (S. 9f.). Auch Berzon (1990) beschreibt die Männer als gesellschaftlich darauf programmiert, Sexualität und Liebe voneinander trennen zu können, zumindest gelegentlich, während Frauen darauf programmiert werden, ihr sexuelles Leben in einen liebenden Zusammenhang zu stellen (S. 210).

In einer schwulen Beziehung sind die Partner zwei Männer, die Wachstum und Selbstachtung vielleicht in erster Linie in Form von Trennung und Autonomie erfahren. In heterosexuellen Beziehungen haben die Partner verschiedene Lebenshintergründe: die Frau tendiert vielleicht dazu, ihr Wachstum und Selbstwertgefühl durch die Beziehung zu fördern und zu stärken, während der Mann dies vielleicht eher durch Trennung und Autonomie zu erreichen versucht. Und in einer lesbischen Beziehung kann es sein, daß beide Partnerinnen Wachstum und Selbstwertgefühl vornehmlich durch die Beziehung erleben.

Mencher (1990, S. 2) weist darauf hin, daß verschiedene Forscher die Intimitätsmuster in lesbischen Beziehungen an männlichen Kriterien von Trennung und Autonomie gemessen und die von ihnen beobachtete Form der Intimität als »Verschmelzung« pathologisiert haben. Sie schreibt weiter, daß in der wenigen Literatur über lesbische Paare während der letzten zehn Jahre mindestens vierzehn Artikel enthalten sind, in denen Verschmelzung als das herausragende Thema bezeichnet wird. Ihrer Darstellung zufolge gibt es nur äußerst wenige Analysen lesbischer Beziehungen, die sich nicht mit dem Thema Verschmelzung beschäftigen (Burch, 1982, 1985, 1986, 1987; Decker, 1983-1984; Elise, 1984; Krestan & Bepko, 1981; Lindenbaum, 1985; Lowenstein, 1980; Pearlman, 1988; Roth, 1985, 1989; Schneider, 1986; Smalley, 1987). Mencher beschreibt verschiedene Merkmale, die in den meisten Definitionen von Verschmelzung genannt werden:

Verschmelzung ist ein Zustand »seelischer Einheit«, bei dem individuelle Ich-Grenzen überschritten werden und zwei Individuen ein Gefühl von Einheit erleben. [...] Im Zustand der Verschmelzung ist das Selbst in einen Beziehungskontext eingebettet, und die Grenzen zwischen Selbst und anderem sind unklar (Karpel, 1986). [...]

Aus der Literatur geht hervor, daß lesbische Frauen großen Wert auf intime Bindungen legen und Schwierigkeiten damit haben, ohne intime Beziehung leben zu müssen, was häufig dazu führt, daß sie auch an unbefriedigenden Partnerschaften hartnäckig festhalten. In der Literatur wird das lesbische Paar so dargestellt, daß die Partnerinnen in einer intimen Umarmung eingeschlossen sind, in der Identifikation, gegenseitiges Verständnis und Akzeptanz sowie gemeinsame Überzeugungen, Verhaltensweisen, Ziele und Wünsche besonderes wichtig sind. Unterschiede zwischen den Partnerinnen werden gefürchtet, häufig so sehr, daß sie bereitwillig verleugnet und Konflikte entweder vermieden werden oder permanent ungelöst bleiben. (Mencher, 1990, S. 2)

Mencher erkennt noch weitere Merkmale der Verschmelzung in lesbischen Beziehungen:

Die Partnerinnen versuchen, möglichst ihre gesamte Freizeit miteinander zu verbringen. Von wenigen Ausnahmen abgesehen beschränken sich soziale Kontakte im wesentlichen auf gemeinsame Freundinnen. Die Partnerinnen teilen professionelle Dienstleistungen wie z.B. Ärztinnen, Anwälte, Therapeutinnen oder Finanzberater. Das Geld wird zusammengelegt, Kleidung und anderer Besitz wird geteilt, und wenn sie getrennt sind, und sei es auch nur für die Dauer des Arbeitstages, telephonieren die Partnerinnen häufig miteinander. (Mencher, 1990, S. 3)

Einige Elemente der Verschmelzung kommen natürlich auch bei heterosexuellen und schwulen Paaren vor, Mencher erklärt jedoch, daß diese Merkmale der Verschmelzung zusammengenommen ein vollständiges Bild der typischen lesbischen Beziehung zeichnen, wie es in der Literatur beschrieben wird.

Kurz gesagt gibt es in der Literatur zur weiblichen Psychologie weitreichende Evidenz für die Annahme, daß lesbische Beziehungen andere Intimitätsmuster aufweisen als schwule oder heterosexuelle Beziehungen. Viele dieser charakteristischen Merkmale sind durch den Begriff »Verschmelzung« pathologisiert worden, d.h. Verschmelzung wird an sich schon für pathologisch gehalten. Die neuere Frauenforschung weist jedoch nachdrücklich darauf hin, daß viele Frauen Beziehungen so zu gestalten versuchen, daß sie in ihrem Wachstum und Selbstwertgefühl gestärkt werden. In diesem Lichte betrachtet spiegelt Verschmelzung nicht einen pathologischen Zustand wider, sondern die weibliche Fähigkeit zur Intimität.

In der Gestaltterminologie wird Verschmelzung als *Konfluenz* bezeichnet. Konfluenz kann einerseits als Kontaktwiderstand aufgefaßt werden, weil das Fehlen klarer Grenzen zu einer drastischen Einschränkung der Kontakterfahrung führen kann. Dieselbe Konfluenz ist aber auch eine Form des Kontaktes, und zwar eine, die aufgrund der heterosexistischen Anschauungsweise selbst unter Gestalttherapeuten stark abgewertet wird (zur weiteren Diskussion dieser Abwertung vgl. Wheeler, 1993).

In einem Paar, das Merkmale von Konfluenz aufweist, identifiziert sich jeder Partner mit den Gefühlen, Wünschen und Bedürfnissen des oder der anderen ebenso wie mit seinen oder ihren eigenen. Viele lesbische Paare beschreiben die Erfahrung von Konfluenz oder Verschmelzung als positiv und angenehm. Angesichts dessen, daß lesbischen Paaren in unserer Gesellschaft eine öffentliche Anerkennung verwehrt wird, kann die Konfluenz auch das Gefühl für die Stabilität der Beziehung stärken und dadurch als Strategie zur Bewältigung des Heterosexismus dienen. Auf der anderen Seite bringt eine unbewußte und nicht frei gewählte Konfluenz für viele Paare auch Schwierigkeiten mit sich. Einige Frauen berichten, daß sie sich zwischen ihren eigenen Bedürfnissen und denen ihrer Partnerinnen hin und hergerissen fühlen und in dieser Hinsicht von therapeutischer Hilfe profititieren können.

Judy und Rose sind seit sieben Jahren zusammen. Rose, die den Anstoß zur Paartherapie gegeben hatte, ist von der Beziehung enttäuscht. Sie sagt, daß sie Judy liebt, hat aber gleichzeitig das Gefühl, sich selbst irgendwie verloren zu haben. Judy kommt zur Paartherapie, weil Rose sie darum gebeten hat. Sie glaubt, daß Rose den Entschluß gefaßt hat, sie zu verlassen, obwohl Rose das abstreitet.

Judy und Rose sitzen mir gegenüber auf zwei Stühlen. Ich fordere sie auf, nicht zu mir, sondern direkt miteinander zu sprechen.

Rose ändert ihre Sitzhaltung und schaut auf die Wand hinter Judy. Sie sagt: »Ich traue mich nicht, zu sagen, was mich im Augenblick beschäftigt.« Sie wirft Judy einen kurzen Blick zu, schaut dann aber wieder zur Wand. Judy legt ihre Hand in den Nacken und sagt: »Ich weiß was mit dir los ist, aber ich möchte, daß du es mir sagst.« Rose schlägt die Beine übereinander und fängt an, mit ihren Schuhriemen zu spielen. Ein paar Augenblicke lang ist sie still. Dann sagt sie: »Gestern Abend war ich ziemlich wütend auf dich, aber ich habe mich nicht getraut, es dir zu sagen.« Judy legt die Hand auf ihren Schoß und meint: »Ich wußte, daß du wütend warst. Ich erkenne deine Gefühle.« Dabei klingt sie selbst verärgert. Sie verschränkt ihre Arme und senkt den

Blick. Es ist still, und ich spüre die Spannung zwischen ihnen. Das Schweigen hält an, und ich sage ihnen, daß ich mir der Spannung und des Schweigens gewahr bin. Rose schaukelt in ihrem Stuhl hin und her und sagt: »Wenn du wußtest, daß ich verärgert war, warum hast du dann nichts gesagt?« Judy hält ihre Arme verschränkt, sieht zuerst Rose an und schaut dann aus dem Fenster. Mit gehobener Stimme sagt sie: »Du weißt doch, daß ich mitkriege, was du fühlst. Du hättest doch mit mir darüber reden können. Du weißt doch, daß es mir besser geht, wenn du über deine Gefühle sprichst.« Rose schaukelt immer noch in ihrem Stuhl hin und her. Sie streicht sich mit der Hand durchs Haar und meint: »Ich weiß, daß du von mir erwartest, mich mehr auf dich einzustellen, aber manchmal kann ich einfach nicht. Es tut mir leid.«

Während ich Rose und Judy beobachte, kristallisiert sich langsam eine Figur heraus. Mir fällt auf, daß Judy glaubt, Roses Gedanken und Gefühle zu kennen, und sie erwartet, daß Rose genauso empfänglich für sie ist. Wenn Rose nicht weiß, wie Judys inneres Erleben aussieht, entschuldigt sie sich. Sie hat das Gefühl, Judy im Stich zu lassen und gleichzeitig in einer Falle zu sitzen. Die beiden scheinen sich einig zu sein, daß sie die Gedanken und Gefühle der anderen immer kennen *sollten*. Sie leben zusammen, ohne sich gegenseitig ein Geheimnis zu sein. Sie sind konfluent, aber ohne Gewahrsein, und sie bemerken nicht, daß sie versuchen, sämtliche Unterschiede zwischen sich auszulöschen. Und dann projizieren sie, um sich selbst an genau denselben Punkt zu bringen, an dem sie die andere vermuten. Dieses verdrehte Muster von Konfluenz und Projektion läuft ohne Gewahrsein ab hinterläßt bei ihnen ein Gefühl von Unsicherheit und Unzufriedenheit.

Aus diesem Muster von Konfluenz und Projektion, das für mich im Vordergrund steht, können wir ein Experiment entwickeln, um es ihnen leichter zu machen, sich ihrer Unterschiede und ihrer Individualität bewußt zu werden. Während ich über Experimente nachdenke, fällt mir ein, was Rose und Judy mir über ihre kurze Zeit des Kennenlernens erzählt haben. Bevor sie zusammenzogen, hatten sie sich nur dreimal miteinander verabredet. Als sie sich zum erstenmal begegneten, hatten beide gerade eine Trennung hinter sich. Beide hatten das Gefühl, von ihren früheren Partnerinnen alleingelassen worden zu sein und fühlten sich zurückgewiesen und nicht liebenswert. Und beide erleben diese Beziehung als Heilung von diesem Schmerz. Ich bewundere ihren starken Wunsch, daß ihre Beziehung doch funktionieren möge. Sie glauben, ihre Liebe zueinander dadurch zum Ausdruck bringen zu können, daß sie gegenseitig die Gefühle, Wünsche und Bedürfnisse der jeweils anderen so erleben können, als wären es ihre eigenen.

Auch bin ich mir dessen bewußt, daß ihr weibliches Selbstwertgefühl sehr stark an die Fähigkeit, Beziehungen zu knüpfen und zu erhalten, gebunden ist. Mir ist klar, daß die Konfluenz in lesbischen Beziehungen häufig länger anhält und oft als sehr wertvoll und angenehm erlebt wird. Deshalb besteht das Problem nicht darin, daß sie überhaupt konfluent sind, sondern daß sie hinsichtlich dieser Konfluenz keine Entscheidungen mehr treffen, und daher kann die Erregung, die aus der Unterschiedlichkeit innerhalb einer Beziehung hervorgeht, zwischen ihnen nicht enstehen. Während ich all das denke, bemerke ich, daß die Vorstellung, sie könnten ihre Unterschiedlichkeit wiederentdecken, mich in Aufregung versetzt. Ich teile ihnen mit, was mir bisher in ihrem Kommunikationsprozeß aufgefallen ist und betone dabei sowohl die große Sensibilität als auch die Möglichkeit, daß diese Gewohnheit ihrer Fähigkeit, Unterschiede deutlich zu machen, auch im Wege stehen und so ihre Erregung im Umgang miteinander dämpfen könnte. Als nächstes schlage ich ihnen ein einfaches Experiment vor. In diesem Experiment geht es darum, daß eine Partnerin über ihr Erleben und ihre Gefühle spricht, während die andere ihr eine Reihe von Fragen über diese Gefühle stellt. Annahmen (Projektionen) sind nicht erlaubt. Dabei müssen die beiden ihre Rollen immer wieder tauschen. Sie sind zwar nicht begeistert, aber bereit, es zu versuchen.

Im folgenden beschreibe ich nicht diesen ersten tastenden Versuch, sondern ein Gespräch zwischen Judy und Rose, das stattfand, nachdem sie einige Wochen lang an diesem Experiment gearbeitet hatten, in dem sie ihr Gewahrsein und ihre Wertschätzung für die Gefühle und Empfindungen der jeweils anderen erweiterten.

Rose: (*holt tief Luft und schaut Judy an*) Wenn du mich auf der Arbeit anrufst und sagst, du müßtest sofort mit mir reden, fühle ich mich gefangen.

Judy: (*schlägt mit einem Ausdruck von Überraschung die Beine übereinander*) Das wußte ich nicht! Was stört dich daran?

Rose: (*beugt sich zu Judy vor*) Ich habe das Gefühl, als hätte ich keine Möglichkeit zu sagen, daß ich zu beschäftigt bin. In solchen Momenten fühle ich mich verpflichtet, alles stehen und liegen zu lassen und mit dir zu reden, weil du dich sonst zurückgewiesen und verletzt fühlen könntest.

Judy: (*räuspert sich*) Das stimmt! Ich würde das als Zurückweisung empfinden, aber das sind alte Familiengeschichten, und es ist nicht deine Aufgabe, diesen ganzen Kram wieder geradezubiegen. Du kannst mich vor diesen Gefühlen nicht schützen, obwohl ich das gerne hätte. Ich kann auch andere Leute anrufen, aber es ist einfacher, dich anzurufen.

Rose: (*weint*) Ich finde es schrecklich, wenn du dich zurückgewiesen fühlst, aber für mich ist es besser, daß du jemand anderen anrufst, wenn ich zu beschäftigt bin.

Judy: (*schüttelt den Kopf*) Ich will nicht, daß du dich so gefangen fühlst.

Sie lächeln sich an und halten sich an der Hand. Rose schaut mich an und sagt: »Diesmal habe ich ihre Hand genommen, weil ich mich dafür entschieden habe. Ich habe mich nicht verpflichtet gefühlt.« Judy sagt: »Ich auch.« Ich frage sie, was sie fühlen. Rose antwortet als erste und sagt, daß sie erleichtert sei, Judy von ihren Anrufen zu erzählen und daß sie sich ihr näher fühle. Judy erzählt, daß sie zuerst Angst hatte, weil sie es immer als wohltuend empfunden hatte, mit Rose zu sprechen, aber sie wisse, daß sie statt dessen auch ein paar Freundinnen anrufen könne. Auch sie fühle sich Rose näher.

An diesem Punkt der Paartherapie waren Judy und Rose in der Lage anzuerkennen, daß sie unterschiedliche Bedürfnisse haben und die Bedürfnisse der anderen nicht immer erfüllen können. Es gab Momente, die weniger klar und zärtlich waren als dieser, und nicht alle ihre Probleme waren gelöst, aber die Grenze zwischen ihnen war klarer und deutlicher geworden, und sie begannen, sich zwischen klarem Kontakt und Konfluenz leichter hin und her zu bewegen.

Schluß

In diesem Artikel habe ich mich auf Fragen des Heterosexismus, die weibliche Entwicklung und den lesbischen Paarprozeß konzentriert. Dabei sind eine Reihe wichtiger Themen im Zusammenhang mit der lesbischen Paarbeziehung unberücksichtigt geblieben. Jeder Therapeut und jede Therapeutin – ob lesbisch, hetero-, bisexuell oder schwul – der oder die mit lesbischen Paaren arbeiten will, wird gut daran tun, sich intensiver mit folgenden Themen zu beschäftigen: Lesbische Frauen und Substanzmißbrauch, Lesben mit Kindern, rechtliche Fragen, wirtschaftliche Faktoren und Klassen- bzw. Rassenprobleme innerhalb der Paarbeziehung. Jedes dieser Themen bildet einen wichtigen Teil des *Hintergrundes* lesbischen Erlebens, und jedes geht in die auftauchende *Figur* des lesbischen Paarprozesses mit ein, sowohl im aktuellen Kontext der Therapiesitzung als auch im Leben des Paares.

Ich betrachte die Therapie mit lesbischen Paaren als politisches Handeln, weil dieser Prozeß das Wachstum und die Veränderung eines Systems unterstützt, das ein großer Teil der Gesellschaft am liebsten ignorieren oder sogar zerstören würde. Die Gestalttheorie umfaßt den Gebrauch des ganzen Selbst, einschließlich meines lesbischen Selbst, um eine Gemeinschaft von Frauen, die trotz widriger Umstände nicht aufhören, sich zu lieben, am Leben zu erhalten. Die Kraft der Gestalt-Paartherapie liegt in ihrer Fähigkeit, dem Paar die Gelegenheit zu geben, sich diesem Prozeßwährend seines Geschehens zuzuwenden. Für das lesbische Paar, dessen Bemühungen, miteinander zu kommunizieren und ein intimes System aufzubauen, kaum Anerkennung und Wertschätzung finden, kann dies eine wichtige Bestätigung und ein Beitrag zur Heilung sein.

Anmerkungen

1 Viele der in diesem Abschnitt behandelten Fragen gelten auch für die Erfahrungen männlicher Homosexueller; im Rahmen dieses Kapitels werde ich jedoch die lesbische Erfahrung besonders hervorheben.

Literatur

Berzon, B. (1990). *Permanet partners: Building gay and lesbian relationships that last.* New York: Plume.

Dahlheimer, D., & Feigal, J. (1991). Bridging the gap. In: The family therapy networker (pp.44-53). Washington, DC: Family Network.

Falco, K (1991). Psychotherapy with lesbian clients: Theory into practice. New York: Brunner/Mazel.

Finnegan, D., & McNally, E. (1987). Dual identities: Counseling chemically dependent gay men and lesbians. Center City, MN: Hazelden.

Gilligan, C. (1982). In a different voice. Cambridge: Harvard University Press.

Gilligan, C., & Brown, L. M. (1992). Meeting at the crossroads: Women's psychology and girls' development. Cambridge: Harvard University Press.

Heyward, C. (1989). Touching our strength: The erotic as power and the love of God. San Francisco: Harper & Row.

Karpel, M. (1986). Family resources: The hidden partner in family therapy. New York: Guilford Press.

Markowitz, L. (1991). »Gays and lesbians in therapy. Homosexuality: Are we still in the dark?« TheFamily Therapy Networker, Jan.-Feb.

McGoldrick, M., Anderson, C., & Walsh, F. (1991). Women in families: A framework forfamily therapy. New York: W.W. Norton.

Mencher, J. (1990). Intimacy in lesbian relationships: A reexamination of fusion. Work in Progress, No. 42. Wellesley, MA: Stone Center Working Paper Series.

Miller, J. (1976). Toward a new psychology of women. Boston: Beacon Press.

Nevis, E. (Ed.). (1992). Gestalt therapy: Perspectives and applications. New York: Gardner Press.

Rabin, C. (1992). The cultural context in treating a lesbian couple: An Israeli experience.Journal of Strategic and Systemic Therapies, 11(4), 42-58.

Roth, S. (1989). Psychotherapywith lesbian couples: Individual issues, female socialization, and the social context. In M. McGoldrick, C. Anderson, & F. Walsh. (Eds.), Women in families: A framework for family therapy (pp. 286-307) New York: W.W. Norton.

Sandmaier, M. (1992). The invisible alcoholic: Women and alcohol. Blue Ridge Summit, PA: TAB Books.

Surrey, J. (1991). The self-in-relation: A theory of women's development. In Women's growth in connection: Writings from the Stone Center. New York: Guilford Press.

Vargo, S. (1987). The effects of women's socialization on lesbian couples. In Lesbian psychologies (pp. 161-173). Chicago: University of Illinois Press.

Weinberg, G. (1972). Society and the Homosexual New York: St. Martins.

Wheeler, G. (1993). Kontakt und Widerstand. Ein neuer Zugang zur Gestalttherapie. Köln: Edition Humanistische Psychologie.

Woolley, G. (1991). Beware the well-intentioned therapist. In The Family Therapy Networker (p. 30). Washington, DC: Family Therapy Network.

Zinker, J. (1993). Gestalttherapie als kreativer Prozeß. Paderborn: Junfermann.

8

Die Arbeit mit dem wiederverheirateten Paarsystem

Isabel Fredericson und Joseph H. Handlon

Die meisten Menschen fühlen sich der Institution Ehe verpflichtet. Neunzig Prozent der amerikanischen Bevölkerung ist mindestens einmal im Leben verheiratet, und mehr als ein Drittel aller Ehen sind Zweitehen (Wright, 1987). Diese Daten machen deutlich, wie sehr die Ehe unsere Hoffnung auf Glück symbolisiert, eine Hoffnung, die selbst noch unter den entsetzlichsten Umständen entstehen kann. Denken wir an die Szene in dem Film *Schindlers Liste*, wo ein junges Paar, das unter den erniedrigenden und menschenverachtenden Bedingungen des Konzentrationslagers kaum Überlebenschanchen hat, sich entschließt, zu heiraten. Hochzeit zu halten und zu heiraten bedeutet einerseits, einen Schritt in die Vergangenheit zu tun und die uralten Rituale anzuerkennen (auch wenn das weiße Hochzeitskleid noch so modisch sein mag), andereseits symbolisiert sie aber auch den Glauben an die Zukunft und das Vertrauen, daß der Traum vom Glück mit einem anderen Menschen wahr werden kann. Bei wiederverheirateten Paaren ist diese Hoffnung häufig sogar noch ausgeprägter, vor allem dann, wenn die Partner durch eine frühere Eheerfahrung enttäuscht wurden, oder wenn sie es trotz der Trauer um den Verlust des Partners oder eines qualvollen Scheidungsprozesses noch einmal versuchen.

Außer dem Wiedererstarken der Hoffnung gibt es noch viele andere, für das wiederverheiratete Paar besonders charakteristische Faktoren. Angesichts der Häufigkeit von Zweitehen ist es erstaunlich, daß diesen Merkmalen und ihren therapeutischen Implikationen in der Literatur relativ wenig Aufmerksamkeit geschenkt wird. In der Eheforschung wird die Unterscheidung zwischen Erst- und Zweitehen häufig gar nicht getroffen. Nicht selten liegt das Hauptaugenmerk auch auf Fragen nach den Auswirkungen der Scheidung auf die Kinder, den Problemen von Stieffamilien oder den Schwierigkeiten des Zusammenwachsens zweier Familien (Wright, 1987). Selbst die in den USA erscheinende Fachzeitschrift *The Journal of Divorce and Remarriage*, die sich mit diesem Themenbereich beschäftigt, weist einen gegenüber anderen Beiträgen vergleichsweise kleinen Anteil an Artikeln auf, die sich ausschließlich mit der Situation wiederverheirateter Paare auseinandersetzen. Doch sowohl der gesunde Menschenverstand als auch die Forschung (Crook, 1991; Martin, 1990) zeigen, daß gerade die Qualität der Paarbeziehung der für die Stabilität und das Wohlbefinden der neuen Familie ausschlaggebende Faktor ist. Die Fähigkeit des neuen Paares, eine gesunde und befriedigende Beziehung zu gestalten, hängt sehr stark davon ab, inwieweit sie die Schwierigkeiten und Probleme ihrer früheren Ehen bewältigt haben oder nicht. Die »unerledigten Geschäfte«, die unvollständige Bewältigung früherer Erfahrungen, die daraus folgende Verschiebung der Gefühle von einer Person oder Situation auf eine andere und die damit einhergehenden Wahrnehmungsverzerrungen, Projektionen und Mißverständnisse – all das führt bestenfalls zu einem Mangel an gesundem Kontakt zwischen den Partnern und schlimmstenfalls zu Distanzierung und gegenseitiger Entfremdung. Mit eben diesen Schwierigkeiten kommen viele wiederverheiratete Paare zur Therapie. Aufgabe der Therapeuten ist es dann, den Paaren zu helfen, zwischen gegenwärtigen und früheren Problemen zu unterscheiden und sie bei der Bewältigung von Vergangenheitskonflikten zu unterstützen.

Da die Gesellschaft als Ganzes die Zweitehe nicht vollständig institutionalisiert hat, sind die Familienrollen in diesen Beziehungen mehrdeutig und nicht sehr klar festgelegt. Anders als in Erstehen werden die Familienbeziehungen in Zweitehen nicht durch Bräuche, Gesetze und die Sprache unterstützt (Grizzle, 1990). Auch unsere Sprache enhält negative Deutungsmuster, gegen die das neue Familiensystem ankämpfen muß. Die mit dem Wort *Stiefmutter* verbundenen Assoziationen entstammen durchweg einer Märchenkultur, in der die Stiefmutter als böse und schlecht dargestellt wird. Ein *Stiefkind* ist weniger als ein leibliches Kind. In vielen Ländern haben Stiefkinder gegenüber ihren Stiefeltern keine Rechte wie etwa ein Erbrecht, auch dann nicht, wenn sie schon als Säuglinge oder Kleinkinder zu ihren Stiefeltern gekommen sind. Aufgrund dieses Mangels an gesellschaftlichen Normen geraten viele wiederverheiratete Paare bei dem Versuch, sich auf die unangemessene Ideologie der Kernfamilie einzulassen, in Schwierigkeiten (Vanderheide, 1992). In diesen Fällen kann der Gestalttherapeut den Partnern helfen, ein weiteres Bewußtsein für ihre Rollenmöglichkeiten zu entwickeln.

Auf der anderen Seite ermöglicht die Mehrdeutigkeit und Flexibilität der Rollenverteilung trotz der damit einhergehenden Schwierigkeiten auch eine weniger stereotype und geschlechtsspezifische Haltung gegenüber den anstehenden Aufgaben wie z.B. der Hausarbeit. Man hat festgestellt, daß Ehemänner in Zweitfamilien sich deutlich mehr an Haushaltsarbeiten wie Kochen, Spülen, Einkaufen, Waschen und Putzen beteiligen (Ishii-Kuntz & Coltrani, 1992). Darüber hinaus sind sie im Vergleich zu Männern in Erstfamilien nachgiebiger (Hobart, 1991). Frauen zeigen in Zweitehen die Tendenz, stärker aus Eigeninteresse zu handeln und sich weniger auf die Interessen anderer zu konzentrieren als in Erstehen (Smith, Golsen, Byrd & Reese, 1991).

Die Grenzen der einzelnen Partner und des Paares als Gesamtsystem sind in der Zweitehe ebenfalls andere. Normalerweise haben die Partner, die zum zweiten Mal heiraten, einige Jahre lang ein unabhängiges Leben geführt und bringen ein klareres Gespür für ihre eigene Identität und für ihre Bedürfnisse und Erwartungen mit. Anders als bei jüngeren Paaren, die zum erstenmal heiraten und das Glück häufig in der Verschmelzung sehen, führt die Unabhängigkeit des älteren, wiederverheirateten Paares oft zu Schwierigkeiten bei der Anerkennung von gegenseitiger Abhängigkeit und Unabhängigkeit. Das eigene Geld, das eigene Auto und das eigene Grundstück werden oft als persönlicher Besitz betrachtet, und nicht als gemeinsames Vermögen. Während die Grenzen der einzelnen undurchlässiger sind, sind die des Systems paradoxerweise lockerer; das betrifft häufig auch Kinder, Stiefkinder, frühere Großeltern, Onkels und Tanten, Vettern und Cousinen ebenso wie die ganze Gruppe neuer Verwandter, die eine neue Verbindung mit sich bringt. In einer nostalgischen Zeitungskolumne beschrieb Ellen Goodman vor einigen Jahren den Unterschied zwischen den Gästen ihrer Kindheit, die sich an Thanksgiving am Tisch ihrer Eltern versammelten und denen, mit denen sie heute das Fest feiert. Waren die Gäste ihrer Kindheit allesamt Nachkommen eines einzigen Paares – ihrer Großeltern – einschließlich ihrer Geschwister, Eltern, Onkels, Tanten, Vettern und Cousinen, handelt es sich bei bei ihren eigenen Gästen um ihre eigenen Kinder, die Kinder ihres Mannes, jetzige und frühere Schwäger und Schwägerinnen, Vettern und Cousinen sowohl der Stiefkinder als auch ihrer eigenen Kinder usw. Das System um das wiederverheiratete Paar herum ist sehr viel größer und komplexer geworden. In der Therapie mit wiederverheirateten Paaren muß der Therapeut bzw. die Therapeutin auf diese größere Komplexität und die damit verbundenen Schwierigkeiten eingehen und die Partner bei der Entwicklung eines gesteigerten Gewahrseins dieser veränderten Bedingungen unterstützen.

Mit diesem Beitrag verfolgen wir zwei Absichten. Erstens werden wir eine Reihe von Merkmalen erörtern, die für wiederverheiratete Paare besonders kennzeichnend sind und die den Schwierigkeiten, die diese Paare in die Therapie führen, häufig zugrundeliegen. Deshalb ist es für Therapeuten, die mit wiederverheirateten Paaren arbeiten, wichtig, diese Charakteristika zu kennen. Zweitens werden wir beschreiben, wie man als Gestalttherapeut oder -therapeutin einige dieser Probleme angehen kann und auf mögliche Gefahren hinweisen, die diese Arbeit mit sich bringen kann.

Ist es beim zweiten Mal anders?

Eine Gefahr in der Arbeit mit wiederverheirateten Paaren besteht darin, daß sich der Therapeut, wenn er selbst niemals in einer Zweitehe gelebt hat, der Unterschiede gegenüber dem traditionellen System der Erstehe nicht bewußt ist. Es kann sehr schnell passieren, daß der Therapeut der ungerechtfertigten Annahme zum Opfer fällt, eine Ehe sei eine Ehe sei eine Ehe, und daß sämtliche Eheprobleme mehr oder weniger aus demselben Hintergrund erwüchsen. Für den unvorbereiteten Therapeuten, der sich mit den Schwierigkeiten einer problembelasteten Zweitehe auseinandersetzt, kann das einen erheblichen Nachteil bedeuten.

Hier nun einige der bedeutsamen Unterschiede zwischen Erst- und Folgeehen, die der Familientherapeut im Auge behalten sollte:

Der wichtigste Unterschiede ist wohl auch der offensichtlichste, nämlich die Tatsache, daß es sich bei der gegenwärtigen ehelichen Beziehung für mindestens einen oder auch beide Partner nicht um die erste Eheerfahrung handelt. Deshalb wird die gegenwärtige Ehe von den Partnern ausnahmslos im Zusammenhang mit der ersten gesehen. Angesichts dieser früheren Erfahrung haben sich bestimmte ausgesprochene und unausgesprochene Annahmen und Erwartungen herausgebildet.

Zunächst einmal ist es unausweichlich, daß – wohl oder übel – Vergleiche mit dem ersten Partner angestellt werden, bei denen der neue Partner in manchen Bereichen besser, in anderen dagegen schlechter abschneidet. Ein Nebeneffekt solcher Vergleiche mit dem früheren Partner ist der Einfluß dieses häufig indirekten Prozesses auf den jetzigen Partner, der sich womöglich verzweifelte Sorgen macht, ob er oder sie diesem Vergleich überhaupt standhalten kann. Dies kann zu einer übervorsichtigen Zurückhaltung des »wirklichen Selbst« führen, zu einem ständigen Eiertanz aus der Angst heraus, mit dem Vorgänger nicht mithalten zu können.

Eine weitere mögliche Folgeerscheinung einer früheren Ehe – vor allem, wenn diese Ehe geschieden wurde – ist der Anspruch eines oder beider Partner, »es diesmal besser zu machen.« Untersuchungen zeigen, daß dies trotz der verständlichen guten Absicht, »die Dinge diesmal besser zu regeln«, nicht immer funktioniert. Woods (1991) fand hinsichtlich der Anzahl und Themenbereiche von Ehekonflikten, der Konfliktbewältigungsstrategien und der Kommunikationsstile im Umgang mit Ehekonflikten keine Unterschiede zwischen Erst- und Zweitehen. Es gab jedoch Unterschiede zwischen Personen, deren *Partner* zum erstenmal und solchen, deren *Partner* bereits zum zweiten Mal verheiratet waren; dabei zeigte sich, daß Personen, deren Partner nie verheiratet gewesen waren, weniger offene Kommunikationsstile pflegten und tendenziell mehr Ehekonflikte erlebten.

Es wird vermutet, daß die Einstellung zur Dauerhaftigkeit der Ehe aufgrund einer früheren Eheerfahrung mit anschließender Scheidung an Selbstverständlichkeit verliert (MacDonald, 1992). Beispielsweise könnten Personen, die bereits eine Scheidung hinter sich haben, weniger gehemmt sein, dies auch ein zweites Mal in Kauf zu nehmen; daher könnte es sein, daß die Bereitschaft, schwierige Situationen auszuhalten, und die Neigung, um jeden Preis zusammenzubleiben und »zu versuchen, den Konflikt zu lösen«, sinkt.

Die Bandbreite der charakteristischen Eigenschaften des Paarsystems ist bei Wiederverheirateten wahrscheinlich größer als in Erstehen. Die Partner in Erstehen sind i.d.R. jung, unvorbelastet und schauen auf ein überschaubares Maß an Erfahrungen damit, was es heißt, Teil eines stabilen Paares zu sein, zurück. Der Nachteil dieses relativen Mangels an Eheerfahrung ist, daß man ziemlich schnell sehr unrealistische Erwartungen an die nie endenden Freuden des ehelichen Glücks aufbaut – häufig mit einer kulturell geförderten und sehr romantischen Färbung. Ihre Unerfahrenheit in Bezug auf stabile Partnerschaften bringt es mit sich, daß sie die für eine dauerhafte Stabilität notwendige Kompetenz des Geben-und-Nehmens und der damit verbundenen Kompromißfähigkeit noch nicht entwickelt haben. Dagegen sind die Partner in Zweitehen zumindest schon »ein bißchen herumgekommen« und haben deshalb meist weniger naive Vorstellungen davon, was es heißt, eine enge Beziehung aufrechterhalten zu können. Wiederverheiratete Paare, die zur Paartherapie kommen, sind für gewöhnlich nicht überrascht, daß man in einer Ehe, die »im Himmel geschlossen« wurde, »durch die Hölle« muß, um eine stabile und befriedigende Beziehung zu entwickeln. Manchmal sind diese Partner auch zu der Erkenntnis gelangt, daß sie alte zwischenmenschliche Muster wiederholen, und daß es für sie eine kleine Chance geben könnte, für das Durcheinander, in dem sie sich wiederfinden, mehr persönliche Verantwortung zu übernehmen. Für den Therapeuten ist dies sicherlich ein möglicher Ansatzpunkt, um die Therapie zu beginnen.

Da die Partner in Zweitehen normalerweise älter sind, haben sie komplexe Gewohnheitsmuster entwickelt, die ihren persönlichen Lebensstil prägen. Um in einer erfolgreichen Zweitehe zusammenkommen zu können, ist es notwendig, diese unterschiedlichen Lebensweisen miteinander zu verbinden. Eine solche Verbindung vollzieht sich nicht automatisch und ohne Belastung innerhalb des Systems; dies trifft um so mehr zu, als beide Partner ihrem individuellen Lebensstil über einen längeren Zeitraum nachgegangen sind als dies für Partner einer Erstehe charakteristisch wäre. Das gemeinsame Aushandeln der Kompromisse, die für das Zusammenwachsen der häufig sehr konfliktreichen Elemente der individuellen Lebensstile nötig sind, erfordert bestimmte Fähigkeiten, die vielen Paaren einfach nicht zur Verfügung stehen. Wie bei allen Kompromissen muß etwas aufgegeben werden, damit etwas anderes erreicht und gewonnen werden kann, aber die Partner geben bestimmte Aspekte ihrer Lebensweise, die ihnen besonders wertvoll erscheinen und die ihnen so lange als Quelle der Sicherheit gegolten hat, häufig nur sehr widerwillig auf. Die Unterstützung bei der Verhandlung über das Zusammenwachsen der verschiedenen Lebensweisen kann für den Therapeuten eine besondere Herausforderung darstellen.

Mit großer Wahrscheinlichkeit sind die Partner in Zweitehen – anders als in ihren ersten Ehen – selbständiger und unabhängiger voneinander. Die Tendenz, die Ehe lediglich als Erweiterung ihrer Kernfamilie zu betrachten, wo ein gewisses Maß an Abhängigkeit angemessen war und von den Eltern häufig gefördert wurde, ist weniger stark ausgeprägt. Dadurch, daß beide Partner schon einmal verheiratet waren, haben sie – unabhängig davon, wie funktionsfähig die vorige Ehe gewesen sein mag – gelernt, ein gewisses Maß an Unabhängigkeit und Freiheit zu entwickeln, weil ihnen bewußt geworden ist, daß die völlige Abhängigkeit vom Partner nicht funktioniert. Der Trick einer Zweitehe besteht darin, ein Maß an Unabhängigkeit und Selbständigkeit zu erhalten, das sich für beide Partner der neuen Beziehung gut anfühlt und dabei dennoch ein integriertes System interdependenter und gut funktionierender Teile entwickeln bzw. erhalten zu können.

War nur einer der Partner vorher bereits verheiratet, dann steht der Therapeut einer besonders schwierigen Situation gegenüber. In diesem Fall kann der Grad des Ungleichgewichts zwischen dem relativen Bedürfnis nach Selbständigkeit und Abhängigkeit zwischen den beiden Partnern bestimmte Probleme hervorbringen. Nehmen wir z.b. den Fall, daß der Mann bereits verheiratet war und hinsichtlich der Organisation des Haushalts Gewohnheiten entwickelt hat, die eine beträchtliche Abhängigkeit von seiner früheren Partnerin beinhaltet haben. Angenommen seine zweite Frau, die nie verheiratet war und viele Jahre allein gelebt hat, ist in Haushaltsangelegenheiten aus der Notwendigkeit ihrer Lebenssituation heraus äußerst selbständig. Ihr geheimer Wunsch ist, daß sie sich in der neuen Ehesituation von der Last befreien kann, »einfach alles selbst machen zu müssen.« Offensichtlich weist dieses neue Beziehungssystem angesichts der Frage, wer im Haushalt wofür verantwortlich ist und wie beide Partner mit dem Druck neuer Rollenverteilungen zurechtkommen, ein nicht zu unterschätzendes Konfliktpotential auf.

Jeder Partner bringt mehr oder weniger viel »Gepäck« mit in die Zweitehe, das aus verschiedenen Teilen der früheren Ehe stammt. Dieses »Gepäck« beinhaltet Kinder, Enkel, frühere Schwäger und Schwägerinnen, bleibende Freundschaften, langjährige Beziehungen zu anderen Paaren usw. In der neuen Gemeinschaft müssen beide Partner lernen, irgendwie mit dem »Gepäck«, das in die Zweitehe eingegangen ist, zurechtzukommen. Das ist keine leichte Aufgabe, zumal dieses »Gepäck« auch ein fruchtbarer Boden für die Entstehung von Konkurrenz, Neid, Eifersucht und anderen störenden Gefühlen sein kann. Eine weitere Schwierigkeit besteht darin, daß solche Gefühle nicht ohne weiteres zugegeben werden, denn wer will sich schon vorwerfen lassen, solcherart negative Gedanken zu hegen, wenn man doch bemüht ist, die neue Ehe »ans Laufen« zu bringen? Doch gerade diese unangenehmen – wenngleich sehr natürlichen – Gefühle müssen eingestanden, angesehen und durchgearbeitet werden, wenn sie der Beziehung nicht schaden und sie am Ende womöglich zerstören sollen.

Und was den finanziellen Bereich betrifft, haben wahrscheinlich beide Partner im Laufe der Zeit persönliche Ersparnisse angesammelt, die sie vielleicht lieber getrennt halten und nicht mit denen des anderen als »gemeinsames Einkommen« zusammenlegen wollen. Diese Situation unterscheidet sich deutlich von der für Erstehen typischen Situation, in der die Partner einen starken Drang haben, ihr Vermögen von Anfang an zusammenzulegen, um damit auch ihre »Zusammengehörigkeit« als Paar zu dokumentieren. Ein klares Motiv, die Vermögen getrennt zu halten, wäre z.B. die Sicherheit, daß den eigenen Nachkommen aus erster Ehe ein Erbe in Aussicht gestellt werden kann, auf das sie sich mit Blick auf ihre Zukunft verlassen können.

Ist dieser Wunsch nach Trennung der Ressourcen nur bei einem der Partner vorhanden, kann das innerhalb des Systems zu beträchtlichen Spannungen oder offenen Konflikten führen, vor allem dann, wenn die auf früheren Erfahrungen basierenden

Erwartungen beider Partner sehr unterschiedlich ausfallen. Auch diese Problematik entstammt unterschiedlichen Bedürfnissen und Erwartungen, die mit den im Laufe der Zeit entwickelten gegensätzlichen Lebensweisen zusammenhängen. Diese Dynamik, zu der auch all jene Empfindlichkeiten gehören, die wir in bezug auf das Geldverdienen und Geldausgeben haben mögen (einschließlich der vielen symbolischen Bedeutungen des Geldes in unserer Kultur), kann für die Beziehung einen besonders explosiven Bereich darstellen.

Nicht alle Zweit- oder Folgeehen sind gleich

Ebenso wie der Psychotherapeut sich der Unterschiede zwischen den *allgemeinen Merkmalen* einer Zweitehe gegenüber einer Erstehe bewußt werden muß, muß er auch ein Gespür für die vielen wichtigen *Unterschiede zwischen Zweitehen selbst* entwickeln. Es sollte klar sein, daß jede Zweitehe eine einzigartige Ganzheit darstellt. Hier nun einige mögliche Unterschiede zwischen den Konstellationen solcher Systeme, die der Ehe- und Familientherapeut bedenken sollte:

Je nach den Umständen, unter denen die frühere Ehe endete, können die Probleme, mit denen sich die Partner auseinandersetzen müssen, sehr unterschiedlicher Natur sein. Es ist ein gravierender Unterschied, ob eine Ehe durch Scheidung oder durch den Tod eines Partners endet. Wenn einer der Partner stirbt, kann es vorkommen, daß der Hinterbliebene den Verstorbenen idealisiert. Eine solche Idealisierung wird wahrscheinlich einen gewissen Einfluß auf die Selbsteinschätzung des neuen Partners haben. »Wie kann ich mit seinem oder ihrem früheren Partner mithalten?« Endete die vorherige Ehe mit einer Scheidung, kann das Gegenteil eintreten, und der frühere Partner wird verteufelt. Auch dieses Schlechtmachen wirkt sich auf die neue Beziehung aus, wenn z.B. die Frau in Augenblicken von Kummer und Wut ihren neuen Mann beschimpft, genau so schlecht wie ihr erster Mann zu sein.

In beiden Fällen stellt das durch die früheren Ehen eines oder beider Partner projizierte Bild, das jeder in sich trägt, eine Verzerrung dar, die die Erwartungen an die neue Beziehung beeinflußt. Ging der neuen Beziehung eine Scheidung voraus, gibt es wahrscheinlich den Anspruch, »es in dieser Ehe anders zu machen.« Folgt die Zweitehe hingegen auf den Tod eines früheren Partners, kann es gut sein, daß der oder die Überlebende den Wunsch hat, die neue Beziehung der alten anzugleichen. Insofern können in beiden Fällen Erwartungen auftreten, die die neue Beziehung stark belasten.

Im Falle einer vorausgegangenen Scheidung kann sich die Problematik, aufgrund derer einer der Partner die Initiative zur Auflösung der Ehe ergriff, auf die Annahmen und Erwartungen bezüglich der Zweitehe auswirken; dabei kann die Art der vorausgegangenen Trennung irgendwo zwischen »friedlichem Auseinandergehen« und »plötzlicher Trennung« angesiedelt sein. Hat man die Scheidung selber initiiert, ist das Gefühl der eigenen Macht und Kontrolle über das Schicksal der neuen Beziehung wahrscheinlich größer, zumindest insofern als man die Erfahrung gemacht hat, eine unerträgliche Situation beenden zu können. Betrachtet man sich hingegen selbst als »Opfer« der Scheidung, sei es, daß man verlassen wurde oder einem freundschaftlichen Trennungswunsch nachgegeben hat, dann kann man u.U. befürchten, ein ähnliches Schicksal noch einmal erleiden zu müssen. Diese beiden gegensätzlichen Erwartungen können sich darauf auswirken, mit welchen Erwartungen man sich auf die neue Beziehung einläßt und wie man dem neuen Partner oder der neuen Partnerin begegnet.

Es sollte klar sein, daß Zweitehen, in denen beide Partner bereits eine Ehe hinter sich haben, eine andere Dynamik aufweisen als solche, in denen nur einer der Partner vorher verheiratet war. Im zweiten Fall können wichtige geschlechtsspezifische Unterschieden auftreten, vor allem wenn Kinder im Spiel sind. Eine Frau, die Kinder aus erster Ehe in die neue Beziehung mitbringt, kommt mit ganz anderen Überzeugungen und Erwartungen als etwa ein Mann, der nie verheiratet war.

In diesem Zusammenhang ist auch die ganze Frage nach der Dynamik der »zusammengewachsenen Familie« zu sehen. Über dieses in Zweitehen weitverbreitete Phänomen, das »seine«, »ihre« und »unsere« Kinder mit einschließt (Papernow, 1993), ist viel geschrieben worden – ebenso wie über die für ein erfolgreiches Zusammenwachsen notwendigen Bedingungen. Es ist wichtig, auf die offensichtliche Tatsache hinzuweisen, daß die Eigenschaften einer Zweitfamilie sehr unterschiedlich ausfallen können, je nachdem, ob es Kinder aus früheren Verbindungen gibt, oder nicht. Bei älteren wiederverheirateten Paaren z.B., wo die Nachkommen eines oder beider Partner bereits erwachsen und selbständig sind, werden diese »Kinder« einen anderen Einfluß auf die Ehe der Eltern haben als bei jüngeren Paaren mit kleineren und noch abhängigen Kindern.

In vielen Zweitehen gibt es beträchtliche Altersunterschiede zwischen den Partnern. Daß Männer dabei im allgemeinen deutlich älter sind als ihre Frauen, ist nichts Ungewöhnliches. Hier entstehen Konflikte häufig dadurch, daß der Mann sich z.B. auf seine Pensionierung und ein ruhigeres Leben freut, während die Frau gerade dabei ist, ihre lange Zeit unterbrochene berufliche Karriere wieder aufzunehmen und den Ehrgeiz hat, diesen Weg unter allen Umständen weiterzugehen.

Auch das entgegengesetzte Muster ist immer häufiger anzutreffen (Peterson, 1983), wenn nämlich der nie verheiratet gewesene Ehemann deutlich jünger ist als seine Frau, die bereits verheiratet war und mehrere Kinder hat. Hier kann die Frage auftauchen, ob das Paar noch gemeinsame Kinder haben will, wobei denkbar wäre, daß der jüngere Mann das begrüßen würde, während es seiner älteren Frau widerstrebt, mit ihrer Mutterrolle noch einmal von vorne anzufangen.

Die Vermeidung der Gegenübertragungsfalle

Das elementarste Werkzeug jedes Therapeuten hat er in sich selbst, und das umfaßt nicht nur sein theoretisches Wissen und seine technischen Fähigkeiten, sondern auch seine Geschichte, seine Begabungen und Interessen, und noch wichtiger: seine Empfindungen, Assoziationen, Phantasien und Gefühle. Vor allem diese letztgenannten Qualitäten ermöglichen es dem Therapeuten, mit dem Klienten weiterzugehen und ihm zu mehr Gewahrsein und einem kompetenteren und erfüllenderen Leben zu verhelfen.

Andererseits sind die Empfindungen, Assoziationen, Phantasien und Gefühle des Therapeuten ein zweischneidiges Schwert. Wenn die innere Welt des Therapeuten nicht in Ordnung ist, wenn der Klient beim Therapeuten bestimmte Tasten anschlägt und dadurch der Situation unangemessene emotionale Reaktionen hervorruft, ist das eine mögliche Quelle therapeutischer Fallgruben, wenn nicht regelrechter Katastrophen. Die psychologischen Mechanismen, die beim Therapeuten zu unangemessenen Reaktionen führen, werden im allgemeinen als »Gegenübertragung« bezeichnet.

Da die Beziehung zwischen dem Gestalttherapeuten und dem Klienten dahin tendiert, persönlicher und weniger formal zu sein als das in vielen anderen Therapieformen der Fall ist, hat der Therapeut eine besondere Verpflichtung, sich der Gegenübertragung bewußt zu sein und sie zu verstehen. Häufig teilt der Gestalttherapeut mehr Persönliches mit als Therapeuten anderer Richtungen und verläßt sich sehr stark auf seine Hier-und-jetzt-Wahrnehmung und seine spontanen inneren Reaktionen, um daraus die nächste Intervention abzuleiten.

Die Arbeit mit wiederverheirateten Paaren ist sehr dazu angetan, beim Therapeuten mögliche Gegenübertragungsphänomene in Gang zu setzen, indem sie alte emotionale »Tasten« bei ihm anschlägt. Diese »Tasten« reaktivieren alte Gefühle, die aus früheren und aktuellen Erfahrungen in der eigenen Familie resultieren. Die Quelle solcher Gefühle kann besser verstanden werden, wenn man sich mit folgenden Fragen auseinandersetzt: Haben sich die Eltern des Therapeuten scheiden lassen? Wenn nicht, wäre es besser gewesen, wenn sie sich hätten scheiden lassen? Ist der Therapeut geschieden worden? Ist der Therapeut selbst in einer Zweitehe zur Welt gekommen? Ist der Therapeut verheiratet? Ist er wiederverheiratet? Die Intensität der Gegenübertragungsproblematik rührt von sehr frühen Introjekten und langjährigen, unerforschten Projektionen her, die auf der Tatsache basieren, daß unsere Werte und Normen bezüglich Familiensystemen ihren Ursprung in sehr frühen Lebensphasen haben und dem Alltagsbewußtsein häufig unzugänglich sind.

Der Therapeut, der mit wiederverheirateten Paaren arbeitet, tut gut daran, sich die folgenden Fragen zu stellen: Welches sind meine frühen, unreflektierten Introjekte über die »Heiligkeit« der Ehe? Über die angemessenen Voraussetzungen für eine Scheidung? Über die »richtige« Rollenverteilung in der Ehe? Über verbindliche Beziehungen zwischen gleichgeschlechtlichen Partnern? Über mehrere Ehen? Über die »Ehe ohne Trauschein«? Dann ist es wichtig, daß der Therapeut sich fragt: Wo stehe ich im Augenblick mit diesen alten Introjekten? Sind sie »durchgekaut« worden, so daß ein gut durchdachtes Wertesystem dabei herausgekommen ist, oder gibt es immer noch alte Reste aus der Kindheit?

Wenn die Geschichte des hilfesuchenden wiederverheirateten Paares bei einem oder beiden Partnern eine Scheidung beinhaltet, ist das Potential für eine Gegenübertragungsstörung besonders groß und muß sehr sorgfältig beobachtet werden. Hatte die Frau »ein Recht«, ihren früheren Ehemann zu verlassen und die Kinder zurückzulassen? War es »richtig«, daß der Mann seine frühere, chronisch alkoholabhängige Frau verlassen hat, obwohl sie an einer langwierigen und tödlich endenden körperlichen Krankheit litt? All diese Fragen und Gedanken können die Wahrnehmung, das Verhalten und schließlich die Wirksamkeit des Therapeuten beeinflussen, während er seinen Klienten zu helfen versucht, mit ihren Schwierigkeiten fertigzuwerden.

Da der Therapeut diese Gegenübertragungsprozesse nicht einfach wegzaubern kann, besteht die beste Möglichkeit, mit solchen Prozessen umzugehen darin, sie gewissenhaft zu beobachten und sich selbst zu fragen: Wie beeinflussen meine Gefühle, Einstellungen, Überzeugungen und Werte meine Arbeit mit diesem Paar? Allein schon die Beantwortung dieser Fragen wird dazu beitragen, die unheilvolle Wirkung der Gegenübertragung auf die therapeutische Arbeit auszuschließen.

Was macht der Therapeut jetzt?

Der Gestalttherapeut arbeitet gleichzeitig mit zwei verschiedenen Objektiven. Das eine ist ein Weitwinkel und umfaßt die Geschichte des Klienten, seinen familiären Hintergrund, frühere Ehen, die momentane Unterstützung, die aktuelle Familienstruktur etc. – all die verschiedenen Faktoren, die Kontext und Hintergrund des Problems ausmachen, mit dem die Klienten in die Therapie kommen. Das andere ist eine Art Makro-Objektiv, mit dem das Sicht- und Hörbare oder in anderer Weise aus der unmittelbaren Erfahrung Hervorgehende fokussiert wird – also all die phänomenologischen, dem Therapeuten zugänglichen Informationen, einschließlich seiner eigenen Gefühle, Assoziationen und Phantasien.

In der Arbeit mit dem wiederverheirateten Paar interessiert den Gestalttherapeuten vor allem, wie die Partner sich gegenseitig anschauen, wie sie miteinander und mit ihm, dem Therapeuten, reden, wer zuerst spricht und wer am meisten, wie nah oder entfernt voneinander die Partner sitzen, ob sie sich berühren oder nicht – und all die anderen Informationen, die das Makro-Objektiv erfaßt. Was auch immer das sogenannte Thema sein mag, mit dem das Paar in die Therapie kommt, es wird für den Therapeuten sichtbar, indem er seine Aufmerksamkeit während der Therapiesitzung auf den Prozeß der Partner richtet. Auf die eine oder andere Weise werden die Partner ihr Thema durch ihr Verhalten ausagieren.

Während sich die Therapie mit wiederverheirateten Paaren sich theoretisch und methodologisch nicht von der mit anderen Paaren unterscheidet, sind die spezifischen Inhalte doch häufig verschieden. Die Erfahrungen aus vorangegangenen Ehen sind allzeit gegenwärtig, sei es in aktiver Form, wie etwa der Bewältigung aktueller Probleme mit den Kindern oder früheren Partnern, oder im Hintergrund, als Modell dafür, was innerhalb dieser neuen Beziehung passieren soll, und was nicht. Da es sich um ein größeres und komplexeres Familiensystem mit Stiefkindern, leiblichen Kindern, früheren und jetzigen Schwägern und Schwägerinnen usw. handelt, müssen mehr Grenzen als früher berücksichtigt werden. All das kann den Streß des neuen Paares auf eine Weise verstärken, der sich die Partner womöglich nicht bewußt sind. Eine weitere Herausforderung, die auf das wiederverheiratete Paar zukommt, ist die erneute Vertrauensbildung. Die Verluste, die sie infolge früherer Bindungen erfahren haben, können ihre Fähigkeit Vertrauen aufzubauen, empfindlich beeinflussen, und doch ist es für ihre Entwicklung als Paar lebensnotwendig, dieser Aufgabe gerecht zu werden (Kvanli & Jennings, 1986).

Die Addisons waren ein wiederverheiratetes Paar, das sich mit vielen der charakteristischen Probleme auseinanderzusetzen hatte. Sie waren bereits seit zehn Jahren zusammen und hatten aufgrund einer Übereinkunft keine gemeinsamen Kinder, sondern lebten aktiv mit Mr. Addisons vier Töchtern aus erster Ehe, die inzwischen alle erwachsen waren. Nora Addison war eine ungewöhnlich attraktive, intelligente und ausgesprochen eloquente Frau Anfang Vierzig, die, wenn auch nur kurz, in ihren Zwanzigern bereits einmal verheiratet gewesen war. Ihr Gesicht verriet ein breites Spektrum an Gefühlen, doch ihr Körper wirkte zerbrechlich und ihre Bewegungen beengt. John hingegen schien der Inbegriff von Gesundheit zu sein. Obwohl er fast sechzig war, rühmte er sich seiner Vitalität und erfreute sich bester Gesundheit. Emotional jedoch wirkte er sehr gezwungen und ließ sowohl verbal als auch in seinem sonstigen Ausdruck nur sehr wenig von seiner inneren Welt durchblicken.

Die Addisons verfügten über ein beachtliches Vermögen, das John von seiner Mutter geerbt hatte. Obwohl sie sehr wohlhabend waren, gaben sie an, daß ihre Schwierigkeiten sich ums Geld drehten. John fand, daß Noras Art, Geld auszugeben zu extravagant sei, und Nora ärgerte sich über Johns Anspruch, die familiären Finanzen allein zu verwalten.

Als die Addisons in die Praxis kamen, setzten sie sich im rechten Winkel zueinander hin, also weder so, daß sie sich direkt anschauen konnten, noch nebeneinander. Ihre persönlichen Grenzen schienen etwas steif zu sein, und ihre gemeinsame Grenze als Paar war kaum sichtbar. Während der ersten Einführungen und der Erläuterung der Hintergrundgeschichte lieferte Nora den größten Teil der Informationen, während John nur gelegentlich etwas hinzufügte oder korrigierte. Um den beiden zu helfen, sich als Paar bewußter zu erleben, sagte die Therapeutin: »Wahrscheinlich ist das für Sie nichts Neues, aber mir ist aufgefallen, daß die meisten meiner Fragen von Nora beantwortet werden. Ist das normal, daß Nora für Sie beide spricht?«

Zum erstenmal seit sie den Raum betreten hatten, sah John Nora direkt an und sagte mit einem Hauch von Lächeln: »Sie hat immer mehr zu sagen. Sie kann viel besser reden als ich. Das ist eine der Eigenschaften, die mich am Anfang an ihr so fasziniert haben.« Daraufhin sagte Nora: »Du bist so langsam. Wenn ich warte, bis du etwas sagst, bin ich eingeschlafen.« John schwieg wieder, aber das Lächeln verschwand aus seinem Gesicht, und sein Mund zog sich etwas mehr zusammen. Die Therapeutin sprach die »Komplementarität« des Paarsystems an, also die Art, wie Noras Energie Johns Passivität förderte und umgekehrt (Zinker, 1993).

Die Therapeutin bemerkte: »Sie scheinen beide von diesem Muster zu profitieren; ich frage mich, warum sie so aussehen als ob sie sich darüber beschwerten.«

Nora reagierte prompt: »Ich mag das nicht! Ich wünschte, John würde mehr reden. Wenn wir zum Essen ausgehen und ich nichts sage, dann sehen wir aus wie ein altes, unglückliches Ehepaar, das sich nichts mehr zu sagen hat. Was meinen Sie mit 'profitieren?' Wieso 'profitieren?'«

«Sie müssen zu allem Ihre Meinung sagen; man hört Ihnen zu, man nimmt Sie wahr, während John in der Ecke bleibt und auf Nummer Sicher spielt«, antwortete die Therapeutin.

«Das stimmt. Niemand beachtet mich, nicht einmal Nora«, meinte John und unterbrach sein Schweigen.

«Immerhin hält dich ja niemand davon ab, zu reden, oder? Mach mich nicht für deine Gefühle verantwortlich!«, zischte Nora. Die Luft fühlte sich an wie Schmirgelpapier. Was zu Beginn der Beziehung noch als anziehend empfunden worden war, hatte sich inzwischen zu einem Pulverfaß entwickelt.

Die Therapeutin erinnerte sich plötzlich an den krankmachenden Ton der Auseinandersetzungen zwischen ihren eigenen Eltern und wie sich sich als Kind in solchen Momenten die Ohren zuhielt und unter der Decke verkroch, um ihre Stimmen nicht hören und das Gefühl von Übelkeit in der Magengrube nicht ertragen zu müssen. Wenn ihre Mutter nur still wäre, dann wäre alles gut, hatte sie in solchen Momenten gedacht.

«Paß auf! Projiziere nicht dein eigenes Leben hier rein! Schau auf das System, denke systemisch«, mahnte sie sich selbst. »Sie sind beide daran beteiligt. Was auch immer du tust, versuche, nicht Partei zu ergreifen.«

«Warum«, fragte die Therapeutin sich, »tun sie das? Woher stammt diese Bitterkeit, und warum wird sie auf diese Weise ausgedrückt?«

Als sie in den folgenden Wochen ihre Arbeit fortsetzten, wurde der Grund deutlich. In seiner früheren Ehe hatte John seiner Frau zugestanden, sämtliche finanziellen Entscheidungen zu treffen, weil er das Gefühl hatte, daß sie von diesen Dingen mehr verstand als er. Im übrigen wollte er nicht großartig darüber nachdenken, also achtete er kaum darauf, wie sie mit seinem Geld umging. Später stellte sich heraus, daß dies keine sehr weise Entscheidung gewesen war. Seine Frau verfügte weder über die Sachkenntnis, die sie vorgegeben und der John den Vortritt gegeben hatte, noch machte sie sich viele Gedanken darüber, was einige schwerwiegende Verluste nach sich zog. Das Trauma, das John durch die Entdeckung dieser Tatsache erfuhr, war unter den Ereignissen, die schließlich zur Scheidung führten, ein wesentlicher Faktor. Damit ihm so etwas nicht noch einmal passierte, war John fest entschlossen, diesmal das Gegenteil zu tun und die Kontrolle zu behalten. Nora hingegen hatte zwischen ihren Ehen mehrere Jahre alleine gelebt und fühlte sich durchaus in der Lage, ihre Finanzen zu regeln. Sie empfand Johns Mangel an Vertrauen ihr gegenüber wie einen Verrat an ihrer Beziehung. Sie wollte zumindest als vollwertige und vertrauenswürdige Partnerin angesehen werden. Aufgrund ihres Gefühls, in finanziellen Dingen mehr oder weniger ohnmächtig dazustehen, nutzte sie ihre sprachlichen Fähigkeiten, um über John herzuziehen und auch ihm dieses Gefühl der Ohnmacht zu geben. Doch das führte nur dazu, daß John Nora noch weniger Vertrauen entgegenbrachte und mit noch größerer Bestimmtheit die Kontrolle über das an sich zog, was ihm Macht gab, nämlich das Geld. Das Vertrauen, das einmal zwischen ihnen bestanden hatte, war langsam weniger geworden. Dieser Vertrauensmangel hatte zu Bitterkeit geführt und ihre Kommunikation mehr und mehr gefährdet.

Als die Addisons sich langsam bewußt wurden, wie sie sich gegenseitig auf eine Weise behandelten, die am wenigsten dazu angetan war, das zu erreichen, was sie wollten, wurden ihre persönlichen Grenzen etwas durchlässiger und ihre gemeinsame Grenze als Paar etwas fester. John lernte, daß Nora mit finanziellen Dingen, die in ihrer Hand lagen, sehr verantwortungsbewußt umging und daß sie in dieser Hinsicht anders war als seine erste Frau; und Nora lernte, daß übermäßiges Geldausgeben keine sehr effektive Art war, sich zur Wehr zu setzen.

Gegen Ende der Therapie sagte die Therapeutin: »Könnten Sie sich gegenseitig erzählen, inwiefern sie sich jetzt anders betrachten als zu Beginn der Therapie?«

Nora, nach wie vor die erste, lehnte sich zu John, der neben ihr auf der Couch saß, hinüber, um seine Hand zu nehmen, sah ihn sehr direkt an und sagte: »Ich freue mich, daß du mich jetzt um Rat fragst, wenn es um unser Geld geht, und daß du mich nicht mehr wie einen Feind, sondern wie eine Partnerin behandelst. Du erzählst mehr über alles Mögliche, und ich fühle mich mehr mit dir verbunden. Du lächelst und lachst mehr, und das bringt auch mich zum Lächeln und zum Lachen.« Und prompt unterstrich sie ihre Worte mit einem breiten Lächeln.

John grinste zurück, nickte zustimmend und meinte: »Ich freue mich, daß du das bemerkst, und überhaupt bin ich glücklicher, deshalb lächle und lache ich mehr. Ich finde, du siehst gesünder und entspannter aus, und du wirfst durch deine Sprache nicht mehr mit Pfeilen nach mir, wie früher. Ich weiß jetzt, daß es keinen Grund gibt, dir nicht zu vertrauen.«

Die Therapeutin schaute beide an und sagte: »Ich habe gesehen wie das, was Sie beschreiben, geschehen ist, und ich freue mich wirklich sehr über Ihre Arbeit und die Veränderungen, die Sie für sich selbst möglich gemacht haben. Jetzt arbeiten Sie nicht mehr gegeneinander, sondern miteinander.«

Howard und Pat Miller waren ein wiederverheiratetes Paar von anderer Art, jung, arm, und beide brachten ein Kind aus erster Ehe mit in die Beziehung. Für etwa ein Jahr hatten sie eine sehr romantische Wochenendbeziehung, in der sie sich abwechselnd bei ihm und bei ihr trafen. An diesen Tagen waren die Kinder meistens bei ihren Eltern, so daß die beiden ihre ganze Aufmerksamkeit aufeinander richten konnten. Als sie den Entschluß faßten, zu heiraten, entschied Howard sich, zu Pat zu ziehen, da ihre Mutter in der Nähe wohnte und beide der Meinung waren, daß es für Howard einfacher wäre, eine Stelle in einer neuen Stadt zu finden, als für Pat. Als einige Monate nach der Hochzeit und dem Umzug klar wurde, daß Howard die Stelle, an die er gedacht hatte, nicht bekommen würde und Pat die finanzielle Belastung stärker mittragen mußte, brachen die Gefühle aus. Als sie in die Therapie kamen, war Pat bereit, die ganze Sache fallenzulassen.

Obwohl die Millers beide bereits Ende Dreißig waren, machten sie einen sehr viel jüngeren Eindruck. Sie versicherten der Therapeutin, daß die Kinder sehr gut zurechtkämen und sich über die Gesellschaft eines weiteren Kindes in der Familie freuten. Trotz ihrer schwierigen Situation zögerten beide, ihre Beziehung zu beenden. Die Therapeutin bemerkte: »Nun, wenn das so ist, scheinen Sie irgend etwas richtig zu machen. Von alleine würde das nicht passieren.« Daraufhin sahen Pat und Howard sich an, sagten aber nichts. Pats Widerstand, eine schwierige Situation auszuhalten, entsprang unmittelbar aus ihrem Gefühl, in ihrer ersten Ehe viel zu lange bei ihrem Mann geblieben zu sein, der Alkoholiker war und nur gelegentlich arbeiten ging. Howard reagierte auf Pats Unsicherheit über ihre Zukunft mit Schrecken, Bestürzung und teilweise auch mit Lähmung.

«Was soll das?«, sagte er. »Ich habe vieles aufgegeben, um hierher zu kommen, und jetzt vertraut sie mir nicht.« Er schien eher verletzt als wütend zu sein und fühlte sich von Pats Ungeduld verraten. Verrat war in Howards Seele ein sehr empfindlicher Punkt, den man schnell anstoßen konnte. Seine erste Frau hatte eine Reihe von Affären mit anderen Männern gehabt, und sein Gefühl, von ihr verraten worden zu sein, saß sehr tief.

Die Therapeutin arbeitete mit den beiden daran, das, was jetzt zwischen ihnen passierte von dem zu trennen, was sie in ihren früheren Ehen erlebt hatten und die Intensität ihrer Gefühle von ihrer realen Situation zu unterscheiden.

«Drei Monate nicht zu arbeiten ist nicht dasselbe wie drei Jahre nicht zu arbeiten», machte die Therapeutin deutlich. »Howard scheint sich um eine Stelle zu bemühen und flüchtet sich nicht in den Alkohol.« Howard begann anzuerkennen, daß Pats Wut in gewisser Weise gerechtfertigt war und keinen Verrat darstellte. Sie fingen an, mit ihrer Situation als Paar realistischer umzugehen und investierten mehr Energie; dabei entdeckten sie neue Ressourcen, die sie vorher nicht gesehen hatten.

Diese beiden Fälle, die hier nur kurz dargestellt werden konnten, zeigen nur einige der vielen und komlizierten Schwierigkeiten, denen wiederverheiratete Paare begegnen, wenn sie versuchen – manchmal auf den Ruinen ihres alten Lebens – ein neues Leben aufzubauen. In jedem dieser Fälle unterstützt die Gestalttherapie mit ihrer Betonung des gegenwärtigen Gewahrseins und der dynamischen Organisation des subjektiven Feldes einen umfassenderen und vollständigeren Kontakt zwischen den Beziehungspartnern, eine neue und ernergievollere Begegung, die das Selbst stärker einbezieht. Ist der Kontakt reichhaltiger und stärker verwurzelt, dann findet das Paar seine eigenen Lösungen für die anstehenden Probleme, und häufig solche, die ohne diesen umfassenderen Kontakt weder den Partnern noch dem Therapeuten in den Sinn gekommen wären.

Wir beenden dieses Kapitel mit einer Paraphrase eines anderen Autors (Messinger, 1984). Beim Nachdenken über wiederverheiratete Paare und ihrer Beratung können einem zwei Fehler unterlaufen: der erste Fehler ist anzunehmen, daß es sich dabei um ein Paar wie jedes andere handelt; der zweite Fehler ist, das nicht anzunehmen. Unserer Erfahrung als Therapeuten, die als wiederverheiratetes Paar mit wiederverheirateten Paaren gearbeitet haben, ist, daß beides stimmt.

Literatur

Crook, J. (1991). An exploratory investigation of stepfamily functioning (marital relationship). Dissertation Abstracts International, 53/02-B, 1057.

Grizzle, G. (1990). Remarriage as an incomplete institution: A critical examination of Cherlin's theory. Dissertation Abstracts International, 51/12-A, 4287.

Hobart, C. (1991). Conflict in remarriages. Journal of Divorce and Remarriage, 15(3-4), 69-86.

Ishii-Kuntz, M., & Coltrani, S. (1992). Remarriage, stepparenting, and household labor. Journal of Family Issues, 13(2), 215-233.

Kvanli, J., & Jennings, G. (1986). Recoupling: Development and establishment of the spousal subsystem in remarriage.Journal of Divorce and Remarriage, 10(1-2), 189 – 204.

MacDonald, W. (1992). The relative instability of first marriages and remarriages: The effects of incomplete institutionalization and commitment to marital permanence. Dissertation Abstracts International, 53/12-A, 4487.

Martin, R. (1990). Factors associated with marital adjustment in remarriage.Dissertation Abstracts International, 52/02, 1124.

Messinger, L. (1984). Remarriage: A family affair. New York: Plenum Press.

Papernow, P. (1993). Becominga stepfamily. San Francisco:JosseyBass.

Peterson, S. (1983). The new dyad: Older women and younger men. Dissertation Abstracts International, 45/10-B, 3322.

Smith, R., Goslen, M., Byrd, A., & Reese, L. (1991). Self-other orientation and sex role orientation of men and women who remarry. Journal of Divorce and Remarriage, 14(3-4), 3-32.

Vanderheide, L. (1992). The reinstitutionalization of remarriage? MastersAbstracts, 31/03, 1096.

Woods, K (1991). A comparison of conflict and conflict management behavior and their relation to marital satisfaction in first and second marriages. Dissertation Abstracts International, 52/10-B, 5553.

Wright, M. (1987). The quality of remarriage as related to perceived differences in spouses. Dissertation Abstracts International, 49/12-B, 5575.

Zinker, J. (1993). Gestalttherapie als kreativer Prozeß. Paderborn: Junfermann.

9

Die Gestalt-Paargruppe

Mikael Curman und Barbro Curman

Um als Menschen leben zu können, brauchen wir Liebe. Wir wollen berührt und bestätigt werden, wir brauchen das Gefühl, uns gegenseitig emotional berühren zu können und sind darauf angewiesen, daß andere unsere Geschenke annehmen. Für das Kleinkind ist das eine Frage von Leben und Tod: wenn die Liebe der Eltern nicht ausreicht, wird das Kind sich selbst die Schuld dafür geben. Sehr viel später, wenn wir einem Menschen begegnen, der bereit ist, uns die Liebe zu geben, nach der wir uns als Kinder gesehnt haben und uns so anzunehmen wie wir sind, erfüllt uns das mit großer Freude und Erleichterung. Unsere Sehnsucht nach Liebe war doch nicht verrückt, denn schließlich erleben wir, daß es in dieser Welt durchaus möglich ist, geliebt zu werden. Gleichzeitig können wir aber auch Sorge, Schmerz und Wut darüber empfinden, daß wir als Kinder nicht genug geliebt worden sind. Wenn wir von Wut und Verzweiflung überwältigt werden und damit auf das Fehlen der Wärme reagieren, nach der wir uns so lange gesehnt haben, kann das sehr überraschend geschehen und verheerende Auswirkungen auf unsere Beziehung haben.

In der Liebe erscheint alles größer und weiter: die alten und neuen Bedürfnisse und Sehnsüchte, die Ängste und negativen Gefühle, und die alten Überlebensstrategien, die wir erlernt haben, um unser authentisches Selbst gegen eine unempfindliche und übermächtige Umwelt zu verteidigen und am Leben zu erhalten. Und im Kontext der intimen Beziehung erscheinen auch all die Hindernisse, die diesen alten Strategien und Abwehrmechanismen im Wege stehen, größer und mächtiger. Doch mit der größeren Sichtbarkeit und Zugänglichkeit dieser Probleme wächst auch das Wachstumspotential und die Aussichten auf eine erfolgreiche und lohnende Paartherapie.

Der besondere Kontext der Paararbeit

Der Rahmen der Paartherapie stellt einen für das Wachstum einzigartigen Zusammenhang dar, der in mancher Hinsicht sogar noch mehr Möglichkeiten bietet als die Einzeltherapie. Als einzelne können wir schließlich selbst entscheiden – zumindest bis zu einem gewissen Grad –, wieviel wir dem Therapeuten von uns zeigen wollen, und dem einen Therapeuten gegenüber haben wir vielleicht Gefühle und Verhaltensmöglichkeiten, die wir einem anderen gegenüber nicht haben. Ein Paar, das in die Therapie kommt, hat nicht dieselbe Wahl- und Entscheidungsfreiheit wie ein einzelner, denn sowohl die Strategien der beiden Partner als auch ihre Kontaktunterbrechungsmuster werden in der Therapie sichtbar und zugänglich. Darüber hinaus wird sich die therapeutische Arbeit stärker auf das Leben außerhalb der Therapiesitzungen übertragen als in der Einzeltherapie. Schließlich gehen die beiden Partner zusammen nach Hause, und so ist ihr gemeinsames Leben in der Therapie und zu Hause ein durchgängiger und ununterbrochener Prozeß.

Die Form der Paartherapie bietet noch weitere Möglichkeiten und Vorteile. Wenn menschliche Gesundheit und Wachstum bedeuten, daß man im Austausch mit der Umgebung den Ausdruck des authentischen Selbst mehr und mehr entwickelt, wie das nach gestalttherapeutischem Verständnis der Fall ist, dann bietet die intime Beziehung für dieses Wachstum zweifellos einen einzigartigen Rahmen. Tauchen persönliche Fragen und Probleme auf, und das wird in der Paartherapie unweigerlich geschehen, dann ist der intime Partner in der wichtigen Rolle, die Hoffnungen, Sehnsüchte, Ängste, Enttäuschungen und Schmerzen des anderen miterleben und bezeugen zu können. Gleichzeitig sind beide Partner an den neuen Strategien und Organisationsformen alter und neuer Probleme und Schmerzen unmittelbar beteiligt. Hier zeigt sich einer der schwierigsten Aspekte der Einzeltherapie, nämlich die Tatsache, daß sie das Gleichgewicht einer Beziehung stören kann, wenn einer der Partner über die gemeinsamen und gegenseitigen Strategien und Muster, die beide miteinander entwickelt haben, um ihren Kontakt und ihr Leben zu regeln, hinauswächst.

Schließlich – und das führt uns zu der eingangs erwähnten Frage der Vergrößerung zurück – durchbricht die Paartherapie in gewisser Weise den Teufelskreis von Sehnsucht, Erwartung und Angst, den die Paarbeziehung sehr schnell erzeugt. Die Liebesbeziehung bedeutet uns sehr viel, und je mehr schmerzliche Erfahrungen und unbefriedigte Sehnsüchte wir aus der Kindheit mitbringen, desto wichtiger wird diese Beziehung für unser Leben und unser Glück werden. Diese Wichtigkeit verstärkt unsere Angst, die Beziehung zu verlieren und unbefriedigt zu bleiben oder gar verletzt zu werden. Dies wiederum reaktiviert unsere alten, kindlichen Überlebens- und Bewältigungsstrategien. Wenn wir Kinder haben, erinnern sie uns vielleicht um so mehr an die schmerzlichen Erfahrungen unserer eigenen Kindheit und Jugend. Deshalb verstärkt sich sowohl unsere Sehnsucht, die alten Wunden zu heilen als auch unsere Angst, wieder verletzt zu werden oder die Beziehung zu verlieren. Diese Angst aber macht es um so schwieriger, einen disfunktionalen Kreislauf in unserer Beziehung zu durchbrechen und das Risiko einzugehen, etwas Neues auszuprobieren.

Dasselbe Muster kann sich mit Hilfe der therapeutischen Unterstützung in einen selbstgesteuerten und nützlichen Kreislauf verwandeln, in dem neue Strategien und Verhaltensweisen sich als heilsam erweisen. Da die Partner sich in ihrem Bemühen, mit alten Problemen fertigzuwerden, gegenseitig sehen, und lernen, mit ihren eigenen alten und neuen Schwierigkeiten in der Beziehung zurechtzukommen, entwickeln sie eine neue Zuversicht und höheren Erwartungen aneinander. Dadurch wird die Angst vor neuen Verletzungen und vor dem Verlassenwerden, die das Risiko des Neuen so schwer gemacht hat, weniger. Durch die Unterstützung des Therapeuten wird die Paarbeziehung zu einer sicheren und intimen *alternativen Wirklichkeit*, in der ein freierer und offenerer Kontakt ausprobiert werden kann. Auf diese Weise können die Partner neue und hoffnungsvollere Sichtweisen über die Welt und ihre eigenen Beziehungen und Möglichkeiten in ihr entwickeln, ihr Erfahrungsfeld reorganisieren und zu einem befriedigenderen Kontakt miteinander finden.

Der Gestaltansatz

Im Gestaltansatz ist Kontakt gleichzeitig Ziel und Mittel der Therapie. Was aber meinen wir mit ursprünglichem Kontakt? Wir alle leben in und durch einen permanenten Austauch mit unserer Umgenung. Um diesen Austausch leisten und regeln zu können, müssen wir das in der Umwelt Wahrgenommene aufnehmen (was bedeutet, die inneren und äußeren sensorischen und gedanklichen Informationen in Form von zusammenhängenden »Gestalten« des Gewahrseins zu organisieren), wir müssen reagieren (zunächst innerlich und dann durch unser Verhalten), diese Reaktionen durch Worte oder Handlungen zum Ausdruck bringen, in der Interaktion verweilen, um der neu entstehenden Situation zu begegnen, all das, was wir aus diesem Austausch brauchen, in uns aufnehmen und auflösen, die Interaktion beenden (der Gestaltbegriff ist die »Schließung«, d.h. die erneute Erfahrung unserer persönlichen Grenze), um schließlich das, was wir gesehen, getan und gelernt haben, zu integrieren. Dies sind die für den Kontakt notwendigen Phasen, die zusammen einen vollständigen Kontaktzyklus – oder eine Kontaktepisode – ausmachen, der je nachdem mehr oder weniger befriedigend ausfallen kann.

In der Paarbeziehung findet dieser Austausch, dieser Prozeß in Form eines intimen Dialogs statt; Martin Buber spricht in diesem Zusammenhang von der »Ich-Du-Beziehung«. Das Ziel der Gestalt-Paartherapie besteht darin, diesen fortwährenden, dialogischen »Ich-Du«-Prozeß zwischen den Partnern hervorzubringen und zu unterstützen, damit sie ihren Austausch (Übereinstimmung, Verschiedenheit, Zusammenarbeit, Konflikt, Bezeugen, Selbstausdruck usw.) weiterführen, und sowohl individuell als auch gemeinsam wachsen können.

Drei »Zonen« des Kontakts

Perls, Hefferline & Goodman (1991) und andere Autoren sprechen von drei Kontaktzonen oder -modalitäten, von drei Quellen der Erfahrungsinformation, die in die Organisation dieser Kontaktzyklen einfließen:

Die »äußere Zone« beschreibt das, was in der Umgebung passiert, außerhalb der »Ich-Grenze«, und was mit Hilfe unserer Sinne unmittelbar wahrgenommen und organisiert werden kann (Sehen, Hören, Tasten, Riechen, Fühlen).

Die »innere Zone« beschreibt das, was innerhalb unserer persönlichen Grenze geschieht, einschließlich verschiedener Körperempfindungen und den Interpretationen körperlicher Zustände, die wir als Gefühle bezeichnen. (Man beachte z.b. den Unterschied zwischen Tränen aus Wut, aus Freude, aus Sorge usw., der deutlich macht, daß wir demselben körperlichen Zustand unterschiedliche Bedeutungen beimessen können.)

Die »mittlere Zone« beschreibt unsere Gedanken, Schlußfolgerungen, Erinnerungen, Phantasien, Träume, Pläne, Hoffnungen, Urteile, Verallgemeinerungen usw.

Bei der »inneren« und der »äußeren« Zone geht es mehr um die Qualität des sen, »was ist«, was schon da ist, obwohl auch hier der Vorgang der Wahrnehmung selbst ein Konstrukt ist, und keine bloß passive Rezeption von Informationen. Bei der »mittleren« Zone higegen geht es um Dinge, die nicht unbedingt direkt gegenwärtig oder unmittelbar in der sinnlichen Wahrnehmung begründet sind. Vollständiges Gewahrsein und Kontakt bedeutet, Zugang zu allen drei Zonen zu haben. Der begrenzte Zugang zu mindestens einer dieser drei Zonen bringt Funktionsstörungen mit sich:

Der Zugang zur »äußeren und zur mittleren« Zone bei gleichzeitiger Einschränkung des »inneren« Gewahrseins ist ein Muster, das in der westlichen Kultur häufig bei Männern anzutreffen ist. Die Merkmale dieses Musters sind Rationalität, intellektuelle Kontrolle und ein vergleichsweise geringes Gewahrsein von körperlichen Empfindungen, Gefühlen sowie »sanfteren« Wünschen und Bedürfnissen. In der Therapie kommt es darauf an, dieses Muster zu stoppen und sich wieder auf Körperzustände und unmittelbare Empfindungen zu konzentrieren, um das gesamte Kontaktspektrum wiederherzustellen.

«Innerer und mittlerer» Zugang mit eingeschränktem »äußeren« Gewahrsein ist das »hysterische« Muster, das durch intensives Gewahrsein körperlicher Zustände und Gefühle gekennzeichnet ist, während die Fähigkeit, sich auf starke Wünsche hin zu orientieren und vom Gefühl zum zusammenhängenden Handeln überzugehen, weniger stark ausgeprägt ist. Eine direkte Aufgabe in der Therapie besteht darin, die Aufmerksamkeit auf die äußere Welt zu richten: »Was siehst du in diesem Moment? Was hörst du? usw.«

Wenn wir uns in dieser Weise auf die »Kontaktgrenze« konzentrieren, erkennen wir, wie jemand mit seinem Leben umgeht, wie er es organisiert, wie sehr sein Handeln sich an authentischen Wünschen und Bedürfnissen orientiert, daraus seine Kraft bezieht und wieviel Information aus der »realen Welt« hier und jetzt in seine Art und Richtung von Kontakt einfließt. Wenn wir beispielsweise einen Klienten haben, der ohne ersichtlichen äußeren Grund eine starke emotionale Reaktion zeigt, können wir von einer »inneren-mittleren« Orientierung ausgehen, bei der Empfindungen und Gefühle mit Hilfe von Gedanken und Phantasien organisiert werden, ohne das Korrektiv der Hier-und-jetzt-Informationen aus der Umgebung mit einzubeziehen. Probleme in Paarbeziehungen haben häufig damit zu tun, daß den Partnern unterschiedliche Gewahrseinszonen zugänglich sind, was zur Folge hat, daß sie nicht dieselbe »Sprache« sprechen. Der Gruppenrahmen, den wir später noch diskutieren werden, ist besonders geeignet, um den »Kontaktstil« jedes einzelnen deutlich zu machen und zu reflektieren und den Partnern zu zeigen, wo sie sich gegenseitig verpassen und dadurch eine vollständige Kontakterfahrung ausschließen.

Strategien und Gründe für die Vermeidung von Gewahrsein und Kontakt

Wir tun so, als wären Gewahrsein und Kontakt immer wünschenswert, tatsächlich jedoch gibt es im Leben viele Gründe dafür, Gewahrsein zu verhindern und Kontakt zu verringern. Der Kontakt mit unseren wirklichen Zielen und Gefühlen z.B. kann uns mit unlösbaren Konflikten konfrontieren. Wenn, wie wir bereits gesagt haben, die Angst vor dem Verlust der Beziehung so weit geht, daß wir um jeden Preis an ihr festhalten, dann ziehen wir es vielleicht vor, das Gewahrsein dieser Schwierigkeiten zu vermeiden und die Differenzierung unseres Kontakts mit dem Partner (das Feststellen von Unterschieden an der Grenze) zu begrenzen.

Wenn wir andererseits nicht bereit sind, einen umfassenden, also auch differenzierten oder konfliktreichen Kontakt aufzugeben, müssen wir die Beziehung riskieren, uns für das, was wir sehen, fühlen und sind einsetzen, und den Mut haben, den Partner so zu sehen, wie er ist. Damit setzen wir unsere Überzeugungen und Wahrnehmungen aufs Spiel, denn unser Partner begegnet ja auch uns, und manche unserer Annahmen und Strategien erweisen sich vielleicht als »Introjekte«, als stereotype Ansichten über Beziehungen, Männer und Frauen, Rollen, Ehe und Familie usw. Auch hier ist die Gruppe ein hilfreicher Spiegel und Kontext für die Erforschung, weil sie sowohl Unterstützung als auch Herausforderungen mit sich bringt.

Wenn die persönlichen Überlebensstrategien in der Paarbeziehung miteinander kollidieren, führt das häufig zu einer Polarisierung, in der beide Partner ihre Positionen angesichts der Bedrohung durch den anderen verstärken. Eine der beliebtesten Polaritäten ist die von Annäherung und Distanzierung, daneben gibt es noch andere, wie etwa Kämpfen und Flüchten, Vorwurf und Schuldgefühl, Führen und Folgen, Sich-kümmern und Umsorgtwerden, aber auch Persönlichkeitsstile wie Introvertiertheit und Extrovertiertheit. In jedem Fall bleiben beide Partner in ihrer eigenen Entwicklung begrenzt und unvollständig, weil jeder dem Pol des anderen Widerstand entgegensetzt, während er gleichzeitig auf ihn angewiesen ist, um das, was fehlt, zu ergänzen.

Es kann auch sein, daß zwei allzu ähnliche Strategien für das Paar zum Problem werden, z.B. wenn beide Partner sehr schnell bereit sind, sich auf einen heftigen Streit einzulassen, aber niemand in der Auseinandersetzung vermittelt, sich zurücknimmt oder den Streit mildert. Oder beide Partner halten sich sehr zurück – sie »retroflektieren«, wie wir in der Gestaltterminologie sagen –, so daß die Beziehung kraftlos wird und nichts geschieht. In all diesen Fällen gibt es gute Gründe dafür, ein breiteres Spektrum an Kontaktmöglichkeiten zu vermeiden, sowohl in bezug auf den Partner als auch im allgemeinen, nämlich die Wahrnehmung irgendeines Risiko oder eine Gefahr, neue Strategien und Kontaktmöglichkeiten zuzulassen. Wenn man diesen Gründen und Wahrnehmungen in der Paarbeziehung nachgeht, eröffnen sich neue Wege des Zusammenseins und des gemeinsamen Handelns.

Gegenstrategien zur Wiedergewinnung eines breiteren Kontaktspektrums

Wie in der Einzeltherapie geht es auch in der Paartherapie darum, ein breites Spektrum an Kontaktstrategien und -fähigkeiten hervorzubringen oder wiederherzustellen, um mit dem Leben und seinen wechselnden Umständen und Herausforderungen besser fertigwerden zu können. Wie wir bereits gesagt haben, ist die Besonderheit der Paartherapie, daß beide Partner beteiligt sind, so daß keine oder fast keine Notwendigkeit besteht, »über« das Problem zu sprechen oder es indirekt in Form von Phantasien oder den Dialog mit imaginierten Personen oder gar in der Beziehung zwischen Therapeut und Klient zu bearbeiten, wie das in der Einzeltherapie geschieht. Die Arbeit entwickelt sich durch all das, was wir bereits angesprochen haben: die Konzentration auf das Gewahrsein, die Verdeutlichung des Zugangs der einzelnen Partner zu jeder der drei Gewahrseinszonen, die Unterstützung eines wirklichen Dialogs zwischen den Partnern, in dem sie ihre wahren Gedanken und Gefühle äußern, die sie vielleicht zurückgehalten haben (auch vor sich selbst), die Erforschung der Strategien, die beide Partner mitbringen, um bestimmte Arten des gemeinsamen Kontakts zu vermeiden oder zu verhindern, die Klärung der Frage, ob man die Beziehung riskiert oder um jeden Preis zusammenbleiben will, das Hervorheben der introjizierten Ideale und Bilder, die Identifizierung der Polaritäten, die Stellen, an denen jeder dem anderen erlaubt, wichtige Lebensfunktionen zu übernehmen (und sich dann dagegen zur Wehr setzt) usw.

Diese Arbeit beinhaltet die Konfrontation mit der Angst, die Beziehung zu verlieren, alte Probleme aufzuwühlen, mit der neuen Situation nicht fertig zu werden, nicht gut genug zu sein und verletzt zu werden oder den anderen zu verletzen. Bevor sich das Paar auf den Weg macht, müssen die Partner ein Gefühl dafür haben, ob dieses ganze Unternehmen sich überhaupt lohnt. Wie sicher ist ihr gemeinsamer Boden, die gemeinsamen Wünsche und Bedürfnisse, die ihre Beziehungen wertvoll machen und einen Großteil ihrer Bedeutung ausmachen? In der Gestalttherapie gehen wir davon aus, daß jede Handlung, die zu einem befriedigenden Ergebnis führen soll, auf einem klaren Gewahrsein unserer Wünsche, Bedürfnisse und Gefühle und unserer Wahrnehmung der Welt basieren muß. Die Benennung einer klaren, gemeinsam angestrebten Figur ist der entscheidende erste Schritt zur Erkenntnis und Herstellung dieses gemeinsamen Bodens, sowohl für das Paar als auch für den Therapeuten. In diesem Prozeß geht es darum, eine Reihe von Fragen zu verdeutlichen und zu erforschen:

Achte auf das Feuer! Unsere erste Einschätzung der Tragfähigkeit des gemeinsamen Bodens eines Paares beginnt mit der Art, wie die Partner »hier und jetzt« miteinander umgehen. Wir interessieren uns sowohl dafür, wieviel und welche Art von Energie im Augenblick zwischen ihnen fließt (ob sie auf einen befriedigenden Kontakt hin organisiert ist, oder nicht) als auch dafür, wie diese Energie beschaffen war, als sie sich zum erstenmal begegneten und sich gegenseitig anziehend fanden. Welche Erinnerungen haben sie an diese Zeit? Welche Träume und Phantasien hatten sie damals, und wie verhält sich ihre momentane Erfahrung im Vergleich oder im Gegensatz zu dieser ersten Zeit? Was ist mit diesem anfänglichen Zündfunken passiert? Was geschieht, wenn sie sich jetzt gegenseitig ansehen? Was sehen sie, und was würden sie gerne sagen?

Zieh eine Grundlinie. Wenn es fraglich ist, ob die Energie zwischen den Partnern ausreicht, um darauf aufzubauen, fragen wir beide Partner, was sie von einer Paarbeziehung erwarten. Welches sind die Grundlagen, die jeder von ihnen braucht oder erfüllt sehen muß, um von einer Liebesbeziehung zu sprechen? Haben beide dieselben Grundlagen, oder unterscheiden, ergänzen oder widersprechen sie sich? Bekommen sie diese Dinge zur Zeit, oder glauben sie, daß sie eine reelle Chance haben, sie zu bekommen? DieseHoffnung ist die Grundlage der weiteren Arbeit. Ohne diese Hoffnung gehen wir das Risiko ein, mit einer Situation zu arbeiten, wo einer oder beide Partner schon aufgegeben haben und nur noch pro forma weitermachen.

Passen die Kindheitsrollen und -erfahrungen der beiden Partner zueinander? Die Überlebensstrategien beider Partner – auch wenn sie miteinander kollidieren – sind Früchte ihrer jeweiligen Kindheitserfahrungen. Es sind Möglichkeiten, die sie entwickelt haben, um in einem mehr oder weniger schwierigen Feld zurechtkommen und wachsen zu können. Stellen diese Strategien für den anderen eine Bedrohung oder eine Provokation dar? Wissen beide Partner, wie die Strategien und der Kontaktstil des anderen entstanden sind, warum er manchmal so empfindlich ist oder warum sie manchmal so defensiv reagiert? Können die Partner sich in Teile der Kindheit des anderen einfühlen oder sie nachempfinden? Oder sind sie in Rechtfertigungen und dem Gefühl des Bedrohtseins gefangen?

Sinnlichkeit und Sexualität: Wie erleben sich die Partner als sexuelle Wesen – allein und mit dem Partner oder der Partnerin? Was befriedigt sie, und was läßt sie unbefriedigt? Sind beide Partner bereit, über dieses Thema zu reden, es zu erforschen und miteinander zu verhandeln? Was bedeutet es für sie im Hinblick auf Sinnlichkeit, Sexualität und unter anderen Gesichtspunkten, Mann oder Frau zu sein? Was finden sie aneinander anziehend, und was an anderen? Für die Beantwortung solcher Fragen stellt die Gruppe eine Quelle von unschätzbarem Wert dar. Die Vielfalt der Sichtweisen und Erfahrungen in einer Gruppe hilft, diesen sehr persönlichen Bereich zu öffnen, in dem viele von uns ihre Lebens- und Kontaktgewohnheiten nicht in Frage stellen.

Gehe der Sinnfrage nach. Was ist das Wichtigste im Leben? Was würde ich tun, wenn ich noch fünf Jahre zu leben hätte? Fünf Monate? Fünf Tage? Wie will ich den Rest meines Lebens gestalten? Häufig beschäftigen sich Paare nicht mit diesen letzten Fragen nach Leben, Tod und Sinn, was den Kontakt und die Befriedigung beider Partner belastet. Wo will ich in zehn Jahren stehen? In zwanzig? In dreißig? Wenn die beiden Partner im Leben nicht dieselbe Richtung einschlagen, und wenn diese verschiedenen Richtungen nicht zueinander passen, dann ist die Arbeit schon gefährdet, bevor wir angefangen haben. Auch hier kann die Angst der Partner, solche schwierigen Themen und Fragen aufzuwerfen, ein Grund dafür sein, tiefer- und weitergehenden Kontakt zu vermeiden. Wenn sie sich dafür entscheiden, ist es besser, das offen und mit Gewahrsein zu tun, bevor die therapeutische Arbeit beginnt.

226

Warum eine Paargruppe?

Einige der Gründe, warum wir die Gruppe als Rahmen für die Arbeit mit Paaren so sehr schätzen, haben wir bereits angesprochen. Unser eigener ursprünglicher Lernprozeß, in dem wir uns Kontaktstrategien angeeignet und gelernt haben, wann und wie wir diese einsetzen, hat schließlich in einer Gruppe stattgefunden, der Familie nämlich. In dieser ersten Gruppe konnten wir nicht das Risiko eingehen, unser ganzes authentisches Selbst zu zeigen und haben statt dessen gelernt, uns im oben erläuterten Sinne hinter verschiedenen Masken zu verstecken und mit Hilfe bestimmter Strategien ein breitgefächertes Kontaktspektrum zu vermeiden. In der neuen Gruppe nun leben wir diesen Stil und diese Strategien aus, genau wie in der Paarbeziehung, nur daß dabei nicht ganz so viel auf dem Spiel steht, wie in unserer Liebesbeziehung. Deshalb können wir selbst und andere diesen Stil betrachten und im Beisein unseres Partners mit ihm experimentieren. Dabei repräsentiert die Gruppe, wie auch das Paar selbst, eine weitere »alternative Wirklichkeit«, in der wir unsere verschiedenen Annahmen und Strategien, Kontakt herzustellen oder zu vermeiden, ausprobieren können. Während ich die eine oder andere Strategie anwende, wird es aufgrund der Verschiedenheit der Gruppenteilnehmer wahrscheinlich irgend jemanden geben, der mich an diesem Punkt herausfordert, jemanden, der mich unterstützt (vielleicht mein Partner, der mir zur Hilfe eilt!), jemanden, der etwas Ähnliches erlebt hat wie ich und mich versteht und vielleicht jemanden, der sich durch mein Verhalten bedroht fühlt. Vielleicht wird mein Verhalten jemanden in der Gruppe inspirieren, und ein anderer wird sich selbst (oder seine Partnerin / ihren Partner) in meiner Position wiedererkennen und eine neue Sichtweise dazugewinnen. In diesem Austausch können wir alle etwas lernen, während der Partner, der entweder unmittelbar an diesem Austausch beteiligt war, oder auch nicht, die Gelegenheit hat, mich mit einer unterstützenderen Haltung und unter weniger riskanten Umständen zu sehen, als wenn wir beide an demselben Kampf beteiligt wären.

Unsere Arbeit als Therapeuten besteht darin, ein Klima der Sicherheit und der Unterstützung zu schaffen, in dem mehr von diesem »authentischen Selbst« ausgelebt werden kann – all die Gefühle, Gedanken und Stimmen, die während der Kindheit unterdrückt wurden und von denen wir uns so sehr wünschen, daß sie jetzt in unserer Beziehung und unserem Leben insgesamt gehört und gewürdigt werden. Wir befürworten Regeln, die den Ausdruck starker Gefühle nicht so sehr einschränken und allen Teilnehmern die Sicherheit geben, daß niemand verlassen oder verdammt wird, wenn er neues Verhalten riskiert. Wir nutzen unsere eigene Präsenz in der Gruppe, um das Mitteilen von Gefühlen zu demonstrieren, nicht um »an unseren eigenen Themen zu arbeiten«, denn das wäre unangemessen, sondern um die Entwicklung einer Sprache zu fördern, durch die wir alle mehr über uns selbst, unsere Partner und voneinander erfahren können.

Die Gegenwart eines Zeugen verändert die Interaktion eines Paares insofern, als sich die Partner im Spiegel des Gewahrseins dieses Zeugen ihrerselbst und einander mehr gewahr werden. Dies gilt für die Therapie und die Paartherapie im allgemeinen, und um so mehr für die Gruppe. Die meisten Paare führen ein isoliertes Privatleben, und die Zeugen machen ihnen deutlich, daß wir alle Teil einer Gemeinschaft sind.Gleichzeitig dienen die Zeugen der Realitätsüberprüfung. Bin ich dabei, magische Vermutungen über die telepathischen Kräfte meines Partners anzustellen? Bin ich selbst klar? Höre ich das, was andere mir sagen? Und vor allem: ist meine Art, die Dinge zu sehen oder die Situation einzuschätzen, die einzige und richtige? Letzten Endes ist jede echte Gefühlsreaktion der Gruppenteilnehmer förderlich und führt zu einer Realitätsorientierung. Nützlich und hilfreich sind nicht die Angriffe und Attacken auf den Charakter des anderen, die viele Paare in ihrem distanzbewahrenden Kontaktstil machen, sondern jede echte Aussage, die jemand von und über sich selbst macht. Hierin liegt die Stärke und das Paradox der Gestaltgruppe: wenn du mitteilst, wo du stehst, und dabei so authentisch bist, wie du kannst, förderst du den anderen mehr und gibst ihm mehr Orientierung, als wenn du deine Gedanken und Interpretationen über den anderen mitteilst, die der »mittleren Zone« entspringen. Und je mehr die Gruppenteilnehmer lernen, so miteinander umzugehen, desto leichter fällt es ihnen, die schwierige Herausforderung anzunehmen, dasselbe auch innerhalb ihrer Paarbeziehung zu tun.

Wie arbeiten wir mit Gruppen?

Auch diese Frage haben wir bereits angefangen zu beantworten, und dabei geht es nicht um bestimmte Techniken, sondern um die grundlegende Haltung, daß die echte Begegnung mit dem, was beim und im anderen »da ist«, aus sich heraus bereits heilsam und wachstumsfördernd ist. Das ist der »Ich-Du-Dialog«, also der umfassende und ungehemmte Kontakt von Subjekt zu Subjekt, an dem wir mit jedem Paar arbeiten. Um das zu erreichen, beginnen wir wieder mit der Frage nach der Klarheit des Gewahrseins. Aus welcher »Zone« heraus spricht die Person im Augenblick, und ist dies die Art von Gewahrsein, die der Partner oder das Paar im Augenblick braucht, um dahin zu gelangen, wo sie hinwollen (wenn wir etwa wissen wollen, was unser Partner fühlt, statt dessen aber nur seine oder ihre Meinungen und Urteile mitgeteilt bekommen)? Wie scharf und klar ist die Figur der Aufmerksamkeit in jedem Moment? Durchläuft der Figurbildungsprozeß die oben genannten Stadien von Wahrnehmung, Reaktion, Ausdruck, Kontakt, Auflösung, Abschluß und Integration? Oder gibt es bestimmte Stadien, die ständig ausbleiben oder übersprungen werden? Was will die Person wirklich? Baut sich sein oder ihr Gewahrsein um dieses Wollen herum auf? Ist das nicht der Fall, dann sind die Chancen auf ein befriedigendes Ergebnis für das Paar nicht sehr groß.

Das Material der Gruppe entspricht in vielen Punkten dem, was wir bereits besprochen haben. Was will jeder einzelne – im Leben, jetzt im Augenblick und in der Zukunft und in der Paarbeziehung? Sind die Partner zufrieden oder unzufrieden? Was wollen sie ändern? Haben sie den Glauben und die Hoffnung auf Veränderung? Ist ihre sexuelle und sinnliche Beziehung nährend? Wenn nicht, wollen sie sich gegenseitig zu diesen Fragen anhören und etwas unternehmen? Welche Bilder haben sie von sich und ihrem Partner, und welche gegenseitigen Erwartungen bringen sie mit? Sind diese Bilder und Erwartungen ihre eigenen, oder sind sie ungeprüft »introjiziert« worden? Wie sah die Welt ihrer Kindheit aus, und wie wenden sie heute ihre Strategien an, um bestimmte Arten des Kontakts aufzubauen oder zu vermeiden? Was bedeutet ihnen im Leben am meisten, und wie wollen sie den Rest ihres Lebens verbringen, zusammen oder auf andere Weise?

Zu Beginn der Paargruppe geht es – wie in jeder Gruppe – vor allem um Vertrauen und Mißtrauen. Wer sind diese Leute? Was mache ich hier? Werden sie mich akzeptieren? Zurückweisen? Verletzen? Durch mich Verletzung erfahren? Wie offen kann ich hier sein, ohne mich zu schämen oder meinem Partner das Gefühl zu geben, verraten zu werden? In dieser Phase brauchen wir immer klare Strukturen in Form von Zielen, Normen und Leitlinien, um uns zu orientieren und allen Teilnehmern die Sicherheit zu geben, daß die neue Umgebung zumindest sicher genug ist, um anzufangen, etwas Neues auszuprobieren.

Im weiteren Verlauf entwickelt sich die Paargruppe über das Stadium der Kontaktfindung hinaus in Richtung einer stärkeren Differenzierung. Worin unterscheiden wir uns? Was bedeuten diese Unterschiede für uns hier? Werden nur bestimmte Leute gehört, und andere nicht? Wie wird es meinem Partner ergehen? Muß ich ihn schützen oder von etwas zurückhalten? Dies ist – wie in jeder Gruppe – die Phase der Autoritäts- und Machtkämpfe, mit dem Unterschied, daß es hier immer einen zweifachen Fokus gibt: zum einen auf dem Thema, das ein einzelner mit diesem oder jenem Gruppenmitglied hat, und zum anderen darauf, wie dasselbe Thema sich in der Paarbeziehung darstellt. Diese Phase ist auch das Stadium der Untergruppenbildung. In heterosexuellen Paargruppen ist eine natürliche Form der Bildung von Untergruppen die Aufteilung nach Männern und Frauen, aber daneben gibt es noch viele andere: diejenigen, die viel reden und die schweigsameren Mitglieder; die »Gefühlsmenschen« und die »rationalen« Typen; solche, die sich um andere kümmern und solche die glauben, daß sie mehr verdient hätten. In der Paargruppe gehören die beiden Partner eines Paares häufig verschiedenen Untergruppen und Allianzen an. Dieses besondere Merkmal von Paargruppen erzeugt eine Struktur, in der die Erfahrung und die Sichtweisen jedes einzelnen Unterstützung finden können.

Ist die Gruppe für jeden geeignet?

Die Kontaktmöglichkeiten und Anforderungen der Paargruppe mit ihren verschiedenen und gegenläufigen Grenzen und Loyalitäten kann sehr intensiv und manchmal auch überwältigend sein. Menschen, die in einer Krise stecken, mögen Schwierigkeiten mit der Paararbeit haben, und noch viel mehr mit der Paargruppe, wo die Zeit, die dem einzelnen zur Verfügung steht, immer ein Thema ist. Ebenso können auch Leute, die aus anderen Gründen nicht für eine Gruppe geeignet sind (z.b. aufgrund eines übersteigerten Rechtfertigungsdrangs, der die Angst vor dem Verlust des Selbstzusammenhalts überlagert), in der Paargruppe große Schwierigkeiten bekommen. Und bei manchen kann die Wärme und der Kontakt innerhalb der Gruppe eine Regression auslösen, auf die die Gruppe nicht eingestellt ist und mit der sie nicht umgehen kann. Den meisten anderen jedoch bietet die Paargruppe (wie auch die Paartherapie überhaupt) einen reichhaltigen und lohnenden Rahmen für die Erforschung und das Wachstum der Beziehung und des eigenen Selbst.

Literatur

Perls, F., Hefferline, R., & Goodman, P. (1991). Gestalttherapie. Ausgabe in zwei Bänden (Grundlagen & Praxis) München: DTV.

10

Traumaüberlebende[1] und ihre Partner aus gestalttherapeutischer Sicht

Pamela Geib und Stuart Simon

Jim und Eileen sind seit zehn Jahren verheiratet und haben zwei Kinder. Zwei Jahre nachdem bei Eileen die ersten Erinnerungen an den sexuellen Mißbrauch ihrer Kindheit auftauchten, kamen sie zur Therapie. Ausgelöst wurden diese Erinnerungen als ihre Tochter sechs Jahre alt wurde und damit genau das Alter erreicht hatte, in dem Eileen war, als ihr Vater angefangen hatte, sie zu mißbrauchen.

Den Ausschlag für die Therapie hatte eine für Jim ungewöhnliche Verhaltensweise gegeben. Als Jim einmal von der Arbeit nach Hause kam, hatte Eileen, die sich deprimiert und überreizt fühlte, ihm zur Begrüßung ihr Bedürfnis nach emotionaler Unterstützung mitgeteilt. Jim, der stolz darauf war, durch seine Gegenwart einen stabilisierenden und unterstützenden Einfluß auf Eileen nehmen zu können, wurde wütend. Sehr erregt warf er Eileen vor, so bedürftig und fordernd zu sein. Er beklagte sich darüber, daß seine Bedürfnisse überhaupt keine Rolle mehr zu spielen schienen und sagte Eileen, daß er nicht sicher sei, ob er ihr fortwährend die Unterstützung geben könne, die sie zu brauchen scheine. Dieser Ausbruch weckte in Eileen das Gefühl von Verletzung, Erschrecken und Mißtrauen gegenüber Jim. Jim hingegen empfand Scham und Verwirrung. Er gab jedoch auch zu, noch immer wütend auf Eileen zu sein. Beiden wurde bewußt, wie sehr ihre Ehe gelitten hatte, seit Eileen in psychotherapeutischer Behandlung war.

Wenn ein Paar zum erstenmal zu uns in die Praxis kommt, bemühen wir uns, den Prozeß, der sich dann entfaltet, klar und ohne Vorurteile zu verfolgen. In der Gestalttherapie achten wir auf phänomenologische Informationen und beobachten die Fähigkeit beider Partner, miteinander in Kontakt zu treten. Mit Kontakt meinen wir die Fähigkeit des Paares, ein echtes gemeinsames Interesse zu entwickeln. Wir achten z.B. darauf, ob beide Partner auf die Gefühle und Vorstellungen des anderen eingehen und sich darauf einlassen können, oder zumindest verstehen können, mit welchen Augen der andere die Welt sieht. Wir können auch darauf achten, ob das Paar in der Lage ist, gemeinsame Ziele zu entwickeln. Unser Interesse richtet sich auf den Prozeß, in dem die Partner zusammenkommen, um einen gemeinsamen Zweck zu finden und zu verfolgen. Dieses Zusammenkommen bezeichnen wir in der Gestalttherapie als »Bildung gemeinsamer Figuren«, die aus dem Hintergrund des gegenwärtigen Augenblicks entstehen.

Die These dieses Kapitels lautet, daß Paare, bei denen einer der Partner sich in der *Krise der Traumabewältigung* befindet, eine unter ganz bestimmten Gesichtspunkten eingeschränkte Kontaktfähigkeit aufweisen. Die Mißbrauchsgeschichte, die der oder die Überlebende zu bewältigen versucht, stellt eine »unabgeschlossene Gestalt« dar. Das soll heißen, daß das traumatische Erlebnis vom Betroffenen nicht genügend assimiliert wurde, um in den Hintergrund treten zu können. Dadurch bekommt das frühere Trauma eine aktive und verzerrende Aktualität innerhalb der Paarbeziehung und hemmt den Kontakt durch die Vermischung früherer und gegenwärtiger Wirklichkeiten. Da die Unfähigkeit des Paares, in Kontakt zu treten, durch die Krise der *Traumabewältigung* bei der betroffenen Person hervorgerufen wird, muß der Therapeut sein Verständnis von Trauma und vor allem der posttraumatischen Belastungsstörung zu Rate ziehen, um den Prozeß von Anfang an aktiv zu strukturieren. Dieser Prozeß soll hier erläutert und aufgezeigt werden.

Um der Diskussion dieser Behandlung einen Rahmen zu geben, werden wir zunächst die Auswirkungen der Traumabewältigung auf die betroffene Person, ihren Partner und deren gemeinsames System beschreiben. Wir werden auch darüber sprechen, was es für den Therapeuten bedeutet, in dieses System einzutreten. Im zweiten Teil werden wir uns dann mit Interventionen beschäftigen. Um diese Diskussion zu verdeutlichen, werden wir dem Behandlungsverlauf bei Jim und Eileen nachgehen. Dabei werden wir zunächst beschreiben, wie der Therapeut den Partner unterstützen und ihm helfen muß, die Wirkung des Traumas zu verstehen. Danach werden wir uns ansehen, wie wichtig es ist, bei Paaren, in denen ein Partner ein Trauma überlebt hat ist, auf die Kontaktgrenze des Paares zu achten.

Als nächstes werden wir zeigen, was u.E. die Arbeit mit Traumaüberlebenden und deren Partnern im wesentlichen ausmacht: wie der Mißbrauch zu einer unabgeschlossenen Gestalt geworden ist. Wir werden bestimmte Techniken vorstellen, die dem Paar helfen können, die Vergangenheit von der Gegenwart zu trennen. Im Laufe dieser Darstellung werden wir anhand bestimmter Beispiele aufzeigen, wie die Gestaltperspektive unsere Arbeit prägt. Wir werden noch weitergehen und feststellen, daß diese Art von Systemen häufig aus dem Gleichgewicht gerät, wobei die Traumaüberlebende die Rolle des eigentlichen Patienten annimmt. Unsere Interventionen zielen darauf ab, das Gleichgewicht in der Beziehung wiederherzustellen, indem wir dem Partner helfen, seine eigene Rolle innerhalb dieses Systems zu erforschen. Und schließlich werden wir uns der Frage widmen, wie auf der Grundlage dessen, was beide Partner durchgemacht haben, eine neue Beziehung entstehen kann.

In diesem Kapitel haben wir uns in bezug auf Geschlecht, sexuelle Orientierung und Familienstand für eine bestimmte Wortwahl entschieden. Natürlich sind sexueller Mißbrauch und Kindheitstrauma nicht auf ein bestimmtes Geschlecht beschränkt. Unter den Paaren, die zur Paartherapie kommen, sind schwule, lesbische, heterosexuelle, verheiratete und unvereiratete Paare. Da es sich bei dem Fall, den wir vorstellen werden, um ein verheiratetes, heterosexuelles Paar handelt, haben wir für den Rest des Kapitels folgende Regelung getroffen:

Wenn wir die Überlebende beschreiben, benutzen wir das Pronomen *sie*.

Um den Partner der Überlebenden zu beschreiben, benutzen wir das Wort *Partner* und das Pronomen *er*.

Sprechen wir über Therapeuten im allgemeinen, gebrauchen wir abwechselnd *er* und *sie*.

Da es sich in diesem Fall um eine gemeinsame therapeutische Arbeit handelte, wird in den Falldiskussionen und Szenarios das Pronomen *wir* verwendet werden.

Außerdem mag eine kurze Beschreibung von Trauma und Mißbrauch aus der Sichtweise der Gestalttherapie hilfreich sein. Für unsere Zwecke in diesem Kapitel definieren wir *Trauma* als die Erfahrung, von einem Ereignis so überwältigt zu werden, daß man zunächst nicht imstande ist, die damit einhergehenden Empfindungen einer konstruktiven Bedeutung oder Handlung zuzuführen. Wenn ein Kind z.B. sexuell mißhandelt oder eine Frau vergewaltigt wird, dann sind sie sowohl physisch als auch psychisch überwältigt. Wahrscheinlich werden sie, um mit diesem Ereignis fertigzuwerden, es zunächst dissoziieren und später Bedeutungen konstruieren, die von Scham, Selbstvorwürfen und Selbsthaß durchdrungen sind. Ohne sofortige therapeutische Hilfe können sich die Empfindungen verhärten, so daß sämtliche zukünftigen Ereignisse Gefahr laufen, im Lichte dieses Traumas interpretiert zu werden. Von *Mißbrauch* sprechen wir, wenn jemand seine Macht dazu einsetzt, einen anderen Menschen körperlich, sexuell oder emotional zu traumatisieren.

Die Auswirkungen der Traumabewältigung

Die Überlebende

Als Therapeuten haben wir gelernt, daß die Mißbrauchsüberlebende sich vor einer Verbesserung ihres Zustandes zunächst fast immer schlechter fühlt. Der Prozeß der Bewältigung in der Therapie ist ein Prozeß des Wiedererlebens und des schrittweisen Sich-Abfindens mit dem Mißbrauch. Dazu gehört auch die Erforschung eines Bereiches, der entsteht, wenn die verdrängte oder heruntergespielte Mißbrauchserfahrung mit ihrem ganzen Gewicht und Schrecken gefühlt wird. Daher kann die »Bewältigung« ein Leben, das durch leichte Depression, verminderte Kontaktfähigkeit und vage Ängste gekennzeichnet war, in ein Chaos widerstreitender Gefühle verwandeln. Gestalttherapeutisch ausgedrückt könnten wir sagen, daß die gewohnte Selbst-Organisation der Überlebenden, die durch Verdrängung und ein niedriges Energieniveau gekennzeichnet ist, dekonstruiert, aber noch nicht als stabile und zuverlässige Struktur reorganisiert worden ist.

Dieser Prozeß zeigt sich in vielerlei Hinsicht. Häufig kommt es zu unwillkürlichen Erinnerungsrückblenden, in denen die gegenwärtige Wirklichkeit zeitweise ausgeblendet wird. Wenn die Überlebende sich des Verrats bewußt wird, der mit der Mißbrauchserfahrung verbunden ist, kann es sein, daß sie mißtrauisch und übersensibel reagiert. Während sie zwischen dem Glauben und dem Zweifel an dem Mißbrauch und zwischen wiedererlebter Hilflosigkeit und Wut hin und herschwankt, durchlebt sie einen ständigen Wechsel verschiedener Stimmungen. Wenn die Therapie Erinnerungen an den Mißbrauch ins Bewußtsein bringt, kann es vorkommen, daß sie darauf mit vermehrt auftretender Dissoziation reagiert. In solchen Momenten der Dissoziation kann sie nicht vollständig im Hier-und-Jetzt gegenwärtig sein. Durch die frühere Gewalterfahrung wird sie sexuellen Kontakt, und manchmal sogar jede Art von Berührung als unerträglich empfinden. Dadurch, daß dieser Prozeß sie so sehr einnimmt, wird sie in ihrem Privat- und Arbeitsleben möglicherweise eingeschränkt funktionieren.

Der Partner

Hat die Überlebende einen Partner, wird natürlich auch er die Auswirkungen dieser Veränderungen spüren. Wenn die Überlebende emotional und körperlich weniger zugänglich ist, dann fühlt sich der Partner durch den Verlust seiner Gefährtin vielleicht einsam, traurig und deprimiert. Dieser Verlust der Freundschaft kann sich auf mehreren Ebenen zeigen. Er kann den Mangel an einer dauerhaften sexuellen Beziehung mit sich bringen oder sogar das völlige Fehlen jeder Art von körperlichem Kontakt.

Allgemeiner ausgedrückt, kann sich der Partner in bezug auf die in Beziehungen üblichen Gemeinsamkeiten u.U. nicht mehr auf die Überlebende verlassen. Die Überlebende ist zu beschäftigt, um gemeinsame Freizeitaktivitäten zu unternehmen, den Partner in Zeiten der Belastung zu unterstützen oder einfach zuzuhören, wie sein Arbeitstag war. Noch schlimmer wird es, wenn der Partner das Gefühl hat, daß die Überlebende Energie für andere aufbringen kann. Insbesondere kann es vorkommen, daß der Partner sich angesichts der Beziehung zwischen der Überlebenden und den Therapeuten außen vor, oder aus dem Freundschaftskreis anderer Mißbrauchsüberlebender oder der Selbsthilfegruppe ausgeschlossen fühlt. Gestalt- und familientherapeutisch gesprochen können wir sagen, daß die Grenze des Paares sich erweitert und verschoben hat.

Auch der Umstand, daß der Partner vielleicht mehr Aufgaben im Haushalt und Familienleben übernehmen muß, die vorher gleichmäßiger verteilt waren, kann Ärger und Erschöpfung auslösen. Noch komplizierter wird diese ganze Erfahrung durch die Frage, wie er mit den Erinnerungen der Überlebenden umgeht. Ebenso wie bei der Überlebenden selbst reicht die Bandbreite der Reaktionen des Partners von der Verleugnung bis hin zur hilflosen Wut auf den Täter. Ohne angemessene Unterstützung jedoch fühlt der Partner sich womöglich genötigt, diese Gefühle für sich zu behalten, was ihn schließlich noch einsamer macht.

Was diesen Verlust der Freundschaft und der Partnerschaft besonders schrecklich macht, ist, daß der Partner über die posttraumatische Belastungsstörung i.d.R. nicht viel weiß und daher kaum eine Möglichkeit hat, das Verhalten der Überlebenden zu verstehen. Ohne entsprechende Kenntnisse der posttraumatischen Belastungsstörung kann der Partner fast nicht anders, als den Rückzug der Überlebenden als persönliche Zurückweisung zu empfinden. Während er mit den zusätzlichen Aufgaben des täglichen Lebens überfordert ist, hat er das Gefühl, daß die Überlebende sich gehenläßt. Das sprunghafte und launische Verhalten der Überlebenden, vor allem die Äußerung von Selbstmordgedanken, erschrecken und verwirren ihn. All diese Verhaltensweisen und seine eigenen Reaktionen darauf können bei ihm die Sorge um die Gesundheit und das Wohlergehen der Überlebenden und die Zukunft der Beziehung auslösen und verstärken.

Als Paartherapeuten müssen wir uns nicht nur – wie oben beschrieben – das Erleben der einzelnen Mitglieder des Systems ansehen, sondern auch die Dynamik des Systems. In dieser durch das Bewältigungsstreben ausgelösten Krise kommen eine Reihe von Systemvariablen ins Spiel.

Eine dem systemischen Denken vertraute Dimension ist die der Macht. In Beziehungen zwischen Überlebenden und ihren Partnern finden wir häufig eine komplexe und unausgewogene Machtstruktur. Einerseits ist die Überlebende aufgrund ihrer Symptome, ihrer eingeschränkten Funktionsfähigkeit und der Regressionsphasen in der schwächeren, abwartenden Position. Der »nicht-pathologische« Partner wird häufig als mächtiger und »kontrollierender« betrachtet. Bei der Diskussion der Interventionen werden wir darauf eingehen, wie wir die Überlebende entpathologisieren und den Partner einladen, in sich selbst hineinzusehen und dadurch das ungleiche Machtverhältnis auszugleichen.

Paradoxerweise ist der *Partner* angesichts der unerwünschten Veränderungen bei seiner Gefährtin und innerhalb der Beziehung in einer völlig ohnmächtigen Position. Er kann das Tempo, mit dem seine Frau die Ereignisse bewältigt weder kontrollieren noch beeinflussen. Ein Teil unserer Arbeit besteht darin, seine Machtlosigkeit anzuerkennen und ihm zu helfen zu erkennen, was er von seiner Frau erwarten oder womit er selbst zurechtkommen *kann*.

Eine weitere, für die Paardynamik bedeutsame, Dimension ist die der Distanzregulierung oder der Interaktion an der Kontaktgrenze. In jedem Paarsystem kann es zu Polarisierungen und Positionsverhärtungen kommen, indem ein Partner bzw. eine Partnerin in einer distanzierten Position feststeckt, während der oder die andere eine permanente Annäherung versucht. In der Beziehung zwischen der Überlebenden und ihrem Partner ergeben sich auf diesem Gebiet jedoch besondere Schwierigkeiten. Bei diesen Paaren können die Grenzen leichter zu Schlachtfeldern werden. Wenn bei der Überlebenden das Gewahrsein ihrer früheren Gewalterfahrung noch sehr neu und unverarbeitet ist, erlebt sie ihren Partner möglicherweise als grenzverletzend. Der Partner hat dann das Gefühl, daß die Schwierigkeiten der Überlebenden in sämtliche Lebensbereiche eindringen, wenn er z.B. mehrmals täglich auf der Arbeit angerufen wird. Auch kann es sein, daß sich einer oder beide isoliert fühlen, wie auf der einen Seite einer Grenze, die zu hoch und undurchlässig ist, um einen befriedigenden Kontakt herzustellen. Solche Paare bringen ihre Themen häufig mit einer Mischung aus Wut, Trauer und Verwirrung über die unerwarteten Veränderungen vor, die sie durchmachen und an einem befriedigenden Kontakt hindern, d.h. der stabile Boden der Beziehung ist so zerstört, daß eine gemeinsame Figurbildung unmöglich erscheint.

Der Therapeut

Sobald ein Paar mit der Behandlung beginnt, wird die Therapeutin in gewisser Weise Teil des Systems. In der Arbeit mit einer Überlebenden und ihrem Partner muß die Therapeutin sich besonders darüber im klaren sein, wie sehr sich diese Teilnahme auf sie auswirkt. Ebenso wie der Partner muß auch die Therapeutin das Wissen um die schrecklichen Erfahrungen, die die Überlebende durchgemacht hat, ertragen. Und ebenso wie der Partner muß auch die Therapeutin die Begrenztheit ihrer Möglichkeiten, heilsam auf die traumatische Erfahrung einzuwirken, akzeptieren. Aufgrund der mächtigen Affekte, die das Paar in den therapeutischen Prozeß mit einbringt, kann die Therapeutin sich sehr leicht in Gegenübertragungen verstricken. Unter Umständen muß sie besonders hart arbeiten, um sämtliche Teile des Systems zusammenzuhalten. Das bedeutet, sowohl die Intensität der Bewältigungserfahrung bei der Überlebenden zu verstehen als auch, was die damit verbundenen dramatischen Veränderungen für das Leben des Partners bedeuten.

Interventionen

Psychologische Bildung und Unterstützung

Als Jim und Eileen mit der Therapie anfingen, wurde sehr schnell deutlich, daß Jims Wut die Folge des in ihm schwelenden Grolls war. Zunächst sprach Jim über seine Ungeduld mit Eileens Stimmungsschwankungen, ihrem sprunghaften Verhalten und ihrer dauernden Abhängigkeit. Nach mehreren Gesprächen erkannte Jim jedoch, daß sein Frust und sein Ärger damit zusammenhingen, wieviel Zeit die Bewältigung dieser Erfahrung in Anspruch nahm. Obwohl er versuchte, dem, was Eileen durchmachte, verständnisvoll gegenüberzutreten, glaubte er, daß zwei Jahre Therapie ausreichen müßten, um deutliche Verbesserungen hervorzubringen. Immer, wenn es Eileen besser ging, hatte er Hoffnung geschöpft. Wenn Eileens Behandlung jedoch wieder Gefühle und Symptome aufwühlte, nahmen seine Verwirrung und sein Frust mehr und mehr zu. Er fragte sich ernsthaft, ob Eileens Zustand sich jemals verbessern würde und sie wieder ein normales Leben miteinander würden führen können.

Obwohl Jim sich mit seinem Frust nicht direkt an Eileen gewandt hatte, berichtete sie, daß sie sich seines wachsenden Kummers durchaus bewußt sei. Das beängstigte sie, und manchmal reagierte sie darauf mit noch mehr Abhängigkeit. Zu anderen Zeiten zog sie sich stärker von Jim zurück und wandte sich eher an ihre Freundinnen und die Mitglieder ihrer Selbsthilfegruppe. Als Eileen das erzählte, unterbrach Jim sie. Er sagte, Eileens Heilungsprozeß bringe ihn völlig durcheinander, er sehe keinen Zusammenhang von Ursache und Wirkung und er könne nicht verstehen, warum es nicht mehr konkrete Ergebnisse gebe.

Wie dieses Beispiel zeigt, kann ein beträchtlicher Teil des Paarkonflikts auf den Mangel an Wissen um die posttraumatische Belastungsstörung und den Bewältigungsprozeß zurückgeführt werden. Wenn ein Paar mit der Behandlung anfängt, müssen die Therapeuten insbesondere auf das Trauma- und Heilungsverständnis des Partners achten. Entscheidend ist, daß der Therapeut zunächst anerkennt, wie schwierig die Beziehung für den Partner geworden ist. Danach sollte er dazu übergehen, das Verständnis des Partners durch Informationsangebote zu erweitern.

Abgesehen von dem Mangel an Wissen um die Symptome der Traumaerfahrung (Rückblenden, Überempfindlichkeit, Dissoziation, Berührungsempfindlichkeit) kann der Partner auch Verwirrung angesichts der Unbeständigkeit des Bewältigungsprozesses selbst erleben. In Jims Fall war es so, daß er die zyklische Natur der Bewältigung nicht verstand. Auch wußte er nicht, warum diese Bewältigung so viel Zeit in Anspruch nehmen würde.

Da Jim den Prozeß der Bewältigung der traumatischen Erfahrung tatsächlich nicht verstand, fingen wir an, ihm das spiralförmige und unebene Wesen dieses Prozesses zu erläutern. Wir erklärten ihm, daß die Bewältigung häufig chaotisch erscheint und es sogar so aussehen kann, als stellten sich keine Ergebnisse ein. Als Jim hörte, daß Traumaüberlebende normalerweise Phasen erleben, in denen die aktuelle Erwachsenenwirklichkeit dem Schrecken der Vergangenheit weicht, war er erleichtert. Er lernte auch, daß auf Zyklen des erwachsenen Funktionierens Phasen folgten, in denen sich die Überlebende um so mehr in der früheren Mißbrauchserfahrung gefangen fühlte, und daß diese Bewegung nicht linear verlief. Wir erklärten ihm, wie diese Phasen, in denen die Vergangenheit so mächtig hervortrat, immer wieder auftauchen könnten, daß die Häufigkeit dieses Auftretens aber langsam abnehmen würde. Wir halfen Jim zu verstehen, daß der Problemlösungsansatz, den er für hilfreich hielt, nur einen Teil dessen ausmacht, was eine Überlebende braucht. Wir machten ihm klar, daß er eine enorme Geduld aufbringen mußte, um Eileen durch dieses Auf-und-ab gehen zu sehen. Wir achteten darauf, daß er sah, wie wir auch ihn verstanden und unterstützten, auch als wir mit ihm über die Härte des Bewältigungsprozesses sprachen.

Dieser Bildungs- und Informationsprozeß ist in mehrfacher Hinsicht hilfreich. Er kann den Partner beruhigen, indem er ihm hilft, das Verhalten der Überlebenden besser zu verstehen, und er kann den Partner bestärken, indem er ihn in den Kreis der »Experten« mit einbezieht, die das Leben seiner Gefährtin begleiten. Darüber hinaus kann er ein Anfang sein, das Ungleichgewicht, das durch die »Patientenschaft« der Überlebenden hervorgerufen wird, auszugleichen, indem er dem Partner hilft zu verstehen, daß es sich bei der posttraumatischen Belastungsstörung nicht um eine Geisteskrankheit, sondern um normale Reaktionsweisen auf extreme und grauenhafte Ereignisse handelt.

Die Intervention an der Grenze

Paartherapeuten haben gelernt zu beobachten, wie jeder Partner einer Zweierbeziehung Grenzen setzt und achtet. Normalerweise ziehen wir unsere Beobachtungen heran, um das Gewahrsein der Klienten zu verstärken und dadurch eine Veränderung zu bewirken. Bei der Arbeit mit Traumaüberlebenden und ihren Partnern kann es jedoch erforderlich sein, daß der Therapeut dem Paar hilft, Grenzen zu setzen und zu bewahren.

Der sexuelle Mißbrauch verletzt die Grenzen des Kindes. Wachstum und Entwicklung des sexuell traumatisierten Kindes sind durch ein vermindertes Gefühl der Eigenständigkeit gekennzeichnet. Die Fähigkeit, Wünsche und Bedürfnisse zu erkennen und ohne das Gefühl der Ambivalenz auszusprechen, ist dramatisch eingeschränkt. Daher haben die Überlebenden häufig vielerlei Schwierigkeiten, in Kontakt zu treten. Überwältigt von der Angst vor Verletzung werden sie übervorsichtig und sind sehr auf den Schutz ihrer Grenzen bedacht. Überwältigt von der Angst, verlassen zu werden, neigen sie dazu, den Bedürfnissen anderer zu schnell nachzugeben. Hinzu kommt, daß Ereignisse, die Überlebende als grenzüberschreitend empfinden, eine Rückblende auslösen können, auf die weder sie selbst, noch ihr Partner vorbereitet sind. So kann eine einfache Berührung als Übergriff, und das Vorspiel zum sexuellen Kontakt als Gewalt empfunden werden.

In unserer Arbeit mit Jim und Eileen entdeckten wir bald, wie sich Eileens Schwierigkeiten, ihre Grenzen aufrechtzuerhalten und Jims Reaktionen darauf, auf die Paarbeziehung auswirkten.

Eileen und Jims sexuelle Beziehung hatte während der letzten zwei Jahre enorm nachgelassen. Da Eileen offensichtlich sehr unter Streß stand, hatte Jim sich die meiste Zeit über sehr geduldig gezeigt. Kürzlich hatten die beiden jedoch versucht, ihre sexuelle Beziehung wieder aufzunehmen. Das Ergebnis glich einer Katastrophe. In der Therapie stellten wir fest, daß Eileen tatsächlich einverstanden war, Jim zuliebe Sex mit ihm zu haben, weil sie befürchtete, ihn sonst zu enttäuschen. Dadurch hatte sie ihre eigenen Signale ignoriert und merkte anschließend, wie wütend sie wurde. Das nächstemal, als Jim sich Eileen sexuell annäherte, explodierte sie und warf ihm vor, ihren Schmerz völlig zu ignorieren.

Daraufhin war Jim sowohl verletzt als auch verwirrt. Als wir über ihre letzte sexuelle Begegnung sprachen, meinte er, ihm sei bewußt, daß Eileen vielleicht einfach versuche, es ihm recht zu machen. Allerdings war er wütend und niedergeschlagen angesichts der Vorwürfe, die er sich nach seinem zweiten Annäherungsversuch hatte anhören müssen.

Offensichtlich hatte Eileen Schwierigkeiten, ihre Bedürfnisse zu erkennen, ihre Grenzen zu wahren und infolge dessen auch, echten Kontakt aufzubauen. Da diese extreme Reaktion den Abschied von ihrem früheren Leben bedeutete, hatte auch Jim Schwierigkeiten. Hinzu kam, daß Jim keinerlei Kenntnisse über Traumaerfahrungen besaß und daher – wie viele Partner – Eileens Reaktionen sehr schnell auf sich bezog.

Wenn das Paar hinsichtlich der Frage nach den Grenzen in einer wirklichen Krise steckt, sind Interventionen, die auf die Verstärkung des Gewahrseins abzielen, nicht unbedingt angemessen. Der Therapeut muß möglicherweise aktiver eingreifen, dem Paar helfen, seine Interaktion zu strukturieren und zeitweilig be- und abgrenzende Funktionen übernehmen. Er kann z.B. zu der Überzeugung gelangen, daß die Überlebende und ihr Partner es trotz des verstärkten Bewußtseins der angesprochenen Fragen und Probleme nicht schaffen, die Grenzen der Überlebenden gemeinsam zu schützen. In diesem Fall kann er sie auffordern, sich für eine Zeit lang von jedem sexuellem Kontakt zurückzuhalten.

Da wir angesprochen haben, was der Therapeut tun kann, um die Grenzen der Überlebenden zu schützen, dürfen wir nicht vergessen, daß auch der Partner auf Hilfe angewiesen ist. Häufig bringen die Partner ihre eigenen Schwierigkeiten mit Grenzen in die Beziehung ein. Ein gutes Beispiel dafür ist Jims untypischer Ausbruch, der die Entscheidung, eine Paartherapie zu machen, ausgelöst hatte. Bei genauerem Hinsehen entdeckte Jim, daß er seine eigenen Anzeichen dafür, wie sehr der Anspruch, sich um Eileen zu kümmern, ihn selbst auslaugte, nicht wahrgenommen hatte. Dieses Versäumnis, seine eigenen Grenzen vor allem in Hinblick auf seine eigenen Bedürfnisse zu wahren, hatte zu diesem unerwarteten Wutausbruch geführt.

Die Verstärkung des Gewahrseins der offenen Gestalt:
Retriangulierung des Mißbrauchs

Obwohl jedes Paar mit Übertragung, Projektion und projektiver Identifikation als den verschiedenen Möglichkeiten, durch die Vergangenheit und Gegenwart durcheinander geraten können, zu kämpfen hat, kann in der Beziehung zwischen einer Mißbrauchsüberlebenden und ihrem Partner die Vergangenheit auf besonders machtvolle Weise in die Gegenwart eindringen. In einer Arbeit mit Jim und Eileen wurde dies besonders deutlich.

Obwohl Jim zu Anfang sein Problem beschrieb, immer frustrierter geworden und manchmal recht wütend zu sein, stand er fest zu seiner Ehe. Ja, er war sogar stolz auf seine Standhaftigkeit und Integrität. Er war verletzt, weil er Eileen trotz seiner Versicherungen und Beteuerungen nicht davon überzeugen konnte, daß er bei ihr bleiben würde. Eileen war durch seinen Ausdruck von Frustration so ängstlich geworden, daß sie oft sicher war, daß er sie verlassen würde. Abgesehen davon, daß Eileens »Mißtrauensvotum« ihn verletzte, fühlte er sich auch schuldig, seinen Ärger überhaupt ausgedrückt zu haben. Die Botschaften, die er in seiner Ursprungsfamilie zum Thema Ärger mitbekommen hatte, beinhalteten, daß jeder Ausdruck von Unbehagen ernsthafte Folgen nach sich ziehen könnte. Obwohl das nicht in der gegenwärtigen Realität begründet war, schien Eileens panische Angst, verlassen zu werden, diese elterliche Botschaft zu bestätigen. Die beiden kreisten immer und immer wieder um dieses Thema, aber Jims Beteuerung seiner Verbindlichkeit reichte nie aus, um Eileen zu beruhigen, und so fühlte Jim sich verkannt und verkehrt.

Offensichtlich brauchte dieses Paar Hilfe, um das Durcheinander von vergangener und gegenwärtiger Realität zu ordnen. Ein machtvolles Eindringen der Vergangenheit erfordert eine entsprechende Reaktion. Diese Reaktion haben wir als »Retriangulieren des Mißbrauchs«[2] konzeptualisiert. Zunächst versuchen wir herauszufinden, wie die verzerrten Vorstellungen durch die traumatische Erfahrung hervorgerufen wurden. Das bedeutet, daß wir zurückgehen und die Geschichte der Überlebenden sehr genau untersuchen. Als nächstes benennen wir den Mißbrauch als drittes Element innerhalb des Paarsystems und bringen ihn in den Raum, so daß das vergangene Trauma ganz klar als die Quelle der Negativität angesehen werden kann. Häufig gebrauchen wir dazu psychodramatische Mittel, wie z.B. den leeren Stuhl, der dann die Mißbrauchserfahrung repräsentiert. Bei dieser Intervention weist der Therapeut deutlich darauf hin, daß nicht alle Schwierigkeiten, die die Partner allein oder miteinander haben, durch sie selbst enstanden sind. Die »Schlechtigkeit«, die sie erleben, sei es innerlich oder in gegenseitiger Projektion, ist in diesem gegenwärtig erlebten, aber *vergangenen* Mißbrauch, der Schaden und Elend verursacht. Wird der Mißbrauch sichtbar gemacht, indem er einen eigenen Platz im Raum bekommt, dann kann er für die Verwirrung und den Schmerz, den das Paar durchmacht, verantwortlich gemacht werden. Auf diese Weise wird die Haltung bekräftigt, daß der Partner ein Folgeopfer des Mißbrauchs ist. Und so wird deutlich, daß es wirklich einen gemeinsamen Feind gibt.

Bei dieser Arbeit wird die Überlebende aufgefordert, zu überprüfen, ob eine negative Erfahrung mit sich selbst oder ihrem Partner wirklich stimmt, oder ob der Mißbrauch ihr etwas einredet, was der aktuellen Wahrheit nicht entspricht. Der Stuhl kann entweder als Bezugspunkt oder auch psychodramatisch genutzt werden. Diese Intervention hat ihre Wurzeln sowohl in der Gestalttherapie als auch in der Arbeit von Michael White (vgl. z.B. White, 1989). Während die Arbeit mit dem leeren Stuhl in der Gestalttherapie normalerweise ein Prozeß der Erkenntnis und Reintegration von Projektionen ist, dient sie in diesem Fall dazu, eine Grenze um den Mißbrauch zu ziehen, die ihn von der aktuellen Wirklichkeit des Paares abgrenzt. Whites Arbeit, in der das Problem externalisiert wird, bietet ein Modell dafür, wie *Symptome* externalisiert werden können. In diesem Falle geht es darum, den *Mißbrauch* zu externalisieren.

Der Therapeut muß hier ganz besonders vorsichtig sein und auf die Möglichkeit achten, daß die Überlebende ihren Partner richtig wahrnimmt. Er muß auf ihre Klagen genauso eingehen, wie er das in jeder anderen Paartherapie tun würde. Der

242

Partner braucht Unterstützung, um dieses Konzept nicht als Waffe zu gebrauchen und alles, was die Überlebende zu sagen hat, herunterzuspielen oder abzuwerten. Die andauernde Aufgabe besteht darin, die aktuelle Wirklichkeit von den Ängsten und Verzerrungen zu trennen, die aus dem Mißbrauch entstanden sind.

In Jim und Eileens festgefahrenem System erwies sich diese Intervention als hilfreich. Als wir Eileens Geschichte aufmerksam zuhörten, stellten wir fest, daß sie früher einmal eine sehr warmherzige Beziehung zu ihrem Vater gehabt hatte, auf den sie sich angesichts der Distanziertheit und Kälte der Mutter verlassen hatte. Als ihr Vater anfing, sie sexuell zu belästigen, fühlte sie sich schlagartig verlassen und in ihrem Gefühl von Vertrauen und Sicherheit verraten. Das Gefühl, zu Verrat und Verlassensein verurteilt zu sein, war die Stimme des Mißbrauchs, und diese Stimme blockierte Jims klare Zusage. Während wir uns Eileens Geschichte anhörten, wurde die Botschaft des Mißbrauchs deutlich: »Ein scheinbar liebevoller Mann wird dich verraten!« Wir holten den Mißbrauch in den Raum, indem wir ihn auf einen leeren Stuhl setzten. Das half Eileen, deutliche Unterschiede zwischen Jim und ihrem Vater wahrzunehmen. Für Jim war es eine enorme Erleichterung zu sehen, daß seine Unfähigkeit, Eileen von seiner Loyalität zu überzeugen, nicht »sein Fehler« gewesen war. Hinzu kam, daß das Paar angesichts des Mißbrauchs, der sie beide betraf und verletzte, eine stärkere Verbindung spürte.

Die Herstellung des Gleichgewichts in der Beziehung

Auch wenn die Heftigkeit der Symptome bei der Überlebenden das Paar dazu veranlaßt, eine Therapie zu machen, bleibt doch jede Interaktion ein systemisches Ereignis. Auch wenn der Bewältigungsprozeß der Überlebenden häufig im Mittelpunkt steht, ist es wichtig, daß die Therapeutin nicht übersieht, welche Rolle der Partner innerhalb des Systems spielt. Gespräche über dessen Geschichte, über die Stärken und die schmerzlichen Auslöser, die er aus seiner Ursprungsfamilie mitbringt, tragen entscheidend dazu bei, die Überlebende zu entpathologisieren und die systemische Natur der Interaktion im Vordergrund zu halten. Diesen partnerorientierten Gesprächen muß die klare Aussage der Therapeutin vorausgehen, daß der Partner ein Folgeopfer des Mißbrauchs ist. Er und seine Frau müssen mit einer Situation fertigwerden, die sie nicht gewollt und nicht geschaffen haben. Wenn der

Partner davon überzeugt werden kann, daß ihm keine Vorwürfe gemacht werden und er nicht das Problem ist, kann die Beantwortung der Frage, wie und wo sich seine Geschichte mit der aktuellen Krise überschneidet, äußerst hilfreich sein.

Als uns klar wurde, daß Jim angesichts der ganzen Wut, die er während dieser schwierigen Zeit erlebt hatte, verängstigt und beschämt war, fingen wir an, mit ihm über seine Geschichte zu sprechen. Die Befragung nach seiner Ursprungsfamilie brachte folgendes Bild hervor: Jim war der ältere von zwei Söhnen. Als Kind identifizierte er sich stark mit seinem Vater, den er als still, stark, stoisch und emotional distanziert erlebte. Seine Mutter beschrieb er als ruhig-depressiv und manchmal außerstande, den Haushalt zu bewältigen. Sein Vater hatte die Lücken schweigend ausgefüllt. Er hatte sich weder über seine Belastungen beklagt, noch sich über den offensichtlichen Kummer seiner Frau geäußert. Wir fertigten ein Genogramm an und stellten fest, daß Jims Großvater väterlicherseits Alkoholiker gewesen war, der zu unvorhersehbaren Wutausbrüchen neigte. Mit ein wenig Hilfe war Jim in der Lage sich vorzustellen, daß die stoische, emotional distanzierte Art seines Vaters dessen Art gewesen war, dafür zu sorgen, niemals der furchterregende Vater zu werden, den er selbst als Kind kennengelernt hatte. Wir verstanden die unausgesprochenen Regeln, die Jim gelernt hatte. 1. Wut ist gefährlich. Tu, was getan werden muß, und verhalte dich ruhig. 2. Ein Mann muß sich um seine Frau kümmern, aber er spricht niemals offen über die Schwierigkeiten.

Seine eigene Geschichte auf diese Weise zu verstehen, war für Jim sowohl interessant als auch erleichternd. Wir stellten fest, daß die Fähigkeit, sich um andere zu kümmern, die er von seinem Vater gelernt hatte, in seiner Situation eine Stärke war, solange sie nicht seine Fähigkeit auslöschte, seine eigenen Bedürfnisse und Grenzen wahrzunehmen. Jim sah, daß diese Raktion auf Wut ein gelerntes Verhalten darstellte, und daß Wut nicht unbedingt destruktiv sein mußte. Eileen hörte aufmerksam zu. Sie entwickelte mehr und mehr Wertschätzung für die Stärken und Schwierigkeiten, die Jim in das, was sie als »ihr Problem« bezeichnete, mit einbrachte. Als Paar wurden sie sich seiner Rolle in ihrem gegenwärtigen System stärker bewußt.

Dem Gespräch mit dem Partner liegen mehrere therapeutische Ziele zugrunde. Eines dieser Ziele ist der Ausgleich innerhalb der Beziehung, wie oben beschrieben. Ein anderes Ziel besteht darin, dem Partner zu zeigen, daß obwohl es vieles gibt, das sich seiner Kontrolle entzieht (weder kann er den Mißbrauch rückgängig machen, noch kann er die Richtung oder das Tempo bestimmen, mit dem seine Frau durch ihren Bewältigungsprozeß geht), er seine eigenen Reaktionen vervollkommnen und daraus lernen kann. Obwohl er ein Opfer des Mißbrauchs ist, muß er als solches nicht passiv bleiben. Die Krise kann als Möglichkeit betrachtet werden, sich seine eigene Vergangenheit und Gegenwart anzusehen, um zur Heilung beizutragen.

Die neue Ehe und der Kontakt in der Gegenwart

Wenn es dem Paar gelingt, die anhaltende Krise der Bewältigung zu überstehen, kommt eine Zeit, in der der Mißbrauch nicht mehr im Mittelpunkt steht und die aktuellen und alltäglichen Realitäten der Beziehung in den Vordergrund treten können. Gestalttherapeutisch gesprochen können wir sagen, daß der Mißbrauch weniger figürlich geworden und in den Hintergrund der Beziehung übergegangen ist. An diesem Punkt kann es sein, daß das Paar das Gefühl hat, die Arbeit sei beendet. Bevor die Therapie jedoch beendet wird, muß der Therapeut beiden Partnern helfen, sich bewußt zu werden, daß sie nicht zum früheren Stand der Dinge zurückkehren können. Die Menschen, die sich einmal füreinander entschieden haben, haben sich inzwischen verändert. Beide stehen jetzt an einem anderen Punkt und haben neue Bedürfnisse und Erwartungen. An diesem Punkt kann die Therapie ihnen helfen, die neue Situation zu erfassen und in ihr zu leben.

In dieser Phase ist es häufig so, daß sich die Erinnerungen an »frühere Zeiten« bei der Überlebenden und ihrem Partner unterscheiden. Der Partner mag nostalgische Erinnerungen an die Zeit vor der Bewältigungskrise haben. Die Überlebende, die immer damit gekämpft hat, ihre Erinnerungen, ihren Selbsthaß und ihre Angst in Schach zu halten, mag die früheren Zeiten als flach und mechanisch erinnern, als Teil eines falschen Selbst in einem Leben, das sich auf die Verdrängung des Mißbrauchs gründete.

Beide Wirklichkeiten brauchen Bestätigung. Die Trauer um das, was nie wieder so sein wird wie vorher, und um das, was nie gewesen ist, muß durchlebt werden, um Platz für das Neue zu schaffen. Und dann müssen beide ihr neues Selbst erkennen und neue Rollenerwartungen miteinander verhandeln.

Jim und Eileen waren erstaunt, daß sie beide sich während dieses Prozesses verändert hatten. Da sie anfänglich geglaubt hatten, es handle sich um Eileens »Problem«, waren sie davon ausgegangen, daß sie sich verändern und »darüber hinwegkommen« würde und daß das Leben sich wieder normalisieren würde. Unser erstes therapeutisches Gespräch über die neue Ehe fand statt, als Eileen ihr Erstaunen und ihre Bestürzung über Jims Veränderung ansprach. Er praktizierte *seine* neue Überzeugung, daß er ein Recht habe, über seinen Frust und seinen Ärger zu sprechen, wenn er aufkam. Obwohl Eileen es begrüßte, daß Jim in ihrer Beziehung emotional präsenter war, war sie nicht wirklich auf seine damit einhergehende neue Fähigkeit vorbereitet, sich durchzusetzen. Außerdem befürchtete sie, ihn als Quelle anhaltender Unterstützung zu verlieren, da er versuchte, nicht in die Rolle des pflichtbewußten, aber unterschwellig nachtragenden Mannes zu fallen, die er von seinem Vater gelernt hatte.

Die Gespräche über solche Veränderungen halfen Eileen zu entdecken, daß obwohl Jim in seiner umsorgenden Art weniger willfährig war, er sich als Ehemann deutlich präsenter zeigte.

Jim mußte sich der Tatsache stellen, daß in dem Maße, wie Eileen sich ihrer eigenen Grenzen bewußter wurde, sie auch besser in der Lage war, nein zu sagen, wenn es um Berührung und Sex ging. Er machte die Erfahrung, daß wenn sie Sex hatten, sie mehr dabei und mehr bei ihm war, daß sie aber auch darauf achtete, ihre eigenen Signale im Auge zu behalten und nicht nur ihm zuliebe weiterzumachen. Als Eileens Bewältigungsprozeß deutlich vorangeschritten war, fing sie an, sich öffentlich für die Mißbrauchsproblematik zu engagieren und Spenden zu sammeln. Dieses neue Gefühl von Kompetenz und Unabhängigkeit war genau das, was Jim sich vorgestellt hatte. Er mußte sich jedoch mit einem gewissen Gefühl der Beeinträchtigung abfinden, damit, daß er in seiner Rolle als Hauptquelle ihres Trostes und ihres Selbstwertgefühls gewissermaßen »arbeitslos« geworden war.

Gegen Ende der Paartherapie konnten Jim und Eileen ihre Möglichkeiten, einen sehr viel echteren Kontakt miteinander zu erleben als früher, wirklich wertschätzen. Sie hatten weniger Angst vor ihren Veränderungen, die sie voneinander unterschieden und waren bereit, mit der Tatsache zu leben, daß verstärktes Gewahrsein und Präsenz auch bedeutete, manchmal mehr offene Konflikte miteinander zu haben.

Zusammenfassung

Paare wie Jim und Eileen kommen zur Therapie, weil das Auftauchen des früheren Traumas in ihrer Beziehung eine aktive und verzerrende Gegenwart geschaffen hat. Aufgrund der Krise und der Verwirrung, die mit der Bewältigung des Traumas einhergehen, muß der Therapeut häufig sowohl aktive als auch sehr spezielle Wege gehen. Das kann bedeuten, den Partner über die Auswirkungen des Traumas zu informieren, auf die Interaktion an der Kontaktgrenze zu achten und sie gelegentlich zu strukturieren, die offene Gestalt zu erkennen und den Mißbrauch zu retriangulieren und schließlich das Gleichgewicht in der Beziehung wiederherzustellen, indem der Partner mit einbezogen wird.

Damit diese Arbeit erfolgreich sein kann, muß das Paar letztlich bereit sein, mit Veränderungen klarzukommen. Am Ende ihres Bewältigungsprozesses ist die Überlebende eine andere. Auch der Partner wird sich verändert haben, und das System wird nicht mehr dasselbe sein. Damit die Beziehung bestehen und wachsen kann, muß der Therapeut dem Paar helfen, neuen Rollen und Erwartungen Raum zu geben. Neue Kontaktmöglichkeiten und -fähigkeiten sind vonnöten.

Wie jede Behandlung, die sich mit dem Trauma beschäftigt, finden wir diese Arbeit schwierig und emotional aufzehrend. Sie verlangt von uns, daß wir uns mit mächtigen Gefühlen und Empfindungen und schrecklichen Geschichten beschäftigen, mit Gefühlen und Geschichten, die wir in einen für das Paar überschaubaren Rahmen bringen müssen. Um das zu können, mußten wir unser Wissenspektrum erweitern, um die verheerenden Auswirkungen des Traumas, den Prozeß der Traumabewältigung und die komplexen Feinheiten eines Paarsystems, das sich mit diesen Problemen auseinandersetzen muß, in die Arbeit mit einbeziehen zu können. Wir mußten flexibel sein und viele verschiedene klinische Fähigkeiten einsetzen, das empathische Zuhören, das Steigern des Gewahrseins, Unterstützung, Information und manchmal das aktive Strukturieren der Interaktion zwischen den Partnern.

Trotz der Schwierigkeiten erleben wir diese Arbeit als äußerst lohnend. Weil diese Paare sich in einer Krise befinden, kommen sie mit einem unglaublichen Schmerz, aber auch mit einem enormen Heilungspotential. Da das Trauma den Menschen auf so fundamentalen Ebenen betrifft, birgt die Paartherapie mit Traumaüberlebenden und ihren Partnern sowohl Möglichkeiten für das Wachstum des Paares und der Paarbeziehung als auch der tiefen Befriedigung der Therapeuten.

Anmerkungen

1 A.d.Ü.: Im Gegensatz zum deutschen Sprachgebrauch, wo wir i.d.R. von Mißbrauchs- und Trauma*opfern* sprechen, ist es im Amerikanischen üblich, von Mißbrauchs- und Trauma*überlebenden* (survivors) zu sprechen. Da dieser Unterschied m.E. über die bloße Sprachgewohnheit hinausgeht und eine Haltung beschreibt, die im deutschen Sprachgebrauch nicht zum Ausdruck kommt, übernehme ich hier die amerikanische Ausdrucksweise.

2 Wir verwenden den Ausdruck *Mißbrauch*, anstatt uns auf den eigentlichen Täter zu beziehen, weil die Überlebenden den Täter während ihres Bewältigungsprozesses auf unterschiedliche Weise erleben. Einige Überlebenden versuchen, positive Anteilen des Täters zuzulassen, und einige versuchen, eine neue Beziehung aufzubauen. Um dieser Möglichkeit Rechnung zu tragen, trennen wir den Mißbrauch, der eindeutig und ganz und gar negativ ist, von der Person des Täters.

Literatur

American Psychiatric Association. (1987). *Dignostic and statistical manual of mental disorders* (3rd ed., rev.). Washington. DC: American Psychiatric Association.

White, M. (Summer 1989). The externalizing of the problem and the re-authoring of lives and relationships, *Dulwich Centre Newsletter*.

11

Scham bei Paaren: ein unbeachtetes Thema

Robert Lee

Tom saß gerade und aufrecht auf seinem Stuhl und wirkte ziemlich abgespannt, als er sich zu Beginn der zweiten Therapiesitzung vorwurfsvoll an Claire wandte:»Es ärgert mich, daß du zu spät gekommen bist. Kannst du denn nicht einmal pünktlich sein?« Ohne ihn anzuschauen antwortete Claire verächtlich:»Warum bist du bloß so kleinlich mit der Zeit? Es waren doch nur zehn Minuten. Kannst du das nicht mal ein bißchen locker sehen?«

An diesem Punkt unterbrach ich die beiden, aber wir können uns vorstellen, wie diese Unterhaltung weitergegangen wäre, wenn ich das nicht getan hätte. Tom hätte vielleicht gesagt:»Das ist typisch. Zuerst bist du unpünktlich, und dann gibst du mir die Schuld.« Und vielleicht hätte Claire geantwortet:»Du bist genau wie dein Vater, steif wie ein Brett.« Daraufhin hätte Tom sagen können:»Zumindest bin ich nicht verantwortungslos – wie deine Familie. Ich stehe zu meinen Verpflichtungen, und außerdem bin ich nicht so verschwenderisch.« Und Claire hätte sagen können:»Aber ich, ja? Ich nehme an, du spielst auf neulich abends an, als du zu knauserig warst, mit mir essen und ins Kino zu gehen«, woraufhin Tom hätte antworten können:»Du willst ja nur Geld ausgeben. Du hältst dich wohl für was Besseres.« Und Claire hätte ihm entgegnen können:»Du bist doch ein Weichei. Du traust dich einfach nicht, deinen Chef nach einer Gehaltserhöhung zu fragen; dann könnten wir uns nämlich einen angemessenen Lebensstil leisten.« An diesem Punkt hätte einer von beiden vielleicht angefangen, den anderen anzuschreien oder wäre wütend rausgegangen.

Das ist natürlich nur eine Möglichkeit, wie Tom und Claires Unterhaltung hätte weitergehen können, und zudem eine, die für beide problematisch gewesen wäre. Andere Möglichkeiten hätten sein können, daß einer von beiden sich zurückgezogen, die Kontrolle an sich gerissen oder mit Strafen, körperlichen Symptomen oder Zwanghaftigkeit reagiert hätte usw. Solche Kommunikationsformen sind bei Paaren, die in Schwierigkeiten stecken, nicht unüblich. In der Arbeit mit diesen Paaren können wir es mit strukturellen oder strategischen Interventionen versuchen oder auch systemische und historische Interpretationen heranziehen. Aber angesichts eskalierender Konflikte zwischen Partnern bleiben selbst unsere raffiniertesten Ansätze häufig erfolglos. Diese Erfahrung kennt jeder von uns allzugut. Was passiert hier? Wie kommt es, daß diese Interaktionen auf so destruktive Weise außer Kontrolle geraten?

Wenn wir mit Paaren wie Tom und Claire, die sich in so plötzlich auftretenden, explosiven Eskalationen verstricken, unser Tempo etwas verlangsamen und ihre Interaktion genauer untersuchen, stellen wir fest, daß die zugrundeliegende, unausgesprochene Dynamik Scham ist. Die Scham bringt Tom und Claire dazu, ständig übereinander und nie von sich selbst zu sprechen. Und die Scham ist es auch, die jedem Vorwurf den Beigeschmack der Demütigung verleiht. In anderen, ähnlich gelagerten Situationen zwischen Paaren kann die Scham dazu führen, daß die Partner den Rückzug und die Flucht nach innen antreten, starre Regeln aufstellen, um die Kontrolle zu bewahren oder körperlich aggressiv, dominant und/oder gewalttätig werden.

Das Problem bei der Arbeit mit Scham besteht darin, daß sie äußerlich kaum jemals sichtbar ist. Was wir beobachten können, sind die defensiven Verhaltensweisen, hinter denen die Partner sich zu verstecken und dem Erleben der Scham zu entkommen versuchen, wie etwa die verzweifelten Mittel (einschließlich der Gewalt), die sie ergreifen, um die unerträgliche Scham von sich selbst auf ihre Partner zu verlagern. In solchen, aber auch in weniger dramatischen Situationen kann ein Verständnis der Scham uns helfen, das Durcheinander in der Interaktion der Partner zu entwirren, das oft wie ein unlösbarer Knoten erscheint.

Scham beim einzelnen

Was ist Scham, und warum nimmt sie in unserem Leben einen so bedeutenden Platz ein? Die Allgegenwärtigkeit der Scham in der menschlichen Erfahrung spiegelt sich wider in der Vielfalt ihrer Namen: Schüchternheit, Peinlichkeit, Chagrin, Demütigung, geringes Selbstwertgefühl, Sich-lächerlich-Fühlen, Verlegenheit, Bekümmertsein, Irritation, Erniedrigung, Schmach, Schande, Kränkung, Degradierung, Unsicherheit, Mutlosigkeit, Schuld – und diese Liste ließe sich noch fortsetzen (Kaufman, 1989; Lewis, 1971; Retzinger, 1987). Von den vielen theoretischen Ansätzen, die sich mit dem Phänomen Scham auseinandergesetzt haben (vgl. Jordan, 1989; Lewis, 1971; Lynd, 1958; Nathanson, 1992; Tomkins, 1963), harmoniert die Theorie von Kaufman und Tomkins (Kaufman, 1989; Tomkins, 1963) aufgrund ihrer theoretischen Klarheit und phänomenologischen Begründung am besten mit der organismischen und kontextualistischen (Ich-Du) Weltsicht der Gestalttheorie.

Tomkins geht davon aus, daß Scham einer von neun angeborenen Affekten ist und damit zur Überlebensausrüstung gehört, mit der jeder Mensch von Geburt an ausgestattet ist. Die Funktion der Scham besteht nach Tomkins (1987) darin, die Affekte zu regulieren, die er als Interesse-Aufregung und Freude-Vergnügen bezeichnet. »Wenn das Verlangen stärker ist als die Erfüllung, so daß das Interesse abnimmt, ohne dabei jedoch zerstört zu werden, ist das Erleben von Scham für jeden Menschen unvermeidlich« (1963). Daher ist Scham in ihrer einfachsten Form als

Schüchternheit und Peinlichkeit ein natürlicher Prozeß der Retroflektion oder der Zurückhaltung, und damit eine Schutzfunktion des Lebens. Die Scham schützt unseren persönlichen Raum in Bereichen wie Freundschaft, Liebe, Spiritualität, Sexualität, Geburt und Tod und bildet einen Schutzschild für den andauernden Prozeß der Selbst-Integration (Schneider, 1987). Mit Hilfe der gestalttheoretischen Perspektive können wir diese normale Schutzfunktion der Scham etwas anders beschreiben. Hier wird der Mensch als einer gesehen, der an der Grenze zwischen innerer und äußerer Welt verhandelt, konstruiert und forscht. So betrachtet kann Scham ein Signal dafür sein, daß der *Zustand der Verbindung* an der Grenze zwischen mir und meiner Welt bedroht ist oder Aufmerksamkeit verlangt. Insofern kann die Scham mich zur Zurückhaltung veranlassen, wie in Tomkins Modell, oder sie kann bewirken, daß ich mich dem anderen und seinem Bedürfnis mir gegenüber zuwende – möglicherweise um den Preis des zeitweiligen Verlustes meiner Fähigkeit des Selbstausdrucks. (Deshalb hilft uns der Gestaltansatz, die kreative Verbindung zwischen Scham und »Koabhängigkeit« zu sehen. Wenn ich »koabhängig« bin, gilt meine Aufmerksamkeit fast ausschließlich dem anderen, den ich unterstütze, um selbst gesehen zu werden, und das bedingt eine notorische Einschränkung meines Selbstausdrucks.)

Dies ist im großen und ganzen die gesunde Seite der Scham. Sobald die Scham aber in Form von *Scham-Bindungen* (Kaufman, 1989) internalisiert wird, gerät ihre natürliche Funktion aus dem Gleichgewicht und wirkt dadurch mitunter selbst zerstörerisch. Obwohl dieser Prozeß sich in jeder Lebensphase abspielen kann, beginnt er doch meistens während der Kindheit. Wenn die Sorgepersonen nicht in der Lage sind, beim Kind ein bestimmtes Bedürfnis, ein Gefühl oder eine Absicht zu erkennen, zu akzeptieren und angemessen darauf zu reagieren, hilft die normale Scham dem Kind, sich aus dem Kontakt zurückzuziehen, der auf die Erfüllung dieses Bedürfnisses oder Wunsches abzielt. Wiederholt sich dieser Prozeß oft genug oder hat er traumatische Qualität, dann entsteht eine innere Verbindung oder Kopplung zwischen der Scham und diesem speziellen Bedürfnis, Gefühl oder der Absicht (Kaufman, 1989). Die Unfähigkeit der Sorgeperson, angemessen bzw. überhaupt auf das Kind einzugehen, kann mit ihrer Reaktion auf die eigene internalisierte Scham zusammenhängen, vielleicht sogar mit der Unfähigkeit, zwischen dem Temperament und den Fähigkeiten des Kindes und den eigenen Fähigkeiten zu unterscheiden. In jedem Fall wird das Kind, sobald es dieses Bedürfnis oder diesen Drang später wieder verspürt, automatisch auch Scham empfinden. Im Laufe der Zeit und mit zunehmenden Schamerfahrungen geht das Bewußtsein des ursprünglichen Gefühls oder Bedürfnisses verloren; was bleibt, ist die Scham (Kaufman, 1989). Dadurch verliert das Kind die »Stimme« für diesen Teil seiner selbst – ein Teil seines Selbst ist abgespalten oder ausgeschaltet. Dieser Stimmverlust ist eine Reaktion auf die reale Erfahrung oder »Umweltbedingung«, daß *niemand diese Stimme hört*. Der Verlust der Stimme wird von einem Gefühl der Entfremdung und Unterlegenheit, der Unverbundenheit und der Wertlosigkeit begleitet. Dieses Gefühl der Entfremdung und

Unterlegenheit ensteht aber nicht nur aufgrund der Erfahrung, daß die Stimme schambesetzt und nicht wert ist, gehört zu werden, sondern auch, weil selbst dann, wenn jemand kommt und bereit ist, zuzuhören, es dem Kind ohne diese Stimme viel schwerer fällt, dem anderen mitzuteilen, wer es ist. All dies ist Teil der Erfahrung *internalisierter Scham.*

Aus gestalttheoretischer Sicht stellt dieser Stimmverlust, diese Schambindung, ein negatives Introjekt dar, eine angenommene Überzeugung oder internalisierte Botschaft über das Selbst, die Welt und die Möglichkeiten zum Kontakt. Aber auch das Gegenteil ist der Fall. Negative Introjekte sind Schambindungen. Wenn wir die Scham verstehen, dann verstehen wir auch das Wesen negativer Introjekte.

Es ist unmöglich, keine Schambindungen zu entwickeln. Die kulturelle Unterstützung der Kindererziehung in unserer Gesellschaft basiert zum großen Teil auf Scham. Wenn sich bei Mädchen ein Gefühl für Konkurrenz in der Welt entwickelt, werden sie häufig beschämt – »Nette Mädchen sind nicht vorlaut« (Gilligan, 1982). Und Jungen werden häufig mit ihren Gefühlen von Kummer, Traurigkeit und der Scham selbst beschämt – »Große Jungen weinen nicht« (Balcom, 1991). Tatsächlich sind in unserer Kultur die Geschlechterrollen so eng mit der Scham verknüpft, *daß fast jedes von der Geschlechterrolle abweichende Fühlen oder Verhalten mit großer Wahrscheinlichkeit als beschämend angesehen oder erlebt wird.*

Jede Situation, in der die Gefühle oder Wünsche eines Menschen oder seine Art, in der Welt zu sein, konsequent übersehen oder ignoriert und nicht bestätigt oder respektvoll beantwortet werden, kann Schambindungen erzeugen. Dies geschieht vor allem in hierarchisch strukturierten Beziehungen, in denen einer auf den anderen angewiesen ist, um versorgt zu werden und Schutz (oder auch Macht) zu erhalten, wie in Eltern-Kind-, Lehrer-Schüler-, Trainer-Spieler-, Supervisor-Supervisand-, Therapeut-Klient- und Arzt-Patient-Beziehungen. In solchen Beziehungen kann die Macht entweder mißbraucht werden, oder ihr konstruktiver und einfühlsamer Gebrauch gerade dann, wenn es erforderlich wäre, ausbleiben oder fehlschlagen. Dasselbe gilt für die Erfahrung schwerer Verluste. Die schwerwiegendsten Schambindungen gehen auf traumatische Erfahrungen wie sexuellen oder körperlichen Mißbrauch, Verwahrlosung und schwere Verluste durch Krieg usw. zurück. Die Scham geht Hand in Hand mit der posttraumatischen Belastungsstörung.

Wir alle haben zumindest einen unbewußten Zugang zu diesem Prozeß, was sich im Englischen z.B. in den spontanen Äußerungen zeigt, die wir angesichts der Krankheit oder des Verlustes eines anderen Menschen machen: »What a shame!« (»Wie schrecklich«) Wenn wir uns dieses kulturelle Wissen einmal vergegenwärtigen, dann stellen wir fest, wie häufig wir darauf zurückgreifen und es mit einer ganzen Reihe von Situationen verbinden, die mit Verlust und Elend zu tun haben, und zwar vom Trivialen bis hin zum Tragischen, angefangen damit, daß wir den Bus verpassen, bis hin zu Situationen, in denen wir mit dem Grauen des Krieges konfrontiert werden. Ich denke an eine Klientin, der schmerzlich bewußt wurde, daß ihr neuer Freund sie immerzu kontrollieren wollte, um mit den Unterschieden zwischen ihnen fertigzuwerden. Sie führte dieses Verhalten darauf zurück, daß er als kleiner Junge damit fertigwerden mußte, daß sein Vater sehr plötzlich gestorben war und seine Mutter in ihrer Hilflosigkeit anfing, unklare und chaotische Forderungen zu stellen. Schließlich seufzte meine Klientin: »That's really a shame!« (Das ist wirklich schlimm). Wie wahr.

Gibt es vielfältige Schambindungen, können aus den damit verknüpften Bildern, Worten und Gefühlen schambesetzte Verbindungen mit umfassenderen Persönlichkeitsaspekten wie dem Körperbild, der Beziehungsfähigkeit, der Kompetenz und dem allgemeinem Charakter entstehen (Kaufman, 1989). Die internalisierte Scham wird Teil des Hintergrundes, und indem jede neue Erfahrung vor diesem Hintergund früheren Erlebens uminterpretiert wird, *ensteht unvermeidlich neue Scham.* Häufig zu beobachtende Anzeichen dafür, daß die internalisierte Scham einen solchermaßen schädlichen Einfluß hat, sind Äußerungen von übersteigerter Selbstkritik, Selbstverachtung oder Vergleiche, bei denen die betreffende Person immer schlecht abschneidet (Kaufman, 1989). Doch vergessen wir nicht, daß wir normalerweise nicht die Scham beobachten können, sondern immer nur die mehr oder weniger verzweifelten Versuche und Verhaltensweisen, die Scham abzuwehren, wie etwa Herabsetzung, Vorwürfe, Überlegenheit, emotionaler Rückzug, Starre oder die verschiedenen Formen des »Ausagierens«, vom Substanzmißbrauch bis hin zu sexueller Abhängigkeit und Gewalt.

Ist die Scham einmal verinnerlicht, kann ein ansonsten positives inneres oder äußeres Ereignis eine Schamspirale oder einen »Schamanfall« in Gang setzen. Das auslösende Ereignis kann sich entweder rein innerlich abspielen (etwa das Erleben eines schambesetzten Gefühls oder Wunsches), oder mehr außenorientiert sein, wenn z.B. ein verbaler oder nonverbaler Hinweis eines anderen als Zurückweisung oder Abwertung (oder beides) interpretiert wird. Es ist auch möglich, daß die innere Scham durch so einfache Dinge wie den Vergleich mit den Erfahrungen, Fähigkeiten oder dem Status eines Gesprächspartners ausgelöst wird.

In solchen Situationen kann es vorkommen, daß der Betreffende von Scham und Selbsthaß überflutet wird oder aber verzweifelt versucht, diese Überflutung abzuwehren. Er oder sie möchte dann am liebsten »im Boden versinken«. Dieses Gefühl geht manchmal mit der Empfindung einer »schamvollen Wut« einher, das wiederum neue Scham erzeugt, weil der Betreffende sich der Unangemessenheit seiner Wut teilweise bewußt ist. Auf diese Weise wird die Scham in einer selbsteskalierenden Spirale von Elend, Selbstmißbrauch und vielleicht dem Mißbrauch anderer »eingeschlossen« (Kaufman, 1989; Lewis, 1981).

In einem solchen Schamanfall ist es schwer, die Bedürfnisse und Absichten anderer zu erkennen oder zu verstehen. Sämtliche Systeme stehen auf »Alarmstufe rot«. Gestalttherapeutisch ausgedrückt steht der Selbst-Prozeß, also der Prozeß der »Integration an der Grenze zwischen Person und Umwelt«, kurz vor dem Zusammenbruch. Die Betroffenen sind solange mit ihrer Scham beschäftigt, bis der Schamanfall vorbei ist. Das kann Stunden, Tage, Monate – oder ein ganzes Leben umfassen.

Es ist beschämend, sich zu schämen, vor allem in unserer westlichen Kultur. Obwohl viele Menschen Scham, und während eines Schamanfalls häufig auch Wut erleben, zeigen sie kaum jemals ihre Scham, und nur selten ihre Wut. Was nach außen hin sichtbar wird, sind die Abwehrstrategien, die die Menschen anwenden, um der Belastung zu entgehen und sie zu verbergen: Rückzug, Wut, Verachtung, Kontrollversuche, subtile oder unverhohlene Kritik, Perfektionismus, Suchtverhalten, zwanghaftes Verhalten, Gewalt und andere Arten des Mißbrauchs (Bradshaw, 1988; Fossum & Mason, 1986; Kaufman, 1980, 1989; Lansky, 1991; Nichols, 1991; Retzinger, 1987). Da die Erfahrung internalisierter Scham so zerstörerisch ist, lernen schamanfällige Menschen normalerweise, ihre Scham zu verleugnen und einige der oben genannten Abwehrstrategien in ihr *Lebensskript* zu integrieren (rigide Verhaltensmuster für »fixierte Gestalten«), um weitere Erfahrungen mit Scham vermeiden oder bewältigen zu können (Tomkins, 1979).

Wie Kaufman zeigt, erzeugen diese Skripte und Strategien langfristig unglücklicherweise noch mehr Scham. Der Rückzug z.B. verstärkt das Gefühl der Isolation; Wut erzeugt häufig Peinlichkeit und/oder Vergeltungsdrang, was wiederum zu Erniedrigung und Isolation führen kann; Sucht führt häufig dazu, daß man seinen Aufgaben nicht mehr gerecht werden kann usw. Solche Strategien beinhalten nicht nur die Möglichkeit zusätzlicher äußerer Scham, sondern tragen auch auch dazu bei, daß die unterschwelligen und schambesetzten Wünsche und Bedürfnisse des Betroffenen (also die Elemente potentieller Verbindung) noch weiter verdeckt und isoliert werden, so daß es noch schwieriger wird, mit der Welt über diese wichtigen Teile seiner selbst zu kommunizieren. All das kann schließlich dazu führen, daß die Scham und ihre Vermeidung zum Dreh- und Angelpunkt des Lebens wird (Kaufman, 1989).

Zusammenfasend können wir sagen, daß der Unterschied zwischen internalisierter und affektiver Scham darin besteht, daß letztere lediglich dazu dient, das Gefühl von Interesse und Freude zu hemmen und die Privatsphäre zu schützen. Oder wie wir in der Gestalttherapie sagen würden: die affektive Scham hilft uns, unsere Aufmerksamkeit auf Probleme zu richten, die mit anderen oder mit der Welt zusammenhängen. Die internalisierte Scham hingegen kann sich entscheidend auf die Identitätsbildung auswirken. Dieser schädliche *Internalisierungsprozeß* beginnt, wenn die Scham an verschiedene Affekte, Bedürfnisse oder Ziele gekoppelt wird (die Bildung negativer Introjekte). Die mit verschiedenen Schambindungen verknüpften Sprachgewohnheiten, Bilder und Gefühle können zusammenfließen und neue schambesetzte Verbindungen mit umfassenderen Prersönlichkeitsaspekten wie dem Körperbild, der Beziehungsfähigkeit, der Kompetenz und dem allgemeinem Charakter bilden (Kaufman, 1989). Dadurch wird die Scham Teil des Hintergrundes, vor dem jede neue Erfahrung im Lichte früheren Erlebens uminterpretiert wird, was *unvermeidlich neue Scham hervorbringt*. Menschen mit einem hohen Grad an internalisierter Scham erleiden Schamanfälle, die durch innere oder äußere Ereignisse ausgelöst werden können. Da diese Form des internalisierten Schamerlebens so zerstörerisch ist, entwickeln solche Menschen Abwehrmechanismen und Strategien, die ihnen helfen sollen, mit ihrer Scham fertigzuwerden bzw. sie zu vermeiden. Je höher der Grad an internalisierter Scham, desto stärker dreht sich das Leben um den Versuch, die Scham zu kontrollieren und zu vermeiden.

Scham in Paarsystemen

Wenn zwei Menschen als Paar zusammenkommen, bringen sie immer auch ihre Lebensgeschichten in diese Beziehung mit ein: ihre Freuden, Hoffnungen und Ängste, und ihre persönliche Geschichte mit dem Erleben von Scham. Je nachdem, wie das Verhältnis zwischen ihnen und ihrer Umgebung ausgesehen hat und wieviel wohlwollendes Verständnis ihnen für ihren Selbstausdruck entgegengebracht wurde, tragen beide Partner ein ähnlich oder unterschiedlich hohes Maß an internalisierter Scham in sich (Lee, 1993), das möglicherweise zu ihrer gegenseitigen Wahl beigetragen hat. Eine Möglichkeit besteht darin, daß beide Partner Lebensweisen gefunden haben, die für den anderen zwar tabuisiert, aber auch notwendig waren (Prosky, 1979; Zinker, 1983), eine andere Variante wäre, daß sie bestimmte Probleme, die ihrer inneren Scham entspringen, gemeinsam haben, oder daß wichtige Bezugspersonen in ihrem Leben ein ähnliches Schamniveau wie ihre Partner hatten usw.

Beide Partner haben im Hinblick auf die angesammelten Schamerfahrungen sog. *Leitszenen* (Kaufman) entwickelt. Diese Leitszenen sind Beispiele dafür, was in der traditionellen Gestaltterminologie als »fixierte Gestalten« beschrieben wird und in den Bereich der damit verbundenen Dynamik »unabgeschlossener Situationen« gehört. In der gestalttheoretischen Theorie der Selbst-Organisation (Kaplan & Kaplan, 1991) werden diese Szenen als »feste Erfahrungszustände« beschrieben, eine Art Kopie, auf die sich das Selbst-System hin zurückorganisiert, und zwar *autopoietisch*, um den in der Literatur der Selbst-Organisation gebräuchlichen Ausdruck zu verwenden (Maturana & Varela, 1980). Doch im Unterschied zu einigen Ansätzen der Selbst-Organisations-Theorie und zum psychoanalytischen Konzept des »Wiederholungszwangs«, betonen wir in der Gestalttheorie den inneren Trieb des Menschen, eine neue »kreative Anpassung« zu finden, eine neue Lösung für die wiederholte Szene. Auch für Tomkins und Kaufman beinhaltet die Szene immer die Möglichkeit einer neuen und kreativen Lösung.

Im wesentlichen hat sich die Scham in den Leitszenen auf dynamische Weise mit den Bildern, Affekten, der Sprache und den Bewegungen verbunden, die diejenigen Ereignisse repräsentieren, aus denen die Schambindungen ursprünglich entstanden sind. Anhand dieser Leitszenen wird dann die Möglichkeit ihres Wiederauftretens in neuen Erfahrungen überprüft. Das Wort *Szene* ist deshalb besonders geeignet, das Phänomen zu bezeichnen, weil es Erfahrungen beschreibt, in denen Menschen buchstäblich in eine alte Erfahrung zurückgeworfen werden, in der die Leitszene ausgelöst wird und sie einen zwar vertrauten, aber nichtsdestoweniger krankmachenden Anfall von Scham erleben.

Je nachdem, wie hoch das Maß an internalisierter Scham bei beiden Partnern ausfällt, haben sie mehr oder weniger machtvolle Scham-Leitszenen mit mehr oder weniger empfindlichen »Auslösern« – oder »Stolperdrähten« –, um eine Szene zu rekonstruieren und einen Schamanfall auszulösen. Hinsichtlich der Frage, ob die Scham-Leitszenen bei beiden Partnern mit ähnlichen Bedürfnissen, Gefühlen oder Trieben zusammenhängen oder inwiefern sie allgemeinere Persönlichkeitsaspekte wie Körperbild, Intimität, Kompetenz oder den allgemeinen Charakter betreffen, kann es zwischen den Partnern Unterschiede oder auch Ähnlichkeiten geben.

Wenn die Schamerfahrung überwältigend wird, ist das für die Beziehung in mehrfacher Hinsicht problematisch. Der von Scham überwältigte Partner wird in eine alte schambesetzte Szene zurückgeworfen und ist zeitweise unfähig zu erkennen, was in der Interaktion mit dem Partner wirklich los ist. Man könnte das als Verlust der Ich-Funktion oder als Borderlinespaltung innerhalb des Selbst bezeichnen. In der Gestaltterminologie könnten wir von einem gehemmten Selbst-Prozeß oder von verminderten Kontaktfunktionen sprechen. Hier ergibt sich natürlich ein Problem für die Entwicklung von Intimität, dauerhafter Kontinuität, des gemeinsamen Gewahrseins grundlegender Bedürfnisse und für die Übersetzung dieses Gewahrseins in gemeinsame Ziele und Pläne. Doch die Scham kann noch sehr viel komplexere und dynamischere Auswirkungen auf die Paarbeziehung haben.

Je nach dem Grad der internalisierten Scham bei beiden Partnern besteht das Problem in vielen Situationen nicht bloß in dem linearen Effekt des Überwältigtseins eines Partners und des daraus resultierenden Verhaltens auf die Interaktion mit dem anderen, obwohl das im Extremfall schon zerstörerisch genug sein kann. Noch komplexer, problematischer, und potentiell destruktiver sind die qualvollen und unerträglichen Kreisläufe und Spiralen neuer Scham, die sich aus der *systematischen Interaktion* der gegenseitig schambesetzten Themen beider Partner ergeben können. Mit anderen Worten: die Scham in Paarsystemen wird dann systemisch, wenn die verbale oder nonverbale Reaktion auf das Erleben von Scham (ausgelöst durch ein inneres oder äußeres Ereignis) *eines Partners* absichtlich oder unbeabsichtigt die Scham des *anderen Partners* auslöst (Balcom, Lee & Tager, unveröffentlicht). Der daraus entstehende Riß oder Bruch in der Grundbeziehung (Kaufmans »interpersonale

Brücke«, 1980) kann sich sehr schnell erweitern, wenn der andere Partner dann seinerseits von Scham überwältigt wird, sich daraufhin revanchiert usw.

Paare mit einem geringen Maß an internalisierter Scham sind häufig – wenn auch nicht immer – in der Lage, solche Situationen relativ gut zu bewältigen. Ihre Art von Scham äußert sich vielleicht in milderen Formen, wie etwa Schüchternheit, verletzten Gefühlen oder Peinlichkeit. Hinzu kommt, daß es ihnen leichter fällt, diese milden Schamzustände zu ertragen. Für sie ist es nicht so wichtig, nach Mitteln und Strategien zur Vermeidung und Abwehr von Scham – wie etwa Wut, Verachtung, Rückzug, Vorwürfen, Kontrolle und/oder Sucht – zu suchen. Da beide Partner ein geringeres Schamniveau aufweisen, ist es unwahrscheinlicher, daß der jeweils andere entsprechende Abwehrmechanismen in Gang setzt, um mit der auftauchenden Scham fertigzuwerden oder sie zu vermeiden. Dadurch geraten beide angesichts der Scham des anderen viel weniger aus dem Gleichgewicht. Darüber hinaus verfügen diese Paare über mehr Ressourcen, um einen gesunden Kreislauf von Empathie und Erneuerung in Gang zu setzen und aufrechtzuerhalten, der ihr gegenseitiges Gefühl von emotionaler Sicherheit wiederherstellen kann.

In solchen Systemen läßt die Scham beiden Partnern die Möglichkeit offen, die den verschiedenen Stadien der Entwicklung ihrer Beziehung angemessenen Risiken zu erkennen – z.B. das Risiko, sich selbst zu zeigen und zu öffnen oder den anderen zu erreichen – und auf diese Weise den Kontakt zu modulieren. (Man beachte, daß *angemessen* im Gestaltansatz immer bedeutet: *mit ausreichender Unterstützung* – Wheeler, 1993.) Die nach Tomkins (1963) angeborene und gesunde Funktion der Scham besteht darin, das Interesse oder die Freude zu modulieren, sobald ihre Intensität die wahrgenommene Chance auf Verwirklichung übersteigt, d.h. wenn dieses Interesse oder die Freude mit einer Bedrohung für die Verbindung innerhalb der Beziehung einhergeht. Daher hilft die affektive Scham, die z.B. in Form von Schüchternheit oder Peinlichkeit erlebt werden kann, den Partnern, ihre Selbstoffenbarung aufzuschieben und sich bewußt zu werden, wann der andere für den erwünschten Kontakt nicht zur Verfügung steht, wie etwa für das Verlangen nach Trost, Zuneigung, Kameradschaft oder Sex oder in bezug auf bestimmte andere persönliche oder die Beziehung betreffende Bereiche.

Am anderen Ende des Kontinuums, d.h. wenn der Grad der internalisierten Scham bei beiden Partnern relativ hoch ist, kann schon eine einfache Enttäuschung dazu führen, daß einer der Partner von Scham überwältigt wird. In diesem Fall kann alles, was die Partner in ihre gemeinsame Kommunikation mit einbringen, eine Erfahrung des Überwältigtseins von Scham auslösen.

Ein Blick auf den interaktiven Gestaltzyklus (Papernow, 1993; Zinker & Nevis, 1981), der die Phasen der typischen Paarinteraktion beschreibt, kann zur Klärung dieser Situation beitragen. Den ersten Abschnitt des interaktiven Gestaltzyklus bei

Paaren bildet die Phase des *Gewahrseins*, in der die Partner bei sich selbst und dem anderen ankommen und ihre gemeinsamen Wünsche, Bedürfnisse oder Anliegen erforschen. In der Phase der *Energiemobilisierung und Handlung* entsteht ein gemeinsamer Interessensbereich, und die Partner gehen über in eine Handlung, die das gemeinsame Bedürfnis befriedigen kann. Die *Befriedigung* des gemeinsamen Bedürfnisses entsteht in der *Kontakt*-Phase. Daran schließt sich die Phase der *Auflösung* oder der *Schließung* an, in der sich die Partner der überschüssigen Energie und dem Rückblick auf ihre gemeinsame Erfahrung zuwenden. Der Kreislauf endet mit der Phase des *Rückzugs*, in dem die Partner ihre Energie voneinander abwenden und auf sich selbst richten, um dann so lange getrennt zu bleiben, bis sie bereit sind, in einen neuen Kreislauf einzutreten.

Bei Menschen mit hoher Schambelastung kann die Erfahrung, während der Gewahrseins-Phase gesehen zu werden, als Schutzlosigkeit und Demütigung, und das Sehen des anderen als Übergriff oder Beschämung des Partners erlebt werden. Während der Energiemobilisierungs- und Handlungsphase können Vorschläge als Kritik oder Zeichen der eigenen Unterlegenheit interpretiert werden, und während der Kontaktphase ist es möglich, daß die auftauchenden Gefühle von Scham begleitet werden. Auch in der Auflösungs- und Schließungsphase kann die nachträgliche Reflexion dessen, was geschehen ist, als Demütigung erlebt werden. Und die Trennung während der Rückzugsphase kann als Verlassenwerden empfunden werden.

Erinnern wir uns, daß Menschen mit hoher innerer Schambelastung (normalerweise unbewußt) auf Abwehrmechanismen und Strategien zurückgreifen, die ihr Schamerleben deflektieren und verbergen. Wie wir gesehen haben, sind diese Abwehrmechanismen und Strategien (Wut, Vorwürfe, Verachtung, Kontrolle, Rückzug usw.) auch für den Partner häufig beschämend.

Bringt der Partner eine vergleichsweise geringe innere Schambelastung mit, dann ist er vielleicht in der Lage, mit der Abwehr des Partners umzugehen, ohne die Situation eskalieren zu lassen. Dennoch wird das grundsätzliche Vertrauen und die emotionale Sicherheit des weniger belasteten Partners nachteilig beeinflußt. Darüber hinaus wird die Fähigkeit beider Partner, ein gemeinsames Gewahrsein ihrer individuellen Wünsche, Bedürfnisse und Ziele zu entwickeln, beeinträchtigt. Die Erfahrung und die Angst, von Scham überwältigt zu werden, schränkt die Fähigkeit des schambelasteten Partners ein, sich selbst zu zeigen oder den anderen zu sehen. Der drohende Abbruch der Verbindung, der mit der Erfahrung des Überwältigwerdens einhergeht, kann dazu führen, daß der weniger belastete Partner zögert, bestimmte Fragen und Themen einzubringen oder anzusprechen. Daher ist das Problemlösungspotential solcher Paare eingeschränkt, und die Handlungen, auf die sie sich einlassen, sind für einen oder beide Partner weniger befriedigend. (Für eine vollständigere Beschreibung des gegenseitigen Zielfindungsprozesses bei Paaren aus gestalttherapeutischer Sicht vgl. Zinker & Nevis, 1981.)

In solchen Beziehungen mit unterschiedlich hohem Schamniveau hängt das Maß, in dem die Partner ein realistisches gemeinsames Bewußtsein all ihrer Bedürfnisse, Anliegen, Gefühle, Ziele usw. entwickeln und sich auf Handlungen einlassen können, die für beide befriedigend sind, sehr stark von den interpersonalen Fähigkeiten des weniger schambelasteten Partners ab, nämlich von der Fähigkeit, die Abwehr des anderen zu tolerieren, zu verstehen, was *hinter* dieser Abwehr steckt und Möglichkeiten zu schaffen, die dem anderen genügend Sicherheit geben, um sich einlassen zu können. Der weniger belastete Partner hat in der Tat eine ganze Reihe von Problemen zu lösen: Was soll er tun, wenn der andere von Scham überwältigt wird? Wie soll er verstehen, was sich hinter dem Sichtbaren verbirgt? Wie kann er die nötigen Grenzen setzen, um sich selbst zu schützen, ohne den anderen zu beschämen? Wie geht er damit um, daß er den Kontakt mit dem anderen in solchen Momenten verliert? Und wie wird er seinen eigenen Bedürfnissen gerecht?

Wenn beide Partner ein hohes Maß an internalisierter Scham mitbringen, ist es wahrscheinlicher, daß die Abwehrstrategien (z.B. Wut, Verachtung, Vorwürfe, Kontrolle, Rückzug etc.), mit Hilfe derer sie versuchen, die Scham zu bewältigen bzw. zu vermeiden, auch beim anderen eine Welle von Scham auslösen. Daher kann jede Schamerfahrung bei einem der Partner zu einer emotionalen Eskalation auf immer weiter ansteigende Ebenen der Abwehr führen, die dann solche Konsequenzen wie den verzweifelten Versuch, den anderen zu demütigen, familiäre Gewalt oder schwerwiegende emotionale Brüche in der Bindung der Partner mit sich bringen. Und wie wir gesehen haben, kann vieles von dem, was Paare in schwierigen Situationen tun, als Versuch betrachtet werden, sich von der Scham zu befreien oder dagegen anzukämpfen. Bei Tom und Claire, die wir zu Beginn des Kapitels vorgestellt haben, konnten wir ahnen, daß dieser Prozeß gerade in Gang kam, als beide versuchten, die Scham oder die Schuld von sich auf den Partner zu schieben. Wenn ein *Gefühl*, ein *Bedürfnis* oder ein *Wunsch* als *Vorwurf* formuliert wird, wie das bei Tom und Claire der Fall war, ist das für den Therapeuten ein deutliches Zeichen.

Leider sind diese Strategien zum Scheitern verurteilt, da sie nur immer neue Scham hervorbringen. Unter solchen Bedingungen lernen die Partner, Intimität zu fürchten und eine emotionale Distanz voneinander aufrechtzuerhalten, um diese gefährlichen und schmerzlichen Perioden zu vermeiden. Dadurch bleiben sie jedoch allein und ohne Partner, der ihnen hilft, sich auf ihre Probleme einzustellen, die durch die Grenzen, die ihre internalisierte Scham ihnen setzt, noch verschlimmert werden.

Dieses Profil der Auswirkungen von Scham auf Paarsysteme wird durch die Forschung bestätigt. In einer 1993 von mir durchgeführten Studie zeigte sich, daß Paare, in denen beide Partner ein geringes Maß an internalisierter Scham aufwiesen, durchweg Beziehungen führten, die von einem *Gefühl emotionaler Sicherheit* getragen wurden. Diese Paare berichteten, daß sie sich im allgemeinen sicher genug fühlten, um ihre tiefsten Sorgen, Gefühle, Wünsche oder Probleme anzusprechen. Die Partner hatten klare Erwartungen aneinander und betrachteten sich durchweg als gute Freunde. Darüber hinaus berichteten sie von einer ausgeprägten Problemlösungs-fähigkeit und großem gegenseitigen Interesse. Diese Paare wiesen einen hohen Grad an ehelicher Intimität und Befriedigung auf.

Demgegenüber zeichneten sich die Paare, in denen *beide* Partner ein hohes Maß an internalisierter Scham aufwiesen, durch Unsicherheit und eine spärliche Kom-munikation aus. Was die Mitteilung ihrer tiefsten Sorgen, Gefühle, Wünsche oder Probleme betraf, fühlten diese Paare sich im allgemeinen deutlich unsicherer. Sie be-richteten von relativ unklaren gegenseitigen Erwartungen und einem weniger stark ausgeprägten Freundschaftsgefühl. Das gemeinsame Problemlösungspotential und ihr gegenseitiges Interesse waren ebenfalls schwächer ausgebildet. Diese Paare be-richteten auch, daß ihre Kommunikation sehr viel häufiger durch Verhaltensweisen wie Beleidigungen, nicht eingehaltene Vereinbarungen, zu lange anhaltende Mei-nungsverschiedenheiten, aufgebrachtes Weggehen und die Unfähigkeit, zu wissen wann es genug ist, gekennzeichnet waren. Es dürfte kaum überraschen, daß Paare mit einem hohen Grad an internalisierter Scham nur ein geringes Maß an ehelicher Intimität und Befriedigung aufwiesen.

Diese Studie bestätigt, daß internalisierte Scham ein wesentlicher Hemmfaktor für eheliche Intimität darstellt. Nach meiner eigenen Erfahrung als Paartherapeut beschneidet internalisierte Scham den Kern der intimen Beziehung, weil sie zum einen die Kenntnis des eigenen Selbst begrenzt und verbietet, und zum anderen die Entwicklung des gegenseitigen Interesses und Sich-kennenlernens behindert. Das Vorhandensein internalisierter Scham hemmt die menschliche Fähigkeit, sich auf intime Interaktionen einzulassen. Solche Menschen haben Schwierigkeiten, ihre Gefühle zu zeigen, zu erkennen, wann Selbstoffenbarungen angebracht sind, auf die Gefühle ihrer Partner zu reagieren, Wünsche und Vorlieben zu äußern, die Wünsche und Vorlieben ihrer Partner zu erkennen, mit Differenzen umzugehen und ihre eigenen und die Grenzen des Partners zu akzeptieren.

Die Arbeit mit Scham in Paarsystemen: Ein Gestaltansatz

Diese Studie hilft uns, einige wichtige Themen ins Auge zu fassen, die uns in der therapeutischen Arbeit mit Paaren begegnen. Zunächst einmal wächst und entwickelt sich die internalisierte Scham im Kontext einer früheren Beziehung, in der das Gefühl von emotionaler Sicherheit nur sehr schwach ausgeprägt war. Die Heilung von der internalisierten Scham und die Rückführung auf ihre normale Funktion ist nur möglich, wenn in den *gegenwärtigen* Beziehungen – angefangen mit der therapeutischen Beziehung – emotionale Sicherheit aufgebaut werden kann.

Deshalb ist es von entscheidender Bedeutung, daß der Therapeut um seine eigene Scham weiß und damit umgehen kann, und daß er die Feinheiten kennt, durch die *sein eigener therapeutischer Stil die Klienten beschämen könnte.* Darüber hinaus basiert eine therapeutische Beziehung, die die emotionale Sicherheit des Paares fördert, u.a. auf Empathie und klaren Grenzen hinsichtlich verschiedener Bereiche des Kontaktes zwischen Therapeut und Klient wie etwa Dauer der Sitzung, Bezahlung, Zahlungsweise, telephonische Erreichbarkeit, Absageregelung, Krisenunterstützung für suizidgefährdete oder andere Klienten usw. Wird mit diesen Punkten nicht klar und aufmerksam umgegangen, dann entsteht daraus eine *Belastung,* die bei dem Paar eine erneute Schamerfahrung auslösen kann und das Maß an emotionaler Sicherheit, die beide Partner in der Therapie erfahren, herabsetzt.

Es bedarf jedoch mehr als nur der Vorsicht, die Klienten nicht zu »belasten«. Was die Rahmenbedingungen angeht, muß der Kontakt zwischen Therapeut und Klienten sorgsam aufgebaut werden, damit die Klienten spüren, welche Bedeutung sie haben, und daß sie eine respektvolle Behandlung verdienen (zumal ja gerade das Fehlen von Respekt zur Entstehung von Scham beiträgt). Auch müssen Fragen der körperlichen und emotionalen Sicherheit von Anfang an thematisiert werden. Wenn während des therapeutischen Prozesses Situationen eintreten, die die emotionale oder körperliche Sicherheit eines der Partner gefährden, dann werden die Partner nicht nur unfähig sein, mit ihrer Scham umzugehen, sondern in ihrer Scham durch die Therapie auch noch bestärkt (Balcom, Lee & Trager, unveröffentlicht).

Auch hier muß die Arbeit mit der Scham das Bemühen beinhalten, dem Paar zu helfen, emotionale Sicherheit zu entwickeln. Hinter dem defensiven Auftreten des Paares liegt eine tiefe, vielleicht schon ein ganzes Leben andauernde Scham, hinter der sich wiederum eine ebenso tiefe *Sehnsucht nach emotionaler Sicherheit* verbirgt. Damit die Partner den Mut und die Motivation aufbringen können, die sie brauchen, um sich ihre Scham im Laufe der Therapie genauer ansehen zu können, kommt es darauf an, ihnen schon während der ersten Sitzungen ein Gefühl emotionaler Sicherheit zu geben. Um einen solchen Ort emotionaler Sicherheit aber zu erreichen, müssen die Partner einige Aspekte ihrer Verletzlichkeit und Isolation sowie ihr Bedürfnis, umsorgt zu werden und den anderen zu umsorgen, selbst sehen und auch nach außen hin sichtbar machen. Das ist Teil ihrer Scham oder, gestalttherapeutisch ausgedrückt, der Impasse ihres gemeinsamen Lebens. Mit *Impasse* (einer von Fritz Perls' Lieblingsbegriffen) meinen wir die *frühere kreative Lösung,* die es jedem Partner ermöglicht hat, unter unsicheren Bedingungen weiterzuleben und sogar zu wachsen (denn nach gestalttherapeutischem Verständnis besteht Wachstum in eben dieser kreativen Lösung), die aber inzwischen jedes weitere Wachstum blockiert oder verzerrt. Die Macht des Impasses liegt in der Tatsache, daß der Klient sehr wohl weiß, daß genau dieses Verhalten, das sich jetzt als so problematisch erweist, in der Vergangenheit wichtig und sogar notwendig war, um genügend emotionale und persönliche Sicherheit zu gewährleisten. Mit anderen Worten, um für die Klienten eine Atmosphäre emotionaler Sicherheit zu schaffen, muß der Therapeut ihnen helfen, ein gewisses Maß an Scham von Anfang an zuzulassen.

Die Gestaltarbeit von Zinker und Nevis veranschaulicht, wie wir mit diesem Paradox kreativ umgehen können. In diesem Modell werden die Partner dazu ermutigt, miteinander zu sprechen. Ab und zu unterbricht der Therapeut die Interaktion der Partner, aber sehr bald setzen sie ihr Gespräch fort. Einer der Vorzüge dieses Verfahrens besteht darin, daß es die starken und zaghaften Sehnsüchte beider Partner (das Interesse und die Freude) ebenso ans Licht bringt wie ihre Methoden, diese Ziele und Sehnsüchte zu erfüllen oder zu umgehen (einschließlich der Anzeichen dahinterliegender Scham), während der Therapeut das Gespräch beobachtet und darauf achtet, welche Gewohnheiten die Partner im Umgang mit der *Figur des Wunsches* nach Nähe, Sicherheit und Selbstausdruck und Wahrnehmung des anderen zum Ausdruck bringen. Zaghafte Sehnsüchte z.B. äußern sich etwa in einem flüchtigen Blick aus dem Augenwinkel, einem neugierigen, forschenden oder suchenden Ton in der Stimme, in einer vorgelehnten oder wachsamen Körperhaltung (wenn auch vielleicht nur für einen kurzen Augenblick) oder in einem beiläufigen Satz, der unterschwellig ein Bedürfnis an den Partner auszudrücken scheint. Die Kaplans (z.B. Kaplan & Kaplan, 1987) empfehlen schon seit langem, daß der Therapeut diesen möglichen *Sehnsüchten nach Kontakt* mit dem anderen nachgehen solle. Sie betrachten solche Sehnsüchte als Anzeichen dafür, daß das Paar nach »Unterstützung bei der Veränderung einer experimentellen Organisation« sucht und sich nach einer anderen Art zu sein und zu handeln sehnt. Unter dem Gesichtspunkt der Scham ist das Interesse und die Freude in solchen Momenten stark genug, um der Vorwegnahme der Scham entgegenzuwirken und den Betroffenen dadurch zu befähigen, die Möglichkeit, daß der andere vielleicht doch offen sein könnte, sehr vorsichtig in Betracht zu ziehen. Bei Menschen mit geringer Schambelastung ist dies lediglich eine Frage der Schüchternheit oder der Peinlichkeit. Für jemanden mit einer hohen Schambelastung ist es hingegen ein höchst heikles Unterfangen, bei einem solchen Bedürfnis zu bleiben. Hat der Betroffene auch nur den leisesten Verdacht – ob real, phantasiert oder ernsthaft befürchtet –, daß er vom anderen mit diesem Bedürfnis nicht angenommen wird, dann steht die Scham bereit, ihn von seinem Bedürfnis zurückzuhalten. Eine Möglichkeit, die Schamerfahrung zu bewältigen besteht darin, mehr Sehnsucht oder Freude zu entwickeln. Und wenn der andere dieses zaghafte Interesse oder die Freude unterstützt, dann können Interesse und Freude weiter wachsen. Was in schambelasteten Beziehungen jedoch häufig passiert ist, daß nicht nur das Bedürfnis an sich verdeckt bleibt, sondern der andere Partner mit seiner eigenen Scham zu beschäftigt ist, um die Anzeichen wahrzunehmen. Hinzu kommt, daß sich das Phänomen Scham immer um die Frage des Sehens und Gesehenwerdens dreht, so daß das Sehen des Partners von diesem auch wieder als beschämend erlebt werden kann. Daher gehen diese kleinen Hinweise auf eine mögliche Verbindung bei beiden Partnern allzuschnell verloren. Die Gestalttherapie bietet eine Reihe von Methoden und Techniken, die sich für die Arbeit mit diesen empfindlichen Schamproblemen sehr eignen, auch wenn die Scham selbst oft gar nicht ausdrücklich angesprochen wurde. Das kommt daher, daß der Gestaltansatz sich auf die *Kontaktbedingungen* und den Zustand der Grenze konzentriert (Wheeler, 1993), und eben darum geht es bei der Scham.

Wenn man den Fokus auf die Scham legt, dann wird man das, was die Gestalttherapeuten immer schon tun, um so mehr zu schätzen wissen. Die Aufmerksamkeit, die die Kaplans den fragilen Sehnsüchten von Paaren widmen, ist ein Beispiel dafür. Ein anderes Beispiel ist Sonia Nevis Empfehlung, sich zu Beginn der Paartherapie auf die Stärken des Paares zu konzentrieren, also die Fähigkeiten der Partner, ihren Stil, ihr gegenseitiges Interesse etc. Um diese Empfehlung zu erklären könnte Nevis einfach anführen, daß niemand gerne etwas Schlechtes hört. Etwas *Schlechtes* ist natürlich ein Wort für Scham. Viele Paare haben die Befürchtung, daß wenn sie sich dem Therapeuten offenbaren (und miteinander zu reden ist sehr viel offenbarender als mit dem Therapeuten zu sprechen und ihm Geschichten darüber zu erzählen, was in der Beziehung falschläuft), sie als unangemessen, unterlegen, unzulänglich oder einfach als falsch angesehen und dadurch beschämt werden. Indem der Therapeut dem Paar seine Wertschätzung dafür zeigen kann, was in der Beziehung gut funktioniert, trägt er mit dazu bei, daß emotionale Sicherheit entstehen kann. Auf einer unbewußten Ebene können sich die Partner dann vorstellen, daß der Therapeut die verlorengegangenen Stimmen, die sie irgendwo in sich tragen, hören kann, während sie selbst zunächst nur Hinweise darauf geben können. Auf diese Weise lernen die Partner, diese Stimmen schließlich auch zum Ausdruck bringen.

Bei der gestalttherapeutischen Haltung gegenüber »Widerständen« oder »Abwehrmechanismen« liegt die Betonung ebenfalls auf der Gesundheit und Kreativität des Paares. Das Zurückgehen zu den ursprünglichen Schamszenen als Hilfestellung zu verstehen, daß ihre Erfahrungen und Handlungen in diesem Kontext sinnvoll waren, ist an sich schon schamreduzierend. In der Gestalttherapie stehen eine Reihe von Techniken zur Verfügung, die in dieser Hinsicht sehr hilfreich sein können. Dazu gehört, Teilen des Selbst eine Stimme zu geben, Metaphern zu entwickeln und zu erforschen, Körper- und Bewegungsgewahrsein und das Experiment überhaupt. Diese Techniken tragen dazu bei, daß die Partner mit ihren eigenen und den Schamszenen des anderen mehr und mehr vertraut werden und umgehen können. Indem sie lernen, sich von ihren Schamszenen zu lösen und ihre Schamdynamik wohlwollend zu beobachten, wächst ihr Gefühl emotionaler Sicherheit. Das ist kein gerader Weg. Die Partner müssen sich darüber klar werden, daß sie immer wieder damit rechnen müssen, von Schamgefühlen überwältigt zu werden, und darin jedesmal eine Gelegenheit zu sehen, mehr über das Wesen ihrer Scham zu erfahren: die Auslöser und Nöte, die Gefühle und Wünsche, die dieser Scham zugrundeliegen. In der Zwischenzeit ist es wichtig, mit den Partnern an der Lösung ihrer Probleme zu arbeiten, Strategien zu entwickeln und Ressourcen zu entdecken, durch die sie sich selbst und gegenseitig schützen und die auftauchenden Schamzyklen eindämmen können, indem sie einen Streit gegebenenfalls abbrechen und stattdessen in der Therapie ansprechen, oder indem sie sich zeitweilig trennen (eine Runde um den Block gehen), einen Freund anrufen, Sport machen, den Therapeuten anrufen usw. Es ist sehr wichtig, diese Strategien zu verfeinern, damit das, was beide tun, um die eigene und die gemeinsame Scham einzudämmen, für den anderen möglichst wenig beschämend ist. Bei einem Paar z.B. steigerte die Tatsache, daß der Mann das Haus auf sehr respektvolle Weise verließ, bei seiner Partnerin die Angst, verlassen zu werden und warf sie noch tiefer in ihre eigene Schamerfahrung hinein. Wenn sie hingegen das Haus verließ, konnten sie damit umgehen, und es hatte für beide sogar noch einen wohltuenden Effekt.

Was geschieht wenn der Therapeut die Schamproblematik nicht anspricht? Damit sich etwas ändern kann, muß man sich der Scham stellen. Die Scham erhält die »fixierten Gestalten« und sorgt dafür, daß verlorengegangene Stimmen stumm bleiben. Die Leute verleugnen ihre Scham und setzen sich nicht eher damit auseinander, als bis sie genügend emotionale Sicherheit empfinden. Wird die Scham nicht angesprochen, dann haben die Partner nur wenig Hoffnung, ihre Schamerfahrungen zu überwinden und müssen ihre Abwehrmechanismen und Strategien aufrechterhalten, die ihnen helfen, mit der Scham zurechtzukommen oder sie zu vermeiden. In diesem Fall werden der Druck, eine sichere Position zu finden oder den anderen zu beschuldigen, der Versuch, zu dominieren oder zu kontrollieren, die ausschließliche Konzentration auf das Verhalten des anderen, plötzliche Rückzüge, die Flucht in die Sucht etc. weitergehen. Und die verlorenen Stimmen werden natürlich unbewußt und stumm bleiben.

Zurück zu Tom und Claire

Als Tom und Claire an diesem Morgen in meine Praxis kamen, waren beide auf ihre individuellen Schamanfälle vorbereitet. Tom war von seiner Arbeit aus zu mir gekommen, und Claire von zu Hause. Es war eine Zeit, in der das Auftreten neuer Schamerfahrungen nahelag, denn in dieser Woche zogen sie in das Haus, das sie gemeinsam gebaut hatten, und beide betrachteten dieses Ereignis als eine Möglichkeit, einen neuen Anfang miteinander zu machen. Beide hatten sich selbst Sehnsüchte zugestanden, die leicht zu Beschämung führen konnten, wenn der andere sie nicht annahm (vielleicht sogar selbst dann, wenn er es tat). Ich intervenierte an der oben beschriebenen Stelle, weil ich sah, daß Claire Tom aus dem Augenwinkel anschaute. Ich phantasierte, daß dieser Blick vielleicht bedeutete, daß sie von Tom etwas anderes wollte, als in dieser Sitzung passierte. Als ich sie auf diesen Blick ansprach, gestand sie ihre Hoffnung ein, daß Tom sich anders verhalten würde. Ich konzentrierte mich auf diese Sehnsucht und fragte sie, wie sie sich Tom wünsche. Sie meinte, sie hätte es schön gefunden, wenn Tom sich mehr wie am Abend zuvor gezeigt hätte, als sie sich über ihr neues Haus unterhalten hatten. Sie erwähnte auch, daß sie wisse, wie ihr Zuspätkommen auf Tom wirke und daß sie extra eine halbe Stunde früher von zu Hause losgefahren, aber in einen unerwarteten Stau geraten sei. Während der ganzen Fahrt hatte sie sich schuldig gefühlt und sich gefragt, ob das, was Tom normalerweise über ihr Zuspätkommen sagte, eine angeborene Schlechtigkeit von ihr war. Ich forderte sie auf, das Tom direkt mitzuteilen. Daraufhin schwieg Tom. Als ich ihn nach seiner Reaktion fragte, meinte er, er glaube ihr nicht! Es war eine Art Trick. Aber in seinen Augen zeigte sich noch etwas anderes, und indem ich weiterhin der ehrlichen Sehnsucht nachging, sagte ich leise: »Sie bedeutet Ihnen wirklich sehr viel, nicht wahr?« Daraufhin nickte er und begann, leise zu weinen. Er sagte, er glaube nicht, daß sie das, was sie am gestrigen Abend gesagt hatte, wirklich meine, daß sich alles auflösen würde, wie auch früher nach solchen Gesprächen. Ich bat ihn, ihr das zu sagen, und er tat es. Nach ein paar Minuten, in denen sie freundlich miteinander sprachen, gaben sie sich die Hände und wirkten zufrieden und gefühlvoll.

Als ich Tom später darauf hinwies, daß er eine Schamerfahrung gemacht hatte und ihm das Wesen solcher Erfahrungen erläuterte, war er erleichtert. Er sagte, daß er sich selbst hasse, wenn er solche Gefühle und Reaktionen an sich bemerke (wütend und aggressiv).

Im Laufe der Therapie kehrten Tom und Claire immer wieder zu diesem Ort emotionaler Sicherheit zurück, den sie an diesem Tag kennengelernt und erfahren hatten. Zunächst gelang ihnen das nur in meiner Praxis. Es stellte sich die Frage, was in ihnen so beschämt war (worin die negativen Introjekte bestanden), das es ihnen unmöglich machte, an diesen Ort zurückzugehen. Die schwierigeren Themen, an denen wir arbeiteten, lösten die *Grund*-Introjekte auf (die unterschwelligen Glaubenssätze über Kontaktmöglichkeiten). Zum Beispiel gab es weder in seinen noch in ihren Leitszenen ein Bild dafür, daß jemand auf ihre Bedürfnisse mit Interesse reagieren könnte. Sie waren sich ihrer Grundannahme nicht bewußt, die besagte, daß wenn sie ein Bedürfnis hatten, sie die Aufmerksamkeit eines anderen nur bekommen konnten, indem sie wütend wurden. Und tatsächlich waren sie zu mir gekommen, weil sie mit ihrer Wut »besser umgehen« wollten und um sich in ihrer Wut nicht auch noch um den anderen kümmern zu müssen. Dahinter stand bei beiden die Sehnsucht, daß der andere sich wirklich für sie interessieren und um sie kümmern würde, und es tat ihnen gut, daß der Therapeut diese Sehnsucht *erkannte* und unterstützte.

John und Susan

Ein anderes, bei Paaren sehr verbreitetes Scham-Muster, das sich nur geringfügig von dem zwischen Tom und Claire unterscheidet, besteht darin, daß der eine Partner sich über das Verhalten des anderen beschwert oder ihn angreift, während dieser sich zurückzieht und/oder sich gegen den »bösen« Partner in der Beziehung verteidigt. Paare, die diese Struktur aufweisen, kommen häufig aus Familien, in denen ein Sündenbock gebraucht wurde, damit die Familie mit ihrer kollektiven internalisierten Scham umgehen konnte.

Um diese Art von Schamzyklus bei Paaren zu durchbrechen, gibt es zwei Möglichkeiten. Jemand, der sich ausschließlich über den anderen beschwert, sagt damit nichts über sich selbst aus (auch wenn er recht hat). Gewöhnlich schämen sich diese Menschen, sich mit ihren eigenen Bedürfnissen, Gefühlen (außer Wut und Mißbilligung) oder Schwierigkeiten zu zeigen und damit dem gemeinsamen Gewahrsein zugänglich zu machen. Dadurch kann derjenige, der sich beschwert, nicht wirklich die Art von Aufmerksamkeit bekommen, die er braucht, um mit seinen Problemen weiterzukommen. Gleichzeitig ist derjenige, über den sich beschwert wird, zu sehr damit beschäftigt, sich zu verteidigen, um mitzubekommen, was beim anderen eigentlich passiert. Normalerweise hat die Scham des Angegriffenen damit zu tun, daß er den anderen wahrgenommen hat, und deshalb wird er dazu verdammt, sein Verhalten zu bessern oder seine Besserung zu verteidigen. Keiner der beiden Partner schenkt dem Anklagenden Beachtung.

John und Susan sind ein Beispiel für ein Paar mit diesem Muster. Susan begann die Sitzung damit, ihre Wut auf John auszudrücken (oder sie erzählte, wie blockiert sie in ihrem Ärger auf John war). Sie meinte, er hielte seine Versprechungen nicht ein, sein Umgangston mit ihrer Tochter sei zu schroff, er verschwende seine Zeit damit, Golf zu spielen usw. John hingegen war darauf eingestellt, kritisiert zu werden und verbrachte die Zeit damit, sein Verhalten zu erklären. Er sagte, es täte ihm leid, daß er seine Versprechungen manchmal nicht einhalte; er sei überfordert und wisse nicht, wie er all das, was er zu tun habe, bewältigen solle; er müsse die Beziehung zu seiner Stieftochter auf seine eigene Weise gestalten können; er verwende eine Menge Zeit darauf, die Energie zu finden, die er brauche, um mit den Problemen in seinem Leben zurchtzukommen, und Golf sei ein gutes Mittel dafür etc.

Ich wies die beiden darauf hin, daß während ich ihnen zuhörte, ich viel mehr über Johns Erfahrungen und Probleme erführe als über Susans – beide sprächen über ihn. Ich fragte sie, ob sie die Rollen tauschen könnten, also ob er sich für sie interessieren und sie ausschließlich mit ihrer Erfahrung und ihren Problemen antworten könne. Sie versuchten es, fanden es aber unglaublich schwierig. John war nicht in der Lage, sein Mißtrauen aufzugeben, weil er nicht umhin kam zu glauben, daß sie ihn kritisieren würde. Im Grunde fühlte er sich unsicher, wenn er sich auf sie, und nicht auf sich selbst konzentrierte. Als es ihm gelang, ihr Fragen zu stellen und sie versuchte, von sich zu erzählen, fühlte sie sich überaus verletzlich und es war ihr peinlich. Sie brachte das mit einem vertrauten Gefühl in Verbindung, das sie schon als Kind des öfteren gehabt hatte. Gleichzeitig meinten beide, daß ihnen diese Art des Umgangs miteinander irgendwie auch gefiele. Um sich in dieser Position wohlfühlen zu können, brauchten die beiden eine Zeit lang die Hilfe des Therapeuten.

Die Unterstützung für diese neue Organisationsform des Kontakts entstand dadurch, daß wir die Scham bis zu ihrem Ursprung zurückverfolgten, ihr auch in anderen Bereichen ihres heutigen Lebens nachgingen und immer wieder darauf achteten, wann die Scham in ihrer gemeinsamen Kommunikation auftauchte.

Das Hören und Wiederentdecken verlorengegangener Stimmen

Haben die Partner mit Hilfe des Therapeuten einmal ein zunehmendes Gespür für emotionale Sicherheit entwickelt, was bedeutet, daß sie ein Wissen um ihre individuellen und gemeinsamen Schamzyklen aufgebaut haben und in der Lage sind, sich weitgehend von Verhaltensweisen zu lösen, die beim anderen Scham hervorbringen, dann wird es immer leichter, den Zugang zu Gefühlen und Bedürfnissen wiederzuentdecken, die lange Zeit schambelastet waren. An diesem Punkt verschiebt sich der Akzent von der Sicherheit und der Heilung an sich zu einem neuen Gefühl für das *Wachstum* des einzelnen und des Paares. Jetzt können die Partner von der emotionalen Sicherheit, die sie entwickelt haben, Gebrauch machen, um sich mit tiefergehenden Themen auseinanderzusetzen.

Als Joyce und Glen in die Therapie kamen, hatten sie sich gerade entschlossen zu heiraten. Sie waren seit zwei Jahren zusammen, eine stürmische Zeit, in der Joyce die Beziehung mehrmals beendet hatte. Sie sagten, daß sie sich sehr liebten und eine Form suchten, in der sie daran arbeiten konnten, »wie sie miteinander in Schwierigkeiten gerieten.« Joyce, die ein bißchen älter als Glen war, meinte von sich, sie sei zuversichtlich, warmherzig und eher kontrollierend. Sie war ein Opfer von Inzest und körperlichem Mißbrauch, und ihr Vater war manisch-depressiv gewesen. Ihr Erfahrungshintergrund aus ihrer Ursprungsfamilie war extrem chaotisch. Joyce's jüngere Schwester war bereits als Teenager ebenfalls als manisch-depressiv diagnostiziert worden. Als Kind war Joyce die »Unruhestifterin« der Familie gewesen. Sie erinnerte sich, daß sie häufig wütend gewesen war, ständig Streit suchte und nie jemanden aus ihrer Familie an sich heranließ.

Glen war dabei, seine Stelle zu wechseln und fühlte sich verloren und unsicher. Abgesehen davon, daß sein Vater ihn ständig kritisiert und ihn und seine Brüder angeschrien hatte, war in seiner Familie nur selten über Probleme, und noch seltener über Gefühle gesprochen worden. Als Glen drei Jahre alt war, wurde sein Bruder geboren und Glens Schlafzimmer in einen umgebauten Kellerraum verlegt. Noch immer erinnert er sich daran, wie er sich damals selbst in den Schlaf weinte.

Nach etwa einem Jahr kam in der Therapie ein für ihre Beziehung charakteristischer Schamzyklus zur Sprache. Sie berichteten, daß sie Samstag nachts häufig heftige

Auseinandersetzungen hatten. Diese Streitigkeiten entstanden, wenn Joyce wollte, daß Glen ins Bett kam, während er noch aufbleiben wollte. Wenn Glen dann nicht ins Bett kam, fing Joyce an, ihn auf eine Art verbal zu attackieren, die beide als erbarmungslos und gemein beschrieben. Daraufhin konterte er entweder ebenfalls verbal, oder er zog sich zurück. Als wir ihren Erzählungen nachgingen, wurde deutlich, daß Joyce während dieser Auseinandersetzungen unter heftigen Schamgefühlen litt und ihre wütenden Angriffe den Sinn hatten, sich vor dem Gefühl der Scham und der Wertlosigkeit zu schützen, das sie empfand, wenn er nicht zu ihr ins Bett kommen wollte. Ihre Wut und Aggressivität lösten dann Schamgefühle bei Glen aus. Er fühlte sich wie ein »böser Junge« und benutzte seine Wut, seine Aggressivität und vor allem den Rückzug, um sich vor seiner eigenen Scham zu schützen. Dies – vor allem sein Rückzug – verstärkte dann wieder ihre Scham, und die Paar-Schamspirale eskalierte.

Ich griff diese Schamspirale des Paares auf und konzentrierte mich zunächst auf Joyce. Ich unterstützte sie dabei, sich genauer anzusehen, was sie erlebte, wenn Glen nicht ins Bett kam, und sie entdeckte, daß sie sich ängstlich und verlassen fühlte. Es war nicht das erstemal, daß hinter Joyce's Wut die Angst zum Vorschein kam. Es sah aus, als ob sie eine Scham-Angst-Bindung hatte, hinter der sich (wie immer) eine verlorengegangene *Stimme* verbarg. Sie vermied das *Erleben* von Angst um jeden Preis. (Man beachte, daß *Stimme* und *Erleben* sehr nah beieinander liegen: in einem sehr umfassenden Sinne erleben wir das, wofür wir eine Stimme haben, was im Gegenzug wiederum einen *Zuhörer* erfordert, der uns *nicht beschämt*.) Als sie anerkennen konnte, daß sie Angst hatte, fühlte sie sich albern, dumm oder sogar ekelhaft.

Um Joyce zu helfen, ihre verlorene Stimme der Angst wiederzufinden, schlug ich ein Experiment vor, das sie und Glen zuhause durchführen konnten. Ich dachte daran, wie man kleinen Kindern hilft, mit der Angst, abends allein im Bett zu liegen, fertigzuwerden. Joyce sollte ins Bett gehen, wann sie wollte, und Glen sollte noch aufbleiben. Zu vorher festgelegten Zeiten, z.B. alle zehn Minuten, würde Glen ins Schlafzimmer kommen und fünf Minuten bei Joyce bleiben. Außerdem sollte Glen zu einer festgelegten Zeit ins Bett gehen. Zwei Monate lang machten sie dieses Experiment jeden Samstag. Jede Woche sprachen wir darüber, was am vergangenen Samstag geschehen war und stimmten daraufhin die Einzelheiten für den kommenden Samstag miteinander ab. Einmal berichtete Joyce z.B., daß sie von einem bestimmten Moment an, als Glen einmal das Zimmer verließ, immer genau wußte, wann er wieder zurückkommen würde und sich ängstlich darauf freute, ihn zu sehen. Als er dann aber kam, bemerkte sie, daß sie so tat, als sei es ihr egal, daß er da war. Um ihr zu helfen, ihre Sehnsucht nach Glen, die sie empfand, wenn er aus dem Zimmer gegangen war, von der Scham zu entbinden, schlug ich vor, daß Glen, wenn er am nächsten Wochenende ins Schlafzimmer kam, Joyce sagen könnte, daß er wisse, wie sehr sie sich freut, ihn zu sehen, auch wenn sie das nicht ausdrücken könne. Joyce fand diese Idee sehr hilfreich.

Beim Gestaltexperiment geht es nicht nur darum, neues »Verhalten auszuprobieren«, obwohl das mit dazugehört. Das Experiment hat den Sinn, *die alte kreative Anpassung* zurückzunehmen, so daß eine neue Erlebensweise entstehen kann, die dem vollständigeren Selbst in einem neuen, wohltuenden Feld mehr Raum bietet. In diesem Fall bestand die alte kreative Anpassung darin, das Bedürfnis nach Trost zu verleugnen und die Angst nicht zu zeigen. Läßt man dieses Verhalten weg, dann wird man Zugang zu all den alten Gefühlen und Hinweisen bekommen oder davon überströmt werden, deren Bewältigung die alte kreative Anpassung ursprünglich gedient hatte. Die Therapie muß dann die Auseinandersetzung mit diesem schwierigen, »neuen« Material unterstützen, denn andernfalls bleibt die Verhaltensänderung eine bloße Übung.

In der folgenden Woche, also nachdem Glen sich beim Betreten des Schlafzimmers anders verhalten hatte als vorher, hatte Joyce Träume, in denen ihre Mutter, ihr Vater und ihr Mann vorkamen und die mit Verlassenwerden zu tun hatten. In diesen Träumen war im Haus etwas Schreckliches passiert. Joyce hatte Angst, ihre Eltern schrien und Glen klopfte an die Haustür. Obwohl sie wußte, daß es Glen war, konnte sie ihn nicht hereinlassen. Während der folgenden Wochen tauchten alte Kindheitserinnerungen an Nächte auf, in denen sie panische Angst hatte und sich unter der Bettdecke versteckte.

Während dieses ganzen Experiments schrieb Joyce ihre Träume und Erinnerungen in ein Tagebuch und erzählte sie dann in der Paartherapie. Mit meiner Hilfe erfuhr John von ihr, was sie sich von ihm wünschte wenn er ihr zuhörte. Dabei ging es ihr vor allem um sein einfühlendes Verständnis für ihre Gefühle und für das, was ihren Erinnerungen zufolge passiert war und darum, daß er nicht versuchen solle, das wieder »geradezubiegen«.

Als sie etwa ein Jahr später die Therapie beendeten, sagte Joyce, daß diese Experimente für sie die deutlichste Erfahrung der Therapie gewesen seien. Sie erzählte, daß sie wesentlich weniger Scham empfinde, wenn sie Angst habe, daß sie diese Angst meistens akzeptieren könne und jetzt in der Lage sei, Glen von ihrer Angst und anderen Gefühlen zu erzählen, wenn sie seine Unterstützung wolle.

Dies ist ein Beispiel für einen Schamzyklus, der in erster Linie durch einen der Partner in Gang gesetzt und aufrechterhalten wird (Joyce's Schambindung mit der Angst). Glens »Anteil« an diesem Prozeß reichte aus, um den Zyklus in Gang zu halten, obwohl er nicht problemspezifisch oder annähernd so intensiv war. Was sein Gefühl betraf, sich wie ein »böser Junge« vorzukommen, gingen wir der Frage nach, woher diese Gefühle in seiner Vergangenheit stammten, was dazu führte, daß Glen sich im Laufe der Therapie bewußt wurde, welch einzigartige Bedeutung er für Joyce hatte; darüber hinaus unterstützte ich ihn in seinem Kampf um eine befriedigende Karriere. Die Techniken, die in der Therapie zur Anwendung kamen, um der Scham zu begegnen, waren u.a. aktives Zuhören, Schamsequenzen erkennen, das Erforschen der Ursachen der Scham in der Ursprungsfamilie, der Gebrauch von Tage-büchern, das Nachbilden des Überlebens der eigenen Scham und die Unterstützung der Klienten, um eine respektvollere und wohltuendere Art des Umgangs mit sich selbst und anderen zu finden.

Dies ist nur ein Beispiel für den Gebrauch des Gestaltexperiments, das Zinker (1993), Wheeler (1993) u.a. im Zusammenhang mit der Paartherapie weiterent-wickelt und ausführlich beschrieben haben. Halten wir fest, daß das grundlegende Paar-Experiment, also das »Aufheben« alter, habitualisierter Verhaltensstrukturen, die durch Ängste, Zweifel und die Bedrohung der Scham erhalten werden, vor allem darin besteht, daß die Partner *in die Therapie kommen*. Diese Geste beinhaltet an sich schon all die Hoffnung und Sehnsucht, deren Bewältigung die alte kreative Anpas-sung, die dann zu einer »fixierten Gestalt« mit den ihr eigenen Schambindungen wurde, einmal gedient hat. Mit der entsprechenden Hilfe und Unterstützung kann dieses alte dynamische Muster dann losgelassen und der Prozeß der Bildung neuer kreativer Anpassungen wieder aufgenommen werden.

Abschließende Bemerkungen

Paradoxerweise kann die Scham in Paarbeziehungen sowohl eine öffnende als auch eine einschränkende Funktion haben. Während die *affektive Scham* den Partnern hilft, ihre zwischenmenschlichen Grenzen im Auge zu behalten, zu regulieren und gegebe-nenfalls zurückzuziehen, wenn der andere für einen erwünschten Kontakt nicht zur Verfügung steht oder gerade eine andere Art von Aufmerksamkeit braucht, kann die *internalisierte Scham* zu überfordernden Schamerlebnissen führen, zu verzweifelten Ver-suchen, die Scham zu verbergen und loszuwerden, zu schwerwiegenden Brüchen in der Paarbindung und zu spiralförmigen Zyklen der Zerstörung bei beiden Partnern.

Haben wir einmal angefangen, die Nuancen und die Dynamik der Scham in Paarsystemen zu verstehen, verstehen wir auch die treibende Kraft hinter vielen, an-sonsten unerklärlichen Erscheinungen in der Paarinteraktion innerhalb und außer-halb des therapeutischen Rahmens: Erscheinungen wie z.B. verpaßte Verabredun-gen, nicht eingehaltene Versprechungen, festgefahrene Positionen, plötzliche Themenwechsel, einseitigen Informationsfluß, die Unfähigkeit, sich zu entschuldi-gen, Wut, Aggressivität, die ständige Beschäftigung mit anderen Dingen, Affären, Krankheit, Perfektionismus, Gewalt etc.

Hinter der Maske liegt eine geschützte (und möglicherweise unbewußte) Sehn-sucht nach Verbindung. Bei der internalisierten Scham geht es um Unterlegenheit und Entfremdung, um den Wunsch(oder die Verleugnung des Wunsches), dazu zu gehören und zu wachsen und um die Angst, daß »unangemessene« Handlungen, Gedanken oder Gefühle mit Zurückweisung und dem Verlust der Unterstützung enden. Indem wir den Paaren helfen, im Laufe der Zeit ihre Scham anzusehen und eine Atmosphäre emotionaler Sicherheit zu schaffen, können die inzwischen disfunktional gewordenen kreativen Anpassungen der Vergangenheit aufgelöst und die Fähigkeit, sich in der gegenwärtigen Situation aufeinander einzulassen, aufgebaut und erneuert werden.

Literatur

Balcom, D. (1991). Shame and violence: Considerations in couple's treatment. In K Lewis (Ed.), Family therapy applications to social work: Teaching and clinical practice (pp. 165-181). New York: Haworth.

Balcom, D., Lee, R. G., & Tager, J. (in press). The systemic treatment of shame in couples. Journal of Marriage and Family Therapy, 1995.

Bradshaw, J. (1988). Healing the shame that bznds you. Deerfield Beach, FL: Health Communications.

Fossum, M. A., & Mason, M.J. (1986). Facingshame:Families in recovery. New York: W.W. Norton.

Gilligan, G. (1982). In a different voice. Cambridge, MA: Harvard University Press.

Jordan, J. (1989). Relational development: Therapeutic implications of empathy and shame. Wellesley, MA: The Stone Center.

Kaplan, M. L., & Kaplan, N. R. (1991). The self-organization of human psychological functioning. Behavioral Science, 36, 161-178.

Kaplan, N. R., & Kaplan, M. L. (1987). Processes of experimental organization in individual and family systems.Psychotherapy, 24(3s), 561-569.

Kaufman, G. (1980). Shame: The power of caring. Cambridge: Shenkman.

Kaufman, G. (1989). The psychology of shame. New York: Springer.

Lansky, M. R. (1991). Shame and fragmentation in the marital dyad. ContemporaryFamily Therapy, 13(1), 17-31.

Lee, R. G. (1993). The effect of internalized shame on marital intimacy. Doctoral dissertation, Fielding Institute, Santa Barbara, CA.

Lewis, H. B. (1971). Shame and guilt in neurosis. New York: International Universities Press.

Lewis, H. B. (1981). Shame and guilt in human nature. In S. Tuttman, C. Kaye, & M. Zimerman (Eds.), Object and self: A developmental approach. New York: International Universities Press.

Lynd, H. (1958). On shame and the search for identity. New York: Harcourt, Brace.

Maturana, H. R., & Varela, F. J. (1980). Autopoiesis and cognition. Dordrecht, Holland: Reidel.

Nathanson, D. L. (1992). Shame and pride: Affect, sex, and the birth of the self New York: W.W. Norton.

Nichols, M. P. (1991). No place to hide:Facingshame so we can find self-respect. New York: Simon & Schuster.

Papernow, P. L. (1993). Becoming a stepfamily. San Francisco: Jossey-Bass.

Prosky, P. (1979). Some thoughts on family lifefrom the field of family therapy. Unpublished manuscript.

Retzinger, S. M. (1987). Resentment and laughter: Video studies of the shame-rage spiral. In H. B. Lewis (Ed.), The role of shame in symptom formation (pp. 151-181). Hillsdale, NJ: Lawrence Erlbaum.

Schneider, C. D. (1987). A mature sense of shame. In D. L. Nathanson (Ed.), The many faces of shame (pp. 194-213). New York: Guilford Press.

Tomkins, S. S. (1963). Affect, imagery, and consciousness: The negative affects (Vol. 2). New York:Springer.

Tomkins, S. S. (1979). Script theory differential magnification of affects. In H. E. Howe and R. A. Dienstbrier (Eds.), Nebraska symposium on motivation (Vol.26, pp.201-236). Lincoln: University of Nebraska Press.

Tomkins, S. S. (1987). Shame. In D. L. Nathanson (Ed.), The many faces of shame (pp. 133-161).New York: Guilford Press.

Wheeler, G. (1993). Kontakt und Widerstand. Ein neuer Zugang zur Gestalttherapie. Köln: Edition Humanistische Psychologie.

Wurmser, L. (1981). The mask of shame. Baltimore: The Johns Hopkins University Press.

Wyman, L. P. (1981). The intimate systems research project: Report number 1. Cleveland: The Gestalt Institute of Cleveland Press.

Zinker, J. (1993). Gestalttherapie als kreativer Prozeß. Paderborn: Junfermann.

Zinker, J. C. (1983).Complementarity and the middle ground: Two forces for couples' binding. The Gestalt Journal, 6(2).

Zinker, J. C., & Nevis, S. M. (1981). The gestalt theory of couple and family interactions. Cleveland: Gestalt Institute of Cleveland Press.

12

Intimität und Macht in dauerhaften Beziehungen
Systeme aus gestalttherapeutischer Sicht

Joseph Melnick & Sonia March Nevis

In unserer heutigen Gesellschaft halten viele Menschen die Fähigkeit, dauerhafte intime Beziehungen einzugehen, zu pflegen und aufrechtzuerhalten für eine der Grundbedingungen eines glücklichen Lebens (Schaefer & Olson, 1981). Daneben betrachtet eine steigende Zahl von Psychotherapeuten und Entwicklungstheoretikern die Fähigkeit, sich gleichberechtigt mit einem anderen Menschen einzulassen, als ein wesentliches Merkmal von Reife. Gleichzeitig spiegeln die große zwischenmenschliche Unsicherheit und unsere katastrophale Scheidungsrate die Schwierigkeit wider, intime Beziehungen einzugehen und aufrechtzuerhalten.

Obwohl die populärwissenschaftliche Literatur dem Thema Intimität viel Aufmerksamkeit geschenkt hat (Lerner, 1989; Rabin, 1983), wurde im familientherapeutischen Bereich nur wenig darüber geschrieben (Weingarten, 1991). Noch erstaunlicher ist, daß wir praktisch keine von Gestalttherapeuten verfaßten schriftlichen Beiträge zum Thema Intimität finden konnten.

Unser Ziel ist es, dem Fehlen eines solchen Beitrags etwas entgegenzusetzen. Wir werden uns mit Hilfe einer gestalttherapeutischen Perspektive mit der Frage der dauerhaften Intimität auseinandersetzen, also einem Konzept, dem eine Beziehung zwischen zwei oder mehr Individuen über einen längeren Zeitraum zugrundeliegt. Zunächst werden wir das Konzept der Intimität aus einer prozeßorientierten Perspektive analysieren und unsere Arbeitshypothesen benennen. Danach werden wir vier verbreitete Beziehungsmuster beschreiben, die manchmal fälschlicherweise als intim angesehen werden. Nachdem wir die grundlegenden Elemente für die Entwicklung von Intimität dargestellt haben, werden wir den Gestalt-Erlebenszyklus einführen. Zum Schluß werden wir uns mit dem Konzept der Macht beschäftigen, indem wir zunächst den Zusammenhang zwischen Macht und Verantwortlichkeit beschreiben und anschließend darauf eingehen, wie in intimen Beziehungen mit Macht umgegangen wird.

Bevor wir anfangen noch eine letzte Bemerkung. Sofern nicht anders angegeben, bezieht sich der Begriff der *dauerhaften Intimität* auf heterosexuelle Beziehungen im Bereich der westlichen Mittelschicht. Dieser Fokus dient lediglich der Klarheit der Darstellung und soll keineswegs andeuten, daß diese Form der Paarbeziehung einen anderen oder höheren Wert hätte als irgend welche anderen Beziehungsformen.

Das Problem der Definition von Intimität

Das Konzept der Intimität ist schwer zu definieren. Einige Experten beschreiben sie als Nähe und Tiefe zwischen zwei Menschen, als Gewahrsein der innersten Eigenschaften und Qualitäten des jeweils anderen (Sexton & Sexton, 1982). Andere betonen die Wechselseitigkeit und eine Haltung gegenseitiger Durchlässigkeit: »Intimität ist eine intentionale Handlung zwischen gleichartigen Geschöpfen, deren Wille es ist, die echolose Stille des Universums zu überbrücken« (Denes, 1982, S. 136). Wieder andere verfolgen einen eher existentiellen und intellektuellen Ansatz und definieren Intimität als »einen kognitiven Zustand, der sich auf das Wissen um die eigene seelische Wirklichkeit bezieht« (Mendelsohn, 1982, S. 39). Einige legen den Schwerpunkt auf das Gefühl der Ganzheit, das beispielsweise selbst zwischen den Gegnern in einem Boxkampf entstehen kann (Wilner, 1982). Manche schließlich betrachten Intimität als eine Fähigkeit oder Eigenschaft, die von Mensch zu Mensch unterschiedlich ausgeprägt ist (Mahrer, 1978; Weingarten, 1991), und in letzter Zeit ist die Frage nach den unterschiedlichen Fähigkeiten von Männern und Frauen mehr in den Vordergrund gerückt (Luepnitz, 1988).

Die Schwierigkeit, hinsichtlich der Bedeutung von Intimität zu einem Konsens zu gelangen, hängt z.T. mit den mächtigen Gefühlen, Bildern und Archetypen zusammen, die dieser Begriff hervorruft. Auch wenn wir in den Einzelheiten der Definitionen Unterschiede aufweisen, scheinen wir doch irgendwie zu wissen, wann wir Intimität erfahren oder ihr begegnen. Zum Beispiel kann man sich doch leicht eine Mutter vorstellen, die ihr neugeborenes Baby stillt, ein Liebespaar, das Hand in Hand einen einsamen Strand entlang geht oder zwei ältere Menschen, die zärtlich beieinander im Schaukelstuhl sitzen.

Bei unserem Definitionsversuch werden wir einen anderen Kurs einschlagen. Unser Zugang wird ein *prozeßhafter* sein, eine Sichtweise, die tief im Gestaltansatz verankert ist. Mit »Prozeß« meinen wir die Beschreibung der Phänomenologie einer Begegnung, wobei es uns vor allem um die Frage geht, *wie* sich das Erleben organisiert; dabei betrachten wir bestimmte habitualisierte Muster des Energieaustausches in Zweiersystemen. Ein Gestalttherapeut könnte sich also für bestimmte Muster oder Merkmale wie Komplexität, Robustheit, Lebhaftigkeit, Kreativität oder Ausgewogenheit interessieren, um nur einige zu benennen. Aufgrund seines rein beschreibenden Wesens erlaubt es der prozeßorientierte Zugang, uns sämtlicher be- und abwertenden Konstrukte und Sprachgewohnheiten zu enthalten. Denn Begriffe wie *Abhängigkeit* oder *Autonomie* sind letztendlich kontextgebunden und beziehen sich auf einen bestimmten Aspekt des Zweiersystems.

Wir haben uns dafür entschieden, das Konzept der *Macht* als unsere vornehmliche Art der Organisation und Beschreibung der Begegnung zweier Menschen zu gebrauchen. Denn wir glauben, daß ein dauerhaftes Machtgleichgewicht die notwendige Bedingung dafür ist, daß Intimität gedeihen kann. Bevor wir fortfahren, möchten wir einige Grundannahmen darstellen.

Grundannahmen

Die Begriffe *Intimität*, *Macht* und *Mißbrauch* beschreiben verschiedene Aspekte der Beziehung zwischen zwei oder mehreren Menschen.

Jeder Mensch hat eine tiefe Sehnsucht danach, Intimität, Macht und Fürsorge zu erfahren.

Intimität in erwachsenen Zweierbeziehungen basiert auf einem Gleichgewicht der erlebten Macht im Kontext einer dauerhaften Beziehung.

Fürsorge ist eine Qualität, die in intimen Beziehungen zu finden ist. Fürsorge bedeutet, daß positive Energie (in Form von Nahrung, Worten, Berührung etc.) von einem einzelnen oder einem größeren System aus der Umgebung aufgenommen wird. In einer dynamischen, ausgeglichenen intimen Beziehung geben und empfangen beide Partner Fürsorge.

Leider gibt es in jeder intimen Beziehung auch Mißbrauch, also psychologische, emotionale oder körperliche Grenzverletzungen.

Wenn die eigene Macht im Verhältnis zur Macht des anderen abnimmt,
ist man offener dafür, Fürsorge anzunehmen.
ist man offener dafür, mißbraucht zu werden.
hat man weniger Möglichkeiten, den anderen zu mißbrauchen.

Wenn die eigene Macht im Verhältnis zur Macht des anderen ansteigt,
steigt die Macht, für den anderen zu sorgen oder ihn zu mißbrauchen.
gibt es weniger Gelegenheiten, mißbraucht zu werden.

Mit Hilfe des interaktiven Erlebenszyklus (Zinker & Nevis, 1981) kann Intimität angemessen beschrieben werden.

Erfahrungen, die der Intimität gleichen

Aus der Ferne betrachtet, erscheinen viele Beziehungen als ihrem Wesen nach intim. Bei genauerer Betrachtung sehen wir jedoch, daß ihnen das eine oder andere wesentliche Merkmal fehlt. In diesem Abschnitt werden wir vier verbreitete Formen beschreiben: intime Momente, Pseudointimität, Isolation-a-deux und bestimmte Kontaktformen.

Intime Momente können eintreten, wenn zwei oder mehr Menschen gleichzeitig im selben Maß an einer Sache interessiert sind oder ihre Energie darauf richten. In einem solchen Augenblick erleben sie die gleiche Bereitschaft, zu kennen und gekannt zu werden. (Ein einfaches Beispiel dafür sehen wir, wenn zwei sich fremde Personen bemerken, daß sie einen gemeinsamen Freund haben.) Im Unterschied zur dauerhaften Intimität erfordern intime Momente kein Machtgleichgewicht, sondern können auch in einer langjährigen Beziehung mit ungleicher Machtverteilung oder in einer kurzzeitigen Beziehung mit ungeklärter Machtverteilung (ein sanfter Blick während der ersten Verabredung) erlebt werden.

Obwohl solche Augenblicke zu allen Zeiten vorkommen, entstehen sie doch häufig im Zusammenhang mit bedeutenden Ereignissen wie Geburt, Heirat, Krankheit und Tod. Diese Gelegenheiten, die großen Ausgleichsmomente der Gesellschaft, dienen dazu, eine machtvolle und anziehende Figur hervorzubringen, die die traditionellen Grenzen und Machtunterschiede, die normalerweise zwischen Menschen bestehen, zeitweilig aufzuheben. Beispiele hierfür sind etwa der Vater und der Sohn, die sich anläßlich der Geburt des Kindes bzw. Enkelkindes freudig umarmen, oder der Therapeut und der Klient, die zusammen weinen nachdem der Patient erzählt, daß er Krebs hat.

Normalerweise werden intime Momente als etwas erlebt, das »einfach passiert« und sich unserer Kontrolle entzieht. Auch wenn man daran arbeiten kann, die Bedingungen für solche Übergangserfahrungen herzustellen (eines der Ziele der Psychotherapie ist z.B. die Eröffnung eines Potentials für solche intimen Interaktionen), erfordern sie keine direkten Bemühungen. Ja, sie zeichnen sich sogar gerade durch ein gewisses Überraschungsmoment und ein Gefühl von Grenzenlosigkeit oder Konfluenz aus, das mit Gefühlen des Verbundenseins und der Gegenseitig einhergeht. Denn in einem intimen Augenblick erlebt man den anderen nicht als vom eigenen Selbst getrennt oder verschieden. Vielmehr werden das Selbst und der andere, die Figur und der Hintergrund vorübergehend eins.

Diese kurzzeitigen Interaktionen werden am besten ausgekostet und abgeschlossen. Es ist jedoch nicht ungewöhnlich, daß ihnen eine Bedeutung beigemessen wird, die letztlich Sorgen und Probleme mit sich bringt. Viele von uns haben z.B. irgendwann einmal fälschlicherweise angenommen, daß das Verliebtsein oder die Liebe auf den ersten Blick die nötigen Voraussetzungen für eine dauerhafte Beziehung in sich tragen. Auf ähnliche Weise sind schon zu viele Klienten Psychotherapeuten zum Opfer gefallen, die auf dem Höhepunkt eines intimen Moments das naturgemäß vorhandene Machtgefälle ignoriert haben (Melnick, Nevis & Melnick, unveröffentlicht). Dieses Nicht-wahrnehmen der therapeutischen Verantwortung hat leider manches Mal zum emotionalen und sexuellen Mißbrauch von Klienten geführt.

Pseudointimität

Eine zweite Interaktionsform, die manchmal mit dauerhafter Intimität verwechselt wird, ist die *Pseudointimität*. Pseudointimität liegt vor, wenn man sich fälschlich als in einer intimen Beziehung erlebt, weil man nicht bemerkt hat, daß es an Gegenseitigkeit fehlt. Da der andere nicht das gleiche Gefühl von Verbundenheit oder Bezogenheit empfindet, ist die Interaktion einseitig. Daher existiert die Macht der wahrgenommenen Intimität nur für den einen, nicht aber für den anderen. Die unerwiderte Liebe ist ein gutes Beispiel dafür.

Pseudointimität erfordert eine unzutreffende Projektion einer Intimitätsfigur auf den anderen. Sie geht häufig einher mit der Unfähigkeit, sich abzuwenden. In diesen Bereich fallen ebenso bestimmte positive Übertragungsformen, wie auch die imaginierten Beziehungen, die ganz normale Menschen mit berühmten und mächtigen Leuten haben. Solche Beziehungen können verschiedenen Zwecken dienen, aber es handelt sich dabei sicherlich nicht um intime Beziehungen.

Eine der mächtigsten Formen der Pseudointimität hängt mit der einseitigen Beendigung einer langjährigen Beziehung zusammen. Das geschieht z.B., wenn die Energie des einen Partners langsam abnimmt, während der andere immer noch tiefe Gefühle der Zuneigung empfindet. Derjenige, der immer noch »verliebt« ist, erlebt die Unfähigkeit, wegzugehen und sich einer anderen Figur zuzuwenden. Dieser fixierte Fokus auf eine nicht mehr nährende Beziehung kann viel Sehnsucht und Schmerz verursachen.

Isolation-a-deux

Eine dritte Form der Verbindung, die manchmal als Intimität betrachtet wird, ist eine *Isolation-a-deux* (McMahon, 1982). Manchmal scheint diese Form eine gewisse Ähnlichkeit mit der langjährigen intimen Beziehung zu haben. Bei näherer Untersuchung zeigt sich jedoch, daß die Interaktion eine klischeehafte Qualität aufweist und niemals unter die Oberfläche gelangt. Nach McMahon ist die Übertragungsverzerrung in dieser Interaktionsform für beide Partner so groß, daß der andere kaum für sich und um seiner selbst willen existiert. Die Interaktion nimmt zwanghafte, unbefriedigende Züge an, wobei die Betroffenen miteinander oder mit sich selbst nur in sehr engen Kontakt treten.

Kontakt

Bevor wir uns ausführlicher mit der Beschreibung der dauerhaften Intimität beschäftigen, müssen wir noch eine andere Interaktionsform anführen, den *Kontakt*. Kontakt beinhaltet die Begegnung des Selbst mit der Umgebung (häufig in Form eines anderen Menschen) an einer Grenze. Obwohl sämtliche intimen Momente

Kontakt beinhalten, beinhaltet Kontakt nicht auch notwendig Intimität. Intimität erfordert eine syntonische Erfahrung zwischen zwei oder mehreren Menschen, während Kontakt auch zwischen einem Menschen und einem intimen Objekt oder der Umgebung als ganzer stattfinden kann. Beispiele hierfür sind das tiefe Berührtsein durch die Lektüre eines Buches oder der tiefe innere Friede, den man auf einem Spaziergang durch den Wald oder die Natur erleben kann.

Dauerhafte Intimität

Es ist unsere Überzeugung, daß die wichtigste Voraussetzung für die Entwicklung einer dauerhaften Intimität darin besteht, daß sie von Gleichgestellten angestrebt wird. Das bedeutet, daß es zwischen den intimen Personen ein System gegenseitiger und ausgewogener Fürsorge und Zuneigung geben muß. Letztendlich beruht das Wachstum und Überleben jeder dauerhaften Beziehung auf der ehrlichen Bereitschaft, von dem Bedürfnis, mächtiger (oder weniger mächtig) als der andere zu sein, Abstand zu nehmen und auf dem tiefen Verständnis, daß die individuellen Ressourcen gleichwertig zum System gehören (Hatfield, 1982).

Damit sich dauerhafte Intimität entwickeln kann, müssen beide Partner bereit sein, sich weder strategisch noch politisch zu verhalten, d.h. beide sind bereit, sich der Wahrheit so weit wie möglich zu öffnen. Im schlimmsten Falle erweist sich diese Offenheit gegenüber dem Fluß der Erfahrung als beängstigend, weil sie die Vorhersagbarkeit und Sicherheit (oder die Illusion der Sicherheit) reduziert, die viele Menschen in dauerhaften Beziehungen suchen. Im besten Falle kann sie ein lebhaftes, selbstregulierendes System hervorbringen, das neue Informationen integrieren und auf ein breites Spektrum äußerer Veränderungen reagieren kann.

Wie bereits erwähnt, stellt die Zeit einen für die Entwicklung dauerhafter Intimität wesentlichen Faktor dar. Bevor die Intimität sich wirklich entwickeln kann, muß man viele Stunden miteinander verbringen. Es bedarf nicht nur einiger Augenblicke des Verbundenseins, sondern zahlreicher solcher Momente. Außerdem müssen diese Momente aus vielfältigen Zusammenhängen heraus entstehen. Dauerhafte Intimität entsteht also dann, wenn die Vielfalt der Bezüge, in denen intime Momente erlebt werden, zunimmt.

Da die Fähigkeit, in einer langjährigen Beziehung zu leben, mit einem Lernprozeß einhergeht, können die Partner an Erfahrung gewinnen, wenn sie diese Erfahrung immer wieder aufs neue machen. Im Idealfall wächst auf diese Weise das Vertrauen in sich selbst und den anderen, so daß ein scheinbar müheloser Rhythmus entsteht.

Noch einmal: Dauerhafte Intimität ist das Ergebnis einer Bandbreite von intimen Momenten, die zwei Menschen über einen bedeutenden Zeitraum miteinander erleben. Hinzu kommt, daß diese Momente einen zyklischen Charakter haben. Es gibt eine klare Struktur, die einen Anfang, eine Mitte und ein Ende umfaßt. Paradoxerweise haben diese Zeiten jedoch auch eine unendliche Vielfalt. Indem man im Laufe der Zeit kurze, tiefe, anhaltende, seichte, schnelle und langsame Erfahrungszyklen miteinander erlebt, wächst die dauerhafte Intimität. Diesem Erlebenszyklus wenden wir uns als nächstes zu.

Der interaktive Erlebenszyklus und dauerhafte Intimität

Mit Hilfe des interaktiven Erlebenszyklus (Zinker & Nevis, 1981) können vielfältige, durch die Interaktion zweier Menschen in einer Beziehung hervorgebrachte Erfahrungen beschrieben und analysiert werden. Der interaktive Zyklus ist eine Weiterentwicklung des Erlebenszyklus-Modells, das am Gestalt Institute of Cleveland entwickelt wurde (Zinker, 1993; Melnick & Nevis, 1987). Dieser Zyklus beschreibt ein Erlebenskontinuum, das mit der *Empfindung* beginnt und die Stadien *Gewahrsein, Mobilisierung, Kontakt, Auflösung* und *Rückzug* umfaßt.

Da jeder individuelle Durchgang durch diesen Zyklus so einzigartig ist wie ein Fingerabdruck, weisen die Zyklen zweier beliebiger Individuen häufig Unterschiede auf. Diese Unterschiede sind die Funktion einer Reihe von Variablen, einschließlich der für jede Phase aufgewendeten Zeit und Energie. Während man mit einem anderen Menschen viele solcher Zyklen durchmacht, entwickeln sich langsam gewohnte Formen – ähnlich wie bei einem Tanz. Im Idealfall lernen beide Partner, ihren eigenen Rhythmus zu verändern, um einer gegenseitigen Synchronizität Raum zu machen, die für beide befriedigend ist.

Als einfaches Beispiel könnte ein Essen dienen, dem die gemeinsame Entscheidung, auszugehen, vorausgeht. Angenommen, das Paar ist in der Lage, eine beiderseits befriedigende Entscheidung zu treffen, so beginnt in dem Moment, wo die beiden das Restaurant betreten, eine ganze Serie neuer Zyklen, indem sie z.B. einen Tisch wählen und sich entscheiden müssen, wie sie sich setzen. Wenn es ums Bestellen geht, stellt sich möglicherweise heraus, daß sie sehr unterschiedliche Arten zu wählen haben. Vielleicht möchte er sich zunächst einmal einen breiten Überblick verschaffen, bevor er sich entscheidet. Das kann bedeuten, daß er die ganze Karte durchliest, sich überlegt, was er beim letzten Mal bestellt hat, Kalorien und Nährwerte berücksichtigt und dem Kellner eine Reihe Fragen stellen möchte. Sie dagegen ist vielleicht jemand, die weiß, was sie will und deshalb in dieses Empfindungs-Gewahrseins-Stadium keine Energie stecken muß. Sie entscheidet sich sehr schnell und ist bereit, zu bestellen, während er mit seinen Überlegungen noch ganz am Anfang ist. Wenn der Kellner in diesem Moment auftauchen würde, könnte ihre mobilisierte Energie in Ungeduld umschlagen und sein unvollständiges Gewahrsein in Unsicherheit. In einem eingespielten System könnte er lernen, seinen Prozeß zu beschleunigen, indem er z.B.

unrealistische Möglichkeiten schneller ausschließt, und sie könnte lernen, sich ein bißchen mehr Zeit zu lassen. Außerdem könnten sie der äußeren Stimulierung eine Grenze setzen, indem sie den Kellner bitten, später wiederzukommen. Und so geht es den ganzen Abend weiter. Am Ende muß sein Bedürfnis, in Ruhe eine Tasse Tee zu schlürfen und die Qualität der Bedienung zu beurteilen, im Lichte ihres Bedürfnisses, »zu essen und dann wieder zu verschwinden« erwogen werden.

Eine intime Erfahrung kann also dann stattfinden, wenn die beiden – was die Plazierung innerhalb des Zyklus betrifft – entweder im selben Rhythmus schwingen, *oder* sich der Unterschiede, die sich in diesem Moment zwischen ihnen ergeben, bewußt sind. Dieses beiderseitige Gewahrsein und die Verbundenheit untereinander bilden den Boden für die Erfahrung der Intimität. Für gewöhnlich spielen noch ein paar andere Elemente eine Rolle, wie etwa das individuelle Gewahrsein der Synchronizität des Augenblicks oder eine gemeinsame Anerkennung der Erfahrung (häufig in verbaler Form, manchmal aber auch durch Blicke oder Berührung). Diese beiderseitige Anerkennung unterstützt die Entwicklung dieses »Mittelgrundes« erfolgreicher gemeinsamer Zyklen (Zinker & Nevis, 1981).

Und schließlich hat Intimität weniger mit der Menge der eingesetzten Energie, die sich auf eine gemeinsame Figur richtet, zu tun als vielmehr mit ihrer Gleichartigkeit. Wie bereits vorhin erörtert: wenn zwei Individuen innerhalb ihres Systems fortwährend abweichende Energiemengen aufbringen, wird ein Machtgefälle erzeugt und das Potential für Intimität vermindert. Dieser Frage der Macht wenden wir uns nun zu.

Macht und Intimität

Das Konzept der Macht ist in der gegenwärtigen amerikanischen Gesellschaft sowohl populär gemacht als auch sehr vereinfacht worden. Die Medien sprechen von Macht, als handle es sich dabei um eine konkrete Substanz, was sich in der englischen Sprache in Ausdrücken wie *powerbreakfast*, *power suits* und selbst *power desks* widerspiegelt. Der unkritische Gebrauch dieses Wortes ignoriert die Prozeßhaftigkeit seiner Bedeutung, denn Macht ist das Konzept eines Prozesses, das den Einfluß zweier oder mehrerer Personen an der Durchsetzung gemeinsamer Interessen beschreibt. In einem Zwei-Personen-System gilt derjenige, der gerade mehr Einfluß ausübt, als der mächtigere und derjenige, der weniger Einfluß ausübt als der weniger mächtige.

In einer Beziehung gibt es viele Möglichkeiten, Einfluß zu nehmen; die sexuelle, die intellektuelle, die politische und die emotionale Ebene sind nur einige Beispiele. Eine der wichtigsten Anwendungsgebiete der Macht ist die Schaffung einer Vision. Eine prozeßhafte Perspektive geht davon aus, daß zu einem System mehr gehört als nur die in ihm stattfindenden Transaktionen. Es bedarf eines projizierten Gespürs dafür, was es als System werden, wohin es sich entwickeln soll, eine Voraussage darüber, wie eine gesunde Beziehung in der Zukunft aussehen soll. Die Art, wie diese Vision geschaffen wird und wie der Einfluß dabei geltend gemacht wird, ist ein Abbild der Werte, Normen und der Gesundheit der Beziehung.

In jedem System gibt es Machtunterschiede, sei das beabsichtigt oder nicht, denn jeder einzelne bringt andere Kompetenzen mit in die Beziehung (der eine kann z.B. besser kochen als der andere). In einem intimen System ist der Fokus ständig im Fluß, und ebenso die Machtunterschiede. Es ist immer so, daß einer mehr weiß, der andere gerade bodenständiger ist usw.

Solche Ungleichheiten resultieren jedoch nicht nur aus realen und spürbaren Unterschieden. Häufig sind sie auch das Ergebnis eines gemeinsamen Mythos, der aus der Lebensgeschichte (sowohl der individuellen als auch der gemeinsamen) beider Partner erwachsen ist. Typischerweise werden solche Mythen durch einen projektiven Vertrag aufrechterhalten, in dem die eine Seite ihre Macht verstärkt oder vermindert, während die andere Seite diese Verzerrung unterstützt.

Mit dem Anwachsen der Macht in einer Beziehung, sei es aufgrund von Kompetenz oder von Projektion, wächst auch die Fähigkeit zu fördern oder zu mißbrauchen. Die häufigste Form des Mißbrauchs ist die körperliche oder emotionale Grenzverletzung, z.B. in Form einer Ohrfeige oder einer sadistischen Bemerkung. Doch es gibt auch subtilere Formen des Mißbrauchs. Schlechte Behandlung kann z.B. so aussehen, daß der mächtigere Partner den Machtunterschied schweigend ignoriert. Denn mit der Macht wächst auch die Verantwortung, sich dieses (entweder vorübergehenden oder dauerhaften) Machtunterschiedes bewußt zu sein und sich für den Schutz der Beziehung und des Partners einzusetzen. Das Verhältnis zwischen Macht und Verantwortung ist von großer Bedeutung.

Macht und Verantwortung

Der mächtigere Partner in einer Beziehung trägt Verantwortung in vielerlei Hinsicht. Vor allem besteht die Notwendigkeit, sich der Wirkung des eigenen Handelns auf den weniger mächtigen Partner bewußt zu sein, denn dieser ist per definitionem weniger gut in der Lage, sich vor Verletzung zu schützen. Diese Verantwortung trägt man auch dann, wenn man sich ihrer nicht bewußt ist. Auch wenn das Maß der Schuldfähigkeit für das eigene Handeln durch den Grad an Bewußtsein begrenzt ist, gibt es Gesichtspunkte, unter denen der mächtigere Partner zur Rechenschaft gezogen werden können muß, und zwar unabhängig davon, ob er sich dessen bewußt ist, oder nicht!

Die Rechtsprechung kennt viele Beispiele für diese weite »Schlinge der Verant-wortlichkeit«. Beispielsweise ist man dafür verantwortlich, die Steuergesetze zu be-folgen, ob man diese nun kennt oder nicht. Eine Reihe von Rechtsurteilen, die in jüngster Vergangenheit in den Vereinigten Staaten gefällt wurden, bevollmächtigen den Psychotherapeuten, die Schweigepflicht zu brechen und bereits auf den Verdacht hin, daß ein Patient sich selbst oder andere verletzen könnte, tätig zu werden. In die-sem Fall muß der Therapeut zwischen zwei möglichen negativen Konsequenzen wählen, nämlich der Einlieferung des Patienten in eine Klinik oder die mögliche Tö-tung eines Menschen bzw. den Selbstmord des Patienten.

Mit der Macht kommt die Verantwortung, das Gewahrsein weit über die Gren-zen des Eigeninteresses hinaus auszudehnen. Hieraus entsteht ein Dilemma, das wir am Beispiel eines männlichen Patienten, der sich in eine naive, verheiratete Frau verliebt hatte, deutlichmachen wollen. Da dieser Patient bereits Erfahrungen mit außerehelichen Beziehungen gemacht hatte (Macht aus Erfahrung), war er auch in der Lage (oder sollte es sein), sich der potentiellen Konsequenzen einer Affäre für die Ehe der Frau und die betroffenen Personen bewußt zu sein. Ist dieser Mann nun aus-schließlich seinem Eigeninteresse verpflichtet? Oder geht seine Verantwortung ein bißchen weiter? Kann er ein »reines Gewissen« haben, wenn er die Frau ausdrück-lich auf die möglichen Konsequenzen einer solchen Affäre aufmerksam macht? Oder muß er noch mehr tun? Ist es seine Verantwortung, die Beziehung so lange ruhen zu lassen, bis die Frau ihr Gleichgewicht wiederfindet und die möglichen Folgen reali-stisch einschätzen kann? Ist er ethisch verpflichtet, sich selbst um das Wohlergehen des anderen willen einzuschränken? Und schließlich: welche Verantwortung trägt der Therapeut in der ungleichen Beziehung zum Patienten? Soll der Therapeut sich neutral verhalten und in die Notlage des Patienten einfühlen? Oder hat er die Auf-gabe, den Patienten mit dem Machtunterschied und den ethischen und moralischen Fragen, die sich aus seinem Verliebtsein ergeben, zu konfrontieren?

Angesichts eines möglichen Mißbrauchs still zu bleiben, hat erhebliche ethische Konsequenzen. Denn der Mißbrauch, hat er einmal stattgefunden, bleibt selten in-nerhalb der Grenzen der Zweierbeziehung. Im oben beschriebenen Beispiel könnte der Mißbrauch den Ehemann der Frau, die Kinder, Eltern, Schwägerinnen und Schwäger, die Arbeistbeziehungen etc. in Mitleidenschaft ziehen. Wie ein Virus, der sich immer weiter ausbreitet, ist es praktisch unmöglich, den Mißbrauch innerhalb der unmittelbaren Grenzen des eigentlichen Geschehens zu halten.

Macht in unausgewogenen dauerhaften Beziehungen

Wie dem auch sei, in vielen intimen Systemen gibt es gleichbleibende, relativ starre Machtunterschiede. Darüber hinaus schlägt das Pendel der Macht im Laufe des Reifungsprozesses eines Menschen mehr und mehr zu seiner Seite der Grenze hin aus.

Im vorigen Abschnitt wurde sowohl die höhere Verantwortung als auch der potentielle Mißbrauch von Macht angesprochen. Im folgenden Abschnitt werden wir uns mit den positiven Aspekten der Macht in ungleichen Beziehungen auseinandersetzen.

Wohlwollend eingesetzte Macht erzeugt eine reiche und geschützte Interaktionskultur, in der der Schwächere lernen und wachsen kann. Gute Eltern sind deshalb in der Lage, dem Kind den Schutz, den Halt und die Sicherheit zu bieten, die es braucht, um sich frei von den Sorgen und Belastungen der Erwachsenen entwickeln zu können. In ähnlicher Weise übernehmen starke Lehrer die Verantwortung für die Anleitung ihrer Schüler und schaffen eine Atmosphäre, die genügend Raum bietet, um Ideen und Werte zu gestalten und aufzunehmen. Und schließlich erzeugt der kompetente Therapeut einen Rahmen und eine Atmosphäre, in der die Patienten letztendlich auch die »negativen« Aspekte des Selbst integrieren können, die sie früher verleugnet und von sich gewiesen haben.

In diesem Kapitel ist die erhöhte Verantwortung, die mit der größeren Macht Hand in Hand geht, immer wieder betont worden. Leider ist es so, daß man mit der Zunahme der eigenen Macht auch die Möglichkeit aufgeben muß, innerhalb einer Beziehung dauerhafte Unterstützung zu bekommen. Wenn man daher im Laufe vieler Beziehungen reifer wird, geht es mehr und mehr darum, Stärkung und Boden zu geben, und weniger zu empfangen.

Morris (1982) diskutiert den Unterschied zwischen dem, was er als ausgeglichene bzw. als sorgende Beziehung bezeichnet. Er weist darauf hin, daß Liebe, gegenseitige Regulierung und emotionale Sicherheit beide Arten von Beziehung kennzeichnen. In einer sorgenden Beziehung jedoch wird vom Kind lediglich erwartet, daß es Hinweise auf seine Bedürfnisse gibt, während die Sorgeperson sich darum kümmern muß, die eigenen Bedürfnisse woanders zu befriedigen. In seiner Theorie der psychosexuellen Entwicklung macht Erikson (1950) auf diesen Aspekt der Generativität aufmerksam, daß der Erwachsene nämlich in der Lage ist, den anderen an die erste Stelle zu setzen. Batson (1990) zitiert in einer neueren Übersicht zum Thema Altruismus (die Fähigkeit, das Wohlergehen eines anderen als letztes Ziel zu sehen und zu verfolgen) die experimentelle Forschung, um dieses Merkmal von sorgenden Beziehungen zu belegen.

Wenn es das Schicksal des einzelnen ist, in einer Welt zu leben, in der Reife bedeutet, zunehmend mehr Nahrung zu geben und weniger zu nehmen, zumindest in den durch Fürsorge gekennzeichneten Beziehungen, dann muß die Freude in diesen Beziehungen auf anderen Wegen erreicht werden. Eine Reihe von Werten wie Stolz, Kunstfertigkeit, Menschenfreundlichkeit, universelle Verbundenheit und Demut sind Mittel, mit Hilfe derer der Mächtigere Befriedigung erlangen kann. Die Erfahrung von Stolz, zu der Entwicklung eines anderen beitragen zu können, ist ein solcher Wert. Wenn man einem Kind z.B. beibringt, Fahrrad zu fahren und sich dann daran freuen kann, wie das Kind seine erste selbständige »Tour« unternimmt, ist das ein Erlebnis, das man nicht mehr vergißt.

Eine zweite Art der Freude ist die künstlerische Befriedigung, die mit der Fürsorge im Kontext der Beziehung ästhetisch einhergeht. Hier haben wir z.B. die Befriedigung, an der wachsenden Selbständigkeit des anderen beteiligt zu sein. Von einem reifer werdenden Patienten auf angemessene Weise getroffen und herausgefordert zu werden, gehört zu den bittersüßen Früchten einer guten Therapie.

Ein weiterer Aspekt der eigenen Unterstützung ist der philanthropische. Dabei geht es darum, ein Geschenk ohne Schleife und ohne das Bedürfnis nach Anerkennung zu überreichen. Das oberste Ziel ist das Wohlergehen des anderen.

Zusammen mit dem philanthropischen Aspekt der Stärkung erscheinen Beziehungen häufig in einer weiterreichenden und über die unmittelbare Zweiheit hinausgehenden Perspektive, die die Form der Verbundenheit mit »einer höheren Macht« annimmt, sei das die Familie, die Gesellschaft, die Welt oder Gott. Diese Perspektive umfaßt das Verständnis, daß die Auswirkungen jedes einzelnen Augenblicks sowohl in die Zukunft als auch zurück in die Vergangenheit reichen. Von sich zu geben, um auch jenseits des unmittelbaren Einflußbereichs anderen Gutes zu tun, ist die Krönung eines gütigen Umgangs mit der eigenen Macht.

Und wenn man Glück hat, bringt ein Mehr an persönlicher Macht auch einen gesteigerten Sinn für Demut und Normalität mit sich. So kommen wir dahin, die Tatsache zu akzeptieren, daß wir alle – wohl oder übel – zerbrechliche, unvollkommene Geschöpfe sind. Wie Becker (1973) sagt, kann sich unser Geist zwar in die Höhen des Himmels emporschwingen, aber am Ende sind wir doch bloß Futter für die Würmer. Die Ironie dabei ist, daß ein erhöhtes Gewahrsein gleichzeitig ein Segen und eine Last darstellt, denn je stärker man wird, desto mehr muß man nicht nur das eigene, sondern auch das Gewicht der anderen tragen.

Macht in ausgewogenen dauerhaften Beziehungen [1]

In dauerhaften intimen Beziehungen mit schwankendem Machtgleichgewicht stehen die Partner vor der schwierigen Aufgabe, in ständig wechselnden Zusammenhängen kommunizieren zu müssen. Beide Partner sind am Zustandekommen und der Aufrechterhaltung eines Systems beteiligt, das den positiven Umgang mit der Macht im Dienste des intimen Kontakts unterstützt.

In einem ausgeglichenen System kann die Macht auf verschiedene Arten positiv eingesetzt werden. Wenn das dauerhafte Machtgleichgewicht in Gefahr ist, bedarf es des Bewußtseins und der Fähigkeit, dem anderen mehr Macht zu übertragen oder zuzugestehen. Vor allem muß die Lebendigkeit der Beziehung höher bewertet werden als Dominanz oder Manipulation um des eigenen Vorteils willen. Die Struktur der Umgebung muß permanent so beeinflußt werden, daß sie das Paarsystem schützt und fördert.

Um einen weisen Umgang mit der eigenen Macht zu pflegen, muß man sich davor hüten, gewinnen oder »rechthaben« zu wollen und doch zu seinen Überzeugungen stehen. Der positive Umgang mit Macht beinhaltet die Bereitschaft, seinen Stolz für die Beziehung aufs Spiel zu setzen. Wenn es zu Konflikten kommt, muß man in der Lage sein, den Kontakt zu suchen und sich mit den Verletzungen auseinanderzusetzen, anstatt sich zurückzuziehen. Die Verletzung muß als Nebenprodukt der Intimität betrachtet werden, das zwar schmerzlich, aber niemals ganz vermeidbar ist.

Mächtige Personen in einer reifen Beziehung verstehen es, zwischen provokativen und evokativen Haltungen zu wechseln. Sie sind in der Lage, Machtveränderungen bewußt und geschmeidig mitzugestalten. Sie wissen, wann sie entschlossen und kraftvoll auf den anderen zugehen, und wann sie mehr Raum geben müssen. Die Bereitschaft, abhängig zu sein und sich hinzugeben ermöglicht es dem anderen, Vorbild, Führer, Sorgender und Quelle zu sein. Auf der anderen Seite wissen die Partner in einer reifen Beziehung, wann sie ihre eigene Autonomie stärken und ihre Energie dem eigenen kreativen Prozeß zuführen müssen. In einer ausgeglichenen dauerhaften Beziehung haben beide Partner den anderen als jemanden erlebt und kennengelernt, der eigene und unabhängige Wahl- und Entscheidungsmöglichkeiten hat. Beide können für sich stehen und jeder respektiert die Entscheidungsfähigkeit des anderen (McMahon, 1982).

Darüber hinaus sind beide Partner bereit, ihre innersten Eigenarten und Eigenschaften zu offenbaren. Ebenso sind sie fähig, zu regredieren und auch die Regression des anderen zu begrüßen. Diese Ausflüge in nicht-integrierte, primitive Strukturen der Vergangenheit werden von beiden als spontane Gelegenheiten einer tiefen Lernerfahrung und Verbundenheit betrachtet.

Das mächtige Individuum zeigt die Fähigkeit, seine Energie in mögliche Transaktionen zu investieren. Diese Verbindlichkeit gegenüber der Veredelung gemeinsam erlebter Freude ist nicht auf den Kontakt allein beschränkt, sondern bezieht sich auf jede Phase des interaktiven Erlebenszyklus. Deshalb sind in einer Beziehung, in der die Macht geteilt wird, letztendlich nicht nur die Figuren, sondern auch der Hintergrund dem anderen zugänglich. Beide Partner sind in der Lage, eine unterstützende Struktur zu schaffen und bereitzustellen, in der der andere wachsen kann. Kompetenz wird nicht gebraucht, um zu entwerten, sondern um die Vision anzuregen und Bedeutung zu schaffen.

In einer ausgeglichenen Beziehung wissen die Partner mit der Erfahrung des Impasses umzugehen. Sie sind in der Lage, sich zeitweise aus dem Weg zu gehen und sich wohlwollend sich selbst zuzuwenden, auch wenn sie nicht befriedigt sind. Wenn man sich dann wieder einander zuwendet, umfaßt der Austausch Unbeschwertheit, Humor und philosophische Demut. Gerade diese Eigenschaften lösen die Widerstände langsam auf und fördern Verbindung und Versöhnung.

In erfolgreichen dauerhaften Beziehungen wird die Kunst der Versöhnung immer wieder praktiziert. Dabei muß man nicht nur wissen, wann man vor-, und wann zurücktreten muß, sondern auch, wann man das Gefühl der Autonomie aufgeben, Abhängigkeit erleben und das eigene Gespür für Verantwortung erweitern muß, um diejenigen, die sich entfernt haben, mit einzubeziehen. Um die Interaktion mit jemandem, der einen verletzt hat, zu riskieren, bedarf es nicht nur des Mutes, sondern auch einer ganzen Reihe weiterer Fähigkeiten. In erfahrenen intimen Beziehungen haben die Partner interaktive Strukturen entwickelt, die der Versöhnung zuträglich sind.

Und schließlich haben die Partner in dauerhaften intimen Beziehungen gelernt, mit Verletzungen zurechtzukommen. Verletzung, also die Erfahrung, daß die eigenen Grenzen überdehnt oder durchbrochen worden sind, ist ein für die Beziehung notwendiges Element. Die extreme Vermeidung von Verletzung führt zu Konfluenz und Stagnation. Der Mangel an Respekt vor den kurz- und langfristigen Folgen der Verletzung kann zu Sadismus und zum Bruch der Beziehung führen. Wenn verletzende Worte und Handlungen auftauchen, muß der Initiator bereit sein, im Kontakt zu bleiben und sich nicht abzuwenden, denn das Merkmal einer dauerhaften intimen Beziehung ist die Bereitschaft, die Wirkung des eigenen Verhaltens auf den anderen in vollem Umfang zu verantworten.

Abschließende Bemerkungen

Unsere Diskussion über Intimität regt zu einer radikalen Veränderung in unserer Sicht des reifen Individuums an, denn unsere Gesellschaft fußt auf der Autonomie des Individuums und auf der Überzeugung, daß sich Reife und die Fähigkeit, in der Welt zurechtzukommen in erster Linie in der Selbstunterstützung zeigt. Wir hingegen sind der Auffassung, daß die Verantwortung für das eigene Handeln nicht an der Kontaktgrenze zwischen dem eigenen Selbst und dem intimen anderen aufhört. Vielmehr muß das Konzept der Grenze ausgeweitet werden, und zwar nicht nur in Richtung auf andere Individuen, die Familie, die Gemeinschaft und die Welt, sondern auch in die Vergangenheit und die Zukunft hinein. Wir müssen nicht nur unsere Enkel ehren, sondern auch unsere Großeltern.

Auch stimmen wir nicht mit der traditionellen amerikanischen Ansicht überein, die Unabhängigkeit als höchstes Ideal ansieht. Statt dessen treten wir dafür ein, auch die Abhängigkeit als einen Wert mit einzubeziehen, der anerkannt und angestrebt werden muß. Intimität beinhaltet die Bereitschaft, Autonomie aufzugeben,

Bedürftigkeit zu erleben und das Gefühl der Verantwortlichkeit dahingehend auszuweiten, daß diejenigen, die sich entfernt haben, mit einbezogen werden.

Und was ist mit der Reife als Selbstunterstützung? Unabhängigkeit und Selbstunterstützung sind notwendig, wenn es keinen »intimen anderen« gibt, der einen unterstützen und auf den man angewiesen sein kann. Aber wenn es einen »intimen anderen« gibt, sind Abhängigkeit und Gewahrsein notwendig, um Beziehung leben zu können. Denn in einer wahren intimen Beziehung sind beide Partner in der Lage, die Pole des Kontinuums zwischen Autonomie und Abhängigkeit in eine harmonische Verbindung zu bringen.

Anmerkungen

1 Wir möchten Joseph Zinker für seinen Beitrag zu diesem Abschnitt danken.

Literatur

Batson, C. D. (1990). How social an animal? The human capacity for caring. American Psychologist, 45, 336-346.

Becker, E. (1973). The denial of death. New York: Free Press.

Denes, M. (1982). Existential approaches to intimacy. In M. Fisher & G. Stricker (Eds.), Intimacy. New York: Plenum.

Erikson, E. (1950). Childhood and society. New York: W.W. Norton.

Hatfield, E. (1982). Passionate love, compassionate love and intimacy. In M. Fisher & G. Stricker (Eds.), Intimacy. New York: Plenum.

Lerner, H. G. (1989). The dance of intimacy: A woman's guide to courageous acts of change in key relationships. New York: Harper & Row.

Luepnitz, D. (1988). The family interpreted: Feminist theory in clinical practice. New York: Basic Books.

Mahrer, A. R. (1978). Experiencing: A humanistic theory of psychology and psychiatry. New York: Brunner/Mazel.

McMahon, J. (1982). Intimacy among friends. In M. Fisher & G. Stricker (Eds.), Intimacy. New York: Plenum.

Melnick, J., & Nevis, S. (1987). Power, choice and surprise. Gestalt Journal, 9, 43-51.

Melnick, J., Nevis, S. M., & Melnick, G. N. (in press). Therapeutic ethics: A Gestalt perspective. The British Gestalt Journal

Mendelsohn, R. (1982). Intimacy in psychoanalysis. In M. Fisher & G. Stricker (Eds.), Intimacy. New York: Plenum.

Morris, D. (1982). Attachment and intimacy. In M. Fisher & G. Stricker (Eds.), Intimacy. New York: Plenum.

Rabin, L. B. (1983). Intimate strangers: Men and women together. New York: Harper & Row.

Schaefer, M. T., & Olson, D. H. (1981). Assessing intimacy: The PAIR inventory. Journal of Marital and Family Therapy, 7, 47-60.

Schlipp, P. (1957). The philosophy of Karl Jaspers. New York: Tudor.

Sexton, R., & Sexton, V. (1982). Intimacy: A historical perspective. In M. Fisher & G. Stricker (Eds.), Intimacy. New York: Plenum.

Weingarten, K (1991). The discourses of intimacy: Adding a social constructionist and feminist view. Family Process, 30, 285-306.

Wilner, W. (1982). Philosophical approaches to interpersonal intimacy. In M. Fisher & G. Stricker (Eds.), Intimacy. New York: Plenum.

Zinker, J. (1993). Gestalttherapie als kreativer Prozeß. Paderborn: Junfermann.

Zinker, J., & Nevis, S. M. (1981). The Gestalt theory of couple and family interactions. Cleveland: Gestalt Institute of Cleveland Press.

13

Die Grammatik der Beziehung: Gestalt-Paartherapie

Cynthia Oudejans Harris

Als Freud vor einhundert Jahren die Psychoanalyse entwickelte, sprach seine berühmte Patientin Bertha Pappenheim (»Anna O.«) von »Heilungsgesprächen«. In der Tat wird die Psychotherapie wohl auch in Zukunft eine ausgesprochen verbale Angelegenheit bleiben. Daher erscheint es angemessen, in einem Buch über Gestalt-Paartherapie einen gezielten Blick auf die grundlegenden Themen der Grammatik und der Sprache im Zusammenhang mit Paaren zu werfen. Dabei werden wir uns besonders der Frage zuwenden, in welchem Verhältnis die normale Sprachentwicklung zur emotionalen Entwicklung steht und vor allem auf die linguistischen Eigenschaften einer gegenwartsorientierten Arbeit (Hier-und-Jetzt) und die Rolle der Pronomen achten. Sowohl die Wahl des Tempus (Gegenwart, Vergangenheit, Zukunft – aber auch der Konditionalformen) als auch der Pronomen (*ich*, *wir*, *man*, *es*) hängen eng damit zusammen, wie wir unsere Selbst-Identifikation oder unsere existentielle Haltung im Hinblick auf unser Handeln und Erleben innerhalb unseres eigenen Lebens formen und offenbaren. Danach werden wir untersuchen, wie weit die »kartesische« Sprache – die Sprache der »Objektivität« und der Ent-Identifizierung – in unser Unbewußtes eingedrungen ist und wie diese Betonung des »Darüber-denkens« im Gegensatz zu einem »Zu-jemandem-Sprechen« Paarbeziehungen durcheinanderbringen und den gesunden Fluß des Prozesses hemmen kann.

In diesem Kapitel werde ich zwischen der Grammatik der Beziehung als einer normalerweise gesprochenen, unmittelbaren und persönlichen Sprache und der Sprache der Objektivität unterscheiden, die zwar auch gesprochen werden kann, aber am angemessensten in schriftlicher Form (wie zum großen Teil in diesem Buch) zum Ausdruck kommt oder als Sprache der Gedanken verstanden werden kann.

Wenn wir die Grammatik der Beziehung gebrauchen, sprechen wir zu einer anderen Person oder einer Gruppe, und wir gebrauchen Anredepronomen und die Gegenwartsform. Die Gestalt-Paartherapie besteht im wesentlichen darin, den beiden Partnern zu helfen, mit angemessenem Gewahrsein und Gefühl miteinander und zueinander zu sprechen. Diese Aufgabe erfordert auch, den Partnern zu helfen, mit der Intimität und der Unmittelbarkeit der Beziehungsgrammatik vertraut zu werden.

Von denjenigen Denkern, die in Abgrenzung zur objektiven Sprache die interpersonale Sprache erforscht haben, ist die Arbeit von Michail Bakhtin besonders hilfreich, der darauf hinweist, wie Wachstum und Lernen am deutlichsten an unserer

Grenze mit anderen stattfindet. 1929 schreibt Bakhtin: »Ich bin mir meiner selbst nur bewußt und werde ich selbst, indem ich mich für einen anderen, durch einen anderen und mit Hilfe eines anderen öffne. Die wichtigsten Handlungen, die ein Selbst-Bewußtsein hervorbringen, werden durch die Beziehung zu einem anderen Bewußtsein (zu einem Du) bestimmt« (1984, S. 287).

Grammatik und Gefühl

In der Therapie, in der Ehe und im Leben sind die wirklich bewegenden Worte immer solche, die ausgesprochen und gehört werden, Worte, die in den Hörer eindringen, und die auch den Sprecher bewegen, der ihre Wirkung erkennt. Häufig wissen wir beim Sprechen, daß unsere Worte zwar wahrgenommen, wir aber nicht gehört worden sind. Nur die Worte, die wir hören, können uns möglicherweise heilen, seien es die Worte unseres Therapeuten oder unseres Partners.

Es scheint, als ob die Sprache, mit der wir Gefühle ausdrücken und erleben, bereits erlernt wird, bevor wir eigentlich zu sprechen lernen. Wir hören ja die gesprochene Sprache bereits im Mutterleib, viele Monate bevor unsere Augen das Licht der Welt erblicken. Und indem wir unseren eigenen Namen und die Pronomen lernen, begreifen wir, daß »ich« »ich« bin, daß »ich« »Cynthia« bin und »du« »du« bist, daß »du« ein bestimmter Name bist, daß »wir« »wir« sind und – in vielen Gesellschaften am wichtigsten –, daß »sie« »sie«, und nicht »wir« sind.

Für dieses Pronomen-Lernen brauchen Kinder Zeit und Übung. Ich habe einen kleinen Freund, den zweijährigen Maxie, der mit seiner Kreation des Wortes *mein* entweder »ich«, »meins« oder »mich« ausdrückt, je nachdem wie die Situation es erfordert. Dies ist eine phantasievolle Lösung für Maxie, der zunächst grundsätzlich zwischen »ich« und »nicht-ich« unterscheidet (was Goodman als Ego-Funktion der Identifikation bezeichnen würde), bevor er innerhalb dieser beiden großen Bereiche weitere Grenzen erkennt und Unterscheidungen vornimmt (Perls, Hefferline & Goodman, 1991).

Einer der ersten Klänge, die wir nach der Geburt hören, ist unser eigener Name, und vielleicht ist es eine universelle Wahrheit, daß der erste und vielleicht wichtigste bedeutsame Klang, den wir lernen, unser Name ist. (Wie Sonia March Nevis es in einer persönlichen Mitteilung formuliert hat: »Zeige mir eine Kultur, in der die Menschen nicht mit ihren Namen gerufen werden, und ich werde zugeben, daß menschliche Kulturen sich stärker voneinander unterscheiden als sich ähneln können.«) Und doch unterscheidet sich unser Name dadurch, wie er unsere Gefühle und unser Verhalten bestimmt, so sehr von jedem anderen Wort, daß es ein Fehler wäre, ihn einfach als Wort zu bezeichnen. Er hat für uns eine besondere Bedeutung. Durch unseren Namen haben wir Zugriff auf die Welt, und die Welt hat »Zugriff« auf uns.

Wir alle können uns mit der Demütigung identifizieren, die für die Juden und andere Opfer des Holocaust damit verbunden gewesen sein muß, daß man ihnen die Namen wegnahm und statt dessen Nummern gab.

Bevor wir unseren eigenen Namen aussprechen können, sprechen andere uns mit diesem Namen an. Bevor ich andere Dinge verbal wußte, wußte ich, daß ich »Cynthia« war. Wenn wir gebeten oder aufgefordert werden etwas zu tun, dann normalerweise mit dem Namen. Mein Ohr hört meinen Namen aus einem Wirrwarr von Geräuschen, die aus einem Lautsprecher kommen, heraus, oder mein Kopf dreht sich, um herauszufinden, wer in der Menge »Cynthia« gesagt hat. Dieser Anfangston unseres Identitätsgefühls entsteht noch bevor wir in der Lage sind, andere anzusprechen, also zu einer Zeit, in der wir selbst nur angesprochen werden können, zumindest was Worte betrifft. Von da an ist die Verbindung zwischen Name und Handlung häufig fast völlig unvermittelt. Wenn jemand sagt »Cynthia, komm von der Straße runter!«, oder auch einfach nur »Cynthia, gib mir bitte mal das Salz«, dann stellt sich mein Körper automatisch darauf ein, zu reagieren. Ähnlich ist es in intimen Situationen wie der Paartherapie. Wenn ein Partner den Namen des anderen ausspricht – zärtlich, flehend, verärgert, kalt, humorvoll –, unterstützt die darauffolgende Mobilisierung der Energie den Kontakt.

Sprachentwicklung

Wenn wir geboren werden, sind wir bereits in der Lage, zu lächeln und zu heulen, und schon bald darauf entwickeln wir auch die Fähigkeit, zu lachen und zu weinen. Im Alter von zwei Jahren ist unser emotionales Repertoire durch die ersten Ausflüge in den Bereich der Sprache schon deutlich gewachsen. Andere haben uns mit Namen angesprochen, uns Kosenamen gegeben (von denen für Paare später eine besondere Kraft ausgehen kann), sie haben uns strenge und sanfte Anleitungen gegeben, einfache Fragen gestellt, uns verärgert angebrüllt und wieder beruhigt – und all das, noch bevor wir wirklich sprechen konnten und unsere ersten Namen und Worte herausbrachten. Während dieser Zeit erfahren wir zum erstenmal die dialogische Natur des emotionalen Lebens. Ich höre die Worte meiner Eltern, und meine Eltern hören mein ängstliches Rufen. Oder ich schreie vor Angst, aber niemand antwortet mir. Die Teile in uns, die lernen, auf diesen klanglichen Ausdruck zu achten, bilden zusammen mit unserer Grammatik allmählich unsere emotionale Klarheit des Gewahrseins, unser emotionales und beziehungsfähiges Selbst. Vieles von dem ist bereits vorhanden, bevor wir selbst sprechen können.

Diese Entwicklung bildet den ersten Teil unserer linguistischen Lernerfahrung der Grammatik der Beziehung. Solche Muster, in denen sich die wiederholte Erfahrung widerspiegelt, in dieser frühen vorsprachlichen Phase unseres Lebens nicht gehört worden zu sein, haben starken Einfluß auf viele unserer späteren Charakterstrukturen, ja machen unseren Charakter und unsere Stellung in der Welt wesentlich aus. Das heißt, daß wir in der Paartherapie den Charakter und die Beziehungsgeschichte jedes Partners leibhaftig erleben, in der Art wie beide sprechen oder nicht sprechen und sich zuhören oder eben nicht. Wenn einer der Partner über seine Eigenschaften und irrationalen Ängste spricht und sagt »So bin ich eben geworden«, dann deflektiert er nicht einfach die momentane Begegnung, sondern spricht damit eine fehlgeschlagene vorsprachliche dialogische Erfahrung an. Vielleicht spiegeln die Ängste die Panik wider, die sie oder er mit zwei Jahren überfiel, wenn niemand kam oder wenn später niemand zuhörte – oder noch Schlimmeres.

Die letzte Phase dieses Prozesses, durch den wir die Grammatik der Beziehung erlernen, liegt etwa im Alter zwischen drei und sieben Jahren. Während dieser Zeit müssen wir die Grammatik der Beziehung vollständig beherrschen lernen. Mit drei Jahren können wir uns schon ziemlich gut ausdrücken und fangen an, wirklich zu sprechen. Wir verfeinern unsere Fähigkeiten im Umgang mit Worten und experimentieren damit, indem wir mit anderen Menschen sprechen, nicht mehr bloß zu ihnen. Wir vervollkommnen unsere Syntax, sprechen häufig mit Erwachsenen, stellen viele Fragen und reden manchmal mit anderen Kindern. Wir verfügen über einen ansehnlichen Wortschatz, der mehrere Tausend Wörter umfaßt. Wir reden jetzt fast ausschließlich mit anderen Menschen (oder zu imaginierten Personen wie Puppen, oder Spielfiguren), und nicht mehr nur mit uns selbst. Und wir gebrauchen sämtliche Teile der Sprache in angemessener Weise.

Wenn wir mit etwa sieben Jahren die Grammatik und Syntax der Beziehung beherrschen, verlieren wir unsere Milchzähne, die ersten Backenzähne wachsen, und unser Hirn erreicht seine endgültige Größe. In dieser Zeit ändert sich auch unser Verhältnis zu unseren sprachlichen Fähigkeiten. Diese Entwicklung ist seit langem bekannt: früher schickte man die Kinder in diesem Alter zur Schule. Sobald sie die Grundlagen der Syntax beherrschten, konnten sie zur Schule gehen und anfangen, lesen zu lernen.

Mit unseren zweiten Zähnen können wir besser kauen, vielleicht geistig ebenso wie körperlich. (Perls, 1989, legte großen Wert auf die Analogie zwischen unserer Fähigkeit, Nahrung frei und aggressiv »in Angriff zu nehmen« und unserer Art, mit Vorstellungen und zwischenmenschlichem Kontakt umzugehen.) Gleichzeitig beginnen wir, einen neuen Aspekt der Sprache zu meistern, nämlich die Sprache der Objektivität, die wir vollständig erst als junge Erwachsene (noch unter Zwanzig) beherrschen. Mit dieser Sprache können wir »die Wahrheit« sprechen und »objektiv« sein. Dieser Sprache der Objektivität bedienen wir uns, um über Dinge zu sprechen, ein linguistischer Modus, der sich durch den Gebrauch der dritten Person und des Indikativs auszeichnet. Es ist eine Sprache, die sich nicht an eine bestimmte andere Person wendet, sondern davon ausgeht, daß sie für sämtliche potentiellen Zuhörer wahr ist. Naturgemäß verfolgt diese Sprache die Tendenz und Absicht, kühl, distanziert, leidenschaftslos und »objektiv« zu klingen.

Ungefähr zwischen sieben und zehn Jahren beginnen wir, die Sprache der Objektivität zu beherrschen, wenn wir nämlich feststellen, daß wir, um uns zu unterhalten, nicht unbedingt auf andere angewiesen sind, sondern auch still mit uns selbst sprechen oder unsere Gedanken aufschreiben können. Etwas später entdecken wir, daß unsere Selbstgespräche eigentlich Denkprozesse darstellen. Wie Einstein über sich selbst berichtete, können wir unsere muskulären und bildlichen Vorstellungen in Worte fassen, nachdem wir sie gefühlt oder gesehen haben (1955).

Wir lernen, daß wir die Dinge auch durch unser Denken herausfinden können – einiges haben andere vielleicht schon vor uns gewußt, und anderes entdecken wir vielleicht als erste. Wir lernen, daß wir uns Dinge vorstellen können, von denen wir gleichzeitig wissen, daß es sie nicht gibt. Wir lernen, daß wir träumen können. Als Descartes schrieb: »Ich denke, also bin ich«, hatte er dieses Entwicklungsstadium im Sinn, jene Trennung des Selbst vom Objekt des Denkens, die dem Leben eine neue Dimension verleiht. Und wie wir wissen, hat diese »objektive« oder wissenschaftliche Haltung, die entwicklungsgeschichtlich in die Zeit des Erwachsenwerdens gehört, unseren geistigen Zugang zur Welt geprägt – zumindest seit Descartes.

Unsere Denkfähigkeit erweitert sich dann um die Fähigkeit, objektive Sprache auch schreiben und lesen zu können, und allmählich fächert sich unser Wissen in eine Unzahl spezialisierter Gedanken und Informationen auf. Diese immense Auffächerung unseres gedanklichen Lebens, das uns so klein erscheinen läßt, hat heute vielen Menschen die Existenz einer Grammatik der Beziehung, die wir in unserer Kindheit erlernt haben und die wir in unseren Gefühlen, Beziehungen und der Intimität brauchen, verschleiert. Als wir noch kleine Kinder waren, hatte das emotionale Lernen eine ungleich viel größere Bedeutung als das »objektive« Lernen. Erst als wir älter wurden (und was die emotionale Verbundenheit angeht, in vielen Fällen vielleicht auch resignierter), begann diese distanziertere Art des Lernens, die sich in einer indikativen *Er-sie-es-Sprache* der Objektivität ausdrückt, unsere Aufmerksamkeit ganz in Anspruch zu nehmen. Ein Großteil der paartherapeutischen Arbeit besteht häufig darin, eine direktere, weniger »objektiv« urteilende Sprache des *ich, du, wir, uns* und unserer Gefühle und persönlichen Namen zurückzuerobern und wiederzubeleben.

Sprache und Veränderung in der Paartherapie

Was Wachstum und Veränderung in der Psychotherapie betrifft, ist die Grammatik der Beziehung sehr viel wichtiger als die Sprache der Objektivität. Nur wenn wir bewegt sind, können wir emotional wachsen und uns verändern. Die Grammatik der Beziehung hat eine unmittelbare emotionale Kraft, während die Sprache der

Objektivität (nur) logische, gedankliche Kraft beinhaltet. Als kleine Kinder, also ungefähr bis zum siebten Lebensjahr, leben wir im Hier-und-Jetzt und in einer Du-ich-wir-Sprache; wir haben noch nicht gelernt, »über Ideen« oder »Vergangenheit und Zukunft« nachzudenken. Die Gestalttherapie, die von einer Orientierung am Hier-und-Jetzt ausgeht und auf eine persönliche Sprache und den Gebrauch der Personalpronomen besonderen Wert legt, hilft uns dabei, diese Unmittelbarkeit der Erfahrung, die wir in der Kindheit erlebt haben, zurückzugewinnen. In dieser Unmittelbarkeit kann emotionales Wachstum am ehesten und am tiefsten stattfinden, denn auf diese Art sind wir auch zu Beginn unseres Lebens gewachsen, und so wachsen wir immer – durch Erfahrung und indem wir den dingen Bedeutung geben. Einsicht ist nur dann hilfreich, wenn sie uns bewegt.

Bei der Arbeit mit Paaren ist es wichtig, im Hier-und-Jetzt zu arbeiten, Personalpronomen (*ich, du* und *wir,* anstatt *es* und *man*) zu verwenden und in der Gegenwartsform zu sprechen, denn die Partner kommen ja zur Therapie, weil sie nicht in der Lage sind, ihre Schwierigkeiten in der emotionalen Unmittelbarkeit einer beziehungsorientierten Sprache auszudrücken und zu verhandeln. Solche einfachen sprachlichen Veränderungen, die Nähe und Einfluß der frühen Erfahrungen wiederherstellt, setzt eine Energie frei, die den Partnern jetzt Wachstum und Veränderung ermöglicht. Ihr neues Gewahrsein der unterschiedlichen Wirkungsweise dieser alten, neuen Grammatik gibt ihnen ein Werkzeug an die Hand, von dem sie auch in Zukunft Gebrauch machen können.

Phänomenologisch ausgedrückt, bezieht sich *Gewahrsein* auf einen inneren Prozeß des einzelnen. Genau genommen kann ein Paar sich nicht »gewahr sein«. Es kann immer nur einer sein Gewahrsein zum Ausdruck bringen. Das Entscheidende für die Paartherapie (und die Beziehung) ist aber, daß dieses Gewahrsein erst wirklich wird, indem wir es einem anderen Menschen mitteilen. Das Mitteilen des Gewahrseins im Hier-und-Jetzt ist ein wesentlicher Bestandteil der Gestalttherapie. Auf der einfachsten Ebene kann der Therapeut z.B. eine Frau fragen, wessen sie sich gewahr ist, während sie ihren Mann anschaut. Und dann sieht sie ihn an und sagt vielleicht: »Wenn ich dich ansehe, dann bin ich mir dessen gewahr, daß ich dich nicht so sehr hassen kann, wie wenn ich wegschaue.« Und dann ermutigen wir den Mann vielleicht, ihr mitzuteilen, wessen er sich gewahr ist: »Während ich dir zuhöre bin mir gewahr, daß ich ein bißchen Angst habe; ich spüre, wie mein Herz schneller schlägt.« Diese Art von Gewahrseinsmitteilung ist sowohl ein Mittel, um das Problemverständnis des Paares (und des Therapeuten) zu vertiefen als auch für die Konstruktion des Gewahrseins (durch die Mitteilung) selbst. Darüber hinaus ist sie auch ein Mittel, um das Problem durchzuarbeiten und eine wichtige Energiequelle für die Paararbeit und die Beziehung selbst. Aber dieses Mitteilen birgt auch Risiken und bedarf gegebenenfalls der Unterstützung des Therapeuten und einer ehrlichen Verbindlichkeit von Seiten der Klienten, die für ihre Bereitschaft, sich auf diesen Prozeß einzulassen, die Verantwortung übernehmen müssen.

Das Hier-und-Jetzt

Einer der zentralen Aspekte der Gestalt-Paartherapie ist der Hier-und-jetzt-Fokus, bei dem wiederum die Grammatik der präzisen Beschreibung dessen, was gefühlt und gemeint ist, zur Anwendung kommt. Von einer psychologischen Arbeit im Hier-und-Jetzt können wir dann sprechen, wenn (mit Hilfe des ersten und zweiten Personalpronomens) das ausgedrückt wird, was wirklich gefühlt wird und die Partner nicht den leichteren und weniger riskanten, aber auch energieärmeren Weg wählen, von *es*, *ihr* oder *ihm* zu sprechen. Dieser Veränderung im Gebrauch der Pronomen bringt uns ins »Hier«. Das dritte Personalpronomen und die unpersönliche Pronomen sind per definitionem »nicht hier«, sondern physisch und/oder psychologisch von uns entfernt.

Die Gegenwart, das »Jetzt«, entsteht in der Therapiesitzung durch die Betonung der Gegenwartsform – natürlich nicht ausschließlich, das wäre albern, sondern durch einen bewußten und ausgewählten Gebrauch, so daß die Arbeit unterstützt und energiereicher wird. Das ist selbst beim Erzählen einer traumatischen Kindheiterserinnerung oder eines aktuellen Eheproblems möglich. Dieser Wechsel der Zeitform bewirkt, daß die Gefühle wirklich verfügbar und beiden Partnern (und dem Therapeuten) während der Sitzung gegenwärtig sind.

Das Problem mag bereits in der Vergangenheit begonnen haben, aber Veränderung ist mit Sicherheit nur in der Gegenwart möglich. Die persönliche Sprache dieser fließenden, hier und jetzt gegebenen Gegenwart macht uns lebendiger – und damit auch verletzlicher. Wenn jemand uns direkt als »Du« anspricht oder wir unsere eigene Kraft und Handlungsfähigkeit unmittelbar spüren, etwa in Sätzen wie »Ja, ich will« oder »Nein, nicht ich, nicht jetzt, nicht das«, dann spüren wir unsere Existenz, die zu anderen Zeiten den Hintergrund unserer Außenorientierung bildet. In solchen Momenten, in Beziehungen mit einem kraftvollen Engagement, kennen wir uns wirklich »selbst« (und werden »wir selbst«). Wenn wir uns später erinnern, sprechen wir vielleicht über unsere Erfahrung in der Erzählform (der Vergangenheitsform). Aber wenn der Erzählung nicht das Erleben von Engagement und Kraft und das Gespür für die gegenwärtige Erfahrung vorausgeht, dann hat die Erzählung an sich keinen Boden, dann ist sie farblos, energielos und ohne Fokus.

Das Bemerkenswerte an diesem Prozeß ist, daß wenn wir jemand anderem etwas über unser Gewahrsein mitteilen, und uns dabei der *Wir-du-ich*-Sprechweise und der Gegenwartsform bedienen, sich unsere Puls- und Atemfrequenz erhöhen und unsere Hände feucht werden können. Es kann die Vergangenheit in die Gegenwart bringen und uns zu Augenblicken großer emotionaler Klarheit verhelfen. Wenn wir andererseits in der dritten Person Indikativ und der Vergangenheitsform »über« unsere Probleme und Gefühle sprechen (oder in der noch distanzierteren Konditionalform »es wäre«, »er hätte«, »man könnte«), dann können wir stunden- und jahrelang reden, ohne uns von unserem eigenen Leben berühren zu lassen und ohne den anderen zu berühren.

Die Tatsache, daß der Gebrauch der ersten und zweiten Person und des Präsenz beim Sprechen über wichtige Dinge sich körperlich und emotional so stark auswirkt, ist eine ebenso erstaunliche Entdeckung wie Chomskys Erforschung der »Tiefenstruktur« unseres neurologischen Veranlagung, die der Sprache zugrundeliegt. Chomsky (1988) postuliert eine »Tiefenstruktur«, ein angeborenes neurologisches Organisationsmuster, das ausgelöst durch das Hören von Sprache »sehr schnell zu arbeiten beginnt, und zwar auf eine determinierte Weise, unbewußt, jenseits der Grenzen des Gewahrseins und auf eine der ganzen Spezies gemeinsame Weise,« und »ein umfassendes und komplexes Wissenssystem, eine spezielle Sprache hervorbringt« (S. 157).

Chomskys Strukturhypothese legt überzeugend dar, daß unsere Kenntnis der Syntax, unsere Fähigkeit, die sprachliche Erfahrung zu organisieren, in der Natur der Spezies liegt. Die gestalttherapeutische Arbeit im Hier-und-Jetzt will u.a. zeigen, daß auch die Emotion und die Energie, die der direkte Beziehungsdiskurs und die Grammatik in uns erzeugen, ein neurologisch inhärentes, vorgegebenes Muster der Reaktion und Selbst-Organisation darstellen. Wie bereits erwähnt kommen Paare normalerweise in die Therapie, weil sie zu dieser Art des eindeutigen gemeinsamen Gesprächs mehr oder weniger unfähig sind und ihr Diskurs eher flach und energielos verläuft oder in gegenseitiger Isolation, frustriert und verärgert und ohne daß die Energie eine Richtung hätte. Vielleicht wissen sie nicht, wie sie ein solches Gespräch führen können; vielleicht muß ihnen diese Erfahrung zuerst einmal vorgeführt werden, damit sie die Sprache analysieren und einzelne Elemente wie veränderte Grammatik und Zeitform erkennen können. Vielleicht haben sie auch bestimmte Gründe, diese Unmittelbarkeit und das Engagement zu vermeiden – und auch diese Gründe werden sichtbar werden, wenn sich auf das Experiment einlassen, es zu tun. Dann treten diese Gründe selbst ins Gewahrsein und werden zu einer neuen Figur, die ins Hier-und-Jetzt gebracht und mit denen gearbeitet werden kann.

Alexandrinische Grammatik

Bisher habe ich sehr ausführlich über die Pronomen *du, ich* und *wir* gesprochen, die Pronomen unserer Grammatik der Beziehung. Diese Wörter bestimmen und definieren Gemeinschaft, und die Beziehungen, die Gemeinschaft bilden. Es ist sowohl die Sprache der öffentlichen Ordnung – bis hin zu den Formulierungen von Befehlen und Regeln (»Du sollst nicht ...« etc.) – als auch der intimen Beziehung. Nun wenden wir uns einer kurzen Betrachtung der Sprache der Objektivität zu, der indikativen *Er-sie-es*-Form der wissenschaftlichen und intellektuellen Sprache, in der wir über (nicht zu) abwesende Personen oder Dinge sprechen.

Um diesen Gebrauch der Pronomen wirklich zu verstehen, müssen wir zunächst seiner Geschichte nachgehen. Wheeler (1993) bezeichnet all das, was in unseren Hinterköpfen vor sich geht während wir unser Aufmerksamkeit auf eine bestimmte Figur richten, als »strukturierten Grund«. Wheeler betont die therapeutische Relevanz des Hintergrundes und der Geschichte und schreibt »Das [die Betonung des Hier-und-Jetzt] heißt nicht, daß die Gestalttherapie antihistorisch, ahistorisch oder einfach an der Geschichte desinteressiert ist. Im Gegenteil, in den Begriffen, die in der Argumentation dieser ganzen Kritik entwickelt wurden, ist die persönliche subjektive Vergangenheit Teil des strukturierten Grundes, der die dynamische Erzeugung einer gegenwärtigen Figur bedingt« (S. 106).

Ebenso wie wir unsere ganze individuelle Vergangenheit kennen müssen, um unsere persönliche Gegenwart vollständiger erleben zu können und unser Leben weiterzuleben, müssen wir auch unsere gemeinsame historische und geistige Vergangenheit verstehen, um mit unserem gemeinschaftlichen und sozialpolitischen Leben voranzukommen. Mit C.G. Jungs Worten haben wir alle ein »kollektives Unbewußtes«. Dieses Unbewußte besteht u.a. aus historischen Werken und Konventionen, auf die wir immer wieder zurückgreifen, ohne uns dessen bewußt zu sein. Eine solche historische Konvention, die für unsere Diskussion hier eine Rolle spielt, ist die Alexandrinische Grammatik und ihr – und unser – Gebrauch der verschiedenen Personalpronomen. Die Alexandrinische Grammatik ist jetzt ungefähr 2200 Jahre alt (Encyclopaedia Britannica, 18. Aufl., Bd. 8, S. 266). Mit dieser Grammatik haben wir – im Gegensatz zu der hier vorgeschlagenen *Wir-ich-du*-Sequenz – unbewußt die uns geläufige Sprachsequenz *ich-du-er/sie/es; wir-ihr-sie* akzeptiert. Und mit unserem Sprachgebrauch, so glauben wir, akzeptieren wir auch eine Organisationsform des Lebens. Für Freud z.B. stand das Ego an erster Stelle. Selbst Martin Buber schrieb über das »Ich-Du«, während, wie wir gesehen haben, die Sequenz »wir-du-ich« oder »du-ich-wir« unserer tatsächlichen Entwicklung und Erfahrung mehr entsprechen würde. Auch Paul Goodman, der sich der Fragen der Sprache und der Gemeinschaft sehr bewußt war, gebrauchte diese Sequenz als er schrieb: »Sprechen ist guter Kontakt, wenn es seine Energie aus den drei grammatischen Personen schöpft und sie in ein Verhältnis bringt: Ich, Du und Es, der Sprecher, der Angesprochene und das, worüber man redet – sofern ein Bedürfnis besteht, sich etwas mitzuteilen« (Perls, Hefferline & Goodman, 1991, Grundlagen, S. 112).

Schauen wir uns diese Abfolge einmal etwas genauer an:

ich liebe	wir lieben
du liebst	ihr liebt
er/sie/es liebt	sie lieben

Das sieht ziemlich harmlos und offenkundig aus, weil wir so daran gewöhnt sind. Aber hier sind zwei Dinge geschehen: zunächst einmal enthält die linke Spalte den Singular und die rechte den Plural. Das bedeutet, der einzelne wird höher angesiedelt als die Gemeinschaft. Das ist eine entwicklungsmäßige und existentielle Unmöglichkeit, weil wir alle, um überhaupt existieren zu können, anderer bedürfen, am besten eines dauerhaften Duos und idealerweise eines, das in eine Gemeinschaft eingebettet ist. Darüber hinaus wird das Pronomen *ich* als »erste« Person bezeichnet, *du* als »zweite« Person und *er/sie/es* als »dritte« Person. Daß wir deshalb glauben, daß »ich« wirklich die »erste Person« bin, und daß »du« tatsächlich die »zweite Person« bist, führt zu Verwirrung. Hier wird die Erfahrung durch den Gebrauch der Sprache geprägt. Diese Muster führt uns zu der Vorstellung, daß »ich« vor »dir« komme, daß »ich« wirklicher bin als »du« (weil »du« nur an zweiter Stelle stehst oder nach »mir« kommst) usw. Dieser Sprachgebrauch hat Buber wahrscheinlich veranlaßt, dem »Ich« im Titel seines berühmten Buches an die erste Stelle zu setzen – eindeutig eine unbewußte Entscheidung, und zudem eine, die der gesamten Aussage seiner Arbeit zuwiderläuft.

Diese *Ich-du-er/sie/es*-Pronomenfolge machen auch eine Aussage darüber, wie die Menschen zur Zeit der Klassik dachten – und vielleicht noch heute denken. Die Tatsache, daß die »dritte Person Singular« außer *er* und *sie* auch *es* mit einschließt, macht auf einer sehr tiefen Ebene deutlich, daß es keinen wesentlichen Unterschied zwischen Personen und Dingen gibt – und eigentlich auch nicht zwischen den Geschlechtern. »Er«, »sie« und »es« sind alle gleich, auch wenn »er« natürlich an erster Stelle steht. Und in der »dritten Person plural« kann *sie* jede nicht-anwesende Ansammlung bezeichnen, seien das Personen, Dinge oder Abstraktionen. Hier trifft unsere Sprache ebenso wie die Kategorien der Alexandrinischen Grammatik keinerlei Unterscheidung zwischen dem Persönlichen und dem Unpersönlichen. Eine solche Unterscheidung wird nicht als notwendig betrachtet. Jede Gruppe, die wir als »sie« bezeichnen, einerlei ob es sich dabei um Menschen oder um Objekte handelt, ist uns per se emotional nicht gegenwärtig.

Wenn wir bedenken, daß es vor 2300 Jahren, als die Alexandrinische Grammatik entwickelt wurde, überall noch Sklaverei gab, wird schnell klar, daß wir zu dieser Zeit *wirklich* als Objekte behandelt wurden, und nicht als Menschen. Wir wurden gekauft und verkauft, auf dem Markt versteigert und mit »er« oder »sie« angesprochen, so als ob wir nicht persönlich anwesend wären. Vor nicht allzu langer Zeit geschah dasselbe in unserem eigenen Land, als weiße Nordamerikaner afrikanische Eingeborene in Besitz nahmen. (Achten Sie darauf, wie der Gebrauch des Wortes *wir* in diesem Absatz Sie stärker bewegt als ein *sie* das überhaupt könnte, ganz unabhängig von Ihrer Hautfarbe oder der Frage, wie sehr Sie sich mit der Geschichte der Sklaven identifizieren.)

So werden wir also durch Pronomen definiert und erhalten durch sie gleichzeitig wichtige Orientierungen. Genau wie die sog. »erste« und »zweite« Person uns Leben und Energie geben können, kann die »dritte« Person uns zu Objekten machen und einer wirklichen Persönlichkeit und Handlungsfähigkeit berauben. Natürlich ist es wichtig für uns, die Sprache der »Objektivität« möglichst gut sprechen und schreiben zu können; diese Sprache bietet uns Perspektive und Distanz, da wo Distanz angemessen und notwendig ist. Wenn wir wissen müssen »wie die Dinge liegen«, gebrauchen wir diese Art von Sprache. Aber hier lauern auch offensichtliche Gefahren, wenn z.B. die Sprache der »Objektivität« und der Autorität zusammenwirken, um den berechtigten Zweifel und das unabhängige Denken zu unterdrücken. Im übrigen stehen wir im Westen seit Descartes, also seit mehr als dreihundert Jahren, intellektuell unter dem Bann eines Sprachgefühls, das interpersonale Sprechweisen ignoriert und sich vornehmlich auf indikative *Er/sie/es*-Formen stützt, die vor allem im »objektiven«, wissenschaftlichen Kontext verwendet werden. Diese linguistische Gewohnheit hat auch zu den Schwierigkeiten innerhalb der Paarbeziehung beigetragen, denn die Sprache der »Objektivität« ist gleichzeitig auch die Sprache des Richtig-und-falsch, des Stärker-und-schwächer und der Scham. Insofern unterstützt unsere Sprache sehr deutlich das Gefühl, »recht« zu haben und damit von unserem Partner getrennt zu sein, der dementsprechend »unrecht« hat, wenn Differenzen auftauchen. Diese Interaktionsform trifft man bei Paaren, die in Schwierigkeiten stecken, häufig an. Daher ist die Paartherapie häufig in großem Maße ein Prozeß, in dessen Verlauf zwei Menschen geholfen werden soll, von dem Versuch abzukommen, im Hinblick auf Fragen der Intimität durch den Gebrauch der indikativen Sprache der »dritten Person« und der »Objektivität« etwas bewerkstelligen zu wollen und statt dessen zu lernen in der Grammatik der Beziehung miteinander zu sprechen.

Das Paar und die Sprache der Objektivität

Mit den Worten des französischen Psychoanalytikers Jaques Lacan (1978), war das Freudsche Feld deshalb erst eine gewisse Zeit nach dem Auftauchen des kartesischen Subjekts möglich, weil erst Descartes den Anstoß zur Entwicklung der modernen Wissenschaft gab (S. 47). Damit meint Lacan daß wir erst wirkliche Individuen werden konnten (und damit Kandidaten für die Analyse), nachdem Descartes mit seinem »Cogito ergo sum« die scharfe Trennung zwischen Subjekt und Objekt, zwischen Denkendem und Gedachtem getroffen hatte. Und seither haben wir hart daran gearbeitet, wie sowohl Freud als auch Perls deutlich machen. Der Individualismus mit seiner Ich-Betonung stellt jedoch eine für das Leben in einer Paarbeziehung unzureichende Grundlage dar, auch wenn er zweifellos eine ihrer Grundvoraussetzungen ist. Paradoxerweise kann der *Individualismus als energetisierter Pol des Selbst* die Lebendigkeit der Paarbeziehung erhöhen, aber sie kann auch zu großer Zwietracht unter den Partnern oder in eine Pattsituation führen, wenn zwei Menschen sich gepanzert und gerüstet haben, um sich im Kampf zu begegnen.

Als Descartes seine Fähigkeit zu denken mit seiner Existenz in Verbindung brachte, machte er die intellektuelle Vorherrschaft der objektiven Sprache über die *Wir-du-ich*-Form der Beziehungssprache geltend, die ich als Gegenstück dargestellt habe. Gleichzeitig beanspruchte er mit seinem »Ich denke, also bin ich« die Vorherrschaft der Reflexion eines einzelnen gegenüber der Erfahrungswirklichkeit des Dialogs und der Beziehung als dem Bestimmungsmerkmal des Menschen. Und wie Lacan bemerkt, war Descartes »ergo sum«, das »Ich bin« des (gemeinhin sicherlich als männlich verstandenen) Individuums, der individualistische Vorstoß, der es ermöglichte, das Individuum z.B. in der Psychoanalyse oder der Gestalttherapie unabhängig von seinem sozialen Kontext zu »analysieren«, unser individuelles Wesen in Abgrenzung von allen anderen Menschen zu suchen und an seine zentrale Stellung zu glauben. Fritz Perls, einer der Begründer der existentialistischen Psychotherapie, die als Gestalttherapie bezeichnet wird, zog gegen die Sprache der Objektivität (die er »aboutism« nannte), die dritte Person und die Vergangenheitsform zu Felde, und zwar so leidenschaftlich, daß er seine eigene Biographie *Verworfenes und Wiedergefundenes aus meiner Mülltonne* (1980) nannte, womit er auf den Gegensatz zwischen den weggeworfenen Überbleibseln der Vergangenheit und den glitzernden Farben des gegenwärtigen Lebens anspielt. Gleichzeitig neigte er dazu, das Individuum über die Gemeinschaft zu stellen und teilte mit Freud ein tiefes Mißtrauen gegenüber dem Unterdrückungspotential der Gemeinschaft. Für die Gestalttherapie ist es an der Zeit, dieses Ungleichgewicht hinter sich zu lassen und zu ihren Wurzeln, dem Holismus der Gestalt-Wahrnehmungsforschung im Feldmodell Kurt Lewins und dem Gemeinschaftsideal Paul Goodmans zurückzukehren. Auf diese Weise kann in der Paartherapie und in anderen Therapiesettings sowohl der individuelle als auch der Beziehungsaspekt der Erfahrung gewürdigt werden, während die kreative Spannung zwischen diesen beiden Aspekten entwickelt werden und in unsere Sprache und therapeutische Arbeit einfließen kann – zum Nutzen unserer Patienten in ihrem individuellen Leben und ihren Beziehungen gleichermaßen.

Abschluß: Die Sprache der Gesundheit

Um als Patienten, als Partner und als Therapeuten gesund sein zu können, müssen wir geschmeidig und flexibel mit der Sprache umgehen. Wenn wir z.B. jemand anderem zuhören, müssen wir uns leichter als »du« erfahren können. Vielen Klienten fällt das sehr schwer, und sie ergreifen lieber selbst das Wort als sich wirklich von einem anderen angesprochen zu fühlen. Auf ähnliche Weise müssen wir einen fließenden Übergang schaffen, um uns selbst als »ich« zu erleben, wenn wir selbst das Wort ergreifen. Und genauso leicht müssen wir uns als Teil eines »Wir« erleben können und aus dem Paar oder der Gruppe, zu der wir gehören, heraus, oder für sie zu sprechen. Jede Stimme muß im »strukturierten Hintergrund« verfügbar bleiben, wenn eine andere Stimme gerade im »Vordergrund« steht. Dafür brauchen wir neue therapeutische Modelle. Mit den Worten meines Mentors Eugen Rosenstock-Huessey, dessen Einfluß ich viele der in diesem Kapitel vorgetragenen Überlegungen verdanke, hat Freud in seiner Theorie für sich selbst als »du« keinen Platz. Teil eines lebendigen und gesunden Paares zu sein, beinhaltet eindeutig auch das tiefe Erleben, ein »du« zu sein (Morgan, 1987).

Ebenso brauchen wir die Freiheit, Zeitformen angemessen einzusetzen und in der Gegenwartsform sprechen zu können, wenn es um die Gegenwart geht, und in anderen Momenten die Vergangenheit wachrufen oder der Zukunft entgegenwinken können. Im großen und ganzen fällt es den Klienten am schwersten zu lernen, in der Gegenwart zu bleiben. Sie verfallen leicht in eine Form der »Zeitlosigkeit« (»Du hast immer ...«, »Du tust nie ...«) oder der als Beziehungssprache maskierten gegenwärtigen »Objektivität« (»Ich weiß, warum du immer ...«, »Du bist nicht in der Lage ..., weil ...«). Solche Sprechweisen geben den Klienten die Möglichkeit, über den anderen zu sprechen, während es gleichzeitig so aussieht, als sprächen sie zu ihm. Doch als Therapeuten müssen wir unseren Klienten auch helfen, über die Vergangenheit zu sprechen, wenn die Vergangenheit wichtig wird (und sicherzustellen, daß sie ihren Platz in der Vergangenheit behält) und ihr zukünftiges Leben, das sie sich erhoffen und erträumen und an dem sie ihre heutigen Entscheidungen als Paar orientieren, mit einzubeziehen.

Die Gestalt-Paartherapie, die auf der phänomenologischen Wirklichkeit und der Konstruktion der Erfahrung gründet, ist sehr gut geeignet, um den flexiblen Umgang mit all diesen Sprachformen zu unterstützen. Dazu gehört die Syntax der Beziehung ebenso wie die Sprache der Objektivität, die klare Bewegung bei den »Ich«, den »Du« und den »Wir«-Stimmen der Beziehung und die Zeitgrenzen der Erfahrung, die sich in den Zeitformen der gesprochenen Sprache widerspiegeln. Eine reiche, umfassende und reife Sprache, die auf dieser Klarheit und Flexibilität beruht, ist gleichbedeutend mit einem komplexen und reifen therapeutischen Prozeß und einem reichen, vielversprechenden Leben als Paar.

Literatur

Bakhtin, M. (1984).Problems of Dostoyevsky's poetics. (Caryl Emerson, Ed. & Trans.). Minneapolis: University of Minnesota Press. (Original work published 1929).

Chomsky, N. (1988).Language and problems of knowledge. Cambridge: MIT Press.

Einstein, A. (1955).Letter toJacques Hadamard. In The Creative Process. New York: Mentor.

Lacan, J. (1978). Four Fundamental Concepts of PsychoAnalysis. New York: Norton.

Morgan, G. (1987). Speech and society. Gainesville: University of Florida Press.

Perls, F. (1991). Das Ich, der Hunger und die Aggression. München: DTV.

Perls, F. (1980). Gestalt-Wahrnehmung. Verworfenes und Wiedergefundenes aus meiner Mülltonne. Frankfurt/Main: Verlag für Humanistische Psychologie.

Perls, F., Hefferline, R., & Goodman, P. (1991). Gestalttherapie. Ausgabe in zwei Bänden (Grundlagen & Praxis) München: DTV.

Wheeler, G. (1993). Kontakt und Widerstand. Ein neuer Zugang zur Gestalttherapie. Köln: Edition Humanistische Psychologie.

14

Geben und Nehmen[1]

Richard Borofsky und Antra Kalnins Borofsky

Wir möchten dieses Kapitel damit beginnen, daß wir Ihnen eine Geschichte erzählen. Es ist eine Geschichte über den berühmten Rabbi Nachman.

Einmal fragte ein Schüler Rabbi Nachman: »Rabbi, was ist die Hölle?« Als er einen Augenblick nachgedacht hatte, sagte der Rabbi: »Die Hölle ist ein riesiger Saal, in dessen Mitte eine große, reich gedeckte Tafel steht. Die Menschen der Hölle reichen gerade nah genug an den Tisch heran, um an das Essen zu kommen, aber sie können das Essen nicht zum Mund führen, weil sie nicht in der Lage sind, ihre Arme zu beugen. Sie können lediglich das Essen in ihren Händen halten, es ansehen und begehren. Das ist die Hölle – ein Ort ständigen Hungers und Begehrens inmitten der Fülle.«

Daraufhin fragte der Schüler den Rabbi: »Und was ist der Himmel?« Der Rabbi antwortete: »Im Himmel ist es fast genauso wie in der Hölle. Dort gibt es denselben großen Saal mit denselben Menschen und denselben Tisch mit demselben Essen. Wie in der Hölle sind die Menschen auch im Himmel nicht in der Lage, ihre Arme zu beugen. Es gibt nur einen einzigen Unterschied. Im Himmel haben die Menschen gelernt, sich gegenseitig zu füttern.« (Buber, 1973)

Als Paar, das seit 24 Jahren zusammenlebt, sind wir sowohl mit dem Himmel als auch mit der Hölle des Beziehungslebens vertraut. Und als Paartherapeuten kennen wir das Leid der Paare, die einen starken Hunger nach Beziehung haben, weil sie nicht geben und nehmen können, und die zur Therapie kommen, um sich Hilfe zu holen.

In diesem Kapitel werden wir unseren Zugang zur Paartherapie beschreiben und verdeutlichen. Im wesentlichen geht es in unserem Ansatz darum, daß die Paare lernen können, sich gegenseitig und ihre Beziehung zu füttern, indem sie geben und nehmen, was im gegenwärtigen Augenblick authentisch zur Verfügung steht. Im nächsten Schritt werden wir die Bedeutung dessen vertiefen, indem wir Auszüge aus dem Transkript einer Paartherapiesitzung vorstellen und dabei kommentieren, wie unser Ansatz in der Praxis aussieht.

Beziehung als Geben und Nehmen

Das Motto des Lebens ist »Geben und Nehmen«. Jeder Mensch muß sowohl Geber als auch Nehmer sein. Wer nicht beides ist, gleicht einem Baum, der keine Früchte trägt.

Chassidisches Sprichwort

Eine der elementaren Überzeugungen, die unserer Arbeit zugrunde liegen ist die, daß das Leben Austausch ist, oder ein Akt von Geben und Nehmen. Wie der Gestaltansatz betont, ist jede Lebensform in eine Umgebung eingebettet und erschafft einen Austausch mit dieser Umgebung, bei dem etwas gegeben und etwas empfangen wird. Als Tierform z.B. geben wir Kohlendioxyd an die Pflanzen ab und bekommen dafür ihren Sauerstoff. Als Geschöpfe, die Handel treiben, tauschen wir mit anderen Güter, Dienstleistungen, Geld und Kredite aus. Und in intimen Beziehungen tauschen wir Aufmerksamkeit, Gefühle, Wohlwollen, Bedeutungen, Intentionen, Träume und schließlich vielleicht auch Gelöbnisse. Wir betrachten intime Beziehungen als ausgefeiltes Wirtschaftssystem zwischen zwei Partnern, die Erfahrung geben und nehmen. Dieser Prozeß des Austauschs ist das Mittel, durch das Verbindung entsteht. Wir glauben nicht, daß Beziehungen im Himmel – oder in der Hölle – gemacht werden. Vielmehr wird die Verbindung zwischen zwei Menschen gemeinsam hervorgebracht, Augenblick für Augenblick und Jahr für Jahr, und zwar durch den Prozeß des gemeinsamen Geben-und-Nehmens. Wie Wendell Berry in *Das Land der Ehe* schreibt: »Unsere Verbindung ist keine kleine Ökonomie, die vom Austausch meiner Liebe und Arbeit gegen deine Liebe und Arbeit lebt ...Wo ihre Grenzen liegen wissen wir nicht ...«

Das Funktionieren einer Beziehung hängt, genau wie das einer Ökonomie, von der Einfachheit und Häufigkeit des Austauschs ab. Läuft der Austausch gut, dann gedeihen Beziehungen. Beide Partner werden immer lebendiger, gegenwärtiger und bewußter. Während sie eine tiefe gegenseitige Verbindung erleben, respektieren sie sich doch auch in ihrem Getrenntsein. Die Partner sind in der Lage, die einzigartige Wahrheit ihrer Erfahrung freizügig miteinander zu teilen, und gleichzeitig sind beide fähig, den Kontakt mit der Andersheit des anderen wertzuschätzen und daraus zu profitieren und zu lernen. Es gibt eine Gegenseitigkeit von Geben und Nehmen, so daß beide Partner gleichermaßen Geber und Nehmer sind. Der Austausch ist fair und gegenseitig förderlich. Daneben gibt es eine Anerkennung der gegenseitigen Abhängigkeit beider Partner, d.h. beide erkennen, daß sie jeweils nur einen begrenzten Erfahrungsspielraum und begrenzte Kapazitäten haben und auf ihre Unterschiedlichkeit angewiesen sind. Durch das Geben und Nehmen eröffnen sich beiden neue Möglichkeiten, und durch den Austausch dieser Möglichkeiten werden beide flexibler, leidenschaftlicher und als Menschen vollständiger.

Mit anderen Worten, sie verändern sich. Eine wichtige Folge dieser Sichtweise von Beziehung ist, daß Veränderung durch den Prozeß des Austauschs entsteht. Wir betrachten Veränderung nicht als etwas, das jemand mit einem anderen macht, sondern als Ergebnis des Austauschs, der beide verändert. Das kann der Austausch der subjektiven Wahrheit jedes einzelnen sein – Gefühle (positive, negative, neutrale oder eine Mischung), Bedürfnisse, Bedeutungen, Werte oder Träume. Es kann auch der Austausch von Aufmerksamkeit, gegenseitiger Stärkung oder der Unterstützung der Ziele des anderen sein. Oder es ist vielleicht eine vertragliche Regelung von Leistung gegen Leistung, wobei jeder sich verpflichtet, konkrete Dinge zu tun, um die der andere ihn bittet (zur weiterführenden Diskussion vgl. Lederer und Jackson, 1968).

Wenn der Prozeß des Austauschs nicht funktioniert, dann leiden sowohl die Beziehung als auch die Partner. Das Band, das sie verbindet, wird geschwächt, und es stellt sich das Gefühl ein, daß sich nichts verändert, daß sie durch die Beschränkungen des anderen feststecken und daß keiner von beiden in der Beziehung wachsen kann. Oft kommt es auch zu Machtkämpfen zwischen den Partnern, in denen sie versuchen, sich gegenseitig zu kontrollieren, abzuwerten oder sogar zu verletzen. Das ist die Beziehungshölle, die in der eingangs erzählten Geschichte beschrieben wird.

Geben und Nehmen lernen

Wir nehmen an, daß Geben und Nehmen Fähigkeiten sind, die durch die Erfahrung mit signifikanten anderen im Leben allmählich erlernt werden. Die so entwickelten Gewohnheiten des Gebens und Nehmens werden unweigerlich auf gegenwärtige Beziehungen übertragen. Im besten Falle werden sich beide Partner dieser Gewohnheiten bewußt und lernen, ihre Fähigkeit zu geben und zu nehmen nach und nach zu verfeinern. Kommt es im Prozeß des Austauschs zu Unterbrechungen oder Zusammenbrüchen, dann lernen die Partner aus diesen Erfahrungen, anstatt sich gegenseitig zu beschuldigen, über die Beziehung im allgemeinen zu diskutieren oder auf psychologische Interpretationen zurückzugreifen. Im schlimmsten Falle wiederholen die Partner unentwegt dieselben zum Scheitern verurteilten Austauschgewohnheiten, ohne aus ihren Fehlern zu lernen. Sie betrachten das Geben und Nehmen nicht als Fähigkeit, die sie durch bewußte Praxis erlernen müssen, sondern sehen ihre Beziehung als etwas, das einfach stattfindet – oder auch nicht –, ohne zu wissen, wie.

Eine erfolgreiche Beziehung führen zu können heißt auch, zu lernen, mit Anstand und Genauigkeit zu geben und zu nehmen. Dazu sind vier Dinge erforderlich: Präsenz, Gewahrsein, gemeinsame Verantwortung und Übung.

Präsenz

Die Fähigkeit, präsent zu sein, ist eine wesentliche Voraussetzung für jeden erfolgreichen und befriedigenden Austausch in intimen Beziehungen, und zwar aus dem einfachen Grunde, weil man in der Vergangenheit oder der Zukunft keinen Austausch vollziehen kann. Der Austausch kann nur in der Gegenwart stattfinden und lebt ausschließlich von dem, was in dieser Gegenwart wirklich und authentisch zur Verfügung steht. Im Unterschied zum wirtschaftlichen oder intellektuellen Austausch ist der Gegenstand des Austauschs in einer intimen Beziehung die gegenwärtige Erfahrung selbst, der persönliche, spürbare, ständig wechselnde Fluß des Lebens von Augenblick zu Augenblick. Das ist das Wesen der Intimität.

Gewahrsein

Im Gegensatz zum Nachdenken über eine Beziehung ist Gewahrsein einfach der Akt zu bemerken, wie man in der Gegenwart wirklich in Beziehung tritt. Um erfolgreich in Beziehung zu treten, muß man sich bewußt werden, was beide Partner tun und sich der Auswirkungen dieses Handelns bewußt sein. Wie beim Autofahren gibt es auch in der Beziehung weniger Unfälle, wenn man aufmerksam verfolgt, was gerade passiert. In einer Beziehung muß man sich nicht nur seiner selbst oder des anderen gewahr sein, sondern auch des Prozesses von Geben und Nehmen zwischen sich und dem anderen.

Gemeinsame Verantwortung

Offensichtlich müssen beide Partner ihren Teil dazu beitragen, daß in der Beziehung ein erfolgreicher Austausch von Geben und Nehmen stattfinden kann. Hat man ein Gefühl von gemeinsamer Verantwortung, dann erlebt man sich selbst und den Partner als gleichermaßen verantwortlich für den Erfolg und Mißerfolg der Beziehung. Diese Haltung trägt wesentlich zur Reduzierung der Machtkämpfe und der damit einhergehenden Anschuldigungen und Diskriminierungen bei, die in intimen Beziehungen so häufig vorkommen. Die gemeinsam getragene Verantwortung ermöglicht es, voneinander zu lernen.

Übung

Durch Experiment und Übung lernen wir, in Beziehung zu treten. Wenn wir in unserem Bemühen, einen beiderseitig befriedigenden Austausch mit anderen herzustellen, fehlschlagen, müssen wir bereit sein, es noch einmal zu versuchen, genau hinzusehen und festzustellen, was funktioniert und was nicht. Auf diese Weise wird jeder Fehltritt zum Anfang einer neuen Lernerfahrung. Das ist der Geist der Übung, der für die Entwicklung der Fähigkeit des Gebens und Nehmens unabdingbar ist. Intime Beziehungen erfordern die ständige Verbesserung dieser Fähigkeiten, und das läßt sich nur durch permanente Übung und Verfeinerung erreichen.

Der Gestaltzyklus von Geben und Nehmen

Worin aber bestehen die Fähigkeiten des Gebens und Nehmens? Um diese Frage beantworten und unser Gewahrsein für diesen Prozeß schärfen zu können, haben wir ein Modell entwickelt, das wir als »Gestaltzyklus von Geben und Nehmen« bezeichnen und das aus dem Gestaltmodell des »Erlebenszyklus«, den Zinker (1993), Zinker und Nevis (1981) und andere Autoren beschrieben und weiterentwickelt haben. Unser Modell unterteilt den Prozeß des Austauschs in acht Phasen – vier Phasen des Gebens und vier Phasen des Nehmens. Wir gehen davon aus, daß für einen befriedigenden Austausch alle acht Phasen dieses Zyklus notwendig sind. Fehlen einige dieser Phasen, dann werden die Qualität der Beziehung und folglich auch die Menschen in dieser Beziehung darunter leiden.

Auch wenn wir die Phasen des Gebens und Nehmens getrennt voneinander beschreiben, gehören sie doch im tatsächlichen Erleben immer zusammen. Beide finden gleichzeitig statt. Dieses Geben-und-Nehmen ist ein einziger Prozeß – wie ein Tanz, bei dem die Partner sich gegenseitig abwechselnd führen und führen lassen. Nachdem wir jede einzelne Phase kurz beschrieben haben, werden wir besprechen, wie sie zusammenwirken.

Geben

Sammeln. Eine Grundvoraussetzung für jede Art von Geben ist, daß man etwas zu geben hat, und zwar etwas, das in einem gegebenen Augenblick wirklich zur Verfügung steht, und nicht etwas, das man einmal hatte oder in der Zukunft gerne haben würde. Aus unserer Sicht ist das Wertvollste Geschenk eines, das immer da ist, nämlich die Wahrheit der eigenen gegenwärtigen Erfahrung. Allerdings muß man diese Wahrheit auch bemerken und – mit Rilkes Worten – Sinn und Süße seiner Erfahrung sammeln, also Empfindungen, Gefühle, Gedanken, Bedürfnisse, Impulse, Hoffnungen, Absichten etc., um zu entdecken, was man wirklich anzubieten hat. Indem man das tut, entsteht ein Gefühl von Authentizität und Integrität.

Anbieten. Um mit einem anderen in Beziehung zu treten, muß man etwas anbieten, etwas von sich selbst, und es dem anderen entgegenbringen. Das kann eine Aussage sein, ein Gefühl (positiv, negativ, neutral oder eine Mischung), ein Bedürfnis, eine Bewegung auf den anderen zu oder auch einfach seine Aufmerksamkeit. Tut man das mit Erfolg, entsteht ein Gefühl von Großzügigkeit.

Ausrichten. Um sicherzugehen, daß ein Angebot auch bei demjenigen ankommt, den man erreichen will, muß man das, was man gibt, genau ausrichten. Man muß seine Aufmerksamkeit sehr genau dahin ausrichten, wo das Geschenk hingehen soll. Das Ausrichten vermittelt ein Gefühl von Richtung und Intentionalität.

Loslassen. Damit ein Austausch wirklich abgeschlossen werden kann, muß man das, was man dem anderen gibt, auch loslassen. Das bedeutet, auch Kontrolle und Besitz aufzugeben. Was auch immer man gegeben hat ist jetzt in den Händen des

Partners. Wenn das Loslassen abgeschlossen ist, entsteht eine Welle der Energie und der Erregung. Man verspürt Freude und das Gefühl von Freiheit und Leichtigkeit.

Nehmen

Anstreben. Nehmen ist nicht bloß ein passiver Vorgang. Man muß etwas aktiv brauchen oder wünschen und versuchen, es zu finden, es auswählen und von dem, was zur Verfügung steht, etwas nehmen. Dieses Anstreben ist der erste Schritt im Prozeß des Nehmens. Das Anstreben ruft den Wunsch und die Sehnsucht hervor.

Bereitsein. Wenn man ein kleines Kind füttert, muß man es dazu bringen, den Mund aufzumachen, damit es bereit ist, den nächsten Löffel aufzunehmen. Diese Bereitschaft ist der zweite Schritt im Prozeß des Nehmens. Das bedeutet, daß man sich für das, was man bekommen kann, öffnet. Diese Phase birgt das Gefühl von Hoffnung und Vorfreude.

Annehmen. Um zu nehmen, muß man natürlich auch annehmen, was einem gegeben wird. Annehmen bedeutet, etwas, das man nicht ist, von außen durch die Selbstgrenze hereinzulassen und dadurch das Selbst auszuweiten. Dadurch entsteht die Erfahrung von Mitgefühl.

Assimilieren. Um sich gestärkt und befriedigt zu fühlen, ist es wichtig, das, was man aufgenommen hat, ganz zu verdauen oder zu assimilieren. Was immer man aufgenommen hat, macht man sich zu eigen. Das ist nur möglich, wenn man die Verbindung zum anderen vollständig losläßt und sich Zeit nimmt, um zu sich selbst zurückzukehren. Wenn das geschieht, entsteht ein Gefühl von Dankbarkeit und Befriedigung.

Um die Funktionsweise des Zyklus von Geben und Nehmen auch graphisch darzustellen, können wir die acht Phasen folgendermaßen anordnen:

Aus dem Diagramm wird ersichtlich, daß die Bewegung beim Geben vom Selbst zum anderen geht, während die Bewegung beim Nehmen in umgekehrter Richtung verläuft. Das Diagramm zeigt auch sehr deutlich, wie sehr Geben und Nehmen zusammengehören. Die vier Phasen des Gebens können mit den gegenüberliegenden Phasen des Nehmens paarweise zusammengebracht werden:

Sammeln – Anstreben

Anbieten – Bereitsein

Ausrichten – Annehmen

Loslassen – Assimilieren

Diese Paare sind ganz und gar aufeinander angewiesen. Beispielsweise kann man nichts anbieten, wenn niemand da ist, der bereit wäre, es anzunehmen. Und man kann nicht bereit sein, etwas anzunehmen, wenn nichts angeboten wird. Auf ähnliche Weise kann man nicht wirklich etwas annehmen oder aufnehmen, das an jemand anderen gerichtet ist. Und man kann etwas nicht wirklich auf einen anderen ausrichten, wenn dieser nicht bereit ist, es anzunehmen. Diese Zirkularität macht es unmöglich, Geben und Nehmen voneinander zu trennen; beide bedingen sich gegenseitig.

Auf dieselbe Art sind sämtliche Phasen des Zyklus miteinander verbunden. Wenn er gut funktioniert, beginnt der Kreislauf von Geben und Nehmen mit »Sammeln-Anstreben«. Der eine Partner sammelt das, was gegeben werden kann und reagiert damit auf den anderen Partner, der etwas anstrebt und empfangen möchte. Wenn dieser Prozeß einfühlsam und umsichtig abläuft, dann ruft das Anstreben im anderen den Impuls hervor, das Gewünschte auch zu geben. Dieses Anbieten wiederum löst die Bereitschaft aus, das Angebotene anzunehmen. Die Bereitschaft bindet ihrerseits die Aufmerksamkeit des anderen und ermöglicht es, das Gegebene auszurichten. Die Klarheit der Ausrichtung macht es leichter, das Gewünschte anzunehmen. Das Annehmen erleichtert dem anderen, das Gegebene wirklich loszulassen. Und schließlich ermöglicht dieses Loslassen, das Gegebene ganz in Besitz zu nehmen und zu assimilieren.

Paartherapie

Bei unserer Arbeit mit Paaren finden wir es hilfreich, die meisten Schwierigkeiten als Mängel im Prozeß von Geben und Nehmen zu betrachten. Unser Ansatz ist praxis- und funktionsorientiert. Wir fragen nicht danach, warum es einen Mangel gibt, sondern schauen uns an, wo der Prozeß von Geben und Nehmen nicht funktioniert und versuchen beiden Partnern zu helfen, ihn wiederherzustellen oder zu verbessern. Das erfordert einerseits die Fähigkeit, die auftauchenden Schwierigkeiten präzise zu beschreiben und zu diagnostizieren und andererseits ein Wissen um die richtige Intervention.

Um uns hinsichtlich der Diagnose und der Interventionen zu orientieren, benutzen wir das oben beschriebene Modell. Dieses Modell hilft uns zu lokalisieren, an welcher Stelle der Prozeß von Geben und Nehmen unterbrochen ist. So können wir z.B. sehen, welche Phasen des Zyklus fehlen oder unterentwickelt sind und welche sich festgefahren haben. Ebenso können wir feststellen und beschreiben, welche »Phasenverschiebungen« es zwischen den Partnern gibt. Anhand dieser Diagnose erkennen wir, welche Veränderungen am wichtigsten sind und welcher der beiden Partner im Augenblick am besten geben und welcher am besten nehmen kann. Darüber hinaus erleichtert uns dieses Modell die Entscheidung darüber, wo, wann und wie wir intervenieren. Es hilft uns, den nächsten Schritt zu finden. Um zu demonstrieren, wie das vor sich geht, stellen wir nun einige Passagen einer paartherapeutischen Erstsitzung vor, die wir zum besseren Verständnis zwischendurch kurz kommentieren.

Eine Paartherapie-Sitzung

Thomas und Joan sind weiß, in mittleren Jahren, gehören zur Mittelschicht und haben keinerlei Therapieerfahrung. Er ist von großer Statur, ein wenig formal in seiner Art, eher verschlossen und zu Beginn der Sitzung sichtlich verlegen. Sie scheint etwa zehn Jahre jünger zu sein als er und macht einen frustrierten und verärgerten Eindruck als die beiden die Praxis betreten.

Erste Episode

Antra: Zu Beginn möchten wir Sie beide bitten, sich einen Moment Zeit zu nehmen und darüber nachzudenken, was Sie voneinander wollen, was Sie hierher bringt und was Sie am liebsten aus unserer ersten Sitzung mitnehmen würden.

(Eine halbe Minute Schweigen)

Joan: Das ist nicht ganz einfach. Das erste, was mir auf Ihre Frage einfiel war, daß du (Sie schaut Thomas an) mich losläßt. (Pause) Und ich hätte gerne wieder etwas Hoffnung für uns.

Thomas: Was mich erstaunt, ist die Ironie an der ganzen Sache. Was ich von dir möchte ist, daß du nicht so distanziert bist. Und ich glaube, ich hätte gerne das Gefühl, eine gemeinsame Richtung zu haben. Ich glaube, wir haben uns irgendwie verlaufen.

Antra: Können Sie uns ein bißchen über den Hintergrund erzählen, was Sie hierher gebracht hat?

Rich: Das, wovon Sie glauben, daß wir es von Anfang an wissen sollten.

Joan: Also, wir hatten diesen dicken Streit. Wir hatten eine heftige Auseinandersetzung, ungefähr vor drei Wochen. Ich hatte schon seit einiger Zeit das Gefühl, daß die Dinge den Bach runtergehen, aber dieser Streit hat die Dinge wirklich klar gemacht.

Thomas:	Joan hat sich darüber aufgeregt, was unser Sohn zu ihr gesagt hat.
Joan:	Er hat mich als »egoistisches Schwein« bezeichnet.
Thomas:	Also kam sie in mein Arbeitszimmer und -
Joan:	(Unterbricht ihn aufgebracht) Nein, ich habe mich nicht darüber aufgeregt, was er gesagt hat, ich habe mich darüber aufgeregt, wie du damit umgegangen bist! Oder besser gesagt: nicht umgegangen bist.
Thomas:	Sie kam rein und wollte mit mir darüber reden. Das Schuljahr ging zu Ende. Ich bin Direktor an einer High School, wir hatten eine Menge Arbeit, und ich sagte: »Hat das nicht Zeit bis zum Wochenende?«, weil es so klang, als ginge es um etwas Ernstes. Und dann gab ein Wort das andere, und Joan ging an die Decke. Ich stürmte aus dem Haus. Ich kam zurück und stürmte wieder davon. Seitdem haben wir ein ziemlich gespanntes Verhältnis.

Da das Ziel der Therapie in unserem Ansatz darin besteht, zwischen Joan und Thomas einen kreativen und erfolgreichen Austausch zu ermöglichen, beginnen wir mit dem ersten Schritt des Austauschs, dem Anstreben und Sammeln. Um zu erfahren, was sie austauschen wollen, fragt Antra die beiden, was sie voneinander wollen und welche Erwartungen sie an diese Begegnung haben. Wir bitten sie auch, sich etwas Zeit zu nehmen, um sich wirklich »sammeln« und spüren zu können, was sie sich gegenseitig zu geben haben. Wir hören, daß Joan möchte, daß Thomas sie »losläßt«, und daß er möchte, daß sie »nicht so distanziert« ist. Da diese Wünsche nicht sehr klar zu sein scheinen, entscheiden wir uns, nicht sofort mit ihnen zu arbeiten, sondern später darauf zurückzukommen.

Einen näherliegenden Ausgangspunkt für ihren Austausch sehen wir in ihren momentanen Gefühlen füreinander. Während sie über den Streit von vor drei Wochen reden, achten wir besonders auf ihren Prozeß von Geben und Nehmen. Wir bemerken, daß Joan wütend auf Thomas ist und Schwierigkeiten hat, ihren Ärger an ihn zu richten. Sie spricht ihn herausfordernd an, wirft ihm wütende Blicke zu und unterbricht ihn einmal sehr plötzlich. Aber wir sehen auch, daß sie nicht in der Lage ist, ihren Ärger loszulassen. Das trägt dazu bei, daß ihr Konflikt ungelöst bleibt. Was Thomas angeht, sieht es so aus, als sei er durch Joans Ärger verunsichert und verletzt. Er ist nicht fähig, ihren Ärger anzunehmen oder zu assimilieren und etwas daraus zu lernen. Andererseits bietet er ihr auch nicht an, ihr seine Verunsicherung und seine Verletzung mitzuteilen, was die Nähe, nach der er sich sehnt, herstellen könnte. Thomas und Joan stecken in einer Art Gefühlsstau. Sie kann ihre Wut auf ihn nicht loslassen, wenn er sie nicht annimmt, und er kann ihr seine Angst und Verletzung nicht anbieten, solange sie sich nicht öffnet.

Diesem Impasse wenden wir uns als erstes zu. Wir versuchen ihr zu helfen, ihm den Ärger zu geben und dann werden wir ihm helfen, seine Angst und seine Verletzung mit ihr zu teilen. Der erste Schritt besteht darin, daß beide präsenter werden, damit überhaupt ein Austausch zwischen ihnen stattfinden kann.

Antra: Wie sehr haben Sie in diesem Moment das Gefühl, in einem Streit zu stecken? Wie verbunden oder distanziert fühlen Sie sich im Augenblick?

Thomas: Es fühlt sich ziemlich distanziert an. *Streit* ist vielleicht nicht das richtige Wort. Es fühlt sich einfach so an, als ob sie auf der einen und ich auf der anderen Seite des Feldes stünde.

Unser zweiter Schritt besteht darin, sie dazu zu bewegen, sich direkt anzusehen und zueinander zu sprechen. Auch das erhöht die Chance eines Austauschs zwischen ihnen, da Thomas sich bisher meistens an uns gewandt hat und beide den Augenkontakt miteinander vermieden haben.

Antra: Und wie möchten Sie gerne sein?

Thomas: Ich glaube, ich möchte, daß wir uns näher sind, aber was ich von Joan mitbekomme ist, daß mein Wunsch nach Nähe ihr manchmal zuviel ist. Das ist es, was ich möchte, aber irgendwie fühlt es sich nicht richtig an.

Rich: Sind Sie bereit, ein Experiment zu machen? Könnten Sie ihr direkt sagen, daß Sie sich das wünschen?

Thomas: (In resigniertem Ton) Ich werde das sagen, was ich vorher schon gesagt habe. (Wendet sich an Joan) Ich fände es einfach schön, wenn wir uns näher wären, und manchmal habe ich das Gefühl, daß wenn ich auf dich zugehe, du dich nicht nur zurückziehst, sondern wütend wirst. Ich habe Angst, dich zu fragen, denn wenn ich dich bitte, näher zu kommen, wirst du wütend. Ich habe das Gefühl, daß ich gar nicht gewinnen kann.

Antra: Joan, was geschieht mit Ihnen? Können Sie Thomas sagen, wie es für Sie ist, ihm zuzuhören?

Joan: Einerseits sehe ich, daß das schwierig für dich ist, aber andererseits ist es mir auch egal. Ich habe das Gefühl, daß ich immer noch richtig sauer auf dich bin, und ich komme fast nicht darüber hinweg, daß du sagst, du willst mehr Nähe zu mir. Ich bin immer noch wütend auf dich, weil ich das Gefühl habe, daß du mich immer wieder zur Seite geschoben hast, ohne es überhaupt zu merken. Und ein Teil von mir will einfach alles, was du sagst, von sich weisen.

Thomas:	Was meinst du mit »zur Seite geschoben?« Mein Gefühl ist, daß ich will, daß du ein wichtiger Teil in meinem Leben sein sollst.
Joan:	Das sagst du, aber ich habe oft das Gefühl, daß du gar nicht richtig da bist.
Thomas:	Ich weiß. Vor allem im letzten Jahr habe ich mich ein bißchen zurückgezogen, aber das liegt an der Arbeit und all dem. Und du hast dich auch zurückgezogen. (Pause) Aber ich will nicht, daß das so bleibt.
Joan:	Ich will auch nicht, daß das so bleibt!

Als Thomas den Eindruck macht, als wolle er der Intensität dieser Begegnung entgehen, fordert Rich ihn auf, dabei zu bleiben.

Rich:	Thomas, bleiben Sie dabei, bitte. Schauen Sie Joan einfach an. Sehen Sie sich einfach gegenseitig an und spüren Sie den Frust und die Schwierigkeiten zwischen Ihnen. Sie sagen beide: »Ich will nicht, daß es so bleibt.« Und Sie spüren beide, daß da etwas im Weg steht. Wenn Sie sich anschauen, versuchen Sie zu spüren, was Ihnen im Weg steht, ... etwas Schmerzliches, etwas Schwieriges.
Thomas:	Ich habe das Gefühl, du haßt mich.
Joan:	Manchmal habe ich auch das Gefühl.
Thomas:	Ich verstehe das nicht. Ich weiß ja, daß ich manchmal nervig sein kann, aber Haß fühlt sich so endgültig an.
Joan:	Ich weiß nicht, ob *Haß* das richtige Wort ist. Ich werde sauer auf dich!

Joans Wut ist nach wie vor recht unspezifisch. Sie hat keinen klaren Fokus. Wir versuchen, sie zu konkretisieren, sie persönlicher und präsenter zu machen.

Antra:	Sind Sie in diesem Augenblick sauer auf ihn?
Joan:	Ja, sogar jetzt, wenn ich dich ansehe, dann ...
Thomas:	Was mache ich denn?
Joan:	Du bist einfach, du bist einfach ...

Joan unterbricht ihre Wut kurz bevor sie sie losläßt. Um ihr zu helfen, ihre Wut zu fokussieren und loszulassen, gibt Rich ihr Unterstützung.

Rich:	Versuchen Sie, es in Worte zu fassen. Er tut irgend etwas, das sie verärgert.
Joan:	Die Art wie du dasitzt und seufzt. Und, ich weiß nicht, etwas an dir ist irgendwie jämmerlich. Es nervt mich.
Rich:	Ich sehe das auch.

Und mit dieser Unterstützung ist Joan zum erstenmal in dieser Sitzung in der Lage, ihre Wut auszurichten und loszulassen. (Dieses Loslassen ist ein energetisches Phänomen, das in einem schriftlichen Transkript schwierig wiederzugeben ist; wenn man es allerdings miterlebt, ist es sehr offensichtlich.)

| Joan: | (Spricht lauter) Es ist dasselbe wie bei unserem Streit über Robbie. Du hast ihm nicht die Stirn geboten, und ich habe das Gefühl, daß du auch mir nicht standhältst! Ich werde sauer auf dich, und du gehst einfach weg. Du verschwindest einfach! |

Zweite Episode

Die vorige Episode schließt mit der ersten Hälfte eines Austauschs. Joan hat etwas von ihrer Wut gegeben, aber Thomas hat sie noch nicht angenommen. Mit einiger Sicherheit wird sie ihm noch mehr geben, sobald er empfänglicher wird. Um jedoch das Gleichgewicht zwischen ihnen zu erhalten, ist es wichtig, daß Thomas ihr jetzt etwas geben kann. Außerdem hoffen wir, daß Joan sich jetzt, nachdem sie etwas von ihrem Ärger losgelassen hat, Thomas gegenüber etwas mehr öffnet. Unser nächster Schritt wird dann sein, Thomas zu helfen, Joan seine Gefühle mitzuteilen. Deshalb bittet Antra ihn, seine Aufmerksamkeit auf sich selbst zu richten, damit er sich sammeln und spüren kann, was er im Moment erlebt.

Antra:	Was fühlen Sie in diesem Moment?
Thomas:	Ich weiß nicht. Da ist etwas.
Antra:	(Langsam) Können Sie sich einen Moment Zeit nehmen, um Ihren Körper zu spüren und zu bemerken, was Sie empfinden? Wie fühlt sich Ihr Atem und Ihr Brustkorb an? Was geschieht mit Ihrem Gesicht, Ihren Augen und Ihren Händen? Was bemerken Sie?
Thomas:	Mein Magen fühlt sich verknotet an. (Pause) Vielleicht auch nicht verknotet. Es fühlt sich an wie Schlangen, all diese Schlangen.

Jetzt beginnt Thomas, ein Gespür dafür zu entwickeln, wie er sich fühlt, aber er kann Joan dieses Gefühl nicht anbieten. Er hat Angst, daß sie ihn wieder als »jämmerlich« kritisieren wird, und deshalb unterbricht er sich, als er anfängt, ihr zu zeigen, wie er sich fühlt. Diese Unterbrechung ist das Kennzeichen der Übertragung – die Reaktion der alten Muster von Geben und Nehmen. Er erwartet, kritisiert zu werden, und diese Erwartung erfüllt sich selbst, sobald er sich unterbricht.

Thomas: Aber ich habe das Gefühl, daß ich mich so nicht fühlen darf. Wenn ich traurig bin oder mich aufrege oder das empfinde, was du »jämmerlich« nennst, ist das nicht gut genug. Ich muß irgendwie anders sein. (Pause und ein resigniertes Seufzen) Das erscheint mir so ausweglos.

Thomas scheint nicht mehr auf Joan zuzugehen. Um ihn mobilisiert und beteiligt zu halten, konfrontiert Rich ihn, während Antra ihn mitfühlend begleitet. Dadurch wird er in zwei Richtungen angestoßen, sich und sein Erleben weiterhin anzubieten.

Rich: Das hört sich in meinen Ohren jämmerlich an. Es klingt selbstbemitleidend.

Antra: (Zu Rich) Ich fühle etwas anderes. Ich empfinde Mitgefühl.

Rich: (Zu Antra) Er klingt, als wolle er aufgeben. Er sagt: »Ich kann nichts daran machen. Ich bin hilflos.« (Pause) Wie erlebst du ihn?

Antra: Was ich spüre ist, daß er große Angst hat, und daß er in dieser Angst feststeckt. Ich spüre ein wohlwollendes Gefühl in mir.

Rich: Ich verstehe.

Diese unverhüllte Meinungsverschiedenheit hat eine starke Wirkung auf Joan. Antra bemerkt das.

Antra: Joan, mich interessiert, was im Augenblick in Ihnen vorgeht. Wenn Sie auf Ihren Körper achten, was bemerken Sie?

Joan: Meine Kehle schnürt sich zu. Es fühlt sich fast so an, als hätte ich eine Schlinge oder eine Art Seil um den Hals. Und meine Hände fangen an zu klammern, so als ob ich mich an diesem Stuhl festklammern wollte.

Um Joan zu helfen, offener zu werden, fragt Rich sie, was sie braucht.

Rich: Haben Sie ein Gefühl dafür, was Sie im Moment brauchen?

Joan: Ich hatte gerade ein Bild aus diesen Filmen, wo sie jemanden an einen
          Stuhl fesseln. Ich möchte an ein Messer herankommen und mich befrei-
          en. So fühle ich mich.

Antra: Und wie wäre das dann? Was würden Sie tun, wenn Sie sich befreit hät-
          ten?

Joan: Ich glaube, ich würde einfach losrennen und ziemlich weit laufen.

Antra: Also ist das die Freiheit, das Freisein, das Sie sich wünschen?

Joan: Ja, ja, ja.

Wir wollen ihr Bedürfnis auf Thomas richten, um einen Austausch zwischen ihnen zu ermöglichen.

Rich: Haben Sie das Gefühl, daß er Sie im Augenblick fesselt?

Joan: Ich habe einfach das Gefühl, daß ich ihn um Erlaubnis fragen muß, um
          mich zu befreien, daß ich das mit ihm abklären müßte, um zu sehen, ob
          es in Ordnung ist.

Rich: Wollen Sie das tun?

Joan: (Zu Thomas) Aber dann werde ich so wütend darüber, daß ich dich fra-
          gen muß!

Joan will von Thomas losgelassen werden, aber sie will ihn nicht fragen. Sie
wehrt sich gegen die Abhängigkeit, die mit dem Fragen verbunden ist. Antra ermutigt sie, trotzdem zu fragen.

Antra: (Spielerisch) Nun, Sie müssen ihn nicht fragen. Sie könnten sich einfach
          dafür entscheiden, ihn zu fragen.

Joan: Oh. (Nach einer kurzen Pause wendet sie sich an Thomas) Kann ich mich
          befreien?

Thomas: Ich fessele dich nicht.

Es stimmt tatsächlich, daß Thomas sie nicht fesselt. (Wie wir später feststellen werden, fühlt sie sich gefesselt, weil sie in ihrer Verbindung zu ihm feststeckt.) Was aber auch stimmt ist, daß er sich an sie klammert, und das gibt ihr das Gefühl, verschlungen zu werden. Wir denken, daß beide für die Entstehung dieses Impasses gleichermaßen Verantwortung tragen, und daß beide ihren Teil tun müssen, um ihn zu überwinden. Antra bittet Thomas, anzufangen, weil er im Augenblick besser in der Lage ist, etwas zu geben.

Antra: (Zu Thomas) Wie wäre es, wenn Sie »Ja« sagen würden?

Thomas: Beängstigend. (Er wendet sich an Joan) Aber ich sehe, daß du richtig unglücklich bist, wenn du gefesselt bleibst. Ich möchte nicht, daß du unglücklich bist. Also, ja ... ja.

Antra: (Zu Joan) Und wie ist dieses »Ja« für Sie?

Joan: (Zu Thomas) Es ist wirklich schwer für mich, denn obwohl du gerade »ja« gesagt hast, fange ich jetzt an, daraus ein »nein« zu machen.

Hier beschreibt Joan ihre eigene Übertragung. Sie erwartet so sehr, daß er ihr versagt, was sie sich wünscht, daß sie nicht in der Lage ist, es zu hören, geschweige denn zu glauben. Thomas jedoch ist wirklich zielstrebig und will, daß sie das, was er sagt, auch annimmt.

Thomas: Hör zu, daß fühlt sich an wie die Falle, in die wir immer wieder tappen. Genau dasselbe ist passiert, als du wieder arbeiten gehen wolltest. (Wird lauter) Ich sage »Ja!« Okay? Ja!

Joan: Ja, aber du nimmst es mir ständig übel.

Thomas: (Schaut sie bewegt an) Nein, ... ich habe Angst.

Thomas gibt Joan seine Angst. Da ihre negative Erwartung oder Übertragung so stark ist, ist es gut möglich, daß sie sie nicht sehen und annehmen konnte. Um sicherzugehen, daß ihre Reaktion auf dem basiert, was gerade passiert, und nicht in der Vergangenheit begründet ist, bitten wir sie, ihn anzusehen.

Rich: Könnten Sie ihn jetzt anschauen, Joan, und sehen wie ängstlich er ist? Können Sie seine Angst sehen?

Joan:	Ja.
Rich:	Können Sie ihm sagen, was Sie sehen?
Joan:	Ich sehe, daß du Angst hast, und ich konnte sehen, wie schwer es für dich war, das zu sagen. (Pause) Ich weiß, daß dir das wirklich schwerfällt. (Pause) Es tut mir leid, daß ich es nicht deutlicher anerkenne.

Thomas hat Joan gegeben, was in diesem Moment seine authentische Wahrheit ist – seine Verletzlichkeit, sein Bedürfnis nach Nähe und seine Angst, sie zu verlieren. Er hat sein Geschenk wunderbar ausgerichtet und losgelassen. Darüber wiederum freut sich Joan. Jetzt kann sie Thomas Angst assimilieren und empathisch in sich selbst spüren. Das vervollständigt den ersten Zyklus von Geben und Nehmen.

Dritte Episode

Dieser letzte Austausch zwischen Joan und Thomas hebt die Sitzung auf eine neue Ebene von Authentizität und Präsenz. Und wie so oft in der Therapie, tauchen mit wachsender Präsenz beider Partner alte Erfahrungen auf, die ihre Fähigkeit zum Geben und Nehmen blockieren. Für gewöhnlich handelt es sich dabei um Erfahrungen, die sie noch nicht miteinander haben teilen können, weil sie einfach zu schmerzlich sind. Das Schöne am Gestaltansatz ist, daß wir keine archäologische Expedition unternehmen müssen, um diese wichtigen früheren Erfahrungen freizulegen. Sobald sie gebraucht werden, um den aktuellen Impasse zu überwinden, tauchen sie von allein auf.

Was an diesem Punkt auftaucht, ist Thomas Erinnerung an seine erste Frau Theresa, die vor achtzehn Jahren zusammen mit ihrer Tochter bei einem Autounfall ums Leben kam. Während Thomas erzählt, wird deutlich, daß dieses Ereignis seine Beziehung mit Joan stark beeinflußt. Er hat Angst, Joan auf dieselbe Weise zu verlieren wie Theresa. Er beschreibt die Panik und die Trauer, die er emfand, als er von Theresas Unfall erfuhr und erzählt, wie diese Gefühle reaktiviert wurden, als Joan vor kurzen einen kleinen Autounfall gehabt hatte.

Thomas:	Ich denke an Theresa.
Antra:	(Zu Thomas) Wer ist Theresa?
Thomas:	Meine erste Frau.
Antra:	Was ist mit Theresa, und inwiefern gehört sie hierher?
Thomas:	Sie starb 1975 bei einem Autounfall zusammen mit meiner Tochter.

Antra:	(Mitfühlend) Und der Gedanke daran schmerzt Sie immer noch sehr?
Thomas:	Manchmal habe ich das Gefühl, darüber hinweg zu sein, so als ob es nicht mehr da wäre, und dann passiert einfach irgendwas.
Antra:	Was passiert?
Thomas:	Dann werden alte Erinnerungen in mir wach. Ich denke darüber nach, was in letzter Zeit zwischen Joan und mir passiert ist – daß sie mich verlassen wollte. (Pause) Vor ein paar Monaten hatte Joan einen Autounfall. Sie war nicht da, sie war in Albany. Sie rief mich an und sagte, daß sie einen Unfall gehabt hätte. Sie meinte, sie sei in Ordnung, könnte aber erst am nächsten Tag wieder fahren. Also mußte sie noch eine Nacht dortbleiben. (Pause) Ich weiß nicht mehr, wie ich reagiert habe, ich war einfach ... bis sie nach Hause kam, hatte ich einfach das Gefühl, daß alles noch einmal passierte. Ich meine, ich weiß, daß es nicht ...

Thomas kämpft mit der Intensität seiner Gefühle und versucht, sich zusammenzureißen. Ganz langsam versuchen wir, ihm bei seinem nächsten Schritt zu helfen und das alles Joan anzubieten, damit ein wirklicher Austausch daraus werden kann.

Rich:	Thomas, haben Sie Joan von Ihrer Bedürchtung, daß alles noch einmal passieren würde, erzählt?
Thomas:	Nein, das habe ich ihr nicht erzählt.
Rich:	Könnten Sie es ihr jetzt sagen?
Antra:	Bitte schauen Sie sie an. Und Joan, bitte schauen Sie ihn auch an.
Thomas:	(Zu Joan) Ich weiß, ich habe dir nie viel von Theresa erzählt, und ich weiß, daß diese Geschichte mit dem Unfall dich reizt. Du willst nichts mehr davon hören. Aber von dem Moment an, als du mich anriefst bis du zu Hause warst, hatte ich einfach das Gefühl, das alles würde wieder von vorn losgehen. (Er weint leise) Es war so, wie als ihr Vater mich anrief. Ich wußte nicht, was ich machen sollte. Als du nach Hause kamst, konnte ich dir das nicht zeigen.

Dies ist ein sehr wichtiger und unvollständiger Austausch. Thomas war nicht in der Lage, seine Trauer über Theresas Tod und seine Angst, Joan zu verlieren, mit ihr zu teilen, weil diese Erfahrung zu schmerzvoll für ihn ist. Und sie ist noch nicht fähig, all das als Teil ihrer Ehe zu akzeptieren. Er bietet ihr einen tief bewegenden Einblick in sein Leiden, aber diese Intensität ist für beide zu viel. Thomas unterbricht seine Geschichte und fängt an, sich dafür zu entschuldigen, daß er so aufgebracht ist. Das wiederum ruft Joans Ärger hervor.

Thomas: Ich weiß, daß es dir gegenüber nicht fair ist. Ich weiß, daß es nicht richtig ist.

Rich: Kann ich Sie hier für einen Moment unterbrechen? Was Sie gesagt haben, ist sehr bewegend, aber wenn Sie sagen, es sei nicht richtig oder fair, dann nehmen Sie wieder etwas davon weg. (Zu Joan) Wie war es für Sie, das zu hören?

Joan: Zuerst habe ich deinen Schmerz wirklich gespürt, und dann bin ich wieder wütend auf dich geworden.

Rich: An welcher Stelle?

Joan: Irgendwo mittendrin. (Sie wird wirklich wütend) Ich habe das Gefühl, daß du immer nur verletzt bist!

Rich: Ist es Ihnen zuviel, zu viel Verletzung? Haben Sie das Gefühl, daß es Sie überwältigt oder überschwemmt? Ist es das, was Sie an ihren Stuhl fesselt, seine Trauer, sein ...?

Joan: Ja! Ich hatte ... Als er erzählte, hatte ich das Gefühl, aufspringen und schreien zu müssen ...

Rich: (Ermutigt Joan) Ja, was würden Sie sagen?

Joan: Ich würde sagen: »Leck mich! Ich hab's satt, noch mehr über diese Scheiß-Theresa zu hören. Sie ist tot!«

Zum zweiten Mal in dieser Sitzung ist es Joan gelungen, ihre Wut loszulassen. Thomas ist noch nicht in der Lage, die Wahrheit und Intensität dieses Gefühl anzunehmen und zu assimilieren, deshalb greift Rich es auf.

Rich: (Lange Pause) Ja, sie ist tot. Das war 1975.

Joan: (Zu Thomas) Ich weiß, daß du immer noch darunter leidest, aber ich bin einfach ...

Thomas: Ich leide nicht wegen Theresa.

Joan:	Du leidest wegen mir, aber es ist, als ob ich sie wäre! Ich bin nicht sie! Ich bin ich!
Rich:	Das ist ein wichtiger Satz. Glauben Sie, er hat ihn gehört? Haben Sie das Gefühl, daß er Sie verstanden hat?
Joan:	Ich habe das Gefühl, daß du wegen mir leidest, aber ich bin nicht nur ich, ich bin auch noch sie und die Kinder. Ich bin sozusagen alles.
Thomas:	Ja, manchmal fühlst du dich auch an, wie alles. So wie als wir uns kennenlernten; da hatte ich das Gefühl, wieder leben zu können.

Da sie anfangen, ihren Fokus zu verlieren, versuchen wir, sie wieder zurück in die Gegenwart zu holen und sich auf ihren gemeinsamen Austausch zu konzentrieren.

Antra:	Was passiert jetzt?
Thomas:	(Sieht frustriert aus) Ich will das nicht.
Rich:	Gerade haben Sie zu Joan gesagt:»Als wir uns kennenlernten konnte ich wieder leben. Manchmal habe ich das Gefühl, daß du alles bist. So sehr liebe ich dich.«
Thomas:	(Wendet sich an Joan und wird wirklich wütend) Aber das will ich dir nicht sagen. Denn wenn ich es sage, ist das meine selbstbemitleidende Scheiße, mein Schmerz, Theresa und all das ganze Zeug! Alles was du willst ist, daß ich wütend bin! Genau wie ich dauernd verletzt bin und diese ganze Scheiß-Verletzung mit mir herumtrage, wie du es nennst, so scheinst du diese ganze Wut in dir zu haben!

Gerade hat Thomas ihr etwas gegeben. Zum erstenmal in dieser Sitzung kommt sein Ärger an Intensität Joans Ärger gleich, und er gibt ihn ihr zurück. An Joans Reaktion können wir sehen, daß sie genau das von Thomas gewollt hat, nämlich als ebenbürtige Partnerin gesehen und behandelt zu werden. Ihre eigene Wut löst sich schlagartig auf, und sie erfreut sich – zu seiner Überraschung – an seiner Wut.

Antra:	(Zu Joan) Wie geht es Ihnen jetzt? Wie ist das für Sie?
Joan:	Ich habe das Gefühl ... Irgendwie rastet er aus! Ich meine ...
Antra:	Können Sie ihm sagen, wie es für Sie ist?
Joan:	Also, irgendwie freue ich mich, daß du mal ausrastest!

Aber Thomas freut sich nicht. Die Veränderung in Joans Benehmen verwirrt ihn völlig. Er versteht nicht, daß Wut (oder ein anderes negatives Gefühl) zum Geschenk wird, wenn es gegeben und losgelassen wird. (Das Zurückhalten des Erlebens ist es, was dieses Erleben negativ macht.) Doch selbst, als Antra ihn drängt, Joan anzuschauen, ist er nicht bereit, ihre Erregung anzunehmen.

Antra: Thomas, können Sie Joan ansehen ... ihr in die Augen schauen? Ihre Augen sind weit geöffnet und lächeln ... Aber Sie schauen nicht hin. Können Sie einmal zu ihr hinschauen?

Thomas: Das ist doch verrückt!

Antra: Vielleicht ergibt es keinen Sinn, aber schauen Sie sie trotzdem einfach mal an. Schauen Sie hin.

Thomas: Ist es das, was du willst? Willst du, daß ich wütend bin?

Joan: Es ist einfach ... Ich habe dieses Lebenszeichen gesehen. Ich kann das nicht erklären, es war einfach so ... Ich freue mich, wie ein kleines Kind, oder so.

Antra: Schauen Sie sie an. Schauen Sie hin. Hören Sie nicht auf.

Rich: Joan, wie ist es, daß er Sie jetzt ansieht?

Joan: (Zu Thomas) Einen Moment lang war es, als ob du mich wirklich siehst. Und ich hatte ein bißchen so ein Gefühl, wie als wir uns zum erstenmal sahen, ein bißchen so ein ähnliches Gefühl.

Antra: (Zu Thomas) Können Sie Joan sagen, wie es ist, sie jetzt anzusehen?

Thomas: Das alles fühlt sich irgendwie verrückt an.

Antra: Sie meinen, es ergibt keinen Sinn? Meinen Sie das mit »verrückt?«

Thomas: Ja.

Antra: Was fühlen Sie?

Thomas: Nun ja, das gefällt mir schon besser als vorher.

Am Ende reagiert Joan frustriert auf Thomas' Unfähigkeit, ihre Erregung zu verstehen und anzunehmen und fängt an, sich zurückzuziehen.

Rich: Was geschieht mit Ihnen, Joan?

Joan: (Entmutigt) Ich weiß nicht, gerade als er anfing zu reden, hat es sich wieder geändert. Ich fange an, das Gefühl zu haben: »Oh, nein. Wir sind wieder genau da, wo wir waren ... Wir sind wieder da. Nichts hat sich verändert.«

Vierte Episode

Die Arbeit mit Paaren gleicht manchmal dem Versuch, ein eingeschneites Auto loszubekommen, indem man versucht, es hin und her zu bewegen. In der vorigen Episode kamen Thomas und Joan nach einigen intensiven Erfahrungen des Austauschs wieder in ihre Spur. In der nächsten Episode gelingt es ihnen sogar, loszukommen und zu etwas ganz Neuem überzugehen. Diese Episode beginnt damit, daß Rich Joan bittet, sich ganz auf sich selbst zu konzentrieren. Das hat den Grund, daß Joans Unfähigkeit, auf sich selbst zu achten, ihre Fähigkeit, zu nehmen, begrenzt, was wiederum dazu führt, daß Thomas ihr nichts wirklich vollständig geben kann.

Rich: Joan, ich möchte Ihnen ein Experiment vorschlagen. (Langsam) Könnten Sie Ihre Aufmerksamkeit mehr nach innen richten, in Ihren Körper? Achten Sie z.b. jetzt in diesem Augenblick, während ich mit Ihnen spreche, auf Ihren Atem, und beachten Sie uns einfach gar nicht. (Noch langsamer) Bleiben Sie bei sich. Erlauben Sie sich, uns zu ignorieren und uns nicht zuhören zu müssen.

Antra: Spüren Sie, daß Sie die Freiheit haben ...

Rich: ... Ihre Aufmerksamkeit dahin fließen zu lassen, wo Sie sie haben wollen. (Lange Pause) Verstehen Sie, worum ich Sie bitte?

Joan: Ja, das schon, aber es fällt mir nicht ganz leicht. Sobald ich anfange, auf meine Gefühle zu achten, fällt es mir sogar schon schwer, mich daran zu erinnern, was eben passiert ist.

Rich: Ist das in Ordnung?

Joan: Ja, es ist nur so ungewohnt. Ich habe das noch nie gemacht, deshalb ... Das ist so interessant, (Wendet sich Thomas zu) weil es mir immer wenn ich dich anschaue so ähnlich geht.

Joan hat einen Hauch von Präsenz erlebt. Doch dieser Hauch reicht schon aus, um ihren Ärger auf Thomas loslassen und eine Veränderung zulassen zu können. Um diese Erfahrung zu vertiefen, bittet Antra die beiden, Sätze zu bilden, die mit dem Wort »Jetzt« anfangen. Diese Übung setzen sie bis zum Ende dieser Episode fort;

dabei werden sie sich gegenseitig immer präsenter. Während sie positive und negative Gefühle kommen und gehen lassen und dadurch ihre eigene Wahrheit, die sich ständig verändert, geben und nehmen, beginnt sich zwischen ihnen Intimität zu entwickeln.

Antra: Ich möchte, daß Sie beide etwas ausprobieren. Könnten Sie einige Sätze bilden, die mit dem Wort »Jetzt« beginnen?

Thomas: «Jetzt?«

Antra: Ja, zum Beispiel: »Jetzt bin ich ...«

(Pause)

Joan: Jetzt bin ich ziemlich verwirrt.

Thomas: Jetzt bin ich erschöpft.

Joan: Jetzt würde ich mich gerne hinlegen.

(Pause)

Thomas: Jetzt dachte ich gerade, wie sehr ich dich liebe.

Joan: Jetzt fällt es mir nicht ganz leicht, das zu hören.

Thomas: Jetzt bin ich mir dessen bewußt. Aber ich fühle es trotzdem.

(Pause)

Joan: Jetzt bin ich ein bißchen ängstlich.

Thomas: Jetzt bin ich wieder durcheinander. Das ist eigenartig.

Rich: Bitte bleiben Sie dabei, bleiben Sie bei all diesen Veränderungen: »Ich liebe dich«, »Ich bin durcheinander«, »Ich kann das nicht hören ...« Versuchen Sie, einfach bei diesen Veränderungen zu bleiben und kein Problem daraus zu machen. Lassen Sie einfach zu, daß sie sich weiter verändern.

Thomas: Jetzt erinnere ich mich an unsere erste Verabredung.

Joan: Jetzt werde ich verlegen!

Thomas: Jetzt fühle ich mich gereizt.

Joan: Jetzt bin ich auch gereizt. Ich merke, wie Sie beide mich ansehen.

Thomas: Jetzt weiß ich nicht, wo das alles hinführen soll.

Joan:	Jetzt bin ich einfach stolz, daß du es ausprobierst.
Thomas:	Jetzt freue ich mich darüber.
Joan:	Ich freue mich auch!

Während Joan sich immer mehr öffnet, fällt es Thomas immer leichter, ihr seine Liebe anzubieten. Sie entwickelt gerade die Bereitschaft, die Nähe, die er spürt, anzunehmen. Er entschließt sich, den Schritt zu wagen.

Thomas:	(Zögerlich) Jetzt möchte ich dir sagen, daß es wie, ... es ist ein bißchen ... es ist wie ein Absatz. Jetzt habe ich einen ganzen Absatz zu sagen.
Rich:	(Ermutigt Thomas) Bitte. Wollen Sie es sagen?
Thomas:	(Wendet sich Joan zu) Bitte hab ein bißchen Geduld mit mir. Etwas von dem, was ich sagen möchte, könnte Dinge anrühren, von denen ich weiß, daß sie dich aufregen. (Pause) Als du den Unfall hattest und ich ... unter anderem erinnerte ich mich an Theresa und das, was damals passierte und wieviel Angst ich hatte. Aber mir fiel noch etwas anderes auf. So sehr ich Theresa auch geliebt habe und so wichtig sie mir auch war, du hast etwas ganz Besonderes in mein Leben gebracht, von dem ich mir nicht vorstellen kann, daß es mir irgend jemand sonst hätte geben können. Und ich glaube, daß ist der Grund dafür, daß ich manchmal so an dir klebe. Ich versuche, das so zu sagen, daß es dich nicht einengt. (Pause) Du bist meine beste Freundin. Ich hatte noch nie einen Freund oder eine Freundin wie dich, und ich möchte nicht, daß du unglücklich bist oder dich eingeengt fühlst. (Pause) Wenn du also willst, daß ich lerne, wütend auf dich zu sein, dann mache ich das. Es fällt mir nicht leicht. Aber ich bin bereit, daran zu arbeiten. Das ist alles.

Thomas bringt Joan freimütig seine tiefempfundene Liebe und Freundschaft entgegen. Allerdings ist Joan noch nicht ganz bereit, sie anzunehmen. Sie identifiziert sich so sehr mit der Rolle der Gebenden, daß es ihr schwerfällt, Thomas Liebe anzunehmen ohne das Gefühl zu haben, etwas sagen oder zurückgeben zu müssen. Aber allein die Anerkennung ihrer Schwierigkeit hilft ihr schon, ein bißchen ruhiger zu werden.

Joan:	Deine Liebe überwältigt mich, und ich fürchte, daß ich ihr nicht entsprechen kann. Ich habe Angst, nicht gut genug zu sein. (Pause) Und jetzt bin ich ein bißchen traurig. Ich weiß nicht warum. Aber es ist kein schlechtes Traurigsein, ich bin einfach nur ein bißchen traurig.

Antra:	Wie geht es Ihnen im Moment, Thomas?
Thomas:	Ich habe das Gefühl, daß ich schon Angst habe. Im Augenblick habe ich jedenfalls das Gefühl, ... ich weiß nicht, wie lange es anhalten wird, aber jetzt habe ich zumindest das Gefühl, daß ich nicht weglaufen muß.
Joan:	Im Augenblick habe ich auch nicht das Gefühl, weglaufen zu wollen. Vorher habe ich gesagt, daß ich es getan habe, aber im Moment habe ich das Gefühl, nicht weiterzukommen.

Jetzt sind Joan und Thomas sehr präsent. Es gibt keinen Ort, an den sie gehen und nichts, wovon sie weglaufen müßten. Thomas möchte nur noch eines, nämlich Joans Hand halten. Allerdings führt seine Art, ihr das zu sagen, nicht sehr weit. Deshalb interveniert Richard, um ihm zu helfen, es in ein Geschenk zu verwandeln anstatt sie darum zu bitten.

Thomas:	(beiläufig zu Joan) Jetzt würde ich gerne deine Hand halten.
Rich:	Thomas, so wie Sie das sagen, klingt es, als ob die Chance, daß Joan Ihre Hand halten möchte, kleiner als 50 Prozent wäre. Es klingt so, als ob sie es wahrscheinlich nicht will.
Thomas:	(Lacht) Oh Gott!
Rich:	Mein Gefühl ist, daß Sie ihr wirklich etwas geben möchten. Versuchen Sie mal, es so zu sagen, daß Sie ihr etwas zu geben haben anstatt nach etwas zu fragen, das sie Ihnen nicht geben möchte.
Thomas:	(Lacht und seufzt) Das wird eine Ewigkeit dauern! (Pause)
Thomas:	Also, um den unnachahmlichen John Lennon zu zitieren ... (beide lachen) Einen unserer Dauerbrenner, stimmt's?
Joan:	Ja.
Thomas:	(schaut ihr direkt in die Augen) Ich will deine Hand halten.

Thomas gibt Joan das, was ihm am meisten bedeutet – das Gefühl von Nähe. Seine Aufrichtigkeit und Direktheit berühren Joan sehr. Sie nimmt die Nähe, die er ihr gibt ganz an.

Joan:	Ich glaube, ich möchte am liebsten weinen.
Thomas:	(Hält Joans Hand und sieht sie liebevoll an) Amanda hat die gleichen Hände wie du. (Amanda ist ihre achtjährige Tochter.)

Jetzt ist es an ihr, ihm das zu geben, woran ihr am meisten liegt, nämlich die Energie und die Erregung ihrer Unterschiedlichkeit. Als sie ihm ihre Hand entgegenstreckt und sagt: »Schlag ein!«, schlägt Thomas freudig ein, und sie lachen gemeinsam.

Durch diesen tiefen Austausch war es Thomas und Joan möglich, sich ganz zu geben und sich wirklich gegenseitig anzunehmen. Sie haben das Erleben des anderen angenommen und assimiliert und dadurch sich selbst neu erfahren. Für Thomas ist es leichter geworden, Ärger zu zeigen, und Joan kann Nähe und Verletzlichkeit besser zulassen. Thomas kann jetzt besser geben, und Joan kann besser annehmen. Der Austausch zwischen ihnen, hat sie beide verändert. Und wie das Paar in dem Gedicht »History« von D.H. Lawrence, haben sie eine neue Einheit geschaffen (Lawrence, in Bly, Hillerman & Meade, 1992, S. 354)

> Your life, and mine, my love
> Passing on and on, the hate
> Fusing closer and closer with love
> Till at length they mate.

Fünfte Episode

In dieser letzten Episode geht es uns darum, ein Gefühl von Abschluß zu ermöglichen. Alle vier hatten wir eine Reihe von bereichernden Austauschen. Damit sie anfangen können, diese Erfahrung zu assimilieren, bitten wir sie, einen Moment lang ruhig zu werden.

Rich: Bevor wir aufhören, möchte ich Sie noch um ein paar Dinge bitten. Eins davon ist, daß Sie sich einen Moment Zeit nehmen und ruhig werden, um das, was wir hier getan haben, besser verdauen zu können. (Lange Pause) Schauen Sie bitte, ob Sie sich noch etwas sagen möchten bevor wir die Sitzung beenden.

Nach diesem Prozeß, in dem sie einander näher gekommen sind und ein Austausch stattgefunden hat, haben beide das Gefühl, ihre Verbindung zueinander wiederentdeckt zu haben.

Joan: Ich sehe noch Hoffnung für uns. Ich weiß, daß es nicht leicht sein wird.

Thomas: (schaut Joan liebevoll an) Ich möchte nur sagen: Danke.

Joan: (Sehr zärtlich) Bitte.

Dieser letzte Austausch ist der Abschluß ihrer Arbeit für diese Sitzung. Auch wenn beide nur ein paar Worte sagen, drückt doch ihre Art zu sprechen eine tiefe Liebe aus. Ihre Verbindung ist spürbar.

Bevor wir aufhören, möchte ich ihnen auch helfen, das, was wir getan haben, zu verstehen und sie ermutigen, gemeinsame Präsenz zu üben, indem sie das, was in ihrer Erfahrung auftaucht, geben und nehmen.

Rich: Was wir hier gemacht haben ist, daß wir Sie gebeten haben, die Wahrheit auszusprechen und bei dieser Wahrheit zu bleiben so gut Sie können, mit soviel Mut und Mitgefühl, wie Ihnen zur Verfügung steht und ohne sich abzuwenden, wenn es beängstigend oder unangenehm wird, und einfach zu versuchen, bei den Veränderungen zu bleiben ...

Antra: ... zu bemerken und einander mitzuteilen, wie sich Ihr Gefühle füreinander von Moment zu Moment verändern und genau das dem anderen anzubieten.

Und schließlich müssen wir auch etwas von ihnen bekommen und annehmen.

Rich: Können Sie, bevor wir aufhören, etwas darüber sagen, wie diese Erfahrung für Sie war?

Joan: Am Anfang hatte ich keine Ahnung. Ich kam rein und wußte nicht, wie ich mit Ihnen beiden reden sollte? Aber es schien so eine Art Fluß zu geben. (Pause) Ich fand es auch nicht leicht, in der Gegenwart zu bleiben, anstatt in die Vergangenheit zu gehen. Das ist mir sehr schwergefallen. (Pause) Aber ich glaube, daß wir schon lange nicht mehr so ehrlich zueinander waren.

Thomas: Ich hatte das Gefühl, daß irgendwie etwas passiert ist, so daß es für eine Weile keine Zeit mehr gab. Es war, als ob die Zeit stehengeblieben wäre. Das ist schon lange nicht mehr vorgekommen. So war es in den ersten Jahren nachdem wir uns kennengelernt hatten. Da gab es solche Momente, in denen die Zeit stehenblieb. Es ist sehr schön, das wieder zu spüren. Und es ist ein schöner Gedanke, daß das wieder geschehen könnte.

Das Gefühl von Wahrheit, daß die Dinge fließen und die Zeit stehenbleibt ist Teil der Erfahrung gemeinsamer Präsenz. Es ist das Erleben der Intimität, die Joan und Thomas verloren hatten und nun durch ihr Geben und Nehmen wiedergewonnen haben.

Schluß

In jeder unserer Interventionen spiegelt sich die Überzeugung, daß die grundlegende Aufgabe intimer Beziehungen durch ein immer tiefergehendes Geben und Nehmen im Austausch zwischen einem selbst und dem anderen besteht. Indem wir lernen, das umfassender und fairer miteinander zu tun, werden wir fähig, auf intime Weise, authentisch und in wahrer Gegenseitigkeit zusammenzusein.

Wir glauben, daß viel Mut dazu gehört, die Wahrheit dieses Augenblicks zu sehen und anzunehmen, wie auch immer diese Wahrheit aussehen mag. Dem anderen die eigene Wahrheit von ganzem Herzen anzubieten, ist ein Akt echter Großzügigkeit. Und diese Wahrheit von unserem Partner mit ganzem Herzen anzunehmen, ist ein Akt tiefen Mitgefühls. Durch den Prozeß von Geben und Nehmen erschaffen und erhalten wir unser gemeinsames Band. Es ist die Definition der Liebe aus dem Gedicht »Married Love« von einer chinesischen Dichterin des 13. Jahrhunderts (in Hass & Mitchell, 1993).

> Du und ich
> Wir haben so viel Liebe
> Daß sie
> Brennt wie ein Feuer,
> In dem wir einen Tonklumpen brennen
> Geformt als Figur von
> Dir und als Figur von mir.
> Dann nehmen wir beide
> Und brechen sie entzwei,
> Und mischen die Stücke mit Wasser,
> Und formen wieder eine Figur von dir
> Und eine Figur von mir.
> Ich bin in deinem Ton.
> Du bist in meinem Ton.
> Im Leben teilen wir eine Decke.
> Im Tod werden wir ein Bett miteinander teilen.

Kuan Tao Sheng

Anmerkung

1 Dieses Kapitel basiert auf der Videoaufzeichnung einer Paartherapiesitzung der Autoren, die auf der Harvard Medical School Conference on Couples Therapy am 16. Oktober 1993 vorgestellt wurde. Eine Kopie dieser Videoaufzeichnung ist durch die Autoren erhältlich bei: *Gestalt Center for the Study of Relationship, Boston Gestalt Institute, 86 Washington Avenue, Cambridge, MA. 02140.*

Literatur

Berry, W. (1975). The country of marriage. New York: Harvest/HBJ Books.

Bly, R., Hillerman, J., & Meade, M. (1992). New York: HarperCollins.

Buber, M. (1973). Ten rungs: Hasidic sayings. New York: Schocken Books.

Hass, R. & Mitchell, S. (Eds.), (1993). Into the garden. New York: HarperCollins.

Lederer, W. &Jackson, D. (1968). The mirages of marriage. New York: W.W. Norton.

Zinker, J. (1993). Gestalttherapie als kreativer Prozeß. Paderborn: Junfermann.

Zinker, J. C. & Nevis, S. M. (1981). The Gestalt theory of couple and family interactions. Cleveland: Gestalt Institute of Cleveland Press.

15

Die Ästhetik der Gestalt-Paartherapie[1]

Joseph Zinker und Sonia March Nevis

Die Grundkonzepte der Gestalttherapie sind eher
philosophischer und ästhetischer als technischer Natur.

Lore Perls

Die wesentliche Dimension der Gestalttherapie mit Paaren, die wir lehren und
zu zeigen versuchen, ist der Wert und die Wirksamkeit eines *ästhetischen Blickwinkels* als einer Art und Weise, Interaktion in ihrer Entfaltung zwischen zwei Menschen
zu betrachten und zu erfahren (Zinker, 1997). Der Begriff *ästhetisch* stammt von dem
griechischen Wort *aisthanesthai*, das »wahrnehmen« bedeutet. Indem wir sehen,
zuhören, fühlen und denken, nehmen wir wahr. Wir sitzen den Paaren gegenüber
und ändern unseren Fokus, so daß wir sie in ihrer ganzen Vielfätigkeit betrachten
können: als Organismus, als lebendiges Wesen, als Metapher, als entzückenden oder
ungeschickten Tanz. Wenn wir den Austausch zwischen den Partnern beobachten,
sind wir eine Mischung aus Zuschauer, Regisseur und Kritiker eines fortlaufenden
Dramas. Ein Paar, dessen Beziehung nicht funktioniert, ähnelt schlechten Schauspielern; wenn man ihnen zusieht, sieht man schlechtes Theater. Sie sind nicht in der
Lage, über ihre gewohnten Muster hinauszugehen und sich auf die Erregung der dramatischen Authentizität einzulassen; sie können sich weder der Freude ihrer eigenen
Komödie hingeben, noch können sie in die Tiefe ihrer Seelen eintauchen, um die
wirklichen Tragödien des Lebens ans Licht zu bringen. Gestalt-Paartherapie heißt,
zwei Menschen, die durch viele starke und schwache Bindungen miteinander verbunden sind, zu zeigen, wie sie authentisch miteinander leben können – aus ihren
Herzen und Körpern heraus, aus ihren Sehnsüchten und ihrem Lachen. Dafür werden wir mit ihrer Schönheit belohnt, die sich uns und ihnen offenbart.

Unser Ziel als Gestalt-Paartherapeuten besteht darin, Menschen zu lehren, ein
schöneres Leben zu führen. Wir »therapieren« um einer ästhetischen Form authentischer Existenz willen und gründen unsere ästhetische Vision – die wir jetzt mit den
Augen des Künstlers, und zuweilen auch mit denen des Kunsthandwerkers betrachten – auf das Gewahrsein des Hier-und-Jetzt im Gestaltbildungsprozeß.

Die gute Form des zwischenmenschlichen Kontakts in der Paartherapie

Das Phänomen der Gestaltbildung, das die Gestalt-Wahrnehmungspsychologen, denen die Gestalttherapie sehr verpflichtet ist, entdeckt haben, beginnt mit dem Gewahrsein eines organisierten Stimulusgebildes, das sich von dem amorph strukturierten Hintergrund aller potentiellen Stimuli abhebt. Die Bildung und Zerstörung von Gestalten ist nicht nur ein funktionaler, sondern auch ein ästhetischer Prozeß. Figuren entstehen, werden wirklich und wachsen, werden klarer, vereinigen sich, gewinnen an Stärke und erfordern Aufmerksamkeit, Handlung und Schließung – je nachdem wie dringlich sie aus sich heraus sind. Das ist der grundlegende Modus operandi des innerpsychischen Gewahrsein-Handlung-Kontakt-Prozesses der organismischen Homöostase. Wenden wir uns den auftauchenden Gestalten (Bedürfnisse, Wünsche, Ausdrucksformen etc.) zu und vervollständigen sie, dann verschwinden sie wieder im persönlichen, strukturierten Hintergrund, woraufhin eine neue Figur auftaucht. Dieser Rhythmus setzt sich unentwegt fort.

Und wie im innerpsychischen Prozeß des einzelnen verhält es sich auch mit Systemen. Wenn ein Paar ein Problem erfolgreich bewältigt, erlebt es diese Erfahrung als vollständig, komplett, richtig, gut und schön. Geschlossene Gestalten, voll ausgereifte Erfahrungen, die wir uns bewußt machen, erleben, assimilieren und schließlich wieder loslassen, sind geschmeidig, fließend, ästhetisch schön und bestätigen unseren Wert als menschliche Wesen auf eine sehr persönliche Weise. Sie haben eine »gute Form«. Offene Gestalten, ungelöste Probleme, die ständig an einem Paar nagen, werden als traurig, anonym, häßlich und frustrierend erlebt. Diese unvollständigen Rhythmen sind, genau wie verkratzte Schallplatten, ästhetisch unangenehm.

Für die Gestalt-Paartherapie besteht »Pathologie« in Unterbrechungen des natürlichen Prozesses der Gestaltbildung und -auflösung, die zu wiederholten, häufig tapferen, aber am Ende vergeblichen Problemlösungsversuchen führen. Unter diesem Gesichtspunkt ist Pathologie eine Unterbrechung des Prozesses, eine hartnäckiges »Feststecken«, eine existentielle Sackgasse.

Demnach wird jedes »Symptom«, jede »Krankheit«, jeder »Konflikt« als Versuch betrachtet, das Leben befriedigender, ansprechender und ästhetisch reicher zu gestalten. Wenn ein Paar in seinen Problemlösungsversuchen feststeckt und immer wieder mit Fehlschlägen konfrontiert ist, dann unterbricht es seinen Rhythmus von Zusammenkommen und Auseinandergehen. Sobald wir das Paar als eine einzige Figur betrachten, die mit dem gemeinsamen Versuch, »freizukommen« beschäftigt ist, können wir sehen, wie das System funktioniert; wir sehen die *Güte* seines Verhaltens und haben Gelegenheit zu beobachten, wie ein ganzer Organismus ein Problem zu lösen versucht. Gelingt ihm das, dann sind seine Handlungen synchron und ausgeglichen und ergänzen sich gegenseitig. Ein Paarsystem, das in einem unvollständigen interaktiven Zyklus feststeckt, ist nicht in »schlechter Form«, sondern *zeigt die beste Form, zu der es an diesem Punkt innerhalb seines Lebenszyklus fähig ist.* Dem einen oder anderen Partner die Schuld geben zu wollen, würde den entscheidenden Punkt verfehlen. Schuldzuweisungen verstärken lediglich den Widerstand, und dadurch wird das Problem nur noch größer.

Unser Konzept der guten Form basiert auf dem sanften Fluß der Gestalten, die sich im Laufe des Prozesses von Gewahrsein, Mobilisierung von Energie, Handlung, Kontakt an der zwischenmenschlichen Grenze, Schließung (neues Lernen) und Rückzug (Wiederaufbau der Grenze und Trennung) strukturieren und destrukturieren. Ausgehend von diesem einfachen organismischen Prozeß erwägen wir eine Ästhetik der menschlichen Interaktion für die Arbeit mit Paaren.

Beziehungsraum

Bestimmte psychologische Schulen vertreten die Auffassung, daß es so etwas wie eine »Beziehung« gar nicht gebe, sondern daß »Beziehung« eine Illusion, ein gedankliches Konstrukt sei. Diese Ansätze gehen davon aus, daß in dem Feld zwischen zwei Menschen so etwas wie eine »dritte Entität«, nämlich die Beziehung zwischen ihnen, nicht existiert. Unsere Antwort auf diese Denkrichtungen lautet, daß ihre Haltung aus einer Überintellektualisierung des Problems resultiert, aus dem Versäumnis, auf unmittelbare sensorische phänomenologische Daten zurückzugreifen. Wenn zwei Menschen zusammensind, erzeugt ihr Zusammensein eine bestimmte Art von Energie, die nicht nur für sie selbst, sondern auch für andere spürbar ist. Zugegeben, das menschliche Bewußtsein ist immer ein einzelnes, aber es ist auch immer in Beziehung, und zwar deshalb, weil der Beziehungsraum zwischen zwei Menschen zum einen dadurch entsteht, daß sie gemeinsam eine Grenze ihrer jeweiligen Besonderheit erschaffen, und zum anderen durch die Bedeutung, die diese Besonderheit angesichts des anderen und gegenüber dem Rest der Welt für sie hat.

Umstände und Ereignisse schichten sich nicht wie Zahlen, Formen oder Geraden, die von einem Anfangspunkt A zu einem Zielpunkt B verlaufen. Wir erkennen die Muster der Ereignisse, und indem wir solche Muster (Gestalten) in ihrer Ganzheit untersuchen, fangen wir langsam an, die komplexen Strukturen kleiner und großer Systeme, von Paaren über Familien bis hin zu großen Gesellschaften, zu verstehen. Angesichts dessen sind klinische Begriffe wie »schizophrenogene Mutter« oder »kriminelle Familie« kaum aussagekräftig.

Es wäre naiv anzunehmen, daß in problematischen oder disfunktionalen Ehen einer der beiden Partner der Schuldige oder der Übeltäter wäre. Wenn der Therapeut nur diesen einen Partner sieht, kann er die Funktionsstörung nicht verstehen, weil der andere Teil der problematischen Beziehung fehlt. Also untersuchen wir zunächst den einen Partner, dann den anderen, und schließlich den »Raum« der Beziehung zwischen ihnen. Dadurch erkennen wir den Einfluß ihrer beider Eltern, Familien und Kinder. Um all das in unserer Praxis tun zu können, sagen wir uns: »Diesmal werde ich für eine bestimmte Situation eine Grenze um das Paar oder um die Eltern und ihre Kinder ziehen, und dieses System werde ich heute untersuchen und behandeln.«

Qualität und Gestaltung der Paargrenze bestimmen, wie die Partner in der Welt sind. Ein Paar mit einer sehr dünnen oder allzu durchlässigen Grenze z.B. ermöglicht es anderen Menschen und äußeren Ereignissen, störend in ihr Zusammensein einzudringen. Paare mit »dichten« Grenzen hingegen führen eine Art geheimes Leben, weil sie sich von der äußeren Welt zu sehr isoliert haben.

Therapeuten, die gewohnt sind, mit einzelnen zu arbeiten, müssen ihr Denken und ihre Wahrnehmung dahingehend verändern, daß sie nicht mehr nur die Grenze der einen Person betrachten, sondern auch die des Paares. Der »Beziehungsorganismus« ist viel größer als der eines einzelnen, und deshalb tritt der Therapeut einen Schritt zurück, um das Paar als eine einzige, größere Konfiguration zu betrachten. Die für unsere Kultur so typische reduktionistische Sprache läßt uns im Stich, weil wir es mit komplexen, vielfach bedingten Phänomenen zu tun haben; wenn wir ganze Konfigurationen betrachten, dürfen wir nicht nur auf die einzelnen Teile achten, sondern müssen Metaphern, Analogien und Bilder heranziehen. Sein Gespür für Metaphern und kreative Bilder und Vorstellungen hilft dem Therapeuten, die Muster dieses größeren Organismus aufzuspüren. Er muß von der analytischen zur synthetischen Betrachtungsweise umschalten und sich dafür entscheiden, Ganzheiten zu schaffen, anstatt die Dinge auseinanderzunehmen und in ihre Bestandteile zu zerlegen.

Die Fähigkeit, das Paar als »dritte Entität« zu betrachten, ist für die Gestalt-Paartherapie sehr wesentlich. Schließlich ist ein Paar ein System, eine eigenständige Gestalt. Um ein Paar auf diese Weise erleben zu können, muß der Therapeut sich zunächst intellektuell und seinem Erleben nach von ihm »wegbewegen«. Zunächst betrachtet er beide Partner in ihrem jeweiligen Blickfeld und setzt ihre körperlichen Bewegungen – z.B. ihr Wippen und Schaukeln – zum jeweils anderen in Beziehung. Während die Partner miteinander sprechen, hört er auf die Höhen und Tiefen ihrer Stimmen und ihre Tonlage. Wieviel und welche Art von Energie erzeugen sie, wenn sie zusammensind, wieviel Bewegung, wieviel gemeinsames Bewußtsein, wieviel gemeinsamen und gegenseitigen Kontakt? Indem er das Paarsystem als Informationsquelle benutzt, kann der Therapeut diesen Prozeß phänomenologisch beobachten:

«Sie beide sitzen so gerade und schauen sich gegenseitig so wachsam an; Sie erinnern mich an zwei Duellanten, die beide darauf warten, daß der andere den ersten Schuß abgibt.«

«Sie sehen so heiter und glücklich miteinander aus, als ob Sie an einem schönen Sommertag beim Picknick säßen.«

«Sie sind wie zwei Geheimagenten, die versuchen, an die Informationen des anderen heranzukommen, ohne selbst ihr Geheimnis preisgeben zu müssen.«

Diese einfachen aber doch direkten (und phänomenologisch bestätigten) Beobachtungen führen ein Paar zu höheren Ebenen des Gewahrseins ihrer selbst als Individuen und ihres »Zusammenseins« als Paar. Im Gestaltansatz führt das Prozeßgewahrsein zur Veränderung.

Die Philosophie von Gewahrsein-Prozeß-Veränderung

Jeder paartherapeutische Ansatz hat implizit oder explizit eine Philosophie darüber, wie Menschen sich als Individuen und in Beziehung zueinander verändern. Aus Sicht der Gestalttherapie basiert jede Art von Veränderung, unabhängig von der Größe des Systems, auf dem *Prozeßgewahrsein*. Gewahrsein, Individuum und systemische Veränderung werden als direkt proportional zueinander betrachtet: mit dem Gewahrsein wächst auch die Möglichkeit zur Veränderung, und je größer die Veränderung, desto größer ist das Gewahrsein.

Gewahrsein

Was aber ist Gewahrsein? Wie entsteht es? Wie gewinnt es an Kraft und Klarheit? Wir definieren *Gewahrsein* als Intentionalität des Bewußtseins an der Kontaktgrenze mit dem Gegebenen. Gewahrsein ist die reine Subjektivität des bewußten »Ich«. Als Bewußtsein ist es immer das *Bewußtsein von etwas*; sein kontinuierlicher Fokus folgt (zumindest im normalen, alltäglichen Bewußtseinszustand) immer einer Vorwärtsbewegung von einem »Gegenstand des Gewahrseins« zum nächsten.

Wir sind uns vor allem deshalb gewahr, weil wir physikalisch im Raum-Zeit-Moment des Hier-und-Jetzt leben. Als körperliche Wesen betrachten wir die Welt (und unser Inneres) aus einer einzigartigen, subjektiven Perspektive, die unser Erleben zu einem ganz privaten und persönlichen macht. Da Gewahrsein immer Gewahrsein von etwas ist, wird es in erster Linie durch unser neurologisches Sensorium gespeist, durch unsere Sinne und Denkfunktionen, durch das »Sehen« und das »Darübernachdenken« (auch wenn wir in der Gestalttherapie das erstere, also die Wahrnehmung als grundlegender und meistens eher vernachlässigt betrachten).

Was die Haltung der Gestalttherapie von anderen unterscheidet, ist die Überzeugung, daß das Gewahrsein einer Sache (oder eines Menschen) immer mit Beziehung verbunden ist. Zu empfinden heißt, sich bewußt auf etwas zu beziehen. Die Existenzphilosophie hat von jeher die Neigung, die Singularität des Bewußtseins hervorzuheben. Mit anderen Worten, jeder Mensch ist in der Einsamkeit seines isolierten Gewahrseins gefangen, und deshalb kann es keine wahre Einheit geben, keine Verschmelzung mit dem anderen. Auf der Erlebensebene können du und ich nicht eins werden. Wir mögen bestimmte Vorstellungen und Ansichten gemeinsam haben, dieselben Zustände erleben und sogar das Bett miteinander teilen, aber wir werden niemals in der Lage sein, das Innere des anderen wirklich und vollständig zu erleben. Du lebst nicht im selben Körper wie ich, und wenn ich sterbe, wirst du mich nicht begleiten. Insofern sind wir isoliert, sind kleine Inseln des Bewußtseins und der Erfahrung.

Und doch sind wir in diesem einsamen Exil auch miteinander verbunden. Abgesehen von pathologischen Zuständen der Abwesenheit oder Bewußtlosigkeit sind wir immer in Kontakt mit etwas anderem. Deshalb ist Gewahrsein immer relativ, intentional, kritisch und bezogen. Angesichts dieser Faktoren könnten wir hinzufügen, daß bewußtes Gewahrsein auch paradox ist, weil es nur durch das Einschließen des »Nicht-Ich« existiert, während es dieses gleichzeitig ausschließt. In der Gestalttheorie wird dieser Punkt des Ein- und Ausschließens, an dem Differenzierungen sichtbar werden, als »Kontaktgrenze« bezeichnet. Und an dieser Kontaktgrenze, an der sich zwei verschiedene Dinge begegnen, entsteht *Bedeutung*. Daher ist Gewahrsein immer bedeutungsvoll, oder beinhaltet zumindest die Möglichkeit, Bedeutung zu schaffen oder gemeinsam hervorzubringen. Und deshalb ist Gewahrsein aus gestalttherapeutischer Perspektive betrachtet immer bezogen auf etwas, paradox, bedeutungsvoll und kreativ.

Prozeß

Gewahrsein ist ein linearer Prozeß von unterschiedlicher Intensität, Schnelligkeit und Kontaktqualität, der sich von einer Sache zu nächsten bewegt. Dieser Prozeß basiert auf der intrapsychischen Struktur der menschlichen Erfahrung und wird später anhand des sog. Erlebenszyklus von »Gewahrsein-Erregung-Kontakt« (Zinker, 1993) noch ausführlicher dargestellt werden. Wird dieser intrapsychische Prozeß von zwei oder mehr zueinander in Beziehung stehenden Menschen erlebt, umfaßt er mehrere gemeinsame Erfahrungen gleichzeitig und wird als interaktiver Erlebenszyklus bezeichnet (Zinker, 1997). Auch diesen Zyklus werden wir später noch ausführlicher darstellen.

Im Gegensatz zu starren historischen Konzepten, die den Menschen als animal rationale, als vernunftbegabtes Wesen definieren, betrachtet die Gestalttheorie die menschliche Natur als *Prozeß*. Als einzelne in Beziehung zu anderen sind wir in permanentem Werden begriffen. Unsere Natur ist das Potential der Möglichkeiten, und unser Wesen ist nicht vorherbestimmt, sondern *viemehr ist der Prozeß unser Wesen*. Wir sind Prozeß in ständiger Bewegung, und unsere Grenzen sind in permanenter Veränderung begriffen. Prozeß ist Aktion, die weitergeht und fortschreitet. Prozeß umfaßt lebendige, organische, spontane Bewegung. Ein Prozeß verläuft kurvenförmig, er folgt einem Muster, ist fließend, nicht künstlich, nicht geplant, sondern rein – angetrieben durch die Energie zweier oder mehrerer Menschen. Prozeßhaftes Denken ist frei von inhaltlichen Zwängen oder Sorgen und unterliegt nicht dem Druck, bestimmte Ergebnisse produzieren zu müssen. *Wirklich zu leben heißt, mit seinem eigenen Prozeß eins zu sein.* Auf den therapeutischen Prozeß zu achten, darauf, *wie* zwei Menschen miteinander und zusammensind, ist fast immer wesentlicher als darauf zu achten, *worüber* die Partner sprechen.

Paradoxe Veränderung

Die Gestalt-Paartherapie geht davon aus, daß Veränderung paradoxerweise durch das erhöhte Gewahrsein dessen, »was ist«, stattfindet. Dieser Zusammenhang wurde als »paradoxe Theorie der Veränderung« bezeichnet, die behauptet: »Veränderung findet statt, wenn man zu dem wird, was man ist, und nicht, wenn man versucht, etwas zu werden, das man nicht ist« (Beisser, 1970, S. 77). Im Hinblick auf die therapeutische Anwendung der paradoxen Natur der Veränderung beschreibt Edwin Nevis (1987) die Rolle des Therapeuten bei dieser Veränderung folgendermaßen: »Veränderung findet nicht durch von einem selbst oder anderen auferlegte Zwangsmaßnahmen statt, sondern dann, wenn man seine Zeit und Kraft dafür einsetzt, zu sein, was man ist, wenn man ganz in seiner gegenwärtigen Lage aufgeht. Indem wir die Rolle des Verändernden ablegen, machen wir bedeutsame und geordnete Veränderungen möglich« (S. 305).

Was heißt das, wenn wir sagen, daß wir bei einem Paar auf das achten, »was ist?« Wir geben den Partnern Gelegenheit zu untersuchen, was sie erleben, was sie tun, wie sie handeln, welche Gefühle und Empfindungen sie erleben und ausdrücken können und was sie vielleicht zurückhalten. Wir ermutigen sie, bei ihrer Selbstanalyse den Wert, die Nützlichkeit und die Kreativität ihrer Entdeckungen zu sehen und zu erleben. Unsere grundsätzliche Haltung ist, daß Paare und Familien prinzipiell unfähig sind, den Wert und die Kompetenz ihrer gegenwärtigen Lage zu erkennen. Wenn sie mit dem, was sie in ihren Beziehungen gut machen, überhaupt Bestätigung erfahren, dann sicherlich nur sehr wenig. Im Vordergrund steht das Unbehagen, das sie angesichts ihrer Schwierigkeiten erleben.

Wenn die Partner trotz ihrer Schwierigkeiten anfangen, ihre eigene Kompetenz und Kreativität zu erleben, dann machen sie eine Erfahrung von Bestätigung und Würde, die ihrem Gewahrsein vorher nicht zugänglich war. Dies wiederum macht ihnen Mut, sich anzusehen, was in ihrem System fehlt, das, was auf der Kehrseite ihrer Stärken liegt. Dann sagen sie vielleicht: »Das machen wir eigentlich ganz gut, aber wir zahlen einen hohen Preis dafür. Vielleicht könnten wir versuchen, es etwas anders zu machen, so daß wir uns nicht mehr so einsam und isoliert fühlen wie bisher.« Indem sie sich mehr auf das einlassen, »was ist«, können sie die Reise fortsetzen und auf ein besseres Leben zusteuern, in dem sie sich als Paar gerechter werden.

Das Paradox ist folgendes: je mehr die Partner erleben, wie ihre Beziehung wirklich aussieht und funktioniert (und nicht, wie sie »sein sollte«), desto größer ist ihre Chance auf ein besseres und erfüllteres Zusammenleben. Je stärker sie andererseits gedrängt werden, ihr Denken und Handeln zu verändern, desto heftiger werden sie sich gegen jede Veränderung wehren. Die Anerkennung dessen, »was ist«, ist ein Grundpfeiler unserer therapeutischen Haltung, und deshalb treten wir auf dieser grundlegenden Ebene der Neugier und des Gewahrseins in das Leben des Paares ein. Wir versuchen, die Neugier der Partner über sich selbst anzustacheln, darüber, wer sie sind, wie sie funktionieren und was ihnen wichtig ist. In dem Moment, wo sie sich anschauen und zu erforschen beginnen, tauchen sie ein in den Prozeß der Veränderung. Die Ebene ihres gemeinsamen Gewahrseins beginnt sich zu verändern. Ein größeres, reicheres Gewahrsein bietet ihnen mehr Wahlmöglichkeiten und dadurch eine größere Chance auf ein gutes Leben.

Das wird dadurch erreicht, daß der Therapeut das Gewahrsein dessen, »was ist«, unterstützt und in der direkten Begegnung ihres Zusammenseins phänomenologisch begründete Beobachtungen über den Prozeß der Partner anstellt. Mit anderen Worten, wir unterstützen das, was ist, und nicht das, was sein sollte oder was wir gerne hätten; wir unterstützen auch nicht das, was wir oder die Partner bevorzugen würden, sondern einfach *wie* sie als Paar in diesem Augenblick zusammensind. Auf diese Weise beginnt das Gewahrsein in ihnen als einzelnen und als Paar zu wachsen, und sie bekommen Gelegenheit, Veränderung entstehen zu lassen. Figur 15.1. ist eine schematische Darstellung dieser Art von Intervention zur Veränderung.

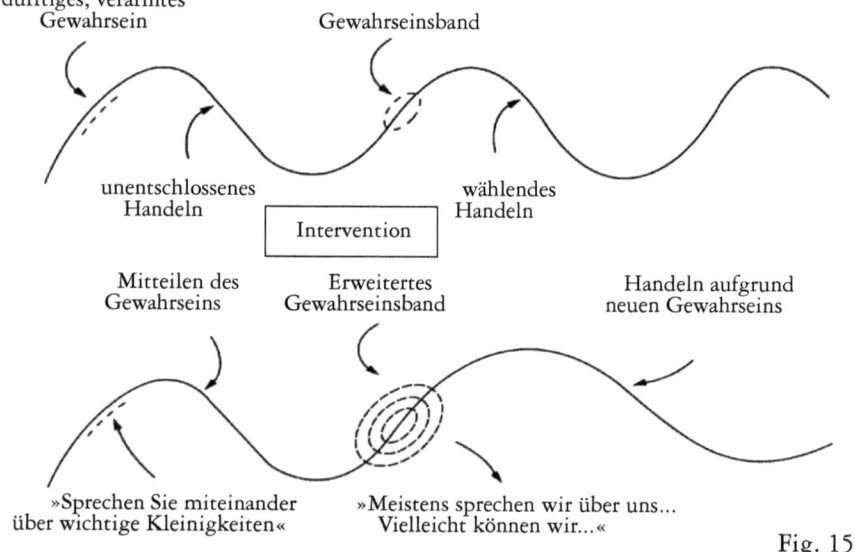

Fig. 15.1

338

Wesentliche Aspekte eines ästhetischen Ansatzes der Paararbeit

Dieses Kapitel beschreibt eine grundlegende Vision, die es uns ermöglicht, zwei Individuen, die miteinander in Beziehung stehen, zu begegnen. Ähnlich wie eine Gestalt ist die »Vision« eine vereinigte Ganzheit, und da sie eine geschlossene Struktur aufweist, die ihre Ganzheit hervorbringt, ist es schwierig, sie zum Zweck der Darstellung und Assimilation auseinanderzubrechen. Wie dem auch sei, wir können durchaus einige Einzelaspekte unserer Vision des ästhetischen Wertes zwischenmenschlichen Handelns bestimmen, ohne das Ganze »auseinanderzubrechen«. Unsere Vision der guten Form von Paarinteraktionen ist untrennbar mit unserem technischen Ansatz verbunden: beide sind Synonyme. Unserer Einschätzung nach mag es zwar möglich sein, Gestalt-Paartherapie auch ohne Vision zu »machen«, aber die Arbeit erreicht dann nicht die Ebene eines zusammenhängendes Ganzen.

Erhöhtes Gewahrsein verspricht Veränderung auf jeder Ebene unseres Lebens. In der Gestalt-Paartherapie bildet das *Prozeßgewahrsein* das Fundament für bedeutungsvolle Veränderung. Die Regel ist, daß Paare sich ihres eigenen Prozesses – seines Flusses, seiner geistigen Beständigkeit, seiner Energie und seiner potentiellen Kontaktmöglichkeiten – nicht gewahr sind. Sie sind mit dem Inhalt ihres Handelns beschäftigt und diesem leidenschaftlich verbunden. Wenn ihr Prozeß gut läuft, brauchen sie sich dessen auch nicht gewahr zu sein. Ein Paarprozeß läuft rund und geschmeidig, wenn beide Partner von verschiedenen Ausgangspunkten her zusammenkommen und gemeinsam etwas tun, das sie dann abschließen und schließlich Befriedigung erfahren. Jede Unterbrechung innerhalb dieses Prozesses führt zu überflüssiger Energie, die als Unzufriedenheit oder Störung empfunden wird, als »Fehlschlag«. Ist ihr Prozeß schwach, dann erleben sie ihn als schmerzlich und gehen in die Therapie, um Erleichterung zu suchen.

Solange der Prozeß gut funktioniert, bleibt er im Hintergrund. Sobald er aufhört, gut zu funktionieren und in den Vordergrund tritt, müssen wir ihn untersuchen. Wenn ein Paar in die Therapie kommt, hören die Partner auf, einfach zu leben und lenken ihre Aufmerksamkeit vom Inhalt ihres Lebens auf den Prozeß ihres Lebens. Läuft das Leben dann wieder rund und geschmeidig, tritt der Prozeß wieder in den Hintergrund.

Was muß ein Paar nun tun, um seinen Prozeß zu korrigieren? Die Partner müssen darüber sprechen, was mit ihnen los ist, über ihre Gedanken, Gefühle und Erfahrungen. Sie müssen solange bei diesem Prozeß bleiben, bis sie auf etwas stoßen, das mit Interesse, Wohlwollen oder Energie verbunden ist. Sie müssen auf eine »Figur« stoßen, mit der beide verbunden sind und die ihnen wichtig ist. Dann durchleben sie diese Figur, verdauen sie, schließen sie ab und gehen wieder auseinander.

Als Therapeuten gehen wir durch denselben Prozeß wie unsere Klienten. Wir beobachten das Paar ohne zu wissen, was kommt, was uns interessieren oder uns wichtig erscheinen wird. Das heißt, wir lassen etwas prägnant werden und teilen den Partnern mit, was wir wahrnehmen. Dieses Mitteilen bezeichnen wir als »Intervention«. Die Intervention erweitert das Gewahrsein des Paares und holt etwas aus dem Hintergrund hervor – in den Vordergrund. Wenn die Partner dieses Gewahrsein durchkauen und etwas daraus gewinnen können, um sich dann zu entscheiden, ihr Verhalten zu ändern, sind wir zufrieden.

Können sie das nicht, dann erfinden wir Experimente, die eine konkrete Struktur oder einen Rahmen bieten, in dem die Partner mit dem neuen Gewahrsein spielen oder experimentieren können. Im Experiment werden die Partner mit neuen Verhaltensweisen, Erfahrungen oder Einsichten vertraut. Anschließend können sie wählen, ob sie diese neue Erfahrung in ihr Repertoire aufnehmen wollen, oder nicht. Nachdem wir den Partnern eine neue Variante der Selbstwahrnehmung aufgezeigt haben, schließen wir die »Arbeitseinheit«, vielleicht auch die Sitzung, indem wir darüber sprechen, was sie gelernt haben und es in das Bestehende integrieren.

Aber was sticht für uns als Therapeuten hervor? Wo hinein investieren wir unsere Energie und Aufmerksamkeit – mit dem und für das Paar? Angenommen, wir arbeiten mit einem Paar, und wie immer passieren unendlich viele Dinge gleichzeitig. Ohne eine Theorie des menschlichen Verhaltens, ohne eine optische Linse, durch die wir bestimmte Merkmale des Feldes auswählen können, sehen wir einfach gar nichts, denn die Vielfalt der Informationen ist viel zu verwirrend. Nur mit Hilfe einer »geistigen Landkarte« können wir Informationen organisieren, deutlich machen und Interventionen finden (vgl. Figur 15.2.). Die Werkzeuge und Perspektiven, über die wir in der Gestalttherapie sprechen, sind solche »Linsen« oder »Augen«, durch die wir die Welt betrachten. Um das, was wir sehen und hören, zu organisieren, stehen im wesentlichen vier solcher Werkzeuge oder Linsen zur Verfügung: Empfindung, Gewahrsein, Energie/Handlung und Kontakt.

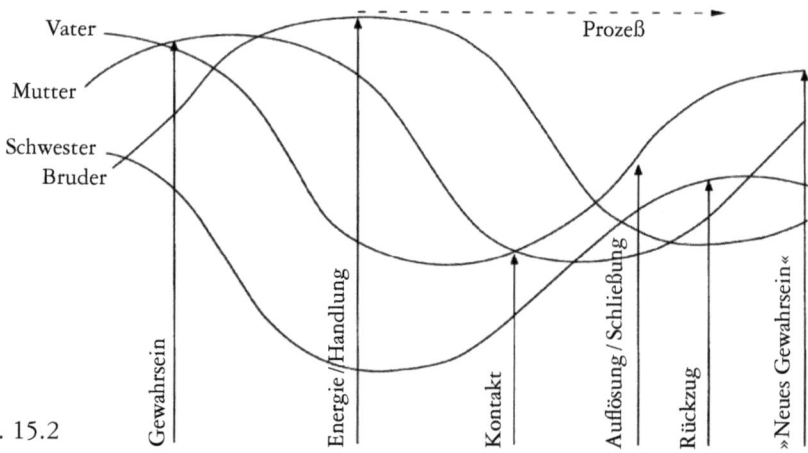

Fig. 15.2

Empfindung

Im anfänglichen Empfindungsstadium schauen die Partner sich normalerweise an, häufig sogar sehr intensiv, neigen aber dazu, sich nicht wirklich zu sehen oder zu hören. Vielleicht sitzen sie eine Weile so da, während sie schweigend darüber nachdenken, was eine »gute Eröffnung« oder eine mögliche Gegendarstellung sein könnte, oder sie überlegen, welche Themen sie gerne vermeiden würden. Obwohl sie in dieser körperlichen Haltung eine Menge an Erlebensinformationen übereinander bekommen, sind sie nicht in Kontakt mit ihren Sinnen, sondern mit ihren gedanklichen Plänen und Phantasien.

Sie sind, warum auch immer, dem anderen gegenüber desensibilisiert. Das ist das offensichtlichste »Was-ist« an der Art, wie die Partner in diesem Moment zusammensind, und deshalb ist das für den Therapeuten der Ausgangspunkt. An diesem Punkt unterstützt der Therapeut das Gewahrsein der Partner, indem er ihre Aufmerksamkeit darauf lenkt, was sie gerade tun und wie sie es tun – daß sie sich z.B. schweigend ansehen. Er fragt sie danach, was sie sehen. Diese Intervention unterbricht den inneren Dialog oder das phantasierte Gespräch und führt sie direkt in ihr momentanes gegenseitiges Erleben, in das existentielle Hier-und-Jetzt oder das »Was-ist« des Augenblicks. Während sie einander deutlicher in den Blick nehmen und Gefühle, Wünsche und Bedürfnisse mitteilen, unterstützt der Therapeut sie durch seine Präsenz und schafft den Boden für die Unmittelbarkeit ihres »Wir-Gefühls«, indem er die Art ihres Zusammenseins beobachtet. Den Partnern zu helfen, den Prozeß ihres Zusammenseins klarer zu sehen, macht ihnen fast alles deutlich, was sie über ihre individuellen und gemeinsamen Stärken und Schwächen wissen müssen.

Gewahrsein

Unscharfes, verschwommenes Empfinden hat ein schwaches Gewahrsein zur Folge (im Extremfall bis hin zur Dissoziation), während ein starker und bestimmter Kontakt mit den eigenen Empfindungen ein starkes Gewahrsein hervorbringt. Normalerweise neigen die Partner dazu, durch eine Reihe von Widerständen (Perls, Hefferline & Goodman, 1991; Polster & Polster, 1983; Zinker, 1993, 1997) oder habitualisierten Kontaktformen (Harris, 1981; Wheeler, 1993) eine ganze Palette von Gefühlen, Gedanken, Wünschen und Bedürfnissen zu internalisieren, anstatt sie dem anderen gegenüber direkt auszudrücken. Wenn Ressentiments zurückgehalten und Gefühle nicht ausgesprochen werden, verschwimmen die Grenzen, der Kontakt wird kraftlos, und innerhalb des Systems bilden sich Unsicherheit, Verwirrung, Vermutungen und Ärger. Die emotionale Lebendigkeit verkümmert, und das System erlebt eine Art zwischenmenschlicher »Arteriosklerose«.

Gewahrsein beginnt damit, daß wir uns darüber klarwerden, was wir gerade erleben. Wir ermutigen die Partner, sich gegenseitig mitzuteilen, wessen sie sich gerade gewahr sind, was beide wollen und brauchen, was sie fühlen usw. Das ermöglicht den Ausdruck dessen, was einer vom anderen will und braucht, und wie das Ausbleiben der Mitteilung, der Wahrnehmung und der Erfüllung von Wünschen und Bedürfnissen erlebt wird. Während dieser frühen Phase beginnen die Partner, eine gemeinsame »Figur« auszuhandeln, in der deutlich wird, worüber sie als Einheit arbeiten wollen bzw. was zwischen ihnen falschläuft. Der Therapeut steht bereit, um die habitualisierten Unterbrechungen dieses Prozesses aufzuspüren und umfassenderes Gewahrsein, Ausdruck und Klarheit zu unterstützen.

Typischerweise stecken die meisten Paare im Gewahrsein von Verletzung und Vorwürfen fest und reden sich auf rechthaberische Weise gegenseitig an die Wand. Sie führen sozusagen Buch über ihre zwischenmenschliche Trefferquote, in der jedes »Das-hast-du-mir-angetan« verbucht wird. Wir nennen diese Paare »die Briefmarkensammler«, weil sie jede Herabsetzung oder Verletzung katalogisieren und mit sich herumtragen, um sie gegen ihren Partner einsetzen zu können. Diese Paare suchen unsere Hilfe, weil sie über diesen unbeweglichen Zustand der Rechthaberei und der Vorwürfe nicht hinauskommen, um ihre Wünsche und Bedürfnisse zu befriedigen. In diesem Fall sähe die Intervention so aus, daß wir ihre Aufmerksamkeit auf diesen Prozeß des Vorwürfemachens lenken, also darauf, wie sie sich gegenseitig angreifen und wie ihnen das, was sie voneinander wollen und brauchen, immer wieder versagt bleibt. Der Therapeut würde zunächst versuchen, ihr Gewahrsein dieser Erfahrung zu stärken und dann untersuchen, was aus ihrem Erleben dieser Pattsituation auftaucht.

Energie und Handlung

Ist das Gewahrsein einmal so weit gestiegen, daß eine »Figur« auftauchen kann, also ein gemeinsamer Gegenstand des Interesses hinsichtlich der Schwierigkeiten ihres Prozesses, beginnt das Paar, einen Anstieg der Energie wahrzunehmen, die Kraft, etwas damit zu tun und die Situation genauer zu erforschen. Der Gestalt-Paartherapeut lenkt ihr Interesse an der Figur und ihre Energie dann in eine strukturierte Begegnung, die wir als »Experiment« bezeichnen. Werden sich die Partner z.B. der Ausweglosigkeit ihres von Vorwürfen durchsetzten Prozesses wirklich bewußt und wollen daran etwas ändern, könnte der Therapeut sie auffordern, sich abwechselnd gegenseitig Vorwürfe zu machen. Das würde natürlich ihr Gewahrsein dessen, wie sie sich gegenseitig verletzen, erhöhen und ein gegenseitiges Verstehen ermöglichen. Oder, anstatt sich abwechselnd Vorwürfe zu machen, könnten sie sich mitteilen, was sie getan haben und wie es ihnen im Augenblick damit geht. Es geht nicht in erster Linie um den genauen Verlauf des Experiments (denn dieser ergibt sich aus dem sichtbaren Material und hängt stark vom Fortschritt der Therapie ab). Worum es geht ist, daß ihre gemeinsame Energie, ihr Gewahrsein und ihre Bedürfnisse in diesem Augenblick durch gemeinsames und gegenseitiges Handeln »in die Wirklichkeit gebracht werden«.

In diesem Stadium der Intervention unterstützt der Therapeut einen ausgeglichenen Energieaustausch innerhalb des Systems, so daß keiner der Partner den anderen überwältigt oder beherrscht (und der andere diese Beherrschung zuläßt). Wir versuchen, ein Machtgleichgewicht herzustellen, denn wenn die Macht bei einem Partner deutlich überwiegt, sinkt die Möglichkeit der Intimität. Ein Beispiel hierfür wäre eine sadomasochistische Beziehung. In der Politik und in der Liebe führt Macht zu Korruption, und mit einem Machtungleichgewicht können zwei Menschen keine erwachsene Beziehung führen. Vielleicht haben sie eine Art Eltern-Kind-Verhältnis oder eine sadomasochistische Beziehung, aber das sind eben *keine* erwachsenen Beziehungen.

Darüber hinaus muß der Therapeut in diesem Stadium auf zwei wesentliche Widerstandsformen achten, nämlich Konfluenz und Retroflektion. Was das Machtungleichgewicht betrifft, kann der eine Partner nur deshalb dominieren, weil der andere bereit ist, sich dominieren zu lassen. Retroflektion, das Zurückhalten des energetischen Ausdrucks, kommt deshalb zustande, weil es innerhalb des Systems eine Angst vor den möglichen (phantasierten) Konsequenzen gibt; beide Partner arbeiten – bewußt oder unbewußt – zusammen, um die bekannte Sicherheit des Status quo aufrechtzuerhalten.

Der Schlüssel für die Arbeit mit beiden Situationen hat zwei Seiten. Erstens muß der Therapeut den Klienten (normalerweise durch das Mitformen des Verhaltens) zeigen, wie sie körperliche und emotionale Energie – auch ihre Wut – auf verantwortungsvolle und konstruktive Weise ausdrücken können. Da »retroflektierende Paare« von den anderen außerhalb ihrer Grenze so isoliert sind, müssen sie lernen, nach Hilfe zu fragen und sich an andere zu wenden, um Unterstützung zu bekommen.

Zweitens dürfen wir nicht vergessen, daß sämtliche individuellen Verhaltensweisen und Widerstände gemeinsam hervorgebracht und aufrechterhalten werden. Es gibt keinen »Projektor« ohne einen anderen, auf den projiziert wird; wenn keiner da ist, mit dem man konfluent sein kann, dann kann man eben nicht konfluent sein; jeder Masochist braucht seinen Sadisten usw. Deshalb sollten wir alles, was wir in der Interaktion des Paares beobachten, als *Systemphänomen* betrachten, und nicht bloß als individuelles Verhalten eines der Partner. Tun wir das nicht, dann zerstören wir die Grenze ihrer »Paar-heit«, indem wir einen »identifizierten Patienten« benennen, eine äußerst zerstörerische Intervention und Bezeichnung.

Wie *Gewahrsein* ist *Kontakt* oft schwer zu definieren, weil seine Bedeutung durch die übermäßige und mißbräuchliche Verwendung dieses Begriffs innerhalb der gestalttherapeutischen Szene trivialisiert und zum Jargon geworden ist. Was ist »Kontakt?« Was bedeutet es, miteinander »in Kontakt« zu sein? Wie fühlt sich das an? Wie sieht das aus? Woher weiß man, ob man »in Kontakt« ist?

Wie schon vorher angedeutet, entsteht Kontakt an der Grenze zu dem, was sich vom Selbst unterscheidet. Dieser Prozeß ist an anderer Stelle ausführlich beschrieben worden (Latner, 1992; Perls, Hefferline & Goodman, 1991). Kontakt ist die Erfahrung, der Unterschiedlichkeit des anderen zu begegnen und wird an der Erregung oder Energie erkannt, die aus dieser Begegnung entsteht. Wachstum entsteht an der Stelle und in dem Augenblick des Kontaktes – der Kontaktgrenze. Im Moment des Ereignisses organisieren wir uns selbst auf die Begegnung mit der Umwelt und verändern sie und uns selbst in diesem Prozeß. Ist der Moment des Kontaktes vorbei, verschwindet die Grenze, während sich woanders und mit etwas anderem eine neue bildet; auch hier sehen wir diesen Aspekt der Aufeinanderfolge des Bewußtseins

Der kreative Umgang mit der Paarenergie während des Experiments erhöht das Gewahrsein und den Kontakt und erneuert das gute Gefühl der Partner für ihr Zusammensein. Wir sprechen hier über Kontakt als qualitative Erfahrung, deren Quantität und Häufigkeit normalerweise nicht so wichtig sind. Ein kleiner Moment wirklicher Intimität bedeutet mehr als stundenlanges Zusammensein ohne wirklichen Kontakt. Andererseits erhöht selbst ein deutlicher Ausdruck von Ärger, solange er authentisch erlebt und verantwortungsvoll nach außen gebracht wird, den Kontakt und führt im Nachhinein häufig zu einem intensiven Erlebnis von Intimität.

Ist der Augenblick des Kontakts vorüber oder das Experiment abgeschlossen, muß der Therapeut eingreifen und beide Partner bitten, sich gegenseitig mitzuteilen, was sie erlebt haben. Diese Selbstmitteilung verhindert einen frühzeitigen Abbruch der Verbindung, bestätigt ihre Erfahrung, gibt beiden Partnern Zeit, »die Dinge durchzukauen« – auch solche Erfahrungen, die als unangenehm, beschämend oder peinlich betrachtet werden, unterstützt die Übung, offen und ehrlich zu sein und unterstreicht den Wert dessen, was der Kontakt ihnen als Paar geben kann. Und schließlich sollte der Therapeut sich immer einen Moment Zeit nehmen, um die Qualität des Kontakts zwischen den Partnern zu würdigen und ihre Beschreibung dessen, was sie daraus gelernt haben anzuerkennen.

Lange Zeit hat man in der Gestalttherapie die Auffassung vertreten, daß der Kontakt irgendwie wichtiger oder wertvoller sei als die anderen Stufen des Erlebenszyklus. In unserer Art der Gestalt-Paartherapie ziehen wir keine Stufe dieses Zyklus einer anderen vor, sondern betrachten stt dessen den ganzen Prozeß, den »Tanz«

der Partner in diesem Rhythmus des steigenden Gewahrseins, der kraftvollen Vereinigung, der Erfahrung von Erfüllung und der sanften Trennung. Das Tanzen ist die beste Metapher für das Zusammensein eines Paares; zwei Partner bewegen sich aufeinander zu und voneinander weg – im Rhythmus ihrer ganz eigenen Musik.

Auflösung, Abschluß und Rückzug

Manche Paare sind in etwas gefangen, das wir als »Pseudokontakt« bezeichnen. Dabei handelt es sich um etwas, das zwar wie echter Kontakt aussieht, in Wirklichkeit aber eine Form des Widerstands ist. In den Anfangszeiten der Gestalttherapie, als man sich vor allem für die oralen Widerstandsformen interessierte, nannte man das den »Anklammerungsbiß«, der die Unfähigkeit, loszulassen, sich zu trennen und auseinanderzugehen bezeichnet. Obwohl die Interaktion kontaktvoll erscheint, fehlt ihr die Energie, und selbst wenn man nur zuschaut, empfindet man diese Art von Kontakt als schwer, mühsam oder einfach langweilig. Diesen Widerwillen, etwas abzuschließen, kann man im täglichen Leben bei Menschen beobachten, die einfach nicht aufhören können zu telephonieren, bei einer persönlichen Unterhaltung kein Ende finden oder Dinge, die als überschaubare Projekte angefangen haben vollends ausufern lassen. Bei Paaren zeigt sich dieses Verhalten in einer permanenten Beschäftigung mit dem eigenen Erleben, in der Auseinandersetzung mit der eigenen Auseinandersetzung, mit der man sich dann wiederum auseinandersetzen muß usw. *ad infinitum* (und bis zum Erbrechen). Das ist typisch für »New-Age«- Paare und Therapeuten und für Menschen, die mit großer Unsicherheit und mit Verlassensängsten zu tun haben.

Solchen Paaren muß der Therapeut klarmachen, daß es sich hier um einen Teil ihres Prozesses handelt, und daß es einen Endpunkt gibt, einen Ruheplatz. Die Partner müssen ermutigt werden, loszulassen und Befriedigung zu erlangen, indem sie sich begegnen und wieder trennen – mit all dem, was diese Erfahrung, mit sich bringt. Das Leben ist ein Rhythmus von Kommen und Gehen, von Geben und Nehmen, von Begegnung und Abschied. Nachdem die Erfahrung abgeschlossen, mitgeteilt und assimiliert worden ist, erreichen die Partner den Punkt des Rückzugs. An diesem Punkt zeigt der Therapeut den Partnern, daß Ruhe und persönliches Nachsinnen in diesem Zusammenhang eine Art von Erdverbundenheit erzeugt. Es gibt eine Zeit der Stille, in der die nächste Figur langsam hervortreten kann. Dieses meditative Getrenntsein ist der Höhepunkt des interaktiven Erlebenszyklus und bezeichnet das Ende einer Arbeit. Ebenso kennzeichnet es den Wert und die Gültigkeit der Unabhängigkeit und der Selbstunterstützung jedes Partners im Alleinsein und im Zusammensein. Wenn wir den interaktiven Erlebenszyklus gebrauchen, um zu beobachten, ausgewogen zu »kritisieren« und in einem Paarprozeß zu intervenieren, nehmen wir eine ästhetische Perspektive ein, indem wir den Partnern dabei zusehen, wie sie eine einfache »zwischenmenschliche Transaktion« vollziehen. Sie sprechen über etwas, und während sie das tun, achten wir darauf, wo und wie dieser Prozeß unterbrochen wird, um ihnen dann durch eine Arbeitsform zu helfen, deren Anfang, Mittelteil und Ende im Rahmen der Therapiesitzung festgelegt ist.

Inhaltliche Probleme

Unsere Aufgabe in der Gestalt-Paartherapie besteht darin, auf den Prozeß zu achten, also nicht darauf, was die Klienten sagen, sondern wie sie es sagen. Das ist eine echte Herausforderung, denn es ist sehr viel leichter, dem Inhalt nachzugehen. *Inhalt ist verführerisch.* Denken wir nur an die vielen potentiellen inhaltlichen Probleme, mit denen wir in der täglichen Arbeit konfrontiert werden und in die wir uns verstricken können, ohne dem Paar dadurch den geringsten Dienst zu erweisen. Sobald wir uns in inhaltliche Probleme verstricken lassen, »arbeiten« wir nicht mehr, denn unsere *Arbeit* besteht darin, den Prozeß eines Paares zu erkennen und ihm zu helfen, ihn zu verändern. Mit ihren Inhalten weiterzukommen, ist Sache der Partner. Wenn wir uns in inhaltliche Fragen einmischen, werden wir unserer Rolle als Prozeßberater nicht gerecht, sondern werden Teil ihres Problems.

Wir gehen davon aus, daß es innerhalb des Systems immer wieder zu Fehlfunktionen kommt, unabhängig davon, worüber die Partner gerade sprechen. Ob es um Sex, Geld oder den Umzug in eine andere Stadt geht – die Bereiche, in denen die Unterbrechung stattfindet, werden im Prinzip dieselben sein. Nicht im Inhaltlichen bleiben die Partner hängen, sondern im Prozeß. Das soll nicht heißen, daß einige Inhalte nicht problematischer sein können als andere, aber meistens werden die Schwierigkeiten doch im Prozeß sichtbar.

Es kann sein, daß ein Paar sich in der Auseinandersetzung mit seinem eigenen Gewahrsein verstrickt und nicht genügend Erregung vorhanden ist, um einen starken Kontakt herzustellen. Wenn sich die Partner z.B. mit einem finanziellen Problem herumschlagen, können sie ewig über Geld sprechen; solange sie ihre Energie aber nicht einsetzen, um etwas zu unternehmen, werden ihre Bemühungen vergeblich sein. Oder sie diskutieren darüber, ob sie in eine andere Stadt ziehen sollen; solange sie allerdings nicht genügend Erregung oder Energie aufbringen, wird ihre Unterhaltung sie nicht zu einer Lösung führen. Wenn wir im Gewahrsein steckenbleiben und keine Erregung aufbauen, flacht unser Erleben ab, egal um welchen Inhalt es sich handelt. In der Phase des Gewahrseins wird nicht sonderlich viel Energie investiert. Die Figur wird noch nicht als erregend erlebt. Wir versuchen nicht, andere dafür zu begeistern. Wir legen die Dinge nur zurecht. Das Gewahrsein an sich ist ein energiearmer Modus. Um Gewahrsein zu erzeugen, braucht unser Gehirn nur ein Minimum an Elektrizität. Dazu brauchen wir keine Muskeln. Und es ist wichtig, daß dieses Energieniveau so niedrig bleibt, denn es handelt sich hier um ein Experiment. Wir wollen fähig sein, die Hälfte unserer Ideen wieder fallenzulassen, denn wenn wir das nicht können, bekommt alles Bedeutung, und wir kommen überhaupt nicht mehr vom Fleck.

Was, wenn das Paar einen geschmeidigen Zyklus zustandebringt und die Partner uns um Rat fragen? Wie gehen wir damit um? Da wir in mancher Hinsicht besser informiert sind als die Allgemeinheit, erwarten die Menschen, die zu uns kommen, mit Recht, daß wir ihnen in bestimmten Fragen beratend zur Seite stehen. Das sind gefährliche Momente, denn unabhängig davon, was wir aufgrund unserer Fachkenntnis alles wissen und für richtig halten, können wir nie wirklich wissen, was für jemand anderen das Beste ist. Dennoch ist es unsere Aufgabe, das Risiko einzugehen und zu sagen, was wir für das Beste halten. Diese Fragen sind besonders brisant und vor allem deshalb potentiell so frustrierend, weil wir normalerweise gerade den eher retroflektierenden Systemen, denjenigen, die uns keine Fragen stellen und die tendenziell engere Grenzen aufweisen, gerne unsere Meinung mitteilen würden, weil sie so vieles offensichtlich einfach nicht wissen. Es ist schwierig, ein Paar zu beraten, das keine Fragen stellt und gleichzeitig mit Informationen aufwartet, die uns falsch oder geradezu absurd vorkommen. Wir könnten z.B. der Ansicht sein, daß Kinder durchaus damit zurechtkommen, wenn beide Eltern arbeiten gehen, während unsere Klienten die Auffassung vertreten, das wäre ganz schlecht, weil ihr Kind sich dann ungeliebt fühlen oder gar straffällig werden könnte. In solchen Momenten empfinden wir eine enorme Versuchung, weil wir ihre Ansichten so gerne korrigieren würden.

Doch wir mahnen jeden Therapeuten, genau das nicht zu tun und statt dessen zu warten, bis wir gefragt werden. Wenn wir nicht gefragt worden sind, ist die Chance, gehört zu werden, minimal. Über die Arbeit am Prozeß hinwegzugehen und inhaltliche Informationen zu verteilen, ist keine sehr hilfreiche Idee. Werden wir jedoch als Fachleute gefragt (selbst, wenn wir nicht wissen, was das Beste wäre), dann können wir unsere begründete Meinung äußern und als solche kennzeichnen.

Der Vertrag, den wir zu Beginn machen, besagt, daß wir den Paarprozeß beobachten und den Partnern unsere Beobachtungen mitteilen, ihnen jedoch keine inhaltlichen Informationen geben. Damit warten wir sehr viel häufiger, bis wir gefragt werden, als mit Informationen, die den Prozeß betreffen. Der Grund dafür ist einfach, daß wir uns im Hinblick auf prozeßbezogene Informationen sehr viel freier fühlen und sicherer sein können, daß unsere Werte klar sind. Wir glauben, daß es ihnen gut tun und hilfreich für sie sein wird, diese Dinge zu lernen, deshalb sind wir sehr viel mehr bereit, auf der Prozeßebene zu intervenieren als auf der inhaltlichen Ebene. Darüber hinaus sind wir auf der Prozeßebene sehr viel tiefer mit den Informationen verankert, die während der Sitzung zum Vorschein kommen.

Unausgewogenheit der Polaritäten

Die Gestalttheorie des Selbst beinhaltet u.a. auch das Konzept der Polaritäten. Die bekanntesten Beispiele für dieses Phänomen sind innerhalb der Psychologie die von Freud als »Reaktionsbildung« bezeichnete Widerstandsform und C.G. Jungs Begriff des »Schattens«, der besagt, daß jede persönliche Eigenschaft eine gleichwertige und gegensätzliche Seite beinhaltet, die dem Gewahrsein zwar häufig nicht zugänglich ist, aber im alltäglichen Verhalten eine wirkliche oder potentielle Kraft darstellt. Die Gestalttheorie betrachtet die menschliche Persönlichkeit als organisiertes Konglomerat polarer Kräfte. Es wäre eine Vereinfachung, Polaritäten als zweiteilige Seinszustände wie gut und böse, friedlich und gewaltsam, stark und schwach oder liebevoll und haßerfüllt zu verstehen, weil wir alle nicht nur ein Gegensatzpaar in uns vereinigen, sondern verschiedene, miteinander in Verbindung stehende Gegensätze; wir sprechen hier von »Multilaritäten« (Zinker, 1993, S. 192). Polare Seins- und Handlungszustände sind komplizierte Strukturen mit einer komplexen Dynamik, die mir der persönlichen Geschichte eines Menschen zusammenhängen, mit seinem Selbstbild, seinen Überlebensstrategien, Wünschen, Bedürfnissen und seiner Wahrnehmung der Wirklichkeit – mit seiner »Faktizität« und »Historizität«, wie die Existenzphilosophen sagen würden. Im Idealfall würde der gesunde Mensch ein ausgeglichenes Fließen der vielen Tausend Polaritäten von einer zur anderen erleben, wobei keine polare Kraft vorherrschen oder ohne Gewahrsein wirken würde. Das wäre das Ideal, aber die Wirklichkeit sieht so aus, daß bestimmte Polaritäten dahin tendieren, stärker ausgeprägt zu sein als andere und so beim einzelnen zu innerpsychischen bzw. in der Partnerschaft zu zwischenmenschlichen Konflikten zu führen.

Jede aus dem Gleichgewicht geratene Polarität kann zu einer potentiellen Intervention werden. Ist das Paarsystem gesund, dann entwickelt jeder Teil viele Potentiale. Ist hingegen der eine Partner mit einer Funktion zu sehr beschäftigt und der andere nicht, dann begünstigen sie die Verzerrung der Polaritäten und provozieren innere und zwischenmenschliche Schwierigkeiten. Wenn dieser Umstand der Einseitigkeit anhält, führt er zum psychologischen Stillstand und Tod – oder aber zu psychologischer Agitation, Wut und Reizbarkeit.

Wie aber entsteht Polarisierung in unserer Entwicklung? Was geschieht, wenn wir mit jemand anderem zusammenkommen? Teile des Selbst bleiben einfach deshalb lange Zeit unterentwickelt, weil wir in uns andere Teile entwickeln – aus welchen Gründen auch immer. Das Ergebnis ist, daß wir alle bestimmte psychologische Charaktereigenschaften ausbilden, während wir andere im »Schatten« belassen. Beispielsweise kann das Bemühen um andere sehr ausgeprägt sein, während die Sorge um sich selbst ein Schattendasein führt. Oder die Ernsthaftigkeit ist sehr entwickelt, aber der Humor unterentwickelt.

Wenn wir bei jemand anderem eine Eigenschaft entdecken, die bei uns selbst unterentwickelt ist, dann ist das sehr ansprechend. An diesen unterentwickelten Teil heranzukommen ist nicht sehr schwer; man braucht sich nur mit dem anderen zusammen zu tun. Plötzlich haben wir Humor, sind imstande, uns um uns selbst zu kümmern, fühlen uns lebendig und haben die Dinge im Griff. Diese spontane Art der Selbstverwirklichung ist mit einem herrlichen Gefühl verbunden. Wir nennen das »sich verlieben«. Man fühlt sich »vollständig« und ist es in diesem Moment auch. Und der andere, der andere Seiten an sich entwickeln muß, findet einen ebenso attraktiv. Also tut man sich zusammen, wird eine Einheit und bildet als Paar eine ganze, eine neue Person.

Aufgrund dieser unterentwickelten Seiten tauchen jedoch nach einigen Jahren häufig die ersten Probleme auf. Einer der Gründe dafür ist, daß die Partner die kompensatorischen Eigenschaften des anderen nicht so hoch schätzen, wie ihre eigenen, stark ausgeprägten Charakterzüge. Gleichzeitig wissen sie jedoch um deren Wichtigkeit und Bedeutung, und so entsteht bei ihnen ein ambivalentes Gefühl gegenüber den Eigenschaften des anderen. Also bleiben sie bei ihrem Partner und freuen sich an den positiven Seiten seines Charakters. Es dauert jedoch nicht lange, bis die Schattenseite dieser Freude deutlich wird. Und das, was die beiden anfänglich am anderen so sehr mochten und anziehend fanden, wirkt nun abstoßend.

Das ist die schwierigste Phase, die jede Partnerschaft durchstehen muß: die Partner müssen aufhören, darauf zu achten, was der andere gut oder schlecht macht und sich wieder auf ihre eigenen Stärken und Schwächen konzentrieren. Sie müssen anerkennen, was sie im Hinblick auf bestimmte Eigenschaften vom anderen gelernt haben. Und sie müssen die Verantwortung für jene Eigenschaften übernehmen, die sie vielleicht nur auf den Partner projiziert haben. Beide müssen aufhören, mit ihren Augen am anderen zu kleben. Das Ergebnis dieses Prozesses ist die Freiheit des Erlebens und die Möglichkeit zu wählen. Ist eine Schatteneigenschaft einmal ans Licht gebracht und entwickelt worden, und wird ihre Komplexität wirklich erkannt, dann ist man frei von der positiven oder negativen Fixierung auf den anderen.

Was können wir als Therapeuten tun, wenn wir mit unausgewogenen Polaritäten konfrontiert sind? Angenommen, er macht ständig Witze, während es ihr wirklich schlechtgeht und sie von ihren Schwierigkeiten erzählen möchte. Die Antwort ist recht einfach: wir machen eine klare und präzise Aussage darüber, was die beiden gerade tun. Eine mögliche Intervention wäre etwa: »Gut, ich möchte Sie einen Moment unterbrechen, um ihnen mitzuteilen, was mir aufgefallen ist. Ich bemerke, daß in Ihrer Interaktion sowohl Ernst als auch Humor zum Ausdruck kommen. Aus irgendeinem Grund ist einer von Ihnen sehr ernst, und der andere komisch, das scheint bei Ihnen so zu sein. Ist Ihnen das schon einmal aufgefallen? Machen Sie das zu Hause auch so?« Wenn sie geantwortet haben, könnten wir etwa fragen: »Erzählen Sie sich doch einmal gegenseitig, wie Sie das erleben. Wollen Sie das mal ausprobieren? Oder wollen Sie sehen, ob Sie etwas daran ändern können?« Wenn sie interessiert sind und eine Veränderung wollen, könnten wir ihnen ein Experiment vorschlagen, z.B. den Rollentausch; das könnte ihnen helfen, sich ihrer Polaritäten gewahr zu werden.

Komplementarität und Mittelgrund

Verschmelzung vs. Differenzierung

Die Erfahrung der Verschmelzung mit einem anderen Menschen ist, vor allem beim ersten Mal, ein kraftvolles, fast überwältigendes und ekstatisches Erlebnis. Die Verschmelzung mit dem anderen ist eine primäre Erfahrung, sie ist der uralte Traum von der Einheit mit der Mutter. Zu Beginn des Lebens war diese Verschmelzung nicht das, was wir gewöhnlich als »Liebe« bezeichnen; die Verschmelzung, die wir kennen, ist ein »Bedürfnis«, ein ursprüngliches Bild, eine Art undifferenzierte Sehnsucht. Sie ist eine seelische Empfindung, begleitet nur von einem Hauch von Gewahrsein, die schon da ist, bevor wir unsere ersten Worte herausbringen, und lange bevor wir fähig sind zu sagen »Ich liebe dich« oder »Ich sehne mich nach etwas.« Dieses Bild, diese Sehnsucht tritt ins Bewußtsein, wenn wir körperliche Empfindungen haben, und wenn das Bedürfnis nach Einheit nicht irgendwie befriedigt wird, nimmt der Säugling oder das Kind Schaden.

Erst sehr viel später im Leben findet diese enorme Sehnsucht Worte, um sich mitzuteilen. Da die verschiedenen Gesellschaften unterschiedliche Wege entwickelt haben, um dieses ungestillte Verlangen zu befriedigen, unterscheiden sich die Worte, mit denen es ausgedrückt wird, von Kultur zu Kultur. Aus diesem Grund hat Liebe in den verschiedenen Lebensphasen und Entwicklungsstadien auch eine unterschiedliche Bedeutung, aber die Erfahrung des »Sich-verliebens« und das Bedürfnis nach Verschmelzung bleibt ein großes Geheimnis und ist – unabhängig von den Worten – eine Art »seelische Alchemie«.

Mit ihrer magischen Chemie hat diese »Alchemie« etwas Bezauberndes. Wir haben dieses überwältigende Gefühl, ohne den anderen irgendwie weniger vollständig, weniger ganz zu sein. Und dabei vergessen wir, daß ja auch der andere eine einzigartige, ganze Person ist. Die Phantasie überdeckt unsere Neugier darauf, wer dieser andere denn in Wirklichkeit ist. In der Alchemie versuchten die Mystiker, gegensätzliche Metalle miteinander zu verschmelzen, um daraus »Gold« zu gewinnen. In gewisser Weise haben wir hier eine Analogie zum goldenen Verlobungs- und Ehering. So wie es eine »seelische Alchemie« gibt, gibt es auch eine sexuelle Alchemie. Der andere ist anders, geheimnisvoll, und im Herzen dieses Geheimnisses gibt es etwas, das den Augenblick des Kontaktes so reizvoll und so überaus schön macht.

Doch, so traurig es ist, am Ende mißlingt die Verschmelzung. Früher oder später geht sie dahin und weicht einem neueren und stärkeren Bedürfnis. Bleibt das Kind im Mutterleib, dann stirbt es. Bleibt ein junger Mensch zu Hause bei Mutter, dann stirbt er nicht nur geistig, sondern auch unter anderen Gesichtspunkten. Auf die Verschmelzung muß die Trennung folgen, und Trennung beinhaltet immer auch Differenzierung. Differenzierung bedeutet, daß die Partner sich von der Verschmelzung fortbewegen und anfangen, ihr je eigenes Selbst zu entwickeln.

C.G. Jung nennt diesen Prozeß »Individuation«, und in der Gestalttherapie sprechen wir von »Grenzbildung«. Die Gestalttherapie geht davon aus, daß wir nur dann angemessenen Kontakt haben können, wenn wir über angemessene Grenzen verfügen. Mit einem Brei können wir weder in Kontakt treten, noch einen Konflikt erleben. Wir müssen uns aus einer homogenen Masse zu einem differenzierten, begrenzten Organismus mit einer besonderen Identität und einem Gefühl von Integrität entwickeln. Wenn wir dann an dieser bestimmten Grenze mit einem anderen Organismus in Kontakt treten, erleben wir diese Reibung, die ein zwischenmenschliches Feuer entfachen kann. Und dieses Feuer brennt nicht einfach nur fröhlich vor sich hin, sondern spendet auch Wärme und Licht.

Wir betrachten das, was in einer Zweierbeziehung geschieht, als Rhythmus zwischen Verschmelzung und Trennung. Im Laufe unseres Lebens berühren wir uns an unterschiedlichen Punkten. Und wir berühren uns mit unterschiedlicher Intensität, manchmal ekstatisch, manchmal zornig, aber meistens doch mit einem gewissen Maß an Magnetismus. Nach dieser Berührung gehen wir auseinander, und dann kommen wir wieder zusammen. Dieser Prozeß des Hin-und-her ist der Lebenssaft der Beziehung.

Die Erfahrung von Verschmelzung und Trennung durchzieht die verschiedenen Phasen unseres Lebens auf unterschiedliche Weise. Wenn zwei Menschen sich verlieben, erleben sie die Verschmelzung zum erstenmal. Sie sind unzertrennlich. Sie schauen sich in die Augen und schwören sich ewige Liebe. Wenn sie der Alltag dann eingeholt hat und sie sich besser kennen, beginnt ganz allmählich ein subtiler Trennungsprozeß. In dieser Phase erkennen beide, was sie voneinander unterscheidet und wenden sich wieder verstärkt ihrer eigenen Selbstverwirklichung zu. Wenn das Paar Kinder bekommt, wird die Verschmelzung noch schwieriger, obwohl sie innerhalb des gesamten Familiensystems sublimiert werden kann. Wenn die Kinder dann groß sind und das Haus verlassen, steht eine erneute Trennungserfahrung an. Das Paar ist wieder allein, und es bleibt zu hoffen, daß die Partner im Laufe der Jahre reifer geworden sind und sich wieder auf die tiefe Intimität mit dem anderen einlassen. Später werden sie durch Krankheit und Tod noch einmal mit der Erfahrung der Trennung konfrontiert. In dieser Zeit kann die Erwartung entstehen, in einer letzten Transzendenzerfahrung mit einer ewigen Macht zu verschmelzen.

Wir sind auf dieser Welt, um uns immer und immer wieder selbst zu verschenken. Auf die Verschmelzung, etwa zwischen Mutter und Kind, folgt das Bedürfnis, das »Ich« zu spüren. Nach der Phase des Verliebtseins steht jeder wieder für sich allein und ist mit dem eigenen Selbst konfrontiert, mit seinen inneren Bedürfnissen, Konflikten und besonderen Talenten. Beide Partner richten ihr Verhalten darauf aus, daß die Partnerschaft oder die Beziehung funktionieren kann. Beide müssen ein Gewahrsein von sich selbst als einer getrennten Ganzheit entwickeln, das sich vom Gewahrsein des anderen unterscheidet. Beide müssen lernen, ihre innere Erfahrung vom Erscheinungsbild und dem Gewahrsein und Erleben des anderen zu unterscheiden. Bevor die Partner in ihrem gemeinsamen Kontakt das »Wir« spüren können, müssen sie zunächst die »Ich«-Grenzen artikulieren. Der Therapeut unterstützt die persönlichen Grenzen und kann beide Partner auffordern, Sätze wie

»Du siehst aus ...«

»Ich spüre ...«

»Ich fühle ...«

»Ich möchte ...«

»Ich möchte nicht ...«

zu formulieren. Beide bilden abwechselnd solche Sätze, ohne dabei auf die Sätze des anderen zu reagieren. Die bevorzugten Widerstandsformen auf dieser Ebene sind Introjektion, Projektion und Konfluenz: »Ich habe das Gefühl, daß du Hunger hast«, »Ich fühle mich so angespannt, und du siehst auch angespannt aus« oder »Du siehst aus, als ob du wütend auf mich wärst.« Erst sehr viel später, wenn ihre inneren Visionen sich geklärt haben, können sie das Erleben des anderen wirklich würdigen. Vorher jedoch muß der konfluente Kontakt durch einen konfliktfähigen Kontakt ersetzt werden denn ohne Konflikt gibt es keine Differenzierung. Karl Jaspers spricht vom »Liebeskampf«, bei dem sich zwei Seelen eine »kreative Schlacht« liefern müssen, um sich selbst zu formen (Schlipp, 1957). Doch viele Paare haben sich durch die Hollywood-Welt täuschen lassen und glauben, wenn sie Konflikte haben, seien sie eben »nicht mehr verliebt« oder paßten einfach nicht zueinander. Das hängt damit zusammen, daß sie in ihrem Elternhaus den gesunden Ausdruck und die Bewältigung von Konflikten nie erlebt haben und nicht wissen, daß auf die Bewältigung des Konflikts wieder der Ausdruck von Zuneigung folgen kann. Möglicherweise hat das Paar auch Angst vor seiner Vorstellung von Konflikten und befürchtet, daß die Beziehung scheitern könnte.

An diesem Punkt hilft der Gestalttherapeut den Partnern, fair zu streiten und Differenzen auf eine Weise zu lösen und zu integrieren, die beide bestärkt und bei keinen ein Gefühl von Geringschätzung auslöst. Der Therapeut bestätigt das Erleben jedes einzelnen, während er gleichzeitig beide ermutigt, die Sichtweise des anderen zu respektieren. Wenn er beide Partner unterstützt hat, versucht er, auch das »Wir« zu fördern, indem er das Paar ermutigt, ihre unterschiedlichen Eigenschaften auf kreative Weise zu integrieren und miteinander zu verbinden. Die Erregung, die aus der Lösung eines Konfliktes entsteht, führt häufig dazu, daß die Partner ein neues Interesse und oft auch eine neue Leidenschaft füreinander empfinden. Auf die Differenzierung folgt die Verschmelzung. So geht der Rhythmus weiter, und die Natur nimmt ihren Lauf.

Auf der anderen Seite gibt es aber auch unüberbrückbare Differenzen, die als solche akzeptiert werden müssen. Man kann seinen Partner lieben und gleichzeitig lernen, die existentielle Wahrheit zu akzeptieren, daß nicht alle Probleme lösbar sind. So wie Hollywood uns den Mythos von der unzertrennlichen Liebe verkauft, hat uns die Selbsterfahrungsbewegung zu überzeugen versucht, daß es für jedes zwischenmenschliche Problem eine Lösung gibt. Diese introjizierte Ethik bringt manche Paare dazu, jedes Problem und jede Differenz zu überhöhen und so lange auszuhandeln, bis die Partner sich schließlich erschöpft voneinander zurückziehen, beschämt und enttäuscht sind oder das Gefühl haben, versagt zu haben.

Differenzen gehören zu einer reifen Beziehung dazu. Sie halten die Beziehung am Leben. Gehen die Differenzen jedoch ins Extrem, dann führen sie über die gesunde Trennung hinaus und verursachen irreparable Schäden.

Die komplementäre Funktion

Unter Komplementarität verstehen wir den funktionalen Aspekt der Differenzierung, die Art und Weise, wie Differenzierung geschieht. Von einem entwicklungstheoretischen Standpunkt aus betrachtet, wählen die Partner sich gegenseitig, um die außerhalb ihres Gewahrseins liegenden Anteile von sich selbst, die sie nicht akzeptieren oder als ästhetisch abstoßend erleben, zu ergänzen. Solche Eigenschaften werden beim anderen in romantisierter Form wahrgenommen. Zwei halbe Menschen kommen zusammen, um gemeinsam ein Ganzes zu formen und besser mit der Welt zurechtzukommen.

Wie bereits gesagt, wird die komplementäre Funktion beim anderen nur akzeptiert und geschätzt, solange man sie an sich selbst nicht erlebt. Kommt die verleugnete Eigenschaft dann später auch bei einem selbst mehr und mehr zum Vorschein, dann kann es sein, daß das komplementäre Verhalten des Partners als lästig, ärgerlich und peinlich empfunden wird. Was vorher romantisiert wurde, erscheint jetzt in seiner gröbsten Form – der gesellige Extrovertierte wird als Großmaul erlebt und der in sich gekehrte als »deprimiert«. An diesem Punkt kann der Gestalt-Paartherapeut beiden Partnern helfen, mit der verleugneten Polarität zu experimentieren, wie im vorigen Abschnitt beschrieben. Einige sowohl den Charakter als auch den persönlichen Stil betreffende komplementäre Eigenarten werden bei jedem Partner als stabile Eigenschaften bestehen bleiben, ganz unabhängig davon, wie das persönliche Wachstum voranschreitet. Hier kann wirkliche (nicht-neurotische und nicht-projizierte) Komplementarität dem Leben des Paares zu größerer Vielfalt und mehr Erregung verhelfen. Je mehr sich beide Partner persönlich entwickeln, desto stärker entwickeln und erweitern sich auch ihre persönlichen Polaritäten, und desto besser können sie das »verrückte« oder idiosynkratische Verhalten des anderen akzeptieren.

Während Komplementarität die Unterschiede betont, zieht der Mittelgrund Ähnlichkeiten an. Das Leben findet in der Mitte statt, nicht an den Extrempunkten. Der größte Teil des Lebens verläuft in schlichter Normalität, und dasselbe gilt für die Paarbeziehung. Das Leben besteht aus der täglichen Routine, Arbeit, Rechnungen, Erledigungen, Telephonaten, dem morgendlichen Duschen, Mahlzeiten, und am Ende eines langen Tages legt man sich gemeinsam ins Bett. Erst wenn wir uns Zeit nehmen, um innezuhalten, hinzusehen und nachzudenken werden die außergewöhnlichen Aspekte des Lebens sichtbar.

Während Komplementarität die Spannung und Erregung der Paarbeziehung erhöht, bietet der Mittelgrund einen Ruhepol, einen Ort, an dem die Höhen und Tiefen der Energieniveaus zum Ausgleich kommen. Während Komplementarität Konflikte fördert, ist der Mittelgrund die Quelle stiller Konfluenz.

Wachstum und Lebensfähigkeit der Beziehung werden durch das Gleichgewicht zwischen Komplementarität und Konfluenz bestimmt. Die Figur des Unterschiedes ist nur sinnvoll, wenn sie sich von einem Hintergrund der Übereinstimmung, der Verständigung, der Kompromisse und der alltäglichen Freude abhebt. Die Figur der Konfluenz ist nur lebensfähig, wenn der Hintergrund bunt und vielfältig ist und lebhafte Diskussionen, Auseinandersetzungen und emotionale Ausbrüche umfaßt. Man könnte sagen, daß der Überlebensindex einer Paarbeziehung sich aus dem Verhältnis zwischen Konfluenz und Kontakt oder zwischen Mittelgrund und Komplementarität ergibt.

Um den Mittelgrund zu bestimmen und sowohl die Arbeit als auch die Selbstwahrnehmung des Paares auszugleichen, kann der Therapeut diesen Mittelgrund erforschen: Wie haben Sie sich kennengelernt? Was mochten Sie aneinander? Welche gemeinsamen Überzeugungen haben Sie beide? Was genießen Sie miteinander, wenn die Dinge gut laufen? Die Antworten auf diese Fragen bringen den Partnern ihre gemeinsame Basis in Erinnerung: ihre Treue, Hingabe, Freundschaft und die harte Arbeit. Oder aber der Therapeut erkennt sehr bald, daß der Mittelgrund des Paares gar kein Grund ist, sondern eher eine dünne Eisschicht. Vielleicht stellt er fest, daß die Partner im Prozeß ihrer Annäherung wichtige Dinge unberücksichtigt gelassen, manche ihrer Gefühle verleugnet und sich gegenseitig etwas vorgemacht haben, so daß ihre Freundschaft entsprechend kraftlos ist. Und schließlich kann der Therapeut auch entdecken, daß Gefühle wie Treue und Hingabe dem Paar erschreckend fremd sind.

Im Hier-und-Jetzt kann der Therapeut beurteilen, wieviel Konflikt ein bestimmtes System ertragen kann ohne auseinanderzubrechen. Unter Umständen braucht das Paar die Konfrontation mit diesen Fragen. Vielleicht müssen die Partner sich fragen, ob sie bereit sind, eine Vertrauensgrundlage zu schaffen, um ihren Konflikt überhaupt aushalten zu können.

Bestätigung des Erlebens durch Unterstützung von Widerstand

Widerstand geschieht an der Grenze zwischen zwei Subsystemen und ist insofern eine Art von Kontakt. Widerstand kann entweder an der Kontaktgrenze innerhalb der Paarbeziehung entstehen, oder aber die Partner bilden eine Art Subsystem, um den Interventionen des Therapeuten Widerstand entgegenzusetzen. Die meisten Menschen haben »Lieblingswiderstände«. Diese Widerstände sind selbst-synton und entsprechen dem eigenen Charakter, d.h. als Paar bringen die Partner dem Therapeuten genau dieselben Widerstände entgegen, die sie sich innerhalb ihrer Beziehung gegenseitig entgegensetzen. Partner, die z.B. miteinander retroflektieren, halten als Paar zusammen und vermeiden den Kontakt mit dem Therapeuten durch Retroflektion. Die Beziehung zwischen ihnen als Paar und dem Therapeuten ist ein Spiegel ihrer Beziehung miteinander.

Häufig sprechen wir über Widerstand, als handle es sich dabei ausschließlich um ein innerpsychisches Phänomen: »Ich retroflektiere«, »Ich projiziere« oder »Ich bin konfluent.« Doch Widerstand entsteht in der Interaktion. Um Widerstand zu erzeugen, bedarf es zweier Menschen. Widerstände werden innerpsychisch, wenn sie durch die ständige Wiederholung derselben Interaktionen habitualisiert werden. Man reagiert auf jede neue Situation genau so, als wäre sie altbekannt und nimmt die Unterschiede gar nicht wahr. Dadurch trägt man das, was man in früheren Interaktionen gelernt hat, innerpsychisch in die neue Situation hinein.

Präsenz

Die Bildung von Grenzen verleiht einer Reihe von Ereignissen oder Erfahrungen Bedeutung und macht den Unterschied zwischen dem Paar und seiner Umwelt deutlich. Ebenso geben die Grenzen innerhalb des Systems den Subsystemen Bedeutung und grenzen sie voneinander ab. Grenzen sind nicht einfach nur Konzepte, sie existieren wirklich. Auch wenn wir sie mit unseren Sinnesorganen nicht wahrnehmen können, sind sie real. Grenzen sind Energiefelder. Wenn jemand während eines Gesprächs zu nahe an uns herankommt, spüren wir eine Grenze; der andere berührt unseren persönlichen Raum. Wir wollen unsere Gedanken in unserem eigenen Rhythmus aussenden. Ist der andere zu nah, während wir einen Gedanken aussenden, dann berührt dieser Gedanke die Grenze des anderen noch bevor wir eigentlich bereit sind, ihn loszulassen.

Wann immer der Therapeut ein Paar betrachtet, besteht eine seiner Aufgaben darin, auf die Grenzen zu achten. Therapeuten sollten jederzeit in der Lage sein, sich zurückzuziehen und die Grenzen zu erkennen. Die Gestalttheorie behauptet, die Grenze sei da, wo wir den Unterschied erleben – da, wo es ein »ich« und ein »du« gibt, oder ein »wir« und ein »sie«. Wachstum findet statt, wenn an dieser Grenze Kontakt entsteht. Bevor wir in Kontakt treten können, müssen die Unterschiede deutlich gemacht werden: Bevor wir zusammensein können, muß ich wissen, daß du und ich verschieden sind.

Wenn der Therapeut sich mit einem Paar hinsetzt, gibt es einen Moment, in dem er nicht mehr nur Zuschauer, sondern wirklich präsent ist. Setzt der Therapeut seine Präsenz ein, dann schafft er eine bestimmte Aura und verstärkt eine deutliche, das Paar umschließende Grenze. In diesem Augenblick wissen wir, daß wir Paartherapie machen. Ohne Präsenz ist der Therapeut nicht mehr als ein Zuschauer, der ab und zu ein paar Bemerkungen macht.

Unter dem Stichwort »Präsenz« spricht das Lexikon auch von »Geist« bzw. »Bewußtheit«. Obwohl diese Begriffe allein noch keine angemessene Definition ausmachen, weisen sie doch auf einen bestimmten Zustand hin, in dem man *ganz* da ist, mit Körper *und* Seele. Es ist eine Art, *mit jemandem zu sein* ohne unbedingt etwas *zu tun*. Präsenz bedeutet, ganz hier und für alle Möglichkeiten offen zu sein. Das Hiersein des Therapeuten bewirkt, daß die tieferen Schichten meines Selbst in Bewegung kommen. Die Präsenz des Therapeuten bildet den Hintergrund, vor dem die Figur eines anderen Selbst aufblühen, sich klären und deutlich werden kann.

Wenn ich die Präsenz eines anderen erlebe, fühle ich mich frei, mich auszudrücken, ich selbst *zu sein*, auch meine zarten und verletzlichen Seiten zu offenbaren und darauf zu vertrauen, daß ich ohne Be- oder Verurteilung wahrgenommen werde. Die Präsenz meines Therapeuten macht es mir möglich, mich mit meinen inneren Konflikten, schwierigen Fragen und Widersprüchen auseinanderzusetzen, ohne mich durch suggestive oder allzu bestimmende Fragen abgelenkt zu fühlen. Die Präsenz meines Therapeuten ermöglicht mir die Konfrontation mit mir selbst im Beisein eines weisen Zeugen. Vielleicht kann der Begriff *Präsenz* besser durch das beschrieben werden, was er nicht beinhaltet.

Präsenz ist keine Art der Selbstdarstellung; sie hat nichts Extravagantes, nichts Dramatisches und nichts Theatralisches.

Präsenz ist nicht dasselbe wie Stil.

Präsenz ist nicht Charisma. Charisma erfordert Aufmerksamkeit und Bewunderung. Charisma ruft nach sich selbst, während Präsenz »nach dem anderen« ruft. Charisma ist eine Figur, die mit einer anderen konkurriert, während Präsenz ein leeres Blatt ist, das »beschrieben werden will.«

Präsenz ist keine gespielte religiöse Demut (die in Wirklichkeit eine geheime Form von Stolz ist).

Präsenz ist nicht polemisch. Sie ist nicht parteiisch. Sie sieht Ganzheiten.

Die meisten Menschen erreichen Präsenz durch das ununterbrochene Fortschreiten der Zeit, die sie immer wieder daran erinnert, wieviel sie zu lernen haben und wie wenig sie wissen. Präsenz ist der Zustand der Ehrfurcht angesichts eines unendlich komplexen und wundersamen Universums. Um diesen Zustand der Präsenz zu erreichen, muß man vieles lernen und anschließend wieder verwerfen. Um Präsenz zu erlernen, muß man sich völlig hingeben, wie ein reicher Mensch, der jahrelang hart gearbeitet hat, um zu großem Reichtum zu kommen und dann eines Tages feststellt, daß die größte Freude darin besteht, seinen Reichtum zu teilen und abzugeben.

Wenn wir über die Präsenz des Therapeuten sprechen, dann meinen wir, daß der Therapeut eine Dimension des Selbst kommuniziert, die jenseits verbaler Interventionen liegt. Ist der Therapeut wirklich präsent, dann ist seine Vision peripher und diffus. Auf eine stille und subtile Art ist er eher erdverbunden und langsam als leichtfüßig und schnell. In einem solchen Zustand atmet man tief und voll. Das Zeitgefühl ist langsam und gemessen. Das Körper-Selbst erfährt Unterstützung und Gewahrsein. Man »kümmert« sich nicht in der Weise, daß man am Inhalt der Geschichten der Klienten klebt. Steckt das Paar z.B. für einen Moment in einer Sackgasse, dann hält der Therapeut die Stille so lange, bis die Spannung im Raum reif genug ist, um eine kraftvolle Intervention aufnehmen zu können. Die Partner sind erleichtert und fühlen sich nicht alleingelassen. Gerade am Anfang kräftigen diese zeitlich genauen, gedanklich klaren und wohlgeformten Interventionen das Vertrauen des Paares in die Rolle des Therapeuten und seine persönliche Stärke.

Ebenso wie der Therapeut im richtigen Moment nach vorne tritt, um eine Idee ins Spiel zu bringen und mit allen Anwesenden Verbindung aufzunehmen, läßt er auch sehr viel psychologischen Raum für die Interaktion zwischen den Partnern. Das Paar fühlt sich als Ganzheit bestätigt und unterstützt, und beide Partner fühlen sich wirklich gehört und gesehen. Das Schweigen des Therapeuten, während er zuhört und achtgibt, ist für das Gelingen einer Sitzung genau so wichtig wie das, was er sagt und fragt. Die Stille der Präsenz erzeugt eine gewisse Lebendigkeit innerhalb des Systems.

Konkret bedeutet das, daß wir mit den Partner keinen Smalltalk machen oder sie auf andere Weise von ihrer vornehmlichen Aufgabe ablenken, sich ihres eigenen bzw. gemeinsamen Prozesses bewußter zu werden. Während die einzelnen Interventionen stark und kräftig sind, gehört der Raum zwischen den Interventionen ganz und gar dem Paar, und der Therapeut wird nichts unternehmen, um weitere Aufmerksamkeit auf sich zu ziehen. Präsenz und Zeiteinteilung bilden den Rahmen für die Kraft jeder einzelnen Intervention und unterstützen die Wichtigkeit des Therapeuten. Gleichzeitig fühlt sich das Paar von dieser wichtigen Person respektiert (gesehen) und gehalten (umschlossen).

Wie das Paar, hat auch der Therapeut ein Energiefeld zu bewältigen. Es geht darum, daß wir den Rhythmus des Gewahrseins finden. Zunächst lehnen wir uns vor und betreten das System, um die Sitzung zu eröffnen oder eine Intervention zu machen. Dann ziehen wir uns zurück, sitzen still da und lassen unseren freien Assoziationen ihren Lauf. Um uns aus dem System zurückzuziehen und eine saubere Grenze zu ziehen, müssen wir fähig sein, unsere eigene Energie zu regulieren, um einen Zustand der kreativen Indifferenz zu erzeugen: einen wachen, offenen, erregungslosen Zustand.

Bei der Arbeit mit Paaren müssen wir uns bewußt sein, wann wir ihre Grenze überschreiten, um uns in ihr Gewahrsein zu bringen. Wir müssen wissen, wann wir Teil des Feldes dieses Paares sein und Einfluß nehmen, und wann wir einfach nur zusehen wollen. Beim Zusehen wollen wir keine Energie auf uns ziehen, sei es in Form von Sorge, Interesse oder einfach durch Blicke. Das tun wir nur dann, wenn wir die volle Aufmerksamkeit der Partner haben wollen ... und dann ziehen wir uns wieder zurück.

Eine dialektische Interventionsstrategie

Ein Drei-Stufen-Plan der Intervention

Als Therapeuten müssen wir lange genug zuhören, lange genug hinsehen und mitbekommen, was bei dem Paar auftaucht, um genügend Informationen über ihren Prozeß zu sammeln und Interventionen entwickeln zu können, die ihrem Problem entsprechen. Dazu müssen wir unsere Präsenz innerhalb des Systems etablieren und die Partner dazu bewegen, an der Untersuchung ihres Prozesses teilzunehmen.

Wir beginnen mit einem gewissen Maß an Smalltalk. Dadurch etablieren wir unsere therapeutische Präsenz und stellen den Kontakt mit dem Paar her. Wir achten darauf, daß wir mit beiden Partnern in Kontakt kommen und die Wärme ausstrahlen, die ein Gespräch über intime Fragen ermöglicht.

Daran anschließend besprechen wir die therapeutischen Grundregeln. Wir teilen den Klienten mit, daß die beste Art ihnen zu helfen, darin besteht, sie zu beobachten, daß wir sie auffordern werden, miteinander über etwas zu sprechen, das ihnen wichtig ist, und daß wir als Zeugen fungieren, die das Gespräch immer dann unterbrechen, wenn uns etwas auffällt, von dem wir glauben, daß es die Partner interessiert oder ihnen nützlich sein könnte. Wann immer wir diese Regeln einführen, stoßen wir auf Widerstand. Hier die Kommentare, die wir immer wieder zu hören bekommen:

»Aber wir haben doch schon zu Hause darüber gesprochen, also hat es doch keinen Sinn, das hier noch einmal zu tun.«

»Es hat überhaupt keinen Sinn, darüber zu reden, weil sie (er) sowieso nicht zuhört. Deshalb sind wir ja hier.«

»Das habe ich nicht erwartet.«

»Ich würde Ihnen gerne erzählen ... Wollen Sie denn gar nichts über uns wissen? Wollen Sie denn nicht unsere Geschichte kennenlernen und wissen, wie wir überhaupt hierher gekommen sind?«

»Wir sind hier, weil wir Ihren Rat wollen, und nicht, um miteinander über alte Geschichten zu reden.«

»Nein, das wäre zu peinlich. Ich weiß nicht, ob ich einfach so vor Ihnen reden kann, während Sie dasitzen und zuhören.«

»Das erscheint mir künstlich und theatralisch. Das wäre doch eine gespielte Situation, und ich sehe nicht, was es bringen sollte, so zu tun als ob.«

An diesem Punkt heben wir den Widerstand hervor (wie wir das in jeder guten therapeutischen Arbeit tun), indem wir so lange dabei bleiben, bis beide Partner all ihren Widerstand gegenüber der Situation ausgedrückt haben. Wenn die Klienten z.B. sagen, das komme ihnen künstlich und unecht vor, und daß sie uns nichts »vorspielen« wollen, könnten wir antworten: »Ich freue mich, daß Sie mir sagen können, wie unwohl Sie sich fühlen. Sie haben recht, es ist künstlich. Die therapeutische Situation ist nicht natürlich. Dennoch ist es sehr wichtig für mich, Sie beobachten zu können, damit ich mir ein Bild davon machen kann, wie Sie miteinander kommunizieren. Mir ist klar, daß es künstlich und unangenehm ist, aber ich hoffe, daß Sie es trotzdem so machen können, denn ich glaube, das ist der beste Weg, um Ihnen helfen zu können.«

Wir erklären ihnen auch, daß sie – ebenso wie wir sie jederzeit unterbrechen können, wenn wir etwas sehen, das wir ihnen mitteilen möchten – sich jederzeit an uns wenden können, wenn sie Hilfe brauchen oder nicht weiterkommen, oder wenn sie uns etwas sagen oder fragen wollen. Wenn die Regeln klar sind, ziehen wir uns aus dem System zurück und bilden eine Grenze. Während sie miteinander reden, beobachten wir ihren Prozeß und warten darauf, daß eine Figur entsteht.

Erste Stufe. Der Therapeut fängt an, indem er die Partner auffordert, miteinander über etwas zu sprechen, das ihnen beiden wichtig ist. Das gibt ihm Gelegenheit, den Grad an Gewahrsein zu beobachten, den das Paar innerhalb der Paargrenze mitbringt. Wenn er genügend phänomenologische Informationen gesammelt hat, teilt der Therapeut seine Beobachtung mit. *Dies ist die erste Intervention.* Die Beobachtung beruht auf realen Informationen. Sie dient dazu, die Kompetenz, die Qualität und die Kreativität des Paares zu unterstützen; sie bringt das, was da ist, ins Gewahrsein der Partner.

Der Therapeut gibt dem Paar Zeit, um zu antworten, Ausnahmen zu benennen, Bedeutungen zu verändern und ihr Gewahrsein dessen, wie sie das sind, was sie sind, zu erweitern. Der Therapeut »gleitet« auf der Energie, die das System hervorbringt; er geht nicht dagegen an. In dem Maße, wie die Partner sich unterstützt fühlen, lassen sie sich auf den therapeutischen Prozeß ein. Fällt uns etwas auf, dann unterbrechen wir das Gespräch, um eine zweite Intervention einzubringen.

Zweite Stufe. Der Therapeut konzentriert sich auf die andere Seite der Kompetenz des Paares, nämlich auf den Preis, den sie für ihre Qualität zahlen. Wir könnten das als die »Kehrseite« oder die »dunkle Seite« des Systems bezeichnen; wir entdecken ihre Inkompetenz. *Dies ist die zweite Intervention.* Häufig ist dieser Bereich mit großen Schwierigkeiten verbunden, und der Therapeut sollte mit Widerstand in Form von Verleugnung, Scham, Schuld, Wut oder einfach fehlendem Gewahrsein rechnen. Hier sind wir an einem sehr subtilen Wendepunkt, wo das Selbstgewahrsein des Systems möglicherweise erweitert ist; der Therapeut begegnet vielen Fragen und Diskussionen.

Taucht Widerstand auf, wird er immer unterstützt. Die Partner werden dazu ermutigt, die hervorgebrachten Informationen wirklich durchzukauen und nicht einfach herunterzuschlucken. Der erfahrene Therapeut weiß, daß wenn die Partner seine Ansichten allzu schnell akzeptieren, weder ein Lernprozeß noch Veränderung stattfinden kann. Beide Partner werden gleichermaßen unterstützt, und die Interventionen sind ausgeglichen. Dieser Ansatz reduziert die Polarisierung der Partner untereinander oder gegenüber dem Therapeuten auf ein Minimum. Nur wenn die Bedürfnisse beider legitimiert werden, können sie loslassen und sich der Welt gegenüber öffnen.

Dritte Stufe. Danach kann der Therapeut dazu übergehen, zu fragen, was getan werden kann, um die impliziten Regeln der Verstrickung zu verändern und klare Verhaltensweiden zu ermöglichen, die die Grenzen zwischen dem Paar und seiner Umwelt auflockern. Zu diesem Zweck bedient sich der Gestalttherapeut des Experiments; *dies ist die dritte Intervention.* Die therapeutische Situation mit dem Paar ist an sich schon ein Experiment. Darauf bauen wir auf, indem wir ein weiteres Experiment einführen. Jedes Experiment stellt eine künstliche, dramatische oder unechte Situation dar. Dennoch ist es auch ein Stück Leben, an dem wir sehen und aufdecken können, was geschieht. Sobald wir einen guten Zugang zum gemeinsamen Prozeß der Partner haben und klar sehen, was den Vordergrund ihres Zusammenseins ausmacht, arbeiten wir von dort aus. Jetzt kann sich das Paar entweder mit diesem Prozeß bewegen, oder wir entwerfen ein Experiment, in dem die Partner ihren Prozeß durchkauen und etwas daraus lernen können.

Wir beenden die Sitzung, indem wir zum Smalltalk zurückkehren. Wir wechseln von einer künstlichen, strukturierten Situation wieder zu einer leichten und natürlichen Art des sozialen Kontaktes. Wir wünschen ihnen alles Gute und verabschieden uns. Die Sitzung gleicht einem Flug: wir heben ab, erreichen eine bestimmte Höhe, fliegen eine Zeit lang und landen wieder.

Wie man interveniert

Intervenieren heißt, dem Paar etwas deutlich zu machen, indem wir den Partnern etwas mitteilen, das wir als Therapeuten an ihrem Verhalten sehen oder erleben und das ihnen selbst nicht bewußt ist. Dafür gibt es verschiedene hilfreiche Richtlinien.

Wir intervenieren kraftvoll. Wen unsere Aussage angenommen werden soll, muß unsere eigene Erregung angesichts der Beobachtung deutlich werden. Untersuchen wir was dagegen spricht, unsere Einwände kraftvoll zu gestalten. Wir könnten uns fragen: »Was, wenn die beiden das unwichtig finden?« Nun, dann können wir sie fragen: »Was paßt an dem, was ich gesagt habe, für Sie nicht?« Dadurch erhalten wir mehr Informationen darüber, was die Klienten denken und fühlen. Wenn die Partner auf unsere Beobachtungen mit Einwänden reagieren, sollten wir niemals darüber diskutieren, weil eine solche Diskussion häufig nur noch mehr Widerstand nach sich ziehen wird. Statt dessen sollten wir neugierig sein, wie die Partner sich selbst erleben.

Wir stellen phänomenologische Informationen zur Verfügung. Um gehört zu werden, müssen wir immer dann, wenn wir etwas sehen oder hören, das wir als Intervention verwenden wollen, phänomenologische Informationen anbieten. Wir sagen dem Paar, was wir beobachtet haben und beschreiben die Rollen die beide spielen, um den Mangel an Klarheit zu erzeugen. Die Intervention wird dann mit größerer Wahrscheinlichkeit angenommen, weil sie kein Urteil enthält. Deshalb wird eine »gute« Intervention

beschreiben, was wirklich da ist.

deutlich machen, wie alle Beteiligten zu einem Phänomen beitragen.

eine Möglichkeit beinhalten, wie jeder Teilnehmer sich verhalten kann, um das System zu verbessern.

Wir teilen mit, was in uns ausgelöst wird. Die Mitteilung dessen, was in uns als Therapeuten ausgelöst worden ist, kann eine sehr kraftvolle Intervention sein. Das gilt besonders, wenn wir bereits mehrere Sitzungen mit dem Paar verbracht und das Vertrauen der Partner gewonnen haben.

»Während ich hier mit Ihnen sitze, fühle ich mich unsichtbar und von niemandem wahrgenommen.«

»Ich möchte Ihnen sagen, wie sehr es mich berührt, wie umsichtig und freundlich Sie aufeinander eingehen.«

»Ich komme mir vor wie ein Übersetzer bei den Vereinten Nationen.«

»Während ich hier mit Ihnen sitze, fühle ich mich so hilflos. Wenn ich doch nur einen Zauberstab hätte!«

»Nach zwanzig Minuten mit Ihnen habe ich angefangen, müde und lethargisch zu werden.«

»Unsere Sitzung hat erst vor fünf Minuten angefangen, aber ich fühle mich, als ob mich jemand herumwirbelt. Mir ist schwindelig und ich bin orientierungslos.«

»Sie machen das so gut, daß ich mir – glaube ich – ruhigen Gewissens eine Tasse Tee machen kann.«

Wenn wir etwas tief in uns fühlen, und dieses Gefühl klar und deutlich mitteilen, reagieren die Menschen häufig von einer ebenso tiefen Ebene aus. Das ist kein Trick, sondern eine tiefempfundene Botschaft, die aus unserer emotionalen Großzügigkeit heraus entsteht, weil wir Zeugen eines Dramas sind, das Bedeutung für uns hat.

Wenn wir uns – aus welchen Gründen auch immer – nicht dahin bringen können, wirklich anteilzunehmen, dann brauchen wir unsere Gefühle nicht mitzuteilen, es sei denn, daß die Partner mit ihrer Art gerade dieses »Nicht-anteilnehmen« ausgelöst haben. In diesem Fall besteht eine kraftvolle Möglichkeit, sie sich selbst sehen zu lassen, darin, daß wir ihnen mitteilen, wie »kalt« wir in ihrer Gegenwart werden.

Lehren. Auch das Lehren ist eine Form der Intervention. Wenn Paare unmittelbar um Hilfe fragen, ist das Lehren eine wahre Freude. Erinnern wir uns, daß wir ihnen in der ersten Sitzung angeboten haben, sich direkt an uns zu wenden und uns um Hilfe zu bitten. Allzu oft retroflektieren die Partner so sehr, daß ihre Energie nach innen und aufeinander gerichtet ist und sie nicht den Impetus haben, sich an uns zu wenden. Vielleicht sind sie sich nicht wirklich bewußt, daß unsere Gegenwart eine wichtige Ressource für sie darstellen kann. Schließlich haben sie sich – bevor sie zur Therapie kamen – auf dieselbe rigide Art auch gegenüber dem Rest der Welt verhalten.

Bitten die Partner uns allerdings um Hilfe, dann haben wir die Möglichkeit zu lehren. Das Lehren ist eine Kunst. Es besteht nicht immer in der Weitergabe von Informationen, obwohl Informationen häufig eine große Hilfe *und* Erleichterung darstellen. Wir können auch über Bücher sprechen, die wir gelesen haben oder über unsere eigenen Erfahrungen, oder wir können die Dinge, die die Klienten bereits wissen, auf das aktuelle Problem oder die momentane Situation anwenden.

Ästhetische Werte der Gestalt-Paartherapie

Dem Paar eine ästhetische Wertschätzung zukommen zu lassen bedeutet, Werturteile über seine Form machen zu müssen. Mit »Form« meinen wir in erster Linie den Prozeß, obwohl wir damit bis zu einem gewissen Grad auch den Inhalt, die Eigenschaften, die Qualitäten und Quantitäten usw. mit einbeziehen. Urteilen kann man nur, wenn man Werte hat; etwas ist schön oder gut, weil wir es als schön oder gut betrachten. Auf der anderen Seite impliziert »Wert« die größere Bedeutung oder Vorrangigkeit einer Sache gegenüber einer anderen. Um eine ästhetische Vorstellung von gesundem zwischenmenschlichen Kontakt zu haben, bedarf es notwendig eines Wertesystems, das dieser Ästhetik zugrundeliegt.

Historisch betrachtet haben sich unsere Werte aus der gemeinsamen Arbeit der Begründer der Gestalttherapie entwickelt: Fritz und Lore Perls, Paul Goodman, Isadore From und viele andere. Nachdem wir mit ihren Grundsätzen gearbeitet und unser Denken im Laufe der Jahre verfeinert haben, fällt es uns heute leichter, unsere eigenen Ansichten klarer und umfassender zu formulieren.

Als wir anfingen, mit Paaren, Gruppen, Familien und Organisationen zu arbeiten, waren wir gezwungen, den Bereich der expliziten und impliziten Bedeutungen an der Grenze zu erweitern. Zunächst entwickelten wir auf der Grundlage von Perls' individuellen Konzepten von Empfindung, Gewahrsein, Erregung, Bewegung und Kontakt ein stärker zusammenhängendes Prozeßmodell. Wir entwarfen einen Zyklus, in dem die Phänomene einander folgen wie in einer Kette: angefangen mit vagen Sinneserfahrungen bis zur Bildung einer Gestalt, dann zur Erregung, die befriedigt werden will, weiter zur Bewegung, die auf etwas ausgerichtet ist und schließlich zum befriedigenden Kontakt. Im Laufe der Zeit nahmen wir eine Reihe von Werten und Prinzipien aus der Systemtheorie in unsere Arbeit und den Gestaltansatz mit auf. Die Bewegung von der Empfindung zum Gewahrsein und weiter zur Schließung und der Befriedigung wurde unser erster grundlegender ästhetischer Wert.

Die Gestalt-Paartherapie legt besonderen Wert auf das, was ist, also das Gegenwärtige, Unmittelbare und Greifbare. An Spekulation, Interpretation und Kategorisierung sind wir nicht interessiert. Das heißt nicht unbedingt, daß wir auf die grundlegenden Hilfsmittel unserer Arbeit wie Persönlickeitstests, Genogramm, DSM-IV und andere diagnostische Instrumentarien verzichten. Beispielsweise »diagnostizieren und klassifizieren« wir systemische Phänomene im Gestaltansatz in Begriffen von Kontaktwiderständen und Grenzstrukturen. Im Hinblick auf klinische Entscheidungen sind solche Instrumente durchaus wichtig, und außerdem liefern sie gute Hintergrundinformationen, aber gleichzeitig bleiben sie auch genau das: Hintergrund, und was den Zweck betrifft, zweitrangig. Jede Therapiesitzung ist eine neue Begegnung, und deshalb bleiben die phänomenologischen Aspekte der unmittelbaren, interaktiven Begegnung der beiden Partner immer im Vordergrund. Diese Aspekte beinhalten Zeit, Raum, Veränderung, Gewahrsein, Empfindung, polarisierte Spezialisierung, Energie, Choreographie der Bewegung und Plazierung, Schönheit, Ausgewogenheit, Harmonie, Komplementarität, Rhythmus, Kontrast, Kontaktqualität, Art des Rückzugs, die Fähigkeit »loszulassen« und wieder anzufangen, Humor und einen Sinn für philosophische Aspekte.

Im Laufe der Zeit haben wir durch Versuch und Irrtum 22 Grundwerte entwickelt. Im Folgenden werden diese Grundwerte zusammen mit den entsprechenden Interventionsprinzipien dargestellt. Die Kategorien unseres Gestalt-Wertesystems sind Ausgewogenheit, Veränderung, Entwicklung, Selbstgewahrsein, Ganzheit und Form.

Werte der Ausgewogenheit

1. Wert   Ausgewogene Beziehungen

Prinzip   Unser Lebenswerk als Menschen besteht darin, sowohl abhängig als auch autonom zu werden. Wir lehren Selbstunterstützung und fördern gleichzeitig die gegenseitige Unterstützung: den ausgewogenen Rhythmus zwischen Verschmelzung innerhalb der Paarbeziehung und individueller Verschiedenheit.

2. Wert	Die Wichtigkeit der Machtverteilung innerhalb der Paarbeziehung
Prinzip	Wir versuchen, die unterschiedliche Machtverteilung innerhalb kleiner Systeme zu beobachten und zu verstehen. Starke Abweichungen im Machtverhältnis können zu Mißbrauchsverhalten führen.
3. Wert	Klare Grenzen beim Paar und beim Therapeuten
Prinzip	Wir ergreifen niemals Partei, und wir verlieren nie unsere Grenze. Wir gleichen die eine Intervention mit der anderen aus. Wir sind ein Beispiel für das, woran wir arbeiten, nämlich die klare Definition von, und den Umgang mit Grenzen.

Werte der Veränderung

4. Wert	Selbstverwirklichung durch organismische Selbstregulation
Prinzip	Eine Vision des Paares als zweier Menschen, die nach Ganzheit, Integration, Fluß und Spontaneität streben. Das System strebt nach Ausgewogenheit zwischen Stillstand und Vorwärtsbewegung.
5. Wert	Lernen durch Tun
Prinzip	Lernen durch Tun funktioniert besser als bloßes Diskutieren. Wir lehren, ermutigen und unterstützen das Experiment mit neuem Verhalten, um dem Paar zu helfen, über seine stagnierende und eingeschränkte Funktionsfähigkeit hinauszuwachsen.
6. Wert	Veränderung durch Gewahrsein
Prinzip	Veränderungen, die durch Gewahrsein und aktive Entscheidungen bewirkt werden, lassen sich besser integrieren und halten länger an als solche, die Gewahrsein und Entscheidung unberücksichtigt lassen.
7. Wert	Paradoxe Veränderung
Prinzip	Wir unterstützen den Widerstand, und bleiben *bei* dem Paar. Je mehr das, was da ist, unterstützt wird, desto mehr Veränderung wird es geben.

| 8. Wert | Prozeß geht vor Inhalt |
| Prinzip | Es ist fast immer wichtiger, *wie* ein Paar sich ausdrückt als was gerade besprochen wird. |

Werte der Entwicklung

| 9. Wert | Die Regel, daß es zu jeder Regel Ausnahmen gibt |
| Prinzip | Wir müssen *Entwicklung* verstehen und anerkennen, und wir müssen sehen, inwiefern unsere Interventionen der Entwicklung angemessen sind. Auch wenn sie noch so hilfreich sind, letztlich sind alle Regeln potentiell dumm und gefährlich (auch diese hier). |

| 10. Wert | Gleichheit der Entwicklung von Erfahrung (oder: »Was dem einen recht ist, ist dem anderen billig«). |
| Prinzip | Wir glauben, daß Therapeuten wie Klienten in einem Zustand dauernder Veränderung und Entwicklung leben, und daß sie die Stärkung durch ihre eigene Therapie ebenso brauchen wie ein Leben in Fülle in einer Welt, die viel größer ist als ihr Handwerk. |

Werte des Selbstgewahrseins

| 11. Wert | Der Therapeut »färbt« das Paar. |
| Prinzip | Als Therapeuten sind wir permanent unseren eigenen Stimmungen, Konflikten, Bedürfnissen und wechselnden Ideologien »auf der Spur«, weil das Paar, das bei uns ist, auf die eine oder andere Weise, bewußt oder unbewußt durch sie beeinflußt wird. |

| 12. Wert | Professionelle Demut |
| Prinzip | Wir respektieren die systemische Integrität des Paares. Egal wie schlecht sie als Paar funktionieren, die Partner tragen die Fähigkeit zur Veränderung *in sich selbst*. |

Werte der Ganzheit

| 13. Wert | Die Systemtheorie – das Ganze färbt sämtliche Teile und ist größer als deren Summe. |
| Prinzip | Wir betrachten das Paar als in Beziehung zum größeren Zusam- |

menhang der weiteren Familie, der Nachbarschaft und der Gesellschaft im allgemeinen.

14. Wert	«Kein Mensch ist eine Insel.«
Prinzip	Jede Intervention muß das Muster der »äußeren« Welt des Paares in sich tragen. Wir versuchen, die »Suppe« zu verstehen, in der die Partner in ihrem täglichen Leben schwimmen (so als ob sämtliche Personen im Leben des Klienten hinter ihm stehen wie der »Chor« in der griechischen Tragödie).
15. Wert	Die »dritte Person« in der Beziehung
Prinzip	In der Arbeit mit Paaren müssen die Interventionen sowohl systemisch als auch komplementär sein. Interventionen, die sich ausschließlich an einen richten – seien sie positiv oder negativ – tun dem System nicht gut.
16. Wert	Die kollektive Stimme des Paares
Prinzip	Wir achten sowohl auf die einzelne »Stimme« (innerhalb der Psyche und im System) als auch auf das Muster der Stimmen.

Werte der Form

17. Wert	Vollständige Gestalten
Prinzip	Wir achten darauf, wie auch die Stärke des Paares zur Verleugnung bestimmter Anteile führen kann, die dann freigelegt und wieder in das innere Leben der Klienten integriert werden müssen. Wir beginnen immer mit der Stärke der Partner, und nicht mit ihren Schwächen.
18. Wert	Die gute Form
Prinzip	Wir lassen die Partner *sein*, und wir lassen sie *gehen*. (Und egal, wie sie sind und wohin sie gehen, unterstützen wir die gute Form, die »gerade gut genug ist«.)
19. Wert	Die Bedeutung der gesamten therapeutischen Beziehung als integrierter Entität und ästhetischem Ereignis
Prinzip	Wir betonen den therapeutischen Prozeß (und die Intervention) und die Qualität seiner Bewegung. Wir achten sowohl die Schön-

heit, die uns begegnet, als auch die Häßlichkeit und die ästhetische Bedeutung des Kampfes, den die Klienten gegen ihre Symptome und ihre Pathologie führen.

20. Wert	Die entwicklungspsychologische Integrität der Gestalttherapie
Prinzip	Wir suchen die schlichte Schönheit in therapeutischen Interventionen, die Themen, Entwicklungen und Lösungen aufweisen. Jede therapeutische Begegnung ist ein potentielles Kunstwerk.
21. Wert	Die Integrität der Partner in ihrem gegenwärtigen Zustand
Prinzip	Wir akzeptieren die Partner an der Stelle, wo sie gerade sind. Wir begleiten sie und begegnen ihnen mit Anerkennung und Wertschätzung für ihre Kompetenz.
22. Wert	Die Phänomenologie des Hier-und-Jetzt
Prinzip	Wir suchen Strukturen sowohl innerhalb der Psyche des einzelnen als auch im größeren Zusammenhang. Die hilfreichsten Beobachtungen entstehen aufgrund aktueller, phänomenologischer Prozeßbeobachtungen im Hier-und-Jetzt (vgl. dazu auch Farber, 1943).

Wir betrachten nicht nur den Paarprozeß als ästhetisches Ereignis, sondern das gesamte therapeutische System, einschließlich der ästhetischen Form der Präsenz des Therapeuten und seiner Interventionen. Die beiden Partner kämpfen mit ihren Problemen, als einzelne ebenso wie gemeinsam als Paar, und der Therapeut arbeitet an ihrer Grenze als wohlwollender, unterstützender und beteiligter Zeuge. Die »Kunst« unserer Arbeit besteht zum großen Teil darin, phänomenologische Informationen über den Systemprozeß in Metaphern auszudrücken. Das ermöglicht den Partnern, ihr Zusammensein und ihre Schwierigkeiten aus einem größeren Blickwinkel zu betrachten.

Wir helfen den Klienten, wenn sie das Therapiezimmer verlassen »freundlicher« auf die Ursachen ihrer schmerzlichen Erfahrungen blicken zu können, so wie wir das in unseren ersten Tagen als Klienten selbst auch erlebt haben. Wir helfen ihnen zu erkennen, daß ihre Symptome und Verhaltensweisen, ja selbst ihre Widerstände kreative Bemühungen sind, die Qualität, ästhetische Gültigkeit und Sinn haben. Wir streben danach, daß sie jede einzelne Therapiesitzung mit dem Gefühl verlassen können, als Menschen »gut« zu sein.

Anmerkungen

1 Sämtliche Rechte vorbehalten durch Joseph C. Zinker, Cleveland Heights, Ohio, und Sonia M. Nevis, Brookline, Massachusetts. Dieses Kapitel wurde ermöglicht durch die editorische Hilfe von Paula Shane, einer unserer Kolleginnen an der Graduate School am Saybrook Institute, San Franzisko, Kalifornien. Teile des Materials wurden mit Erlaubnis entnommen aus: *In Search of Good Form: Gestalt Couple and Family Therapy* (1994) von Joseph Zinker, Jossey-Bass, San Franzisko, Kalifornien, und »The Gestalt Approach to Couple Therapy« (1992) von Joseph Zinker, in: *Gestalt Therapy: Perspectives and Applications*, hrsg. von Edwin C. Nevis, Garnder Press, Inc., New York, New York.

Literatur

Beisser, A.R. (1997). Gestalttherapie und das Paradox der Veränderung. In: Beisser, A.R. (1997). Wozu brauche ich Flügel? Ein Gestalttherapeut betrachtet sein Leben als Gelähmter. Wuppertal: Peter Hammer Verlag (Edition des Gestalt-Instituts Köln / GIK Bildungswerkstatt), S. 144 – 148.

Farber, M. (1943). The foundation of phenomenology: Edmund Husserl and the quest for a rigorous science of philosophy. Albany: State University of New York Press.

Harris, E.S. (1981). A new revised Gestalt theory of resistance. Unpublished manuscript and personal communication with the authors.

Latner, J. (1992). The theory of Gestalt therapy. In Gestalt theory: Perspectives and applications.New York: Gardner Press.

Nevis, E. (1987).Organizational Consulting. A Gestalt approach. New York: Gardner Press. (Deutsche Ausgabe 1988. Organisationsberatung. Ein Gestalttherapeutischer Ansatz. Köln: Edition Humanistische Psychologie.)

Perls, F., Hefferline, R., & Goodman, P. (1991). Gestalttherapie. Ausgabe in zwei Bänden (Grundlagen & Praxis) München: DTV.

Polster, E., & Polster, M. (1983). Gestalttherapie. Theorie und Praxis der integrativen Gestalttherapie. Frankfurt/Main: Fischer.

Schlipp, P. (1957). The philosophy of Karl Jaspers. New York: Tudor.

Wheeler, G. (1993). Kontakt und Widerstand. Ein neuer Zugang zur Gestalttherapie. Köln: Edition Humanistische Psychologie.

Zinker, J. (1993). Gestalttherapie als kreativer Prozeß. Paderborn: Junfermann.

Zinker, J. (1997). Auf der Suche nach gelingender Partnerschaft. Gestalttherapie mit Paaren und Familien. Paderborn: Junfermann.

Epilog:
Der ästhetische Blickwinkel

Stephanie Backman

Maturana erzählt von der Erforschung eines bestimmten afrikanischen Vogels, eines nahen Verwandten des Papageis, der in einem dichtbewachsenen Urwald lebt und nur wenig oder gar keinen Sichtkontakt mit seinen Artgenossen hat. Unter diesen Bedingungen finden sich die Paare durch den gemeinsamen Gesang. Von einigen dieser Gesänge erstellten die Forscher Spektogramme. Es scheint, daß der eine Vogel eine Phrase vorgibt, die dann von einem anderen aufgegriffen und weitergeführt wird. Daraus ergibt sich ein Duett, das durchaus als eine Art Konversation verstanden werden kann, da die beiden Vögel ja nicht gleichzeitig singen. Die Melodie, die beide Vögel gemeinsam entwickeln, entsteht während ihrer Paarung und bleibt dann für den Rest ihres Lebens bestehen. Die Nachkommen entwickeln andere Melodien. Die besondere Melodie jedes Paares ist diesem ganz eigen und auf die Zeit ihres Lebens begrenzt (Maturana & Varela, 1987, S. 194).

Im Verlauf dieses Buches haben Sie eine Reihe von Stimmen gehört, die über die therapeutische Arbeit mit Paaren nach dem Gestaltansatz berichtet haben. Trotz vielfältiger Unterschiede bedienen sie sich alle der Gestaltperspektive, um über eine bloß »objektive« Sichtweise hinauszugehen, die Klienten und Paare als Menschen leicht aus den Augen verlieren könnte. In der Gestalttherapie versuchen wir, das Erleben und die Erfahrung unserer Klienten und ihre je eigenen und gemeinsamen Konstruktionen ihrer Erfahrungswelt zu verstehen.

In diesem letzten Abschnitt möchte ich über das Erleben des Therapeuten und seine Erfahrungshaltung in der gestalttherapeutischen Arbeit sprechen. Der Therapeut bedient sich einer Perspektive, die ich als »ästhetische Perspektive« bezeichne. Dabei handelt es sich nicht um eine bestimmte Technik oder Methode, sondern um eine Geisteshaltung, um ein Zustand des Erlebens, den der Therapeut einnehmen kann und der unmittelbare und praktische Auswirkungen auf seine Arbeit hat.

In Maturanas Geschichte waren die Forscher überrascht von ihrer eigenen Wahrnehmung der Einheit in dem Lied des Vogelpaares. Tatsächlich war ihr Gefühl von Fluß und Vollständigkeit so stark, daß sie zunächst dachten, nur einen Vogel singen zu hören. Diese Vollständigkeit oder Ganzheit und die Überraschung bezeichnet das gestaltpsychologische Modell als »aufstrebende Eigenart«. Eine aufstrebende Eigenart ist eines der Charakteristika des Paares als solchem. Es kann durch die Unter-

suchung der einzelnen Partner oder die Analyse ihres Einzelverhaltens nicht wahrgenommen werden; es gehört zum Ganzen, nicht zu den Teilen. Es ist das Besondere
eines jeden Paares und unterscheidet es von jedem anderen.

In einer Zweierbeziehung führen zwei einzelne Menschen eine Unterhaltung, sie
singen ein »Lied« für zwei Stimmen, mit Gesichtsausdruck und Körpergestik und im
selben Rhythmus (Brown, 1991). Das Paar arbeitet am Rhythmus dieses Liedes, dieser Ganzheit aus Form und Bedeutung. Dieses Ganze, dieses »Lied« kann entweder
einen starken und befriedigenden gemeinsamen Rhythmus haben – jenes Gefühl von
Nahtlosigkeit und Individualität, das sie Forscher zunächst beim Lied des Vogels hatten –, oder aber es bricht zusammen und hört auf, sich zu entwickeln und sich auszudrücken. Neben all den speziellen Aufgaben und Interventionen, die die Therapie
ausmachen, besteht die Arbeit des Therapeuten darin, dieses Ganze, diese ästhetische
Form wahrzunehmen und dem Paar zurückzuspiegeln, damit auch die Partner ein
Gespür für ihre eigene Form bekommen, für ihr gemeinsames Leben als einer kreativen Form mit seinen Gestaltqualitäten von Zusammenhalt, Grenze, Kontext, Bedeutung und jener besonderen Qualität, die die frühen Gestaltpsychologen als »Prägnanz« bezeichneten, also der Art und Weise, wie eine bestimmte Form ihre Energie
bewahrt, um sich im organischen Zusammenhang weiterzuentwickeln.

Der Therapeut sieht diese aufstrebende Eigenart des Paares deshalb, weil er eine
ästhetische Perspektive einnimmt. Damit meine ich die Fähigkeit, zurückzutreten,
sämtliche Teile in den Hintergrund treten zu lassen – nicht nur den Inhalt, sondern
auch die Rollen, die »Dynamik« und all die einzelnen Verhaltensweisen der Partner
–, so daß das Ganze zur Figur wird und der Therapeut dieses besondere Lied und dieses spezielle Ganze selbst erlebt und erfährt. Diese disziplinierte Haltung des Therapeuten ersetzt nicht die Analyse der einzelnen »Teile«, also der Verhaltensweisen
und der Dynamik, sondern geht ihr voraus und bildet ihre Grundlage. Perls (1989)
beschrieb diese Haltung als »kreative Indifferenz«, nicht im Sinne eines Desinteres-
ses, sondern in dem Sinne, daß der Therapeut sich sämtlicher Vorurteile und Kategorien enthält und sogar davon absieht, die Gestalt in ihre unendlich vielfältigen Bestandteile zu zerlegen und zu analysieren. Auf diese Weise entsteht die Figur aus der
Szene heraus und wird ihr nicht durch die Voreingenommenheit des Therapeuten
aufgedrängt; die erste Beurteilung ist die Erfahrung des Therapeuten selbst, so wie
er die Figur erlebt.

Wie nehmen wir diese ästhetische Perspektive ein, und wie kann diese Haltung
dem Paar nützen? Ich möchte das an einem Beispiel verdeutlichen:

> John und Maria diskutieren über eine vorübergehende
> Trennung. John beschreibt seine Bedenken: das könnte das Ende der
> Beziehung bedeuten, und Maria könnte einen neuen Partner finden.
> Maria versichert in ängstlichem Tonfall, daß sie sich schon einmal ge-
> trennt haben und erzählt, wieviel Respekt sie vor John hat. An diesem

Punkt hört das Gespräch auf, beide wenden sich hilfesuchend an den Therapeuten und berichten, daß sie in ihren Gesprächen nie über diesen Punkt hinauskommen.

Im Erleben des Therapeuten nimmt dieses Gespräch nie wirklich Form an, sondern endet abrupt, noch bevor die Figur überhaupt zum Vorschein gekommen, ausgedrückt oder mobilisiert worden ist, um eigenständig vor dem Hintergrund der Angst und Besorgnis dastehen zu können. Dieses Gespräch enthält keine Informationen, keine Neuigkeiten und keine gemeinsame Figur – nicht viel, um die Aufmerksamkeit des Therapeuten zu fesseln und zu halten. Gemessen an den Liedern bei Maturanas Vögeln, wo jede Phrase sich organisch in die vorhergehende einfügte, mit ihr verbunden war und sie dann in etwas Neues weiterführte, handelt es sich hier eigentlich überhaupt nicht um ein Gespräch, sondern eher um zwei Monologe, die sich damit abgefunden haben, wie ein Gespräch zu erscheinen. Beide sind in ihren eigenen Sorgen verloren, ohne wirklich in das, was der andere gesagt hat, einzustimmen.

Mit anderen Worten, die Perspektive des Therapeuten, seine ästhetische Wahrnehmung des Gespräches ist bewertend, aber nicht verurteilend. Beschreiben heißt auch Bewerten; es gibt keine wertfreie Beschreibung, keine Auswahl von Merkmalen und figuralen Eigenschaften, die nicht durch die Erfahrung des Wahrnehmenden gefärbt und mitbestimmt würde, wie das Gestaltwahrnehmungsmodell sehr deutlich zeigt. Und genau darum geht es: daß der Therapeut dies Gespräch in seiner Ganzheit miterlebt und es entsprechend seines Erlebens bewertet. Das ist jedoch nicht dasselbe, wie es an irgendwelchen »objektiven« Maßstäben zu messen, die mit dem momentanen Erleben des Therapeuten nichts zu tun haben. Um diese Unterscheidung treffen und diese Geisteshaltung, die einen wirklichen Paradigmenwechsel darstellt, aufrechterhalten zu können, bedarf es wirklicher Disziplin.

In dem Gespräch zwischen Maria und John wird der Anfang eines Musters, einer Verhaltensstruktur deutlich, die beiden sehr vertraut ist. Er sagt etwas – sie reagiert sofort mit Bestätigung, wobei sie ihm sein eigenes Erleben mehr oder weniger ausredet – und dann endet das Gespräch, und beide fallen in hoffnungsloses Schweigen und Isolation. Doch dieses habitualisierte Muster erreicht nie wirklich die Ebene der Form – ebenso wenig wie strukturierte Zeichen auf einem Blatt Papier notwendig sinnvolle Schrift darstellen, und noch viel weniger als eine optische Gestaltung, die Interesse, Energie, Zusammenhalt, Grenzen und Ausgewogenheit beinhaltet.

Ein Großteil der Macht, die damit verbunden ist, diese Haltung einzunehmen und dem Paar zurückzuspiegeln, was man erlebt, hat damit zu tun, daß die Partner in ihren individuellen und gemeinsamen Anstrengungen, einen gemeinsamen Rhythmus zu finden, gesehen werden. Der Maler und Kritiker Roger Fry meint, daß wir ein Objekt nur dann wirklich anschauen, wenn es in unserem Leben keinen anderen Zweck erfüllt, als gesehen zu werden (Edwards, 1992, S. 84). Genau das meinen wir mit der Behauptung, die ästhetische Perspektive sei urteilsfrei. Wenn wir uns die Interaktion zwischen Maria und John anschauen, dann nur um der Erfahrung des Sehens willen, um anzuerkennen, wie diese Erfahrung sich anfühlt – nicht um zu korrigieren, zu verbessern oder zu beurteilen, ja nicht einmal um zu analysieren, inwiefern ihrer Struktur die Form, und ihrem Lied noch immer die Musik fehlt. An diesem Punkt sind wir nur daran interessiert, zu sehen, was ist, und wie die Teile sich vor unseren Augen zu einem Ganzen zusammenfügen – oder auch nicht. In dem Moment, wo wir beginnen, auf Inhalt, Motivation, Dynamik usw. zu achten, verlieren wir diesen Fokus, der es den Partnern ermöglicht, sich selbst aus einem anderen Blickwinkel zu betrachten und auf eine neue Art zu erleben.

Ästhetische Wahrnehmung bedeutet, sich der Phänomenologie des Paares aus dem Erleben des Therapeuten heraus anzunähern. Das ist das Wesen der gestalttherapeutischen Haltung. Hier noch ein Beispiel: Bill und Bettina diskutieren ein Beziehungsproblem und liefern sich einen heftigen Wortabtausch. Die beiden machen abwechselnd kurze, klare, sehr kraftvolle, persönliche Aussagen. Scheinbar sind sie in Kontakt miteinander und entwickeln einen stakkatoartigen Dialog, der für beide interessant und wichtig ist. Doch mit jedem Wechsel wird ihre Sprache weniger persönlich, und ihre Stimmen werden leiser und flacher. Obwohl sie sachlich bleiben, scheint die Kraft des Gesprächs mehr und mehr zu verschwinden.

Wie bei John und Maria, und aus ähnlichen Gründen, führt dieses Gespräch nirgendwohin. Aus Sicht des Therapeuten fügen sich die Teile nicht zu einem größeren Ganzen zusammen. In diesem Fall geht es nicht um einen abrupten Abbruch, der das Auftauchen der Details verhindert, sondern um etwas, das fehlt, und das ihrem Austausch Einheit, Energie und Entwicklung gegeben hätte; es geht um jenen Sinn für das rechte Maß, das die Dinge nicht zu wenig und nicht zu viel sein läßt. Da beide auf einem hohen Energieniveau sprechen, ohne dabei mit dem, was der andere sagt, eine nährende Verbindung aufzunehmen, wird die Unterhaltung sehr schnell anstrengend. Bettina sagt, sie sei entsetzlich müde, fast krank; ihr Mann schüttelt den Kopf und meint verbittert: »Immer nur dann, wenn du mit mir sprichst.« Auch hier erhebt sich die Gewohnheit nicht über die Ebene des bloßen Nacheinanders hinaus: das Paar »zerfällt« in zwei Individuen, die beide mit ihrer Hoffnungslosigkeit und ihrem Schmerz allein bleiben. Auch hier folgt eins dem anderen auf vertraute, vorhersagbare Weise und das Ganze ist nicht mehr als bloße Sequenz, als bloße Aufeinanderfolge einzelner Teile.

Hier ist ein weiteres Beispiel für eine Struktur, die die Ebene der Form nicht erreicht:

> Molly und ihre Partnerin Angie sprechen über etwas, das Molly sehr am Herzen liegt, nämlich ihr »coming out« gegenüber einer Arbeitskollegin. Irgendwie ist diese Neuigkeit untergegangen, und das ärgert Molly. Angie erzählt ein paar Beispiele aus ihrem Leben, wo sie etwas Ähnliches erlebt hat und fängt an zu weinen. Schon bald konzentrieren sich beide auf Angie. Es ist das dritte Mal in dieser Sitzung, daß Angie mit ihren Erlebnissen im Mittelpunkt steht und mehr Aufmerksamkeit bekommt als Molly, wobei Molly eifrig nachfragt und Angie bereitwillig antwortet.

Ohne sich dessen gewahr zu sein, vermeiden Angie und Molly es, in ihrem Gespräch zu einer wirklichen Form zu kommen, weil das Gespräch nicht ausgewogen ist. Die eine Partnerin, Angie, scheint mehr Gewicht zu haben, mehr Raum einzunehmen und sich mehr Ausdruck zu verschaffen. Was der erfahrene Beobachter (z.B. der Therapeut) an diesem Punkt erlebt, ist, daß er sich zu weit zu einer Seite hinüberlehnt, als warte er darauf, daß eine Wippe sich wieder Richtung Boden bewegt, was aber nie geschieht. Auch hier zerfällt das Paar in zwei voneinander getrennte Individuen. Im Erleben des Beobachters erstrahlt der eine Teil in lebhaften Farben, während der andere von der Bildfläche verschwindet.

Die Eigenarten des ästhetischen Ganzen, die zu einer höheren Organisationsebene beitragen und Verwirrung, Monotonie und Chaos vermeiden, umfassen Entwicklung, das »Einfach-genug-haben« und Ausgewogenheit. Dazu kommen vielleicht das Thema, die Variation, Zurückhaltung, Kontrast, Verbundenheit, Harmonie, Verhältnis und Proportion, und die Qualitäten des Zusammenhalts, Energie und andere Eigenschaften, die oben bereits erwähnt wurden. Wenn ein Paar zur Therapie kommt, ist es normalerweise nicht in der Lage, Form oder Struktur in diesem umfassenden Sinne zu halten. Die Partner haben bestimmte Gewohnheiten und kennen bestimmte lineare Abfolgen, aber diese Sequenzen unterbrechen die Bildung und Vervollständigung einer wirklichen Struktur mehr, als sie zu unterstützen, wie etwa bei den verschiedenen Teilen eines Bildes oder den Noten einer Melodie, die ihre Bedeutung durch die Position innerhalb des größeren Ganzen erhalten. Anders als die rekursive Redundanz wirklicher Musik ist ihre Redundanz bloße Monotonie, eine Wiederholung ohne Bereicherung und wachsende Befriedigung. Diese Unzufriedenheit und monotone Redundanz nehmen die Partner in der einen oder anderen Weise wahr, und was sie zur Therapie kommen läßt, ist nicht nur der Inhalt ihrer Probleme, sondern das Gefühl, daß ihre Musik nicht voll genug ist, um die Noten, die sie spielen wollen, beinhalten zu können.

Für den Therapeuten, der mit der ästhetischen Perspektive arbeitet, ist die Vorstellung ausschlaggebend, daß eine umfassendere und vollständigere Struktur auch neue Informationen und Möglichkeiten für das Selbst und den anderen und für das Paar als Ganzes beinhaltet. Wir sind darauf eingestellt, Strukturen wahrzunehmen und Informationen dann (und nur dann) zu nutzen, wenn sie organisch oder ästhetisch einer größeren Bedeutungsganzheit angehören. Strukturvervollständigung oder bessere Form in der Interaktion des Paares ermöglicht die Integration ausreichend neuer Informationen für die Selbstentwicklung und die Evolution. Anstelle einer Redundanz, die bloße Wiederholung ist, haben wir den rekursiven Rhythmus, der etwas Neues unterstützt. Die Neuigkeit, oder neue Information, die Entwicklung konstituiert, muß organisch und bedeutungsvoll mit den vielen anderen ähnlichen und verschiedenen Elementen des Wissens zusammenpassen. Das Gespräch, das organisiert, strukturiert und abgeschlossen wird, ist der Anfang und das Mittel dieses Zusammenhalts.

Oliver Sachs (1987) beschreibt ein hervorragendes Beispiel dafür, wie die ästhetische Form neue Informationen bereitstellt und das Erleben und Handeln prägt. Er beschreibt den Fall einer jungen Frau, Rebecca, die so unbeholfen und desorientiert war, daß sie selbst aus kurzen Entfernungen nicht mehr allein nach Hause fand oder nicht in der Lage war, eine Tür mit einem Schlüssel zu öffnen. Sie war körperlich ungeschickt und konnte sich nicht alleine anziehen. Doch sobald sie Musik hörte, begann sie spontan, sehr anmutig zu tanzen. Sie selbst brachte es nicht fertig, zu lesen, doch sie liebte es, Geschichten und epische Gedichte zu hören, die sie außergewöhnlich gut verstand. Spezieller Unterricht und Trainings halfen ihr kaum weiter, aber die Musik und die Erzählungen, die sie hörte, organisierten ihr Erleben. Sie selbst meinte: »Ich bin wie ein lebender Teppich. Ich brauche ein Muster, eine Struktur, wie ein Teppich. Wenn keine Struktur da ist, löse ich mich auf« (Sachs, 1987, S. 184).

Für Rebecca ist das Drehen des Schlüssels im Schloß jedesmal eine neue Information, die nie in ihr Nervensystem und ihre Muskelbewegungen integriert wird. Aber wenn sie Musik hört und die neue Information lange genug halten kann, um zusammenhängende und sinnvolle Bewegungen zu machen, ist jeder erstaunt. Von sich aus hält ihr Nervensystem nicht das rekursive und organisierte Ganze, sondern nur das permanent wiederkehrende Neue, d.h. Chaos und andauernde Verwirrung.

Blickt man hinter unsere äußeren Kompetenzen und unsere Ansammlung von Informationen, dann sind wir alle auf innere oder äußere Strukturen angewiesen, um neue Informationen halten und eine neue und bessere Lebensgestaltung entwickeln zu können. Auch als Therapeuten brauchen wir eine Struktur, um die ansonsten nicht zu bewältigende Vielfalt an Informationen aufnehmen zu können, die das Paar, mit dem wir arbeiten, uns anbietet. Genau das macht eine Theorie aus; eine Theorie gibt uns eine Struktur oder Perspektive, mit Hilfe derer wir unsere Erfahrung organisieren können. Und so ist auch die ästhetische Perspektive eine bestimmte Haltung oder Verfassung, die es uns ermöglicht, die Organisation auf die Ebene des Ganzen zu heben und dadurch anders wahrzunehmen und zu intervenieren, als wir das auf der Ebene der einzelnen Teile tun würden.

Um mit Michail Bakhtins Worten zu sprechen, umfaßt eine Beziehung auch die Konstruktion von Verhältnissen; sie ist auf dieselbe Weise ästhetisch, wie auch z.b. eine Statue danach beurteilt werden kann, inwiefern ihre Teile in respektvollem Verhältnis zueinander stehen. Die Beziehung ist niemals statisch, sondern in der gegenwärtigen Interaktion immer im Prozeß des Werdens und Vergehens begriffen. Insofern ist die Beziehung zwischen Selbst und anderem ein ästhetisches Problem (Holquist, 1990, S. 2). Dieses Problem ist eine Quelle und eine potentiell neue Dimension der Arbeit des ästhetisch orientierten Therapeuten. Durch die ästhetische Perspektive ist der Therapeut in der Lage, Ganzheiten zu erfahren bevor er die Teile analysiert, und seine erlebte Erfahrung mit der des Paares zu verbinden.

Literatur

Brown, P. (1991). The hypnotic brain: Hypnotherapy and social communication. New Haven, CT: Yale University Press.

Edwards, P. (Ed.). (1992). The encyclopedia of philosophy (Vol. 1). New York: Macmillan.

Holquist, M. (1990). Dialogism: Bakhtin and his world. London: Routledge.

Maturana, V., & F. Varela (1987). Tree of knowledge: The biological roots of human understanding. Boston: Shambala Publications.

Perls, F. (1991). Das Ich, der Hunger und die Aggression. München: DTV.

Sachs, O. (1987). The man who mistook his wife for a hat. New York: HarperCollins.

Gestalttherapeutinnen & Gestalttherapeuten für Paare

Deutschland

PLZ-Bereich 1:
10405 Berlin: Jürgen Mees, Prenzlauer Berg 9, Tel. (030) 44008060
10437 Berlin: Gabriele Blankertz, Gleimstr. 37, Tel. (030) 49987606
10623 Berlin: Jürgen Mees, Waitzstr. 1, Tel. (030) 44008060
10625 Berlin: Barbara Gundlach, Goethestr. 57, Tel. (030) 31509508
10715 Berlin: Reinhild Anna Bittmann, Tübinger Str. 3, Tel. (030) 8134636
10717 Berlin: Christof Weber, Hildegardstr. 26, Tel. (030) 85966660
10777 Berlin: Juliane Wagner, Ansbacher Str. 64, Tel. (0157) 50958170
10965 Berlin: Marita Haller, Kreuzbergstr. 72, Tel. (030) 78895451
12053 Berlin: Daniela Nölte, Neckarstr. 7, Tel. (030) 6244606
12101 Berlin: Christine ten Napel-Hartmann, Schulenburgring 128, Tel. (030) 7853556
12163 Berlin: Joachim Syska, Zimmermannstr. 17, Tel. (030) 72011386
12203 Berlin: Prof. Regine Reichwein, Roonstr. 11A, Tel. (030) 8518421
14195 Berlin: Barbara Schimmelpfennig, Lentzeallee 93, Tel. (030) 30813830
19300 Grabow: Antje Ritter, Wasserstr. 7, Tel. (038756) 575011

PLZ-Bereich 2:
20148 Hamburg: Gabriele Lehnen, Rothenbaumchaussee 5, Tel. (040) 41125083
20149 Hamburg: Silke Schmitz-Wätjen, Isestrasse 84, Tel. (040) 4204865
20259 Hamburg: Rainer Kudziela, Emilienstr. 78, Tel. (040) 827336
21244 Buchholz: Sabine Reiff, Meisenweg 29, Tel. (04186) 5590
22297 Hamburg: Nina Zucker, Alsterdorfer Str. 224, Tel. (040) 50746636
22547 Hamburg: Martina Welp, Sprützmoor 117, Tel. (040) 493885
22761 Hamburg: Frank Gödecke, Beim Alten Gaswerk 4d, Tel. (040) 6916683
22763 Hamburg: Dr. Brigitte Hebel, Hohenzollernring 26, Tel. (040) 3907175
22767 Hamburg: Uli Tamm, Blücherstr. 11, Tel. (040) 4204699
23879 Mölln: Susanne Himmelheber, Bergstr. 5, Tel. (04542) 856955
26122 Oldenburg: Dr. Matthias Probandt, Mottenstr. 19, Tel. (0441) 12106
28209 Bremen: Wolfgang Mayer, Rembrandtstr. 15, Tel. (0421) 3039620
28209 Bremen: Christa Wilmes, Rembrandtstr. 15, Tel. (0421) 78444

PLZ-Bereich 3:
30159 Hannover: Magrit Schulz, Escher Str. 10, Tel. (0177) 3311111
30177 Hannover: Hannelore Theisen, Klopstockstr. 27, Tel. (0511) 884742
33102 Paderborn: Kristina Herrmann, Paderstr. 7, Tel. (05251) 387197
33102 Paderborn: Elke Vowinkel, Bonifatiusweg 5, Tel. (05254) 933072
33602 Bielefeld: Doris Köhler, Marktstr. 38, Tel. (0521) 62609
33602 Bielefeld: Thomas Schmidt, Ritterstr. 19, Tel. (0521) 5214388
33604 Bielefeld: Susanne Boegershausen, Bielsteinstr. 16A, Tel. (0521) 172059
34131 Kassel: Erhard Doubrawa, Ludwig-Erhard-Str. 8, Tel. (0561) 95379894
34131 Kassel: Norbert Janssen, Sachsenstr. 8, Tel. (0561) 311769
35037 Marburg: Kathrin Otten, Schwanallee 31B, Tel. (06421) 988256
35075 Gladenbach: Petra Vogel, Auf dem Heckenstück 7, Tel. (06462) 40340
35394 Gießen: Leo Mersch, Hein-Heckroth-Str. 24, Tel. (0641) 4808260
35578 Wetzlar: Ulrike Kranz-Betz, Hausertorstr. 45, Tel. (06046) 2352

38126 Braunschweig: Regina Marwik, Welfenplatz 10, Tel. (0531) 692096
38126 Braunschweig: Barbara Schwipper, Dachsweg 11, Tel. (0531) 681657
38126 Braunschweig: Bodo Zboralski, Dachsweg 11, Tel. (0531) 681657

PLZ-Bereich 4:
40239 Düsseldorf: Andrea Mende, Graf-Recke-Str. 41, Tel. (0160) 97985491
40479 Düsseldorf: Sylvia Henkes, Kapellstr. 24, Tel. (0211) 6912572
40489 Düsseldorf: Ute Grießl, Alte Landstr. 172, Tel. (0211) 4350385
40545 Düsseldorf: Dagmar Krölls, Luegallee 108, Tel. (0211) 52288585
40589 Düsseldorf: Nikolaus Einhorn, An St. Swidbert 31, Tel. (0211) 442074
40591 Düsseldorf: Patricia Kronberg, Kölner Landstr. 259, Tel. (0211) 2106966
40597 Düsseldorf: Thomas Bader, Cäcilienstr. 1, Tel. (0211) 7606424
40723 Hilden: Ulrike Ellendt-Kelzenberg, An den Linden 2, Tel. (02103) 243314
40822 Mettmann: Paul Schlinkert, Klein Goldberg 55, Tel. (0172) 2723744
40822 Mettmann: Heike Schneidereit-Mauth, Am Freistein 12, Tel. (02104) 517662
41063 Mönchengladbach: Susanne Wilms, Am neuen Wasserturm 2, Tel. (02161) 5662486
41460 Neuss: Ursula Schilling, Hermannstr. 39, Tel. (02131) 5126850
41747 Viersen: Max Hartkopf, Gladbacher Str. 79, Tel. (02162) 3650297
42115 Wuppertal: Susanne Rost, Mozartstr. 50, Tel. (0202) 3191937
42781 Haan: Marion Beckershoff, Borsigstr. 10, Tel. (0170) 3584727
44388 Dortmund: Alexander Wilhelm, Werner Str. 8, Tel. (0231) 634784
45130 Essen: Andrea Mende, Emmastr. 57, Tel. (0160) 97985491
45133 Essen: Sabine Fels, Grashofstr. 105, Tel. (0201) 776678
45141 Essen: Evelyn Mennenöh, Am Schultenhof 2, Tel. (0201) 215449
46236 Bottrop: Doris Wagner, Am Eickholtshof 14, Tel. (02041) 977414
47799 Krefeld: Werner Rabbe, Oppumer Str. 63, Tel. (02151) 396331
49074 Osnabrück: Judith Wurm-Beissel, Hassestr. 29/30, Tel. (0541) 77072379
49626 Berge-Anten: Sonja Roesgen, Butenesch 4, Tel. (0172) 6225056

PLZ-Bereich 5:
50321 Brühl: Matthias Töpfer, An Maria Glück 12, Tel. (02232) 28579
50670 Köln: Antje Abram, Melchiorstr. 14, Tel. (02234) 928055
50670 Köln: Dr. Sylvia Blanke, Gereonshof 36, Tel. (0221) 138060
50676 Köln: Elke Baumann, Trierer Str. 4, Tel. (0221) 9322453
50733 Köln: Barbara Gramberg, Lohsestr. 53, Tel. (0221) 732451
50765 Köln: Nicola Eschweiler-Trutzenberg, Köln-Nord, Tel. (0221) 7592710
50823 Köln: Dr. Agnes Büchele, Fridolinstr. 27, Tel. (0221) 553112
50825 Köln: Horst ter Haar, Heinzelmännchenweg 11, Tel. (0221) 464290
50935 Köln: Eva Gierling, Virchowstr. 19, Tel. (0221) 97138577
50935 Köln: Andreas Rothkegel, Virchowstr. 19, Tel. (0178) 3026841
50937 Köln: Ulrich Fabian, Kaisersescherstr. 14, Tel. (0177) 2013611
50937 Köln: Inge Wuthe, Laudahnstr, 22, Tel. (0221) 16859650
50968 Köln: Jürgen Kramp, Brühlerstr. 27, Tel. (0221) 4302710
51069 Köln-Dellbrück: Katharina Horak, , Tel. (0221) 9687650
51069 Köln: Renate Hüsch, Brambachstr. 65, Tel. (0221) 3008303
51373 Leverkusen: Brigitte Eimermacher, Zeisigweg 19, Tel. (0214) 6027158
52064 Aachen: Theo Schreiber, Am Roskapellchen 1-2, Tel. (0241) 28323
53111 Bonn: Dr. Annette Standop, Adenauerallee 11, Tel. (0228) 24002858
53115 Bonn: Kerstin Brandes, Rosenburgweg 2, Tel. (0228) 230444
53804 Much: Elisabeth Haas, Hauptstr. 41, Tel. (02245) 610278
53894 Mechernich-Eisenfey: Jürgen Heinrich, Hauserbachstr 9, Tel. (0170) 5895233
54290 Trier: Elzbieta Sobotta, Bruchhausenstr. 1, Tel. (0651) 99166625
54295 Trier: Walter Born, Olewiger Str. 16, Tel. (0651) 4633455

55263 Wackernheim: Johanna Koch, Am Graben 8, Tel. (06132) 657772
55278 Mainz-Undenheim: Kathrin Schulz, Staatsrat-Schwamb-Str. 59, Tel. (06737) 712644
57080 Siegen: Johannes Ufer, Schulstr. 12, Tel. (0271) 399463
57223 Kreuztal: Regine Viehmann, Stephanstr. 13, Tel. (02732) 553850
57632 Berzhausen: Anke Pfeffermann, Mühlenstr. 13, Tel. (02685) 989690
58566 Kierspe: Heidrun Wendel, Höferhof 36, Tel. (02359) 6781
59065 Hamm: Ulrich Krömer, Weststr. 11, Tel. (02381) 3608140
59423 Unna: Dr. Wolf-R. Klehm, Wasser Str. 32, Tel. (02303) 254374

PLZ-Bereich 6:
60318 Frankfurt/Main: Konstanze Streese, Glauburgstr. 67a, Tel. (069) 94419521
60318 Frankfurt/Main: Lilo Uhlendorff, Jahnstr. 56, Tel. (069) 46994352
60385 Frankfurt/Main: Isabel Bommer, Löwengasse 14, Tel. (069) 79309980
60389 Frankfurt/Main: Ute Wirbel, Burgstr. 81, Tel. (069) 459052
60437 Frankfurt/Main: Gudrun Lessing-Kremer, Im Storchenhain 18, Tel. (069) 506202
60487 Frankfurt/Main: Jutta Gerstadt, Marburger Str. 2, Tel. (069) 61993877
64289 Darmstadt: Regina Broszeit, Schloßgartenstr. 53, Tel. (06151) 784294
65193 Wiesbaden: Nikola Knorr, Sooderstr. 45, Tel. (0611) 2056556
66121 Saarbrücken: Cristina Schaaf, Mainzer Str. 145, Tel. (0681) 93587478
66131 Saarbrücken: Peter Bigos, Am Wickersberg 45, Tel. (06893) 9498908
67655 Kaiserslautern: Ulla Jörg, Beethovenstr. 24-26, Tel. (06371) 462881
67697 Otterberg: Sigrid Fuchs, Bergstr. 46, Tel. (06301) 794908
68159 Mannheim: Raymond Trumpfheller, E 7, 25, Tel. (0621) 14000
68165 Mannheim: Lydia Paulik-Rebe, Kleinfeldstr. 48, Tel. (0621) 4014555

PLZ-Bereich 7:
70176 Stuttgart: Ellen Sölzer, Johannesstr. 58, Tel. (0711) 39125522
70180 Stuttgart: Lilith Kohrs, Lehenstr. 17a, Tel. (0711) 12250007
70327 Stuttgart: Frida Hahn-Mall, Gehrenwaldstr. 41B, Tel. (0711) 25859993
70563 Stuttgart: Susanne Breuninger-Ballreich, Gartenstr. 44, Tel. (0711) 7351748
70599 Stuttgart: Kerstin Bonke, Leypoldtstr. 11, Tel. (0711) 7683991
71336 Waiblingen: Susann Gabriel, Hirschlauf 11, Tel. (07151) 908943
71672 Marbach/N.: Christine Lange, August-Lämmle-Str. 4/1, Tel. (07144) 831743
72070 Tübingen: Ulrich Saßmann, Herrenberger Str. 23, Tel. (07472) 2790017
72108 Rottenburg: Ulrich Saßmann, Gelber Kreidebusch 30, Tel. (07472) 2790017
72764 Reutlingen: Renate Frey, Kaiserstr. 50, Tel. (0176) 68260802
72820 Sonnebühl: Uwe Bauer, Im Gässle 5/4, Tel. (07128) 928155
73734 Esslingen: Solveig Hummel, Zollbergstr. 41, Tel. (0711) 3820120
78462 Konstanz: Andreas Büche, St.-Johann-Gasse 4, Tel. (07531) 2844580
78462 Konstanz: Margot Hegge, Schulstr. 4A, Tel. (07531) 691935
78628 Rottweil: Hans-Gert Knebuß, Hochturmgasse 3, Tel. (0741) 6416
79098 Freiburg: Klaus Kooistra, Rosastr. 21, Tel. (0761) 31313
79100 Freiburg: Hille Müller, Astrid-Lindgren-Str. 13, Tel. (0761) 4575754
79106 Freiburg: Sandra Klein-Gißler, Engelbergerstr 19, Tel. (07633) 9299396
79194 Heuweiler: Helmut Aatz, Kirchberg 12, Tel. (07666) 8846352

PLZ-Bereich 8
80539 München: Claus Stegfellner, Kaulbachstr. 47, Tel. (089) 95993938
80634 München: Peter Rutkowski, Schulstr. 36, Tel. (089) 537432
80779 München: Gerhard Pfaffinger, Türkenstr. 54, Tel. (089) 28755070
80799 München: Dr. Christiane Kelwing, Barer Str. 48, Tel. (0173) 9250902
80801 München: Brigitte Rasmus, Konradstr. 16, Tel. (089) 345512
80803 München: Dr. Jürgen Halberstadt, Römerstr. 26, Tel. (0171) 2030878

80804 München: Hermann F. Latka, Simmernstr. 3, Tel. (089) 3613421
81479 München: Christoph Grötzner, Konrad-Witz-Str. 17, Tel. (0176) 45551070
81479 München: Marianne Lorenz, Josef-Schwarz-Weg 41, Tel. (089) 7917979
81545 München: Caroline Meiller, Harthauserstr. 93, Tel. (089) 64260741
81669 München: Oliver Fratzke, Rosenheimerstr. 36, Tel. (089) 90476334
82319 Starnberg: Michaela Pröpper, Possenhofener Str. 1, Tel. (08151) 4441850
84028 Landshut: Cornelia Sayda, Obere Ländgasse 49a, Tel. (0871) 64476
85221 Dachau: Linda Kolb, Karl-Benz-Str. 7A, Tel. (08131) 339911
85368 Moosburg: Ludger Mintrop, Weizenstr. 5, Tel. (08761) 7554878
86150 Augsburg: Dr. Otto Glanzer, Unter dem Bogen 2, Tel. (0821) 519944
86159 Augsburg: Maria Flaig, Imhofstr. 11, Tel. (0821) 9069086
86316 Friedberg: Ursula Späth, Fröschweilerstr. 1, Tel. (0821) 2622253
86899 Landsberg am Lech: Harald Preukschat, Münchener Str. 7a, Tel. (08191) 2900641
87700 Memmingen: Michaela Rapp, Roemerhof 33, Tel. (0170) 8147567
88069 Tettnang: Elisabeth Neimeke, Schillerstr. 8, Tel. (07542) 9396678
88662 Überlingen: Michael Urban, Heiligenbreite 52, Tel. (07551) 857795
88682 Salem: Jutta Jaeger, Abt-Johann-Str. 8, Tel. (07553) 8649
89155 Erbach: Roswitha Birk-Becht, Ehingerstr. 31-33, Tel. (07305) 9338956

PLZ-Bereich 9:
90419 Nürnberg: Inge Albrecht, Rilkestr. 13, Tel. (0911) 2747299
90562 Heroldsberg: Irene Willuweit, Von -Geuder -Str. 6, Tel. (0911) 5187592
90766 Fürth: Ulrike Eller, Fasanenstr. 20a, Tel. (0911) 93990686
91056 Erlangen: Brigitte Bauer-Kuklinsky, Reinschartenweg 17a, Tel. (09131) 450441
91056 Erlangen: Heike-Anne Reuß, Möhrendorfer Str. 3, Tel. (09131) 9295712
91438 Bad Windsheim: Gertraud Schneider, Friedrich-Herlin-Weg 5, Tel. (09841) 650136
91785 Pleinfeld: Cornelius Voigt, Mannholz 6, Tel. (09177) 4853667
94161 Ruderting: Mario Nitsch, Ebental 8, Tel. (08509) 938898
97082 Würzburg: Martina Müller, Wredestr. 18, Tel. (09306) 983944

Schweiz

CH-8266 Steckborn: Martina Gräf-Lehmann, Im Winkel 1, Tel. (0041) 526246948

Stand: 03/17

Hinweis: Die Gestalttherapeutinnen und Gestalttherapeuten auf unserer Liste verfügen über
eine umfangreiche gestalttherapeutische Ausbildung: ca. 4 Jahre mit ca. 1 050 bzw. 1 440 Unter-
richtsstunden. Der Eintrag in die Liste erfolgt aufgrund der Selbstauskunft der Kolleginnen und
Kollegen. Ständig aktualisierte Liste im Internet:

www.therapeutenadressen.de oder www.gestalttherapie.de

»Gestalttherapie: Handreichung für Ratsuchende.« Auf 30 Seiten Informationen zur Gestalttherapie, Literaturempfehlungen, Praxisadressen von GestalttherapeutInnen (mit den Spezial-
Listen »GestalttherapeutInnen für Paare«, »GestalttherapeutInnen für Kinder und Jugendliche«
sowie »Supervision durch GestalttherapeutInnen«).

Kostenloser Download: www.gestalttherapie.de/handreichung.pdf

Ein Service von:
Therapeutenadressen Service · Ludwig-Erhard-Str. 8 · 34131 Kassel

Gestalttherapie

Workshops, Gruppen, Beratung, Aus- u. Weiterbildung für Menschen mit professionellem Weiterbildungsinteresse und für alle, die persönliche Wachstumswünsche haben.

Veranstaltungsorte: Köln und Kassel

Programme und Termine bitte erfragen,

oder informieren Sie sich auf **www.gestalt.de**

Gestaltkritik:
Die Zeitschrift für Gestalttherapie

www.gestaltkritik.de

Artikel, Archiv und die Programme der Gestalt-Institute Köln und Kassel (GIK)

Gestalt Institute Köln & Kassel
Dialogische Gestalttherapie

Gestalt-Institute Köln & Kassel (GIK)
Institutsleitung: Erhard Doubrawa
GIK Kassel ▪ Hunrodstr. 11 ▪ 34131 Kassel
Fon: 0800 - GESTALT bzw. 0800 - 4 37 82 58
eMail: gik@gestalt.de · www.gestalt.de

www.gestalt.de

Stefan Blankertz u. Erhard Doubrawa, **Lexikon der Gestalttherapie**, 347 Seiten, 19,80 €, eBook 12,99 €.

Erhard Doubrawa, **Touching the Soul in Gestalt Therapy**, Stories and more, 146 Seiten, 16,80 €, eBook 9,99 €.

Erhard Doubrawa u. Frank-M. Staemmler (Hg.), **Heilende Beziehung: Dialogische Gestalttherapie**, 240 S., 22,80 €, eBook 14,99 €.

Paul Goodman, **Kleine Gebete**, nachgedichtet von Marie T. Martin und Stefan Blankertz, mit 12 Farbimpressionen von Georgia von Schlieffen, 156 Seiten, Hardcover, 29,80 €.

Cornelia Muth, **Das Zwischen?!** Eine dialog-phänomenologische Perspektive, 80 Seiten, 12,80 €, eBook 4,99 €.

Stephen Schoen, **Wenn Sonne Mond Zweifel hätten:** Gestalttherapie als spirituelle Suche, 118 Seiten, 14,80 €, eBook 9,99 €.

Frank-M. Staemmler und Werner Bock, **Ganzheitliche Veränderung in der Gestalttherapie**, 150 Seiten, 21,80 €, eBook 13,99 €.

Barry Stevens und Carl R. Rogers u. a., **Von Mensch zu Mensch: Möglichkeiten, sich und anderen zu begegnen**, 280 Seiten, 23,80 €, eBook 15,99 €.

Gestaltkritik: Die Zeitschrift für Gestalttherapie. Bisher erschienen: Jahrbücher 2013 und 2014. Je über 300 Seiten. Je 29,80 €.

Ausführliche Leseproben finden Sie auf unserer Homepage **www.gestalt.de** – *Weitere Titel folgen in Kürze.*

Herausgeber: Erhard Doubrawa
Gestalt-Institute Köln & Kassel (GIK)
GIK Kassel · Hunrodstr. 11 · 34131 Kassel
Fon: 0800 - GESTALT bzw. 0800 - 4 37 82 58
eMail: gik@gestalt.de · www.gestalt.de

gik **Gestalt Institute** *Köln & Kassel* **Dialogische Gestalttherapie**

gikPRESS

Impulse zur seelischen Ganzwerdung
Robert A. Johnson, *Das Gold im Schatten*
Abraham Maslow, *Jeder Mensch ist ein Mystiker*

Gestalttherapie – Einführungen
Erhard Doubrawa und Stefan Blankertz, *Einladung zur*
Gestalttherapie: Eine Einführung mit Beispielen
Erhard Doubrawa, *Die Seele berühren: Erzählte Gestalttherapie*
Daniel Rosenblatt, *Gestalttherapie für Einsteiger:*
Eine Anleitung zur Selbstentdeckung

Gestalttherapie – Bibliothek
Arnold Beisser, *Wozu brauche ich Flügel? Ein Gestalttherapeut*
betrachtet sein Leben als Gelähmter
Stefan Blankertz, *Verteidigung der Aggression: Gestalttherapie als Praxis*
der Befreiung
Judith R. Brown, *Zwei in einem Sieb: Märchen als Wegweiser für Paare*
Stephen Schoen, *Die Nähe zum Tod macht großzügig:*
Ein Therapeut als Helfer im Hospiz

Gestalttherapie – Klassiker
Stefan Blankertz, *Gestalttherapie Essentials: Das Wichtigste*
aus dem Grundlagenwerk von Perls, Hefferline und Goodman
George Dennison, *Gestaltpädagogik in Aktion*
Laura Perls, *Meine Wildnis ist die Seele des Anderen:*
Im Gespräch mit Daniel Rosenblatt u. a.
Erving Polster, *Zugehörigkeit: Eine Vision für die Psychotherapie*
Erving und Miriam Polster, *Gestalttherapie: Theorie und Praxis*
der integrativen Gestalttherapie
Erving und Miriam Polster, *Das Herz der Gestalttherapie:*
Beiträge aus vier Jahrzehnten
Barry Stevens, *Don't Push the River: Gestalttherapie an ihren Wurzeln*

Gestalttherapie – Arbeitsbücher
Stefan Blankertz, *Gestalt begreifen: Ein Arbeitsbuch zur Theorie der*
Gestalttherapie
Bernd Bocian, *Fritz Perls in Berlin 1893-1933: Expressionismus –*
Psychoanalyse – Judentum
Robert L. Harman (Hg.), *Werkstattgespräche Gestalttherapie*
Peter Mortola, *Einführung in die Psychotherapie mit Kindern und*
Jugendlichen: Das Praxisbuch zum Violet-Oaklander-Training
Michaela Pröpper, *Gestalttherapie mit Krebspatienten: Eine Praxishilfe*
zur Traumabewältigung
Gordon Wheeler, *Jenseits des Individualismus: Für ein neues*
Verständnis von Selbst, Beziehung und Erfahrung

Heilende Texte
Meister Eckhart, ausgewählt und kommentiert von Stefan Blankertz
Martin Buber für Gestalttherapeutinnen und Gestalttherapeuten,
ausgewählt und kommentiert von Cornelia Muth

Edition der Gestalt-Institute Köln & Kassel (GIK) im Hammer Verlag hg. v. Erhard Doubrawa

Zur Künstlerin des Covers

GEORGIA VON SCHLIEFFEN

Georgia von Schlieffen, geb. 1968. »Seit meiner Studienzeit intensive Beschäftigung mit der Malerei. Jedoch ging ich erst einmal ganz andere Wege über ein Studium der Vergleichenden Religionswissenschaft und der Internationalen Beziehungen und einer mehrjährigen Tätigkeit im Bereich Projektmanagement und Flüchtlingsarbeit für mehrere Nichtregierungsorganisationen. 2010 nahm ich an Studienwochen bei Markus Lüpertz und Gotthard Graubner an der Reichenhaller Akademie teil. Ab 2011 studierte ich Malerei bei Professor Jerry Zeniuk, Akademie für Farbmalerei, Kunstakademie Bad Reichenhall, und derzeit bei Heribert C. Ottersbach.«

Georgia von Schlieffen illustrierte zwei Lyrik-Bände von Stefan Blankertz, »*Ambrosius: Callinische Hymnen*« und »*Ruan Ji: Zustandsbeschreibungen*« sowie den Gedichtband »*kleine gebete*« von Paul Goodman, der in der gikPRESS erschienen ist.

Bitte besuchen Sie die Seite der Künstlerin auf *theartstack.com* oder verbinden Sie sich auf *linkedin.com* mit ihr.

DAS MAGAZIN

für Leser, die ihr eigenes Verhalten – und das ihrer
Mitmenschen – besser verstehen möchten und
Antworten suchen rund um die großen Themen

IHRES LEBENS

Praxisadressen von Gestalttherapeutinnen und -therapeuten

Liste
nach Postleitzahlen und
weitere Infos
...im Internet:

www.therapeutenadressen.de

www.gestalttherapie.de

...oder für
1,45 € in Briefmarken:

Therapeutenadressen Service
Ludwig-Erhard-Str. 8, 34131 Kassel